DOLCE
STIL
NUOVO

«Изограф»

Василий АКСЕНОВ

НОВЫЙ СЛАДОСТНЫЙ СТИЛЬ

Роман

Москва
Издательство
«Изограф»
1998

ББК 84Р7
А41

Художник *Александр Анно*

Издание книги осуществлено при участии
издательского дома
«Аргументы и факты»

ISBN 5-87113-022-4

В досужий час читали мы однажды
О Ланчелоте сладостный рассказ.

Данте. «Божественная комедия»

ЧАСТЬ I

1. Три ступени

10 августа 1982 года Александр Яковлевич Корбах впервые ступил на американскую землю. Пока стоял в огромной очереди к паспортному контролю терминала ПанАм, эта дата все крутилась у него в голове: какой-то в ней был еще дополнительный смысл. И только за контролем, уже возле багажной карусели осенило: день рождения! Каждый год в этот день ему что-то «исполнялось», вот и сейчас что-то исполнилось: сорок два, что ли, нет, сорок три. Думал ли год назад в Крыму, что через год буду отмечать день рождения в нью-йоркском аэропорту! 10.8.82, сорок три года, болит голова от вчерашнего, виза Н-1, в кармане полторы тысячи долларов, три тысячи франков, ничего не испытываю, кроме «самума чувств».

Первая встреча на американской земле оказалась приятной, если не сказать волнующей. Вдруг среди первых прибыл чемодан, выскочил из преисподней, демонстрируя странную подвижность, чтобы не сказать развязность. Склонный к неадекватным размышлениям на не относящиеся к делу темы, Александр думал, глядя на чемодан: вот ведь, затасканный по гастролям чемоданишко, а как-то душевно дорог. Вот ведь, по сути дела, что получается: забили где-то большое животное, из шкуры сделали в Латвии чемодан, и вот все зверское уже испарилось, чемодан превратился в предмет ностальгии.

Чемодан проехал мимо, столкнулся с индусским тюком, шлепнулся плашмя. На следующем обороте Корбах выхватил свое из чужого и стал пристраиваться к очереди на таможенный досмотр.

На него с высокого стула посматривал таможенный офицер Джим Корбетт. Все прибывающее в США барахло невозможно проверить, однако существует метод выборочного контроля, которым хорошо владеют профессионалы. Специалист таможни читает лица, жесты, любое движение. Потенциальный нарушитель иногда виден издалека. Вот этот, например, индивидуум с лысой, хорошо очерченной головой. Трудно классифицируемый индивидуум. Странно передергивает плечами. Впрочем, слишком как-то передергивает плечами. Перевозчик наркотиков так не вздрагивает. Ну, не буду его проверять, пусть проходит эта башка со своими ушами. «Будьте любезны, откройте ваш чемодан, — попросил он вежливо и добавил: — Сэр».

Индивидуум сует бумажку: «Декларэйшн! Декларэйшн!»

Э, да он по-английски не понимает! Джим Корбетт показывает: резкий поворот кистей рук и затем элегантный умеренный подъем ладоней: «Если не возражаете, сэр».

Ничего привлекательного, но и ничего особенно отталкивающего в чемодане не было. Среди пропотевших рубах книга в старинном переплете, большая «D» златой печатью на томе том. Двойного дна явно нет. Джим Корбетт заглядывает в паспорт. Гош[*], этот малый из редких птичек, советский!

— Водка есть? — шутит офицер.

— Только здесь, — шутит в ответ приезжий, похлопывая себя по лбу.

Отличный малый, смеется Корбетт, хорошо бы с ним посидеть в «Tony's».

Как много интересного каждый русский несет в себе, еще несколько минут думал Корбетт, пропуская потенциальных нарушителей без проверки. Страна исключительного порядка, все под контролем, никакого гомосексуализма, как это все там организовано?

Александр Корбах тем временем шагал в толпе ко входу в зияющий тоннель, за которым, собственно говоря, начиналась свободная земля. Тело, только что перелетевшее через океан, быть может, пребывает еще не в полном составе. Быть может, астральные-то нити, чакры-то все эти, иды, пингалы, кундалини не совсем еще совместились из-за не свойственной человеку авиационной скорости. Так думал он не без грустного юмора. Шарканье подошв еще ни о чем не говорит, просто движения бытовых автоматов, желающих в Америку. Должно пройти какое-то время, чтобы все опять запылали страстью.

Впереди вставали перед толпой три ступени, которые казались Александру Яковлевичу тремя уступами разных цветов: один белый, мраморный, второй шершавый, как бы из обгорелого камня и пурпурный до черноты, третий — огненно-алый порфир. Толпа молча втягивалась в тоннель.

---

[*] Здесь и далее перевод и комментарии на с. 547. (*Прим. ред.*)

Впереди, в конце тоннеля появилась другая, стоящая толпа, встречающие. Над ней уже торчали лампы телесъемки. Держаться сдержанно, сказал себе Корбах. Говорить только по-русски. Никаких унизительных попыток тарабарщины. Простите, господа, ситуация неопределенная. Театр пока существует. Вопрос о моем художественном руководстве подвешен в воздухе. Цель приезда — контакты с родственными по духу и стилистике творческими силами Соединенных Штатов.

Ну что ж, пока этот не отталкивающей внешности, вроде Лермонтова, хоть и с Андрея Белого залысинами, ростом 175 сантиметров главный герой подходит к телекамерам, мы, пользуясь романным пространством, можем слегка размахнуться по его curriculum vitae.

2. Curriculum vitae

В 1982 году советский человек еще понятия не имел, с чем едят эти два плохо выговариваемых слова. Не знал он, конечно, и сокращения CV, которое произносится как «си-ви» и всякий раз напоминает некую сивиллу, то есть предсказательницу будущего. В этом есть некоторый резон, поскольку си-ви, эта смесь анкеты и биографической справки, относясь к прошлому, всегда содержит в себе надежду на благие изменения в дальнейшем. По сути дела, это не что иное, как реклама отдельно взятой личности, сделанная в расчете на то, чтобы купили.

Реклама все-таки не должна обманывать, и поэтому автор в роли кадровика должен сразу открыть, что у героя в его си-ви имелись некоторые неясности, если не двусмысленности. Вот, например, вечно тревожный «пятый пункт» советского жаргона. Во всех документах Александр Яковлевич Корбах значился как еврей, а ведь не всегда он был таковым, должны мы признаться. Не всегда и фамилия его так сильно «ахала» по-ивритски. Да и отчество когда-то звучало приятней для красного уха.

В детстве и в раннем юношестве прогуливался наш друг в роли Саши Ижмайлова, русского мальчика. Был у него и соответствующий отец, Николай Иванович Ижмайлов, прихрамывающий и опирающийся на массивную палку герой ВОВ, которым Саша, как и полагается, гордился. Со своей стороны Николай Иванович относился к Саше со сдержанной строгостью, которую можно было принять и за сдержанную любовь, и только лишь в сильном подпитии называл его непонятным словом «ублюдок», после чего мама пронзительно кричала: «Умру! Умру!»

Работая в номенклатуре, Николай Иванович повышал жизненный уровень, и его семья, как в народе говорят, горя не зна-

9

ла. В послевоенные годы Саша обогатился братишкой, а потом и сестренкой. Николай Иванович нередко возился в кабинете на коврах со всеми тремя и лишь иногда, обхватив Валерку и Катюшку, горячо шептал: «Родные вы мои», делая ударение на каждом слове.

Это мы сейчас с вами, читатель, можем догадываться, а мальчик тогда не понимал, почему с годами восхищение отцом сменялось у него какой-то неясной настороженностью.

На периферии этого непростого семейства между тем всегда присутствовала бабушка Ирина, которая так звалась вроде бы просто по возрасту, но в то же время и не совсем только по возрасту. Она старалась появляться в те дни, когда Ижмайлов отправлялся в свои ответственные командировки. Привозила Саше сначала игрушки, потом коньки и клюшки, любовно смотрела на него, часами без устали вела беседы то об индейцах Америки, то о водителях фрегатов, то о мировой политической арене.

Бабка была нетипичная. Военврач, она прошла всю войну в полевых госпиталях. Ходила твердым офицерским шагом, в зубах неизменный «Казбек», большие очки приводили всю фигуру к общему знаменателю женщины-выдвиженки. Вдобавок ко всему этому облику все детские годы Саши бабка водила свой собственный автомобильчик, трофейный «опель-кадет».

Мальчик не понимал, с какой стороны эта примечательная особа приходится ему бабушкой, чувствовал какое-то семейное искривление, но не желал вдаваться в подробности. Иной раз он слышал, как бабушка Ирина и мама начинают говорить, что называется, на повышенных тонах. Бабка как будто предъявляла на него какие-то права, а мать со свойственной ей экзальтацией эти права отвергала. Только лишь в пятьдесят третьем, то есть на четырнадцатом году Сашиной жизни, все выяснилось.

Навещая однажды бабушку Ирину в ее большой комнате в Староконюшенном переулке, он заметил на стене нечто новое: увеличенную фотографию молодого военного со шпалой в петлице. Кто это? Он чувствовал, что приближается какой-то головокружительный поворот судьбы, но все-таки решился спросить.

— Это твой отец, — твердо сказала бабка и окуталась синим казбечным дымом. Она ждала возражений, но их не последовало. — Видишь, это же твое лицо: уши торчат, рот до ушей, глаза-смехачи. А вот и метрика твоя, это неправда, что она была потеряна в эвакуации. Это твой отец, Яков Рувимович Корбах, мой сын, а ты мой родной внук. Это я настояла тогда перед Лизой, чтобы отец был вписан в метрику, хоть он и пропал уже в тюрьме.

С этого дня Саша перестал называть Николая Ивановича Ижмайлова папой, несмотря на то, что мать, словно чувствуя приближение семейного развала, упорно настаивала на прежней ситуации: «пойди к отцу, спроси отца, посоветуйся с отцом».

10

Вместо объяснения в семье однажды произошло поразительное событие. Николай Иванович был в командировке (он в те годы курировал Донбасс по части окормления марксистской истиной), мать с младшими детьми ушла на утренник в ТЮЗ, Саша один сидел в столовой над учебником физики, что ли, и слушал по радио увертюру к опере Кабалевского «Кола Брюньон». Вихрь музыкального восстания захлестывал его, жаждалось куда-то немедленно рвануть, ну, к этим гезам, к бунтарям-аркебузникам. Тут прямо ему на голову упала с высокого потолка тяжеленная люстра сталинского ампира. И он потерял сознание.

Впоследствии он пытался вспомнить свои ощущения в этот момент, или в ничтожную долю момента, или в не объятую временем паузу. Сознание, очевидно, вырубается еще до того, как боль прошла к рецепторам, потому что боли не чувствуешь. Где в этой паузе пребывает душа? Именно в этой паузе? Он вспомнил, что пауза прервалась мгновением чудовищного сжатия и разрыва, после чего все как бы восстановилось, он открыл глаза и увидел над собой глаза Ижмайлова, вспыхнувшие при встрече с его глазами неистовой радостью. «Николай Иванович», — прошептал он, и Николай Иванович разрыдался. Что за дикий экзистенциализм, идиотическая недетерминированность? Ты сидишь за столом, слушаешь «Кола Брюньона», и в какой-то миг на тебя, а не на пустое место падает охуенная люстра.

Александру Яковлевичу не дано было узнать в течение десятилетий жизни, что этот момент сжатия-разрыва был все-таки детерминирован предшествующим развитием. Дело в том, что никакая люстра на него не падала. Осуществляя авторское право, мы могли бы об этом и умолчать, однако, помня и о праве читателя, мы не считаем возможным сохранять ухмыльчивую таинственность.

Дело в том, что в разгар увертюры в столовую вошел вернувшийся из командировки Николай Иванович. У него зверски в тот день ныла укороченная и скрепленная гвоздем нога. Недавняя кончина Иосифа Виссарионовича погрузила весь аппарат ЦК в поросячье ненастье, и Николай Иванович не был исключением. Даже в Донбассе почудилось ему что-то тошнотворное. В таком состоянии он увидел перед собой затылок ненавистного мальчика. Детеныша Яшки Корбаха, который владел Лизой, который лучшим другом считался, которого и сдал чекистам. Как после этого считать себя солидным партийцем, если сразу вслед за арестом Яшки стал насиловать Лизу, ошеломлять ее похотью? Как это можно забыть, если всегда перед тобой этот взрослеющий новый Яшка? Тут, задохнувшись, Николай Иванович поднял свою самшитовую палку и обрушил ее со всей мощью на макушку мальчика.

11

К чести товарища Ижмайлова надо сказать, что он сначала все-таки вызвал «неотложку» и только уж потом начал выламывать люстру, чтобы имитировать экзистенциальную катастрофу.

Несчастье почему-то примирило Сашу с фиктивным отцом. Объяснение всеми было молча отложено, и он стал называть отчима Николаем Ивановичем. И мама ему однажды сказала: «Николай Иванович — очень хороший человек, ведь он женился на мне, когда я была уже с ребенком, то есть с тобой, Александр». И он, несмотря на нарастающую с каждым днем мужественность, вытер глаза и погладил ее по голове.

Объяснение, и, пожалуй, не менее драматическое, чем то, несостоявшееся, произошло три года спустя, в пятьдесят шестом, когда Александр уже учился в десятом классе. Однажды за ужином Николай Иванович разнервничался с газетой, освещавшей венгерские события: «Мерзавцы! Мерзавцы! Вешали коммунистов вниз головой!»

Можно было, конечно, переждать с объяснением, перескочить этот нервный момент, однако Александр, побледнев, отодвинул тарелку и сделал заявление:

— Мама и Николай Иванович, я хочу вам сообщить, что беру фамилию моего отца и... и его национальность.

— Да ты с ума сошел! — тут же вскричала мать. — Ведь ты же всего на одну четверть!

Возникла мучительная пауза. Младшие дети сидели с открытыми ртами. Катюша механически продолжала свою гнусную привычку сливания из ложки обратно в миску.

— Убирайся вон! — наконец сказал Николай Иванович.

— Это третья вещь, которую я вам хотел сообщить, — сказал Александр. — Я переезжаю к бабушке.

Мама закрыла салфеткой лицо. Взгляды Корбаха и Ижмайлова встретились. Последний молча отмахнул ладонью: прочь! вон!

Расшифровав таким образом столь формальные пункты предполагаемой корбаховской си-ви, мы должны указать и на другие, пусть не столь важные, но существенные точки. Ну, вот, например, в графе «образование» можно просто указать «высшее», а можно и уточнить. В этом случае нам придется не одну высшую школу упомянуть, а целый список: филологический факультет МГУ, театральное училище имени Щукина, режиссерское отделение ВГИКа, Высшие сценарные курсы. Список этот, однако, ни к чему нас не приведет, кроме конфуза, ибо ни в одном из указанных заведений наш герой не снискал себе диплома.

Из МГУ после первого же семестра собирались его турнуть за «ревизионистские взгляды», однако турнули все-таки после второго семестра и с другой формулировкой: «отчислен за неудовлетворительную посещаемость». В театральное училище он было бросился с головой, как ныряльщик с вышки, в брызгах, в хохоте заново рожденной «балаганности», и добалаганился быстро до формулировки: «отчислен за срыв курсового спектакля».

Самым печальным, да, пожалуй, и самым опасным периодом Сашиного образования оказался Институт кинематографии. Увлекшись возможностями «скрытой камеры», он сделал двухчастевку о летних военных лагерях. То, что полагал мягким юмором, привело в ярость полковников с военной кафедры. Пленку затребовали в КГБ, где она и канула в бездонной утробе. Либеральный декан посоветовал юноше куда-нибудь на год уехать. Общество может не простить ему посягательства на «самое святое», на патриотический долг молодежи. В общем, и из ВГИКа наш герой свалил без диплома, а за сценарные курсы зацепился с помощью сильно пьющих друзей просто для того, чтобы не забрили в казарму, не припаяли тунеядство, не выслали за сто первый километр.

Черт с ними, с этими советскими вузами, подумал тогда Саша. Настоящее образование приходит сейчас не из официальной системы, а из катакомб: из запрещенных и забытых книг, из западных интеллектуальных журналов, из подпольных художественных выставок, а главное, из общения с еще живыми светочами «Серебряного века».

Продумав эту мысль, он отправился в Ленинград и умудрился напроситься в гости к Ахматовой и прочесть ей не менее метра своих стихов. «Вот это у вас неплохо, — милостиво сказала императрица «Серебряного века» и повторила из всего метра одну строчку, которой он не очень гордился и которую попытался промямлить при чтении: — «Смелости шмель нашептал Шамилю». Как у Хлебникова», — добавила она с улыбкой.

Один из друзей по неоконченному филфаку свел его с двумя великими стариками, что проживали в писательском кооперативе у метро «Аэропорт», Михаилом Бахтиным и Леонидом Пинским. Старики, не избалованные вниманием молодого поколения, приняли любознательного юношу с нескрываемым удовольствием. Саша не переставал благоговеть перед исполинами эрудиции. Пытался перенять у них даже и манеры старой интеллигенции, не всегда догадываясь, что на этих манерах и ссылка, и лагерный опыт основательно отпечатались — например, сильное облизывание ложки.

Важнее то, что от них загорелся он жгучим интересом к Ренессансу и понял, что это слово часто у нас употребляют неправильно, как возрождение того, что уже было когда-то рождено, а потом по каким-то причинам зачахло лет на пятьсот или на тысячу. С этой точки зрения, говоря о ренессансе русской философии в начале двадцатого века, можно подумать, что у нас на Руси когда-то творили Аристотель и Платон. Говоря о Ренессансе, очевидно, надо иметь в виду общий творческий подъем нации, группы наций или всей цивилизации.

Потрясенный молодой человек слушал, как бесконечно прикуривающие друг у друга старики запросто говорили о литературной сцене Флоренции XIII века, о «новом сладостном стиле», что пошел от двух Гвидо — Гвиницелли и Кавальканти, о том, как мощно вошел в этот стиль юный Дант. За три столетия до Шекспира! За шесть столетий до Пушкина! За семь столетий до Саши Корбаха! А значит, до этого «нового» стиля уже тогда существовал «старый»? Ну, конечно же, вот они: одиннадцатый век, трубадуры Прованса! Оттого и новым стал называться этот стиль, что жаждали возродить старый, все эти излияния, все эти канцоны Бертрана де Борна, Раймбаута де Вакейраса и прочих куртуазных бродяг, опоясанных мечами.

Человеческая карнавальная процессия со всеми ее масками хохота и ужаса проходила перед ним, ведомая Михаилом и Леонидом, «мудрецами и поэтами» ОПОЯЗа, которым только к концу жизни, после арестов и лагерей, удалось унести «зажженные светы» в свои кооперативные квартиренки. Это были люди второго российского Ренессанса. При подходе двадцатого века у нас возник могучий поток творчества, плотину которому поставили два исчадия «позитивистского мышления» — Ленин и Сталин.

Вот, право, достойная цель жизни, решил вчерашний кумир советской молодежи, — работать для третьего Ренессанса! И вот, забросив гитару на бабкин шкаф, двадцатишестилетний Корбах, недоучка филфака МГУ и театрального училища имени Щукина, забаррикадировался от молодой жизни философскими трактатами и томами классиков. Стал даже после долгого перерыва навещать свою мамочку, что работала в отделе рукописей Всесоюзной Ленинской библиотеки и имела доступ в спецхран.

Жилое пространство его в те годы простиралось в закутке за массивными книжными шкафами Ирины Степановны Корбах, урожденной Кропоткиной — да-да, из тех Кропоткиных! — и бабка не переставала восхищаться духовной эволюцией этого, как она выражалась, нехудшего представителя своего неожиданного поколения.

Промышлял Саша дежурствами в котельной, не чурался и перепродажи книжного дефицита. Щеголял в черном флотском бушлате, у которого, разумеется, была своя история. Вот она в сжатом виде.

Запад Эстонии, Кейла-Йоа. Запретная зона. Телеграфная проза в расцвете. Заброшенное имение Волконских—Бенкендорфов. Штаб танковой бригады. В парке остатки мостов на остатках цепей. Остатки идиллий. Водопад. Вздыбленные гусеницами плиты некрополя. Золото искали танкисты.

Спуск к морю. Гул сосен. Свободное радио ветра. Зеленоватый и пенный накат. На мелководье — черный бушлат, как добрая половина человечища. Вступают глаголы и наречия. Схватил. Тащу. Тяжело. Устал. Перевернул. Умопомрачительно. Сверкнуло двубортное, не наше, стокгольмское!

Бушлат, тяжелый, как лев океана, был набит окаменевшим песком. Юный Саша три дня совком (!) вытаскивал этот песок из рукавов и карманов. Привезенный в Москву предмет еще три месяца сох и наконец ожил, лег на плечи плотной и мягкой шкурой, бушлат шведского кроя, второго такого нет на Арбате. Вот в этом странном одеянии с огромного шведского плеча он и пристрастился таскаться по городу, тем более что в бездонных карманах помещалась уйма книг.

В этой воображаемой нами си-ви был еще один весьма запутанный раздел, а именно «трудовая деятельность». Тут уж совсем шли какие-то зигзаги, спирали, рывки, а главное, какие-то провалы и затемнения. Вот, скажем, главный «кредит» А. Корбаха: актерство и худручество в одном из московских театров. Всем вроде бы известный факт, однако не старайтесь найти этот театр в списках московских храмов культуры. Не пытайтесь найти в газетах или в диссертациях титулы некогда шумных и даже скандальных корбаховских спектаклей, их там нет. Останется уповать только на разговоры московской публики да на собственные воспоминания, что мы, впрочем, и собираемся сделать.

Прежде, однако, позвольте вернуться к тому, что случайно сорвалось с пера строк сорок назад, к Сашиной. всесоюзной эстрадно-магнитофонной славе. При всей своей курьезности она ведь все-таки тоже относится к трудовой деятельности.

Впервые он появился перед публикой со своей гитарой на конкурсе комсомольской песни и сразу же пошел в разрез с «романтикой дальних дорог», резко выделился как независимый бард, петух шестидесятых. Песню Саши Корбаха «Чистилище» переписывали по всем десяти часовым зонам еще на старых, скрежещущих магах. От романса-блюза «Фигурное катание» закружились повсеместно головы девушек.

Концерты Саши Корбаха никогда официально не разрешались, и тем не менее они происходили, и всякий раз в самых неожиданных местах: то на турбазе в Балкарии, то в красном уголке электролампового завода, в клубе шахты, в общежитии школы торгового ученичества, а то вдруг в стильном Бетховенском зале Большого театра, в павильоне «Мосфильма» и вслед за этим на сельдяном сейнере в сахалинском порту Холмск, а потом сразу на западе, во львовском ли Политехникуме, в рижском ли киноклубе. И вечно за ним тянулся дым доносов: бросал политические намеки, был вызывающе одет, совращал невинных девиц; обращаемся с просьбой в инстанции своевременно принять соответствующие меры.

Вот он выходит, юный паренек, худенький, но с атлетическим разводом плеч, отбрасывает со лба битловскую челку — тогда еще и челка имела место, — как он ее потерял, почему так быстро развеялась? — ударяет по струнам, запевает с хрипотцой, и — восторг, и мурашки по коже, и бежим отсюда, из этой грязи, подальше в море, повыше в горы!

И вдруг — пропал любимец публики. Пошли слухи, что за границу подорвал, что урки в Якутии зарезали, что от семи жен скрывается, и так далее. Мало кому в голову приходило, что, может быть, у бабушки в Староконюшенном переулке валяется на продавленном диване, книги читает и сочиняет стихи, а между тем, как мы уже знаем, так и было.

Однажды вокруг него снова закрутился человеческий круговорот. В те дни он сошелся с группой ребят, заостренных на гражданских правах. Нужно убедить людей, что власть нарушает свои собственные законы. Без прав человека невозможен никакой ренессанс, дорогой гитарист.

Стали собирать материалы для «белой книги» по процессу Гинзбурга и Галанскова, устраивать дежурства возле народных судов, где власть нарушала свои собственные законы. Там как-то обратала их «боевая комсомольская дружина», привезла в штаб на допрос. Дружинники сгрудились, когда узнали, что среди антисоветчиков Саша Корбах. Как же так, Саша, мы твои песни поем, «Балладу Домбая», «Дельфинов», а ты среди такого человеческого мусора?! Что же, тебе евреи ближе, чем масса молодежи эпохи НТР? Ладно, уходи, ты свободен, а с остальными разберемся.

Он отказался уходить, но тут какие-то доброхоты позвонили «куда следует», и в результате этих звонков в штабе появился самый ненавистный ему человек, отчим Ижмайлов Николай Иванович, член большой номенклатуры.

В принципе, ненавистный человек мог без труда прекратить всю эту глупость с задержанием кучки бездельников. За годы меняющихся «оттепелей» и «заморозков» Николай Иванович превратился в одного из самых «сбалансированных» сотрудников Старой площади. Не секрет, что иные мнения по закручиванию гаек застревали в отделе Ижмайлова. Встретившись, однако, с полным неприятием его доброй воли со стороны уже взрослого пасынка, государственный деятель удалился, предоставив события их естественному течению. Течение это привлекло всех задержанных в суд, где им прописали по пятнадцать суток, а потом в Бутырскую тюрьму отбывать наказание.

Сидя в огромной вонючей камере, Александр вдруг почувствовал колоссальную скуку этой правозащитной активности. Плачевна участь моя, если такие кретинские суды и унылые наказания станут моими звездными часами. Увы, как-то не вижу себя в этом контексте.

Он мычал себе под нос какой-то мотивчик, выбормытывал рифмовку. В результате получилась «Баллада Бутырок», ироническая парафраза к уайльдовской поэме. Таким образом намычал себе и набормотал очередной поворот судьбы. Не будь за плечами этой смехотворной отсидки, быть может, проскочил бы мимо Анисьи Пупущиной, а так вот не проскочил: девица шла ему навстречу, сияя всеми своими данными как воплощенная антитюрьма. Давний приятель Ижмайловых, родитель девушки недавно попал в номенклатурную опалу и отправлен был послом на «пылающий континент», ну а Анис стала сама себе хозяйкой в большой квартире на Алексея Толстого. Ты что никогда не заходишь, певец? Он зашел и увидел в гостях у своей будущей жены сборище молодой московской богемы, и среди оной несколько светил: Тарковский, Высоцкий, Кончаловский, как будто польская компания собралась.

Выпивали круто, говорили веско, но, к сожалению, все одновременно, все сливалось в мешанину звуков, и не сразу можно было сообразить, что идет, скажем, экзистенциальный спор, нужно ли умирать, как Сократ, или стоит держаться, как Аристотель. Попутно слетали фразы о фестивале в Канне, кто-то нес комитетского зама Баскакова, а кто-то говорил, что он «все-таки мужик», уговаривались зимой сойтись в Ялте и впадали в раж, как будто вот там, зимой в Ялте, все и решится.

Он всех их знал уже давно, и они его знали. Давайте-ка, ребята, рванем, как когда-то: «Где мои семнадцать лет? — На Большой Каретной!» Андрей ему сказал: «Я помню, как ты репетировал Галилея в училище. У тебя, старик, появился какой-то необычный типаж. Давай приезжай завтра в шестой павильон, сделаем тебе пробу».

Как ни убегал Саша Корбах от своей популярности, она опять стала к нему возвращаться. Вдруг нечаянно-негаданно стал за пару лет заметным актером в кино, а потом просто прогремел в пятисерийном теледетективе. Несколько ролей сыграл по контрактам и на театре. Ко всему прочему обнаружилась и удивительная пластичность. На Таганке Саша отменно демонстрировал возобновленную биомеханику Мейерхольда. В спектакле «Десять дней, которые потрясли мир» в роли Керенского он делал серию переворотов колесом и кульбитов с завершающим обратным сальто. Вообще эта маленькая роль выросла вдруг в событие. Критики журнала «Юность» осторожно говорили, что Корбах делает заявку на воплощение современного молодого героя (это в роли Керенского-то!). Народ посерьезней, и даже отчасти близкий к диссидентским кругам, писал, что этому актеру «есть что сказать», имея в виду, что в экстравагантной форме он немало горечи изливает в адрес своего героя, не сумевшего уберечь молодую российскую демократию.

В начале семидесятых, этого «железобетонного десятилетия», времени бесконечных торжественных собраний с выносом знамен и сатанинскими хоралами, времени удушения правозащитного движения и расцвета гипнотического фигурного катания на телевидении, Саша Корбах снова всех удивил: создал театральную студию «Шуты». Там он был и режиссером, и ведущим актером, и автором первого текста, «Спартак — Динамо». Спектакль в стиле бурлеска оказался весьма двусмысленной парафразой к «Ромео и Джульетте», где уличная банда Монтекки была болельщиками «Спартака», а Капулетти защищали цвета «Динамо», иными словами, стихия Москвы, во всяком случае грузчики и продавцы, тут как бы противостояла «клубу органов».

Сразу после премьеры спектакль был, разумеется, закрыт, однако бесхозные «Шуты» продолжали играть свой мюзикл в каких-то клубах на задворках, куда, конечно, съезжалась «вся Москва». Тут произошло чудо: в Москву приехал некий западный классик культуры, который всю жизнь колебался в спектре красного цвета, от бледно-розового до темно-багрового. В тот момент он был в совсем бледном, едва ли не белом, секторе. Цекисты-международники решили показать ему «Шутов» как пример существования в СССР неформального искусства. Классик был вдохновлен: вот такие театры, товарищи, опровергают целые тонны буржуазной пропаганды!

Вдруг у «Шутов» появился почти официальный статус. Выделен был даже подвал на Пресне с залом на сто мест. Прислали партийного директора и товаристую завлитшу, иными словами, ввели корбаховскую гопу в нормальное советское русло. «Спартак — Динамо» получил несколько положительных рецензий, его классифицировали по разделу антимещанской сатиры. Прогрессисты из чухраевского объединения «Мосфильма» предложили сделать по спектаклю полнометражную картину. Картина получилась по тем временам совершенно невероятная. В городе заговорили о «корбаховском кино». Пророчили «Пальмовую ветвь» и «Золотого льва». На том, правда, все и кончилось: за границу не пустили. Получив самую низкую категорию, фильм застрял в прокате, похожем на все российское бездорожье.

Так началась история корбаховской студии «Шуты», взлеты и падения которой можно было бы обозначить температурной кривой малярийного больного: то горячечный подъем, статьи, поездки на Эдинбургский и Авиньонский фестивали, киновоплощения спектаклей, то арктическая стужа директивного молчания, запреты премьер, отмены гастролей, закрытие дома на капитальный ремонт, даже арест банковского счета.

Тем не менее все как-то устоялось. Директор Гудок оказался склонным к хорошей беседе за часто сменяемой пол-литрой. Хорошенькую литкомсомолочку все ребята в труппе перетрахали, и она из стукачки превратилась в самого яростного патриота «Шутов», готового ради родного коллектива ну буквально на все. В творческий совет театра введены были и некоторые марксисты, которые хоть и речи Брежневу писали, но слыли скрытыми либералами, а также пара столпов почвенного искусства, коим доказали, что «Шуты» — это вовсе не продукт разлагающейся западной культуры, а, напротив, чистый ручеек исконного русского скоморошества.

Ну и, наконец, главный оплот передового советского искусства, мировое общественное мнение с его спецназом, корпусом иностранных журналистов в Москве, оно тоже не было забыто. Ни один спектакль не проходил без заморских гостей, что считали за честь познакомиться с главным «шутом», неповторимым Александром Корбахом, который со своим крутым лбом и развевающимися на висках патлами, со своими сатирическими, от слова «сатир», глазами и обезьяньей улыбкой являл собой как бы символ возрождающегося авангарда. Американские гости с Бродвея и офф-Бродвея пожимали его крепкую, закаленную гитарой руку. «Oh, Alexander Korbach! It's a great name in the States!» Иностранцы балдели, оказавшись вдруг посреди маразматического «зрелого социализма» в компании подвижных и веселых ребят, современных каботенов, воплощавших мейерхольдовскую идею театра-балагана.

В труппе было двадцать пять человек, и все знали общую тайную стратегию. Спектакль готовился в тайне. Потом устраивали просмотр «для пап и мам», и тут же распускались слухи о диком возмущении в верхах, о драконовских мерах чуть ли не до роспуска труппы. Ленивый минкульт еще и почесаться не успеет, а туда уже звонят из «Монда», «Фигаро», «Стампы», «Поста», «Таймса», «Асахи», «Франкфуртер альгемайне»: может ли министерство подтвердить слухи о запрещении нового спектакля «Шутов»?

Начинался телефонный перезвон по всей столичной культурной бюрократии. Подтягивалась тяжелая артиллерия аппаратных «либералов», а также всяких больших имен, столпов патриотизма, цековских дочек, выдвигался влекомый девичьим составом сам Клеофонт Степанович Ситный, московский гурман и ге-

19

нерал секретной службы. Предпремьерная артподготовка достигала апогея, когда радиоголоса начинали освещать очередной кризис в театральном мире Москвы в обратном переводе с языков корреспондентов. Возникало впечатление, что весь мир, затаив дыхание, следит за развитием такого ошеломляющего события. Усталый режим начинал сдавать под массированным нажимом. Ну берите, берите этого вашего Корбаха, этих ваших «Шутов», ей-ей, не рухнет от этого наша держава. Ну играйте, играйте этот ваш, как его, «Зангези-рок», только убавьте анархизму да прибавьте патриотизму, ну и название перемените.

Так к середине семидесятых сформировался репертуар «Шутов», в котором было не менее полудюжины пьес: «Спартак — Динамо» по мотивам Шекспира, «Минводы» по мотивам Лермонтова, «А — Я» по мотивам телефонной книги, «Бабушка русской рулетки» по мотивам Пушкина и Достоевского, вышеупомянутый «Зангези-рок» под новым, исконно русским названием «Будетлянин», также оригинальная народная пьеса одного из столпов почвенничества под названием «Овсо», что в переводе с пошехонского означало «Овес». Последнее произведение, в котором автор с трудом узнавал свой текст, тем более что актеры, игравшие колхозников, то и дело импровизировали по-французски, считалось как бы идейным стержнем «Шутов», показателем глубинной народности коллектива.

К концу десятилетия, однако, эта как бы установившаяся уже стабильность расквасилась. Сначала вышли из худсовета столпы патриотизма, причем автор «Овсо» в открытом письме снял свое имя со спектакля. «Положа руку на сердце, — писал он, — мне всегда были не по душе ваши, Александр Яковлевич, намеки на духовную и умственную ущербность нашего, столь чуждого вашему нутру, народа». Интересно тут будет заметить, что в письме не было ни одного слова, произведенного от латыни.

Затем на худсовет перестали приходить скрытые либералы из ЦК и Института философии при ЦК КПСС. Потом и Клеофонт Степанович Ситный как-то грузно посурьезнел: дескать, не одними только паштетами да девическими компаниями жив человек в наше строгое время. Похоже было, что где-то на самом верху, возможно, на уровне Ю.В. было принято решение покончить с «Шутами».

Однажды директор тов. Гудок пригласил худрука к себе и объявил, что министерство назначило комиссию по проверке сложившейся ситуации в театрально-эстрадной студии «Шуты». Среди прочего, ты уж меня прости, Александр, будут рассматриваться чрезмерно вольные нравы на половой почве. Поступили также сигналы о каких-то химических субстанциях.

Корбах смотрел на отчужденно сморщенный лоб Гудка и понимал, что театру конец. Теперь, наверное, они расшифруют и этот портрет Маркса в кабинете директора. На юбилей Гудка актеры, сложившись по рублю, преподнесли ему портрет основоположника. За год ни сам Гудок, ни его посетители не заметили, что грудь Маркса украшает орден Ленина.

— Эта комиссия, Еремей Антонович, — сказал неожиданно для самого себя худрук, — сможет работать только у вас в кабинете. В остальные помещения не пустим.

Началась бомбардировка и ответный зенитный огонь. Пришло письмо с гербом, запрещающее репетиции спектакля «Небо в алмазах» (по мотивам Чехова и Беккета). В ответ «Шуты» на общем собрании постановили работу продолжать. Вдруг отключилось электричество. Срочный ремонт распределительного щита. Продолжали репетировать со свечами. Пожарная инспекция оштрафовала на неподъемную сумму, но электричество зажглось. Перед генеральной репетицией переулки рядом со студией были забиты иномарками корров и дипов. Звезды богемы и бюрократии давились в проходах. Успех ошеломляющий. На пресс-конференции, которая состоялась в 3.30 утра, корреспонденты устроили Корбаху и труппе овацию. Через три дня директору позвонил министр Демичев: «До меня тут дошло, что студия выпускает любопытный спектакль. Хотелось бы ознакомиться. Давайте-ка, товарищи, воздерживаться от жареного, давайте-ка создавать конструктивную обстановку».

«Алмазы» были, в конце концов, разрешены, но «конструктивная обстановка», очевидно, понималась сторонами по-разному. «Шуты» как творческий коллектив теперь более-менее твердо стояли в контексте столичной сцены. Под сомнение ставился только основатель, злокозненный Саша Корбах. Пошла работать гэбэшная машина слухов. Каждый день он узнавал о себе что-то новенькое: разводится с женой, потому что уличен в гомосексуализме, берет с иностранцев валютой в собственный карман, рукоприкладствует на репетициях, нюхает кокаин, антисоветчик, подыгрывает по контракту пропагандистским центрам, бездарность, крадет творческие идеи, ну и самое главное — антипатриот, еврей, в русском театре делает себе капитал на дорогу в Израиль.

В окно на десятом этаже влетел кирпич с приклеенной запиской «Чем раньше, тем лучше». На Кузнецком мосту два бледных гомика приглашали в машину, делая жесты руками и губами. На Пушкинской богато одетый левантинец попросил разменять «грэнд», тысячедолларовую банкноту. Домой как-то принесли мешок запрещенной литературы — как бы посылка от некоего Карповича из Вирджинии. По телефону не реже трех раз на день спрашивали с жутким еврейским акцентом, когда он едет. В почтовом ящике ежедневно обнаруживались приглашения от родственников из Тель-Авива, Иерусалима, Хайфы, Кирьят-Шмоны. Трое брыластых прямо напротив окон взялись свинчивать колеса с корбаховской «нивы». Выскочил с газовым пугачом. Они уже отъезжали в черной «волге» с мигалкой. Хохот: «Привет дяде Бене!»

Все это было донельзя некстати. К своим сорока Корбах и без гэбухи подошел с серьезными проблемами. Мучительно уходил из семьи. Анис настраивала против него детей, десятилетних близнецов Леву и Степу. Выслеживала его временных подружек, звонила, говорила гадости. Требовала все больше денег. Постоянно делила имущество: стереосистему, библиотеку, полдюжины картин, все его жалкие накопления. Вдруг на обоих находило просветление, если так можно сказать о приступах сексуальной романтики. Она приходила в театр, все еще красивая молодая баба «с блядинкой», как тогда уважительно говорили в Москве. Он закрывал кабинет. Семейство на несколько дней восстанавливалось, чтобы потом развалиться с еще большим треском и подлой вонью.

Нападки властей мешали также и делу более важному, чем семейная ахинея, — приближению к «основному» спектаклю его артистической жизни. Задуманное громоздилось и светилось наподобие того аляповатого дворца, который мерещился Гоголю как вторая часть «Мертвых душ». Уже несколько лет Саша выборматывал диалоги и пальцем в воздухе рисовал мизансцены грандиозного шоу по мотивам жизни Данта.

Это началось еще в начале семидесятых, когда его вдруг включили в советскую делегацию на заседание театральной секции «Еуропа Чивильта» во Флоренции. Идея была все та же: пошлем туда Корбаха, пусть буржуи увидят, что их взгляды на советское искусство при-ми-тив-ны! А он сам, в немыслимом возбуждении, даже и не особенно сообразил, куда едет. Главное — еду, главное — за бугор! Главное — увижу всех этих Питеров Бруков, и Петеров Штайнов, и прочих! Главное — расскажу о «Шутах»!

В гостинице первым, кого он встретил, оказался старый друг, кругленький пышноусый русист Джанни Буттофава, говоривший по-русски на питерский, а-ля Бродский с Найманом, манер.

— Если ты еще не был — да? — в Тоскане, значит, ты не знаешь, что такое жрать, — сказал тот. — Пойдем, я научу тебя жрать по-тоскански!

Нажравшись и напившись в подвальчике на улице Гибеллинов, они вышли в ночной квартал. Лунный свет густо лежал на стенах, подчеркивая кладку тесаных камней. В маленькой нише под образом Мадонны в стаканчике трепетала крошечная фьяметта.

— Представь себе, что здесь и семьсот лет назад было так же, — сказал Джанни. — С небольшими добавлениями — да? — вокруг тебя Флоренция Данте.

Александр задохнулся от волнения. Пропали все неоновые вывески и дорожные знаки, даже и эпоха барокко заколебалась, уступая место грубой флорентийской готике Треченте.

Они пошли вдоль стены замка Борджелло с чугунными кольцами коновязи, которые, должно быть, использовались и для приковывания преступников, с крестообразными креплениями каменных блоков, с огромными воротами из почерневшего дерева и высоченными решетчатыми окнами, за которыми угадывались сводчатые гулкие залы. На другой стороне улицы стояли стены церкви Ле Баджиа, частично той же каменной кладки, частично покрытые желтой штукатуркой. Они перешли улицу и задрали головы, чтобы увидеть зубчатый верх Борджелло. Суровость архитектуры, казалось, ждала появления Данте и Джотто. Машины шарашили мимо будто фантомы, проникшие из другого измерения.

Покружив по старому кварталу, они прошли под мрачной аркой и вышли на узкую улочку, крытую протертыми до блеска каменными плитами разных размеров и неровных очертаний.

— Видишь, как точно — да? — они подгоняли друг к дружке эти камни, — проговорил Джанни.

— Ты хочешь сказать, что это еще с тех времен? — обалдело спросил Александр.

— Ну конечно! Семьсот лет — не такой уж большой срок для этих камней. А вот в этой церкви происходило венчание Беатриче Портинари. — Джанни показал на небольшое здание все той же каменной кладки, с круглым окошком и черепичным козырьком над входом.

Двери были открыты, они вошли внутрь. В сумраке у алтаря трепетали свечи. Несколько молящихся коленопреклоненные стояли на деревянных скамеечках, положив локти на пюпитры.

— Здесь ее выдавали замуж — да? — за Симоне деи Барди — да? — продолжал чичеронствовать Буттофава. — И Данте, возможно, стоял в толпе любопытных, испытывая что-то неописуемое, ну ты понимаешь, даже его пером.

Улочки вокруг церкви были, казалось, еще не тронуты Высоким Ренессансом: суровые стены и башни, простые прямоугольные завершения. Один из таких домов как раз и был, как тут все предполагают — да? — не чем иным, как «Каса Данте», то есть фамильной крепостью их рода. С фасада свисал флаг Алигьери с гербом в виде щита, разделенного на зеленое и черное поля и с поперечной белой полосой.

— Послушай, Джанни, как ему пришла идея описать загробный мир?

— Знаешь, Саша, мне кажется, что он там просто побывал, а потом постарался передать словами непередаваемое. — Джанни вынул из сумки «кьянти». — Вот здесь мы должны выпить — да?

— О да! — В несколько глотков они осушили бутылку и оставили ее под флагом.

Оставшихся немного ночей Александр бродил по Флоренции уже в одиночестве. Он старался не замечать ничего позже Треченто. Например, фонтанов. В те времена еще не было этих пиршеств мрамора и бронзы. Вместо них существовали круглые колодцы из отшлифованного камня с аркой, к которой на колесике подвешивалось ведро. Арку иной раз как осторожное воспоминание об античной культуре подпирала парочка колонн дорического стиля. Он стоял перед таким колодцем на крохотной площади, замкнутой стеной с прямоугольными зубцами. Даже и «ласточкины хвосты» еще не вошли в моду. Попытаемся вообразить тишину такой ночи семьсот лет назад. В этой тишине гулко отдаются шаги нескольких поэтов, пришедших сюда напиться воды. Кавальканти, да Пистойя, Данте. Какие странные одежды: ноги обтянуты нитяными рейтузами, на головах какие-то шапочки с ушками. Данте поворачивается в профиль, как на единственном портрете работы Джотто. Что за суровость, что за острые углы! В принципе он был не только поэтом раннего Возрождения, но и рыцарем позднего средневековья. В нужный час он надевал доспехи и опоясывался мечом.

Когда я вижу, как плывут,
Пестрея средь листвы, знамена,
И слышу ржанье из загона
И звук виол, когда поют
Жонглеры, заходя в палатки,
Труба и рог меня зовут
Запеть...

— Послушайте, старик, — вполголоса за завтраком сказал Александру руководитель делегации. — Мне тут докладывают о ваших странных отлучках по ночам. Ничего странного, говорите? Стихи, что ли, сочиняете? Ну, так и запишем, стихи сочиняет поэт. Попал под влияние Данте. Ищет свою Беатриче, правильно? Да, старик, простите, но что за ахинею вы плели вчера на «круглом столе»? Мне доложили, что полная мистика какая-то — анархизм, модернизм, обскурантизм какой-то. Вы что, не понимаете, старик, кто тут у нас в делегации? Не порите горячку, иначе вам навсегда семафор закроют.

Александр, кривясь от этого вздора, молча смотрел на руководителя. Руководитель, «в общем неплохой мужик», смотрел на него. Потом пожал плечами и отвернулся.

В последний день конференции всех повезли на экскурсию в Сан-Джиминиано, в тот самый город, куда Данте был направлен в 1295 году послом, чтобы примирить враждующие кланы и обеспечить республике сильного союзника. Они добрались туда на автобусе за час, а он, должно быть, скакал целый день. Незабываемый момент — поворот дороги, и на вершине отдаленного холма появляются поднимающиеся из-за городской стены высокие и узкие сторожевые башни семейных кланов.

На обратном пути в самолете Александр, закрыв глаза, пытался прокрутить в памяти лоскутные одеяла тосканских долин, голубые холмы, города на холмах, терракоту их крыш и серые камни стен. Семафор теперь будет закрыт, надо тщательно смонтировать эти кадры, чтобы не забыть их, когда буду ставить спектакль, а потом, может быть, и фильм.

Мы не посмеем спуститься вслед за Данте и Вергилием, все эти годы думал Корбах. Останемся на поверхности, в Тоскане. Главным сюжетом пьесы, а потом, может быть, и фильма будет любовь его к Беатриче. Тут не все так ясно, как кажется. Он встретил ее возле Понто Веккио, когда ей было двадцать, а ему уже двадцать пять. Он не был невинным мечтательным юношей, каким его описывает Гумилев: «Мечтательный, на девушку похожий». Он был уже женатым человеком и отцом. Браки тогда заключались не на небесах, чаще всего они становились следствием сложной межклановой политики. Рано оставшийся без отца, он должен был стать старшим в доме Алигьери. Однако несчастным его брак считать нельзя. Он, очевидно, любил свою Джемму, любил с ней спать, знал ее тело не хуже, должно быть, чем Александр Корбах знает тело своей скандальной Анис.

Явление Беатриче потрясло его, как вдруг нахлынувшее внежизненное воспоминание о любви без похоти и о том несуществующем мире, где мужчина любит женщину, не сотворяя над ней насилия. Тут нам трудно будет не перебросить мостик в Петербург «Серебряного века», к автору «Стихов о Прекрасной Даме». Как и все русские символисты, Блок пытался читать закаты, в юности бормотал за Владимиром Соловьевым: «Не Изида трехвенечная ту весну им приведет, а нетронутая, вечная «Дева Радужных Ворот». Любовь запредельная, та, что наполняет всю суть поэта неслыханной радостью, невыразимым счастьем жизни-нежизни, казалась ему понятием, не совпадающим с плотским жаром. Эта любовь являлась в закатах как отражение сияний и бликов сродни тем, что описаны в Третьей книге «La Divina Commedia», как отражение того, что мы можем назвать «свечением Беатриче».

Конечно, все это расходится с эстетикой «Шутов», но он уж и сам эстетикой этой порядочно объелся, независимо от партийной критики. Конечно, попляшем на непримиримости гвельфов и гибеллинов, на иных образах «Ада», в которых почтеннейшая публика увидит кое-что знакомое, но главной темой будет любовь, суть земной любви и не-суть небесной. Так думал он в течение нескольких лет и, оставаясь в одиночестве, выборматывал диалоги и пальцем в табачном дыму рисовал мизансцены.

Теперь все подходило к концу, и с этими мечтами нужно было прощаться. О «Свечении Беатриче» он не заикался даже на собраниях труппы. Анонимка, подброшенная в почтовый ящик, говорила, что вся его команда пронизана стукачеством. Разорвал гадость, швырнул по ветру, однако вот гадость делает свое дело, не решаюсь заговорить о Данте на собрании друзей, ближе которых нет никого на Земле. Вместо этого предлагаю прочитать пьесу коммунистического подголоска Маркизета Гуэры Филателисты, или как его там, с «пылающего континента». Хоть и гнусный компромисс, но все-таки не самый гнусный: Филателиста хоть и подонок, но не бездарен.

Однажды, уже в начале 1982 года, позвонил Клеофонт Степанович Ситный: «Послушай, Саша, давай-ка обсудим наши дела, а?» Встреча состоялась в маленьком зале ресторана «Националь». Физиономия штатского генерала излучала добро, уют, отменный аппетит, эдакая плюха. «Саша, ведь ты же талантливый человек, а о тебе каждый день болтают эти трепачи со «Свободы». Тут стало известно, что у тебя с нервами не все в порядке. Все в порядке? Ну, значит, перебарщивают наши товарищи. Я просто подумал, что такому художнику, как ты, не очень-то хорошо быть притчей во языцех, да и с Филателистой тебе нечего позориться, ведь ты же не последняя птичка в нашей культуре. Есть люди, которые о тебе беспокоятся, думают о твоих творческих планах. «Свечение Беатриче» — потянешь ли? Хорошо, давай короче. Вот тут подумали хорошие люди, почему бы Корбаху не подлечить нервишки, не сменить на какой-то срок декорации. Ну-ну, не заводись с пол-оборота, никто тебя в Израиль не выталкивает. Речь ведь идет просто о поездке в цивилизованную Европу. Проветришься, прикоснешься к старым ценностям. А вот это ты пробовал, ну, грибочки-то, грузди-то а-ля рюс? На хуй, говоришь? А вот это не по-русски. Словом, есть выбор. Хочешь, приглашение себе закажи от своих друзей на Западе, ну не обязательно прямо от специалистов, можно и просто от людей искусства, не мне тебя учить, да ни на что я не намекаю, просто так сказал, имея в виду журналистов, а совсем не тех, о ком ты подумал, или вот второе, официальная, так сказать, командировка, ну, скажем, от ВТО. Ну, это тебе, наверное, неудобно, да, Саша? Ну, в том смысле, что из диссидентов тогда как бы выпадаешь. Нет, это не провокация, Саша, это просто мысли вслух, ведь мы с тобой водки-то вместе немало выпили, правда?»

Еще месяц прошел после этого ужина по Гиляровскому. Все оставалось по-прежнему: наглая слежка, слухи о решении применить крайние меры к антисоветчику Корбаху, заявления для западной печати как единственное средство обороны. Даже друзья уже не сомневались: вали, Сашка, за бугор, тут тебя доведут.

У него начались приступы необъяснимой трясучки, когда кажется, что вот сейчас действительно перекинешься через бугор, но только не через тот, который все имеют в виду, а через тот, который никто как бы не имеет в виду. Он стал нажираться выпивкой и вдруг однажды увидел на стене старую гитару. В пьяную башку пришла курьезная мысль: вот она меня спасет! Подтянул колки, трахнул всей пятерней и вновь заголосил хриплым петухом, да так, что и Володя бы большой палец показал, будь тот еще жив, незабвенный друг.

Вдруг на подпольной рок-сцене появилась новая группа под старым названием «Шуты»: Наталка-Моталка, Бронзовый Маг Елозин, Шурик Бесноватов, Лидка Гремучая, Тиграша, Одесса-порт, Марк Нетрезвый и, наконец, лид-вокалист, старый наш кумир Сашка Корбах, который никуда не уехал, а, наоборот, снова с нами, втыкает «товарищам» прямо в очко!

Власти совсем взбесились. Закончился этот всплеск вокала и ритма плачевно. Загорелся клуб энергетиков, где шел концерт. В панике народ переломал энное количество костей, попутно якобы пропала какая-то девятиклассница. Началось следствие, с Корбаха взяли подписку о невыезде. После этого он позвонил Ситному: ваша взяла, оформляйте на выезд. Следствие немедленно закрылось. ОВИР с рекордной скоростью выправил заграничный паспорт. ВТО выписало командировку режиссеру Корбаху во Францию «с творческими целями».

Все вокруг смотрели на него как на покойника. Женщины, с которыми у него «что-то было», влажными протирали его взглядами: запомнить, запомнить! Одна, самая недавняя, шепнула: «Прощай, и если навсегда, то навсегда прощай!» Он обозлился. Все ему осточертело, и этот Байрон в русском переводе. На людях еще боролся с «трясучкой», ночи превратились в череду умираний. В мае он оказался в Париже.

Вот он выходит в аэропорту Де Голль. Путешественник. Знаменитость. Из сумки торчит теннисная ракетка. Зажигаются лампы телекомпаний. Какие-то люди машут как знакомому. Саша, узнаешь? Поневоле отшатнешься: Ленька Купершток, перебежчик! Monsieur Korbach, que voulez vous dire au public de France? Молодая толстуха, то есть толстая молодуха, быстро переводит на русский. Товарищ Корбах, мы из посольства. Поосторожней, тут вас приветствует агентура со «Свободы». Шакальи подлые взгляды. Его везут в отель «Крийон», на три дня он гость студии «Антенн-2». Поощрительные взгляды западных «специалистов». Ничего, ничего, он придет в себя, у него сейчас просто культурный шок. Да-да, он вылечится, думает он о себе в третьем лице. Можно хорошо его вылечить утюгом по голове. Шербурские зонтики, болгарские зонтики, какая разница.

Культурный шок и в самом деле стал быстро уступать место реализму с его утренним кофе и хорошо прожаренными круассанами. Никто на меня не покушается, ей-ей. Разведслужбам наплевать на какого-то режиссеришку. «Советчикам» — он быстро научился у эмигрантов этому слову — тоже наплевать на его разглагольствования о «несовместимости карнавального театра с казарменной ментальностью». Выдворили, галочку поставили, доложились, и ладно. Нечего представлять скандал с маленьким театром как мировую сенсацию. Парижские театралы, во всяком случае, не видят в этом трагедии.

Его приглашали и в Odéon, и в Chaillot, и в Comédie Française, и в маленькие труппы, игравшие в заброшенных амбарах и банях. Перед спектаклями публика ему аплодировала: браво, месье Корба! Старому другу Антуану Витезу, который, пожалуй, единственный из всех парижских режиссеров свободно говорил по-русски, он рассказал идею «Свечения Беатриче». «Большая идея», — сказал Антуан и с живостью что-то нарисовал в воздухе своими тонкими пальцами. «Не я один такой рисовальщик», — усмехнулся Корбах. «Будем думать, — сказал Антуан, — а пока что, — он вдруг воспламенился, — почему бы тебе не поставить у меня сразу две пьесы? Одну русскую, «Чайку», а другую ирландскую, «Цаплю», современную парафразу к Чехову? Обе пьесы можно играть в одних декорациях и с одним и тем же составом актеров. Спектакль из двух вечеров, понимаешь? Ведь русские, по сути дела, такие же алкоголики, что и ирландцы».

За многочисленные интервью во французских, английских, германских, датских, шведских, итальянских и японских журналах он получил немало денег и мог теперь не торопиться, обдумывая предложение Витеза. Все в общем шло совсем неплохо, пока вдруг не началась новая советская атака. Сначала на него вышел корреспондент «Литературной газеты» Петр Большевиков, заведомый гэбэшник, хоть и известный в роли фрондерствующего плейбоя.

— Послушай, старик, тебя, похоже, собираются лишить советского гражданства. Там где-то подготовили для Политбюро подборочку из твоих высказываний. Патриархи пришли в ярость, особенно Ю.В. Там, видишь ли, еще живы такие категории, как классовая борьба. В этих рамках с тобой, похоже, хотят расправиться.

Корбах стянул свой обезьяний рот, стараясь ничего не выдать изучающим зенкам агента. Страшное слово, однако, уже влезло ему под кожу. Пощелкивала артерия под ключицей. Хотелось истерически закричать: «Расправиться?! А по какому праву вы, красные свиньи, приговариваете человека, даже если он обезьяна?!» Все-таки не закричал и не задергался, однако почему же Большевиков ушел такой довольный?

Через день после этого визита напрямую из Москвы позвонил Клеофонт Степанович Ситный. Говорил неслыханно ледяным, будто вся Сибирь, тоном. На «вы»! «Вы что там, Корбах, с ума сошли?! Как вы смеете говорить, что карнавальный театр несовместим с казарменной ментальностью? Все наше общество к казарме подверстали?! Совсем уже продались подрывникам? Ну, пеняйте на себя! Я умываю руки!»

Что-что, а техника давления на нервы у большевиков была неплохо отработана. Через три дня «Советская культура» тиснула фельетон «Шут Корбах на ярмарке тщеславия». Гэбэшный псевдоним А. Николаев довольно гладким слогом (наверное, сам Петька Большевиков и написал) повествовал о том, как рехнувшийся от жажды славы актеришка продает свою родину. Фельетону соседствовало гневное письмо деятелей советской культуры. Дюжина подписей с титулами заслуженный, народный и так далее. Из знакомых никого, кроме артиста Стржельчика, что давно уже приспособился гвоздить диссидентов.

Опять о нем вспомнили радисты русскоязычных станций. Накачиваясь с утра скотчем, он рубал в телефон ответные инвективы. В выражениях не стеснялся настолько, что даже радисты покрякивали: не слишком ли круто, Саша? Ничего-ничего, пусть знают, что не боюсь.

Конечно, он не боялся, ведь не назовешь же страхом утренний мрак, желание то ли скукожиться в неподвижную куколку, то ли раскатиться ртутью во все стороны. Депрессией это называется просто-напросто. Он бормотал дантовские строфы, в частности: «Им невдомек, что только черви мы, в которых зреет мотылек нетленный, на Божий суд взлетающий из тьмы». Это помогало вместе со скотчем.

Однажды пришел старый кореш, актер «Современника» Игорь Юрин, который три года назад «дефектнул» из Совдепа и в Париже женился на марокканке: «Знаешь, один местный коммуняга спросил тут меня с гадкой улыбкой: «Кажется, ваш друг месье Корба погиб в автомобильной катастрофе, это верно?» Откуда, говорю, такая информация, а коммуняга усмехается еще гаже: «Наши товарищи только что прилетели из Москвы». Ну вот, получи и распишись. Тебе все понятно? Хочешь совет, Сашуля? Сваливай из Парижа. Они тебя тут доведут своей агентурой влияния. Куда? Да в Америку сваливай. С твоей славой я бы сразу в Америку свалил. Витез не сможет тебе дать здесь постоянный заработок. Знаешь, наши в Америке говорят, что там сразу возникает колоссальный отрыв от Советов, как будто на планете и не пахнет этой сволочью. Я лично просто мечтаю об Америке, но

29

что мне там делать без славы и с нулем английского. А ты еще и английский знаешь отлично».

Интересно, что через день после этого разговора, в ветреную погоду с улетающими шляпами и косынками, он натолкнулся на американского дипломата Никиту Афанасьевича Мориака, которого знал по Москве как большого поклонника «Шутов», всегда готового к переправке писем и пьес через священную границу. В пенсне со шнуром, тот заключил его в объятия: «Вот так встреча! Я уже полгода работаю в Париже, но все знаю о вас».

Они зашли в кафе на Карфюр дю Бак.

— Знаете, чувствую какую-то странную ностальгию по Москве. — Мориак внимательно и печально смотрел, как Корбах заказывает один за другим двойные скотчи. Вдруг просиял, узнав, что собеседник собирается в Америку: — Великолепная идея, Алекс! Вам там выкатят красный ковер. Ну, это просто такое английское выражение. В общем, великолепный прием вам обеспечен. Со своей стороны я гарантирую визу H-1, а через год вы получите «зеленую карту».

— Вместо зеленого змия? — скаламбурил Корбах.

Мориак похлопал его по плечу:

— Вы там сами во всем разберетесь. Поверьте, Америка — это далеко, очень далеко от ЦК КПСС!

Заканчивая этот предельно краткий корбаховский «куррикулюм витэ», мы выходим на вполне банальную фразу: «Вот так получилось, что в день своего рождения 10 августа 1982 года Александр Яковлевич Корбах ступил на американскую землю», — и возвращаемся в шагающую по утробному тоннелю толпу пассажиров ПанАм навстречу нацеленным телекамерам.

3. Стоградусный Фаренгейт

Только приблизившись к барьеру, Корбах понял, что фото- и телекамеры направлены вовсе не на него. Из-за плеч и съемочных приборов торчала курчавая голова знаменитого теннисиста.

Встречающие выискивали среди прилетевших своих. На этом пороге происходила материализация трансатлантических фантомов. Процесс, аналогичный вытягиванию своего чемодана, только радостные эмоции выражаются в более демонстративной форме. Никто, однако, не торопился вытягивать режиссера Корбаха. Он шел мимо картонок с именами тех, кого не знали в лицо: Верне, Шварцман, Зоя Бетанкур, Куан Лижи, — его имени тут не было. Он прошел через всю толпу, и никто его не окликнул.

Может, где-то у другого выхода встречают — что-то перепутали говнюки? Он пошел вдоль огромного зала, заполненного фантасмагорическим говором, в котором он не понимал ни единого слова. Временами ошеломлял громогласный пейджинг, в котором он тоже ничего не понимал. Носильщики разговаривали между собой на совершенно непонятном языке. Да я, кажется, совсем не понимаю по-английски, если это английский. «Information», — прочел он. Вот это понятно. Надо спросить, где здесь встречают режиссера Корбаха. За открытой стойкой сидели три свежих девчонки в униформе ПанАм, они болтали друг с другом. Приблизившись, он понял, что не может ни слова выдернуть из их болтовни. Одна из них повернулась к нему: «Sir?» Он отвел глаза и прошел мимо. Она понимающе посмотрела ему вслед. Наверное, восточноевропеец. Польские и чешские беженцы часто стесняются своего английского, в отличие от тамилов, сенегальцев и бирманцев, которые не стесняются.

Не менее часа Корбах возил свой чемодан на колясочке по терминалу, пил воду из фонтанчиков, чтобы не заказывать кокаколу по-английски, пока не пришла ошеломляющая мысль: меня здесь никто не встречает! Да ведь Мориак же сказал, что встретят! Да ведь и отголоски были немалые в американской прессе! Все американцы восклицали при знакомстве: Alexander Korbach! That's a great name in the States!

Он вышел из здания и увидел перед собой гигантское лежбище гладких, отсвечивающих на солнце морских львов. Изредка медленно начинали перемещаться самцы. Сальвадор-далиевское перезревшее солнце висело над возлежащим стадом. Необозримый паркинг машин.

Сразу покрываешься потом. Влажность охуенная. Humidity или humanity? Не важно как, но во всем этом пространстве никому до меня нет дела.

— Господин Корбах! — тут же отозвалось пространство.

Подходил невысокий уплотненный человек в скверной летней рубашонке навыпуск. Рукопожатие, обмен по́том.

— Мне Игореша Юрин утром позвонил, попросил вас встретить на всякий случай. Бутлеров Станислав, ну, в общем, Стас, ведь мы же с вами, кажется, одного возраста. — Он повел его прямо в пекло, на дальний конец паркинга. — Я уж думал, вы не приехали: нигде никаких признаков встречи. Внешность вашу, сорри, проектирую не очень отчетливо: за три года подзабылись герои отчизны. Хотел уже уезжать, и вдруг сам идет, во плоти. Сразу эта песенка ваша вспомнилась: «Преисподняя, преисподняя, посвежей надевай исподнее».

Корбаха замутило от собственной строчки столетней давности.

— Ну вот, пришли.

Стояло большое желтое такси.

— Там шофера нет, — сказал он.

— Я сам шофер, — ухмыльнулся Бутлеров.

Поехали по шоссе, четыре ряда в одну сторону, четыре в другую. Поток разнообразных машин ровно катил на одной скорости, как будто их всех завели одним ключом и разом пустили. Скользили мимо невзрачных домишек и торчащих кирпичных кубов без каких-либо признаков архитектуры, одни стены, окна, двери — чего еще, вполне достаточно. Иногда над крышами возникал рекламный щит: призыв аэролинии или кэмеловский человек с его пшеничными усами. На одном углу промелькнула толпа, почему-то показывающая пальцами в одном направлении, но вообще-то было пустынно.

— Вам вообще-то куда? — спросил Стас Бутлеров. Он был вполне корректен — вообще-то, — только иногда среди подпухших век мелькало выражение легкого сарказма.

— Да в центр, — пожал плечами Корбах.

Жаль, что не выпил на вокзале. Сейчас бы все это иначе окрасилось. Не пришлось бы корежиться на каждом вираже, когда над штабельными кирпичными домами появляется в сером застое набухшее малиновой магмой солнце.

— На Манхаттан, значит, — со странным лукавством произнес Стас. Он описывал широкий полукруг перед подъемом на подвешенную автостраду. Слева по борту на склонах холмов стояли прижатые друг к другу небоскребы, эдакое воинство, как бы готовое спуститься к битве.

— Странный вид, — пробормотал Корбах.

— Это еврейское кладбище, — проговорил Бутлеров.

У меня просто настоящий невроз, подумал Корбах. Близкое кладбище принимаю за отдаленный Манхаттан. Надо было выпить в ПанАм. Зря не выпил.

— А вот сейчас это уже Манхаттан, — сказал Бутлеров. Всеми силами он старался избежать торжественности, но до конца ему это не удалось.

Зрелище в тот вечер было величественное и мрачное. Застойный стоградусный Фаренгейт создавал от всей гряды камня, стекла и стали ощущение какой-то неясной неизбежности, приближения чего-то кардинально бесчеловечного. Ясность вносило только ядро солнца, висевшее над грядой в мутном вареве городской поллюции, имея в виду только американский, никоим образом не русский смысл этого слова.

— Вам все ясно? — спросил Бутлеров, и трудно было понять, чего больше было в этом вопросе, сарказма или гордости.

— Вполне, — засмеялся Корбах. — Как в кино, — продолжал смеяться он. — Как во сне, — и все смеялся.

I. Процессия

Толкнуло что-то или сам сорвался?
Любви ль укол иль паровой утюг
Низвергнулся? Ну вот — отшутовался,
Отпсиховался, брякнулся, утих.

С Таганки, через Яузу, к Солянке
Все тянется печальная процессия,
Парит над ней душа его, беглянка,
В парах тоски и возбужденья Цельсия.

Влечется тело к пышностям ботаники
В номенклатурный усыпальный парк.
Так оседают в глубину «титаники»,
Задув огни и выпустив весь пар.

МузЫка озаряется МоцАртом,
Но меркнет в заунывной какофонии.
Прощай, акустики волнующее царство,
Прощайте, мании и вместе с ними фобии.

Везде торчат отряды безопасности,
В чаду чудовищный чернеет водомет,
И воронье с распахнутыми пастями
Изображает неких ведьм полет.

Толпа в сто тысяч с грузностью колышется,
Как будто жаждет жалкого реванша.
Под ней цемент России грязно крОшится,
Так соль крошИтся на брегах Сиваша.

Плывет невысоко над катафалком
Его энергия, иль то, что называл
Душою он, оставив поле свалки,
Еще не рвется отойти в астрал.

Она взирает все на оболочку
Его короткой ненаглядной жизни,
Еще не в силах увидать воочию
Сонм русских душ над кровельною жестью.

Умели спрыгнуть жалкие останки
В сальто-мортале на скаку с коня
И в марафоне продержаться стойко
С другими «колесницами огня».

Они когда-то возжигались страстью —
Так верой в Храм горит израильтянин, —
Не знали мук, не ведали о старости,
Как птицы, что поют: не зря летали!

Гемоглобином насыщались клетки,
Казался вечным жизненный процесс,
Когда вдруг полетели все заклепки,
Как будто гарпий отпустил Персей.

Теперь их амплуа лишь «бедный Йорик».
В последний путь шута и каботена
Пусть пронесут советские майоры,
Как в Дании четыре капитана.

Астрал пред ним встает холстом Филонова,
Скопленьем форм вне классов и вне наций,
Как будто всю парсуну начал заново
Чахоточный титан, знаток новаций.

Еще влечет к себе Земли энергия,
Все имена цветов, святых, планет,
От Андромед до Пресвятого Сергия,
Хоть тех имен вне кислорода нет.

Слова ушли, и возникают сути.
Надмирный свод в нерукотворной Торе
Сверкает, как невидимые соты,
На радость ангелам и дьяволам на горе.

Прощай и здравствуй. Над высотным шпилем —
Барокко Сталина, палаццо Эмпээс —
Парит певец, один в надмирном штиле,
А у ноги парит послушный пес.

Так всякий раз к приходу новой сути
Родные духи поспешают снизиться
Порой на самый край телесной жути,
Как нимбы света в кафедральной ризнице.

На дне приходит очередь стакана.
ПролИлась горем, водкою сушись,
Москва! Она прокатывается стаккатто
И выпивает на помин души.

ЧАСТЬ II

1. Анисья в Нью-Йорк-сити

Бывшая жена Корбаха Анис, урожденная Анисья Пупущина, не первый раз посещала Нью-Йорк. В начале семидесятых ее номенклатурный по МИДу папаша после успешного распространения коммунистического керосина на «пылающем континенте» был послан сюда заместителем главы постоянного представительства БССР при ООН. К Белоруссии он все-таки имел некоторое отношение, поскольку обладал специфическим произношением звука «ч». Этот дар, надо сказать, перешел и к Анисье. Как-то раз в начальных классах школы училка велела ей произнести череду слов с суффиксом «чк». Невинное дитя с большущим бантом почему-то не знало великорусского смягчения внутри этого фрагмента речи. Дочка-точка-свечка-печка-ночка-точка. Класс полег от смеха, и даже училка заулыбалась: да ты у нас белорусска, Пупущина!

Как у всех советских людей, семейные корни у Пупущиных не очень-то далеко прослеживались, так что не исключены были какие-то «белые россы» за горизонтом. Позднее, когда она выросла в молодую женщину с ошеломляющей гривой светлых волос, ее стали принимать за скандинавку. Вот и сейчас, когда она идет по Пятой авеню в цветастом платье и высоких итальянских сапогах, под ветром, так здорово обтекающим супербабскую фигуру, мужики распахивают пасти: She must be Swedish!

Все-таки это преувеличение, что они тут все в Америке заделались гомиками. Очень многие просто сумасшедшие в отношении женщин. Идут следом, перегоняют, бормочут что-то — этот чертов инглиш не дается Анис, — похоже, что с ходу делают хамские предложения, как будто она не сорокалетняя советская деятельница, а молоденькая сучка.

Вчера один такой совсем распоясался. Рванул к ней, как будто мечту свою узрел, эдакий эфиоп! Глаза и зубы вспыхивают на черно-лиловом лице. Тянутся большие бархатные губы. Мелькают длинные пальцы с перстнями. Гангстер, что ли, какой-то? Where are you from? Называет какую-то неизвестную страну, Хэйти. Сует подарки: «Монблан» с золотым пером, «Роллекс» с бриллиантами, тяжелый бумажник крокодиловой кожи, булавку от галстука, хотите все сразу, все это, мадам, за одну ночь? Она хохотала: может, и штиблеты свои подарите, сеньор? Он тут же начинал развязывать шнурки на тысячных крокодилах, экзотический некто, — ах да, Альбер, а фамилия какая-то вроде Шапокляк. Он проводил ее до здания миссии, а при виде советской вывески изумленно открыл альков рта. Анисья же, изобразив достоинство советской женщины, скрылась под гербом с колосьями.

В этот раз в Нью-Йорке она была советской женщиной вдвойне. Дело в том, что приехала как член делегации Комитета советских женщин. На различных ланчах, жуя безвкусные треугольники сандвичей, пия непьянящее вино, вместе с подругами пудрила мозги голубоволосым старушкам: миру мир, мы все в одной лодке и так далее. Иногда, правда, нарывались на острозыких евреек в мужских пиджаках, сотрудниц Helsinki Watch или Freedom House. Эти сразу открывали пулеметный огонь: почему разогнали ленинградских феминисток? чем вам мешал журнал «Мария»? Какие еще феминистки? Какая еще «Мария»? Ну что ответишь, если никогда об этом ничего не слышала?

Наконец сегодня какой-то хмырь из «первого отдела» отвел ее в сторону. Вот сегодня, Анисья Борисовна, часиков эдак в три пи-эм вам нужно будет прогуляться по солнечной стороне Пятой авеню. Вполне возможно, вы там кого-нибудь встретите. И вот она послушно прогуливается, но почему-то слишком торопливым для прогулки шагом. Отражается в витринах, попавших в тень, и почти полностью пропадает в солнечных отражениях.

Минут через пятнадцать такой прогулки из встречного потока толпы выделился тот, кого ждала, который так измучил за годы жизни, гад, не могу забыть, какой уж тут, к черту, феминизм, ноги почувствовали свои сорок лет, прислонилась к столбу. Корбах прошел было мимо, потом остановился и стал беспокойно оглядываться. Он был не один, рядом зло рубил воздух ладонью мрачноватый мужик пугачевского типа. До Анисьи донеслось: «Межеумки! Нравственные недоноски! Ублюдки!» Она увидела, как Корбах берет того за руку, как бы желая остановить инвективу, как бы пытаясь прорваться через поток ругательных слов к повороту судьбы, если можно отнести к судьбе сценарий, разработанный вне романа досужими и пошлыми режиссерами. Увидев же наконец ее у столба с зеленой табличкой «35 th Street», он оттолкнул спутника и бросился к своей бывшей жене.

2. Рассеянность Фортуны

К этому моменту он был уже две недели в Нью-Йорке и жил у того, кто его, единственный, и встретил в аэропорту, — у Стаса Бутлерова. Переступив порог Бутлеровых, он сразу вспомнил Москву: из кухоньки тянуло жареными баклажанами, жена Стаса, толстенькая интеллектуалка Ольга, и теща Фрида Гершелевна накрывали на стол по русскому принципу «мечи, что ни есть, из печи». В углу ливинг-рума под портретом вдохновенного Пастернака и картиной Оскара Рабина с селедкой на газете «Правда» стояла двенадцатилетняя скрипачка, «надежда семьи» с аденоидным выражением гениального лица. Семья жила в основном на зарплату Ольги, программистки, а также на фуд-стэмпы, что получала Фрида Гершелевна по восьмой программе для престарелых иммигрантов. Последнее обстоятельство делало старушку тоже своего рода программисткой, как она шутила. Стас между тем, озверев от неудачных попыток подтвердить свой адвокатский диплом, иногда подменял друга таксиста, а иногда друга ночного сторожа. Когда-то он был московским знатоком искусств, знал все театры и кучу знаменитостей, даже и с Корбахом пересекался, хоть тот ни черта и не помнит.

— I can't believe it, Sasha Korbach himself! — воскликнула Ольга.

— Шатапчик, мама! — пресек ее муж. — Дома только по-русски!

Ужин закончился в три часа ночи. Стас нагрузился, проклял историю и современность, Россию и Америку и предложил вечную дружбу «изгнанников духа». Предложение было принято. Корбах свалился на приготовленное ему ложе прямо возле обеденного стола лицом в потолок с аляповатой лепниной. Ничего не хочу, ничего не вижу, ничего не слышу, ничего не произношу. Закругляюсь или, вернее, простираюсь. Лежу распростерт. Не хватило сил пойти в лагеря, теперь — простирайся в пустоте.

Что же на самом деле произошло? Почему никто на американской земле не встретил эту все-таки довольно изрядно нашумевшую личность? Все-таки куда ни кинь, а на полдюжины интервьюшек, хотя бы уж для русской прессы в Большом Яблоке, он бы потянул. Боюсь, что ему так никогда и не узнать, что произошло-то всего-навсего легкое недоразумение. Ну а нам по авторскому произволу ничего не стоит рассказать об этом л.н. озадаченному читателю.

Дело в том, что секретарша Никиты Афанасьевича Мориака в Париже просто-напросто ошиблась на один день. Сотрудница штаб-квартиры организации «Дом свободы» Мэг Паттерсон, получив телекс, извещающий о том, что советский театральный диссидент Александр Корбах прибывает в аэропорт JFK 11 августа, тут же стала звонить в разные газеты и на телевидение, потому что у нее уже был порядочный опыт по приему советских диссидентов. Изъявили желание прислать людей и 13-й городской канал, и ABC World News, и New York Times, и Washington Post, и Wall Street Journal, и даже журнал Time, у которого к этому времени в разделе People как раз образовалось окошко между женитьбой Бэрри Фонвизен и разводом Лэрри Кранчлоу. Никто, разумеется, там никогда не слышал о таком режиссере, хотя довольно курьезным образом, о котором речь пойдет ниже, все понимали, что Alexander Korbach is a great name in the States.

Конечно, если бы Мэг Паттерсон догадалась позвонить большим людям театра, вроде Боба Босса или Хулио Соловей, которые не раз бывали на спектаклях «Шутов», корбаховская story все-таки бы вздулась, однако она в театры не ходила, отдавая все время своей диссертации, и имен этих не знала.

Таким образом, ровно через сутки после приезда нашего героя, как раз в то время, когда он с Бутлеровым собирался на еще одну селедочно-баклажанную вечеринку в Куинс, у ворот тоннеля ПанАм собралась приличная толпишка американских газетчиков и телевизионщиков, а также несколько увальней из местной русской прессы. Никого не встретив и сильно разозлившись, журналисты отправились по домам. Зная эту публику, мы вправе предположить, что такой афронт прибавил бы им азарту и они всем скопом взялись бы за поиски пропавшего москвича, однако в тот же вечер пришло сообщение, что арабские энтузиасты на Ближнем Востоке захватили американский пассажирский самолет. Драма поглотила все колонки газет, и о «театральном диссиденте» немедленно забыли.

Прискорбная история, ничего не скажешь, особенно для советской знаменитости с измученной вегетативкой, тем более что и истории как таковой знаменитость не знает, от нее осталась ему одна лишь пустота сродни изжоге. Ничего другого не остается, как предаться самобичеванию. Советские критики, видать, правы: тщеславие меня сжигает. Все мои мечты о третьем Ренессансе не что иное, как судороги тщеславия. И весь мой «новый сладостный стиль», и вся моя «Дантеана» со «Свечением Беатриче», ведь все это — ну, сознайся! — было задумано как шумиха на всю Москву. Сама моя известность, пусть советская или антисоветская, это пошлость. Вообще известность — это пошлость, надрыв, дешевая экзальтация, вульгарнейшая штучка. Вечная неестественность, дешевые номера по показу то скромности, то высокомерия, то достоинства. Это просто дурацкое состояние. Попав однажды на чертову карусель, уже не спрыгнешь. Тебя забудут, а ты все будешь кокетничать со всем миром и думать, что и мир продолжает с тобой кокетничать.

Нужно воспользоваться нынешней отрезвляющей, хоть и сжигающей все внутри, отрыжкой и вырваться из блядского балаганчика. Башкой вперед вырваться из хоровода блядей! Жаль, что я делать ничего не умею, кроме сочинения никому не нужных песенок, постановки балаганных пьес да танцев с вольтижировкой. Впрочем, можно водить такси, как Бутлеров водит, Плевако советских судилищ. По уик-эндам будем выжирать полгаллона «Смирновской», ходить по бордюоку, бомбить творческую хевру и политическую элиту, постепенно превращаться в брайтонских бесноватых.

Между тем Бутлеров, вдохновленный неожиданной дружбой с самим Сашей Корбахом, продолжал его водить по квартирам своих знакомых. Его, признаться, поражало, что сверхзвезда беспрекословно принимает все приглашения и, вместо того чтобы посещать коктейли настоящего, американского, Нью-Йорка, высиживает вечера в тесных застольях среди инженеров, работающих подсобниками, врачей, не подтвердивших советские дипломы, журналистов, адвокатов, лекторов, ставших массажистами, официантами, продавцами горячих кренделей, майкопечатниками, то есть операторами прессов, штампующих рисунки и надписи на излюбленном одеянии этой страны, на рубищах без воротников и с короткими рукавами.

Эти люди, по сути дела, были тем, что в России на театре называлось «публикой», они-то и создали в свое время популярность Саше Корбаху. После двух-трех рюмок они начинали напевать его старые песенки, лукаво поглядывали, после четвертой уже запросто совали гитару: «Ну, Саша, рвани!» Он послушно «рвал». Ему ободряюще кивали: «Все при тебе, старик, и голос, и стиль, и страсть!» По глазам он видел, что сочувствуют ему как человеку прошлого.

Слухи, однако, уже гуляли по «русскому» Нью-Йорку: Корбах в городе! Однажды забрели с Бутлеровым в ресторан «Кавказ», не успели принять по первой, как вдруг все заведение встало с поднятыми бокалами: Саша Корбах с нами! Выпьем за Сашу! Цыганка тут, конечно, заполоскала подолом: «К нам приехал наш любимый, Саша Корбах дорогой!» Пошел разгул в чисто московском духе. Из «Кавказа» потащились в «Руслан». Оттуда в огромный мрачный лофт, прибежище художественной богемы. Гении, однако, не выразили никаких особенных восторгов. Напротив, весь вечер на Корбаха как бы не обращали внимания, давая понять, что это он там, в Совдепии, был первачом, а здесь идет суровый гамбургский счет, здесь тамошние ценности не ходят. Какая-то подвыпившая девчонка пыталась пробраться к нему, но ее отвели за печку-буржуйку и отхлестали по щекам.

Ну ладно, Стас, с меня довольно, айда, сваливаем!

В ту ночь Нью-Йорк для разнообразия отделался от своей липкой влажности. Канадский воздух подошел плотной стеной от стратосферы до раздавленных пивных банок и начал дуть ветрилом через заезженные метафоры Манхаттана, то есть сквозь каменные ущелья, что ли, или в каменном лабиринте, что ли, хотя какой тут лабиринт, если и пьяная обезьяна не заблудится в пронумерованной геометрии. Ночь, словом, была волшебной, длинные белые облака неслись по черному небу, как академические гребные суда. Миг — и я влюблюсь в этот город. Миг проскочил.

«Ты знаешь, Бутлеров, в эвакуации, в Казани, мы жили на улице Бутлерова. Я был тогда крошкой, но все-таки помню деревянные домишки и гремучий трамвай».— «Этот Бутлеров, Корбах, знаменитый химик, казанский профессор, мой предок, ни больше ни меньше». — «Слушай, Бутлеров, я просто не знаю, что мне делать».— «Я это понял, Корбах, я просто бешусь, когда вижу, что эти гады с тобой сделали. Ведь ты же раньше просто как факел трещал вдохновением! Хочешь, пойду завтра в Newsweek, устрою там скандал: пишут о любых говнюках, а русского гения не заметили!» — «Ценю твой порыв, но ты меня не так понял. Мне просто нужно куда-то сбежать».— «Куда же еще бежать, друг? Больше бежать уже некуда».

Тренькала ночь. Корейские лавки были открыты. Ветер освежал выставленные на покатых лотках фрукты. Мимо прошли три полуобнаженных американца вавилонского происхождения. Собственно говоря, это были три льва с перманентно уложенными гривами. У гостиницы «Челси» бузил с дамой несколько заторчавший новеллист. Подвывали дальние и близкие амбулансы. Девка без штанов кутала грудь в норковый палантин.

«Знаешь, Корбах, я и сам хочу сбежать. Ольга нашла себе пуэрториканца на десять лет ее моложе. Мы всегда гордились передовыми взглядами на секс, а выяснилось, что я этого не выдерживаю». — «Бутлеров, эта революция тоже провалилась. Грядет сексуальный тоталитаризм. Ну, давай убежим куда-нибудь. Есть такой штат Очичорния, возле Калифорнии, или его там нет и в помине?» — «Про это я не знаю, Корбах, но в Лос-Анджелесе у меня есть процветающий друг. У него пай в парковочном бизнесе. Он найдет нам джоб».

Остаток ночи Корбах проворочался на тахте в прямом соседстве с обеденным столом, на котором разлагалась недоеденная сайра из русской лавки. Из спальни доносились повышенный голос Бутлерова и тоненький счастливый меццо Ольги, поющей испанскую песню. Слышались какие-то обвалы: то ли книги летели на пол, то ли мягкие бутылки с диетической кока-колой. Мужская истерика, однако, была бессильна перед звенящим словом «корасон».

Проснулся наш герой от телефонного звонка прямо в ухо. Аппарат, оказывается, ночью упал с тумбочки на подушку, но умудрился не разъединиться. «Могу я поговорить с господином Корбахом? — спросил голос, исполненный ультраленинградской любезности. Респондент ответил на это раздирающим кашлем. — Доброе утро, Александр Яковлевич! — сказал голос, как будто другого ответа и не ждал. — Я видел вас вчера у Ипсилона. С вами говорит Гребенчуковский Аркадий, радио «Свобода». Вы не хотели бы выступить на нашей волне?» — «А на какую тему, господин... — Корбах все еще спотыкался на этих «господах», — господин Гребенчуковский?» — «Да на любую! — воскликнул радист. — Мне кажется, вам надо просто появиться в эфире, чтобы заткнуть рты дезинформаторам и ободрить ваших друзей. Там про вас слухи распускаются один дичей другого». — «У-у-у-у-у», — сымитировал тут Корбах вой глушилки. «И тем не менее нас слушают несколько десятков миллионов, — горячо возразил на это Гребенчуковский. — Приезжайте-ка, Александр Яковлевич, к нам на студию, запишем нашу беседу, да, кстати, и гонорар вам немедленно выплатим наличными».

И голос приятный, и аргументы убедительные, подумал Корбах. Надо выступить напоследок, перед исчезновением. По Москве пройдет: Корбах жив. И мать узнает. И Анисья с ребятами узнают. Так я и исчезну. Исчезну живым.

Звонок Гребенчуковского пришелся на короткую фазу похмельного добродушия, которая сменяется более продолжительной фазой невроза. Он едва успел записать координаты «Свободы», как эта ебаная вторая фаза разразилась. Его вдруг мгновенной тягой высосала тоска по матери, о которой, честно говоря, он не так уж часто думал. Мать, бедная, уходит на пенсию, утрачивает «важное государственное значение». Ижмайлов сидит, как Меншиков в ссылке. Валерка и Катя живут своими семьями. Бабушки Ирины уже два года нет. Своей матери, бабушки Раисы, она почему-то стыдится. Сын вообще стал пугалом. Бедное запуганное существо, мать «врага народа»!

Тут раздался еще один звонок, пропитым баском мужик что-то тарахтел по-английски. Этот язык невозможно понимать, подумал Корбах со злостью и спросил, четко расставляя слова: «Вуд ю плиз спик слоули?» — «Пламбер, пламбер, — сипел мужик в трубке. — Их бин пламбер». Романтическим свежачком после бессонной ночи прокатилась розовенькая

Ольга Мироновна. Ах, да ведь это же немец-водопроводчик, я только его и жду! По некоторым взглядикам Корбах понимал, что семья уже немного тяготится присутствием «русского гения». За исключением, конечно, главы, который как раз тяготился семьею.

В третьем часу пополудни друзья предавались своему любимому занятию, блужданию по центру Манхаттана. Говорили о Калифорнии. Там все пойдет на лад. Это совсем другой мир. Там, говорят, даже воздух пахнет иначе, чем где бы то ни было. Я помню, сказал Корбах, запах какой-то еще не засранной мечты. Прости, удивился Бутлеров, да ведь в первой главе сказано, что ты первый раз в Америке. Он не все знает, усмехнулся Корбах. Я там лет десять назад был на фестивале с картиной. Ну, как актер. Ну, всего лишь неделю. Спал там с какой-то девчонкой. Актриска какая-то по фамилии, кажись, Капабланка, что ли. Ну, из Мексики.

Бутлеров насупился: в доме рогоносцев ни слова о латинах! Да брось, Стас, не ты первый, не ты последний. Моя жена тоже черт знает только с кем не спала. Ну вот ты и развелся. Ну вот и ты разведешься. Бутлеров повеселел. Наверное, ты прав, ведь у нас у всех за плечами баррикады сексуальной революции. Корбах покосился на увесистого коротышку. Не очень-то он похож на баррикадного бойца.

Оставался всего один час до встречи на «Свободе», и поэтому они выпили только один раз, правда, по двойному джину. В Калифорнии, Стас, ты забудешь про свой плачевный диплом, а я про все свои спектакли и фильмы. Мы станем обыкновенными сорок-с-чем-то мужиками. Правильно, Сашок (никто никогда не называл его «Сашок», но сейчас это ему понравилось), станем трудящимися, блукалор-уоркерами, так? И никаких контактов с богемой, с этими дешевыми снобами, межеумками, вечно беременными предательством, вроде засранца Митьки Ипсилона.

Публика на Пятой под солнцем и канадским ветром становилась все веселее. Летели гривы и шевелюры, галстуки и косынки. Корбаху казалось, что многие смотрят на него, словно узнают в нем знаменитость, как это бывало в Париже. Издевательски в свой адрес улыбаясь, он снова и снова видел чьи-то улыбки и узнающие глаза. Смотри, как вон та баба на тебя уставилась, сказал Бутлеров. Явно узнает! В своем простодушии этот парень всегда вытягивает то, что я пытаюсь затоптать поглубже. Корбах посмотрел на большую красивую бабу на перекрестке. И узнал в ней свою бывшую жену. И был тут же захлестнут невыносимой к ней любовью.

3. Ох, любовь самоварная!

Они не прикасались друг к другу, уж наверное, два года, и вот так раскочегарились! Ну и Сашка, думала Анис, оглаживая бывшего мужа. Еще горячее стал, чем был когда-то. Так прямо жаром меня всю накачивает, вздувает внутреннюю трубу. Вот так ведь и в самоваре делают — набьют горячих углей внутрь и сапогом накачивают. Ой, да я в самовар превращаюсь, сейчас закиплю, начну плеваться кипятком, он себе все сожжет.

Что с ней происходит, думал он, накачивая ее, трахая. Закроешь глаза, кажется, что двадцатилетняя деваха в руках. Вся колышется и дрожит. Эй, я же взвинчиваюсь спиралью, вроде Башни Третьего Интернационала! А вот теперь парю, как птеродактиль Летатлин с добычей. Откуда такие мысли дурацкие берутся во время траханья? Она выгибается, вся колышется, этим всегда была хороша со своим самоварным жаром, колыханья и вихри гривы, кажется, что трахаешь не бабу, а какую-то фантастическую кобылку. Не хватает только хвоста.

Наконец прекратили и полежали молча в обнимку, задыхаясь и раздыхаясь от любви. Потом сели и, привалясь к шаткой стенке паршивенького мотельчика, закурили в лучших традициях их молодости. Потом он спросил:

— Как дети?

— Твоими молитвами, — усмехнулась она.

— Они здесь с тобой?

— Нет, они сейчас с дедом и бабкой в «Нижней Ореанде».

— Значит, ты теперь не у папеньки в гостях?

Она шутливо изобразила надменность, что получилось довольно нелепо у голой женщины:

— Нет, сэр, подымай выше! Перед тобой работник советской культуры, старший редактор киностудии, член делегации КСЖ.

— Качественных Советских Жоп, что ли?

— Почти угадал, Комитета советских женщин.

— Вот это здорово, — дрогнувшим голосом пробормотал он. — А почему ты без хвоста? — Погладил соответствующее место. — Кто тебе оторвал хвост?

Она слабо сопротивлялась:

— Ладно, ладно, Сашка, хватит тебе. Знаю я эти твои трюки с хвостом.

Он не отвечал, и она замолчала, давая волю его фантазиям. Вот он, твой хвост, бери его, такой же великолепный, как прежде! Если бы знать раньше, что в нем столько накопилось любви!

— Александр, ну что ты делаешь с сорокалетней бабой? — Оказалось, что последнюю фразу она произнесла вслух.

— Тебе не сорок, а тридцать девять, — сказал он.

Она погладила его по голове.

— Если бы ты знал, как я обрадовалась, увидев тебя на улице! Вот ты ко мне бросился из-за секса, а я ведь в тебе родного человека увидела.

— Ну начинаются белорусские всхлипы, — ласково смеялся он.

— Знаешь... — Тут Анис убежала в ванную, вернулась оттуда с полотенцем между ног и продолжила фразу: — Знаешь, я, конечно, не верила, но про перебежчиков в Москве всегда распускают такую парашу, ну и пошли все болтать, что ты погиб за рулем. И вдруг ты, живой, родной!

— Орел степной, казак лихой, — вторил он ей в прежней манере иронической игры: она — слезливая деревенщина, он — ядовитый москвич. Вдруг она серьезно к нему повернулась настоящим лицом «советской женщины».

— Сашка, ну, хочешь, давай все сначала начнем? Представляешь, как ребята-то наши обрадуются, Степка-то с Левкой!

Он серьезно посмотрел на нее:

— Как ты это себе представляешь, Анис? Ведь я же практически высланный, враг народа. Доярки и сталевары в газетах головы моей требуют.

— Ах, это чепуха! — отмахнулась она. — Ты же понимаешь! Они могут это повернуть в одну минуту!

— А откуда в тебе такая уверенность? — задал он вдруг вопрос, который, как он потом казнился, тут же разрушил возродившуюся таким таинственным образом любовь.

В лице ее происходила быстрая смена двух ее основных масок: строгий редактор, член худсовета, которую он терпеть не мог, и шалая баба, которую так любил.

— Ну, как ты думаешь, откуда? Конечно, от них. Неужели ты думал, что они на меня не выходили? На твою разведенку, на мать твоих детей?

— Значит, дали добро на воссоединение? — Сбросив ноги с кровати, он стал подтягивать валявшиеся на зебровидном, вытоптанном гиппопотамами коврике трусы, носки, штаны.

— Не надо примитивизировать, — сказала она редакторским тоном, но тут же по-свойски махнула гривой. — Ну, ты же знаешь, как они сейчас говорят. Мы не хотим Александру Яковлевичу перекрывать весь кислород. У него еще есть шанс вернуть доверие родины.

— Уточняли? — спросил он, уже в штанах.

— Ну, намекали, конечно. Интервью, признание ошибок, признать чрезмерное тщеславие, прочая лажа, но главное — разоблачение западных спецслужб, в общем, вся эта оскомину набившая муть. Отбрешешься, и тебя оставят в покое.

Он вытащил из кармана пиджака плоскую бутылку «Чиваса», хлебнул чуть не на треть, автоматически протянул партнерше. Она тоже крепко приложилась. И как бы ободрилась.

— Гарантируют возврат в театр на прежнюю должность, зеленую улицу твоим проектам. Какой-то спектакль упоминали, по Данте, что ли, или по Петрарке.

Его тут дико повело: головокружение, злость, изжога, злость, тошнота и злость, злость и злость. Значит, и этот взрыв любви устроила гэбуха! Значит, и Данте они мусолят жирными пальцами!

— А здорово они тебя зарядили! — заговорил он. — Всунули в делегацию и даже на Пятую авеню препроводили, высчитав мой маршрут! Нет, мы все-таки недооцениваем рыцарей революции. Всегда они вербовали красивых баб, всяких там качественных жоп, эта методика у них отлично разработана!

— Замолчи! — закричала она, да так, что за стенкой испуганно замолчал телевизор. — Как ты смеешь?! Мать твоих детей! Гад! Гад! Гад! — Она уже металась по комнате, хватала разбросанное белье, груди тряслись, большая, нелепая, впервые было замечено, что и живот потряхивается, будто сумка на ухабах.

Такого рода скандалы, холодно подумал он, надо все-таки разводить в костюмах. Иные скажут, что «ню» в подобных ситуациях усиливает постмодернистскую тотальность. Я с этим не соглашусь. Послушайте, любезнейший, то, что мы видим в подобных диалогах голых тел, по-американски называется redandance, по-нашему — это «высасывание из пальца». Из двадцать первого пальца, увы.

4. Преисподняя

В густых сумерках он медленно брел к Таймс-скверу. В те времена огромный кэмеловский мужик все еще великолепно выпускал кольца дыма. На большой высоте стена желтого огня заливалась потоком красного огня, который сменялся сливом синего огня, после чего появлялось ассирийское слово «Набиско». В кино шла «Женщина французского лейтенанта», если память не изменяет. Первые этажи сияли сотнями ярко освещенных пещер, в одной — тысяча фотоаппаратов, в другой — тысяча радио, в третьей — тысяча чемоданов. Меж небоскребов висел вертолет, шарил лучами, хоть все они и рассеивались в испарине низов. Толпа брела туда-сюда, смотрела сама на себя, чего-то искала послаще. Вон там, на карнизе шестидесятого этажа, хорошо бы карлику Блока примоститься с огненным языком на полнеба. Народ подумает: что они хотят продать этим суперязыком?

45

Бесцельно он зашел в пещеру, пылающую тысячью телевизоров. Одновременно мелькали: бейсбол, мыло, драма, взрыв, кулачище, ножища, губы, сосущие сласть, шина, несколько лиц, горящих жгучим интересом к какому-то злободневному вопросу. Прорезался женский голос: «I always have a sex with my cloth on, and outside my bed's sheet!» При чем здесь shit, подумал он, впрочем, оно всегда при чем-нибудь. Группа восточных владельцев лавки внимательно следила за его продвижением вдоль экранов. Тут все несложно, подумал он, надо лишь нащупать ключ к этим тайнам, ключ в виде змейки, обвившейся вокруг столбика. Впрочем, лучше не нащупывать, лучше просто мимо пройти, хотя бы попытаться все это миновать, иначе отгадка обвалится на тебя, как хрустальная люстра. Восточные люди отвернулись: This man is just looking. Обвяжи желтую ленту вокруг старого дуба, если ты еще любишь меня, если ты еще хочешь меня, если ты еще ждешь. Эта старая здешняя мелодия, как будто весточка из дома. Из дома, где коллективы предателей живут и жены-стукачки процветают. Ни здесь, ни там мне никогда ничего не откроется, кроме бутылки.

«И страсть его на дне бутылки давным-давно, давным-давно!» Это еще откуда? Вдруг выплыло: первый послевоенный год, скрип снега под валенками, утоптанный снег, как мрамор под луной, ему семь лет, он возвращается с мамой из театра, всеобъемлющее счастье, прыжки, пробежки, скольжение по накатанным ледяным полоскам, пою, как там гусары в театре пели: «Давным-давно! Давным-давно!»

Это было не воспоминание. Тот зимний момент просто вернулся к нему посреди Таймс-сквера. Вдруг поместился посреди «чистилища», как бы никому и не мешая. Проявился вне времени. Нарушилась череда бесконечного надувательства, проносящихся мимо, из будущего в прошлое, мигов. Он вспомнил надгробную надпись на переделкинском кладбище: «И затопили нас волны времени, и участь наша была мгновенна». Время не может нас затопить, его нет, когда нас нет, нас затопляет что-то другое. Явившийся вдруг зимний миг детства — это не миг. Я, кажется, качаюсь на какой-то последней точке. Еще один не-миг, и я окажусь вне времени. Если я еще в нем, содрогнулся он.

Вдруг поразила мысль, что его, может быть, нет в живых. После какого-то мгновения в Москве это уже не жизнь происходит со мной, но только лишь блуждание еще не рассеявшегося энергетического состава. Не исключено, что КГБ убил меня утюгом по голове. Или в мою машину КрАЗ ударил. Может быть, даже и без КГБ обошлось, вот ведь в детстве упала на голову люстра. Тело, наверное, провожала вся Москва, после похорон Высоцкого такого массового излияния чувств Москва не знала. Предшествия революции. А сам я, то есть мой энергетический пучок, отправился в астрал, в зону отражений, и народы текли вместе со мной как сонмища теней, в Америку как в чистилище. Только Вергилия нет со мной, если не считать Стаса Бутлерова. Отбрасываю ли тень? Сейчас на Таймс-сквере я отбрасываю десятки теней, но это еще не значит, что я телесный в привычном смысле. Я пью водку и заедаю огурцом, но вкуса не чувствую. Все сдвинулось, зазеркалилось. Лишнее доказательство — мой гротескный секс с Анис, а самое явное из неявного — возврат той зимней ночи из детства.

В круговороте этого ошеломляющего откровения или — смеем мы предположить — в остром приступе невроза он не заметил, как свернул из сверкающего коммерческими соблазнами треугольника в одну из боковых умеренно освещенных улиц. Теперь двигался по ней: то вышагивал поступью Маяковского, то волочился в манере Беккета, то вспыхивал вдруг восторгом перед астральным смыслом всего происходящего, то в страхе перед собственным отсутствием дрожал лягушкой. Ну, загляни в отражающее стекло, вдруг ничего не увидишь? Отражался потный человек в мятой куртке-сафари, лбище, что у «Боинга-747», космы с висков прилипли к щекам, за растянутым ртом не исключен и красный язык, что может развернуться на полнеба. Или полное отсутствие языка.

Я просто под диким стрессом, пришла спасительная мысль, мне просто нужны транквилизаторы. Тут вдруг открылась перспектива, в центре которой на темном небе встало перед ним огромными горящими буквами его собственное имя: Alexander Korbach. Ну, вот и все. Пришел мой час. Зовут. Апокалипсис, очевидно, бывает с каждым по отдельности. Всяк в одиночку проходит муки перед Страшным Судом.

Мимо меж тем шли новые йоркцы, кто в элегантном прикиде, кто в рубище и исподних шортах. Покашливали, жевали, сосали свой дринк, проверяли течение времени на своих запястьях. Вот так и бывает, все идут, а одного вдруг вызывают страшными буквами в темном небе. Из булочной вышла женщина с гуманитарным лицом. Несла коричневый пакет, из которого торчали две палки хлеба. К ней и качнулся подсудимый. Madame! Даже и в этот момент не решился по-английски, залепетал на косноязычном франсе. Est-que vous voir cela au-dessous? Она пожала плечами. Mais oui! What's the matter, monsieur? Он прижал ладони к своему животу, чтобы умерить кишечный и сосудистый турмойл. Qu'est que c'est, madame? Умоляю, qu'est que c'est? Она пожала еще раз плечами своими. Just «Korbach», Sir! Un grand magasine! И с этими словами, и с повернутой головой, и с изумленными глазами вошла в автобус. Боже, благослови эту тетку, пусть с наслаждением сегодня преломит свой французский хлеб!

В кармане, вдруг вспомнил, был недопитый флакон. Сев на ступеньку рядом с бормочущей что-то бомжой и подперев затылком шаткий небоскреб, сосал из флакона и смотрел на ровно светящиеся буквы своего имени. Они не подмигивали и не хамелеонили. Спокойным светом желтого электричества подтверждали: Alexander Korbach is a great name in the States! Вдоль улицы несло вечерним варевом человеческих селений: муши-порк и вантон-суп от китайцев, сладкий базили от таиландцев, трюфельный соус от провансальцев. Бытовая цивилизация, Нью-Йорк.

5. Кабинет Доктора Даппертутто

Артур Даппертат, молодой многообещающий сотрудник гигантской корпорации «Александер Корбах ритейл» и генеральный директор знаменитого нью-йоркского универмага, не принадлежал к числу тех, кто спешит сквозануть из своих контор, как только истечет рабочее время. Как раз напротив, он любил припоздниться за своим рабочим столом со своей энергично дымящейся чашкой кофе и с включенным компьютером. Он любил свою работу, страшно гордился колоссальной должностью, на которую его продвинули в двадцать семь лет, да и вообще ему нравился его кабинет как таковой.

Кабинет и впрямь был достоин восхищения: большущая комната с тремя французскими окнами, озирающими западный гребень Манхаттана, с панелями вирджинского дуба и с портретами основателей, с креслами, крытыми темно-желтой кожей, с огромным старым глобусом в могучей медной раме и с переходящим из десятилетия в десятилетие запахом дорогих сигар и еще более дорогих портов и шерри. И вот я здесь, стою вниз головой, в позе «сирхасана», на упругом персидском ковре, мальчишка из семьи с малым доходом, что ютилась на задах пиццерии в подозрительном районе Балтиморы. Ну что, разве нечем гордиться?

Арт Даппертат выглядел неплохо вверх ногами, тем более что увенчивался двумя превосходными английскими туфлями «Черч». Человек в этой позиции, по идее, не должен ни о чем думать, чтобы достичь желаемой медитации. Следует признать, однако, что Арт даже и вверх ногами никак не мог избавиться от приятных мыслей о своей жизни и деловой активности. Как раз наоборот, дополнительный приток артериальной крови в его мозг еще больше стимулировал генерацию идей. Вот и в этот момент представления читателю новая идея со скоростью ядерной частички прокрутилась в голове этого персонажа: «А-как-насчет-младшей-дочери-Стенли-Корбаха-хороша-собой-интелли-гентна-я-ей-нравлюсь-мне-надо-жениться-на-ней!»

Предположив такую мысль в адрес дочери всемогущего президента компании, мы как бы должны исключить Арта из славного поколения американских яппи восьмидесятых и швырнуть его в прошлое, к галерее бездушных героев Драйзера, этих карьеристов и обидчиков невинных девиц, однако просто ради справедливости мы должны сказать, что он к этим последним не имел никакого отношения. Он был чист, весел, простодушен, и дело было в том, что Сильви ему просто дико нравилась. Мезальянсом тут и не пахло, милостивые государи, особенно если учесть постоянно уменьшающееся за последние годы число мужских женихов на этой стороне Атлантики.

И вот именно в момент появления этой счастливой идеи в кабинет директора вошел начальник охраны универмага Бен Дакуорт, могучий черный парень, похожий на защитника команды «Вашингтон Редскинс». Он выглядел необычно возбужденным.

— Прошу прощения за беспокойство, Арт, но тут какая-то странная птица прилетела по твою душу.

Не меняя своей блаженной позы, Арт поинтересовался, кто это там прилетел. Дакуорт доложил о происшествии:

— Мы уже собирались закрывать лавку, когда я заметил этого парня в отделе парфюмерии. Он как-то странно разговаривал, ей-ей, как-то психованно наступал на Айрис Рабиновиц и других девчонок. Я его пригласил в мой офис, но он настаивал, что хочет говорить с самим менеджером. С вашим директором, как он выразился.

— Почему же ты не соединил его со мной по телефону? — спросил Даппертат.

— Проблема в том, что он не очень-то волочет по-английски. Трещит, как пулемет, но невозможно склеить его слова, чтобы получилось что-то вразумительное. Признаться, я хотел сначала просто выбросить вон этого чертова француза или венгра, а может, даже и большевика, если мне позволят так выразиться.

— Пардон, но тебе так не позволят, — перебил его руководитель. — Позволь мне напомнить тебе наш недавний разговор. Все наши служащие должны демонстрировать безупречное космополитическое отношение ко всем нашим покупателям или потенциальным покупателям. Мы не должны выказывать никаких признаков американского превосходства!

Дакуорт приложил к груди свою немалую ладонь.

— Боже упаси, Арт! Ты прекрасно знаешь, что я знаком с многими неамериканскими людьми. Я видел их немало в неамериканских странах, когда служил под знаменами сто первой дивизии легкой кавалерии. Космополитический дух глубоко укоренился во мне еще в те времена, когда мы базировались в Германии, недалеко от Висбадена, но... Что это вы так странно улыбаетесь, сэр?

— Просто вообразил тебя в составе легкой кавалерии, Бен, — невинно сказал Даппертат.

Начальник охраны при этих словах глубоко вздохнул.

— Что меня поражает, Арт, это то, что многие наши бойкие и стильные городские ребята, даже из тех, что получили образование в Гарварде или Йеле, то есть в вузах с большими возможностями в области изучения национальной истории, до сих пор считают, что военнослужащие сто первой дивизии легкой кавалерии гарцуют на конях. Это имя, сэр, наше подразделение получило сто тридцать лет назад и с тех пор гордо его несет в знак уважения к боевым традициям. Что касается меня, то я служил там в должности старшего специалиста-инструменталиста, сэр.

— Ну, хорошо, Бен, принимаю твой упрек, но что же ты там наблюдал в Германии?

— Простую вещь, Арт. Я понял, что при всех положительных качествах заграничных стран ни одну из них нельзя поставить рядом с США. Даже Германию, Арт. Я не очень-то в восторге от этого факта, но даже немцы, хоть и тянутся изо всех сил, все-таки еще сильно отстают.

— В какой области, Бен?

— Во всех областях, Арт.

— И в музыке, Бен? И в философии?

— Особенно в музыке, Арт. А также и в философии.

— Хм, — сказал главный менеджер, но начальник охраны только сильно кивнул в ответ на это междометие.

— Что касается любой другой страны, то что нам ждать от них, если даже Германия не дотягивает? Вот возьми, к примеру, этого венгра, который даже не может толком объясниться, а называет себя режиссером театра. Его одежда, похоже, никогда не знала утюга, но самое плачевное состоит в том, что он пьян, сэр!

Мистер Даппертат улыбнулся.

— Осмелюсь заметить, мой милый центурион, что есть одна область, в которой заморские страны еще могут бросить вызов Соединенным Штатам Америки. С трудом представляю себе начальника охраны германского большого универмага, который приводит пьяного посетителя в офис своего босса.

— Я ожидал этого упрека, — грустно сказал Дакуорт, чья фамилия, смеем мы заметить, переводится на русский как «достойный утки». — Быть может, я действительно заслужил этот выговор со стороны своего в высшей степени уважаемого, хоть и очень молодого руководства, но как я мог не представить этому руководству человека по имени Александр Корбах?

Сказав это, монументальная фигура отошла к древнему глобусу и толчком своего несокрушимого пальца дала ход медленному скрипучему вращению. Австралия, молча загадал он, если он остановится на Австралии, все будет в порядке с моей работой, с нашей компанией, с городом и со всей страной. Результат этого тайного пари оказался несколько двусмысленным. Глобус действительно остановился на том месте, где должна была присутствовать Австралия, но, увы, этот маленький континент не был еще открыт к моменту изготовления благородного географического устройства, так что вместо кенгуриной земли перед взором Дакуорта стояло только ржавое морское пространство.

К этому моменту генеральный менеджер вышел из «сирхасаны» и перешел в более присущее homo erectus положение.

— Удивительно! — вскричал он. — Ты уверен, Бен, что этот парень носит имя нашей компании и в то же время не является американцем?

— Я проверил его документ, — ответствовал офицер. — Там среди какой-то тарабарщины написано по-французски «Александр Корбах».

Арт сам открыл дверь и пригласил таинственного незнакомца. Тот вошел в кабинет под конвоем двух младших офицеров охраны, Джима и Рикардо; генеральный менеджер гордился тем, что знал всех восемьсот двенадцать служащих магазина по именам. Иностранец был не молод, но и не стар, не высок, но и не низок, чрезвычайно лыс, но в то же время привлекателен со своим хорошо очерченным подбородком и сверхразмерными голубыми глазами.

— Эти гэйз, — сказал он, показывая на свою стражу, — не вежливэйт.

У менеджера едва ли не перехватило дыхание.

— Эти гэйз? Вы сказали «гэйз», сэр? — Тут его осенило. — Вы, наверное, хотели сказать «гайз», сэр? Немудрено, что ребята были немного «не вежливэйт» с вами, сэр!

Комедия неверной идентификации, подумал Александр. Обычно это кончается хорошим ударом в челюсть.

— Сорри, — пробормотал он. — Это мой ебаный инглиш.

Молодой менеджер попросил свою стражу оставить его наедине с иностранцем и предложил тому превосходный буржуазный стул. На столе появился графин толстого резного стекла, наполненный темно-красным напитком, один вид которого пробуждал почти угасшие надежды на поворот к общему гуманизму.

— Куестчин, — произнес Александр. — Куестчин, куестчин, куестчин. — В ужасе, хоть слегка и комическом, он осознавал, что потерял все английские глаголы. Существительные еще выскакивали, глаголы же укатились, как ртуть, куда-то в прорехи штанов.

— Я весь внимание, — оживленно произнес Даппертат и даже слегка пробарабанил ладошками по зеленому сукну стола.

— Александр Корбах, — сказал Корбах и ткнул себя большим пальцем в грудину. Потом обвел широким жестом упако-

51

ванное в дубовые панели пространство. — Тоже Александр Корбах. Уот? Хау?

Арт покивал с еще большим оживлением:

— Я понимаю ваше замешательство, мистер Корбах. Увидеть свое собственное имя на фронтоне огромного коммерческого заведения в Нью-Йорке! Сущая фантастика, не правда
ли? Конечно, если бы вы были американцем, вас бы это не так
удивило. У нас тут, по всей вероятности, обитают сотни всяких
Ральфов Лоренов, тысячи всяких Хектов, Саксов, Эксонов и
других носителей больших имен. В конце концов, это страна
открытых возможностей, во всяком случае, она считается таковой. Но вы, как я понимаю, прибыли из-за морей и не были
знакомы с нашими большими именами. Откуда вы вообще-то,
Алекс?

Из всей этой тирады Александр отчетливо уловил только последнюю фразу.

— Советский Союз, — сказал он. — Юнион хуев. Москва
распиздяйская. Нью-Йорк расфакованный. Театр. Режиссер.
Улица. Небо. Мое имя. Галлюцинация?

Глаголы по-прежнему позорно отсутствовали.

— Послушайте, Алекс, — терпеливо сказал Даппертат. — Я
буду говорить медленно, чтобы вы лучше поняли. Александер
Корбах это большое имя в нашей стране. Оно принадлежит гигантской коммерческой и финансовой корпорации, которую основал сто лет назад человек по имени Александер Корбах. Вот
перед вами на стене портрет этого господина в его лучшие годы.
Насколько я могу догадаться, он позировал для этого портрета
как раз в том кабинете, в котором мы сейчас с вами ведем этот
волнующий разговор.

Александр бросил дикий взгляд на густую масляную живопись в золоченой раме и нашел там прохладноглазого джентльмена с усами а-ля генерал Китченер и с легкими светлыми воло-
сами, венчающими крутую башку. Очень старательно был выпи-
сан бархатный пиджак болотного цвета, булавка в галстуке и
перстень на одном из пальцев, что удивляли своей мозолисто-
стью по сравнению с утонченными линиями лица.

Арт Даппертат продолжал:

— Вначале это была компания розничной торговли, и наш
универсальный магазин являлся ее флагманом. Воображаете, дружище, как я был горд, когда меня назначили генеральным менеджером этого национального наследия?

Александр перебил его:

— Еврей? — спросил он, кивая на портрет. — Россия?

Даппертат мягко улыбнулся. Воспитанный в либеральной
школе «Лиги Плюща», он с терпимостью относился к бесцере-
монным манерам незнакомца, относя их к российской темноте.

— Насколько я знаю, сэр, Александер Корбах приехал сюда из Варшавы или из Берлина и основал здесь славную американскую династию богачей. Хорошие новости для вас, Алекс: эта династия по-прежнему управляет корпорацией, и у вас есть шанс быть представленным нашему президенту, Стенли Франклину Корбаху. Воображаете?

— Уот? Уай? — Глубокие параллельные линии, появившиеся на лбу, отразили замешательство тезки великого американского человека. — Ай донт! — Таким образом первый глагол все-таки проскочил в его речь. — Что? Зачем? Не воображаю!

Благорасположенный Даппертат потянулся через стол и похлопал своего собеседника по довольно влажному плечу:

— Ну, хорошо, попробую сказать это иначе. Хотите познакомиться с президентом нашей компании, самим Стенли Корбахом?

Александр пожал плечами:

— С какой стати? Ноу, ай донт.

Арту показалось, что какое-то страдание промелькнуло в глазах этого явно не вполне нормального человека.

— Послушайте, дорогой друг, вы, кажется, не все поняли. Стенли Корбах — один из самых богатых людей этой страны. Доступ в его круг практически закрыт для всех. Однако вам, мой незнакомый друг, выпал один шанс из миллиона. Во-первых, вы оказались полным тезкой нашего основателя. Во-вторых, вам почему-то повезло познакомиться лично со мной, с человеком, у которого есть личные связи со Стенли и который испытывает к вам необъяснимую симпатию. И, наконец, в-третьих, недавно во время игры в гольф я узнал о том, что Стенли в настоящее время одержим генеалогией. Я уверен, ему будет интересно поговорить с вами о вашей линии Корбахов. Поняли? Это дает вам огромные возможности, ну, для поисков огромнейших возможностей, ясно?

Корбах встал и предложил своему любезному хозяину прощальное рукопожатие.

— Сколько вам лет, Доктор Даппертутто?

— Двадцать семь, — со скромной гордостью сказал Арт, словно его молодость была чем-то вроде наследственного дара. Затем он мягко поправил визитера: — Однако меня зовут Даппертат, а не Даппертутто.

Визитер внезапно рассмеялся самым беззаботным манером.

— Сорри, ай диднт уонт ту, ну, черт, вас обидеть. Доктор Даппертутто из, ну, фром, что, ю ноу, Гофман, ну, Мейерхольд, в общем, комедия дель арте.

Менеджер был все-таки слегка обижен.

— Арт, к вашему сведению, это просто уменьшительное от Артур. Итак, хотите воспользоваться исключительной возможностью?

Между прочим, предлагая «исключительную возможность» этому сомнительному иностранцу, он отказывался признаться самому себе, что она дает и ему исключительную возможность напомнить о себе Стенли Корбаху, а там — кто знает? — может быть, даже и получить приглашение к этому небожителю.

— А как насчет еще одного стакана этого напитка? — спросил Александр и выразительной жестикуляцией пояснил свое желание.

Арт немедленно наполнил стаканы своим изысканным портом. И застыл, пораженный. Незнакомец осушил свой стакан разом, до дна, и крякнул.

— Прекрасно! — воскликнул он. — Это пойло возвращает к реальности! «Коммедия Дивина» превращается в комедия дель арте!

Арт проводил своего гостя до дверей и по дороге полуобнял его за плечи. К своему удивлению, он обнаружил под мешковидной тканью сильные мускулы акробата.

— Вы где остановились в Нью-Йорке, Алекс? Отель? Друзья? Родственники?

Незнакомец, похоже, с каждой минутой понимал все лучше по-английски.

— Я остановился пока в своем собственном теле, — сказал он с неожиданным изяществом.

Арт весь сиял дружелюбием.

— В своем собственном теле, ха-ха! Да у вас отличное чувство юмора, мистер Корбах! Сколько вам лет, между прочим?

— Пока как обычно, — усмехнулся визитер.

Арт хохотнул.

— А это звучит еще лучше! Вы просто генератор острот, сэр! Как насчет ужина в субботу?

— Сэнкью, Арт, ю гуд бой, мэ... жэ... ай флай Калифорния, нью лайф, селф-реализейшн, будь здоров, симпатяга! — С этими словами он сильно хлопнул генерального менеджера по лопатке и исчез.

Даппертат вернулся к своему столу, выключил компьютер да и сам как бы отключился на секунду. Включившись заново, он обнаружил себя взирающим на продолговатый прямоугольник ночного неба посреди стальных и стеклянных стен. Прямоугольник этот то и дело пересекался огнями полицейских вертолетов и лайнеров, снижающихся к аэропорту Нью-Арк. «Комедия дель арте, — пробормотал наш молодой, подающий надежды менеджер. — С моим йельским дипломом мне бы все-таки полагалось быстрее переключаться на подобные предметы».

Может показаться странным, но дикий визитер, явившийся из каких-то диссимметричных, дисгармоничных и дислогичных пространств жизни, произвел одновременно возбуждающее и угнетающее действие на сбалансированное сознание «молодого городского специалиста». Меньше всего этот яппи жаждал увидеть себя среди персонажей сродни бессердечным и тоскливым карьеристам Драйзера. Он жаждал чего-то другого, может быть, даже ветра из тех пространств, откуда явился чудак, тезка его универмага.

6. Чернилка-непроливайка

Пока все это происходило в жизни бывшего благоверного, или, как она его называла в эти часы, полного подонка, Анисья Корбах-Пупущина в растрепанных чувствах слонялась по торговым анфиладам Большого Яблока. Все ее просто бесило в этот вечер, ничего себе подобрать не могла — то цены раздражали, то покрой, американцы говенные, много о себе воображают, а сами не понимают стиля. В мыслях все время возвращалась к проклятому Сашке: гад, правильно его крыли в газетах, немедленно научился всему антисоветскому! Родную жену проеб до самой корки и тут же стал обвинять в стукачестве! Гений сраный, кому ты нужен, жили без тебя и сейчас обойдемся, а ты спивайся в своих джунглях!

Нью-Йорк меж тем переходил к ночному режиму, темнели небесные колодцы, на дне их зажигались вывески. Она уже подходила к зданию миссии СССР, когда увидела в начале квартала запаркованный вдоль тротуара удлиненный серебристый лимо с четырьмя отражающими окнами и с одним открытым, из которого лилась сладкая латиноамериканская музыка. Почему-то она остановилась и уставилась на этот блядовоз, на который смотреть совсем не пристало члену КСЖ. Почему-то ей показалось, что эта тачка к ней самой имеет какое-то отношение. И не ошиблась. Рядом с лимузином стояли и смотрели на нее двое: один обыкновенный американский молодой человек, а второй совершенно необыкновенный некто, длинноватый и очень узкий, в серебристом под цвет лимузина костюме и с лиловой, как чернила детских лет, кожей. Ну вот она и судьба моя явилась, медленно подумала она страшноватенькую мысль. Судьба эта в дальнейшем стала развиваться в виде пошловатенького водевиля.

Вдруг она узнала этого, чернильного. Тот самый Альбер, что ли, Бланманже, или как его там, что третьего дня на улице приставал, предлагал ей богатство за одну ночь. Увидев ее, он как-то ослаб, осел на корму лимузина, выталкивает зачем-то вперед обыкновенного молодого человека. ОМЧ вдруг заговорил на обыкновенном русском языке:

— Приветствуйте! Я есть переводчик господина Альбер Шапоманже, барон Вендреди. Мы ждать вас еще более пять часов уже. Барон ручает меня вас приглашать для вкусного ужину. Он вас люблять великолепно и спит узнать вашего имения.

— Ну здравствуйте! — ответила она по-партийному. — Меня зовут Анис.

Барон Вендреди соприкоснулся с ее неслабой рукой своей длиннопалой дланью. Произошел контакт. Ну что ж, большевистский патриархат, сейчас мы покажем тебе, что традиции Александры Коллонтай еще не забыты. Вы все, привыкшие на бабу смотреть как на подстилку, подсылающие шпионить к родному мужу, теперь получайте комсомольский сорокалетний, ой, пардон, тридцатидевятилетний привет!

Альбер раскудахтался вест-индским петухом на одном из наречий языка «пепельяменто». Анис вылавливала из его фонтана словечки «амур», «жаме», «трезор». ОМЧ преданно отрабатывал щедрый гонорар.

— Месье Шапоманже, барон Вендреди, обещал для ву весь трезор острова Хэйти. По большей части он всегда предвкушанствовал этого рандеву в частности всей жизни.

— Куда едем? — спросила она.

Страсть открывает бархатный рот до глубины гортани, видна вибрация голосовых связок, тремоло. Они едут в «Плазу», и вот они в «Плазе»! Просторы «президентского суита», набор филиппинских слуг, судки с серебряными крышками, мортиры шампанского по шестьсот долларов за штуку. Она, конечно, цен сих не знала, но мы-то знаем и не желаем держать читателя в «разумных пределах».

— Ладно, — сказала она влюбленному барону. — Пошли в спальню!

Там, в драпированном алькове, вдруг всю захлестнуло ее школьными лиловыми чернилами. Сама вдруг уподобилась непроливайке из тех, с конусовидными внутренностями, что, как ни переверни, держали все в себе. Когда-то такими чернилами на промокашке рисовала крошка кавказских джигитов с внешностью Шапоманже. Сейчас этот джигит оказался главным предметом всего набора, длинной ручкой-вставочкой с пером № 86, которым он ее остервенело трахал. Чернилка-вливалка, лиловый поток, и шатко, и валко кружит потолок. Свобода мерещилась усталому уму Анисьи.

II. Бульвар

Ты родилась, должно быть, в некий час,
Когда в кино я прятался от школы.
На выходе, услышав крик грача,
Я задрожал, десятилетний шкода.

Был мрачный день, и тучи, громоздясь,
Касались пузами московских вышек.
У светофора скапливалась гроздь
БлеЮщих горнами трофейных бээмвэшек.

Ковбойский фильм, грачи и тяжесть туч,
В конце бульвара Сталин в серой форме —
Все как-то сдвинулось, но как, не мог постичь.
Вдруг показалось, что за Трубной море

Шумит, как продолжение кино,
И в этом мире я не одинок.

ЧАСТЬ III

1. Графство Йорноверблюдо, штат Мэриленд

Только к концу октября Арту Дапперта-ту удалось напроситься в гости к своему обожаемому президенту Стенли Корбаху. Этому предшествовало несколько попыток напомнить о себе Его Всемогуществу, но все они были бесплодны. Дозвониться это-му парню, должно быть, не легче, чем Дэн Сяопину в Пекин. Телефонистки сообща-ли, что босс находится вне досягаемо-сти, то ли в Греции, то ли в Индонезии, Арт, однако, подозревал, что тот просто-напросто сидит в своей библиотеке, одер-жимый новым бзиком, генеалогическими поисками.

Однажды Арт взял да просто черкнул открытку, в которой сообщил боссу, что у него есть нечто конфиденциальное и по-лезное для дальнейшего разрастания кор-баховской родословной секвойи. Долго ни-какого ответа не было — наверно, гады сразу бросают все письма в какую-нибудь письморубку высокой технологии, — как вдруг — звонок, не кто иной, как сам Стенли на линии! В своей обычной, хрип-ловатой, добродушно-наплевательской ма-нере босс спросил: «А почему бы вам не заехать, Арт? От Манхаттана все-таки не так уж далеко до Северного Мэриленда». Каково, приглашают прямо в сердце импе-рии, на ферму «Галифакс», в окрестностях Алконоста, графство Йорноверблюдо, маль-чики и девочки!

Раз приглашают, значит, поехали! Арт взял напрокат тачку, да не какую-нибудь, а «кадиллак-севиль». Расходы его не сму-щали, поскольку подлежали вычету из до-ходов недавно открытой компании «Док-тор Даппертутто энд K°». Арт не был бы великолепным представителем поколения яппи, если бы в поисках налогового убежища не открыл полуфиктивной корпорации на собственное имя.

Деревья уже начинали желтеть, господа. И багроветь, милостивые государи. И законьячиваться в глубине рощ, если это кому-нибудь интересно. Рекордная, гвардейского роста кукуруза стояла по обочинам извилистых дорог Йорноверблюдского графства. Арт с удивлением на нее смотрел. Совсем как-то позабыл, что до превращения в попкорн эта, ну, штука сия, стоит зеленой ратью с подвешенными, как противотанковые гранаты, початками. Белые дощатые дома с террасами завершали гармонию холмистых пространств. Ну как тут избежать банальности? Эх, бросить бы все да поселиться вон на том холме! Избежать нельзя, но проехать мимо можно. Все ближе и ближе к реальности.

Реальностью для Арта Даппертата в эти моменты была мечта, и называлась она Сильви Корбах, восемнадцатилетняя дочь его патрона. Он вспоминал, как прошлой весной во Флориде, на Палм-бич, она выскакивала из воды. Не знаю, как выглядело рождение Афродиты, мужчины на флоридском пляже представляли его, очевидно, именно так: набег большого серфа, пенный грабеж, бум, переход временно́го барьера, и на скользящей доске к вам выскакивает воплощение женского юношества!

Как и многие красавицы ее возраста, Сильви была влюблена в свое тело, стыдилась этого чувства и отворачивала детские глаза, чтобы не покраснеть. Арт старался отвлекать ее внимание на другое тело, то есть на себя, демонстрировал пружинистость и гибкость. Она вдруг ахнула, узнав, что он тоже, тоже, тоже является поклонником старческой рок-группы The Greatful Dead! Не менее пятнадцати минут они гуляли вдоль океана, беседуя о гениальном Джерри Гарсия, напевая его песни и пританцовывая. Можно ли это забыть? Кажется, невозможно, думал Арт, приближаясь к новой встрече. Трудно себе представить, что такая девушка еще не знает о моем решении взять ее в жены. Ведь должны же такие сильные мысли передаваться на расстоянии.

При подъезде к поместью сразу же начались чудеса. Он медленно ехал вдоль поля для гольфа и вдруг увидел, что к переезду через дорогу приближается гольфовый самокат с двумя пассажирами, и в этих пассажирах взгляд его немедленно узнал двух персонажей, ради которых как раз и совершалось данное путешествие: большущего Стенли и тоненькую его дочку Сильви. Арт откатил вниз стекло «кадиллака» и спросил с сильным не-французским акцентом:

— Est-que vous avez Le Grey Poupon, monsieur?

— Mais oui, — прогудел босс и протянул ему плоскую фляжку с чем-то очень неплохим.

— Mon Dieu! — воскликнула тут Сильви и зарделась, не оставив ни малейших сомнений в том, что сильные мысли действительно передаются на расстоянии.

После гольфа значительное общество расселось на террасе, висевшей над зелеными перекатами англосаксонского воплощения мечты о земной гармонии. Арт все смотрел на будущую супругу. Она сильно переменилась за последние несколько месяцев, во всяком случае, старалась изо всех сил показать, что детский порыв давно уже перешел в элегантную сдержанность. В соответствии с новым направлением изменилась и одежда: джинсы и «тэнк-топ» маечка вытеснены были широким и легким осенним твидом. Шелковый и тоже очень широкий шарф Сильви постоянно обкручивала то вокруг плеч, то вокруг пояса, то вокруг попки, будто собиралась показать какой-то фокус. Не исключено, впрочем, что все было наоборот: новый стиль одежды вызвал и перемену манер. Папаша явно придерживался этой последней точки зрения. Пригнувшись к уху Арта, он сказал: «Побывала в гостях у старшей сестры, и вот такие перемены». Арт глубоким взором уперся в подбородок президента. Стенли, передал он ему свою еще одну сильную мысль, мне не нужно никакого приданого, ноль миллионов, мне нужна только твоя Сильви. Магнат кивнул.

Старый слуга Енох Агасф, возраст которого, разумеется, не поддается исчислению, обнес все общество лонг-дринками и встал в углу террасы, уподобившись шумерской скульптурке времен Хаммурапи. Давайте теперь перечислим состав мизансцены. Начнем с гостей. Молодой без пяти минут родственник — так, во всяком случае, подсказывала ему интуиция — Артур Даппертат. Еще один почти родственник, то есть просто-напросто дальний кузен Стенли с материнской стороны, Норман Бламсдейл, кругленький, слегка сумрачный мужичок средних лет, при взгляде на которого наш читатель немедленно бы воскликнул: «Вот типичный агент по продаже недвижимости!» — не дочитай он до конца данной фразы, главная цель которой состоит в донесении информации о том, что Норм является миллиардером и президентом корпорации «Бламсдейл брокеридж», в настоящий момент изъявляющей усиленное, а стало быть, несколько подозрительное желание слиться с «Александер Корбах инкорпорейтед».

Далее перед нами предстает хозяин поместья, огромнейший пятидесятипятилетний Стенли Франклин Корбах, разложивший одну великолепную ногу на колене другой, не менее монументальной, юмористически почесывающий хорошо заросшую пегим кустом волос макушку, стабильно, глоток за глотком, отправляющий в глубину организма свой «водкатини», чему отлично способствуют движения кадыка, подпирающего несколько пеликановидный зоб с небольшими пятнышками возрастной пигментации. Рядом с хозяином сидела хозяйка Марджори Корбах, сорокапятилетняя девушка с пышнейшей гривой в общем-то блондинистых, хоть и с лиловыми ниточками, волос, которые она доводила до совсем уже невероятной пышности, то и дело запуская в них прехорошенькие пальчики, способные, впрочем, отменно нажимать на спуск ружья, ибо обладательница пальчиков была чемпионкой штата Мэриленд по стендовой стрельбе. Неподалеку, естественно, располагалась дочь хозяина и хозяйки, предмет наших с Артом вздохов Сильви, студентка мэрилендского колледжа «Дикинсон», собирающаяся, впрочем, покинуть здешние цапельные пасторали, чтобы присоединиться к диким стаям студентов Колумбийского университета на Манхаттане. Рядом с полусестренкой в отрешенной позе, то есть прислонившись к колонне, стоял сын Марджори и пасынок Стенли, двадцатитрехлетний Энтони Эрроусмит из породы новых байронитов, то есть тех молодых людей, что в будущей зрелой жизни не собираются платить по счетам. Этот последний только что вернулся на американский материк после двухлетнего одиночного плавания под парусами и снисходительно возобновил свой курс шекспироведения в Гарварде. Самым, однако, невероятным участником мизансцены, во всяком случае для Арта Даппертата, был начальник охраны уже хорошо известного нам универмага «Александер Корбах», темнокожий красавец Бен Дакуорт. Любопытно отметить, что Арт, пребывающий в состоянии немыслимого возбуждения, поначалу не обратил на него никакого внимания и только уже перед ужином, столкнувшись с ним у фонтана, воскликнул: «А ты-то здесь как оказался, Бен?» — на что сдержанный легкий кавалерист непринужденно ответил, что их семью связывают с Корбахами очень тесные, едва ли не родственные узы.

Представив этот набор персонажей в статике, мы, конечно, должны тут внести и некоторую динамику, и для этой цели нам следует добавить к мизансцене «случайно завернувшую на Галифакс-фарм» племянницу Норма Бламсдейла Ленор Яблонски, известную в этих сельских местностях как молодая женщина «совсем непростой судьбы».

Разговор поначалу протекал вяло, все как бы поглядывали на Даппертата: что, мол, скажет? Арт уловил это настроение и без всякого смущения — к чести его надо сказать, он никогда не тушевался в присутствии сильных мира сего — слегка хлопнул себя по лбу натруженной в гольфе ладонью.

— Между прочим, друзья, — при этом обращении Марджори Корбах и Норман Бламсдейл почти неуловимо, но все-таки уловимо переглянулись, — у меня есть для вас в запасе одна забавная маленькая история. Представьте, пару месяцев назад я узнал от одного странного посетителя, что моя фамилия имеет некоторое отношение к комедии дель арте, а именно к персонажу, созданному Гофманом, к Доктору Даппертутто.

— Как это мило! — всплеснула руками Сильви и немного смутилась, поймав на себе мимолетные, но все-таки не пролетевшие мимо взгляды маменьки и дяди Нормана.

Папенька тут прогрохотал своим симпатичным смешком:

— Неужели, Арт, вы узнали об этом только два месяца назад?

Арт с живостью парировал:

— Неужели, Стенли, вы знали об этом, когда назначали меня директором?

— Ну разумеется, — проговорил босс, и все рассмеялись, — когда я просматривал список кандидатов, мой друг, — розовые губки Марджори при этом обращении сделали продолговатое «о», — я просто споткнулся на вашем имени. Эге, сказал я, вот и Доктор Даппертутто, да к тому же еще и Арт! Это мой парень, сказал я, и, как мы видим сейчас, это был правильный выбор!

Он поаплодировал Арту, и все последовали его примеру. Среди общего трепыхания, разумеется, выделялись всплески юной студентки и гулкие пушечные выстрелы специалиста по охране.

— Интересно, можно в этом доме найти хоть одну бутылку шампанского? — спросил Арт и подумал, что на этот раз он, кажется, немного перехватил в своей независимости. Ничуть не бывало. Хозяин просто повернулся к старому слуге:

— Как ты думаешь, Енох, найдется тут у нас бутылка шампанского?

— Конечно, сэр, — сказал старый семит и немедленно удалился.

Чтобы к этому больше не возвращаться, скажем сразу, что минут через десять он принес полдюжины «Вев Клико» 1962 года.

Арт пояснил:

— Я попросил шампанского в надежде, что все выпьют за мой коммерческий успех с этой комедией дель арте.

— За ваш успех... ммм... Арт? — удивилась миссис Корбах, не потревожив ни одной из своих немногочисленных морщинок.

— Пардон, Марджи, — поправился нахал, — я имел в виду наш общий коммерческий успех.

— Не угодно ли объяснить? — надменно спросил Энтони Эрроусмит. Он видел этого развязного малого впервые и удивлялся, как тому все сходит с рук в присутствии мамочки и ее близкого сурового друга Нормана. Энтони всеми фибрами своего необайронизма презирал коммерческих проныр-яппи.

— Ну конечно, можешь не волноваться, старик, — сказал ему Арт. — Слушай и учись, пока я жив. Ну вот, после ухода того странного посетителя, что сказал мне про Доктора Даппертутто, я включил мою справочную систему и постарался как можно больше узнать про эти итальянские комедии, что уходят корнями еще во времена Данте, ну, весь этот фольклорный бизнес. Все знают, конечно, что особенно они развились в восемнадцатом веке в Венеции. Там были два таких Карло — правильно, Сильви, — Гольдони и Гоцци, вот они и поставили это дело на серьезную ногу. Я заказал кое-какой визуальный материал, и вскоре разные старые маски лежали передо мной. И вдруг гениальная идея осенила меня. Да-да, гениальная, Сильви, других не держим. Впрочем, я, очевидно, должен был сказать, что эта громокипящая идея приблизилась ко мне, как темно-лиловый шторм посреди душного полудня. Нет, дорогая Марджи, ваш служащий не пишет стихов, но, думаю, смог бы. На какую тему, вы хотели бы узнать? Ну конечно, на тему истинной любви, милая леди. Любовь для меня, господа, это не райские кущи. Любовь подает сигнал о том, что мотор сердца снова включен и вращается на полных оборотах, медам. Вернемся к истории коммерческого успеха. Моя идея была так же проста, как эта бутылка шампанского. Я решил создать серию больших кукол по мотивам этих ошеломляющих забавных персонажей комедии дель арте — всех этих Панталоне, Пульчинеллу, Бригеллу, Коломбину, Арлекина, хвастуна и труса Капитана, который хвалится, что на парусах обошел весь мир, надоедливого педанта Тарталью, а также старого болтуна, моего предка Дока Даппертутто, созданного великим Гофманом, иными словами, героев всех этих бессмертных «фьяббас». Вы, конечно, знаете, что эта заезженная кукла Барби до сих пор является одним из самых надежных товаров в мире. Почему бы нам не попробовать обставить ее с нашими новыми персонажами, подумал я. Рискованное дело, хотите вы сказать? Но разве не умению рисковать учит нас наше руководство? Прав я, Стенли, или нет? Почему бы не попробовать, предварительно тщательно рассчитав все обстоятельства и разработав все приемы агрессивного маркетинга?

Стенли кивнул:

— Интересная идея, Арт! Даю тебе о'кей, можешь попробовать.

— Я уже попробовал, босс, — скромно признался Арт. — Использовав средства моей собственной компании, я заказал первую партию этих кукол одной шараге молодых художников в Сохо, отличных ребят, свободных от всяких клише и стереотипов. Затем мы выставили эту партию в «Александер Корбах» по ценам, которые не превысили бы цен массовой продукции. Результаты превзошли все мои ожидания! Все куклы были проданы за три часа! Покупатели хватали кукол как безумные, вырывали их друг у друга! Произошло даже что-то вроде свалки, когда мы объявили, что наши запасы иссякают. Свалка, впрочем, была очень тактично приостановлена нашим взводом охраны. После этой первой пробы мы повторили наш заказ, потом утроили его, потом увеличили его в десять раз. В настоящее время товар поступает к нам на регулярной основе, и все равно число покупателей постоянно растет. Хотите верьте, хотите нет, господа, но они каждое утро выстраиваются в очередь перед открытием лавки, чтобы заполучить этих, как они стали их называть, «арти-дарти-итальяно». По данным первых трех недель мы побили даже «ребят-с-капустной-грядки». Вот такие дела!

— Я видела на днях огромный заголовок в «Виллидж войс», — внезапно сказала Ленор Яблонски. Она сидела в позе всадницы на перилах террасы, и темную гриву ее слегка пошевеливал благосклонный о ту пору бриз с Атлантики. — Этот заголовок гласил: «Кукольное безумие в «Александер Корбах». Рекорды Доктора Даппертутто!»

Сказав это, она потупилась, как будто была смущена минутным всеобщим вниманием и как будто до этого не замечала, что юный Эрроусмит не может оторвать от нее взгляда. Вот блядища, подумала тут о ней мать юного Эрроусмита.

— Ах, как я бы хотела увидеть этих «арти-дарти-итальяно»! — воскликнула тут Сильви. — Завтра же поеду в Нью-Йорк! — Тут все повернулись к ней, и она тоже смутилась не меньше, но больше, чем многоопытная Ленор, и даже слегка покраснела. Хм, подумал Арт, здешние мамзели все-таки замечательно застенчивы, хм.

— Спокойно, бэби! — воскликнул он. — Я привез тебе целую сумку этих тварей!

Как хороший игрок американского футбола, он бросился руками вперед в угол террасы и даже проехался животом по мозаичному полу. Так он достиг принесенной заранее плотно набитой сумки «Адидас». Росчерк «молнии», и оттуда стали появляться названные выше персонажи, каждый размером не менее порядочного кота.

Даже скептики, а их было по крайней мере трое на террасе, включая поднаторелого в бизнесе Нормана Бламсдейла, были покорены. Воцарилось возбуждение. Мягкие куклы передавались из рук в руки, целовались как влажными, так и сухими ртами, прижимались к щекам и грудинам. Сильви подбрасывала их, как дитя. Могущественный Стенли пританцовывал с Бригеллой и Капитаном на атлетических плечах. Марджори целовала в обе щеки легкомысленную Коломбину: «Она похожа на меня, не правда ли?!» Когда волнение улеглось, молодой менеджер произнес заранее приготовленную фразу: «Я все еще не могу поверить, господа, что я обязан этим коммерческим, равно как и эстетическим, успехом не кому-нибудь, а весьма странному посетителю с довольно хаотическими манерами. А теперь, ребята, держитесь за свои кресла: этого посетителя, недавнего иммигранта из России, зовут Александер Корбах!»

Возникла немая сцена, вполне в духе родоначальника российского гротеска. Один только Бен Дакуорт улыбался, постукивая подошвой полированной штиблеты и мысленно благодаря исключительную сдержанность своего характера. Хорошо, что Арт преподнес им эту новость, а не я. Было бы глупо, если бы это сделал я. По некоторым причинам, о которых речь впереди, это было бы даже бестактно. Первой разомкнула посуровевшие уста хозяйка дома:

— Прошу прощения... м-м-м... Арт, но мне кажется, что вы тут разыгрываете с нами сцены из своей комедии дель арте, как будто мы для вас не что иное, как сборище шутов. Не ошиблись ли вы в своем призвании, молодой человек? Может быть, ваше место в театре, а не в коммерческом предприятии? — С каждым словом она все больше отдалялась от образа Коломбины.

— Вы ошибаетесь, Марджори! — воскликнул Арт. — Это вполне серьезно!

Он стал рассказывать о странном человеке с большой лысиной, но с молодыми чертами лица, который, увидев в ночи светящуюся вывеску их огромного магазина, испытал нечто сродни экзистенциальному шоку и ввалился внутрь, перепугав весь отдел парфюмерии.

Тут вдруг его прервал хозяин:

— Если вы не возражаете, Арт, вы доскажете эту историю лично мне в моем кабинете. — Извинившись перед обществом и сказав, что они будут к ужину, он крепко взял под руку своего «гения розничной торговли» и повлек его внутрь замка.

2. Замок «Галифакс», ничего особенного

Пока они идут по запутанным коридорам и залам в сторону кабинета, мы можем выкроить несколько страниц для рассказа об этом поместье и попутно дать читателю некоторое представление о втором основном герое этой саги, которому придется значительно потеснить нашего нервного Сашу с его «новым сладостным стилем», столь уместным на нью-йоркских помойках, пардон, но мы, кажется, теряем начало фразы, делая ее столь же аляповатой, сколь и украшения на потолках «Галифакса», по которому сейчас идут в сторону кабинета молодой Даппертат и его стареющий босс.

Из своих многочисленных резиденций, раскиданных по Америке и по всему миру, Стенли Корбах питал наибольшую привязанность к этому мэрилендскому гнезду, может быть, потому, что именно здесь он и появился на свет Божий. Холмистая земля с голубоватой хвоей была тут куплена аккурат (к месту, кажись, приходится любимый оборот почвенной прозы), аккурат сто лет назад основателем коммерческой династии Александром Корбахом по случаю бракосочетания с Сесили Дохерти, нееврейским происхождением которой он в те наивные времена так гордился. Кроме происхождения, были и другие основания для гордости, а именно солидное приданое Сесили, выделенное старым ирландским кланом, разбогатевшим на железнодорожных контрактах. Именно это приданое, а также, разумеется, новые родственные связи способствовали бурному росту уже довольно успешного торгового дома «Александер Корбах, розничная торговля», что и привело к строительству гигантского по тем временам универмага в окрестностях Бродвея. Используя дешевый труд своих вчерашних товарищей по иммиграции, то есть демонстрируя самый что ни на есть хищнический марксистский капитализм, Корбах вскоре построил филиал в Балтиморе, а также и этот «английский замок», в котором мы сейчас представляем читателям его прямого правнука. Употребив кавычки, мы, впрочем, совсем не ставим под сомнение английское происхождение замка. Как тогда это делалось, «Галифакс» был почти целиком перевезен в Мэриленд из заокеанского графства, где молодые его присмотрели во время медового месяца. Камней и дерева семнадцатого века, однако, не хватило для нуворишеского размаха, оттого тут и добавилась аляповатая имитация. В результате возник довольно несуразный по обличию домина с тюдоровскими фасадами и мавританскими арками, с гобеленами шестнадцатого века и с нависшим над этими шедеврами охотничьим кичем в виде огромных оленьих голов, с широкими окнами парижского стиля и псевдоскандинавскими башенками, в которых уже чувствовался привкус коммерции конца девятнадцатого века.

Каждое поколение Корбахов вносило свою лепту в эклектическую мешанину. Дед Стенли, Роберт, построил неподалеку на холме гостевой павильон в стиле арт-нуво со стилизованными орлами по углам многочисленных террас, что не могут не напомнить нашему читателю стилистику романа «Великий Гэтсби». Следующий стиль, деко, в сочетании с конструктивистскими элементами, вывезенными из России и Германии, был использован архитекторами отца Стенли, Дэвида, для создания уникальной оранжереи в сочетании с гаражом, где и по сей день стоят коллекционные «бугатти», «испано-сюизы», «роллсы» и «даймлеры», а также два любимых открытых «кадиллака» пятьдесят шестого года, черный и белый, в которых восьмидесятилетний патриарх, в зависимости от настроения то в черном, то в белом, любит разъезжать по соседним деревушкам, притворяясь обыкновенным фермером и заигрывая с девчонками. Все его тут, конечно, знают, однако охотно подыгрывают этой привычной забаве графства Йорноверблюдо.

В сороковые годы этот Дэйв Корбах заложил здесь конный завод, который, пройдя через несколько поколений жеребцов и кобыл, выработал ценную породу скаковых лошадей, что ценятся на миллионы. В шестидесятые годы, когда Дэвид Корбах отошел от финансовых дел, сосредоточившись в основном на экзотических формах разврата — он был одним из пионеров, проторивших популярную нынче дорожку в Бангкок, — во главе компании, да и всего отменно разросшегося клана встал носитель новых коммерческих идей, его сын Стенли. Конечно, и он внес свой вклад в разрастание фермы «Галифакс». Его вторая жена Малка Розентол, в еврейско-итальянской красоте которой бурлили, казалось, все понты Средиземного моря, была большой ценительницей современного искусства. Приглашенная знаменитость архитектуры мистер Пэй построил для нее свой очередной шедевр, телескопическую арт-галерею, быстро заполнившуюся образчиками вдохновения художников «Чикагской школы». Сами же вдохновенцы нередко приезжали в окрестности «Галифакса» на пленэр и никогда не упускали возможности собраться в замке у стойки бара красного дерева — о, эти шестидесятые!

Нынче, в начале восьмидесятых, «Ферма» тянула свою благостную рутину чаще всего в отсутствие хозяев. Искусствоведы составляли каталоги и отправляли на выставки шедевры искусства, коневоды обихаживали своих «гуингмов», слуги же плодились путем перекрестного опыления и смотрели телевизоры в обитаемом флигеле темного чертога.

Но вдруг, чаще всего осенью или на Песах для седера, Корбахи играли сбор, и окна чертога вспыхивали, как в старые времена. Два первых поколения, увы, были уже за пределами мира финансовых возможностей. Третье поколение являлось в лице старого короля Дэвида, четвертое представлял царствующий принц Стенли, его жены (по очереди) и его сестры с их мужьями. С пятым поколением, то есть с корбаховскими детьми от восемнадцати до тридцати, в замок входил неистовый гвалт современной молодой Америки, точно такой же, какой можно услышать, переступив порог джорджтаунского бара в субботу вечером. Появлялось уже и шестое, нарождающееся детство, писком своим предвещающее и дальнейшую череду, пока стоит оплотом человечества союз свободных штатов еще недавно, всего лишь двести лет назад, столь малолюдного континента.

Приезжая в «Галифакс», Стенли иногда открывал дверь в ту комнату, где он родился, и стоял на пороге. Кровать, привезенная вместе с камнями из Англии, ничуть с тех пор не изменилась. Вот здесь меж раздвинутых ног матери, через растянувшуюся вульву выпростался еще один комок человеческой плоти, названный его именем. Роды, очевидно, в некотором смысле имитируют изначальное возникновение живого из идеального, некое вздувание того, что сейчас именуется ДНК, то есть формулы первородного греха, соблазна сласти, влекущего за собой всю корчащуюся от боли биологию. Формула сначала все усложняется, рождает «тайну бытия», а потом начинает упрощаться, то есть отмирать и в конечном счете расшифровывается — в прах, в простейшие элементы, за которыми стоит уже «тайна небытия».

Почти всегда на пороге этой комнаты он вспоминал август 1945 года. Покачивающаяся палуба авианосца «Йорктаун». Огромные закаты в Тихом океане, на подходах к Японии. В начале того года ему исполнилось восемнадцать. К ужасу матери, он записался добровольцем в маринс. Прошел полугодовую подготовку в Норфолке, Вирджиния. Теперь они шли на запад, чтобы попасть на крайний восток и добить еще недавно столь могучую воинственную страну. В густеющих сумерках гигантские сполохи на мгновения обесцвечивали плавильню заката. Ребята тихо говорили, что при высадке наверняка погибнет каждый пятый, а может быть, и каждый третий.

Однажды он поймал на себе любящий и грустный взгляд сержанта, обычно грубого и крикливого мордоворота. Этот взгляд как бы говорил: неужели и этого малого, такого ладного и высокого, убьют? В этот момент корабль начал выполнять какой-то маневр, качнуло сильнее, чем обычно. Стенли испытал экзистенциальный ужас. Он понял, что это не связано с предстоящей битвой. Просто он ощутил зыбкость существования, этого момента между двумя черными тайнами. Странным образом страх перед боем после этого пропал. В мире присутствовало нечто, перед чем штурм Японии казался простым и даже как бы ободряющим делом. Высадились они уже после 6 августа на парализованную атомными откровениями землю. В их подразделении никто не погиб. Только Роджер Дакуорт растянул связки, стараясь раньше всех достичь берега.

Авианосец «Йорктаун» стоит на вечном приколе в тихом заливе возле Чарльстона, Южная Каролина. Палуба больше не качается. Туристы на взлетно-посадочной полосе ловят свои мгновения «кодаками» и «минолтами». Фотография подтверждает реальность. Или смеется над ней? Стенли Франклин Корбах, пятидесятипятилетний президент компании «Александер Корбах инк.», является одним из символов стабильности великой страны. Никаких экзистенциальных неврозов за его плечами не подразумевается. Никто, похоже, и не догадывается, как сильно ему наплевать на свое президентство. Все дела фирмы, включая расширение ее «ассетов» и сокращение «лайэбилитис», инвестиции в Силиконовую долину, в телевидение, в розничную торговлю, в нефть Кувейта, переговоры с финансовой группой Бламсдейла по поводу слияния двух гигантов во имя каких-то еще немыслимых прогрессов, все это кажется ему тявканьем мартышки по сравнению с минутой на пороге комнаты, где когда-то мать стонала, освобождаясь от бремени.

Они прошли мимо «той комнаты» и по спиральной лестнице поднялись в башню с большими окнами, где помещался кабинет Стенли. Арт зорким глазом подмечал детали интерьера, чтобы либо внедрить в собственный быт, либо категорически отвергнуть. Бюст Аристотеля, это дело! Бронзовая цапля с круглым глазом глупой девушки, это не пойдет: сентиментальщина! Хозяин снял с полки несколько книг и из-за них вытащил графин с портом. По цвету на порядок бьет мой набор, не без огорчения подумал молодой коммерсант.

— Хотите верьте, хотите нет, Стенли, но этот русский Александр Корбах выдул у меня за пятнадцать минут целую бутылку «Черчилля», — сказал он.

— Охотно верю, — сказал Стенли и подумал: можно и за пять минут. — Ну хорошо, расскажите мне эту историю во всех подробностях, — пригласил он. Задница его утонула в кресле, колени поднялись на уровень подбородка.

Арт стал рассказывать то, что читателю известно из предыдущей главы. Повторяться мы здесь не будем, поскольку описывали ту сцену с точки зрения нашего высокоположительного молодого человека, и в данном случае мы от него никакого вранья не ждем. Техника сказа, которую мы часто употребляем, вообще исключает попытку вранья. Добавим: или сразу ее обнажает. Мы просим читателя не обращать внимания на литературную технику, но все-таки не возражали бы, если бы он заложил вышесказанное за галстук.

— Ну вот, я и подумал, что вам может это показаться важным, — сказал Арт, заканчивая рассказ. — Все-таки полный тезка основателя.

— Важным?! — вскричал Стенли. — Да что может быть важнее?!

Слияние с «Бламсдейл брокеридж», должно быть, все-таки важнее, подумал Арт.

— Слияние с ББ — дерьмо в сравнении с этим! — Стенли казался по-настоящему взволнованным. Он резко встал с любимого сиденья. Какая пружина в заднице у старика, с восхищением отметил Арт. Стенли уже расхаживал по обширному круглому кабинету. — Мы только начали разрабатывать русскую линию корбаховского рода, там одни белые пятна, и вдруг такая находка! Этот Александр Корбах может оказаться не кем иным, как сыном Якова Корбаха! У русских есть так называемое отчество, патроним. Из полного имени можно узнать имя отца. Скажите, Арт, не мелькнуло ли в вашем разговоре слово «Яковлевич»?

Арт, увы, этого не помнил. Он хотел задержать того парня, даже поселить его в «Плазе» за свой счет, но тот вдруг от всего отмахнулся и ушел. Он странный тип, этот ваш Александер, сын Якова. Такая как бы творческая личность, босс, из тех, что вызывают какую-то тревогу. Что я имею в виду? Ну, когда понимаешь, что он делает все не как все, и начинаешь спрашивать себя, а почему я делаю все как все? Вот такой вид тревоги.

Стенли потер руки на дедушкин манер. Ну ничего, мы его все равно найдем! С годами у него проявилась эта еврейская манера сильно тереть ладони друг о дружку в моменты возбуждения или сосредоточенности.

— У нас теперь работает генеалогическая группа, три специалиста высшей квалификации, один — архивная крыса, второй с хваткой детектива, ну а третий просто английский шпион. Сразу начнут копать!

Арт был доволен, что босс оценил его новости. Тем не менее спросил:

— А зачем вам, Стенли, все эти поиски?

Магнат тут запнулся, почесал затылок, потом развел руками:

— Простите, Арт, но мне не хочется сейчас говорить об этом с вами в вашем возрасте и в вашем мажорном настроении. Простите, не хочу вас обидеть, но не могу сейчас ответить на ваш вопрос. — Он возобновил хождение. — Вот у меня есть к вам вопрос, связанный как раз с вашим возрастом. — Некоторое время он молча кружил по кабинету, хлопал по башке Аристотеля, оглаживал цаплю, будто собирался ей вставить, вдруг застывал: — Арт! — и снова продолжал кружение, пока не сел прямо на подлокотник гостя, то есть навис над Артом всем своим корпусом загребного знаменитой восьмерки Колумбийского университета пятидесятых годов. — Это даже не вопрос, а просьба, мой дорогой Даппертутто, вернее, полупросьба-полувопрос, то есть в числителе вопрос, а в знаменателе просьба.

Когда он успел так надраться, подумал молодой торговец.

— Слушайте, итальянец, почему бы вам не жениться на моей дочери? Вы спросите на какой, и я вам отвечу: на младшей, потому что три старших, кажется, замужем. Вот именно на этой Сильви, с которой вы сегодня так усиленно кокетничали.

— Ну, ладно, ладно, — урезонил его Арт. — Хватит вам шутить над бедным молодым человеком.

— Мне не до шуток, — сказал Стенли. — Вы знаете, что она поступила в Колумбийский университет, и вы не хуже меня знаете, что собой представляет «Колумбия», эта сплошная оргия. Все они там, в «Колумбии», только и думают, как бы разжиться тысчонкой или там сотней баксов, накуриться до одурения и факоваться на чердаках и в подвалах. Нежная Сильви станет легкой добычей этой банды. Ей стихи читать, играть на своей виолончели, а она там будет развращена и заболеет какой-нибудь новой гадкой болезнью. Вы поняли меня? Влюбляйтесь и женитесь! Вы будете счастливы, простите мои всхлипывания, и принесете мне внуков!

70

С этими словами глава фирмы, не удержав равновесия, съехал с подлокотника и сильно придавил будущего зятя. Арт Даппертат промокнул рукавом заслезившиеся глаза будущего тестя. Решалась судьба почти взрослой девушки. Согласен ли он? Да как же можно оттолкнуть страдающего отца? Как же можно швырнуть ребенка сексуальным маньякам «Колумбии»?

3. Стенли Корбах в кругу семьи и в одиночестве

Ужин был накрыт на террасе гостевого павильона под орлами и рядом с каменной пастью, низвергавшей кристальный поток воды в декадентскую чашу. Сидевшие вокруг стола, а их набралось не менее дюжины, не очень-то и заметили, когда к ним присоединились хозяин дома и его молодой выдвиженец. Общее внимание в этот момент сосредоточилось на Ленор Яблонски. Красавица принадлежала к тому типу людей, что умеют превращать идеально задуманные ужины в сплошной конфуз. Ее простецкая клетчатая рубашка никого не могла сбить с толку. Во-первых, она была опасно расстегнута на груди, а во-вторых, ее простота перечеркивалась изысканными очками, сидящими на хорошо отточенном носу в роли стрекозы раздора.

Об этой Ленни Яблонски рассказывали, что в 1968 году она, как Анка-пулеметчица, вела красный студенческий батальон «Чапай» на защиту баррикад Беркли. Может быть, врали, а может быть, нет. Вроде бы образумилась, хотела даже несколько раз основать семью, но что-то в ней оставалось со времен той «революции» пугающее, и женихи отваливали, замечая, как желчь иногда замутняет ее великолепные глазные яблоки. Каламбур в этом случае не читается, потому что Ленор не знала, что ее фамилия означает «эпл», а глазные яблоки, как хорошо известно читателю, по-английски называются как-то иначе. Добавляем одну интересную деталь: возраст ее рук не соответствовал ее молодой шее, как будто она и в самом деле на баррикадах нажимала гашетку пулемета, а дома, в подполье, пестовала взрывчатку.

В тот момент, когда мы приблизились к столу вместе со Стенли и Артом просто узнать, что богачи на ужин кушают, Ленор с ядовитым смешком рассказывала отвратительную историю. Оказывается, один ее бывший друг, которому вот так же, как нашему Энтони, не давала покоя слава морских путешественников, тоже отправился в кругосветку один на тридцатифутовой яхте. Однако, в отличие от нашего храброго Энтони, он не пустился сразу пересекать Атлантику, а поплыл вдоль американского берега на юг и достиг, после нескольких продолжительных и весьма приятных остановок, порта Нассау. Там он стоял около месяца, курил доп, и местные девчонки несовершеннолетнего возраста хорошо изучили упругость его трапа.

Наш Энтони, как все знают, сделал первую продолжительную остановку в Марокко, а тот друг, покинув наконец Багамский архипелаг, поплыл вдоль Надветренных островов, останавливаясь на недельку-другую то на Арубе, то на Сан-Мартене, слоняясь по этим модным курортам и нигде не забывая посетить казино.

В конце концов он достиг Гваделупы и был совершенно потрясен красотою местных креолок. Здесь он провел чуть ли не полгода и ходил на нудистский пляж инкогнито, всегда поддатый или под торчком. Раз в две недели он выходил на радиосвязь с одним нашим общим другом, членом яхт-клуба, и сообщал ему, что проходит через зону штормов вокруг мыса Горн, ну и так далее. В этих одиночных плаваниях — наш Энтони знает это лучше, чем я, — можно наврать с три короба без всякого риска для своей безупречной репутации. Правда, Энтони? Ну что ты так злишься? Если это не так, если все-таки есть какая-то система контроля, то ты просто объясни нам, темным людям, зачем же так злиться?

Всем это уже стало надоедать, когда Энтони резко встал, отбросил стул и сбежал по лестнице в темноту парка. Ленор со вздохом развела руками — трудно найти взаимопонимание.

Стенли тем временем, поев рыбы с салатом, почти отрезвел. Он с удовольствием посматривал на свою дочь и молодого Дапперта, которые, кажется, уже договорились, как избежать соблазнов «Колумбии». Также не без удовольствия он избегал многозначительных взглядов жены. У чувихи с возрастом стало часто проявляться какое-то странное возмущение всем происходящим вокруг. Ей кажется, что все на нас сели, что никто не считается с нашим величием. А ведь какая была чувиха еще совсем недавно! За десять шагов ты уже попадал в ее поле и не мог выпутаться, не трахнув ее в любом удобном месте. Или в неудобном месте. Нередко и в неудобном месте, о да! В лесу, например, среди колючек. На коралловом рифе, м-да-с. Чтобы вернуться к своей сути, ей надо все время нацеливаться на новый пенис. Если бы я был с ней откровенен, я бы посоветовал ей постоянно нацеливаться на новый пенис. Но, уж конечно, не на пенис Норма Бламсдейла все-таки. От этого все-таки немного тошнит. Конечно, с ним ей удобно переглядываться, но все-таки лучше бы ей нацеливаться на какой-нибудь другой, чтобы вспыхнуть своим прежним электричеством. Стенли вспомнил, что завтра начинаются переговоры с этим занудой Нормом об объединении АК энд ББ, и его самого слегка затошнило.

Из темноты быстро вышел Энтони, сел рядом с Ленор. Они о чем-то тихо заговорили. За весь день Ленор ни разу не посмотрела на Стенли. Бабы проклятые! Он вовсе не собирается пускаться во все эти надоедливые игры. Дает только то, что может дать. А это немало! Немало! Совсем не обязательно появляться без предупреждения в семейном кругу, хоть ты и дальняя родственница, привлекать к себе внимание саркастическими историями, изводить мальчика на дюжину лет себя младше. Он опять ловко избежал обмена взглядами с Марджи, встал и удалился в парк.

Пахло настоявшимся дубовым-с-вязами осенним воздухом. С вершины холма, со скамейки, сколоченной еще дедом Робертом, он видел освещенную террасу и молодежь вокруг стола. Арт играл на гитаре и изображал своих кукол. Марджори, между прочим, права, он нас всех здесь сегодня разыграл, как пьесу. Ну, эта пьеса хотя бы запомнится. Все, что не попадает в драматургию, проваливается в прорву. Впрочем, и драматургия, немного покачавшись, тоже проваливается в прорву. «Волны времени» тут ни при чем. Вне нас нет никакого времени. Едва мы вытряхиваемся из своей шкуры, как тут же прекращается всякое время. И прошлое, и настоящее, и будущее. Да и вообще, этот порядок поступательного движения — сущая фикция. Движение, в принципе, идет вспять. Будущий миг тут же становится прошлым. Все миги без исключения: и кипень листвы под атлантическим бризом, и падающая вода, и неподвижность каменного орла, и вытаскивание клубники из чаши с мороженым, и песенка Даппертата — все из будущего становится прошлым. Говорят, что мы заложники вечности, у времени в плену. Нет, мы в плену у чего-то другого.

Он спустился с холма и пошел по аллее, под свисающими из мрака мягкими листьями каштанов. Прошел мимо подсвеченного сильной лампой «Козерога». Привет, папаша! Тут, кажется, все замечают, что у этой скульптуры есть сходство с патриархом Дэвидом, но никто об этом не говорит вслух. Ухожу во мрак. Вновь появляюсь в освещенной полосе возле домика, в котором все сто корбаховских лет живет Енох Агасф. Там открыты окна. Младшее поколение великого семита смотрит телевизор. На экране выпяченное всеми губами, бровями и носами лицо властительницы дум, ведущей разговорного шоу. Доносится ее голос: «Я хочу вас спросить, жертвы половых насилий! Если насильник по просьбе своей жертвы использует презерватив, можем ли мы считать его действия изнасилованием?» Взрыв эмоций в многолюдной аудитории. Снова ухожу во мрак. Все передвигается вперед, то есть в прошлое. Шаги, как всегда, ведут в прошлое. Темнота тоже уходит в прошлое, не вечно же ей темнеть.

В конце этой аллеи есть беседка сродни эрмитажам из дворянских усадеб. По мотивам русского классика Айвана Тердже-

73

нева. Там рядом, когда-то, перед периодом Третьего Исчезновения, они с Енохом закапывали бутылки дешевой бузы. Отвратительный период жизни, надо сказать. Марджи со своими клевретами рыскала по всему саду, рассылала шпионов и по окрестным пивным. Сущая травля, вот что это было на самом деле, а в семейной мифологии считается, что «она его спасла».

Тошно вспомнить все эти ланчи, на которые она приглашала каких-то знаменитых психиатров под видом то новых соседей, то агентов недвижимости, то каких-то дальних родственников издалека. Ему достаточно было одной фразы, чтобы догадаться, кто сидит за столом и исподтишка буравит его профессиональными гляделками, отрабатывает гонорар.

Чтобы облегчить им вынесение диагноза «кризис среднего возраста», он начинал читать: «Земную жизнь пройдя до половины, Я очутился в сумрачном лесу...» — и хохотал, когда видел, что попал в точку.

Она объявила «сухой закон». Ты что, меня жалеешь или себя жалеешь? — отвратительно, прямо скажем, по-идиотски скандалил он. Боишься, что меня свергнут, что потеряешь титул? Дура, на кой хер нам этот титул? Сижу в президентском кресле только потому, что без меня они не могут принять ни одного решения. Живые компьютеры не могут сказать ни да, ни нет.

Она выгоняла с позором людей, которых я посылал за выпивкой. Все были перепуганы, сущий тоталитаризм. Один лишь только Вечный Жид закапывал для меня полугаллонные бутыли с калифорнийской бормотухой «Галло». Существенная штучка, надо признать. Глотаешь этими своими гаргантюанскими глотками, и тебе кажется, что берешь за узду это ебаное несуществующее мгновение.

Держу пари, что и сейчас здесь где-то остался пузырь, а то и два. Все эти три года после Третьего Исчезновения он помнил, что здесь еще оставались бутылки, однако сейчас кокетничал с собой, делая вид, что ищет вслепую. Наконец отвалил в фундаменте несколько кирпичей, засунул руку в темную дыру. Сейчас отхватит кисть какая-нибудь гадина. Рука спокойно прогулялась по горлышкам бутылок. Вытащил одну, содрал гнусный сургуч, открутил пластмассовую пробку. Засосал состав трехлетней выдержки. Ей-ей, недурно!

Итак, посмотрим на себя слегка со стороны. Стенли Франклин Корбах, праправнук варшавского меховщика, сидит все еще мускулистым задом на одном из высочайших американских тронов. Сидит, но ерзает. Какого черта он сидит, если ему так не сидится? Давайте-ка не отмахиваться от этого вопроса, тем более что башка как-то странно просветлела.

Ну, он сидит, как уже было сказано, просто потому, что без него вся эта мешпуха — и семья, и компания — немедленно раз-

валится. Он тут сидит, как Гаргантюа или как сын его Пантагрюэль, благодетельный владыка нерях и недотеп. Он всю жизнь
ощущал в себе что-то гаргантюанское, господа читатели и члены
их семей. В нем всегда дремала и часто просыпалась несколько
странная склонность к гигантизму. Горло испытывало потребность в огромных глотках. Ни с того ни с сего появлялся гомери-
ческий аппетит. Вот сегодня, например, съел под шумок двухфу-
товую рыбу. Умеренность в сексе иной раз сменялась гигантиче-
ским драйвом, трахал сразу, одну за другой, шесть мэрилендских
немок. Иной раз казалось, что вырастаю выше своих дубов, та-
щусь, озирая округу гольфа и сельского хозяйства, с венком
птиц, кружащих вокруг башки. К счастью, снижался до умеренно
раблезианских размеров, открывал нормальную бутылку. Ваше
здоровье, великолепный Гаргантюа!

Три года назад эти полгаллона стоили три доллара девятна-
дцать центов, эти цифры прочно засели в голове, потому что
приходилось занимать деньги у слуг. Сейчас, если судить по состоянию дел на Нью-Йоркской фондовой бирже, бутыль тянет
не меньше чем на пятерку. Все-таки еще не очень большая цена
за попытку раздвинуть две сплющивающих стены — будущее и
прошлое. Старый собутыльник, рабби Дершковиц, говорит, что
буза не спасает от мрака. Тфила (вера) — вот лучший антиде-
прессант, говорит он, но сам глотает не хуже Гаргантюа. Никогда
с ним не спорил и не собираюсь спорить. Веровал всегда и сейчас верую во всех богов и, уж конечно, в Единого Бога. Верую и
в Неопалимую купину, и в Синайскую гору, и в Моисея проро-
ческое косноязычие. Верую и в Сына Божьего Иисуса Христа,
посланного, чтобы разделить наши муки с нами, ягнятами Вселенной. Верю и в поздних пророков Господа Нашего, и в Маго-
мета небесного. Верую и все равно терзаюсь, потому что и вера
моя лежит во времени, а времени нет.

Не оттого ли я так ерзаю, что принадлежу Америке и здесь,
в Америке, прохожу свой век? Народ Гаргантюа и Пантагрюэля
казался себе вечным и в каждой декомпозиции видел новую композицию. Гомогенные нации, быть может, до сих пор сохраняют
дух этого телесного единства, все эти французы, японцы или поляки. Америка или Россия, эти проходные дворы межнациональных сбродов, то ли еще не обрели идею бесконечного воспроиз-
ведения, то ли уже потеряли ее без возврата.

Считаю себя евреем, а сам не понимаю, что такое еврей. Будучи американцем, постоянно испытываю космополит-
ские соблазны. Человек планеты Земля, не могу вообразить себя ее крохотной частью. Вот почему я пытаюсь ухватиться за
пуповину своего рода и дотащиться до плаценты. Безумец, скажете вы, мадам, и будете близки к истине. Диагноз: хрониче-
ский алкоголизм. Вегетативная дистония. Психастенический

75

синдром с маниакально-депрессивными состояниями. Кризис середины жизни.

О середине жизни, господа, говорить уже не приходится. Кожа неумолимо пигментируется и отвисает. Трагический еврей то и дело проглядывает сквозь маску ухмыльчивого янки. Кризис последней трети, в лучшем случае. Гете после позднего извержения либидо отослал человеческую плоть к Мефистофелю. Мефистофель покупает душу с единственной целью — разлучить с ней тело. Душа ему не нужна, он хочет владеть человеческим телом, в этом, очевидно, и был смысл первородного греха.

Иной философ, впрочем, скажет, что тело — это сосуд, в котором все-таки путешествует душа, значит, и оно — священно. Бывает ли душа с изъяном или она безупречна? Перекос личности, состоит ли он только в стачке тела с дьяволом? Безупречность, не отменяет ли она само понятие личности? Безличностная безупречность кажется нам отсюда, из земной юдоли, монотоном. Или мы просто пасуем перед непостижимостью? Давайте вспомним песни «Рая» синьора Алигьери, это сплошное радостное сияние, «монотон» по сравнению с муками «Ада» и суровостью «Чистилища». Модуляции сияния на лице Беатриче говорят лишь о Любви, но мир райской любви гораздо более непостижим для человека, чем муки «Ада», потому что он не имеет отношения к телу. В третьей, самой невероятной, книге Дант постоянно повторяет: не понять, не постичь. Беатриче пытается снизиться до уровня его понимания:

Моя краса, которая светлела
На ступенях чертогов божества,
Как видел ты, к пределу от предела,

Когда б не умерялась, такова,
Что, смертный, испытав ее сверканье,
Ты рухнул бы, как под грозой листва.

Усевшись на пол и прислонившись к колонне беседки, Стенли Корбах дул крепленую бузу и в блаженстве продолжал бормотать то, что помнил из «Божественной комедии»:

Всю словно золото, где луч зажжен,
Я лестницу увидел восходящей
Так высоко, что взор мой был сражен.

И рать огней увидел нисходящей...

Весь парк казался ему сейчас частью Вселенной, необязательно даже и прикрытой слоем воздуха, и сам он был частью

Вселенной, необязательно даже и под своей стареющей кожей, может быть, даже и чуть-чуть в стороне от «транспортного средства».

Рядом теперь посиживал с сигарой его вечно старый мажордом Енох Агасф. Он дошептывал или додумывал то, что, как ему казалось, «малыш» забыл или упустил по рассеянности.

4. Ночь успеха

Есть идея все-таки завершить эту часть на молодежной ноте. Кажется, что тот, кто ее заварил, должен и расхлебать. Уже в четвертом часу ночи совершенно измученный успехом Арт Даппертат притащился в отведенную ему комнату с наполеоновской кроватью под египетским балдахином. Перед тем как свалиться на столь впечатляющее ложе, не забыл все-таки основательно прочистить зубы только что появившейся в обращении электрической щеткой.

Во время чистки произошел непредвиденный эпизод. Изо рта вдруг выдулся большой переливающийся перламутром пузырь. Не менее пяти минут Арт стоял перед зеркалом с торчащим изо рта пузырем. Он понимал, что таким гротескным образом перед ним появился символ его успеха. Боялся шелохнуться, спугнуть. Наконец догадался, выключил свет. В темноте пузырь втянулся внутрь, зарядив его радостью бытия.

Долго лежал с этой радостью, подрагивали все члены. Сильви, Сильви, да ведь это же сущий же ангел нашей молодежи! Как-то даже трудно представить, что можно обладать этой прелестью, вгонять в нее свой член. В открытое окно входил чуть-чуть уже подмороженный октябрьский многозвездный воздух. Вдруг скрипнула дверь, голое плечо продвинулось в лунную полосу. Прозвучал нарочито писклявый голосок: «Доктор Даппертутто, к вам в гости Коломбина, у нее головка болит, полечите, пожалуйста, милый синьор!»

Каков, однако, ангел нашей молодежи, подумал он, преисполняясь страсти. Непредставимое теперь представлялось вполне реальным представлением. И только уже в тесном обществе всевозможных обнаженностей Арт понял, что пленен не ангелом, а многоопытным боевиком секса Ленор Яблонски.

III. Премьера

Вся жизнь, быть может, Рим, который
Без всяких вольностей и трат
Тебя поставит на котурны
И скажет: начинай театр!

Ночь. В освещенном переулке
Стоит взыскательный бомонд.
Франтихи там трещат, как галки,
А снобы курят «Беломор».

Вот-вот начнется. Гром пролога
Тряхнет вчерашний «Вторчермет».
Квадрига вломится с телегой
В большой модерн, очертенев.

Ты начинаешь. Гром оваций
Башку дурит, как кокаин,
Твои таланты-хитрованцы
Бурлят везде, лишь око кинь.

Ты — ветродуй, с порывом смеха
Ты бойко отлетаешь вдаль,
Но тяжеленной оплеухой
Тебе предложена дуэль.

Паяц и гранд в бродяжьем стане,
Жизнь для тебя — арбузный срез.
Ты столько умирал на сцене,
Не думая про смерть всерьез.

Мой расторопный кабальеро,
Герой Английских Променад,
Там кто-то подменил рапиры,
Рифмуя яд и зов наяд.

Такая малая накладка
В миг перекроет кислород,
И ты, как сбитая подлодка,
В пучину втянешься, милорд.

В часы иль в миги угасанья
Увы, угаснет каламбур,

Погасит лампы гасиенда
И предкаминный кубометр.

Париж погаснет, слет балетный
И копенгагенский подвал,
И стихотворство в Кобулетах,
Где так блаженно поддавал.

Слетает рощи пропаганда
И меркнет склон Высоких Татр.
Последнее, что пропадает, —
В ночи светящийся театр.

ЧАСТЬ IV

1. Отель «Кадиллак»

Кто-то там у нас в третьей части заснул, а вот здесь, в четвертой, кто-то только просыпается. Не думайте, что дело происходит на следующее утро в том же месте: «хронотоп», милостивые государи, переменился.

Проснувшись, наш главный герой Александр Яковлевич Корбах попытался записать то, что сочинилось ему во сне, на паршивой бумажке коктейльного меню дискотеки, где он прошлой ночью оттягивался. Смяв бумажку и швырнув ее в открытую дверь ванной, он сам протащился вслед, хватаясь за тощий живот. Ванная, собственно говоря, только так называлась, никакой там ванны не было, свисал лишь сморщенный сосок резинового душа. Зато там имелось окно размером с форточку, будем считать, что форточка без окна, и в ней за пыльным стеклом виднелись кусок вечно голубого калифорнийского неба, кусок антенны и сидящая на нем белая чайка с хвостом, напоминавшим костяшку домино, шестерку, ту би присайз. Нет, не надуманное сравнение, обратился он к «милостивым государям»: черный хвост демонстрировал по три белых кружка с обеих сторон. Может быть, в полете этот хвост растопыривается и сравнение пропадает, пока что видим: шестерка «козла»!

За этими наблюдениями прошел процесс отлива. Затем сильно, но коротко почистил зубы, прополоскал рот, уставший от поцелуев. Бреемся обычно после завтрака, но в джинсы влезаем до завтрака. Теперь — за завтраком. Проходя через комнату, посмотрел на голую спину вчерашней сопостельницы. Как ее звать, Максин или Лявон? Снял ее вчера в «Ле Джоз», ночном клубе на окраине Венис. Клуб был назван в честь фильма про акулу, но с французским артиклем, то есть с намеком на «френч кисс». Нет ничего проще, чем снять телку в этих «Челюстях», потому что и сами они там «козлов» снимают, выражаясь московским языком. Бар холостяков, никто особенно не жеманничает. К черту, больше не пойду в «Челюсти», месяц буду жить без баб и бузы.

Прошлепав по вспученным полам отеля «Кадиллак» мимо перекошенных дверей, из-за которых слышалось попукивание стариков, он вывалился на свободу. О, Божий мир в калифорнийском варианте, как ты хорош! Как бриз твой охлаждает и взбадривает воспаленную личность «венца природы»! Позитивистская философия иной раз аукается, как отрыжка арахисовым маслом, но море сияет, темно-синее, вот истинный шедевр! К нему в придачу пальмы потрескивают под ветром своим оперением. Стоит июль восемьдесят третьего. Брежнев уже восемь месяцев как свалил. В Москве царит Андроп. Америка готовится выстоять советский «последний и решительный бой». Чайка взлетает с антенны. То, что было похоже на хвост, оказывается крыльями. Пропали все ссылки на домино. Перед героем простирается огромный пляж. Половина его заасфальтирована и расчерчена для стоянок машин. Пока что пусто.

Посреди пустоты стояла очередь в никуда. Все свои, бомжи и бамы. Есть черные, есть и красноватые, есть и буроватые, есть и синеватые, зеленоватые, есть и с желтизной. «Хау ю дуинг?» — спросил Касторциус, высовывая из мотка тканей птицеватый немецкий нос. «Да нормально», — ответил герой. В песках из картонных апартаментов поднимались припозднившиеся фигуры, тащились к очереди. Наконец появился завтрак, то есть фургон благотворительного общества «Католические братья» с завтраками для бродяг. Подрулил гостеприимным задком к голове очереди. Брат Чарльз с застывшей улыбкой лошадиной благосклонности стал из задка каждому баму вручать коричневый пакет с гамбургером, жареной картошкой и большим бумажным стаканом горячего кофе. Какие грехи он отмаливает, этот утренний благодетель?

— На двоих, — сказал Александр Корбах и показал пальцами: фор ту.

Брат Чарльз на мгновение задержал дающую руку:

— На двоих?

Саша Корбах решительно кивнул:

— Друг лежит. Очень болен. Очень анхэппи.

Судорога мощного сочувствия прошла по диагонали длинного лица, рука протянула два пакета:

— Инджой ер брекфаст, кушайте на здоровье.

Поедая по дороге гамбургер и запивая кофием, Александр остановился возле ящика с «Лос-Анджелес таймс». Четвертака в кармане не оказалось, чтобы вытащить эту груду текста. Тут какой-то господин в панаме бросил свой четвертак и выпростал газету. Расторопный рабочий (так нередко себя называл теперь Корбах) успел сунуть карандаш, чтобы остановить закрывающуюся дверцу ящика. Захлопывание было приостановлено, и он бесплатно вытащил свежий номер основного органа этой большой страны Калифорнии. Так развращает благотворительность. Боги Пасифика, да тут что-то происходит драматическое на первой полосе: Фортуна ли поет, эринии ли кружат? На большущем снимке изображен был новый генсек Юрий Владимирович, бессильно повисший на руках двух членов охраны. Текст гласил, что слухи о серьезных проблемах со здоровьем мистера Андропова, похоже, соответствуют действительности.

Корбаху стало не по себе. Ведь так и Брежнев сползал! Что там с ними происходит, с верховными жрецами? Может, должность сама безнадежно одряхлела, энергетически иссякла, зияет в какую-нибудь черную дыру? Что же будет с той страной, моей родиной, если ее главные хмыри один за другим продолжат вот так безобразно сползать на руки здоровенных, но окончательно тупых охранников?

Он швырнул тяжелую газету в мусор и пошел побыстрее. Опаздывать сегодня нельзя, смену сдает Габриель Лианоза. Задержишься на пяток минут, сразу разовьется марксистская жопа. Сильный прыжок на крыльцо «Кадиллака». Вот вам и утренняя зарядка. Один такой прыжок, и десять лет долой! Мне снова, как всегда, тридцать три или там тридцать четыре. Влетаю весь в блеске второй молодости, ни слова о третьей! «Эй, Максин, гет ап, бэби! Завтрак подан!» Быстро брить молодые щеки, насвистывать что-нибудь, ну, скажем, «Опус 21» этого Амадеуса, или нашептывать что-нибудь из «нового сладкого стиля». Пардон, не «сладкого», а «сладостного» все-таки. Вот они, русские суффиксы, ети их суть, таких нюансов не найдешь в других языках. Даже в оригинале говорят «дольче стиль нуово». Так можно сказать и про конфету, «дольче бонбони», что ли. А у нас ведь не скажешь «сладостная конфета», верно? Поневоле преисполнишься гордости за ВМПС им. Тургенева, как иные писатели ернически называют наш «великий-могучий-правдивый-свободный». Что-то я сегодня слишком разынтеллектуальничался спозаранку, жулик католических гамбургеров. Смазал еще более помолодевшие щеки одеколоном «Соваж». Ночью, увидев в ванной этот одеколон, дамочка присвистнула: «Уаху! «Соважем» пользуешься, как я погляжу!» Выглянул из «ванной». Максин уже жевала католический гамбургер. Зрелище было не вдохновляющее: щечки растерлись, губки разлохматились, вороньи перышки свисают, как хотят, словом, апофеоз ташизма.

— Не смотри на меня! — А ведь вчера и этот голос грузчика казался трогательным писком. — Не смей меня называть какой-то ебаной Максин! У меня свое имя есть!

— То есть... — деликатно замноготочился он.

— Денис! — гаркнула она. Он уважительно кивнул. Денис Давыдов. И в самом деле, что-то было общее у этой девушки с героем партизанской войны 1812 года. Она расхохоталась: — Чертов ебарь! Факинг Лавски! Не помнит девушек, с которыми спит! У тебя пиво есть, Лавски?

Он передернулся с отвращением к себе: называет меня «Лавски»! Значит, я опять нес там околесицу о системе Станиславского!

2. Западный лес

В ежеутренней пробке на Сан-Диего-фривее он слушал радио. Никаких сообщений о здоровье Андропова в утренних новостях не было. Ночью была стрельба в даунтауне: трое убиты, семеро ранены, из них двое в критическом положении, пятеро в стабильном. На сто первом километре Санта-Моника-фривея перевернулся трейлер с токсическими материалами. Проводится эвакуация близлежащего городка. В Северном Голливуде парикмахер пырнул ножом бой-друга своей сестры. Пожар в складских помещениях на Сансет-бульваре. Подозревают поджог с целью вымогательства. Нормальные новости этого здоровенного Архангельска. Недавно придумав называть Лос-Анджелес Архангельском, он старался даже в мыслях не упускать этой возможности.

Новости продолжались. В Бейруте бешеный шиит на грузовике со взрывчаткой врезался в казарму морской пехоты. Масштабы катастрофы уточняются, но уже ясно, что погибло несколько десятков наших парней. Артистка Трейси Клод Мармьюр за полторы тысячи долларов выкупила в ресторане «Эндрюс» исторического омара по имени Джонатан и отправила его на свободу в родной штат Мэн. Вывод напрашивается, с некоторой туповатостью подумал Александр. В мире еще встречаются вспышки сострадания, не все еще потеряно.

Стоя без движения на фривее, приходилось все время подгазовывать, чтобы мотор не заглох. По приезде в эти края он купил за восемьсот долларов слегка подгнивший «фиат-124», который практически ничем, кроме гнили, не отличался от его московских «жигулей». Добрый итальянский лошак, ничего не скажешь, великолепно передает утренние новости. Во всяком случае, его я великолепно понимаю.

За одиннадцать месяцев в Америке Сашин английский прошел через любопытные изменения. Сначала, как мы помним, он потерял все глаголы. Потом глаголы к нему вернулись. Он стал строить фразы, которые, как ни странно, были почти понятны окружающим. Входящая информация сначала катилась одним мутным потоком, но вскоре стала распадаться на отдельные понятные слова, по ним можно было иногда догадаться о смысле фразы. Потом понятные слова стали зацепляться друг за дружку, и вдруг, в какой-то момент, мир приобрел довольно осмысленные очертания. Теперь он уже мог общаться с публикой ну хотя бы на уровне полукретина. В баре «Ферст Баттом», во всяком случае, всякий понимал «Лавски». Иногда вокруг него даже собиралась компания поддатых, чтобы похохотать над этюдами «перевоплощения».

Конечно, в башке по-прежнему течет ВМПС, но сквозь эти текучие поля то и дело прорываются партизанствующие отряды английского, и язык мой, грешный и лукавый, то и дело как-то там к небу прижимается специфически, даже пытается, русский увалень, отделить «d» от «t» на конце слов, когда вокруг топочет несусветная гопа здешних народов: все эти чиканос, и карибиенс, и эйшиетикс, и кокэйжнс, которых тут иной раз без церемоний называют «уайт-трэш», то есть «белое дерьмо».

Было без четверти восемь, когда «фиатику» наконец удалось свалить с фривея к бульвару Уилшир. Оставалось еще несколько светофоров до поворота к Вествуд-виллидж. Верхние этажи стальных-и-стеклянных зданий утопически сияли под лучами солнца, быть может все еще надеясь возглавить футуристическую гармонию хаотического града. Беспорядочный меркантилизм, однако, выпирал повсюду внизу.

Теперь он поворачивал налево перед большим кафетерием «Шипс», то есть «Корабли», почему-то во множественном числе. В этой едальне можно было круглые сутки нон-стоп заправлять трюмы креветочными салатами, ребрышками в патоке, стейками с Т-образной костью, филеями недорогой рыбы, фруктовыми желе, шоколадными пирогами. Несмотря на ранний час и бейрутскую бойню, настроение в «Кораблях» было, кажется, обычное, то есть приподнятое. Рты обменивались шутками, на пальцах поблескивал ювелирный оптимизм.

Затем он проехал мимо маленького отельчика «Клермонт», который со своими двумя светлоствольными деревцами в кадках и с полосатым кэнепи почему-то всегда у него вызывал какое-то «ложное воспоминание» о теплой компании, собравшейся якобы здесь возле бара, чтобы пересидеть ночную грозу.

Еще два-три поворота, и вот он подъехал к месту своей работы, здоровенному бетонному «Колониал паркинг», шесть уровней вверх и три под землю, общая вместимость 1080 машин. В раздевалке его ждал сменщик, Габриель Хулио Лианоза, представитель «пылающего континента», который хоть сам никогда и не пылал, но нередко тлел марксистской злостью. Когда-то, в черном тугом костюме с бубенчиками на плечах и с вышивкой серебром на груди и меж лопаток, в сомбреро величиной с НЛО, Габриель подпирал известняковые стены города Морелия, лелеял свою травмированную в европейском футболе ногу на скате любимого инструмента, тубы, которой он обеспечивал ритм своему оркестру уличных музыкантов. Эти музыканты в большом количестве стоят там вдоль стен, готовые за соответствующую плату исполнить мадригал, танго или похоронный марш. Все они, конечно, были марксистами и сетовали на невостребованность талантов в «мире чистогана». Габриель злобствовал больше других, хотя своей тубой поддерживал семейство: две старые мамаши, супруга Кларетта, две ее сестры — Унция и Терция, семь, или сколько их там, детей.

Все бы шло хорошо, если бы Кларетта однажды ночью не заведьмовала и не вылетела в окно, чтобы присоединиться к сонмищу пролетающих над плоскогорьем ведьмищ — в общем, как учат там у них в латино-марксистских кругах магического реализма. Спи с Унцией! — напевала она каждую ночь Габриелю в дымовую трубу. Или с Терцией! Призыв был услышан, он стал спать с обеими. Хотел как лучше, а получилось нарушение революционной морали. Профсоюз изгнал его из города за подражание империалистам-гринго. Что же оставалось делать? Ползком, а иногда рывками этот человек, раздувший себе игрой на тубе огромную грудную клетку и отрастивший при помощи идеологии мохнатые брови, пересек северную границу и вот теперь паркует автомобили гринго, чтоб они все сгорели в освободительной войне!

Когда Корбах вошел, Лианоза ел свой, или свое, энчиладо. Вдобавок из бумажной тарелки черпал соус «чили» с говядиной. «Буэнос диас, музико инфернале, или как тебя там», — сказал ему Саша. «Факко руссо, — приветствовал его в ответ Габриель. — Опять опоздал, бурро кальво!» С этими словами он выбросил в окно полуподвального этажа тарелку с остатками «чили». Секундой раньше — и прямо бы угодил на проходящие мимо светло-серые брюки. «Охуел, амиго? — спросил его Саша. — Соус в окно?» Лианоза пожал плечами, похожими на паленые окорока: «Разве это соус? Паршивая имитация. — Глаза его вдруг мечтательно затуманились. — Хочешь хорошо кушать, Сашка, будешь поехали жунтаменте в Морелию, ты и я. Будем

85

ели и спали, амиго, ели и спали. Ты будешь спал с Терцией, я с Унцией. Потом наоборот».

Он был на полголовы ниже невысокого Корбаха и на целое плечо шире. «Имитация еды» все-таки привела его в хорошее настроение, иначе чем объяснить то, что он поделился с русским полезной информацией. Некая дама оставила рядом у уличного таксометра «форд-катласс» с включенным мотором. Вот-вот, гляди, прибежит за помощью. И он протрубил как бы на тубе несколько тактов из «Марша тореадора».

Оставшись один, Александр повесил парижский пиджак и надел серебристую курточку с бляхой «Алекс». Эта процедура всякий раз приводила его в раздражение. В курточке и в бейсбольной шапке он становился похожим на противноватого юнца. Однако таков уж тут был стиль заведения: аттенданты должны были олицетворять молодость, сорокачетырехлетняя человеческая шваль мало кого интересовала. Итак, в курточке, бойко, по-молодому, бегом к диспетчерской!

Там, на удачу, сидел сегодня свой человек, сменный кассир Арам Тер-Айвазян, из армянских диссидентов. Однако рядом с его высокой табуреткой в кресле расположился босс, Тесфалидет Хасфалидат, то есть Тед. Оторвавшись от вчерашней выручки, он бросил два быстрых взгляда: один на подбегающего Алекса, а другой на часы. Красивый эбонитовый компьютер с мелкой седой курчавостью на макушке молча отметил опоздание на семь с половиной минут.

Паркингом, расположенным в центре развлекательного района, владела армяно-эфиопская мафия, что привносило в его деятельность некоторую неформальность, свойственную древним цивилизациям, расположенным по периферии Полумесяца Плодородия. Здесь вам не будут тыкать в нос семиминутное опоздание, только не забудут оного на случай будущих конфликтов.

В этот ранний час уик-энда основными клиентами тут были прихожане большой баптистской церкви по соседству, которые отличались от ночной публики с той же разительностью, с какой, скажем, экипаж туристского лайнера отличается от пиратов. Едва лишь подошла очередь Саши Корбаха на линии «стоп», как подъехал серебристый «Линкольн» двадцатилетней давности. В огромном этом рыдване сидела идеальная парочка, старые «англос», муж с тонкой щелью рта на готической физиономии, и аленький цветочек меж двух подушечек для шитья, вечная супруга, оплот пуританской доброты и здравости.

Алекс посмотрел на номерной знак и подумал по-английски: Джизус, тей ар фром Нью-Хемпшир! За рулем, естественно, была бабушка. Он помог ей выбраться из не очень засиженных кожаных глубин.

«Спасибо, мой мальчик, — чудесным голоском сказала она. — Ты лучше помоги Филиппу. Он в этом больше нуждается». С Филиппом оказалось сложнее: надо было извлечь из багажника складное кресло-каталку, разложить его, всадить туда две пудовых батареи, закрепить в рабочем положении и только уж потом вынимать старика. «Издалека вели машину, сэр», — сказал старику Александр. «Это Эмми вела, — строго ответил тот. — Я больше не вожу, но девочка делает это превосходно». — «Браво! — воскликнул Саша. — Из Нью-Хемпшира до Калифорнии! Ит из э лонг уэй, индид!» Ему давно уже казалось, что стоит только прибавить «индиид», как будешь звучать словно настоящий американский «англо». «Вы откуда, май бой?» — поинтересовалась любезнейшая Эмми. Да как же они с полуслова понимают, что я «откуда-то», а не просто местный «бой»? «Из России». — «О, да это еще подальше Нью-Хемпшира», — простенько удивилась Эмми.

Он покатил Филиппа по скатам паркинга к улице, дабы дать его технике привыкнуть к крутым поворотам. Старушка бодро цокала каблуками рядом. Она была чрезвычайно благодарна за столь любезную помощь. Многие им говорили, что в Калифорнии народ очень любезен, и вот теперь они увидели, что это правда. Надо сказать, что по всей дороге им попадались любезные люди. В этой стране еще можно путешествовать, вопреки сообщениям телевидения. Они приехали сюда, чтобы проводить в путь старшего брата Филиппа, Мэттью. Да-да, Мэттью уже скоро отправится. Куда? В мир иной, мой мальчик. В настоящий момент они спешат к началу службы в Сэйнт-Мартин-Кафедрал, чтобы обратить к Всевышнему несколько важных просьб.

В диспетчерской Тед на секунду оторвался от калькулятора и проводил процессию одобрительным взглядом. Семиминутное опоздание, очевидно, было перечеркнуто. Филипп из своего кресла с большим вниманием смотрел на персонал паркинга, который весьма отличался от жителей Новой Англии. Мокки, Сосси, Хоздазад, Трифили, Варух, Павсикахи, Варадат и Эйкаки Эйкакис, проносясь мимо со связками автомобильных ключей, демонстрировали динамизм современного человечества.

«Интересный народ, не правда ли?!» — воскликнул старик с исключительно сильным для его немощного тела выражением. «Очень! Очень! — Его подруга уже перенимала кресло у «любезного мальчика». — Теперь ты видишь, Филипп, что сюда стоило приехать!»

Расставшись с очаровательной четой на углу улицы, Александр подошел посмотреть, что происходит с «катлассом». Мотор в этой сильной машине продолжал работать. Временами весь ее корпус сотрясался в болезненной конвульсии. Бензобак был полон. Температура воды приближалась к критической. Почти немедленно сбылось предсказание Габриеля Лианозы. Под пальмами к машине панически неслась большая красивая женщина в цветастом платье. Она была чем-то похожа на нашу бывшую жену Анисью, если бы не ее темная кожа с лиловатым оттенком. ·

— Гош, какое несчастье! — восклицала дама. — Он не простит меня, такую дуру! Боже, наша любовь погибла! Погибла навсегда!

Даже и эти восклицания могли бы напомнить ему некогда любимую женщину, изменившую ему с государственным аппаратом, если бы в нем не заговорил профессионал. У каждого аттенданта в этом паркинге была припасена для подобных случаев стальная пластиночка, которая, будучи всунута в щель между стеклом и дверцей, без всякого труда открывала замок.

— Если не возражаете, — сказал он даме и на ее глазах проделал нехитрую процедуру. — Вуаля! Не стоило так беспокоиться, мэм!

Наградой ему был порывистый поцелуй в щеку. Вслед за этим действием уст начались нервные акции пальцев, из сумочки со щелчком выскочила банкнота. Затем рука с полусотней полезла в тугой карман его джинсов. Ни слова, молодой человек! Вы заслужили это! Вы спасли мой в целом оптимистический взгляд на современное общество! Глубже, глубже, стоп! Ну что ж, спасибо, и, с надеждой на будущие встречи, всего хорошего! Он остался с полусотней в кармане и с визитной карточкой на ладони: «Люшиа Корноваленза, профессор социологии». Странное ощущение неполной реальности. Растянувшийся миг, если существует такое понятие, как растянувшийся миг, если только он не является чередой нерастянувшихся мигов. Да и вообще, существуют ли в пространстве жизни какие-нибудь миги, кроме серийных МИГов советских ВВС? Что происходит, обратился он с вопросом к своему «хронотопу», но тут все снова зацепилось друг за дружку и восстановилось. Вот вам и чудо налицо, мгновенное восстановление Соединенных Штатов Америки как политической и антропологической данности.

В конце улицы среди медленно ползущих машин появилась фигура необычного зверя, мотоцикл «харлей-дэвидсон» с огромным всадником в седле. Почему-то показалось, что мотоцикл прибыл в этот «момент», «сюда», то есть то ли на середину страницы, то ли на шумную улицу, по его душу. Пока что нам ничего не остается, как только взять в последовательном описании очередной тайм-аут.

3. Тайм-аут

Итак, прошел уже целый год после незадачливого прибытия московского изгнанника в заокеанскую фортецию свободного мира. Остались позади сумеречные нью-йоркские приключения, о которых, надеемся, читатель еще не забыл. Дальше все происходило более или менее в соответствии с планами изгнанника, если его можно заподозрить в планировании. Прибыли кое-как вместе со Стасом Бутлеровым в калифорнийский Архангельск. Говоря «кое-как», мы имеем в виду не только постоянную интоксикацию, в которой находились друзья, но больше ту бурю, что разразилась в семействе Бутлеровых, когда его глава объявил о своем решении пуститься «в свободный полет». Несколько дней в двухспаленной квартире бушевали рыдания и выкрики жены и трагические взвизги дочкиной скрипки. Теща хоть и молчала, но постоянно роняла посуду, то есть вносила посильную лепту в звуковое восстание. Жена бросалась с тряпкой на пролитый борщ, утыкалась в ту же тряпку распухшим личиком. Гость, по ее мнению, должен был играть роль третейского судьи. Саша, это невыносимо, невыносимо думать, что Стас с его-то интеллектуальным уровнем оказался таким чудовищем ревности! Отбросить все, что вместе пережили, из-за ее легкой интрижки с этим очаровательным Сальвадоре с третьего этажа, интрижки, в которой было больше платонической романтики, чем промискьюти, май диа френд! Саша, как властитель дум нашего поколения, законодатель нравов тираноборческой, я не боюсь этого слова, России, вы должны объяснить своему другу, что фимэйл партнер тоже имеет право на неясные порывы! Почему всем не сесть за стол, вот прямо здесь, возле духовки: вы, Саша, Стас, мы, три поколения женщин. юный Сальвадоре и, скажем, наш сосед с пятого этажа, этот немногословный и вдумчивый Викрам Тагор, почему не провести групповую терапию по вопросу о взаимоотношениях полов (и потолков, тут же добавлял Бутлеров) в многоквартирных зданиях? Ведь современная ячейка в США в восьмидесятые годы двадцатого (!) века легко может прийти к общему знаменателю, Саша, не так ли?

Не нужен мне твой общий знаменатель, взывал тогда Стас. Ольге Мироновне почему-то и в голову не приходило, что именно обманутый ею супруг совершает в эти дни фундаментальный акт измены. Раз решившись, он уже возненавидел все эти тушеные баклажаны, вообще все, что связано с семьей, и теперь только и мечтал «о вольном полете» с Сашей Корбахом в калифорнийский край милых и беспечных женщин.

Я у вас ничего не беру, взывал демагог. Все оставляю, что нажили! Только честь мою отдайте! Наконец, едва ли не вырывая у трех поколений женщин свои чемоданы, мужчины вывалились, или, если угодно, свалили. Пять часов они алкогольствовали в TWA, и вот они в LA, если уж зашла речь об аббревиатурах.

Друг Бутлерова, вполне молодой еще москвич по имени Тихомир Буревятников, при знакомствах всегда добавлял к своему имени слово «кинематографист». Их дружба, если можно так сказать, пошла еще с тех времен, когда Стас работал юрисконсультом на «Мосфильме». Американская история Буревятникова была довольно проста. При своей сравнительной молодости он имел за плечами десятилетний партийный стаж и был своим человеком, ну, в Комитете молодежных организаций, скажем так. Назначенный полтора года назад помощником директора съемочной группы «Красные петухи», он прибыл в революционный Никарагуа (или революционное Никарагуа?) для осуществления общего руководства, чуваки, вот именно, для общего руководства в условиях повсеместного бардака.

Идея фильма была практически довольно животрепещущей: отразить в художественных образах никарагуанскую любовь к коммунизму. Воплощение идеи, однако, столкнулось с трудностями, и прежде всего в лице этого ебаного гения, чуваки, режиссера Олега Пристапомского, народного артиста СССР, лауреата всех советских премий и члена ревкома ЦК КПСС. Хотите верьте, хотите нет, но Тихомиру Буревятникову давно уже казалось, что этот Олег Вениаминович не совсем таков, за какового его все принимают. Внешне не подкопаешься: большой, седовласый, голос трубой, ну просто классик социализма, а на деле оказалось — первоклассный матерщинник и козел. Все бы ничего, на аморалку можно было бы и глаза закрыть, мужик есть мужик, одно плохо: творческого контакта не получалось. Усвоил, понимаете ли, сволочную манеру, чуть что, гремит на всю съемочную площадку: «Буревятников, я вас больше не задерживаю!» И вся его группа подлая усвоила эту фразу. О девках и говорить нечего, превратили человека с приличным комсомольским и партийным стажем в посмешище.

Из-за этого все и получилось. Однажды отправился Буревятников в Манагуа получить из диппочты груз твердой валюты. С деньгами в рюкзаке шел он по революционной столице и вдруг задрожал от возмущения. Мне тридцать четыре года, всю жизнь на них батрачу, и хоть бы раз представили к правительственной награде! Тут что-то прямо подтолкнуло Буревятникова к заведению под названием «Гавана Либра», а там в тот вечер много актива тусовалось. Приняли по-свойски, без грубостей. Ирония судьбы: чужие понимали лучше, чем свои, хоть и не все еще были обучены по-русски. А дальше, как всегда, «шерше ля фам», что в переводе означает «шерши женщину». Появилась такая популярная комсомолка Мирель Саламанка, «ангел нашей поэзии», как ее там называли. Все козлы в потолок палят из «макаровых»: «Вива Мирель!» — а она Буревятникову на ухо шепчет: «Бежим, пока не поздно!» Собрал в тугую пружину все свое мужское достоинство. Оставил в баре записку Пристапомскому: «Уважаю как художника, презираю как человека! Не поминайте лихом, Олег Вениаминович!»

И вот они бегут, трава вокруг шуршит, листва, бля, кипит, луна хуярит. «Ты мне всю жизнь перевернул, руссо!» — восклицает Мирель Саламанка. Машину у солдата купили, родной такой советский «уазик», гонят, никогда этого не забыть! То день вокруг, то ночь, то трахаются, то мчатся, Мирель не иссякает в потоке поэзии.

На границе Коста-Рики Буревятников сам объяснился с ментом: «Покито либертада. Коммунисто нихт цузаммен. Сэким башка. Понял?» Тот все понял и пустил. В американском посольстве их встретили, конечно, не без распростертых объятий, потому что хотят как можно больше творческой молодежи к себе переманить из мира социализма.

Тихомир вытер себе лицо собственной рубашкой, поскольку давно уже за столом заголился до пояса. Это вкратце, чувачки, подробности по мере углубления эмигрантской дружбы. Эмиграция — это сильный тест для мужского характера, товарищи. Где Мирель Саламанка, вас интересует? Растворилась, как тут говорят, в «тонком воздухе», понятно? Мешок с валютой тоже растворился, что естественно, и не надо никогда жалеть, чуваки, то, что принесло тебе хоть короткое удовлетворение постоянно растущих потребностей, как в школе-то нас учили.

Костистый здоровенный Буревятников в стране своего политического убежища приоделся во все джинсовое: дж. штаны на дж. подтяжках, дж. рубашка, дж. кепка, дж. мокасины. В личностном варианте сбылась одна из важных фантазий советской комсомолии. Так он ходил тут по Сан-Фернандо-вэлли, с непростой улыбкой, болтались две забойные лапы. Дружба дружбой, но надо быть всегда начеку.

Было всякое, чувачки. Однажды стал выпадать в осадок. Мечтал о стейке с Т-образной костью. Без стейка у него даже пинис (так по-английски) не маячил, не то что интеллект существования. Тут встретился ему на бульваре Голливуд вот этот, что перед вами, Арам Тер-Айвазян, с которым когда-то вместе стажировались на курсах низовых и средних кадров. Арам хоть и националист, однако настоящий советский парень крутого помола времен заката тоталитарной империи. Он в упор на него посмотрел и подставил плечо помощи.

91

Теперь Буревятников сам внимательно смотрел на Корбаха, как будто хотел спросить: а тот ли ты человек, за которого пытаешься прохилять? Что-то слишком просто как-то тут у нас получается, сам Саша Корбах, видите ли, является за помощью вместе со Стаськой Бутлеровым, который выдает себя за потомка русской большой химии.

Ну что, Сашок, — он снял со стены своего апартамента семиструнную подругу русского человека, — врежь-ка нам свое коронное, ну хоть «Сахалин имени Чехова»! Компания, что называется, хорошо сидела. Отменным тесаком, выписанным по каталогу журнала «Солдат удачи», порублена была на газете «Панорама» настоящая советская колбасенция, как из «кремлевки», в жаре расплылись боками камамберы, на сковородке плавали в жиру еврейские пельмени, в банке, как эмбрионы, фигурировали пиклз, то есть маринованные огурчики, устаканена была уже полугаллонная «смирновка», вторая выдвигалась на боевую позицию.

Корбах, морщась, но понимая, что нужно, спел «Сахалин» и еще пару шлягеров из своего репертуара двадцатилетней давности. Когда кончил петь, увидел, что эмигрантская сволочь плачет. «Это все между нами, ребята, — сказал он им. — Для всех я умер, существую только для избранных». Лучше слов он и не мог найти. Все его поцеловали по три раза: Стас, Тих, Арам.

Последний давно уже стал влиятельной фигурой в парковочном бизнесе. Без труда он пристроил в «Вествуд колониал» еще парочку страждущих. Американская виза Н-1, что фигурировала в корбаховском паспорте, так называемая «виза предпочтения», предназначенная для лиц, способных внести вклад в научную или культурную жизнь страны, как-то не предполагала, что ее обладатель будет трудиться на поприще автомобильного слуги, однако эфиопские собратья, беженцы от кровавого марксиста Менгисту Хайле Мариама, нашли выход из двусмысленного положения. По совету Тесфалидета Хасфалидата Александр отправился в Службу иммиграции и натурализации и заполнил там форму на получение политического убежища. На этом, собственно говоря, завершились все его отношения с родиной и начались отношения с новым хоумлэнд, то есть страной его нового дома.

Эфиопы платили ему пять с полтиной в час, а из своих чаевых он отдавал половину на алтарь эфиопской контрреволюции. В целом получалось около 1800 баксов в месяц, что позволило ему снять так называемую студию в довольно известном в низших слоях Лос-Анджелеса заведении под названием отель «Кадиллак», где в те времена обитали старые еврейские пенсионеры, молодые трансвеститы и среднего возраста алкоголики. Там, на задах океанского поселка Венис, он зажил без проблем и сожалений, с минимумом воспоминаний и с максимумом похмельной изжоги. Чтобы больше к этому вопросу не возвращаться, скажем, что через год политическое убежище было ему даровано.

Самую большую сложность в парковочном деле создавало бесконечное разнообразие автомобильных видов. По-разному затягивались и отпускались ручные тормоза, по-разному включались приборные щитки и фары. Не сразу, ей-ей, просечешь, что у иных крокодилов пасти освещаются путем вращения поворотного рычажка вокруг его, поворотного рычажка, блядской оси.

С другой стороны, не было ничего проще, чем общение с клиентами. Все сводилось к четырем-пяти фразам. «Долго ли намерены оставаться, сэр или мэм?», или там «Премного благодарен, всего вам хорошего», или там... но в общем больше ничего и не надо. Иногда некоторые клиенты хотели пообщаться, то есть пошутить. В Южной Калифорнии, собственно говоря, общение и шутка — почти синонимы. Чтобы не попасть впросак с английским, надо просто смеяться, и почти никогда не ошибешься. Говоря «почти», мы бы с удовольствием забыли некоторые проколы нашего героя, однако профессиональная этика обязывает нас дать читателю хотя бы один пример. Он ваш, господа. Полночь. Саша Корбах выводит из недр становища темно-белый «порше» с аэродинамическим хвостом. У клиента голубая шевелюра вьется на ветру, как флаг Объединенных Наций. Его компаньонка в платье с тонкими бретельками (раньше такие платья назывались комбинациями) как-то слегка вываливается из рук клиента, глазища как-то пучатся, шея дергается в некоторой икоте. Аттендант Алекс вежливо держит дверь машины в расчете на доллар. «Слушай, — говорит ему клиент. — Девка опять обожралась. Видишь, закатывается? Позвони 911, будь другом!» Не поймав смысла, Алекс вежливо смеется. Клиент изумлен. «Ты что смеешься, мудак? Она умирает, не видишь? Я эту жопу люблю, понимаешь? Я не хочу ее терять!»

Бросив компаньонку в руки аттенданту, клиент сам бежит к телефону. Дама оседает на бетон. Дергаются ножки в сморщенных чулках. Через пять минут из близкого госпиталя Ю-Си-Эл-Эй, подвывая сиреной, подъезжает амбуланс. Компаньонка в темпе спасена, и вот тут можно уже всем посмеяться. На прощанье голубоволосый джентльмен бросает на Алекса хорошо понятный взгляд: откуда, мол, к нам наезжают такие пиздюки?

Самым замечательным в этой работе было то, что после суточного дежурства о ней можно было на двое суток забыть. В эти свободные дни иногда, стараниями Тиха Буревятникова, подворачивалась недурная шабашка в основном по части руфинга, то есть крышепокрытия эмигрантских жилищ. У Тихомира для этой цели был хорошо оборудованный пикапчик. В этой Американии, говаривал он, только ленивый крыши не покроет. Заходишь в «Хекинджер», набираешь себе чего угодно на крышу, все рассчитано, все подогнано, крыша сама ложится, как испанская девушка. Собирались вчетвером, все той же компанией, и отправлялись по заказам, то в Сан-Фернандо-вэлли, то на Фейрфакс, где у некоторых «наших» были уже дома, где и починялись крыши по расценкам ниже средних архангельских. Ну и по традиции российским работягам после работы накрывали в садике стол с холодцом и винегретом, а также и с тем, что к этим закускам полагается, оф корс.

Неплохо в общем-то сидели, притворяясь простыми «синими воротниками», юрист, артист и два комсомольских работника с порядочным сексотским стажем. Птицы-синехвосты летали над ними среди цветов в виде щеток для протирания узкой посуды. Иногда вдруг любопытный высовывал мордочку из кустов, будто напрашивался в компанию: койот. Хозяйки старались не выпускать в садик дочерей. Ребята, впрочем, этими дочками мало интересовались, поскольку после таких ужинов обычно отправлялись в «Челюсти» для отлова более зрелых.

Увы, через полгода этому крышепокрытию, а вместе с ним и подобным застольям пришел конец. Тихомиру Буревятникову руфинг был больше без надобности, поскольку с головой ушел человек в более захватывающую деятельность, о которой речь пойдет ниже. Неожиданный поворот произошел также и в жизни Стаса Бутлерова.

Выше уже упоминалось, что главную боль в заднице причинял Стасу невостребованный в этой стране диплом юрфака МГУ и лицензия Московской коллегии адвокатов. Страдая от процесса, хорошо известного в соответствующей литературе как айдентити крайзис, то есть, грубо говоря, кризис личности, Стас только и мечтал о подтверждении своих блестящих документов и о присоединении к американскому сословию своей профессии, где платят, вообразите, по часам, как высококвалифицированному сварщику.

Будучи иногда трезв, что случалось с ним не так уж часто, как отметит наблюдательный читатель, Стас начинал штудировать свод американских законов и даже пару раз отправлялся на экзамены. Проваливаясь с треском, он рушился на тахту, ту самую, возле кухонного стола, с полугаллоном водки «Попофф» в обнимку. «Не хочу быть гражданином второго сорта! — выкрикивал он со своего лежбища. Замолкал, дрожал, вдруг снова вздымался с медвежьим рыком: — Третьего! Третьего сорта!» — и снова валился лицом вниз в пропахшую бабушкой (она любила там сиживать своей попой) тряпичную обитель. Ольга, потрясенная страданиями «недюжинной натуры», уходила то этажом выше, то этажом ниже, что помогало ей, как ни странен каламбур, выдюжить очередную драму. Дочка же, не сходя с привычного места, продолжала усиливать свое виртуозо и иногда пела тоненьким голоском: «Бегут года и дни бессменной чередой, тернистою стезей к могиле всяк спешит». Родная, уродочка моя, нежно плакал Стас и засыпал.

В Лос-Анджелесе, где уже в аэропорту охватывает новичка запах вечного грейпфрута, Стас почувствовал прилив свежих сил. Активно он включился в циркуляцию эмигрантских кругов и вышел в конце концов на искомое, то есть на нескольких своих коллег, уже успевших подтвердить юридические дипломы. С одним из них, отменнейшим рижским джентльменом Юлисом Цимбулистом, он наладил хороший деловой контакт и вдруг сразу скакнул на порядок выше в местной иерархии. Освоив некоторую, довольно любопытную и совершенно неведомую в СССР специфику, именуемую «амбуланс чейсинг», он максимально приблизился к любимой профессии.

Этот термин можно худо-бедно перевести как «по пятам за «неотложкой». Краткое пояснение для непосвященных. Калифорния, как известно, весьма насыщена автомобилями. В ее транспортных потоках уже кружатся и несколько десятков тысяч бывших субъектов великого Советского Союза, то есть не очень-то расторопный народ. Нетрудно догадаться, что среди них постоянно растет процент дорожно-транспортных происшествий. То сам кому-нибудь в задницу въедет сиволапый еврей, то ему какой-нибудь мечтательный калифорниец раскурочит тыл. Это лишь самый, как вы понимаете, мягкий вариант металлического насилия, а что уж говорить о встречах лоб в лоб, об ударах в бок, о переворотах вверх килем!

Во всех этих эпизодах потрясенная личность, нередко с переломанными косточками, со сдвинутыми позвонками, с частично расплавленным «серым веществом», не понимает, что происходит вокруг, и в результате получает лишь минимальную компенсацию от страхкомпании. Если, конечно, не подключается к делу некий благородный друг, бесцеремонно именуемый в этих страхкомпаниях «амбулансчейсер» («загонщик «неотложки»). Сфера деятельности такого «чейсера» точно подчиняется основному принципу американского бизнеса: быть в нужном месте в нужное время. Такой доброжелатель, говорящий на родном языке пострадавшего и знающий его как самого себя, немедленно берет все в свои руки, предлагает максимальную помощь в объяснении законов, направляет на освидетельствование к «нашему русскому врачу» Натану Солоухину, а потом к выдающемуся адвокату, тоже нашему, мистеру Цимбулисту. Страховая компенсация в результате этих мер подскакивает втрое. Проигравших тут нет. Отменный чек лечит стрессанутого пострадавшего лучше, чем психотерапевты. Солоухин и Цимбулист получают свои солидные гонорары, а «бегущий по волнам», как Стас Бутлеров стал себя называть, кладет в карман очень приличные комиссионные. Интересно то, что и страховые компании тоже не в обиде, так как хорошие выплаты резко увеличивают количество клиентов, а ведь известно каждому, что американский бизнес заинтересован не в экономии, а в прибылях.

Конечно, существуют в калифорнийском Архангельске злоязыкие круги, пускающие слухи, что Стас Бутлеров иной раз инсценирует свои ДТП, но в кругах этих, очевидно, такая благородная идея цивилизации, как презумпция невиновности, и не ночевала. Болтают также, что наше трио слишком-де увлекается диагнозом «сотрясение мозга», но, помилуйте, кто в наше время может похвастаться безмятежным умственным аппаратом?!

Словом, устроился Стас вполне недурно, чтобы углубляться дальше в американскую юриспруденцию. О дешевом сучке «Пофф» он и думать забыл, перешел на марочные вина, но самое замечательное заключается в том, что он даже и женщину здесь себе нашел великолепнейших качеств!

Бывшая Шура Федотова, ныне Ширли Фéдот, во всей своей внешности несла какой-то заряд оптимизма сродни распространенным в те годы посланиям крема «Ойл оф Оле». Кожа ее была шедевром упругости и женственных очертаний. Речь звучала позитивно и всегда по существу. Мягкое блядство глаз вселяло надежду в сердце каждого мужчины, да и женщинам посылало ободряющий призыв: не все еще потеряно, подруга! Свободные и яркие ее одежды несли отпечатки Родео-драйв, равно как и дразнящих белорусских мотивов. Говорили, что неожиданный отъезд Шуры Федотовой из Минска внес сумятицу в партийно-правительственные круги республики, что способствовало дальнейшему скольжению к исторической развязке. Что касается ее неплохих калифорнийских доходов, то они являлись результатом только ее личных позитивизма и предприимчивости. Никто лучше ее не мог убедить разбогатевшую эмигрантскую даму в необходимости «открыть в себе новый возраст», то есть сделать подтяжку лица у выдающихся хирургов-косметологов Игоря Гнедлига, Олега Осповата, Ярослава Касселя. Именно в медицинско-юридических кругах Ширли и Стас нашли друг друга. К началу четвертой части, то есть к июлю 1983 года, они уже жили вместе в кондоминиуме на бульваре Сен-Висенте и обдумывали покупку таун-хауса в Марина-дель-Рей.

В водовороте таких счастливых изменений Стас Бутлеров начисто забыл о своей принадлежности к «поколению протеста», да и друга своего, некогда знаменитого протестанта, нечасто вспоминал. Так вот и получилось, что Корбах вдруг оказался в пространстве, из которого почти одномоментно отсосали весь русский кислород. Иной раз он по неделям не произносил ни одного русского слова. Единственный оставшийся в поле зрения из прежней компании Арам Тер-Айвазян предпочитал общаться по-английски. Или, если угодно, по-армянски. Мне всего тридцать пять, говорил он, еще есть время забыть комсомольский жаргон, то есть русский.

Ну вот и отлично, думал Александр, бесконечно таскаясь по кромке океана от Венис до Пасифик Палисэдс и обратно, вот и останусь один со своим жаргоном, как Овидий остался со своим римским жаргоном в стране даков. Вот так ведь и он, должно быть, таскался вдоль Черного моря, и «Элегии» начинали вылетать у него из ушей в виде цветов, и птиц, и разноцветной пыльцы, что подхватывалась ветром и улетала, увы, не в милый сердцу и члену развратный Рим, а в противоположную сторону, через Понт, в Колхиду, в Месхети, как будто бы погибая, а на самом деле торопясь оплодотворить через тысячу лет двор любви царицы Тамар, где как раз вовремя стал подвизаться рыцарь-бухгалтер, по-тогдашнему казначей, некий Шота.

От Овидия я, быть может, отличаюсь только тем, что уже не в силах творить плоды, плодить творчество. В остальном мы почти похожи. Его погнали в степи за «Науку любви», меня к океану за науку смеха, но разве какая-нибудь любовь обходится без шутовства? Шутовство нам с вами поможет излечиться от прошлого, мой друг, скажете вы, но почему же вы сами так жалобно стенаете, яйцеголовый? Мы почти одинаково обуваемся, Публий Назон, только вы обматываете кожаный ремешок вокруг голени, а я лишь засовываю в петельку сандалии большой палец с раскрошившимся археологическим ногтем. Завидую вашему хитону, он полощется на ветру, дает дышать всему телу, ваши яйца в свободном полете, в то время как мои стеснены шортами. Вы, главный шут империи, родоначальник «нового сладостного стиля» за тысячу двести лет до его рождения, вы оказались не у дел. Август не дотянул до понимания «Метаморфоз» и «Сатурналий», потому что не читал Бахтина. Он знал, как человек превращается в императора или в труп, но не мог усечь, как Юпитер оборачивается быком, а потом торжественным созвездием. Все-таки он имперским чутьем угадывал, что сарказм знаменует закат одной цивилизации, а высокопарность говорит о восходе другой. Быть может, поэтому и Дант, столь тесно обтянутый снизу шерстяными колготками, выбрал поводырем не вас, а Вергилия. Прошу прощения за нескромность, но мне больше подходите вы, хоть я когда-то и мечтал о «Свечении Беатриче». Тысяча извинений, но даже под вашим водительством мне не выбраться из этих заокеанских чистилищ, как и вам не выбраться из страны даков, несмотря на жалобные послания Августу. Да я и не собираюсь писать Андропу, ведь он не из августейших, наш засекреченный графоман.

Океан между тем занимался своим основным делом, подчеркиваньем человеческого ничтожества. Серферы тем не менее поддразнивали великана, скатываясь с одной из его триллионов волн. Как там: «Дни проходят, и годы проходят, и тысячи, тысячи лет. В белой рьяности волн, прячась в белую пряность акаций, может, ты-то их, море, и сводишь, и сводишь на нет».

Однако каждая волна — это другая, и снова мы в дураках. Вода иллюстрирует нашу тщетность, что хорошо понимает Тарк, воду уже не отожмешь с его экрана. Вникают ли бухгалтеры «фабрики снов» в метафизику воды? Означает ли повторный просмотр одного фильма то, что ты дважды ступил в одну и ту же текучку?

С банкой пива в маленьком пакетике он подолгу сидел на песке. За распитие голой банки тебя тут может оштрафовать пляжная полиция, однако в пакетик никто не имеет права сунуть нос: прайвеси, частная жизнь! Он проводил ладонью по лбу, как будто оглаживал круп скакового жеребца, так же взволнован. Любопытно, почему это я так стремительно облысел в двадцать восемь лет? Отец на фотографиях отличается отменнейшими куделями еврейской закрутки. Быть может, чехословацкая цековская люстра тому виной? Шлепнулась на какой-нибудь соответствующий центр головы и запрограммировала преждевременное облысение. Попутно, быть может, научила петь, стишки сочинять, лицедействовать, создавать театр? Инопланетян почему-то изображают с такими лбищами. Быть может, там, в пучинах Вселенной, каждого ребенка ободряют ударом по башке на манер евреев, что обязательно отчекрыживают у хлопчиков крайнюю плоть. И все там становятся после этой процедуры бардами и шутами, а тех немногих, кто не может поставить пьесы, высылают в какие-нибудь их собственные Соединенные Штаты Америки.

Ближе к закату вдоль океана начиналось гуляние. По вьющейся меж дюн асфальтовой дорожке с могучим шорохом проносились роликобежцы в наколенниках, налокотниках, в солнечных, на полрожи, очках, в банданнах, с торчащими из-за уха антеннками личных коммуникаций. Из «Центра долголетия», что мрачной своей махиной упирался прямо в прибой, выпархивали стайки голубовато-розовых старушек; камон, герлз! Джоггеры деловито трусили по кромке плотного песка. Командировочный брел в костюме-тройке и с атташе-кейсом среди полуголого люда. Девушки типа «сан-н-фан» втирали масла и прогуливали свои ноги, всем на заглядение. Писатель Грэм Грин спускался из отеля «Шангри-ла» и делал пометку в своем блокноте: «Пляжи Калифорнии мало отличаются от лагерей ГУЛАГа». Те, кто был тут с колымским опытом, не торопились присоединиться к парадоксальному уму.

Однажды говорящая по-русски группа прошла мимо Корбаха и вдруг обернулась. Кого это они там увидели, удивился он. Люди напоминали ту прослойку прослойки, что известна была в Союзе под словом «физтехи». Сквозь предзакатное попурри до него донеслись голоса: вот тот похож. Негр. Совсем не похож. Мне тоже кажется похож. У вас температура, господа! Компания прошла дальше. Он посмотрел себе за спину. Там не было никакого негра. Очевидно, меня приняли за негра, Сашу Корбаха с прокопченным на солнце лбом. Елки-палки, да ведь был же совсем еще недавно кумиром физтехов!

Вспомнился спектакль, который давали году, кажись, в семьдесят седьмом в Черноголовке. Театр тогда был почти уже ликвидирован декретом Демичева, но прогрессивный профком Черноголовки, бросая вызов тупоголовым ортодоксам, пригласил «Шутов» к себе в клуб. Играли «А—Я», без декораций, среди расставленных стульев. После спектакля физтехи не расходились, бунтовались, выкрикивали «руки прочь!». Прекрасные молодые морды тех физтехов, хохот, выкрики, вакханалия родной речи. Вдруг все это, оставленное, сейчас на пляже Санта-Моники прошло как живое, косой стеной дождя. Упасть лицом вперед, вырубиться из этого момента, врубиться в тот?

Закат над океаном сгущался, мрачнел. Саша быстро пошел по кромке воды в сторону дома. Кто-то бегущий впереди обо что-то споткнулся, выкрикнул «шит!», заскользил, как по льду, удержался, побежал дальше. Через секунду и Саша сам угодил ногой в какой-то мешок перекатывающейся слизи. Там подыхала полураздавленная огромная медуза. Форма жизни, довольно чуждая просвещенному человечеству.

Все раздавленное, подыхающее влепляется в память, как летучие мыши влепляются иной раз в белые рубашки. Однажды на фривей выскочила большая черно-рыжая кошка. Никто уже не мог затормозить. Шедший впереди вэн ударил кошку крутящимся скатом. Она описала дугу и шлепнулась на бок между «хондой» и «вольво». Ей бы, дуре, лежать, не двигаться, но, ошеломленная ударом, она стремилась попасть в какой-нибудь спасительный угол и оказалась под колесом налетающего. То, что осталось от нее, дергалось в безумной борьбе за еще несколько секунд существования, и дальше она пропала из вида. Могучие демоны железа летели по фривею на одной скорости, размазывая кошачьи остатки.

Он разрыдался за рулем и трясся не менее четверти часа, забыв уже и о кошке, и о демонах, каждый из которых, может быть, точно так же раздавлен и размазан в одну минуту, забыв и о себе самом, и о брошенных на цековское воспитание родных своих сыновьях. Он изливался слезами и трясся немножечко как бы сбоку от самого себя, а там, в самом себе, прищуривался эдаким психиатром, констатировал с ленинским резоном: «Эге, батенька, да вы, я вижу, под здоровенным стрессом!»

Этот резонер нередко гнал его в бар «Ферст Баттом», дескать, нужно разрядиться. В углу там пожилой малый, похожий на все киношные клише черного музыканта, звать его, без смеха, Генри Миллер, напевал хрипловатым баском:

If you treat me right, baby,
I'll stay home every day,
But you're so mean, baby,
I'm sure you gonna drive me away.

Все было замечательно похоже на настоящий американский бар, как будто это и не был настоящий американский бар. Сидеть у стойки, как спивающийся иностранец в настоящем американском баре. К полуночи заведение заполняется почти до отказа, но отказа никому нет. Немало здесь уже и знакомых, едва ли не друзей, у нашего Саши. Вот, например, монументальный, с татуированными ручищами Матт Шурофф, бой-френд управдомши нескольких венисовских жилых строений, включая и обветшалую ночлежку отель «Кадиллак», не менее величественной Бернадетты Люкс, что ходит по околотку весь день в бигудях, резкими движениями поправляя плечики под постоянным батистовым с кистями одеянием.

Матт водит грузовики на большие расстояния, то есть по российской терминологии является дальнобойщиком и, возвращаясь из рейсов, по неделям ни черта не делает, только лишь ждет открытия «Первого Дна», где он сначала смотрит газеты, потом телевизор, потом играет с вьетнамцами на бильярде, постепенно набираясь, прежде чем засесть в окончательной скульптурной позиции перед стойкой.

К нему неизменно пришвартовываются два друга, которых он снисходительно опекает: вьетнамский беженец генерал Пью, который тут в округе завоевал себе репутацию лучшего водопроводчика, и венгерский беженец Бруно Касторциус, давно уже превратившийся в настоящего бича. Частенько к ним присоединяется молодой подтянутый господин из деловых кругов Мелвин О'Масси. Все четверо ждут, когда появится несравненная Бернадетта, все они время от времени пользуются благосклонностью Люкс, хотя приоритет Матта Шуроффа никем не оспаривается. Пятый член этого клуба Алекс Корбах по кличке Лавски держится несколько в стороне, хоть и он, признаемся, успел приобщиться к таинствам Бернадетты. Иной раз комендантша среди ночи открывает своим ключом его «студию» и с ходу наваливается на щуплого недотепу всем жаром своего океанского эго. «Где тут мой кьюти дики-прики? Дай-ка я его накрою своей вэджи-мэджи!»

В «Первом Дне» все знают, что стоит Лавски принять третью дозу «столи», как он начинает нести какую-то околесицу про какого-то мистера Станиславского, с его якобы всему миру известной системой. Отсюда и кличка взялась: Станис—Лавски, народ у нас остроумен.

— Еще неясно, кто был большим формалистом — Мейерхольд или Станиславский, — говорит он, обращаясь к кому-то прямо перед собой, то есть чаще всего к бартендеру Фрэнки.

— Риалли? — вежливо реагирует Фрэнки.

— Пытаясь максимально имитировать жизнь, Станиславский хотел отгородиться от твоего, Фрэнки, «риалли», то есть создать театр как вещь в себе. Понятно? Мейерхольд же, отрицая имитацию жизни, настаивая на театральности театра, наоборот, мечтал его сделать частью тех глупых утопий. Это понятно, товарищи?

— Понятная, тоу-вор-иччч! — Бруно Касторциус с трудом вспоминал язык оккупантов.

Бернадетта аплодировала. Сильное сияние стояло в неслабых глазах Лавски.

— Снять четвертую стенку, соединить театр со зрителем, то есть с улицей, это заманчиво, но не так сложно, как заставить зрителя биться лбом в стенку между оракулом театра и базаром политики, подглядывать в замочную скважину. Пью-твою-налево, тебе понятно? Матт-твою-так, продолжать или нет?

— Вали дальше, Лавски, только убери руку с задницы Берни, — говорил главный парень, чей кожный покров с годами, еще со времен знакомства с пенитенциарной системой штата Невада, все больше становился подобием гобелена, где арбалетчики с толстыми крылышками представляли силы добра, а русалки плавали сами по себе, словно проститутские ноги в сетчатых чулках.

Опрокидывая двойные-на-камушках, Корбах продолжал:

— С этого же угла мы видим и актерский вопрос, господа. Импровизируя в заданном Мейерхольдом ключе, актер становится каботеном, уличным паяцем, то есть частью этого ебаного народа, пошел бы он со всеми своими чаяниями в его любимую красную верзуху! Станиславский же говорил: перевоплощайтесь! Вы свободны от вашего общества, вы в храме лицедейства, вас не захапают грязными лапами! Вот ты, Пью, перевоплощайся сейчас в Макбета! Забудь про драп из Сайгона и про свои здешние сортиры, ну, Макбет!

— Фьюи, фьюи, — почему-то закрыв глаза, засвистывал Пью. Так, с его точки зрения, свистел бы Макбет.

— Великолепно! — с неадекватным бешенством вопил Корбах. — Ты на верном пути! Ты уже герметизировался! — Тут он поворачивался к Бернадетте. — Ну, а вы, мисс Люкс? Вот вам задание, вы Раневская! Произнесите: где мой «черри орчад», вишневый сад?!

Бернадетта с неожиданной близостью к иным интерпретациям бессмертной драмы произносила глубоким контральто:

— Где мой черри пай?!

Мужики вокруг взрывались в подхалимском восторге. Корбах ронял руки на стойку и голову — в руки. Заключительная часть вечеринки проходила хоть в его присутствии, но без его участия. Потом Матт тряс его за плечо: «Гет ап, Лавски! Можешь идти?» Он выбирался из бара и шел напрямик через непомерно широкий пляж к вырастающему во мраке белоголовому валу прибоя. «Конец, — бормотал он. — Дальнейшее — рев и пена».

Однажды за ним из бара пошел молодой человек в широчайших штанах и узкой джерсишке. Догнав его на пляже, он заглянул сбоку.

— Простите, сэр, за бесцеремонное вторжение, но я случайно подслушал в баре, вы что-то говорили о системе Станиславского, не так ли?

— Пошел на хуй, — мягко сказал ему Корбах, и молодой человек, естественно, воспринял эту фразу как приглашение продолжать. Он как-то весь разволновался.

— Меня зовут Рик. Мне бы очень хотелось. Если вы, конечно, сочтете приемлемым. Мне показалось, что вы говорили о чем-то важном. Я понимаю, вы иностранец. Могу ли я вас пригласить на ланч?

— Пошел на хуй! — крикнул тогда Корбах и показал рукой в сторону города. — Гоу, гоу!

Молодой человек сел на песок и стал провожать взглядом удаляющуюся к морю фигуру в запарусившей куртенке. Ему показалось, что она начинает терять тень, потом она слилась с темнотой и только после этого четко выделилась на фоне белоголового вала. Надо подождать, подумал молодой человек, вдруг из моря появится и возьмет его в свой кулак рука Посейдона. Надо, чтобы был хотя бы один свидетель.

Стараясь не расставлять читателю этой повести никаких ловушек, мы сразу сообщаем, что этот молодой человек, Рик Квиллиан, был актером некоммерческого театра, а вовсе не гомиком, как предположил Корбах. В этом театре были, между прочим, люди, посещавшие «Шутов» в Москве и — давайте все-таки произнесем высокопарное составное причастие — благоговевшие перед их главрежем, однако дурная случайность, в данном случае алкогольный невроз, снова отвела Корбаха в сторону от своих.

Сколько же вся эта лажа может продолжаться, в отчаянии думал иногда он похмельным утром, когда не озарялась еще рассветной медью его заветная форточка без окна. И почему все мокрое вокруг? Обоссался, что ли? Или пытался утащиться в океан? Показалось мне это вчера или действительно вдруг пропала тень? Духи отличали Данта от своего сонма, когда видели, что он отбрасывает тень. В этом мире, однако, всякий отбрасывает тень. Гомик, что тащился за мной по пляжу, отбрасывал длиннейшую тень. Америка все-таки не оригинальное чистилище, но только парафраза. Здесь, может быть, только я не отбрасываю тени. В ужасе он включал ночник и делал десятью пальцами шевелящуюся на стене тень петуха.

— Эге, батенька, да вы, я вижу, под здоровенным стрессом! — с псевдоленинской интонацией псевдошутил Бутлеров. Все-таки вспомнил друга и посетил убогий «Кадиллак», поздоровевший, подтянувшийся, в полотняном костюме, в сопровождении своей великолепной Ширли Федот, этого шедевра арт деко вкупе с бубнововалетовским пышным примитивизмом; вот уж действительно женщина искусства!

— Вам, Сашенька, ясно, что нужно, лапа моя! — сказала она милым, небрежным и сладким тоном, который сразу напомнил ему Москву, театр, все эти премьерные единения, обожающие взгляды, мокрые поцелуи, «возьмемся за руки, друзья, чтоб не пропасть поодиночке». Эта женщина, новая подруга Стаса, как бы олицетворяла все, что около театра, дружескую женскую сферу защиты от советского нахрапа, среду, в которой можно решить все вопросы, в которой к нему именно так вот и обращались: «Сашенька», «лапа», а то еще и «солнце мое».

— Вам, солнце мое, нужна подруга, — продолжила Ширли. Высокопарщина, связанная со светилом, растворяется в дружелюбной бытовой интонации. — Вам нужна красивая русская женщина, крепко стоящая на своих собственных ногах, и у меня такая есть для вас на примете.

Отправились сначала на Мелроуз-авеню в магазин «Once is not enough», то есть комиссионку, которую Шура однажды накнокала во время прочесывания данного сектора архангелесского торгового моря. Здесь можно налететь на невероятные вещи по невероятно низкой цене. Уверенная рука опытной дамы одним движением вытаскивает с вешалки светлый костюм из хлопковой ткани в рубчик. Ну, мальчики, каково? «Поло Ральф Лорен» за 99 долларов 99 центов, а ведь начальная-то цена не менее восьми сотен! Богатые американцы нередко сдают свои вещи сюда через своих слуг, чтобы иметь повод обзавестись новым гардеробом. Ну-ка, примерьте, Александр Яковлевич!

103

Корбах испытал почти уже забытый подъем настроения. Стильная штучка переходила в его владение. Костюм был как новый, только в промежности брюк изнутри имелось пятнышко величиной с «никель», испускавшее, если приблизить к носу, какой-то странный, не очень-то и противный, но несколько обескураживающий запах. Пятнышко там внутри можно заклеить маленькой заплатой-липучкой, ободрила Ширли. Когда она успела заметить это пятнышко? Рукава чуть-чуть длинноваты, но их можно закатать, будет слегка, как нужно, хиппово, лапа моя.

Костюм его преобразил. Вместо убогого бомжа в зеркале стоял небрежный завсегдатай международных фестивалей. Конечно, и у таких людей бывают трудные времена, однако у них, все это знают, бывают и блестящие периоды. Ширли была довольна. Ну вот, мальчики, а теперь отправимся к Двойре Радашкевич, у нее сегодня как раз парти.

Словом «парти» тут можно проверять любого на предмет отделения настоящих американцев от абсорбированных. Даже англичанин, не говоря уже о славяноидах, не сможет произнести «рт» в середине этого слова, как нечто вроде «д», но уж никак не «д». Корбах с удивлением взирал на Ширли: она произносила «парти» по-американски, во всяком случае, он не улавливал разницы.

Приехали в «трехбедренную», то есть трехспаленную, квартиру на Оушен-авеню. Она была заполнена толпой жующих и пьющих людей. Здесь, среди эмигрантской молодежи, практиковался уже американский стиль, в частности диппинг, то есть погружение сырой морковки или зонтика брокколи в густой соус. В отношении секса тоже было что-то в этом роде, во всяком случае, никто не делал большой истории из «уан-найт-стенд», то есть одноразовых пистонов. Похоже было даже, что иные русачки даже превзошли аборигенов в этом отношении, в частности хозяйка, ослепительная маленькая блондинка с балетной походочкой.

Двойра, то есть недавняя ленинградская Дарья, была «отделившейся» — как еще переведешь слово «сепарейтид»? — женой недавно разбогатевшего торговца картинами. Человек весьма положительный, мистер Радашкевич в процессе «сепарации» оставил красавице солидную шестизначную сумму, то ли с шестеркой, то ли с девяткой во главе. Купи бутик, Дво, увещевали ее подруги, в частности оракул здравого смысла Ширли Федот, иначе все промотаешь. И вот бутик куплен, и по этому поводу разыгрывается мотовская парти.

Корбах был ошеломлен неожиданным после столь долгого штиля самумом русского языка. Он передвигался от стены к стене со своим «кампари» и ловил на себе странноватые взгляды общества. Узнают, что ли? Если и узнают, то явно без всякого восторга, может быть, даже с некоторым пренебрежением. Он вспомнил, что с этим он уже как-то столкнулся, ну да, в студии Ипсилона, в Сохо. Здешней просвещенной новоамериканской публике не всучишь залежалый советский «хип», она уже избалована первосортным товаром.

Тут он заметил, что вот хоть две персоны смотрят на него не свысока. Хозяйка и Ширли Федот весьма мило смеялись, глядя на нового гостя. Он вспомнил, для чего его сюда привезли, и подошел представиться. Двойра тут же ошеломила его вопросом: «Из ит тру, ой, простите, вечно английский во рту, это правда, что вы замечательный трахальщик?» И подбоченилась в восторге от своего «провокативного вопроса». У нее была забавная, быстро меняющаяся мордочка: то смеющаяся обезьянка, то принюхивающаяся мышка.

Ночью ему казалось, что он играет в прятки с двумя масками. Приближаешься к нюхающей мышке, и вдруг перед тобой обезьянка. Хочешь схватить губами смеющуюся пасть обезьянки, ан перед тобой снова мышкино остренькое мурлецо. Кто-то из этих двух утром шепнул ему в ухо: «Слушай, ты в самом деле тот самый Саша Корбах?»

Проснувшись ближе к полудню, он не нашел в спальне своей одежды. Двойра тут же вошла, неся его рубашку, носки и новую, второго срока, костюменцию, все отглаженное и даже слегка дымящееся неожиданной свежестью.

— Послушай, почему у тебя брюки пахнут соусом Пола Ньюмена? — спросила она с искренним удивлением.

— Это его костюм, — ответил он. — Дал мне поносить на пару недель.

— Нет, серьезно?! — с жаром воскликнула она.

Он кивнул.

— К сожалению. Только на две недели.

Пока он одевался, она успела, по-эмигрантски говоря, «фиксануть брекфаст»: большой стакан грейпфрутового сока, стопку отлично прожаренных тостов, масло, джем, кофе. Вопросительно подняла бутылку «Джонни Уокера». Быстрая такая, с благодарностью подумал он. Шустрая, технически хорошо подготовленная мышка-обезьянка.

— Знаешь что, — за завтраком сказала она, — тебе надо кончать этот факинг инкогнито бизнес. Корбах есть Корбах, черт возьми. Устроим пресс-конференцию. У меня есть ребята в «Таймс», а хозяин «Панорамы» — просто мой друг. Устроим бурьку в этом чайнике. У тебя будет масса приглашений. Эмигранты сейчас уже могут платить. Начнем с «Атамана», идет?

Он застыл с булкой во рту. Прожевав, спросил:

— С чего начнем?

— Не притворяйся! «Атаман» — это шикарный русский клуб на Сансет-бульваре. Они тебе дадут целый вечер! Хочешь, я прямо сейчас позвоню?

Злость влилась в него так же рьяно, как холодный сок за пять минут до этого поворота в разговоре:

— Не так быстро, сударыня. Знаете, я хотел вам сказать еще ночью, но подумал, что будет бестактно. Знаете, если выбирать между принюхивающейся мышкой и смеющейся обезьянкой, я бы на вашем месте выбрал последнее.

Она побледнела, как будто сразу поняла, что он имеет в виду:

— Подонок! Я знала, что ты подонок, многие говорили! Убирайся отсюда и забудь это место! — Последняя фраза вся прошла у нее по-английски для пущей важности.

Плетясь под огромными пальмами Оушен-авеню в сторону своего похабненького Вениса, он наслаждался свободой и корил свое похабство. Вот унизил еще одну хорошую бабу. Грязной, богемной ремаркой, как помоями, окатил. Она, природная балерина, решила станцевать со мной великолепный дуэт, а я ее осадил и унизил. Подонка к подонкам тянет, в Венис.

В этом нашем постмодернистском необайронизме, думал он далее, мы, быть может, что-то обретаем по части самовыражения, но никогда ничего по части любви. Демонизируется каждое очередное поколение: «лишние люди», «потерянные», «обожженные», кокетничаем уже сто пятьдесят лет своим декадансом. Нам не дано и приблизиться к простоте и чистоте «нового сладостного стиля», к стихам Гвидо Гвиницелли семисот-с-чем-то-летней давности:

Амур натягивает лук
И, торжествуя, радостью сияет:
Он сладостную мне готовит месть.
Но слушай удивительную весть —
Стрелой пронзенный, дух ему прощает
Упадок сил и силу новых мук.

Вместо духа, милостивые государи, стрела попадает нам в копчик. Акупунктура эрогенных зон. Дальнейшее: злосчастное кокетство.

4. Металлический лев

Теперь пора вернуться в Вествуд-виллидж, на перекресток, где высятся огромные рекламные щиты новых кинофильмов. Двадцатью, что ли, страницами выше мы оставили здесь нашего героя, когда он застыл при виде медленно приближающегося мотоциклиста. В соответствии с нашими правилами мы не собираемся щекотать читателя авантюрными загадками, а посему и сообщаем сразу, что это был не кто иной, как Стенли Корбах на сорокатысячном «харлей-дэвидсоне». Мотоциклы недавно стали новым бзиком пятидесятишестилетнего магната, неплохим средством для отвлечения от экзистенциальных мук.

Александр Корбах об этом, конечно, понятия не имел. Меньше всего на свете он ожидал появления каких-либо Корбахов по соседству с «Колониал паркингом» в Вествуде. Он вряд ли помнил подробности разговора, что состоялся чуть ли не год назад в универсальном магазине, носящем его собственное имя. В лучшем случае он мог вспомнить только свое неуклюжее, если не позорное, выступление в том месте, что он принял поначалу за врата Судного Дня. Впрочем, если эти воспоминания и посещали его, он старался от них побыстрее отмахнуться. И все-таки в этот момент оцепенения он почему-то почувствовал, что необычный ездок явился сюда по его душу.

Ездок с седыми усами и отменной шапкой свежих каштановых волос бросил на него быстрый, полный юмора и благосклонности взгляд и прокатил мимо в темную пасть паркинга. Когда Алекс последовал за ним и вошел внутрь, он увидел, что ездок стоит возле диспетчерской и в дружелюбной манере беседует с Тедом. «Харлей» стоял рядом, как хорошо прирученный лев — сродни тому, что постоянно следовал за Буддой.

— Эй, Алекс, тут джентльмен хочет с тобой поговорить! — крикнул Тед, увидев проходящего мимо служащего. Некоторое удивление можно было уловить в его голосе, как будто он сразу задавал себе несколько вопросов: что общего у такого джентльмена с нашим русским? разве джентльмены ездят на «харлеях»? разве «харлеи» подчиняются таким джентльменам?

И впрямь, ничего вавилонского не было в обличии джентльмена. Одет он был в обычную кожанку типа «бомбовоз классик», а вовсе не в черные доспехи, пересеченные длинными «молниями», что типично для клана «харлейщиков». Ни черепа с костями, ни свастики, ни серпа с молотом, ни мясистой русалки на бензобаке не наблюдалось. Не было также никакого мрачного величия в чертах его лица.

— Мистер Корбах?! — воскликнул гость, как будто он с трудом мог поверить своим глазам. — Вы ли это?

— Йес, сэр! — ответствовал Алекс. — Чем могу быть полезен, сэр? — Проявляя стандартную вежливость автомобильного слуги, он автоматически насторожился. Не оттуда ли этот парень явился? Не от них ли? Имелся в виду, разумеется, КГБ.

Не тратя времени зря, гость тут же развеял кагэбэшную паранойю:

107

— Позвольте мне представиться. Я Стенли Корбах. В каком-то смысле нас можно считать родственниками!

— Ni khuya sebe! — пробормотал Алекс. Он вспомнил внезапно, что это имя упоминал молодой менеджер универсального магазина. Имя президента гигантской корпорации, то самое «большое имя в США»!

— Вы не возражаете, мистер Корбах, если я вас похищу на некоторое время? Как насчет раннего ланча, сэр? Мне нужно с вами поговорить на важную тему.

Захваченный врасплох, Александр мямлил что-то почти неразборчивое. Английские слова теперь повисали, как полудохлые мухи в паутине:

— Ит из соу неожиданно. Я на работе. Джоб, джоб. — Наконец удалось сложить вразумительную фразу: — Благодарю за приглашение, но я вряд ли им сейчас могу воспользоваться, поскольку только что начал смену.

Стенли просиял. Этот парень говорит на довольно понятном английском. В нем нет ничего психованного, между прочим, ничего претенциозного. Нормальный, приятный на вид малый в корбаховском стиле, бойкий, легкий на ходу.

— Надеюсь, мистер Тед нам поможет найти выход из положения. — Он повернулся к боссу, наблюдавшему всю сцену с растущим изумлением, которое, впрочем, совсем не отражалось на эбонитовом эфиопском лице. На конторку перед боссом легла тройка сотенных бумажек.

— Без проблем, — сказал Тесфалидет и помахал своей кистью пианиста. — Можешь взять отгул, Алекс, без проблем.

Арам тайком показал Александру большой палец и посолил его сверху щепотью. Пришла удача, старик, поздравляю!

Корбахи покинули паркинг и направились к ближайшему заведению, которое называлось «Кафе Алисы». Там как раз начали готовить столики к ланчу. Стенли был намного выше Алекса, поджарый, но очень широкоплечий, гигант своего рода. Твердый подбородок гордо высился над индюшиным мешочком дрябловатой кожи. Александра вдруг пронзило неожиданное чувство комфорта, если это чувство может пронзить. В мире, кажется, присутствуют некоторый комфорт и некоторая естественность, если вы можете так по утрянке направиться с гипотетическим родственником в ближайшее кафе. Стенли поймал его взгляд и улыбнулся с добродушным, хоть и несколько диаболическим юморком.

В ресторане Стенли начал изображать растерянного провинциала.

— Вы голодны, Алекс? — спросил он.

— Не очень, — был ответ.

— Что касается меня, то мне совсем не хочется есть, — сказал Стенли. — Шит, мы, кажется, попали в западню. Если мы закажем мало, они нас не будут уважать. А если мы закажем полный ланч и не съедим, они нас совсем не будут уважать. Предлагаю начать с хорошей бутылки шампанского. Шампанское стоит дорого, так что они сразу нас зауважают, понимаете?

Вот в чем я нуждался всю жизнь — в мудром старшем брате, подумал Александр.

— Мне нравится, как вы заказываете шампанское, Стенли, — сказал он.

Когда первая бутылка «Клико» была закончена, перед прибытием второй Стенли начал свой «серьезный разговор»:

— Позвольте мне, мой дорогой, пригласить вас на короткую экскурсию в довольно отдаленную страну и в не очень-то отдаленное время, поехали?

5. В свете меноры

Вообразите себе Варшаву в семидесятые годы прошлого века. Губернский центр Российской империи. По-польски запрещается говорить в общественных местах. Еврейский язык, как вы понимаете, тоже не очень в чести. В это время на Старом Мясте был хорошо известен меховой магазин Корбаха. Как давно появились Корбахи в Польше, нам еще предстоит уточнить, однако не нужно путать еврейских Корбахов с польскими Корбутами, которые там жили всегда. По некоторым данным мы можем предположить, что Корбахи на самом деле были Кор-Бейтами и что они попали в Польшу после испанского исхода через Голландию и приспособили свое имя к польской фонетике.

У Гедали Корбаха был большой дом кирпичной кладки, мрачный, весь занавешенный тяжелыми шторами и, разумеется, полный чертей. Хозяин, человек состоятельный и набожный, пользовался авторитетом в еврейской общине. В доме все время толклись толкователи Талмуда, а также и житейские мудрецы в лапсердаках и бархатных камилавках. Впрочем, были и светские гости. Предание гласит, что дом посещал даже сам барон Гинзбург, который не только покупал там своим бабам шубы, но и рассуждал о судьбе народа с тяжеловесным Гедали.

Барон Гинзбург, конечно, умел по-французски, но в варшавской еврейской общине бытовал странный язык, русско-польско-немецкое варево с талмудическими оборотами. В свете меноры в гостиной рассаживались коллеги хозяина по торговому цеху, владельцы кожевенных заводов и перчаточных мастерских. По всему дому сильно пахло нафталином, и детям казалось, что это естественный запах близкой преисподней. Мебель содержалась в парусиновых чехлах, что напоминало древние становища. В пятницу вечером жизнь замирала, все сидели накрытые талесами, читали молитвы.

Как во всех состоятельных еврейских домах, детей здесь учили музыке — ежедневная бессмысленная пытка. Царило характерное для восточноевропейской диаспоры общее уныние, постоянное желание укрыться от внешнего мира, как будто уже тогда они чувствовали, что добром здесь не кончится. Жена Гедали, Двойра...

В этом пункте повествования Александр перебил Стенли. Двойра? Вы сказали Двойра? Стенли кивнул. Да-да, ее звали именно так. А что? Да нет, ничего. Продолжайте, пожалуйста.

Она умерла, когда их старшим сыновьям, близнецам Александру и Натану, исполнилось пятнадцать лет. В синагоге для солидного торговца нашли новую жену, Рахиль, вдову бакалейщика Фиска. Она старалась понравиться мальчикам, но из этого ничего не получилось. Мальчиков тяготила не столь мачеха, сколь весь тяжеловесный отцовский уклад. За стенами дома шла интересная и напряженная жизнь семидесятых годов. Из Петербурга и Москвы доносились отголоски освободительных идей. Слова «русский интеллигент» стали произносить с особым смыслом. От них попахивало порохом самодельных бомб. В Варшаве подрастало новое поколение заговорщиков. В газетах печатали репортажи о пароходных маршрутах в Америку. Мальчики видели только одну альтернативу будущей жизни: уйти в революцию или сбежать в Америку. Ребята старались посильнее подогреть свою псевдоненависть к мачехе, чтобы оправдать неизбежный побег.

Им было еще далеко до шестнадцати, когда они решились. Домашние черти, естественно, подговорили их ограбить отца. Однажды ночью они пробрались в магазин, взяли недельную выручку и набили два чемодана сибирскими соболями. С этим добром, мальчикам казалось, они возьмут Америку штурмом. Не вполне ясно, где у них украли соболей: еще на пароходе или уже на нью-йоркской таможне, во всяком случае, они оказались среди первых поселенцев в Нижнем Ист-Сайде без гроша в кармане, то есть все, как полагается в романах.

Симпатичные близнецы, или, как их там называли на идиш, «вос-хоб-их-дох-гедафт», вызывали сочувствие в торговой толпе, и вскоре им удалось устроиться на работу в итальянскую харчевню «Даунинг Ойстер Хаус энд Паста Плейс». Уж наверняка не меньше чем по миллиону устриц пришлось открыть Александру и Натану в этом доме. Ирония еще заключалась в том, что по законам кошрута им запрещалось есть моллюсков. А вы любите устриц, мой друг? Ну, давайте закажем, черт возьми, полдюжины дюжин!

Спасибо кошруту. Если бы не он, мы, может быть, унаследовали бы отвращение к этим восхитительным слизнякам.

Прошел год или полтора, прежде чем близнецы перешли из итальянского подвала на солидную работу в еврейское заведение «Фимми Стейк Хаус». Здесь они уже были официантами и получали чаевые от извозчиков, мясников, уличных торговцев и оптовых подрядчиков. Этот «Фимми», между прочим, существует по сей день. Мы должны с вами там как-нибудь поужинать. Только уж без шампанского. Дико заказывать в таких местах шампанское. Водку надо заказывать. Верно! Пусть принесут в куске льда. Видимо, так в России делалось. Бутылки держали в какой-нибудь Волге. Она замерзала, тогда эти сосуды блядские вырубали саблями, или чем там у вас вырубают водку изо льда.

— Вы меня за ногу тянете, Стенли! Перестаньте! — сказал Александр, очень гордый тем, что использовал идиому.

— Боже упаси! — вскричал Стенли и заглянул под скатерть. — Я даже и не заметил ваших ног, приятель! — Щелчком пальцев он заказал еще одну «Клико».

Наши близнецы жили неподалеку от этого храма отбивных, на Орчад-стрит, полутрущобной улице, которую позднее, в двадцатом веке, новые волны эмигрантов почти официально переименовали в Яшкин-стрит. Придите сейчас туда, и вы найдете все ту же оперу, что и сто лет назад: магазины Кауфмана и Горелика, Сола Москота и Лейбла Быстрицкис, кошер-гурмей. Мальчикам повезло, ко времени их вселения городские власти распорядились, чтобы дома там были снабжены пожарными лестницами, примитивной вентиляцией, а также «частными внешними удобствами», то есть люфт-клозетами во дворе с одним очком на двадцать жильцов. До этого рассаживались вокруг дома орлами.

В конце семидесятых произошло что-то важное в жизни Корбахов, какое-то резкое повышение их финансового уровня. К этому времени относится туманная запись в дневнике нашего основателя, то есть вашего тезки, Алекс. Вернулась часть мехов, пишет он. Выручка ... долларов. Цифра затерта и процарапана ногтем. Можно предположить, что ребята наладили связь с еврейской мафией, державшей позиции на границе Бауэри и Нижнего Ист-Сайда.

Так или иначе, но они сняли отдельную квартиру с водопроводом на Сивард-авеню. Похоже, что к этому времени они купили подложные аттестаты об окончании царской русской гимназии в Варшаве. Кто будет проверять в Америке, что даже по возрасту они не подходили для этих аттестатов? Известно, что Натан в течение года посещал занятия в Хантер-колледже и носился с идеей поступления в Массачусетский технологический институт. Александр тем временем стал одним из трех совладельцев «Фимми», где братья все еще работали официантами. Потом Натан ушел из ресторана в какое-то бумажное производство на углу Грэнд и Мюлбюри. В этом деле он сильно преуспел и даже в конце концов запатентовал новый способ изготовления высококачественной бумаги. Вот тут и произошел кризис в отношениях между двумя братьями.

Вы, конечно, знаете, что однояйцевые близнецы всю жизнь испытывают нечто вроде двойного ощущения личности. Вдали друг от друга им не по себе, они постоянно ощущают незавершенность любого поступка. Мысль о длительной разлуке кажется им просто невыносимой. Наши ребята не были исключением, несмотря на разность темпераментов и склонностей.

Вот то, что нам сейчас известно об этой ситуации. Александр был типичный экстраверт, легко завязывал компании, шел на риск и даже на авантюру. Нью-Йорк с его внезапными ударами по уху и столь же внезапными удачами засосал его до конца, он стал типичным агрессивным коммерческим американцем той поры. В лице Натана мы видим усидчивого молодого человека, такого как бы лабораторного типа. Не думаю, что его сильно интересовали отвлеченные материи, однако в оставшейся от него библиотеке можно найти рядом с книгами по химии и физике Диккенса, Бальзака, Генри Лонгфелло, не говоря уже о выписанных из Петербурга тогдашних королях романа, Толстом и Достоевском.

Сомнительно, что ребята, охваченные возбуждением Нового мира, были хорошими евреями, однако они, разумеется, соблюдали шабад и ходили по праздникам в синагогу. В книгах Натана я нашел среди прочего хроники Иосифа Флавия, значит, история евреев его интересовала. Александр Корбах, боюсь, ничего не читал, кроме газет с биржевыми сводками. Он был генератором коммерческих идей и светским модником. С вождями мафии у него, конечно, был хороший контакт.

Парадоксально, но самая авантюрная идея пришла в голову не Александру, а Натану. В 1881 году он заявил брату, что возвращается в Россию, чтобы начать там производство бумаги по своему методу. Из сохранившихся записок нашей будущей прабабушки, тогдашней невесты, видно, что Александр был взбешен. Думаю, что не только взбешен, но и смертельно испуган. Никогда еще вторая половинка яйца не отдалялась на такое расстояние. Он, кажется, так и не простил брату этого разрыва. Похоже, что и Натан всегда носил в себе какое-то чувство вины, хотя в чем он был виноват, если вся задуманная на двоих ностальгия пришлась на его половинку яйца?

Россия и Америка в те времена, в отличие от нынешних, были хоть и отдаленными, но все-таки частями одного мира, соединенными довольно надежными пароходными линиями. Братья редко, но устойчиво переписывались. Александр посылал сухие письма и поздравления к иудейским праздникам. Обычно он диктовал их своей секретарше, поэтому копии сохранились. Ни разу нам не удалось обнаружить поздравления ко дню рождения; любопытно, не правда ли? Письма Натана напоминали пробу пера начинающего писателя, столько в них лирических и пейзажных красот. С каждым годом он все больше обращался к русскому, хотя мой эксперт нашел в этих композициях немало грамматических и синтаксических ошибок.

Так или иначе, до 1917 года братья были хорошо осведомлены о жизни друг друга. Натан знал, что вскоре после его отъезда Александр женился на богатой ирландской девушке. Вдвоем они дали жизнь двум детям, в том числе моему деду, а также большому универсальному магазину, который и по сей день носит благородное имя похитителя соболей, то есть ваше имя, мистер Александер Корбах, так замечательно повторившееся через четыре поколения.

Натан Корбах тем временем купил в Риге бумажный заводик и переоборудовал его на свой манер. Вскоре и он женился на дочери настройщика роялей Ревекке Слонимской, и у них родился ваш дедушка, многоуважаемый Рувим Натанович, который, кажется — тут наши сведения начинают замутняться, и мы надеемся на вашу помощь, — кажется, изучал живопись и скульптуру и женился на вашей бабушке Ирине Степановне Кропоткиной, чем оставшаяся в Варшаве часть клана была очень недовольна, поскольку он взял «шиксу».

В одном из писем Натан довольно остроумно описывает обстоятельства своей женитьбы на вашей прабабке. Вы, возможно, об этом никогда не слышали. Я так и думал. Вот что там произошло. Как вы можете догадаться, возвращение из Америки миловидного и небедного Корбаха вызвало сущий переполох среди невест Варшавы, Риги и Вильны. Тут присутствует один странный момент. Матримониальные дела целого куста больших еврейских кланов этой части Российской империи почему-то находились в руках известного скульптора Марка Антокольского. Этот человек, которому тогда было сорок с небольшим, считался самым преуспевшим членом общины, поскольку прославился далеко за пределами черты оседлости и утвердился в имперской столице как ведущий скульптор. Все наши Корбахи и Слонимские, а также Гинзбурги, Рабиновичи и другие относились к нему как к патриарху, и он, как я понимаю, охотно принимал такое почтение. Именно с письмом господина Антокольского появился молодой Корбах в семье Слонимских, где две дочки томились на выданье. Все, однако, и здесь было не так просто. Крупнейший в Риге специалист по роялям Соломон Слонимский после смерти своей жены, матери вашей прабабки Ревекки, женился на женщине старше себя, у которой были две свои дочки. Вот именно эти дочки и считались на выданье, к ним-то на смотрины и направил патриарх Антокольский молодого Натана.

Был устроен торжественный обед с бесконечной сменой блюд, со всеми этими креплахами, кнублями, кнаделями, цибелями, а в заключение явился ошеломляющий венский штрудель, который девочки готовили сами. Все замирали, когда Натан рассказывал об Америке. Для них это был безупречный джентльмен из Нью-Йорка. Вряд ли они могли представить его в деревянном люфт-клозете на Орчад-стрит. С замиранием семья поглядывала, какой из двух девиц он окажет предпочтение.

А он тем временем исподтишка следил за третьей, что только лишь изредка присаживалась к столу, а больше помогала прислуге. Это была восемнадцатилетняя Ревекка. В один момент, когда она выносила посуду, Натан тихонько поинтересовался:

— А кто эта девушка?

Возникло неловкое молчание. Потом мадам Слонимская произнесла со светской небрежностью:

— А это просто родственница.

Ревекка тут уронила посуду и вскричала:

— Не родственница, а родная дочь своего отца! — И бросилась прочь, на кухню.

Молодой джентльмен легкой походкой ист-сайдского мафиози последовал за ней. Все стало ясно.

Скульптор Антокольский был чрезвычайно рассержен тем, что встреча прошла не по его сценарию, однако впоследствии, познакомившись с молодой четой, сменил гнев на милость и даже взял под свою художественную опеку их подрастающего сына, вашего деда Рувима. Именно под влиянием Антокольского юноша пошел в искусство и стал впоследствии крупной фигурой российского авангарда, что, конечно, вызвало бы полное отвращение у опекуна, доживи он до той поры.

— Об этом я кое-что слышал от бабки, — сказал Александр. — Он входил в группу «Бубновый валет», а потом в «Ослиный хвост». Как это, «Данкис тейл»?

— Манкис тейл? — переспросил Стенли.

Кафе давно уже наполнилось людьми, пришедшими на ланч. В центре зала шел энергичный разбор салатов. Иные посетители перешептывались, поглядывая на несколько странную, не очень-то совместимую пару мужчин, дующих «Клико» в утренний час в углу веранды под лимонным деревом. Странная парочка, индиид: у старого отменная копна волос, а молодой лыс, старый в кожаной куртке покачивает длинной ногой, которую приходится огибать с блюдом салата в руках, а молодой в серебристой курточке с надписью «Колониал паркинг» курит одну сигарету за другой, то есть вредит своему здоровью и косвенно здоровью всего общества, — вот и судите сами, что это за люди.

Стенли продолжал:

— Дальнейшее начинает расплываться. Известно, что рижский завод давал хорошую прибыль. В одном из писем Натан предложил Александру инвестировать в расширение производства. Александр мыслил только идеями расширения, конечно. Они были близки к соглашению, но почему-то оно не состоялось. В девятьсот восьмом году Натан свернул все дела в Риге и переехал на Волгу, в город Сэмэри, спасибо, в Самару, и там возобновил производство бумаги по своему манхаттанскому рецепту.

Братья все время собирались увидеться, строили планы путешествий, однако после семнадцатого года все эти планы рухнули, да и переписка заглохла. Мы до сих пор не знаем, что произошло с волжскими Корбахами. От Аушвица, к счастью, они были далеко. Производство их наверняка было национализировано, но вот как кончил Натан, мы не имеем ни малейшего представления. Может быть, у вас, Алекс, что-нибудь сохранилось в памяти? Я вам буду также очень признателен за любую информацию о вашей семье. Мы кое-что уже знаем о ней. Хотите верьте, хотите нет, но мы с вами являемся четвероюродными кузенами.

Завершив свое повествование, Стенли почувствовал странную неловкость. Трудно было понять, как себя поведет дальше этот парень, четвероюродный кузен. Вдруг начнет денег просить? Во всей этой встрече была, разумеется, некоторая нелепость. Она еще усугубилась тем, что в кафе вошли два мускулистых типа, телохранители нашего магната. Каким-то образом им все-таки удалось проследить его мотоциклетный отрыв. Профессионалы, ничего не скажешь.

Александр, основательно обалдевший от услышанного, а еще больше от самого длинного в его жизни, обращенного к нему через стол монолога на английском, покрутил своей поблескивающей башкою:

— Ну и ну!

— Что означает это «ну-и-ну»? — спросил Стенли.

Александр сделал руками какой-то жест, который и означал это «ну-и-ну».

— Могу я вам задать один вопрос?

— Чем больше вопросов, тем лучше, — кивнул Стенли и вдруг гаркнул в сторону с некоторым остервенением: — I know! Tell them, I know!

Дело было в том, что один из телохранителей прогулялся мимо их столика да к тому же выразительно посмотрел на свои часы, казалось, выпиленные из куска антрацита.

— Как вам удалось меня здесь найти, Стенли? — таков, разумеется, был первый вопрос Александра.

Четвероюродный брат улыбнулся:

— Эта страна, Алекс, является цитаделью свободы. Цитаделью, понимаете? После того как Арт Даппертат из нашего нью-йоркского магазина рассказал о вашей с ним встрече, мы связались со Службой иммиграции и натурализации и выяснили, что советский гражданин Александр Корбах действительно прибыл в США с визой Н-1. Затем мы связались с офисом той же организации в Эл-Эй, поскольку вы проговорились Арту, что собираетесь в Калифорнию, и там без всяких проволочек нам сообщили, что вы подали прошение о политическом убежище. С этими сведениями уже нетрудно было найти ваш номер социальной защиты. Прошу прощения, я даже записал его в свою записную книжку. — С этими словами Стенли извлек крошечный компьютер, потыкал пальцем и показал Александру девять цифр его идентификации, которые тот по совету Стаса заучил наизусть, чтобы произнести их, буде нужно, даже в бессознательном состоянии: 777-77-7777.

Стенли продолжил:

— Дальше все совсем уже было просто. Мы получили ваш адрес и телефон, а сегодня утром по этому телефону мне любезно сообщили, что вы уехали на работу в «Вествуд колониал паркинг». Вот видите, напрасно у вас в СССР пишут, что человек в Америке брошен на произвол судьбы. Скорее, он брошен на произвол компьютеров.

— Я не возражаю, — покивал Александр. — Так даже лучше. Все-таки не на помойке, правда? Иногда даже можно бесплатно позавтракать. — Сказав так, он имел в виду «Католических братьев», но Стенли принял это на свой счет и расхохотался.

— Между прочим, кузен, компьютеры нам пока не помогли узнать, кто вы такой. «Виза предпочтения» все-таки не выдается аттендантам в гаражах.

— Да я из театра, — отмахнул рукой Александр и замолчал.

Стенли понял, что он больше ничего не собирается добавить, и осторожно добавил сам:

— Вы, Алекс, новичок в этой стране, и возможно, еще не заметили, что здесь нельзя сидеть и ждать успеха. Здесь надо продавать свой товар, и продавать активно. Агрессивный маркетинг, так сказать.

— Этот коммерческий термин не по моей части, — сухо заметил Александр. — Давайте, Стенли, я вам лучше расскажу то, что я знаю о своих родственниках. Отца своего я никогда не видел, его расстреляли в тридцать девятом за несколько месяцев до моего рождения. В семье никто никогда не заикался о каких-либо родственниках в Америке. Не уверен даже, что кто-нибудь знал о вашей части корбаховского клана. Честно говоря, даже и о своем прадеде Натане я ничего не знал. Бабушка Ирина иногда глухо упоминала каких-то самарских Корбахов, но тут же перескакивала на другую тему. Однажды, уже в семидесятых, когда мне было за тридцать, а ей за восемьдесят, ей сделали удачную операцию на глазах, сняли катаракты. Почему-то после этого она стала часто вспоминать прошлое, причем с массой ярких деталей, как будто и память прозрела вместе с глазами. В одном из ее тогдашних рассказов снова промелькнули самарские Корбахи. Рувим незадолго до революции ездил в Самару повидаться со своими, как он их называл, полубратьями. Не помню, упоминала ли она прадеда, но если и упоминала, то не так, чтобы он запомнился человеку из театра.

Одну минуту, вот что вдруг вспомнилось: фотография! Она тогда все время возилась в своих фотоальбомах, вспоминала прошедшую жизнь и вдруг вытащила большой снимок, наклеенный на картон с какими-то тиснениями по углам. Саша, взгляни, вот дед с самарскими Корбахами! Я тогда вечно куда-то торопился, поэтому держал в руках эту фотографию не более двух минут. Снимок был сделан в ателье на фоне таких типичных «роскошных» драпировок. Не менее дюжины персон, помнится, старшие в креслах, молодые стоят позади. Может быть, я сейчас ошибаюсь под влиянием вашего рассказа, Стенли, но в центре восседал горделивый старик с усами а-ля Вильгельм. Ну, это он тогда мне показался стариком. Да, ему, очевидно, было около шестидесяти. Не исключено, что это как раз и был прадед Натан.

Должен вам сказать, что у советских людей было крепко отбито желание копаться в семейных историях. Люди хотели скорее затемнить, чем раскрыть родословную: вдруг выскочит какой-нибудь враг народа: поп, офицер, кулак, коммерсант. Мало кто из моих друзей прослеживал свою линию дальше деда. Революция образовала в российской истории какой-то колоссальный вал, внехронологический рубеж. То, что было за ним, относилось к временам Навуходоносора.

Я помню, что на этой фотографии мне бросились в глаза два высокомерных молодых человека, младшие полубратья деда Рувима, Ноля и Воля. Бабка шепотом поведала, что во время Гражданской войны они ушли к белым. В Самаре было многопартийное правительство сторонников Учредительного собрания, евреев там принимали в добровольческий полк. Вся эта группа, надо сказать, удивила меня своим буржуазным благополучием. Хорошая одежда, свободные позы, смелые уверенные взгляды. Полное отсутствие русского духа, да и еврейского там было не в избытке. Два-три характерных лица, но в целом семейство выглядело на европейский манер.

Должен признаться, что до встречи с вами я как-то мало думал о своих еврейских корнях. Я и узнал-то о своем корбаховском происхождении только в четырнадцать лет, а до этого носил фамилию отчима и был записан русским. Только в шестнадцать лет я потребовал назад свою фамилию и национальность, но сделал это не из еврейского чувства, а из-за отвращения ко всему советскому. В тех кругах, в которых я жил и работал, ну, на театре, никто не концентрировался на чем-то исключительно еврейском. Еврейство фигурировало в каком-то анекдотном, одесском ключе. Странно, но даже тема Холокоста не так часто выплывала. Коммунисты умудрились до минимума свести религиозную приверженность, а когда начался возврат к религии — тоже скорее от протеста, чем от глубокого чувства, — все стали носить кресты. Многие еврейские ребята уходили в православную церковь. Пастернаковская философия ассимиляции в русской культуре была ближе, чем израильские древности, Новый Завет вдохновлял больше Торы. Надо учесть еще то, что и генеалогически там у нас очень сильно все перемешались. Ваш новообретенный четвероюродный кузен, Стенли, между прочим, всего лишь на одну четверть еврей.

В этот момент Стенли мягко прервал Александра:

— Боюсь, Алекс, что вы все-таки больше еврей, чем вы думаете. Прошлой зимой мои помощники Фухс и Лестер Сквэйр работали в Москве, и им удалось узнать, что ваша бабушка с материнской стороны, Раиса Михайловна, урожденная Горски, тоже была еврейкой. — Он рассмеялся, увидев крайнее изумление на лице Алекса, и сочувственно потрепал его по плечу: мужайтесь, мол, мой друг, ничего особенно страшного в этой новости для вас сейчас не содержится.

Алекс с трудом вспомнил скромнейшую Раису Михайловну. Он и видел-то ее всего лишь несколько раз, когда она приезжала из своего Свердловска повидаться с внучатами. Вокруг этих приездов в семье Ижмайловых всегда возникала какая-то двусмысленность. Национальность «той бабушки» была, очевидно, табу. Мать, по всей вероятности, не указывала в анкетах полуеврейское происхождение и всю жизнь упорно считала себя полностью русской. Бедная мать моя, работник спецхрана, несчастная советская лгунья.

6. Закатные Гималаи

Скажите, Стенли, для чего вы занимаетесь этими розысками? — Вместо ответа большой человек встал из-за стола и теперь уже сам посмотрел на часы. Телохранители со счастливыми грушами лиц бросились к выходу. Когда два Корбаха вышли из ресторана, у обочины уже ждал лимузин длиной в полквартала.

— К сожалению, мне пора лететь в Сиэтл, — сказал Стенли.

— Когда у вас самолет? — спросил Александр не без облегчения. На сегодня с него было достаточно откровений, не говоря уже про то, что язык мучительно устал от английского.

— Как приедем в аэропорт, так сразу и полетим, — ответил большой человек.

О чем я спрашиваю, подумал Александр, ведь у него наверняка свой самолет.

— Давайте я вас подвезу, — предложил Стенли. — Хочу посмотреть, как вы тут у нас в Америке устроились. А вашу машину вам ваш любезнейший мистер Тед позже пригонит».

Некоторое время молча покачивались на лимузинных рессорах. Потом Стенли спросил:

— А где сейчас может быть та семейная фотография?

Александр пожал плечами:

— Скорее всего, осталась в моей московской квартире.

— У вас там есть квартира? — почему-то сильно удивился Стенли.

— Во всяком случае, была, — хмыкнул Александр.

— Понятно, — проговорил Стенли.

Все ему, видите ли, понятно, с некоторым раздражением подумал Александр. Миллиарды не всегда все помогают понять, господин президенствующий кузен, вернее, кузенствующий президент. Весь недавний ланч вдруг предстал в гипертрофическом искажении, и сам кузен как бы увеличился до пантагрюэлевских измерений. Он поглощает устриц, дюжину за дюжиной, полудюжину дюжин, дюжину полудюжин дюжин. В «Алисе» уже не хватает этой еды, бегут в «Базилио» за подмогой. Он выдувает весь наличный запас французского шампанского и переходит на калифорнийское, пока подвозят еще несколько ящиков «Клико». Заметив твое недоумение, он подносит к твоему носу свою гигантскую ладонь, на дне которой, между линиями жизни и судьбы, лежит прозрачный кристаллик соли. «Открывай рот, ты, чертов Алекс!» — хохочет он и забрасывает этот кристаллик в твой с готовностью распахнувшийся рот. Жажда шампанского немедленно охватывает тебя, нестерпимая и неутолимая жажда. Странная, поистине странная встреча после столетней разлуки!

Стенли не уловил небольшого перекоса в настроении своего благоприобретенного четвероюродного кузена. Его собственное настроение было совсем иным. Нарастала — и, кажется, даже с некоторой беспредельностью — необъяснимая теплота по отношению к этому заброшенному лысому юнцу с его корявым английским. Я должен ему помочь, думал он. Не потому, что я богаче, а потому, что я старше его на двенадцать лет. Конечно, противно сразу ставить себя выше, но другого пути нет, я должен ему помочь.

— Послушайте, Алекс, — сказал он, — вы здесь пока что чужак, и вы проходите сейчас явно не самый блестящий период своей жизни, поэтому, надеюсь, вы не будете слишком уж щепетильны, если я...

— Спасибо, Стенли, — прервал его Александр и подумал: все-таки хороший мужик. — Спасибо, я очень тронут, но ничего не надо. Все нормально.

Они подъехали к отелю «Кадиллак» в тот час, когда тот потрескавшейся своей башкой выпячивается на самый солнцепек. На террасе несколько стариков играли в карты. Один из них, с потухшим огрызком сигары в углу рта, на секунду оторвался и глянул на лимузин внезапно вспыхнувшим бандитским огоньком уцелевшего глаза. Роскошное транспортное средство, очевидно, приплыло из его все еще живой «американской мечты».

— Что у вас здесь? — спросил Стенли.

— Студия, — усмехнулся Александр.

— С туалетом?

— А что, хотите отлить?

— Как вы догадались?

В фойе Стенли некоторое время созерцал гордость кондоминиума, большую парсуну, изображающую поимку в сети крупной русалки на фоне башен какого-то гугенотского форта. Даже Бернадетта Люкс ничего не знала о происхождении этой парсуны, хотя в очертаниях русалки многие находили сходство с самой патронессой.

— Вдохновляет, — коротко резюмировал магнат финансов и промышленности.

Он просто придумал про туалет для того, чтобы увидеть, в каком убожестве я живу, так думал Александр.

Стенли на самом деле совсем не лукавил. У него были некоторые проблемы с мочеиспусканием, в частности, для того, чтобы пустить полноценную струю, он должен был обеими руками упираться в стену за бачком. Из ванной он вышел с просветлевшим лицом и, скорее автоматически, чем с интересом, снял одну из книг с шаткой этажерки, что Александр недавно подобрал на обочине тротуара в Санта-Монике.

— Что это? — Кириллицей, очевидно, он не мог прочесть ни слова.

— Данте, — сказал Александр. — «Коммедиа Дивина».

Стенли хмыкнул:

— Похоже, что у нас одни и те же книги на ночном столике. — Он вдруг как бы прочел с первого листа:

In the midway of this our mortal life,
I found me in a gloomy wood, astray
Gone from the path direct.

— По-русски это лучше звучит, — сказал Александр.

— Ну конечно! — засмеялся Стенли. — Пока, Алекс! Надеюсь, скоро увидимся.

Когда он уехал, Александр вышел на крыльцо и опустился там в топорно сколоченное кресло-качалку. Перед ним был полностью освещенный солнцем и как бы целиком белый переулок. Уходила в перспективу вереница мусорных баков, каждый величиной с троянского коня. В перспективе был океан и на нем несколько парусов. Над океаном стояло безоблачное небо, и туда, в размывающую все черные пятна голубизну, мощно вздымалось гигантское реактивное судно курсом на Японию.

Он закрыл глаза и отключился, а когда открыл их заново, увидел величественные формации облаков на фоне медно экранирующего тихоокеанского небосвода. Все это вместе составляло картину его юно-пионерского детства. Облака имитировали Гималайский хребет и приглашали на снежные перевалы, за которыми дух захватывающие приключения ожидали юного ленинца. Солнце между тем было на снижающейся траектории, и чем ниже оно спускалось, тем драматичнее становился облачный фронт и тем больше взрослел созерцатель, распростертый на террасе отеля «Кадиллак». Густая синева с огненной каймою обозначила раннюю юность Саши, зовущую в поход за западной «бонанзой» с ее вдохновляющим излучением. Постепенно юность превращалась в молодую зрелость, о чем красноречиво говорили облачные кучи, аккумулирующие теперь лиловую эротику. Солнце завершило свой немыслимый трюк и коснулось морского горизонта. Теперь перед Корбахом вершился разгар его карнавала. Вся атмосфера была пронизана «новым сладостным стилем», который каждое мгновение посылал свежеотпечатанные картинки поперек бутылочно-зеленого неба, будь это разбросанное стадо верблюжат, или эскадра балтийских парусников, или водоворот масок, танцующих вокруг фонтана. Увы, это длилось недолго. Верблюжата быстро превращались в череду диковатых ублюдков, в двухголовых и трехухих крольчат, в хвостоподобный нос крокодила, в семейку гадких грибцов, в перевернутый монумент Ленина с разросшимся задом, во все эти признаки кризисного среднего возраста, дополненные тлеющими пятнами секреции. Сумерки сгущались, перхоть ранних звезд оповещала о завершении концерта. Последний изумрудный луч мелькнул словно слово «конец» в дешевом кинофильме. Наступала «нежная ночь», но это было уже из другой, безвоздушной, оперы.

Он встал и пошел внутрь здания. В вестибюле постоянная публика «продвинутого возраста», то есть старичье, сидела перед телевизором. Популярная властительница дум, хозяйка разговорного шоу представляла публике две команды сегодняшних дискуссантов: подростков-гомосексуалистов и подростков-«прямых». Дряхлые карги хихикали, слушая шутки остроумной молодежи. Выпукло-вогнутые доски коридора скрипели под теннисными туфлями Александра. Он вошел в свою «студию».

К его удивлению, телевизор в комнате был тоже включен. Тут по другому каналу шла другая дискуссия: проблемы мазохизма. Среднего возраста дама с шароподобными титьками, почти выпадающими из ее декольте, признавалась в поразительных сексуальных склонностях: «Должна сказать, что даже Мадонна выглядит скромно по сравнению с тем, что я делаю со своими парнями. Сначала я их малость придушиваю, пока не захрипят, потом начинаю страстно ласкать, потом я их луплю ремнем, хлещу ладонями по ряшкам, щиплю и кусаю попеременно и одновременно. Ну разве это не пример женского превосходства?» Гулкий хохот дамы и неистовое возбуждение аудитории, казалось, разнесут маленький видовой ящик, тоже, между прочим, подобранный на помойке.

Александр сел на койку, еще хранившую следы вчерашней ночной борьбы с «Денисом Давыдовым». Приглушив звук, он стал смотреть всю программу, не пытаясь даже представить себе направление общественной мысли, вообще ничего не понимая и только ощущая крепкий и приятный лимонный запах, проникавший в «Кадиллак» из соседнего садика. Уют и сонливость сошли к нему, как будто бабушка Ирина присела рядом, смотрела с любовью и иногда чесала за ухом. Можно ни о чем не беспокоиться, если бабка здесь, если она так приятно пахнет лимонным деревом.

Сколько времени он так дремал, неизвестно. Телевизор как-то сам выключился, что с ним нередко случалось. В дверь постучали. Он выкарабкался из постели и открыл. Перед ним стоял Стенли Корбах.

— Вы, наверное, уже спали, Алекс? — смущенно спросил он.

— Напротив, только что проснулся, — ответил Александр. — А вы что же, не полетели в Сиэтл?

— Напротив, уже обратно прилетели, — пробормотал Стенли. Он присел на край стола. В сумеречном освещении комнаты выглядел как молодой человек. — Я, знаете ли, прилетел оттуда сюда, чтобы вам на ваш вопрос ответить, но по дороге забыл свой ответ.

— Какой вопрос?

— Ну вы же спросили, почему я занимаюсь поисками Корбахов и вообще генеалогией.

— Простите за бессмысленный вопрос.

Стенли усмехнулся:

— Ответа нет, но есть бессмысленное признание. Я просто не могу жить из-за смерти. Вам это знакомо?

Теперь уже Александр усмехнулся:

— Как бы я жил без этого?

Стенли вперился в его лицо:

— Чем вы лечились от этого?

Он пожал плечами:

— Кривлялся в театре.

Вдруг сильный начальственный стук в дверь оборвал развивающийся диалог между потомками одного оплодотворенного в 1859 году яйца. Поворот набалдашника замка, и в комнату вступила не кто иная, как несравненная Бернадетта Люкс, могучие формы на просвет сквозь пеньюар жатого шелка.

— Хэй, Лавски, как дела, бэйб, такой миленький, такой одинокий?

Вместе с ней как бы вошел весь гвалт, а заодно и весь запах бара. Чудо из чудес, меж грудей у нее этой ночью помещалось почти идеальное создание, собачонка породы чихуахуа весом не более полуфунта. Торчали дрожащие ушки, мерцали дрожащие глазки, колыхался бюст, надежный оплот животного миниатюра.

— Э, да тут еще один мальчик! — воскликнула домоправительница при виде огромной фигуры гостя.

— Какой прекрасный сюрприз! — пророкотал магнат. — Провидение все-таки иногда бывает снисходительно к своим тупицам!

— Это наша Мессалина Титания, — пояснил Александр.

— Мимо цели, Лавски! — Люкс погрозила ему пальцем с крупным, как образчик мыла, навахским туркуазом, после чего протянула неслабую руку «еще одному мальчику» и представилась: — Берни-Терни.

Стенли щелкнул каблуками:

— Стенли-Смутли.

После рукопожатия он предложил свою ладонь пассажиру великих барханов. Чихуахуа бодренько перескочил из расселины на корбаховскую линию судьбы и утвердился там дрожащим шедевром с крошечным клювиком своей активной пиписки. Бернадетта потупилась и прожурчала из своих глубин:

— Одни ребята от собак балдеют, а другие от девушек.

Стенли, счастливый, расхохотался:

— В моем сердце хватит места для вас обоих!

Александр взял одеяло и вышел из комнаты. Его уход, кажется, прошел незамеченным. На пляже, набрав газет себе под голову, он растянулся на песке и завернулся в одеяло. Hard day's night наконец-то вступила в свои права.

Утром он оказался первым к завтраку «Католических братьев». Брат Чарльз сразу протянул ему два пакета.

— Как там ваш друг, добрый человек?

— Вашими молитвами, брат Чарльз, — серьезно поблагодарил его Александр.

IV. Терраса

Где в Вашингтоне можно опохмелиться
На халяву, то есть как полный бам?
Так вопрошают без постоянного местожительства лица,
У которых лишь зажеванный чуингам
Скрыт за щекой, а в кармане ни цента,
У которых совесть расхлябана, но хитрость мудра,
Ну вот вы и появляетесь на террасе Кеннеди-центра
В четыре с четвертью, с проблесками утра.
Главное — явиться в единственном экземпляре!
Ивы там шелестят, словно детские сны.
Утренний мир в перевернутом окуляре
Предъявляет свой главный план — недопитые стаканЫ
Прошлой ночью тут слушали Ростроповича,
А в перерыве, по-светски, потягивали шампань.
Рослые дамы прятали в стеклышки опыт очей,
Нежно зубная поигрывала филигрань.
За разговорами многое недопИто,
Или недОпито, стало добычей бомжА,
Пять-семь бокальчиков, вот вам и пинта,
Можете радость свою существенно умножать.
Достопочтенный Мстислав Леопольдович,
Слава, спасибо за матине!
Мрамор скользит, будто тащитесь по льду вы,
Тень растекается на стене.
Затем высвечивается тень пантеры,
И вы ей салютуете, обнаглев,
Но тут за зеркальной рифмой-гетерой
Монстр пробуждается, рьян и лев.
Следом исчадие бурелома со взъерошенной холкой,
В перьях вороньих от хвоста до ключиц,
Будто бы вестница Холокоста,
Выпрыгивает алчнейшая из волчиц.
Призраков отражения, кошмары гадалки,
Отражает пуговицами генеральский сюртук,
Это над Джорджтауном в кресле-каталке
Проезжает похабнейшая из старух.
Ножищи ее укрыты отменнейшим пончо,
Через плечо бородища, будто полярный песец,
Все же сверкает один генеральский погончик,
А в зубах дымится сигара за тысячу песет.
Пару бокальчиков подцепив у фонтана,
Баба щурится, как перед криком «пли!»,
Революции призрак и марксизма фантомы
Снова прицеливаются в капитализм.

Ну, прямо скажем, задалась опохмелка!
Кто ты, старуха? Не крутись, ответь!
Что представляешь ты здесь с ухмылкой,
Жижу теории или практики твердь?
Правда ли то, что в стакан*Е* недопитом
Мысли остаются, а если так,
О чем это общество, духами пропитанное,
Думало здесь сквозь светский такт?
Генерал по-испански хохочет скверно.
Слышится топот буденновских кавалькад.
Все они думают лишь об «инферно».
Все они видят лишь свалку и ад.
Она удаляется с долгим подмигом,
Солнце встает за мостами ПотОмака
И, удаляясь, поет, как Доминго,
Ноты вытаскивая из котомки.
Вы остаетесь, застенчивый бомжик,
Двадцать пластиковых бокалов опорожняя,
Шепчете: Боже, всемилостивейший Боже,
Дай мне прилечь возле твоего урожая.

ЧАСТЬ V

1. Лавка Агамемнона

Тихомир Буревятников решил примерить новый костюмчик или, лучше сказать, костюменцию, поскольку уменьшительный суффикс к нынешним шедеврам портняжного дела не подходит. Если раньше все кроилось плотно, как бы для демонстрации фигуры, то теперь ткани ниспадают с оной (ну, с фигуры) широкими складками. Такая уж нынче тенденция, Тих, сказал ему торговец на Сансет-бульваре, все как будто с чужого плеча, с чужой задницы. Нынче, друг, ты свою визитную карточку сразу не предъявишь: весь твой килограмм маскируется плиссированной мотней.

У Тихомира были все основания доверять Агамемнону Гривадису, и не только потому, что в его лавку порой заруливали звезды шоу-бизнеса и набирали там себе с ходу по дюжине костюмов, по паре дюжин рубах, по гирлянде сапожек с серебром; были и другие причины для доверия. Все-таки свой человек, совсем свой. Во всем облике Агамика сквозили — будем так говорить — черты хорошего советского парня. Папаша его дрался за социализм еще под знаменами генерала Маркоса, да и сам Агамик оказался не мудацкого десятка: прошел серьезную школу комсомольской работы в Ташкенте, а когда настало время, смотался из тоталитарного болота в свободный мир. Буревятников, хоть и не имел ничего против еврейской и армянской эмиграций, все-таки с большим доверием относился к своему брату, невозвращенцу.

Агамемнон проводил клиента-друга в примерочную и предложил на выбор три костюма: небесно-голубой, мох-трава и шоколадно-золотистый. Человек со вкусом, Буревятников остановился на последнем. Хозяин вышел, клиент снял куртку с тяжелым внутренним карманом (правильно, сударь, — браунинг) и только стащил с одной ноги джинсину, как тут в примерочную снова просунулась голова Агамика с ее отменными, в карандаш толщиной, усиками:

— Прости, Тих, тут с тобой хочет поговорить один товарищ.

Немедленно вслед за этой вежливостью в примерочную прошел некто маловыразительный, правая рука под левой подмышкой.

— Ну что ж, мистер Бур, — назвал он нынешнюю, не очень-то хорошо известную окружающим фамилию Тиха. — Советская власть вас приветствует!

Тянуться к куртке за своим о.о. было бессмысленно. Буревятников стал влезать назад в только что опустошенную штанину. Лучше умереть в штанах, чем с полуголой верзухой!

Вошедший усмехнулся: «Хорошо держитесь, предатель родины». Агамемнон внес два складных стула. «Пивка вам притащить, ребята?» — «Не помешает», — сухо сказал Тих. Незнакомец бросил через плечо: «И пепельницу!» — «Вы из какого отдела?» — спросил Тихомир. «Из Энского», — ответил незнакомец.

Пиздец, подумал Буревятников. Сели на стулья. Незнакомец положил на колени атташе-кейс. Некоторое время молча смотрели друг на друга. Представитель советской власти слегка улыбался, показывая фиксу. «Еще вопросы есть?» — наконец спросил он. Буревятников отрицательно подвигал подбородком. «И у меня к вам нет вопросов», — сказал представитель. «Агамик, ебенать, где твое пиво?» — крикнул Тих.

Агамемнон вошел с упаковкой «Гролша» и с банкой еврейских огурчиков. Открыв бутылки, остался в примерочной, как бы показывая, что он тут не иуда, а при исполнении служебных обязанностей.

«Принято решение», — сказал представитель. Буревятников, запрокинув башку, дул из горлышка «Гролш». Что может быть вкуснее ледяного пива перед выстрелом в упор? «Кажется, мы не ошиблись», — сказал представитель владельцу лавки. «Да нисколько не ошиблись, товарищ Зет», — подтвердил Агамемнон.

Тихомир проклокотал всю бутылку до дна.

Товарищ Зет похлопал ладонью по кейсу: «Вот здесь пятьсот тысяч долларов. Они передаются вам по решению группы компетентных лиц. Теперь у вас есть возможность искупить свою вину перед отечеством». — «Никаких мокрых дел, — тут же ответствовал Тихомир. — Лучше самого мочите». — «Молчать, сука! — не очень громко, но страшно проорал Зет. — Поднабрался тут американской хуйни про КГБ! За кого нас принимаешь, за убийц, за мокрушников?!» — «Знаете, отвык я от этих интонаций, — криво промолвил Тих. — Все-таки два года в нормальном обществе». Он удивлялся, откуда в нем берется такая твердость. Наверное, от фильмов. Немало тут уже посмотрел картин с железными характерами.

Происходило какое-то соревнование систем. У приезжего товарища между ухом и углом челюсти прокатывалась мотопехота.

«А ты бы, Тиша, сначала спросил, а потом подозревал нехорошее», — примирительно тут вмешался Агамемнон. «Ну, спрашиваю, — сказал Буревятников. — Для чего бабки?» Зет враждебно сформулировал задачу: «Деньги передаются для начала бизнеса. Главная ваша задача — удерживать хороший банковский счет. Ясно?»

Тихомир второе горлышко вставил себе в рот. «Отказываться не советую», — сказал Зет. Тихомир скосил глаза на Агамемнона. «Я тоже не советую», — скромно подтвердил тот. «Сожжете заживо? — полюбопытствовал Тихомир. — Как Пеньковского?» Товарищ Зет на своем полумиллионе расположил банку с огурцами. «Как японские империалисты сожгли нашего товарища, комиссара Лазо», — хохотнул он.

От этих блядей никуда не уйдешь, с горечью подумал Буревятников и согласился: «Давай свои пол-лимона!»

Тут уж и Агамик и Зет просияли людскою лаской: нет, все-таки комсомол есть комсомол!

Закрыли лавку, пошли врезать по-серьезному. Сидели теперь в торговой зале среди свисающих дамских и джентльменских богатств, в окружении стопок дизайнеровских жилеток с блестками и экспозиции разновысоких сапог, напоминающих о крестьянских войнах четырнадцатого века. Было чем и придушить человека при надобности: свисали десятки разнокалиберных ремней, иные из них с драгоценными пряжками, что сокрушат любое адамово яблоко.

Быстро устаканили отменный ботл «Джека Дэниеля», отлакировали тройкой шампанского. Под хорошую банку сверхсекретный чекист выдал свою настоящую фамилию, она звучала: Завхозов. Продолжая откровенничать, он рассказал, что Тихомира Буревятникова вычислила на Лубянке огромная, как «Детский мир», ЭВМ. Именно этой суке ты обязан, Тихомир, своей жизнью. Без нее тебе полагалась высшая мера заочно. Вся эта кибернетика сучья, увы, бля, показывает, что наша структура не выдерживает. Значит, нужно сворачиваться, так? Однако совсем необязательно всем погибать под обломками, пришла к выводу группа компетентных лиц. Человеческий разум пока еще сильнее хитрых железок, верно? В принципе процесс пойдет в том духе, в каком задуман был еще Лаврентием Павловичем Берия, дальновидным мингрелом по национальности.

«Какие там у вас все умные, в Энском, — нехорошо хохотнул Буревятников. — Вумные, прям как вутки!» Завхозов буравил его взглядом сквозь дно стакана, издевательски хмыкал. В этой вашей трахнутой Америке многие думают, что просто так гуляют, а между тем все под наблюдением. Вот, например, есть такая чувиха в освободительном движении, Мирель Саламанка. Что? А ничего! Давно уже пошла по рукам в Энском. Тихомир хрустнул зубами по-пугачевски. Интересно, что даже провоцировать профессионально вас там не обучили. Чем там кадры занимаются в вашем Энском? Могут ли постоять за себя эти скоты, растлители молодежи?

Лавка тут погасла со всей своей мануфактурой. Погас Сансет-бульвар. Вместо него стал обширно развиваться закат личности, крах существования. В огненных его зубах разминались мягкие ткани, отщелкивались ногти в количестве гораздо большем, чем данные каждому двадцать штучек. Вдруг какое-то зелененькое пятнышко обнаружилось на периферии, нечто крошечное, как «бабуля-мамуля». Все, что было еще непрожеванного, рвануло туда: спасите, спасите! В пятнышке зазвучала какая-то струна и — преодолела! Вновь появилась лавка со шмотками и зеркалами, и Тихомир увидел свое собственное отражение в длинной зевоте рта и всех лицевых мышц. Агамик дружески улыбался. Завхозов скромно торжествовал: «Ну вот, теперь ты видишь, Тих, чему нас учат в Энском».

Разлили по тонким стаканам «Джонни Уокера», или, как выговаривал Завхозов, «Иохни Валькера».

«Что, английскому там вас совсем не учат?»— продолжал диссидентствовать Буревятников. «А на хуя?» — удивился Завхозов. Агамик, тра-та-та, прошелся тесаком по колбасенции, тоже неплохая школа. «Закусывайте, чуваки, а то до коек не доберетесь!»

Жуя с солидностью партийного человека, Завхозов продолжил развитие концепции развала всего нашего священного: «Все-таки нельзя допустить коррозии кадров, а ведь кадры здорово устали. Возьмите хоть меня, мужики: перевожу крупные суммы, а суточных получаю с гулькин нос. Разве об этом мечтали для своих внуков наши деды, железные чекисты? Компетентная группа разрабатывает разные варианты революции органов против застойной атмосферы. С этой целью приходится выходить на разных отвратительных личностей. Что, и русскому, говоришь, не учат? Эх ты, говнюк! Поезжай в Западный Берлин, увидишь, сколько там наших сидит на валютном деле. Придет день крушения всенародных памятников, но мы встретим его во всеоружии, чтобы результатами великих преобразований не воспользовалась всякая шваль человеческая, вроде Сашки Корбаха. Вот кому надо прямо под горло поставить вопрос: с кем вы, мастера культуры? Выпьем за второе рождение нашего друга Буревятникова! Вот ты-то, Тих, и спросишь с гада!»

С товарищем Завхозовым тут стала тоже происходить странная метаморфоза. Повис, как пустой костюм. Болтаются рукава, штанины. Галстучек дурит, норовит перекрыть кислород. Тихореша Буревятников тянет вверх обезьяньей лапой, заглядывает в то, что осталось, в лицо недюжинной головы: «Да как вы смеете, бляди, в вашем вонючем Энском покушаться на кумира нашего поколения?» — «Кончай, Тих, не компрометируй заведение!» — Агамик пытался стащить вниз Завхозова за болтающиеся ботинки. Буревятников тогда сбросил человека с семафора руки. «Ну что, хлопцы, пойдем прогуляемся? — предложил представитель советской власти. — Третий день здесь, а города, считай, не видел. Женские группы тут у нас есть?»

Трудно сказать, что этот подполковник имел в виду, однако женское присутствие на Сансет-бульваре имело место. Над плоскими его крышами возлежала на боку популярнейшая писательница длиной не менее восьмидесяти ярдов. Полсотни поставленных в ряд корешками вперед ее романов поддерживали великолепное тело. Текст рекламного щита «You couldn't put it down, could you?» двусмысленно поигрывал светящейся краской. По соседству предлагался другой ходовой товар. Горлом вверх и горлом вниз торчала «Столичная» с ударением почему-то на предпоследнем слоге. Ковбои смолили свои бычки в никотинной идиллии графства Мальборо. Тигр выпрыгивал из струи бензина «Эксон», вуаля!

Завершив прыжок на пустынном асфальте, он помчался прямо к прогуливающейся тройке, безжалостное животное!

«Хи из ладжа тен лайф, гайз!» — проорал Тих. Тигр был во много раз больше, чем жизнь! Он был размером со смерть! Прыгайте в сторону, пиздюки! Влепляйтесь в стенку! Расплющивайтесь, как сухая шкура неандертальца!

Завхозов размазался в собственной луже. Да их тут десятки, да их тут сотни! Тысячи полосатых, не оставят и клочка! Вот вам и Америка, вот вам и свобода! Ну что ж, рвите! Да здравствует родина! И он устремился навстречу тигриной волне.

«Хлопцы, да ведь это же галлюцинацие! — увещевал друзей Агамемнон Гривадис. — Оно же неопасное, совсем безвредное! За мной, хлопцы! Делай, как я!» Рванув люк водяных коммуникаций, перед самым налетом неопасного он исчез под землей.

Вот так они и рассыпались в разные стороны, герои этой нашей ностальгической главки. Тихомир, повисев немного на стене телекомпании АВС над ровно скользящим траффиком, спрыгнул и причесался резко назад и чуть вбок. Подобрал атташе-кейс с полумиллионом и, солидно покрякивая, двинулся в дальнейшее пространство — новоиспеченный капиталист.

2. Бетховен-стрит

Пока происходило это историческое, имея в виду откровения подполковника Завхозова, событие, завершившееся тигриной охотой на перепуганного алкоголем человека, в другом конце великого Архангельска-на-Пасифике наш основной герой брел, как обычно, вдоль океана, притворяясь перед самим собой, что направляется вовсе не в «Первое Дно».

Третьего дня в его жизни произошло еще одно ошеломляющее событие. Как-то под вечер в поисках комплекта шин подешевле он забрел на перекресток Пико и Банди. Там под бетонными полукружиями фривея теснилось множество мексиканских лавок и громоздились кучи невывезенных картонных и фанерных ящиков. Боковые улочки тут шли под номерами, но одна почему-то называлась Бетховен-стрит. Свернув на нее, он увидел маленький театр, который так и назывался «Театр на Бетховен-стрит». Театр, ухмыльнулся было он и хотел уже повернуться спиной, но не повернулся и не ухмыльнулся. Стоял завороженный и смотрел на вход в это, по-чешски говоря, «дивадло». Длинный ряд долговязых с панковыми прическами пальм как бы отмечал линию заката. Было еще совсем светло, но над входом уже горел фонарь. Голая, крашенная охрой стена мало напоминала театральное здание. Не иначе как склад здесь какой-нибудь был или прачечная с химчисткой.

Ему казалось, что вся улица теперь уставилась на него, смотрят, как он борется с притяжением театра. На самом деле никто не обращал на него никакого внимания. В открытых дверях стояли два молодых актера, он и она, Ромео и Джульетта, Дафнис и Хлоя, Гамлет и Офелия, Треплев и Нина, которые, очевидно, тут заодно были билетерами. Вдруг они и впрямь уставились прямо на Корбаха. От растерянности он купил у близстоящего Санчо Пансы «уно кола» и «уно хотдог», как будто просто остановился поужинать. Актеры продолжали смотреть на него. «Хей, Брэдли!» — крикнули они и помахали руками. На фоне черного проема двери получилось неплохо: он — длинный в белой рубахе и белых штанах, она — стройненькая в мешковатом голубом комбинезоне. То ли начало, то ли заключительная нота. «Хай, гайз!» — грянуло за спиной у Корбаха, и мимо сильно прошелестел велосипед.

Здоровенная спина Брэдли с надписью «Хард-рок кафе» и с лисьим хвостом косы. Приблизившись к друзьям, он тормознул, как мальчишка. Хохот, хлопки ладонью в ладонь на баскетбольный манер. Из дверей вышла неизменная в таких театрах толстуха в безразмерной майке. Трясла в руках гирлянду париков и бород. Подъехали одна за другой три машины: жук-«фольксваген», открытый старый «Континентал» и вэн. Из них вышло довольно много народу, и сразу образовалась театральная толпа. У Корбаха во рту к хотдоговской каше присоединилась какая-то эмоциональная слизь. Вот так же когда-то на Пресне наша банда собиралась. Театр, что мне делать? В ноги, что ли, пасть перед Степанидой Властьевной, изрыдаться: дай сдохнуть в театре!

— Еще салфетку! — попросил он у Санчо Пансы. Тот ни бельмеса не понял.— Серветта, — пояснил Саша. — Высморкаться нужно.

Чикано просиял. Вот так бы все тут говорили. Протянул целый бумажный букет симпатичному гринго. Корбах сильно прочихнул свою слизь в мягкие ткани, после чего решил к Степаниде на коленях не ползти, а просто пойти в этот театр в качестве нормального зрителя. Может, тут такая халтура, что всю мою ностальгию вышибет.

Он перешел улицу и стал частью театральной толпы. Похоже на московский рваный бомонд, с одной, правда, разницей: там дырка на джинсах — это драма, а здесь шик.

— Почем у вас билеты, фолкс? — спросил он у толстухи, которая оказалась еще и кассиршей.

— По пятнадцать, — сказала она и тут же добавила: — Для студентов по десять.

Он снял кепку и вытер ею лысину.

— А для пенсионеров по сколько?

Вокруг симпатично рассмеялись. Опять эмоциональный сдвиг: свои, свои, впервые в Америке оказался среди своих! Для «старших граждан» тоже было по десять.

— Какая пьеса сегодня идет? — спросил он у хорошенькой билетерши.

Та поведала ему гораздо больше, чем запрашивал вопрос:

— У нас пока только одна пьеса. «Человек Будущего». Мы — молодой театр, сэр, существуем-то всего лишь месяц. Ой, простите, мне нужно гримироваться!

В театре было не больше полусотни мест, как в том пресненском подвале «Шутов». Там, однако, каждый вечер набивалось за сотню, сидели даже на сцене и не обижались, если какой-нибудь актер, заигравшись, падал на зрителей. Здесь одна треть мест была пуста, но по лицам пробегавшей труппы он видел, что все радостно изумлены таким внушительным сбором.

В глубине сцены зарокотала бас-гитара. Петушком заголосил сакс-альтушка. Кто-то проехался по клавишам, после чего к рампе выскочил тот самый актер-билетер в белом. К туалету прибавилась только длинная седая борода. Он сел на стул, как на лошадь, и запел:

Nickery, flickery,
Little stewball!
Coackery, catchery,
Tortury, mortury,

Matchery catchery,
Witchery watchery —
Evens in heavens
As evening descends,
Nickery, flickery,
Little stewball!
The storm is a seance
That I can see,
Signs of a science
The eye can see.
Hello, freedom,
Goodbye, force!
Giddyap, giddyap,
My good horse!

Что-то знакомое почудилось Корбаху в этой странной арии. Актер тем временем занимался вольтижировкой на воображаемом коне. Потом, сильно оттолкнувшись, сделал сальто, приземлился на шпагат и, оттянув бороду вниз, трагически зашептал в зал: «Меня тошнит от истории. Экое отвратное дело, не правда ли? Иногда мне кажется, что мы регистрируем не те события и не тех людей, в то время как нужные люди проходят незамеченными. Вроде меня, например». Засим он прокрутил свою бороду вокруг головы и оставил ее на макушке, как дикую прическу панка.

Интересно, импровизирует он или отрепетировано? Между прочим, он может поворачивать бородищу и в стороны, превращаясь в полное чудовище. Так думал Корбах, а спектакль тем временем становился все более знакомым. На сцене появились четыре девушки: одна в кринолине, вторая голая, третья в камуфляжной куртке, без штанов, но зато с серпом и молотом на левой ляжке, четвертая — билетерша — как была, в голубом комбинезоне. Из порхающих полубессмысленных диалогов он понял, что перед ним некие сестры Блуберд, в которых влюблен длинный малый с бородой на макушке. Стоя на одной ноге, как журавль, тот пел:

Willow tresses,
Oh, my amorous flu!
Sisters in their elegant dresses,
The eyes are blindingly blue!
Push it or press it,
Ya vass lyublue!

И стал вращаться так, как будто от пятки до макушки его пронизывал стержень.

И тут Корбаха осенило: да ведь они играют пьесу «Зангези-рок», из-за которой «Шутам» столько шишек набили. Да ведь этот малый по-русски голосил «я вас люблю» в произношении бульвара Пико! А сестры Блубёрд — это же сестры Синяковы, в которых был влюблен Зангези-Хлебников! Да ведь и мизансцены довольно похожи и в костюмах есть что-то общее! Едва ли извинившись, он вырвал программку из рук соседа, с печалью полного непонимания смотревшего на веселое действо.

— Зангези, кто ты, что ты? — закружились девицы. — Очень ли ты стар, малютка? Очень ли ты юн, крючконосый колдун?

Александр смотрел на программку и заливался потом. «Человек Будущего», да ведь это прямой перевод «Будетлянина». Помнится, мы хохмили, что на английский это можно перевести как will-be-atnik. Там была тогда группа молодых актеров из Калифорнии. Их привез Фрэнк Шеннон специально для знакомства с «Шутами».

«Адаптировано и поставлено Джефом Де Нааглом». В нижней четвертушке программки было что-то вроде постскриптума мелким шрифтом.

Полез по ногам ближе к сцене, где было светлее. Свет, однако, постоянно менялся: то тропическое солнце, то арктическая ночь, то крутящийся многоцветный фонарный барабан. Темп они держат похлеще «Шутов». Может быть, потому, что меньше водяры пьют. Всего в спектакле работало не более десяти актеров, однако, ловко меняя маски и костюмы, они создавали впечатление шумной толпы. Иной раз сквозь головокружительную болтовню прорывались откровения «Суперсаги», но не часто. Три сестры все больше заголялись, как бы стремясь достигнуть совершенства четвертой. Пристроившись у края рампы, он читал постскриптум.

«Несколько слов должно быть сказано об истории этой пьесы. Нынешняя адаптация представляет собой своего рода парафразу ошеломляющего спектакля, впервые поставленного на сцене Московского театра-студии «Баффунз» («Шуты»). За основу там была взята суперсага «Зангези», рассказывающая о гениальном отшельнике-пророке, который, как считают многие литературоведы, был «вторым я» автора, легендарного поэта-футуриста Беломора Хулепникова, что умер от наркотиков возле Каспийского моря. Пьеса была написана и поставлена ведущим актером и режиссером «Шутов» Александром Корбахом (смейтесь, если хотите, но торговых аркад «Корбах» в России нет).

В результате этого спектакля «Шуты» и господин Корбах лично оказались под уничтожающей атакой со

135

стороны кремлевского руководства. Труппа была распущена, а ее лидеру пришлось под давлением эмигрировать из Советского Союза. Со времени *его* отъезда никто не может определить его местонахождение. Нельзя исключить и самого худшего варианта, однако друзья все еще надеются, что он жив и просто старается спрятаться от длинной руки КГБ.

Представляя сейчас американскую версию этого выдающегося, в равной степени трагического и веселого шоу, мы прежде всего хотим выразить нашу солидарность с нашими угнетенными коллегами за «железным занавесом» и искренне надеемся, что зрителям понравится «Человек Будущего» в «Театре на улице Бетховена», эта манифестация свободного духа, отвязанной фантазии и всего прочего хуп-ля-ля-бру-ха-ха. Спасибо. Джеф Де Наагл, худрук».

Дальнейшее прошло для Александра как блики какого-то запутанного сна. К концу всеобщее внимание сосредоточилось на сундуке, который бетховенцы называли «зангезианской волшебной шкатулкой». Из него вдруг выскочил сам пророк, облаченный на этот раз в костюм марк-твеновского «королевского камелеопарда». Вокруг плясали уже совсем голые сестры Блуберд в компании с плотно одетыми символистами. Они требовали ответов на проклятые вопросы бытия, а Зангези вместо ответа бросал им голубей и букеты цветов. «Что за хуйня», — шептались в публике. Аплодисментов, однако, было немало.

Когда все кончилось, на сцену вышел сам Джеф Де Наагл. Александр сразу его вспомнил. Этот фанатик театра как-то провел весь зимний сезон в Москве, таскаясь в мокасинах на босу ногу. Он пропадал за кулисами у «Шутов», дул с ребятами «Солнцедар», влюбился в Наталку-Моталку и застывал в благоговении при виде Корбаха. Носясь по темным лестницам, он легко распоряжался внушительными калибрами своего живота и ягодиц. Он меня сейчас узнает, в панике подумал Александр, быстро свалил в задний ряд, надел кепку и нацепил темные очки.

Никто на него не обратил ни малейшего внимания. Джеф поблагодарил публику за внимание к молодой труппе, скромно похвалился вниманием критики, для чего была продемонстрирована небольшая вырезка из «Лос-Анджелес таймс», и пригласил желающих делать пожертвования, пусть самые скромные, — они помогут театру удержаться на плаву, не прибегая к морскому разбою. На том все и кончилось.

Все последующие три дня, да и в данный романный момент на привычном пути вдоль кромки океана, Александр перетряхивал в

136

уме этот вечер. Под развязкой фривея, словно в бетонных кишках левиафана, натолкнуться на очажок своего собственного творчества! Так парадоксально испугаться публичного опознания! Он передергивал плечами, словно увядшая старая дева, испугавшаяся сексуальных домогательств.

После отъезда Стенли он снова оказался в полном одиночестве. И вздохнул с облегчением. Кажется, больше ему уже ничего и не надо, кроме этого одиночества. Эта мысль тоже была не из самых ободряющих. Боюсь опознания, как будто на самом деле скрываюсь от КГБ. Отказался от помощи чокнутого богача, четвероюродного кузена, теперь в ужасе слинял из театра! Настоящий артист переступает через все эти мелкие ущербы вкуса и стиля, то есть через самолюбие, для того, чтобы сделать свое дело. Я не настоящий. Я больше ни на что не способен, пора забыть «Свечение Беатриче». Остались только последние конвульсии, рифмовки во сне. От той заводной, лысой и губастой обезьяны, которая любую хевру зрителей приводила в «творческое волнение», осталось только влекущееся в пивнуху чучело.

Ну и пусть. Все эти вспышки амбиций пусть останутся в прошлом, пусть и из прошлого испарятся. Нет чистого искусства, есть только позорный павлиний хвост. Гоголь не зря сжег свою рукопись, он понял, что литература — это павлинье дело или обезьянье, что это воплощенье первородного греха, а талант — ловушка. Он весь дрожал и закатывался от своей вегетативки, ему и аутодафе не помогло, он бежал всю жизнь на своих перекладных, но никуда не мог убежать, кроме смерти. А ты, обезьяна, все еще хитро придуриваешься, ноги все еще тебя заносят в какой-то жалкий театрик. Жалко, что рядом нет того гоголевского отца Матвея, апостола отречений, я бы повалился ему в ноги, отрекся бы от всех, кого любил, от Хлебникова и Мейерхольда, от Высоцкого и даже от Данта, а главное — от самого себя бы отрекся.

Вспомни теперь Толстого с его тотальным отречением. Писать нравоучительные притчи с его-то словесным сексом, самого себя превратить в «отца Матвея»! Склонись теперь перед ним, прекрати записывать сны, становись на колени, стучи лбом в пол, на то тебе и дана твоя бильярдная лысина.

Однако он все-таки хитрил до конца, старый граф. По ночам пробирался, как кот, то есть львиной поступью, от мессианства к Хаджи-Мурату, описывал, как тот выбивал себе башку до синевы, строчил свой никак не умирающий театр.

Ну признайся, что ты не можешь без лицедейства, без прелюбодейства! Балаганчик, я не могу без тебя! Прийти к Джефу: толстяк, возьми меня к себе! Никому не говори, какой я выдающийся, дай мне тут у вас гвозди забивать. Я буду тут у вас сидеть по ночам, выводить тараканов и крыс. Алкоголик — не грешник, не святотатец, дай мне тут доскрипеть, старому еврею, забывшему Завет, то есть никогда его не знавшему, никогда не поклонявшемуся никакому храму, кроме вертепа.

3. Гордый «Варяг»

В изнеможении он достиг траверза своего бара, свернул с плотного мокрого края земли в сыпучие пески, дошел до асфальта и там сунул ноги в мокасины. «Первое Дно» гостеприимно подмигивало своей вывеской в виде якоря. В окнах покачивались плечистые тени. Кто-то на секунду зафиксировался с торчащей бородой, похоже, Касторциус.

С порога сразу погружаешься в алкогольный аквариум. Пьян еще до того, как сделал первый глоток. Генри Миллер, как всегда, умоляет свою «бэби»: «Кам ту ми, май пришес уан, май вишес уан!» Какая она, эта его тиранша? Должно быть, маленькая скандальная тараторка, с торчащими титьками, с отклоченным задком. Кажется, все сегодня в сборе. Бернадетта восседает у стойки, три новых гребня — как лодки в водопаде волос. Эту гриву она, должно быть, одолжила у ягодиц Буцефала. На оголенном плече татуировочка: сердечко с бородой из букв: «Матт Шурофф». Сам счастливый обладатель столь трогательной любви стоит рядом, положив лопату ладони на крутой склон бедра ея. С другой стороны сидит генерал Пью, одна ножка обвилась вокруг табуретки, другая болтается по-детски. Ручонка то и дело прогуливается по колену примадонны. Мел О'Масси, без пиджака, но в аккуратно подвязанном галстуке, демонстрирует независимость, глядя на экран телевизора. «Бараны» бьются с «Краснокожими».

Сейчас все, конечно, повернутся к нему: «Хей, Лавски, как ты сегодня дуинг?» Никто не повернулся. Он сел на свободную табуретку и сказал бартендеру:

— Двойную «столи», Фрэнки, о'кей?

Тот как-то странно завел глаза к потолку, потом шепнул:

— Прости, Лавски, но мы больше не подаем «столи».

— Это еще почему?

— Бойкот на все советское.

— Это еще что за хуйня?

Тут все повернулись и стали смотреть на Лавски. Могучая, как предмостное укрепление, грудь Матта была в этот вечер обтянута зеленой майкой с изображением вертолета «Морской жеребец». Глаза прищурились, как за прицелом пулемета:

— А ты не догадываешься, Лавски?

Бернадетта рассмеялась со зловещей сластью: «Мальчик не догадывается!» Пью защелкал языком словно птица джунглей, потом мастерски изобразил свист ракеты и взрыв: «Шутинг, шутинг!» Мел подтолкнул к Александру пухлую и основательно уже сдобренную пивом газету.

— Я чертовски извиняюсь, Лавски, но ваш истребитель сбил корейский пассажирский лайнер.

— Мой истребитель? О чем вы говорите, ребята? — Александр держал в руках тяжелую газету, но почему-то не догадывался прочесть заголовки.

— Фак твою налево, мужик! — угрожающе произнес Матт. — Ваш ебаный русский джет убил целую толпу невинного народа, понял, заебыш, Сталин и Ленин, фак-твою-расфак, расфакованный Лавски?!

Александр нажал себе пальцами на виски:

— Фрэнки, дай мне что у тебя есть! Я не могу ничего понять без двойного шота!

— Эй, Пью, дай-ка ему двойной шот! — захохотал американский трудящийся. — Покажи-ка этому коммису свой знаменитый удар ладонью!

— Легче, легче, ребята! — с полузакрытыми глазами, на полушепоте проговорил бартендер, подавая русскому двойную «Финляндию».

Александр поспешно опрокинул рюмаху. Никакой разницы между всеми этими водками нет, одна и та же крепчайшая гнусь, что будит в потребителе всякую мерзость, вроде оскорбленного достоинства. Теперь он смог прочесть, но не заголовок газеты, а ленточку букв на груди дальнобойщика, прямо под картинкой и над черепашьим панцирем его брюшной мускулатуры: «Килл э камми фор ер мамми!» Пью между тем кинжально рассекал воздух своими маленькими лопаточками.

— Дай ему по печени, братец гук! — проорал Матт, и тут же одна из лопаточек пальцами вперед врезалась Корбаху под ребро. Как больно, думал он, медленно сваливаясь с табуретки, открывая и закрывая рот, как будто пытаясь откусить недостающий кусок воздуха. Не только обидно, но и больно. Черт с ним, с обидно, лишь бы не было так больно.

— Ну, Лавски, ну ты и комик! — хохотала Бернадетта Буцефаловна. Притворно нахмурившись, она взяла вьетнамского спецназа за шиворот. — Ты куда его ударил? Надеюсь, не в мошонку? В моем присутствии, ребята, не бейте друг друга по мошонкам!

Из глубины заведения выскочил выпученный Касторциус:

— Амбуланца! Братцы, вызывайте амбуланцу! Он умирает, этот хороший русский! — В руках у него была тарелка с густым морским супом. Видно, кто-то угостил популярного побирушку. Жирные капли падали Корбаху на запрокинутое лицо.

— Лучший русский — это мертвый русский, я прав? — сказал Матт Шурофф Мелу О'Масси.

— Нет, ты не прав, приятель, — ответствовал компьютерный молодой человек. — Русский русскому рознь. Лавски тут ни при чем. — Он покинул стойку и присел возле Александра. — Ты в порядке, Лавски?

— Ебаный вьетнамец мне кишки порвал, — усмехнулся Александр и стал понемногу подниматься. — Надоело быть щитом между монголом и Европой, а тут еще Америка подставляется, как корова. — Он встал на обе ноги и начал разворачиваться к бару. Бесстрастное крошечное личико следило за каждым его движением. — Ты бы, Пью, жук навозный, Хо Ши Мину бы так засадил! Размахались после драки, выкидыши истории!

Никто, конечно, ничего не понимал из его русского бормотания, но все смотрели, что дальше будет. Александр подхихикивал. Руку, что ли, сломать хинину? Навалиться и ломать, пока не переломится. Нет, азиат, мы пойдем другим путем. Нанесем удар в самый центр антирусской коалиции.

— Фрэнки, запиши в мой тэб большой бокал бочкового! — Ну вот, спасибо, алкогольная проститутка, ты невольно стал пособником преступления.

Он плеснул все пиво одним махом в лицо Матту, а следующим движением вырвал сиденье из-под задницы королевы красоты. В результате бывшему марину не удалось увидеть, как позорно кувыркнулась любимая.

— Мне конец! — завопила она.— Прощай, моя молодость! Моя пампушка порвана! Ой, да я же ссусь, как лошадь!

Ошеломленный гигант поворачивался то вправо, то влево, предлагая желающим кокосовый орех своего кулака. Главному желающему, однако, было уже не до него. Теперь он висел на дергающемся вьетнамце. Позорная конфигурация схватки мешала генералу пустить в ход свои неслабые ножки.

— Врагу не сдается наш гордый «Варяг»! — кричал пробудившийся в пьянчуге патриот.

В это время на экране был прерван футбол, пошел специальный репортаж о трагедии над островом Сахалин. Кокосовый орех тут по ошибке въехал в неизгладимо иностранную физиономию Бруно Касторциуса, а между тем тот ведь и сам был жертвой русского империализма, ибо бегство из горящего Будапешта двадцать семь лет назад погубило его блестящую юридическую карьеру.

Александр выпустил вьетнамца из своих объятий и зарыдал неукротимо. Пью выпорхнул из зажима, описал пируэт и направил в челюсть врага острый носок своего миниатюрного ковбойского сапожка. Пока этот носок летел ему в челюсть, Александр

140

успел продумать презренную русскую мысль: «Вот оно, новое преступление моей родины! Нет уже сил быть русским, пусть убьют!» Удар прервал течение мыслей. Все померкло вокруг, но почему-то возник и застыл в темноте фронтиспис какой-то старинной итальянской книги, где «U» тонкой кистью писали, как «V», и где еще более тонкими кистями, обмакнутыми в золото или индиго, в лазурь и киноварь, писаны были на широких полях в канители цветущих ветвей купидоны, львы, агнцы и попугаи, и где в глубине какого-то маленького архитектурного квадратика стояло темно-голубое небо Тосканы, ради которого только, ради возможной еще встречи с которым только и стоило, Теофил, возвращаться к сознанию.

Весь кабак уже бился, пока виновник торжества лежал в отключке. Как всегда это бывает, первопричина махаловки была забыта, но страсти кипели, стулья выдергивались и взлетали в воздух вместе с оторванными рукавами. Царила нехорошая истерическая анархия, за которой стояла темной стеной Россия, махнувшая вдруг смертоносным крылом над международной пассажирской трассой «Ромео». Спасая мебель, носились среди хрипящих мужиков и визжащих баб бартендер Фрэнки и два его помощника, Кит и Киф. Полиция долго не являлась, поскольку по всему побережью в этот вечер происходили плохо мотивированные потасовки. Пианист Генри между тем, бросив свой привычный репертуар, виртуозно раскатывал «Бранденбургский концерт» в своей интерпретации, то есть все-таки с адресом к «бэби».

Ну а Александр Яковлевич Корбах, ободренный музыкой, собрал всю память о своем акробатическом прошлом, выкатился из дверей и растянулся на асфальте. Возле его тела остановились три еврейские девушки из отеля «Кадиллак», голубые парички, розовые колокольчики юбочек, желтенькие колготки, общий возраст двести двадцать пять, не считая обезьянки, сидящей на одном из шести плечиков. «А вам там пакет, мистер Корбьюик, — сказали они с уважением. — Экспресс. Должно быть, от ваших богатых родственников».

Он поднялся: «Фенкью, герлз!» Какого хрена им всем от меня надо? Я не хочу никаких пакетов, никаких родственников, никаких театров и уж тем более никаких Россий с их андропами и андропоидами, из-за которых тебе разрывают кишки и переламывают челюсть.

Негнущиеся пальцы, по которым в этот вечер прогулялась не одна подошва, открывают пакет. В нем оказывается довольно любопытное содержимое: отпечатанное едва ли не готическим фонтом, государи мои, на отменной бумаге верже приглашение посетить «Всеамериканский сбор Корбахов», что состоится 18—19 ноября в «Галифакс фарм», штат Мэриленд, там же ваучер на резервированный номер в близлежащей гостинице «У Ручьев», там же карта графства Йорноверблюдо с подъездными путями к имению, там же авиабилет от Лос-Анджелеса до аэропорта Вашингтон-Балтимор, там же чек на тысячу долларов и, наконец, записка от Стенли: «Алекс, приезжай! Будет весело!» — накарябанная в лучших традициях американских миллиардеров, то есть почти неразборчиво, но все-таки разборчиво.

Действие все-таки раскручивается, подумал наш герой, вместе, разумеется, с нашими читателями. Продолжает бить по башке, по печени, прогуливается по ребрам, потом сует в пасть ошеломляющую сласть: не бойся диабета, соси!

4. В стране гуингмов

Через полтора месяца после совершенного высшим генералитетом СССР мокрого дела и последовавшего за ним побоища в прибрежном ресторане «Первое Дно» мы переносимся к воротам прибытия в аэропорту «Вашингтон-Балтимор Интернейшнл». Элегантный господин выходит из этих ворот в толпе обычных, то есть неэлегантных, пассажиров. Мягкого твида кепи-восьмиклинка легким скосом предлагает взгляду некоторую ненавязчивую дерзновенность. Плащ при ходьбе обнаруживает благородную берберневскую подкладку. Шарф этого господина демонстрирует свое родство с подкладкой плаща, а проглядывающий из-под расстегнутого плаща пиджак и колышущиеся при ходьбе брюки явно напрашиваются в родственники восьмиклинному кепи, что же касается уверенно перемещающихся в пространстве толстых туфель цвета старого бургундского с пунктирным узором, то они говорят сами за себя, то есть завершают этот почти безупречный облик в его динамической гамме; фу, ну и фраза!

Непосвященный мог бы подумать при взгляде на этого господина, что он принадлежит к миру кино, что перед нами какой-нибудь хорошо оплачиваемый сценарист, непринужденно облаченный в не очень новые любимые вещи, но наш читатель без труда вспомнит нехитрые приключения предыдущей главы и без труда догадается, что все это имущество было приобретено незадолго до выезда в лавке «Once is not enough» при содействии все той же Ширли Федот за одну четверть действительной стоимости. Ну, словом, перед нами наш герой Александр Яковлевич Корбах, что подтверждается частично рассосавшейся, но все еще заметной темно-лимонной гематомой в правом углу челюсти.

Следуя указаниям секретарши «Галифакс фарм» мисс Роуз Мороуз, Александр взял такси и, проехав через город Балтимор, считающийся одним из самых аутентичных мест американского обитания, высадился возле железнодорожного вокзала. С приятным удивлением смотрел он с перрона на облетающие вдалеке желтые кроны могучих среднеатлантических дубов и тополей. За время жизни в Калифорнии некоторые природные явления вроде осени и листопада основательно выветрились из сознания одинокого беженца.

Зазвонил колокол, и к перрону подошел поезд из трех вагонов, влекомый паровозиком с массивной бульбой трубы и с хорошо надраенными медными частями. Это был мемориальный институт на колесах, известный под аббревиатурой ТТТ — Толли Трэйл Трэйн, что вот уже сто лет возит фермеров и дачников в самые что ни на есть глубины северных мэрилендских графств.

В вагоне было не более дюжины персон, очевидно прекрасно знавших друг друга и не знавших Сашу Корбаха. Мужчины были без головных уборов, однако при входе незнакомца они как бы приподняли шляпы. Женщины же мимолетно пожеманились как бы в подобии книксена. Да уж не в Ютландию ли я попал? Добродушный черный кондуктор, сам похожий на паровозик ТТТ, отщелкнул его билет и спросил, не нужна ли под голову подушка. «Больше всего я как раз боюсь проспать свою станцию», — пошутил Корбах. Фраза, разумеется, была составлена таким образом, что никто из присутствующих ни черта не понял, однако все приветливо улыбнулись. «О-о-олл а-а-аборд!» — пропел проводник, и все снова улыбнулись.

Место у открытого окна и тихая скорость давали возможность обозревать окрестности. «Индейское лето» было в полном разгаре. Воздух попахивал дымком и морозцем. Корбаху казалось, что он хоть и окольным путем, хоть и через литературу о старой Америке, но все-таки возвращается в прошлое, а значит, домой. Кварталы таун-хаусов сменились кварталами особняков, после чего ТТТ вошел в зелено-желтый, с багрянцем и свеколкой, растительный тоннель, внутри которого как раз и пролегал «Путь Толли», названный так в честь династии американских адмиралов. В прорехах листвы иной раз возникали высоты густоголубого воздушного океана, в них, словно ниточки паучьей слюны, тянулись инверсионные следы за почти невидимыми точками перехватчиков. Затем поезд снова входил в животрепещущую тень и вместе с ней и в те времена, когда небо родины еще не нуждалось в столь сильной защите. Иногда расступались деревья, и тогда проплывали мимо некрутые холмы и неглубокие долины со свежевспаханными на зиму или недавно сжатыми полями, меж которых стояли белые дощатые дома, красные сараи и пенисовидные силосные башни. Через каждые десять—пятнадцать минут в вагоне появлялся проводник мистер Кук: «Гловер-Плейс, пли-и-из! Леди и джентльмены, Эми и Кристофер, миссис Ачинклоуз, не забудьте ваши личные вещи, благодарю вас! Следующая остановка — Картерс!» Пассажиры покидали вагон, сделав некоторое подобие общего поклона и поблагодарив мистера Кука. Иногда входили новые пассажиры, жители этих мест, весьма свежие старики и цветущие дети, одетые по сезону в недорогие добротные вещи из каталога «Джей-Джей Биин». Корбах умилялся: «Милые носители здравого смысла, не нужно ли вам русское чучело на огород?» Так он и доехал до своей станции Шатлейн и, когда пошел к выходу, заметил, что весь народ в вагоне, включая и мистера Кука, смотрит «чучелу» вслед с нескрываемым уже любопытством, исполненным, разумеется, самых добрых чувств.

Ворохи сухих листьев просили как следует прошуршать в них английскими штиблетами второго срока. Просьба была с удовольствием исполнена. На перилах крошечной станции сидел большой черно-белый кот с ошейничком. С исключительным интересом он смотрел на конец платформы, где копошилась компания птиц, человек пятнадцать. Неподалеку от станции видна была оранжевая вывеска «У Ручьев».

Не успел он открыть дверь, как толстые каблучки протарахтели вниз по лестнице ему навстречу. Женщина, само гостеприимство, была и одета и причесана так, что и сто лет назад могла бы так сбегать по лестнице навстречу гостю.

— Мистер Корбах, добро пожаловать! Ваша комната готова. Не хотите ли чем-нибудь освежиться? — Беспрекословно она изъяла из рук приезжего чемоданчик и сообщила, что через час с четвертью за ним приедет автомобиль из «Галифакс фарм», а это время гость может хорошо использовать для восстановления своих сил после долгого, из-за морей, путешествия.

— Да я не из-за морей, мэм, просто из Калифорнии, — пояснил Александр Яковлевич.

У хозяйки удивленно расширились глаза. Она, похоже, была уверена, что Калифорния лежит за морями.

— А далеко ли отсюда до поместья? — поинтересовался он.

Оказалось, не более двух миль. Ну тогда ведь можно и пешком дойти.

— О нет, — вскричала тут миссис Крик (вот так каламбур тут у нас выскочил, но что поделаешь, если гостиница вот уже сто лет принадлежала Крикам, по-русски Ручьевым, а нынешняя хозяйка имела склонность к взволнованным восклицаниям), — за вами, сэр, приедет великолепный автомобиль! Здешние Корбахи, помимо прочего, славятся еще и великолепными автомобилями!

Немедленно поймав этот взволнованный, горячий тон разговора, Александр заверил хозяйку, что пешая прогулка просто необходима ему для восстановления сил. С жестом, исполненным красноречия, он покинул инн и зашагал по указанному маршруту.

Да ведь это одно из неожиданных блаженств жизни, думал он, вышагивая и глядя, как узкая дорога, виясь перед ним, пропадает за склоном холма, чтобы снова явиться впереди, на подъеме. Моторизованное движение тут почти прекратилось. За заборами большие собаки приветствовали его выразительным кручением хвостов. На крылечках иной раз поднималась чья-нибудь рука, желая доброго пути такому удивительному явлению, как одинокий пешеход.

Вдруг он оказался в лошадиной стране. Сколько охватывал взгляд, во все стороны на стриженых холмах и под букетами великолепных деревьев стояли, двигались и даже проносились разномастные, но большей частью гнедые, гладкие и стройные создания. Близко к изгороди, кося на путника многозначительный взгляд, прошествовал величественный жеребец. «Завидная у тебя судьба, мой друг, — заговорил с ним Александр Яковлевич. — Ты знал успех, ревущие трибуны. Трубы марширующих оркестров подмывали переплясывать в такт четыре твои чудесные ноги, каждая из которых содержала в себе мощь противотанковой ракеты плюс недостающую ракете дельфинью гибкость. Ты ощущал, браток, триумф всем своим существом, кончиками ушей, и продолговатым мозгом, и несущимся, как вымпел эсминца, хвостом. И вот ты уходишь с ристалищ, но вовсе не на свалку, батоно, и не в грязный хлев забвения, а в царство любви, на привольные холмы, где тебя уважают, мой величавый царь кобыл, за ту замечательную дрынду, что вырастает у тебя между ног всякий раз, когда нужно, и где теперь ты стремишься уже не вдаль, а все выше и выше! Прими мое восхищение, могущественный отец!»

Жеребец потрогал копытом перекладину забора, как будто примеривался, можно ли пресечь поток пустословия. Подошли две кобылы, одна гнедая, другая каурая, и два жеребенка. Подул ветер, сильно зашевелились хвосты и гривы. Вся семья гуингмов теперь с интересом смотрела на Александра Яковлевича. Присутствие дам и детей настроило и владыку на миролюбивый лад. Корбах приготовился разразиться новым монологом теперь уже в адрес всего семейства, когда вдруг в поле его зрения появилось нечто мгновенно его поразившее: галопом медленным с холма близлежащего к нему спускалась жизни его всадница милостью Божьей.

Девушка скакала на белой в темно-дубовых яблоках лошади. Сапоги ее в стременах торчали вперед, как у шведского кирасира. Волосы ее каштановые отлетали в том же направлении, что и у всех присутствующих, за исключением тех, у кого их не было, и открывали крутой лоб, свидетельствующий об определенной чистопородности, если еще можно об этом предмете говорить к концу двадцатого века. Глаза ее сияли даже сквозь дымку защитных очков. Губы ее то собирались в зрелую вишню, то открывали мажорную клавиатуру натурального зубного хозяйства. Стан ее гибкости чрезвычайной сливался со станом гибкой лошади. Господи, подумал он, да ведь она же напоминает всех вместе взятых — Беатриче, Лауру и Фьяметту! Боже ж ты мой, почему-то в каком-то одесском стиле задохнулся Александр Яковлевич, да ведь я же ошеломляюще влюблен! Скачок за скачком она приближается. Я никогда еще не был так влюблен и никогда больше не буду. Да ведь это же она, наконец, та девушка, которая предвосхищалась еще подростку в период крушения люстр на головы. Ведь это только для нее я и гитарствовал и лицедействовал! Это ведь только в мечте о ней я отрывался иной раз от шумной орды и бездумно смотрел, как закат освещает сбоку все окна какого-нибудь двадцатиэтажного истукана. Или в пустынности эстонского Клога-ранда среди налегающих волн поворачивался к тихой заводи и видел там нежную цаплю — только в мечте о ней.

Вот что промелькнуло перед ним в десять перескоков всей этой пьесы колен и копыт. Осталось примерно столько же перескоков, когда еще одна мысль явилась с пронзительной грустью: все это в прошлом, мы не совпали, сейчас ей двадцать лет, а мне сорок четыре, нищей обезьяне с набалдашником битой башки. Было бы ей хоть двадцать девять, о Теофил!

Кто это такой, думала всадница, подлетая, этот неплохо одетый, уставившийся с обезьяньей улыбкой? Прянув возле изгороди, скакун заплясал на месте, взлетела над седлом обтянутая лосинами нога. Только бы она не оказалась выше меня, взмолился в этот момент Александр Яковлевич. Мольба была услышана: девица оказалась хоть и ненамного, но ниже. Сбейте с нее каблуки, и будет в самый раз. Ведя в поводу свою молодую кобылку, она подходила к семье гуингмов. Олимп, ты услышал мой стон, ей, кажется, двадцать девять! Взгляд его с мгновенной дерзостью лишил незнакомку всех ее одежд. И обуви, милостивые государи, и сапожищ!

— В чем дело? — спросила она резко, но тут же, как бы с досадой себя поправив, перешла на вежливый тон: — Могу ли я вам помочь, сэр?

— О да, мисс! — ответил он не без счастливой лукавинки, но, одернув себя, скромно пояснил: — Я просто остановился узнать дорогу к «Галифакс фарм».

— У лошадей? — спросила она, приглаживая волосы.

— Они выглядят разумными существами, — сказал он.

Она рассмеялась:

— Увы, они не могут общаться на менее разумном уровне, чем их собственный. Простите, я не хотела вас обидеть.

Он тоже рассмеялся:

— Надеюсь, что те, кто ездит на них, достигают этого уровня.

— Да вы льстец, милейший! — хохотнула она и показала плетью на вершину одного из холмов, где высился красным чертогом здоровенный американский сарай. — Если подождете несколько минут, я вас подвезу до «Галифакса».

Взмыла в седло, одним махом достигла сарая, сняла с лошади седло и вошла внутрь. О, подумала она в сумраке, лишь бы он не ушел за эти несколько минут. Не могу же я сейчас прямо выскочить с сумасшедшим лицом, закричать: «Иди сюда, стягивай с меня все, сливайся со мной, долгожданный дурак!» Отмерив три минуты по светящимся часам, она стала ждать.

Ему показалось, что она вышла строгая и несколько рассеянная. Села в джип. Он поднимался к сараю. Что у него с глазами? Ослеплен моей красотой? Сняв кепку, он промокнул рукавом плаща огромный лысый лоб. Она задохнулась от восхищения: какой!

— Вы русский? — спросила она по дороге.

— Как вы догадались? — Он курил, сидя бочком в джипе. «Тоже мне Хемингуэй! Уже воображает, должно быть, все эти байронические услады!»

— Я знаю русский акцент.

— Вы что, бывали там?

— Три раза, уупс, четыре раза! — Она засмеялась явно по поводу этого четвертого раза.

Обалдеть, подумал он.

Открылись ворота поместья. Джип проехал по аллее платанов, обогнул фонтан и двинулся вдоль пруда. На одном из ярко-зеленых склонов не менее сотни персон внимали игре флейтиста и клавикордиста.

— Кто эти люди? — спросил он.

Она засмеялась:

— Это Корбахи. Вы ведь, наверное, тоже Корбах?

— Вы угадали. Меня зовут Алекс Корбах. По-русски Саша, ну, в общем, Александр Яковлевич.

Она с неожиданной легкостью повторила немыслимое для американского языка имя «Александряковлевич». Тут он подумал, что она может быть тоже из Корбахов, и испугался, не назревает ли кровосмешение. Она с интересом смотрела на него. В этом взгляде вдруг промелькнуло то, чего никогда не увидишь в глазах русской или даже французской женщины, нечто свойственное именно здешним особам женского рода, некая активная прикидка. Здесь редко встретишь то, что всегда кружило голову, — московское блядское жеманство. Женщина активна, она берет сама.

— А меня зовут Нора Мансур.

— Ну слава Богу, а то уж я испугался, — пробормотал он.

Она рассмеялась, и в смехе ее, в морщинках, собравшихся вокруг глаз, в блеске зрачков и белков, в отмахивании волос растворились все «активные прикидки», но и «блядского жеманства» не возникло, одна лишь нимфа там плескалась, полная радости жизни и мифа. Будто бы говорила: ну, не тяни, признавайся в любви, иначе я сама признаюсь!

Все, однако, продолжало протекать в рамках приличий. Они подъехали к замку и вошли в большое фойе, которое своими дубовыми переплетами и стрельчатыми окнами представляло почти подлинный стиль Тюдор, лишь отдаленно напоминая баварские пивные халле. Там почему-то никого не было, только в глубине прошел привидением сутулый старик семитского вида. Нора приблизилась к длинному столу, на котором были разложены пластиковые карточки с именами гостей.

— Вот и вы, «Алекс Корбах, Москва»!

Она приколола пластик к лацкану его пиджака. На мгновение задержалась возле этого лацкана дольше, чем нужно для прикола. Обоих тут посетило ощущение почти свершившегося поцелуя. Разошлись, но не расстались, уселись в кресла возле средневекового витража, сквозь который на паркет ложилось «рядно цветных красивых трепещущих курсивов», не преминул припомнить Александр Яковлевич. Она попросила у него предмет, который нескольким поколениям влюбленных помогал преодолеть начальную неловкость, — сигарету.

— А чем вы занимаетесь, Алекс? — спросила она.

«Ну не могу же я ей сказать, что служу автомобильным валетом в бетонных кишках большого города». Два соболька, ну, брови ее, удивленно приподнялись в ответ на его молчание.

— Ну, хорошо, расскажу вам о себе, дитя мое.

— Как вы меня назвали? — поразилась она.

— Так и назвал, «май чайлд». Расскажу вам в двух словах, май чайлд, чтобы вам труднее было принять это за вранье. В той стране, в которой вы умудрились побывать три или четыре раза, я был режиссером маленького театра «Шуты», то есть «Баффунз» по-вашему. Мы были неисправимыми импровизаторами, дитя мое, ну и наши власти решили нас научить играть по нотам. Чтобы сделать эту длинную историю короткой, скажу только, что мне дали пинка под зад, дитя мое.

— Да почему вы называете меня «дитя мое»? Вы ненамного меня старше, молодой человек!

— Это зависит от того, сколько вам лет.

— Тридцать четыре, молодой человек.

— Только на десять лет! — радостно вскричал он и добавил: — Дитя мое!

Она шлепнула его ладошкой по запястью.

Только сейчас они заметили, что зал быстро заполняется Корбахами: очевидно, кончился концерт на лужайке. Слуги понесли подносы с коктейлями. В углу зала открылся буфет с горячим кофе. Вся сфера обслуживания состояла из молодых людей студенческого вида, но руководил ими древний человек в камзоле, чулках и перчатках; это был, разумеется, Енох Агасф из древних хроник.

— А вы чем занимаетесь, Нора? — спросил Александр.

— А я археолог. Странно, не правда ли?

Юный голос тут позвал из толпы: «Нора! Нора!» Она оставила его.

— Сейчас вернусь, Алекс! — И это обращение по имени всколыхнуло ему дыхание, словно он вынырнул из воды. Вывернувшись в довольно нелепой позе, он проследил, как она славировала в толпе и, взвизгнув на студенческий манер, бросилась к юной девице, разливавшей для гостей кофе. В ответ тоже был визг и объятия. Перемещение Корбахов скрыло из виду Нору и ее подружку, а когда Алекс вылез из клубного кресла, девушек в зале уже не было. Засим наш стареющий юноша, лысый москвич, культивирующий «новый сладостный стиль» под изрядным слоем матерщины, еще вчера воображавший себя отшельником американского чистилища, оказался в громко говорящей по-английски толпе своих гипотетических родственников или по крайней мере однофамильцев.

5. Толпа родственников

Хохот стоял повсюду. Большинство этих людей впервые встретились друг с другом. Ходили с бокальчиками, глотали с иголочек крошечные сосисочки, похожие на крупные фасолины. Случалось, очевидно, кому-нибудь и проглотить вместе с мясным бобом и деревянную иголочку, иначе чем же можно было объяснить то, что дежурным парамедикам нередко приходилось сильно хлопать иных Корбахов ладонью промеж лопаток.

Трудно сказать, кто изобрел карточки с именами, что пришпиливаются на грудь для облегчения знакомств во время больших человеческих сборищ, неоспоримо, однако, что это возникло в Америке. В чванливой Европе этот обычай наверняка считался унижением человеческого достоинства, до того как и там он был повсеместно принят. Теперь этот демократический способ идентификации с успехом применяется даже на писательских конференциях. Помнится, однажды на зимнем базаре Международного пэн-клуба с ликованием в душе можно было чуть склониться и прочесть на человеке «Норман Мейлер» или «Гюнтер Грасс» или чуть задрать голову к карточке «Курт Воннегут». К сожалению, карточки редко применяются на голливудских приемах; иногда это вопрос самолюбия, а иногда, в дамских случаях, и прикалывать-то не к чему. А жаль, ведь далеко не каждому в современной суете дано по первому взгляду отличить, скажем, Биверли Страйзунд от Рахили Уэлч.

На всеамериканском съезде Корбахов народ непринужденно вперивался взглядами в нагрудные карточки и восклицал «Найс ту миит ю!», после чего следовали два обязательных вопроса «Вэа ар ю фром?» и «Уот ду ю ду?».

Тут собрались представители чуть ли не всех штатов Восточного и Западного побережий, сердцевина страны, однако, была представлена скупо, и потому на Корбахов, скажем, из Канзаса смотрели как на экзотику. Еще большую экзотику, конечно, представляли собой редкие гости из зарубежья, в частности, семья американских нефтяников из Кувейта, которая после многолетнего пребывания в этом арабском царстве приехала на родину в долголетний отпуск. С этими нефтяниками не обошлось без небольшого курьеза. Вместе с ними на памятное событие приехали их арабские родственники, а именно жена их сына, юная Айша, и ее родители из просвещенных прозападных шейхов. У себя в Кувейте они считали Корбахов в их ковбойских шляпах воплощением всего самого американского и были несказанно удивлены, если не шокированы, увидев среди толпы потенциальных родственников семью нью-йоркских хасидов.

Основной экзотикой, впрочем, оказались не шейхи, а элегантный господин из Москвы, то есть наш АЯ. Он давно уже привык, что первый вопрос у американцев, особенно евреев, в отношении России звучит однозначно: «Как вам удалось выбраться оттуда?» Обычно он отвечал: «Ничего не было легче, меня оттуда вышибли». Народ пожимал плечами в недоумении: он не хотел выбираться из России, его просто вышибли! В этот раз все были еще под впечатлением свеженького советского злодеяния и спрашивали АЯ, как мог сахалинский летчик выпустить ракеты в пассажирский самолет. Надеюсь, хоть здесь меня не отпиздят за Андропова, думал наш герой. «Ну, знаете ли, господа, что же еще оставалось делать этому малому? Они же роботов воспитывают из своих военнослужащих». Любознательных такое объяснение не устраивало.

Особенно горячился молодой дантист из Вашингтона, Генри Корбах:

— Послушайте, Алекс, я уверен, что он сделал это с садистским удовольствием. Вы читали транскрипт радиоперехвата? Получив приказ стрелять на поражение, он произнес что-то вроде «волки-толки» и пульнул.

— Елки-палки, — поправил АЯ.

— Пусть так, но ведь это означает «фиддлстикс», то есть «а, чепуха, нет ничего легче», что-то в этом роде.

— Простите, Генри, что-то в этом роде, да не то. Елки-палки — это не «фиддлстикс». Это эвфемизм крепкого ругательства. В нем можно прочесть целую гамму негативных чувств, в том числе и ужас перед людоедским приказом командования.

Потрясенный этой неожиданной интерпретацией, Генри Корбах отошел в глубокой задумчивости. Зубные врачи, надо сказать, относятся к числу самых серьезных аналитиков политической ситуации. Не исключено, что это вызвано самой спецификой их работы. Кавернозные и гниющие зубы, возможно, предстают перед ними в виде призраков разрушенных городов. Шарик бормашины подходит к нежным пленкам плоти и выявляет беззащитность одушевленности перед неодушевленным жужжащим началом. Протезирование, с другой стороны, олицетворяет упорство человеческой утопии. Спор вокруг «елки-палки», очевидно, не давал Генри Корбаху покоя в течение всего этого веселого и даже в чем-то трогательного собрания. Забегая вперед, скажем, что в самом конце, когда многие Корбахи были уже навеселе, он, совершенно трезвый, отыскал Алекса и сказал, что теперь он видит, какое огромное значение имеет правильный перевод: «Ваша интерпретация, мой друг и кузен, по-новому освещает ситуацию в Советской Армии. Когда у вас начнутся проблемы в вашем собственном рту, приезжайте в Вашингтон, сэкономите немало денег».

Дантистов было немало в этой толпе, но их число бледнело перед числом адвокатов, агентов по продаже недвижимости, стряпчих и брокеров, этих представителей могущественного американского класса посредников, которых одна часть населения считает паразитами, а другая необходимыми движками на пути к «американской мечте».

Было здесь и несколько представителей необычных профессий, в частности, член команды американских астронавтов Морт Корбах, а также профессионалка-ясновидящая из Атлантик-сити Дороти Берлингауер (урожденная Корбах), известная под творческим псевдонимом Мадам Фатали. Эта последняя пружинистой походкой пионерки движения «Джейн Фонда аэробикс» подошла к нашему Александру Яковлевичу и, откинув мягко-волокнистую прядь прически, прошептала в левое, не заросшее еще серебристой проволочкой ухо: «В твоей стране, мой мальчик, через три года начнутся любопытные изменения».

Все эти люди собрались вместе по инициативе самого могущественного Корбаха мира, Стенли Корбаха, и благодаря исследовательским усилиям трех его генеалогических экспертов, а именно Сола Лейбница, уволившегося ради этой работы из Библиотеки конгресса, доктора архивных наук Лайонела Фухса, а также бывшего сотрудника Британской секретной службы Лестера Сквэйра, перу которого молва приписывала авторство полудюжины остросюжетных романов. Даже и сейчас, в часы апофеоза, эта троица не прекращала работы. Мягко подходили к той или иной персоне, обменивались любезностями, а потом извлекали диктофоны и задавали вопросы по семейным восходящим и нисходящим линиям, а также и по коллатералям.

Значительные сложности возникали по той причине, что в ходе своей американской жизни многие Корбахи стали уже и не совсем Корбахами. Иные, словно вследствие излюбленных нашим народом автомобильных погонь, теряли окончания и становились Корбами, у других словно в результате ударов в задний бампер окончания искривлялись на американский лад, и они становились — как, например, один таможенный офицер — Корбеттами. Были тут также некоторые одиночные Корбели, Корби, Корбины и даже одна дама по имени Долорес Корбеллини, которую пришлось убеждать, что она является просто Лорри Корбах без всяких испано-итальянских украшений.

Любопытно, что по крайней мере треть присутствующих даже не подозревала о своем еврейском происхождении. Это открытие вызывало разную реакцию: одни безмерно восхищались, другие нервно хохотали, третьи бычились, предполагая какую-то непонятную провокацию. Всех, впрочем, примиряла неожиданная близость к Стенли Франклину Корбаху, президенту «АК энд ББ корпорейшн», ибо в каждом жива была самая что ни на есть «американская мечта».

Три ищейки наконец вышли и на нашего АЯ. Крошка Фухс подпрыгнул со стеклышком к лацкану его пиджака и испустил восхищенный звук, похожий на его фамилию. Деловито приблизился безукоризненный, если не считать отвисшей правой ягодицы, Лейбниц. По-свойски, вроде как бы и не британец, хлопнул по плечу Лес Сквэйр: «Алекс Корбах из Москвы! Вас-то мы и ищем, дружище!» Уже через несколько минут разговора АЯ понял, что со времени его встречи со Стенли специалисты узнали немало. Принадлежность его к корпусу советских полуподпольных знаменитостей уже не была для них секретом. Известно было и о лишении гражданства. Не это, однако, интересовало их в данный момент. Знаете, Алекс, мы тут немного спотыкаемся с младшей сестрой вашего деда, Эсфирью. Чем эта женщина занималась, за кого вышла замуж, произвела ли потомство?

Случайно он помнил что-то об Эсфири Натановне. О ней не раз рассказывала с гордостью бабка Ирина. Фира, как ее называли в семье, пошла по стопам своего старшего брата и стала художницей авангарда. Она была из тех еврейских девушек, о которых мужиковствующий Есенин однажды сказал, что без них некому было бы читать русскую поэзию. Училась в Петербургском училище прикладной живописи и ваяния, ходила в ученицах сначала у Малевича, потом у Филонова, дружила с самыми передовыми художницами той поры: Розановой, Поповой, Пестель, Мухиной, Толстой-Дымшиц, Удальцовой, Степановой. Как старший брат взял себе в жены «шиксу», так и она вышла замуж за «гоя», литературоведа Верхово-Лошадина. Под невероятной тройной фамилией Корбах-Верхово-Лошадина Эсфирь участвовала в знаменитой выставке супрематизма «0, 10». У них родился сын Константин, то есть двоюродный брат Сашиного отца Якова, который стал инженером-электриком. Профессор Верхово-Лошадин был расстрелян за эстетический формализм — да, джентльмены, за эстетический формализм, — но сын уцелел и вместе с бабой Фирой...

В этот момент рассказчику показалось, что в гомоне голосов прозвучал голос Норы. Без церемоний он отодвинул интервьюеров. Ее, однако, нигде не было. Чертовы Корбахи интенсивно общались друг с другом, затрудняя поиски. Любопытно, чем занимается мой замечательный археолог в этом хозяйстве? Может быть, заведует отделом доисторических корбаховских костей? Вдруг он заметил ее и понял, что она уже не раз мелькала в поле зрения, но оставалась незамеченной. Переоделась, вот в чем дело. Чрезвычайно деловитая, вместе с группой других молодых людей она проходила по дальней периферии, пронося то какую-то вазу, то охапку цветов, то стул. Исчезла прежняя всадница. Вместо нее шествовала некая ударница светского раута: волосы забраны в обтягивающий вязаный берет, струится платье в стиле арт деко, вызывая в памяти и фильм «Веселые ребята», и роман «Великий Гэтсби».

Прозвучал гонг, раскрылись большие резные двери, и все Корбахи стали вливаться в обеденный зал. Навстречу им, из других дверей, выходили суверены здешних мест. Первым появился патриарх, румяный мужчина, как говорят в Америке, продвинутого возраста — восьмидесятивосьмилетний Дэйв Корбах. Он опирался на палку, но больше для шику, чем для реальной поддержки. Шутил, отпускал реплики через плечо второму по важности участнику процессии, раввину Либеральной конгрегации Сэму Дершковицу (по маме Корбаху), не без фривольности помахивал молоденьким дамочкам в зале, которые все казались ему старыми знакомыми. Только третьим в этой иерархии предстал перед обществом истинный хозяин праздника Стенли Франклин Корбах в таксидо, с красными галстуком и поясом «камбербант», огромная фигура, увенчанная застенчиво почесываемой макушкой: не обращайте, мол, на меня особого внимания. Под руки он вел двух своих сестер, старшую Джуди, казавшуюся уже слегка старушкой, и младшую Джейн, великолепно молодящуюся даму. Мужья этих дам сопровождали хозяйку дома, совершенно неотразимую Марджори Корбах, декольте. На втором плане за плечами Марджори маячило лицо нового могучего партнера, коротышки Бламсдейла.

Хозяева и гости обменялись энергичными аплодисментами, после чего раввин Дершковиц предложил всем сесть за стол. Годы трудов отступили, друзья мои, и теперь перед нами час пира, время радости и общений. Наслаждайтесь своей едой, вином и хорошей сердечной беседой! Он знал, что говорил. Все стали разбираться по столам, сверяясь с карточками. Александр нашел свой стол, но не нашел за ним желанного лица. Нора, что же, забыла, что ли, обо мне? Он видел ее теперь по диагонали через весь зал за одним из многочисленных круглых ристалищ в обществе приятной молодежи и в непосредственной близости от пышноволосого красавца киношного типа, из тех, что, положив лодыжку одной ноги на колено другой, дают развязные интервью Дайане Сойер или Чарли Гибсону. Ну нет, Нора, так просто это не пройдет! Вот выпью сейчас вина и пойду через весь зал прямо к тебе! Красавчик умоется. Кто сказал, что волосяной покров больше украшает мужчину, чем благородно поблескивающая лысина?

Панорамируя зал от стола Александра Яковлевича, мы как бы сужаем угол повествования, однако кто нам помешает проявить авторский произвол, перескочить весь зал и пошпионить немного за Норой, тем более что и читатель, похоже, этого желает.

Какая я дура, злилась она, время от времени бросая взгляды туда, где за скопищем голов посвечивало золотое яичко. Надо было переложить его карточку на мой стол. Тогда он, по крайней мере, не оказался бы рядом с огнедышащей толстухой из Оклахомы. Русские, должно быть, обожают толстух. Ну нет, милейший Алекс, сегодня вам придется пересмотреть свои вкусы! Кто там еще расположился рядом с ним? Да ведь не кто иной, как Арт Даппертат со своей немножечко беременной Сильви. Вот выпью пару стаканов, а с третьим пойду через весь зал как будто к ним, а на самом деле к нему. К нему!

Возвращаемся. Образцовый трудящийся калифорнийского парковочного бизнеса, по сути дела, впервые присутствовал на американском званом ужине. Он полагал, что вот сейчас начнутся тосты, сначала торжественные, а потом все более хаотические, и тогда он под шумок перетащится к Норе. Он не знал, что все эти динеры построены по другому принципу: говорильня на них играет роль не возбуждающей аппетит закуски, а скорее улучшающей пищеварение таблетки, а посему она преподносится после десерта.

У раввина Дершковица была суровая религиозная внешность, однако в своих обращениях к пастве, да, признаться, и в личной жизни, он придерживался наиболее либеральных концепций иудаизма. Сурово взирая на жующих и выпивающих вокруг людей, он обращал к ним свою мысленную «браху» такого рода: «Ешьте, дети мои! Наслаждайтесь артишоком с внутренностями из свежайших крабов! Своды Талмуда не поколеблются от небольших нарушений кошрута! Ну почему вам нельзя после телячьей отбивной ублаготворить свой желудок ломтиком превосходного «груэра»? И ублаготворяйте, дети мои! А я за вас выпью и раз, и два, и еще раз, пока душа моя не воспоет гимн Господу с еще большей силой!» И, словно внимая этому молчаливому монологу внешне аскетичного духовного лидера, все собрание увлеченно себя ублаготворяло, а официанты, в большинстве своем студенты местных колледжей, без задержки подливали вина в быстро опорожняемые бокалы.

— Хей, Алекс, я вижу вы меня в упор не узнаете! — крикнул через стол какой-то молодой человек с длинноватым итальянским носом, полученным по отцовской линии, и припухлыми губами, взятыми от еврейки. — Вглядитесь лучше, неужели моя внешность не напоминает вам о комедии дель арте?

АЯ вгляделся, готовый уже к любым неожиданностям на этой земле, что совсем недавно представлялась ему кафельной пустыней, пропитанной запахом свежести такой интенсивности, что от него иногда тошнило:

— Чертовски извиняюсь, сэр, но ваша внешность напоминает мне одновременно несколько образов — и Арлекина и Пьеро, — странно, не правда ли, но больше всего, надеюсь, вы меня за это не убьете, нашего незабвенного Пульчинеллу...

Незнакомец вскричал без всякой обиды:

— Ты не прав, олд чап! Разве это не ты полтора года назад дал мне кличку Доктор Даппертутто?

Пораженный Александр на время позабыл и о Норе. Всплыли в памяти демонические небеса нью-йоркской ночи с его собственным именем меж нависших туч, ослепительный вертеп универмага, девки из парфюмерного отдела, стражники и, наконец, вот этот малый, что налил ему стакан живительного порта. Да ведь его же упоминал Стенли! От него пошел слух о новом Александре Корбахе.

— Мне нужно вам многое сказать, Алекс, — ухмыльнулся Арт, — но прежде расколитесь: что стало с вашим английским? Уж не провели ли вы все это время в Оксфорде? — Не успел Александр что-либо ответить на своем «оксфордском английском», как начались выступления.

Речь раввина Дершковица была на несколько градусов суше, чем его чадолюбивые реформаторские мысли. Основная ее идея заключалась в том, что нынешний съезд американских Корбахов является частью мирового движения поисков древних еврейских корней. Поколение за поколением наш народ был озабочен только одним — как выжить в гетто и штетлах. Гонимые и презираемые, мы теряли свои исторические нити и часто не могли проследить свою родословную дальше деда. Эти времена прошли навсегда. Наши традиции перестали быть частью провинциальной засохшей догмы. Еврейский народ несет в будущее гуманизм своей религии и своей культуры. Сегодня в этом зале мы видим воплощение оптимистических идей. Давайте поблагодарим всех приехавших на праздник, а также организатора торжества, моего старого друга Стенли Корбаха!

Поднявшись во весь свой внушительный рост и уняв аплодисменты амортизирующими движениями обеих ладоней, Стенли предложил обществу короткую речь, в которой он пошел еще дальше рабби Дершковица в смысле преодоления «засохшей догмы». Его идея, как он сообщил Корбахам, заключается даже не в сугубо еврейском наследии, а в попытке проекции человеческой молекулы как части мироздания. (В этом месте Марджори Корбах едва сдержала нервный зевок.) Ученые пока еще не могут ответить на вопрос, умирают ли гены, уходит ли в ничто ДНК. Наши генеалогические исследования, а мы с моими выдающимися сотрудниками Лейбницем, Фухсом и Лестером Сквэйром доходим в них уже до испанского периода нашей диаспоры, в будущем, может быть, помогут прийти к новым открытиям, а главное, к расширению и углублению памяти как феномена, противостоящего безжалостному времени. И все-таки еврейский народ и его история лежат у нас во главе угла. Живя двадцать столетий нашего времени среди других народов, не говоря уже о веках египетского и вавилонского пленений, евреи более активно, чем другие, способствовали строению человеческой молекулы. Самое замечательное, однако, состоит в пересечении этнических линий — прошу прощения за мою не очень-то ортодоксальную точку зрения, — в творении общечеловеческого космического элемента, способного, быть может, сломать стенку нашего вселенского одиночества. Своды священных книг иудейства, христианства и магометанства, соседствующие своды индуизма и буддизма содержат множество зовущих светочей, и мы должны не только созерцать их, но идти навстречу. При всей нашей слабости мы можем все-таки предположить, что никто и ничто не пропадает без остатка. Не будем пугаться бесконечных пустот и давайте возрадуемся! Мазлтов!

Речь главы корбаховского дома вызвала у некоторых легкое недоумение, однако большинство восприняло ее просто как праздничную риторику и ответило «Большому Корбу» аплодисментами, подсвистыванием, поднятыми бокалами и возвратным «мазлтов». «Ну, каково?» — спросил Александра Арт, как и подобает младшему другу босса, с легкой иронией. «Глубоко», — кивнул Александр. «Не слишком ли глубоко?» — «Умно и трогательно», — успокоил его Александр.

Арт хотел было развить беседу и спросить Александра, не кажется ли тому, что Стенли может затащить всю эту историю, во всяком случае некоторых ее персонажей, в те края, из которых не возвращаются, однако церемония продолжалась, и Сол Лейбниц представил собравшимся самого старого из присутствующих Корбахов. Им оказался не Дэвид, а сточетырехлетний Захария из Сейнт-Питерсбурга, Флорида. С легкостью необыкновенной он выкатился на сцену в кресле-каталке, держа над головой связку разноцветных воздушных шаров, как будто именно эти шары, а не усовершенствованные батареи приводили его в движение.

Затем настала очередь самого молодого корбахенка. Дородная молодуха извлекла из своего нагрудного мешка, сродни кенгуровой сумке, десятидневное существо, бэби Диану. Следующим номером программы оказался «Корбах, поднявшийся выше всех», астронавт Мортимер Корбах, Пи-Эйч-Ди. Загорелый, как будто они там в космосе только и делают, что загорают на пляже, ученый неплохо пошутил, сказав, что чувство невесомости не избавляет от родственных связей. «Ну, а теперь, очевидно, пригласят Корбаха, который ниже всех пал», — по-диссидентски пошутил Арт Даппертат. «Значит, меня», — вздохнул АЯ.

— Здесь присутствует один необычный Корбах, — сказал Сол Лейбниц, как будто предыдущий был вполне обычным. — Он совсем недавно поселился в Америке и, конечно, не предполагал, что у него здесь столько родственников. Наша исследовательская группа с трудом напала на след этого человека. У себя на родине, в России, он был знаменитым певцом и актером, чем-то средним между Бобом Диланом и Вуди Алленом. — При этих словах зал разразился бешеным хохотом. Сол продолжал: — В Соединенных Штатах этот человек предпочитает вести более скромный образ жизни. Поаплодируем Александру Корбаху и попросим его показать нам какой-нибудь образец своего искусства.

Перед глазами обалдевшего от неожиданности АЯ затылки аудитории постепенно превращались в лица с трепещущими под подбородками крылышками аплодисментов. Среди этих лиц в глубине зала виднелось и Норино с двумя сияющими «зеркалами души». Все взбудоражилось в Александре Яковлевиче. Никогда еще он так не волновался. Он встал и показал руками: гитары, мол, нету. Злокозненный «Даппертутто» тут же протянул ему свою. Нарочно припас, что ли? Нора, вскочив со стула, размахивала обеими руками. Слишком много экзальтации для вашего возраста, мадам, если вам действительно тридцать четыре. Вдруг взял гитару и твердо пошел к сцене. Вспрыгнул на нее! Снял пиджак и бросил на рояль. Заметил лицо Стенли с застывшим на нем мальчишеским изумлением. Ну что ж, милейшие Корбахи и примкнувшие к ним Норы Мансур, сейчас вы увидите образец искусства чердачно-подвальной Москвы! Выдам сейчас на всю катушку, как когда-то в молодости кинул на первой премьере «Шутов»!

Он начал тихо перебирать струны, потом затянул «истинно русским» воем:

> *Гой, Россия, родина наша превеликая,*
> *одноглазая, хоть и многоликая.*
> *Гой, страдалица наша, молчальница,*
> *тянешь лямку ты вдоль своих берегов.*
> *Запетляли твой след волчьи клики и*
> *заморочили мороки средь гнилых стогов.*

Никто в зале, конечно, не понимал ни слова, кроме, может быть, Лестера Сквэйра из службы М-15, но все уважительно засерьезились: вот она, Россия, вечная горькая беда человечества! Кивая головой, точно подтверждая мысль просвещенной публики, Александр продолжал ныть:

> *Ой, да на печальнейших нашей родины пажитях*
> *только тени плывут, скорбных теней гурты,*
> *лучик солнышка тут не кажется...*

Замолчал, опустил голову, потом ударил всей пятерней по струнам и проорал:

> *И вдруг на парашютах спускаются «Шуты»!*

Физиономия расплылась в коронной обезьяньей улыбке. Гитара заработала в рок-н-ролльном ритме. Ноги пошли ходуном. Хриплым, «Володиным», страшноватенько-развеселым голосом Александр теперь вопил:

> *Шуты на парашютах*
> *спускаются с небес!*
> *Шутихи ради шуток*
> *зажгли весельем лес!*

Мощная дробь чечетки, прыжок с поворотом, скэт:

> *Трам паракарналия,*
> *трам ба сон,*
> *пробио псидарио,*
> *хавели о кария,*
> *где-то прогулялся брюхатый гром.*
> *Громио мербулио,*
> *кувырком!*

Р-раз, махнул обратное сальто! Сколько лет уже не пробовал таких резких движений, а сейчас вот любовь тебя сама крутит! Вот вам российское веселье, хоть рок-н-ролльное, да вприсядочку!

> Шли боярышни в горохе,
> а за ними скоморохи
> увивалися, колбасилися,
> и в горохе под забором
> три опенка с мухомором
> появилися!
> Народилися!

Пораженная публика взирала на исчадие универсального каботена: то поет что-то не совсем приличное, то кувыркается, то тэп-дэнсинг отчебучивает не хуже мастеров «Каттон-клаба», и все это проносится в ритме русского трепака вперемежку со свингом и синкопой.

> Знаю «право», знаю «лево»,
> их марширт под барабан!
> Я из города Генева
> мушкетерский капитан!
> Брум параферналия,
> брэм бап чист,
> прима вер чихалия,
> вакха бах каналия,
> запп лапп тист!
> На полях Европы
> канонадный жар,
> кони мчат галопом!
> Гутен таг, майн цар!
> Брам уратро брешник,
> фру эр рой,
> фруеробугешник
> праз дры крой!

Влекомый потоком этого вздора, весь охваченный тем, что у них в прежние времена называлось «полив», АЯ не забывал и лицедействовать, вспышками демонстрировать весьма странную интерпретацию системы Станиславского. Оставив гитару, вдруг атаковал рояль, пустил еще одну скоморошную егозину:

> Волк на лодочке, на лодочке, на лодочке плывет,
> лиса в новеньких ботиночках по бережку идет!
> Волк все к бережку, все к бережку, все к бережку гребет,

лиса хвостиком все к лодочке, все к лодочке метет.
И все никак не встретятся, никак не поцалуются...

Русский старый приторный стиль, но и в нем видим мы все те же арки Вероны, галереи Венеции.

Публика ничего не понимала, однако, сломленная сокрушительным балаганным напором, каруселью «шаривари», топала ногами и издавала звуки высшего одобрения, возгласы «О, йес!», Александр ураганом прокатывался по клавишам, меняя темы от «Зе раунд о'клок» до «Севильского цирюльника». Наконец бросил взгляд на Нору. Ее глаза как будто говорили: весело, но достаточно. Согласен. Он встал, серьезный, надел пиджак, взял гитару и подошел к микрофону. Приятным вдумчивым баритоном завершил выступление:

С шутами что вам остается делать?
До черной меланхолии заставить водку пить?
Горло ли поломать, чтобы не свиристело?
Орденом ли украсить, пулею подкупить?
Нет, негодяи грязные,
стражники нищеты,
не напугаете казнями!
Шутуют вовсю шуты!

Снова в ход пошли гладкие подошвы. Переборы медленной чечетки. С полузакрытыми глазами, как похмельный цыган, он завершил свою вакханалию:

Трам да ди валянда,
карамон барух,
дарадон дуранда,
оп ле ух!

Свет телевизионной лампы, что постоянно плясал, отражаясь от полированной головы, замер теперь в глубоком поклоне. В зале разразился тропический шторм с громом и молниями. Вот так артист! Он не ожидал такого извержения, не думал, что может повториться «полив» двадцатилетней давности. Он поднял голову, чтобы увидеть ту, для которой шутовал и сейчас и тогда, когда ей было четырнадцать лет. Ее не было на прежнем месте. На сцену между тем прыгнул докучливый Арт Даппертат:

— Хей, Алекс, это нечто! Ты завел всю эту публику! Слушай, да ты можешь сделать отличное шоу со всеми этими твоими штуками: пение, танец, гитара, пиано, акробатика! Хочешь, стану твоим агентом, старик?

Александр осторожно отпихивал от себя молодого финансового гения. Многолетняя артистическая практика показала, что после успешного выступления приблизиться к какой-нибудь девушке в зале практически невозможно. Так еще когда-то в Харькове получилось, году, кажись, в шестьдесят шестом, когда весь вечер в Политехническом пел для «бабетки» в третьем ряду, и та обмирала от счастья, а потом толпа студенческих олухов разделила их навеки. Так и сейчас в Америке получается. Подходят разные Корбахи с поздравлениями и вопросами о России. Да плевать мне на Россию вместе с Америкой! Где моя Нора Мансур, волшебная кавалеристка?

Вдруг вплотную приблизился Его Величество Стенли: «Алекс, я знал, что вы артист, но никогда не думал, что вы такой артист! Признаться, вообще не предполагал, что в России есть такие артисты. — Он обнял его могучей рукою и повлек за собой. — Эй, народы, прошу прощения, но я ненадолго похищаю этого парня!»

Влекомый королем, он все-таки успел заметить Нору, которая жестами показывала, что будет ждать его в гостиной. Он просиял, и она, увидев его сияние, просияла сама. По многочисленным лестницам и переходам, мимо крупных художественных ценностей, Стенли провел его в свою башню, где вокруг круглого стола в вольных позах уже расселась тройка исследователей: Лейбниц, Фухс и Лестер Сквэйр. «Поздравляем, поздравляем, отличное шоу!» — сказала троица. «Совсем в духе старых «Шутов», — добавил Сквэйр по-русски. — Я ведь смотрел многие ваши спектакли, когда служил в Москве, в британском посольстве».

Стенли положил руку Александру на плечо, усталое, оно (плечо) дрогнуло под гаргантюанской дланью: «Я вас, Алекс, сюда привел, чтобы похвастаться. Фухс, будьте столь любезны, покажите моему кузену нашу последнюю находку».

Крошка Фухс с пушистым усами — из тех, что вырастают под носом у кропотливых библиофилов и мастеров филиграни, извлек из здоровенного альбома большую старинную фотографию, наклеенную на картон. Ну и ну, это был тот самый групповой снимок «самарских Корбахов» из архива бабушки Ирины! Те же тиснения на паспарту, различаются даже фирменные знаки, «Электровелография Сизяковых, Самара», и на фоне богатых драпировок и «швейцарского» вида — раскинувшееся в креслах и на канапе еврейско-европейское семейство.

— Как вы умудрились сделать такую копию?

Стенли расхохотался, очень довольный:

— Ну и ну, — сказал он почти по-русски. — Это не копия. Тот самый оригинал, о котором вы мне рассказывали в Эл-Эй. Теперь она ваша, мой друг!

Оказалось, что после встречи потомков однояйцевых близнецов в Москву отправилась вся исследовательская группа. Им удалось многое выяснить. Сначала бэд ньюз, Алекс. Ваша квартира была опечатана органами еще в прошлом году, когда вы попросили в Америке политическое убежище. Перед этим там был обыск, вынесли много бумаг. Кажется, они хотели вас заочно судить, как в свое время Рудольфа Нуриева, но что-то сорвалось, процесс не состоялся. Теперь гуд ньюз. «Шуты», вообразите, до сих пор существуют и даже неплохо себя чувствуют. Дело в том, что за это время ваша актриса Наталья Моталина стала любимой певицей Кремля и даже как будто фавориткой какого-то кремлянина. Ее приглашают петь народные песни на все торжественные концерты по поводу юбилеев. Вот почему театр жив. Ребятам вашим даже удалось сохранить в репертуаре два ваших спектакля, правда, без указания имени на афишах. Все «Шуты» вам передают привет, все очень веселые и смелые. Мы даже записали кое-что.

Лестер Сквэйр извлек из кейса крохотный диктофончик — из тех, что немедленно растворяются во рту, буде их владелец кем-нибудь схвачен, и активировал его венериным бугром левой ладони. Послышалось хоровое чтение труппы: «Наш любимый Сашка Корбах! Мы не провалились в прорву! Мы шутуем, как можем, а на брехунов кладем!»

— Алекс, Алекс, что с вами? Простите, я не ожидал, что вы так...

Стопроцентно стабильный агент британской службы с изумлением смотрел на внезапно разрыдавшегося лысого человека. АЯ упал лицом в ладони, тощие плечи его конвульсивно дергались. Фухс сидел, почему-то запечатав губы указательным пальцем. Лейбниц смущенно перелистывал исторический фолиант. Стенли, не скрываясь, вытирал заслезившиеся глаза. Этот Алекс, думал он, этот чертов Корбах.

— Прошу прощения, джентльмены, — очень скоро сказал АЯ. — Все, что связано с театром, вызывает у меня какую-то странную истерику. Теряю всякий контроль. Так как же вы добыли эту фотографию, джентльмены?

— Мы ее просто выкупили, — сказал Лейбниц.

— У КГБ? — изумился Александр.

— Почему это вас так удивляет?

— Ну, все-таки «рыцари революции».

— Нет в Москве людей более падких на доллары, чем эти «рыцари», если не считать парней из ЦК комсомола. Последние готовы продать мумию Ленина.

Фухс пригасил свет и включил слайд-проектор. Самарские Корбахи четко отразились на белом куске стены между оригиналом Дюрера и полкой спортивных трофеев, добытых хозяином замка в бытность загребным восьмерки Колумбийского университета.

Итак, Алекс, в центре действительно сидит ваш родной прадед Натан. Поражает его сходство с прадедом нашего босса. Братья, похоже, в одно время запустили большие усы, что сделало их совсем неразличимыми. Справа от него иронически улыбающийся господин, это брат его жены, то есть вашей прабабушки, известный на Волге газетчик Вениамин Слонимский, слева располагается двоюродный брат Натана Казимир Корбах, то ли важный служащий, то ли совладелец банка «Взаимный кредит», это будет уточняться. Здесь же в группе старшего поколения мы видим жен этих трех джентльменов, Ревекку, Ксению и Матильду; шляпы с перьями. Второе поколение располагается по флангам, и среди них на левом, разумеется, фланге стоят ваш дед Рувим Натанович и его сестра Эсфирь Корбах-Верхово-Лошадина, петербургские художники нового направления, о чем свидетельствуют шарф Эсфири и пиджак внакидку Рувима. Третье поколение представлено детьми в новеньких морских костюмчиках, вашими будущими дядьями и тетками, а также двумя юнцами в белых летних тужурках, Волей Корбахом и Нолей Слонимским. В том году эти двое окончили частную гимназию и готовились преодолеть процентную норму для поступления соответственно в Казанский университет и Петербургскую консерваторию. Вы были правы, сказав Стенли, что оба они летом 1919 года вступили в добровольческий полк Учредительного собрания и ушли в эмиграцию. Есть сведения, что Ноля, то есть Арнольд Слонимский, осел в Париже, где был сначала тапером немого кино, а потом, как ни странно, стал там пионером американского джаза. Что касается Воли, то есть Владимира Леопольдовича Корбаха, то он, не доехав до Парижа, осел в Тегеране, служил там в английской нефтяной фирме и женился на местной еврейской девушке Мириам Корбали.

Пока Фухс все это рассказывал, у него распушились усы и бакенбарды, а глаза разгорелись, как у охотящегося кота.

— Ну, хватит пока, — сказал ему Стенли. — Эдак вы дойдете до вавилонского плена!

Фухс потух. Сквэйр рассмеялся:

— А почему бы нет?

Стенли пошел на балкон, прихватив с собой бутылку порта хорошей, то есть по крайней мере тридцатилетней, выдержки. В дверях он обернулся и поманил за собой Александра. Вдвоем они вышли под звездное небо.

«Ты помнишь, Алекс, что Господь сказал Аврааму? Как нельзя счесть звезд на небе, так и не счесть будет твоего потомства. Эти звезды, Алекс, это ведь не просто метафора, Алекс,

163

не правда ли? Ведь недаром же были соединены в одном речении Господа звезды и человеческие потомства, как ты считаешь?» Ах, елки-палки, мысленно произнес Александр и вспомнил сахалинского смертоносного летчика. Я не могу сейчас говорить о звездах мироздания, когда меня одна лишь моя собственная звездочка манит. «Это наше отечество, дорогой кузен», — произнес Стенли и довольно бесцеремонно потыкал в отечество большим пальцем. — «Стенли, мы еще поговорим с тобой о «человеческих молекулах», но сейчас я очень спешу, прости меня».

Этот Алекс, подумал Стенли, в его комнате пахло блядством, он и здесь, похоже, присмотрел себе какое-то приключение. Он подтолкнул его локтем и спросил: «Как там Берни?»

АЯ вспомнил, как кувыркалась тогда Бернадетта со своего стула в баре: грива с гребнями, моток перламутра, полкилошные клипсы, ножищи в белых чулках с розовыми подвязками. «Великолепно, — сказал он. — Просила вам напомнить о себе, сэр».

«В самом деле? — восхитился богач. — Вот сладкая девочка! Нежнейшее создание из всех, с кем я имел дело!»

С кем же он имел дело до нее, подумал Александр и направился к выходу. Стенли смотрел ему вслед. Не без мудрости смотрю ему вслед, думал он. Взираю как старший брат. Вижу его насквозь. Не удивлюсь, если Ленор взяла его на крючок. Иди, иди, последыш однояйцевого! Только не нарвись на грязевую комету в этой галактической путанице!

6. Застенчивая кобылка

Естественно, Александр заблудился в любовной спешке. Он взлетал и скатывался по тюдоровским лестницам, почти бегом барабанил по пустым анфиладам комнат с портретами и каминами. Вдруг оказался в райских кущах оранжереи стиля арт деко, но, не обнаружив там своего соблазна, своей — он был уверен в этом — жарко жаждущей его половинки и вместо нее найдя там массу внимательно наблюдавших за ним попугаев, выкатился в телескопический супермодерн, где в главном ангаре гигантский оранжевый робот, творение гениев «Чикагской школы», со скрипом вздымал какой-то рычаг, то ли пенис, то ли третью ногу. Затем он выскочил на мавританского вида галерею, спрыгнул с нее и побежал в темноте по орошаемым многочисленными спринклерами травяным пространствам; щедро и сам там оросился. Мокрый, ввалился он в приемный холл, где назначено было ему свидание, но не нашел и там искомое. Вместо нее колобродили Корбахи, выпивали у бара, играли на бильярде и разговаривали

164

на повышенных тонах. Ну разумеется, здесь-то он и натолкнулся снова на Арта Даппертата.

Этот последний там вальсировал, держа в объятиях какую-то юную красотку; то, что называется «идеальной парой». Увидев Александра, Арт бросил свою даму и устремился к нему, словно к старому другу. Компьютерное поколение жаждет немедленного, пусть даже одностороннего, информационного обмена.

— Хей, Алекс, как тебе понравился наш король Пантагрюэль, мой сногсшибательный тесть? Ну да, я его зять, а это его дочь, моя любимая жена Сильви! Знакомьтесь, ребята! Сильви, это тот самый парень, что сделал меня богатым. Алекс, ты понимаешь, что тебе причитаются с меня приличные комиссионные? Как за что? За твою идею кукол! Пойдем к нам в комнату, я выпишу тебе чек! Что? Потом? Сильви, ты слышишь? Тебя что, деньги не интересуют? Интересуют, но не сейчас? Моя дорогая, что-то происходит в мире, в нем появились люди, которых деньги интересуют, но не сейчас. Не в данный момент, понимаешь?

Глядя вслед убегающему через главный подъезд к освещенному пруду «русскому Корбаху», Сильви положила голый локоток на плечо мужа. И вздохнула:

— Неужели ты не видишь, он влюблен.

Возле пруда у столиков сидело еще немало гостей. Многие приглашали Александра присоединиться, но он даже не удостаивал их ответом. Дикое волнение, едва ли не паника, владело им. Нора потеряна навсегда! Как последний мудак из-за этих мудацких Корбахов он потерял женщину своей жизни. Решившись наконец вслух произнести ее имя, он обратился к старому слуге, что даже в этот поздний час продолжал разносить напитки. Стараясь унять трясущийся подбородок, выдержал испытующий иудейский взгляд и выслушал вежливый ответ. Конечно, он знает миссис Мансур. Да, он видел ее совсем недавно. Не более четверти часа назад она уехала отсюда в машине. Нет, он не знает куда. Вон в том направлении.

— То есть в темноту? — по-дурацки спросил Александр.

Старик серьезно кивнул. Да, сэр, за пределы фермы, в полную темноту. Нет, она была не одна, с компанией. Кажется, за рулем был мистер Мансур. Нет, не отец, сэр. Муж. Муж миссис Мансур, мистер Мансур. Старик собирался предложить свою помощь в деле передачи мессиджа супругам Мансур, однако «русский Корбах» уже вышагивал прочь, передергиваясь, как солдат после санобработки. Да, сударыня, я знаю, что говорю: как солдат после санобработки.

Почему-то ни разу с момента встречи Александру не приходило в голову, что она может быть замужем. Что за зверский поворот всей истории, бормотал он, передергиваясь. Как будто прямо в морду из блядской темноты влепили заряд этого блядского

165

гравия, что осатанело хрустит сейчас под ногами. Зверский муж человеческой женщины, словно в вольере среди благородных лошадей пасется препохабнейший кентавр! Нет, это невозможно пережить! Почему меня не могут оставить в покое? Почему судьба подбрасывает то театр, то любовь? Ей-ей, все обиды прошлой жизни: и отсутствие отца, и люстра, свалившаяся прямо на башку, и отлучение от матери-родины, и недавнее избиение за грехи суки-родины — ничто по сравнению с появлением какого-то звероподобного мужа. Мысли эти всколыхнули всю его влагу, и он теперь громко рыдал, вышагивая по слабо светящейся под луной гравийной дороге, среди туч мрака, образованных кронами мэриледских дерев.

Вдруг отодвинулись мраки, просветлело, звезды пролили свой свет на открывшиеся вольеры страны гуингмов. Он узнавал теперь места, где они встретились несколько часов назад. Контуры огромного сарая, возле которого стоял ее ярко-желтый джип. Желтое совместимо только с зеленым, в компании с красным оно становится цветом измены. Оденься в желтый цвет, Нора, твой муж будет в красном. Нужно забыть ее имя! Вдали по холмам медленно проходили смутные фигуры лошадей. Медаленосец не допустил бы здесь никаких посторонних мужей. Я не могу защитить даже одну свою женщину. Облокотившись на изгородь, он опоганил рукав пиджака своим лицом и уже почти полностью опустошенный, выплакавший уже почти всю свою Нору — вот еще пару раз высморкаюсь, вместе с соплями выплеснется остальное — почти со спокойным уже, вернее, обычным отвращением к погани своей жизни зашагал дальше к гостинице «У Ручьев».

Начался асфальт. Иной раз обгоняли машины. Иные притормаживали: подвезти? Вид идущего пешком человека в Америке часто вызывает желание помочь. Или вытащить пистолет. Иногда и то и другое. Он отсылал их движением руки: стреляйте, мол, если угодно, но только не надо помощи.

Возле гостиницы горел слабый фонарь, освещены были окна вестибюля, там калейдоскопничал одинокий телевизор. Тухловато светилась вывеска. На маленьком паркинге отсвечивали под луной крыши полудюжины автомобилей. В неосвещенном углу с ножки на ножку переминалась привязанная к дереву белая в темных яблоках лошадь. Он сразу узнал ее. Это была та самая, что сегодня мощным галопом несла к нему Нору. Теперь она смотрела на него и смущалась, сама неопытность, сама невинность. Неужели не покрывал ее ни разу великолепный сайр? Что ты здесь делаешь, киска? В ответ она чуть отвернула голову и покосилась с нежностью и стыдом. Ветер шевельнул ее гриву так, что у Александра перехватило дыхание. Грудь, которая при свете дня казалась скоплением мускулов,

166

теперь была просто обнаженной грудью. Ты знаешь, что я люблю ту, что на тебе сегодня скакала ко мне. Как вы можете, сэр, так открыто признаваться в этом, казалось, именно так ответили ему протрепетавшие ноги. Казалось, ей хочется отвернуться, но она боится показать мужчине яблоки своего крупа. Даже если все так вот и кончится, даже и за эти мгновения под шумящей листвой благодарю тебя, Господи! Так он подумал, хотя уже понимал, что лунную ночь начинает пронизывать «новый сладостный стиль».

«Гретчен, киска, с кем это ты там кокетничаешь?» — послышалось за его спиной. Секунду он еще притворялся, что ничего не понимает, боялся сглазить. Скрипнули доски крыльца. Он обернулся. Нора стояла в престранном виде — в бальном платье, в сапогах и в кожаной куртке, наброшенной на обнаженные плечики. «Ну, вот и вы наконец!» — весело вскричала она, сбежала по ступенькам и обняла оторопевшего ночного фавна словно свою полную собственность.

V. Песня старухи

Всегда я знал, что похож,
В анналах борьбы снуя.
Как и она пригож,
Но это не я!

Мне говорили: «Фидель!»
Верность идеям вождя
Я сохранил — в чистоте ль? —
До следующего дождя.

Время, когда народ
Мне запретил курить,
Было порой невзгод,
Словно судьба Курил.

Архипелаг зубов
В зеркале века мерцал,
Средь генеральских зобов
В пятнышках, как маца.

Рому бокал потреблял,
Слушал ударный марш.
Реют знамена, бля,
Словно на коже шрам.

В кресло-каталку сигал.
Дай мне взамен скотин,
Родина всех сигар,
Благостный никотин!

Бегству древнюю дань,
Как молодой, платил.
Так бы вот Имре Надь
Гнал по Дунаю плоты.

Брови и плечи взвинтил,
Будто бы в сферы вхож.
Так я покинул синклит
Крупнокалиберных рож.

Пусть уж меня извинит
Та, на кого похож.

ЧАСТЬ VI

1. Момент открытия рта

Читатель мог заметить, что мы не очень-то отклоняемся от хронологической последовательности основных событий. Мы, конечно, позволяем себе иной раз перепрыгнуть через пару-тройку лет, однако прыгаем только вперед, как и подобает реалистическому писателю. Ну, впрочем... давайте уж не только похваляться, но и признаваться кое в чем. Лучше самому это сделать, чем быть пойманным за руку. Прыгаем, прыгаем мы и в прошлое внутри наших главок; модернизм заразная штучка, милостивые государи! Даже и могущественный соцреализм мог бы подцепить ее (штучку) на конец, проживи он в добром здравии хоть еще один десяток лет. Как-то раз профессор соцреализма из первого в истории человечества государства рабочих и крестьян обнародовал свою теорию выявления скрытых и потенциальных модернистов. Хронология выдает их с головой, дорогие товарищи! Сделайте диаграмму его хронологий, и модернист пойман! Наложите на одну ось события в последовательности рассказа, а на другую время действия, вот и обернется модернистский пресловутый «хронотоп» такой кривой, перед которой ахнут даже зубцы какого-нибудь лунного хребта!

Вспоминая того стукача-профессора, мы надеемся, что с нами такого афронта не получится, хотя иной раз и нас подмывает желание оставить какого-нибудь персонажа на минуту с открытым на полуфразе ртом и в течение этой фиктивной минуты рассказать о событиях прошедших трех лет, да еще развесить там всяких художеств, да еще и великих потревожить ссылками и параллелями, да и растечься в какой-нибудь философии, прежде чем закрыть оставленный рот, предоставив ему возможность закончить фразу.

Вот сейчас как раз такой момент приближается. Между пятой и шестой частями романа незаметно проскользнули три года.

Ноябрь 1986 года. Все тот же паркинг в центре Вествуд-виллидж. Ночь. Последние сеансы в кинотеатрах уже час как кончились, рестораны, однако, еще изнывают от горсточек засидевшихся посетителей. Слышно, как потрескивают под бризом пальмовые ветви. В этот час ночной валет, стройный, как пальма, хоть и лишенный ее шапки, сорокасемилетний Александр Яковлевич Корбах стоял у входа и бездумно смотрел на пустой перекресток с его туповатым, но неизменно как бы куда-то манящим переключением трех огней.

На перекрестке появилась и проехала под красный огромная страннейшая машина. АЯ сказал бы, что это советский лимузин ЗИС-101, если бы не знал, что это невозможно. Между тем это как раз и был ЗИС-101 из гаража коллекционера Лероя Уилки. Вкратце история аппарата такова. Его везли в Калифорнию через моря, полные плавучих мин. Довезли как раз к открытию первой сессии Ассамблеи ООН. Будучи залит бензином и заведен, аппарат смог довезти главу советской делегации (очевидно, Молотова или какую-нибудь другую гадину) от виллы до зала заседаний. Это был его единственный удачный рейс под красным флагом. В послесталинские годы понадобилось место в гараже, и завхоз представительства забодал уникальное авто отцу нынешнего Лероя Уилки, Винси Уилки, основателю автомобильной коллекции из шпионского города Монтерея. У советского завхоза, как ни странно, была фамилия Завхозов, и он приходился отцом нынешнему агенту по особым поручениям.

Дружа с Винси Уилки, Завхозов подмигивал своим товарищам по представительству: так надо! Уилки, тоже не дурак, как бы невзначай рассказывал о Завхозове в баре «Chez Seals». В конце пятидесятых Винси Уилки был законодателем мод в Монтерее и Кармеле, где по вечерам подсаживал девчонок в свой сногсшибательный «молотов-лимо». Своими руками он довел аппарат до почти идеального состояния. Мы говорим «почти», потому что никакими усилиями не удавалось наладить передачу заднего хода. Советский автомобиль шел только вперед. Когда же наступала нужда в заднем ходе, Винси ставил шифт на нейтраль, девчонки выскакивали и своими попками толкали авто в его мощный передок.

Нынешний Уилки, Лерой, превзошел своего папу. Начиненный совершенной техникой «молотов» двигался теперь и вперед и назад. Снобы Беверли-хиллз и Бель-эр предлагали за него миллион, но у Лероя этих миллионов и так хватало. Ему просто хотелось повеселее пожить, пока жив. Внутри авто давно уже отсутствовало заднее сиденье, а пол был покрыт упругими матами и мягким ковром. В данный момент на нем развалилась среднемолодая калифорнийская компания, персон не менее семи бисексуалов. Куда-то направлялись, но перед этим решили заехать в вествудский «Колониал» и спросить аттенданта по имени Алекс. Остановились в бетонных, продуваемых ночным ветром чертогах первого яруса. Появилась фигура в серебристой куртке. Должно быть, как раз тот самый Алекс, которого рекомендовали.

Тот самый приближался к машине и не верил своим глазам: и впрямь эмблема ЗИСа на капоте! Пара девчонок второй молодости выпросталась изнутри. Ветер полоскал на стройных ножках широкие шелковые штаны, которые в эпоху ЗИСов назвали бы пижамными. Вслед за ними появилась мосластая мужская конечность, она тянулась довольно долго, пока не высунулись края зажеванных коровой джинсовых шортов. За ней выявился и весь малый с новомодной косой челкой блеклых волос и выстриженным затылком. Этот дизайн башки очень близко роднил его с эпохой ЗИСов: тогда так ходили комсомольские активисты. В дополнение к нищенским шортам на молодом человеке средней поры висел полутысячный пиджак и недешевый диоровский галстук.

— Это вы, Алекс? — спросил он с британским придыханием.

— К вашим услугам, сэр, — тут же деловито ответил наш герой. Он внимательно, то есть профессионально, вглядывался. Что-то знакомое было в этом долговязом, однако среди прежних любителей «экстази» он вроде бы не замечался.

— Анкоридж, Аляска, — долговязый произнес пароль этой недели.

— Не так холодно, как ожидалось, — ответил Александр, размыкая замок.

Долговязый туманно улыбнулся и вытащил из пиджака три новеньких сотни. У Алекса в кармане была наготове соответствующая доза порошка. Дело было скреплено рукопожатием, и вот тут, в момент потряхивания длинной ладони, произошло нечто невероятное. Глаза долговязого сластолюбца вспыхнули необычным для такого рода посетителей жаром: чаще всего этот народ слишком вялым приползает за следующей порцией.

«Нет! — вскричал он. — Не верю своим глазам!» После чего как раз и зафиксировался с открытым ртом на протяжении нашей «минутки».

Тут мы, киногруппа этого романа, стали быстро отвозить нашу камеру назад, как бы даже и не заботясь о стремительно уменьшающихся фигурках момента: полощущиеся на ветру шелковые штаны, щелкающая сверхдлинная челка, клочками пролетающий трубочный дым из-за челюстной твердыни Лероя Уилки, запарусившая куртка Александра Яковлевича, ну вот и все, что может на секунду задержать внимание.

Цель этого стремительного бегства на первый взгляд выглядит довольно просто: надо же все-таки показать, как наш благородный Корбах скатился так низко, что стал щипачом наркобизнеса, если нам позволят таким образом перевести емкое американское выражение «драг-пушер». Виной тому была любовь, милостивые государи, говорим мы и, указав на это не очень-то существенное для суда, но весьма смягчающее для читателя обстоятельство, укатываемся к концу предыдущей главы, то есть ровно на три года назад.

2. Тиснение по меди

«Ах, Алекс, — шептала Нора, когда он снова и снова подступал к ней в тесной комнатенке мэрилендского постоялого двора, где сквозь открытое окно густо входил лунный свет, отраженный белым подрагивающим крупом Гретчен. — Да как же вы так можете, снова, и снова, и снова без передышки?» — «Но это же вы виноваты, Нора, — притворно оправдывался он. — Ведь это же вы все меня целуете, касаетесь грудью, берете руками. Ведь это же вы не даете мне передышки, моя любовь». — «Я не ошиблась, вы фавн, — бормотала она, снова и снова поднимая ноги и захлестывая у него на спине свои нежные руки. — Как только я вас увидела среди лошадей, я сразу подумала: это фавн, он охотится, он жаждет превратить меня в нимфу-козу. Ну признавайтесь, сладчайший монстр, сколько женщин вы так перемучили?» — «Никого никогда я так, как вас, не мучил, — слегка подвирал он. — Ни в кого я так мгновенно и охуительно не влюблялся, как в вас. Большая часть жизни прошла в пустяках, — продолжал он и тут не врал. — Не знаю, с чем это можно сравнить, если только не со встречей Данта и Беатриче возле Понто Веккио».

Она с хрипотцой смеялась: «Вот уж сравнение! Да ведь они же не трахались никогда, а мы сразу...» И она снова брала его рукой и приближала к нему свой рот. «Так ли это называется, как вы сказали, любимая, — шептал он. — Может быть, этот акт как-то иначе называется в нашем случае?»

Осенний антициклон за окном довел температуру до тридцати двух градусов по Фаренгейту, то есть по-нашему до нуля. Быть может, все в мире в ту ночь дошло до нуля, предоставив им чистое поле деятельности. Лишь старый дом иногда поскрипывал то ли от их трудов, то ли от своего возраста, да Гретчен иной раз жалобно всхрапывала то ли от ревности, то ли из опасения за свою хозяйку. Лишь рассвет их угомонил своей графикой, если только это нельзя было назвать тиснением по меди, ибо Атлантика встала у их ложа с массой предсолнечного свечения.

Пора, однако, было возвращаться к реальности. Она предложила ему остаться у нее в Вашингтоне. Увы, вздохнул он, мне нужно возвращаться в Архангельск. Она хохотнула: Лос Арчанжелес! Отчего же такая спешка, мой дорогой? Он рад был бы начистоту сказать, что Тед и так был слишком добр, позволив ему не выйти на пересменку, и что, случись такое еще раз, он пробкой вылетит из бригады эфиопского комсомола. Вместо этого глухо пробормотал, что отъезд заложен в драматургии всей этой штуки. Я могла бы поехать с вами, воскликнула она. Он успел запечатать «предательский цирк мимики», то есть лицо: не хватало еще ей явиться в отель «Кадиллак»! Но не могу, продолжила она, потому что завтра как раз начинаю этот факинг семинар для первокурсников, навязанный подкомитетом по корневому обучению в этом вшивом «Пинкертоне». Ага, значит, красавица преподает в престижном Юниверсити Пинкертон! Я сам к вам прилечу, Нора, через неделю. Это правда, Алекс, клянетесь? Больше недели, Нора, мы без вас не выдержим. Почему вы употребляете плюрал? Потому что говорю не только от собя, но и от всех своих органов. Мы просто не выдержим без вашей компании. Ну вот, я так и знала, опять начинается. Кажется, мне грозит спермотоксикоз по вашей вине, мой любимый паяц!

Еще пущая реальность началась по возвращении в Эл-Эй. На какие шиши я буду летать в Вашингтон? Может быть, и наберу на один раунд-трип из остатков той тыщи, но на этом придется и закруглиться с любовными приключениями, не признаваться же ей, профессорше, в том, что живу на жалкие чаевые. Дальнейший хаос в его практических соображениях мы можем передать, только безобразно перепутав все знаки препинания.

Я бомж из очереди в никуда! Советский жизненный опыт подсказывает не ахти какую оригинальную — расскажу ей все? она будет меня жалеть, давать деньги фавну из своего жало- — идею продать что-нибудь — -ванья; вот вам и Понто Веккио! продавали ведь там что-то в таких ситуациях: радио там или что-то? помнишь тахту забодал двухспальную? в Америке нечего мне продавать кроме собственного... ну понятно: «фиат», что ли, продать — кто возьмет; так что прощай; эту ржавчину; вашингтонская Беатриче с повадками опытной гетеры — может, в Швецию позвонить чтобы дали аванс под «Письма из ссылки» — где она всему этому научилась? кто меня там помнит в Швеции? а ведь выглядит издали как первокурсница; нужно еще объяснять шведам кто таков, почему; от такой ты и балдеешь от гетеристой; ты в ссылке? в чем тут хохма? признайся, тебе всегда только гетеристые бабы и нравились! может быть, у Бутлерова одолжить, у Двойры, у Стенли, наконец, что стоит — она там сидит на своих подкомитетах с невинным видом ученого археолога — она не археолог — она моя, только моя гетера и Беатриче — смешно у

Стенли просить взаймы — она там сидит: выпуклый англосаксонский лоб — когда он может мне не моргнув дать миллионы на фильм — вместилище академических знаний — если я попрошу — но я не попрошу! от одного лишь слова «вместилище» начинает кружить башку...

Вот так беспомощно он барахтался в своих жалких мыслях, а в то же время его не покидало ощущение какой-то упущенной возможности. Вдруг осенило: да ведь Арт Даппертат предлагал ему в ту ночь какие-то деньги! Ну, Саша Корбах в своем репертуаре! Второй раз Фортуна таких подарков рассеянным не преподносит. Здравомыслящий читатель спросит: да почему же? Разве сложно написать письмо в Нью-Йорк и напомнить молодому удачнику о его порыве? Здравомыслящий, очевидно, еще не врубился в характер нашего персонажа. Конечно, ему это сложно или попросту невозможно.

Каждый день он звонил Норе, чаще всего из таксофона в Венис, на грани песка и асфальта. Всякий раз попадал на автоответчик. Быстрый формальный женский голос произносил: «Привет! Вам перезвонят, если вы оставите номер своего телефона. Начинайте говорить после сигнала». Даже от этого почти неузнаваемого голоса у него начиналась какая-то левитация всего организма: маячил член, раздувались легкие, пыталось выскочить сердце, парила башка. Казалось, что и в этой скороговорке слышится та ночная сладостная нотка, адресованная лично ему. А может быть, не ему, а кому-нибудь другому? Еще не осознав, что ревнует, видел, что небо над пляжем набухает чем-то невыносимым. В конце концов он записался на проклятую машинку: «Нора, это Алекс! Я не могу до тебя дозвониться! Куда же ты пропала? Я просто умираю без тебя! Нора! Нора!» На следующий день вместо формальной скороговорки в трубке прозвучало другое: «Алекс, ну что ты за глупец! Почему ты не оставил номер своего телефона? Ты помнишь Гретчен? Она тоже умирает без тебя! Оставь свой номер, и все будет в порядке!» Вмешалась телефонная компания: «Положите еще один доллар и двадцать пять центов, чтобы продолжать».

Но он уже несся под темнеющими небесами в надувающемся под ветром пиджаке, альбатросом скользил под качающимися фонарями. Такси! В аэропорт! Через полчаса он уже слонялся в стеклянных переходах аэропорта. После покупки билета на TWA у него в кармане осталась двадцатка. В баре он взял пива и попросил на пятерку четвертаков для телефона. Осталась десятка. Что может быть лучше пива перед полетом, перед таким полетом! Какие здесь, право, устраивают уютные бары! А эти аэропортовские бармены, само достоинство, само дружелюбие!

В баре все смотрели телевизор. Продолжалась общенациональная дискуссия на сексуальные темы восьмидесятых годов.

Четыре человека, переменивших свой пол, делились опытом с возбужденной аудиторией телестудии. Двое стали женщинами, другие две — мужчинами. Один, правда, уже был раньше переделанной женщиной, но потом снова стал мужчиной. Быть женщиной хорошо, говорил он, но немного надоедает. Наше просвещенное общество все-таки еще не достигло равенства полов. Немного надоедает быть всегда в униженном положении. Отсюда и возникло вот желание вернуться в мужскую лигу. У людей в аэропортовском баре отвисли челюсти. Даже и Саша, несмотря на любовный туман, удивился. Разве это возможно? Можно еще представить, как мужскую особь переоформляют в женскую — ну, убирают всякие довески к корпусу, прорубают щель, ну, в общем, накачивают гормонами тити, — но как же обратно-то? Ведь тут уже появляется эффект скульптуры по мрамору, ледис энд джентльмен, не правда ли? Ведь от мрамора-то ведь можно только отнять, к нему ничего не прибавишь, не клеить же. «Нет ничего проще, — сказал дважды переметнувшийся. — В наши дни хирург становится ваятелем секса!» Гром аплодисментов.

На высоте положения оказался, как всегда, ведущий разговорного шоу. «Выходит, Ричард, вы решили вернуться к сексу господ? — спросил он. — Не станете ли вы после этого женоненавистником, мой друг?» Вот так вопрос, прямо в адамово яблочко! Вот за что этому ведущему деньги платят! Дважды переметнувшийся стал взволнованно оправдываться. Нет, нет и еще раз нет, Джил! Опыт пребывания среди «нижних собак» только поможет ему бороться за равноправие среди «собак верхних»! Тут мысль АЯ внезапно ушла в совсем неожиданном направлении. Недавно в одном пачкающем пальцы еженедельнике он прочитал, что телевизионная компания платит этому ведущему двенадцать миллионов долларов в год. Значит, если этот малый будет каждый день летать к своей любимой из Эл-Эй в Ди-Си первым классом, он за год не потратит и половины своей месячной зарплаты! Вот так платят тут действительно стоящему человеку!

— Вы что, верите этому цирку? — неожиданно спросил его скептический бартендер.

— Да как же не верить? — удивился совсем поглупевший от чувства гармонии Корбах. — Вот же, доказательства налицо!

— Никаких доказательств не вижу, — сердито сказал бартендер. — Все это обман. Нехорошие махинации на странных вкусах нашей публики.

В это время объявили посадку на Вашингтон. Саша, сразу же забывший про животрепещущий спор, слетел с табуретки. Возле посадочных ворот он увидел таксофон и набросал в него монет. Буду упиваться ее голосом. Втянусь с последними каплями толпы, а пока буду упиваться ее голосом. Упиваться, правда, не пришлось: толпа втягивалась споро. Он успел только в ответ на ее столь сладостный стиль последней записи сказать номер своего рейса.

Рассчитывал выпить в самолете — как-то подразумевалось, что стюардесса в трансконтинентальном рейсе предложит и пива, и вина, и хорошего коньяку, — ан не тут-то было. В том сезоне крохоборы TWA чарджили за каждый дринк по три бакса, говоря на языке русских американцев.

Из сфер калифорнийских, закатных, самолет стал немедленно углубляться в ночные сферы Востока. С темнотой пришли пугливые мысли. Зачем я лечу? Не проще ли было бы наше с ней дело зачислить в разряд «уан-найт-стенд», как здесь часто делается? Помимо всего прочего, она замужем. Она говорила, что он араб из Ливана. Было бы легче, если бы это был старый ожиревший паша, купивший ее за деньги. Впрочем, скорее всего, это человек с сорбоннским образованием, отличной деловой характеристикой, партнер Корбахов, — иначе как бы они оказались на «Ферме»? — персона передовых взглядов — спокойно разрешил жене маленькое приключение, сейчас и среди арабов есть такие. Он знает, что она все равно вернется. Так говорили в старых фильмах мужчины в тренчкотах. Влияние Хемингуэя еще не оценено должным образом. Он, безусловно, повлиял и на Ливан.

В вашингтонском аэропорту «Даллас» его наконец-то посетила одна резонная мысль: на оставшуюся десятку меня тут не довезут до города.

Он шел в толпе к выходу и с удивлением замечал, что пассажиры на ходу одеваются в плащи и набрасывают на загривки шарфы. Что это всем стало вдруг так холодно? Если она не приехала в аэропорт — а она наверняка не приехала, — придется тогда просить о помощи американский народ. Помогите беженцу из СССР, господа! У него нет денег, но он полон любви. И прочту что-нибудь из Vita Nuova. Не может быть, чтобы в этой толпе не нашлось человека с благородным сердцем.

Едва только двери раскрылись, как тут же Нора возникла прямо из своего полного отсутствия. Он увидел ее бледное лицо, встрепанные волосы и широкий пиджак, как будто с чужого плеча. Увидев его, она вспыхнула и подпрыгнула, словно огонь, приливший к щекам, подбросил ее вверх. Многие в толпе не без интереса оглянулись на красавицу, страстно прилипшую к не очень-то представительному, скорее даже курьезному господину.

Ну ладно, ладно, ну хорошо, ну остановись, ну не здесь же, в самом деле! У нее оказалась машина с открытым верхом, «мерседес», что ли. Пока ехали к городу, усиливалась непогода, или правильнее сказать «она усугублялась», во всяком случае сначала пошел снег, потом дождь со снегом, потом наоборот, а потом и просто снег повалил, вернее, полетел на их башки свирепыми зарядами. Нора чертыхалась: механизм, поднимающий крышу, заело. Остановились на обочине, пытались вручную, ничего не получалось, выход один — целоваться взахлеб! Иные из проезжающих успевали ткнуть в них пальцем, обхохотать. Поехали дальше и прибыли к дому со снежными пирожками на макушках. С Сашиной, впрочем, пирожок мгновенно съехал на паркет вестибюля.

— Не изを извольте беспокоиться, сэр, — сказал портье, который, казалось, только и ждал их, чтобы расшаркаться.

Чем дальше вглубь, чем выше на лифте, тем меньше подробностей замечал Александр. Только задним числом припомнилась исключительная дороговизна любого предмета, от лифта до ручки двери, однако не из тех дороговизн, что о себе кричат, а из тех, что как бы не предусматривают другого варианта. Самую же нежнейшую из дороговизн этого дома он держал в своих руках. Похоть и нежность, что же это, сестры? Так думал он, а она отвечала на английский манер: «Бат оф коорс!»

На следующее утро он проснулся далеко за полдень, то есть обошелся без утра. В спальне было полутемно, но сквозь шторы угадывались солнце и голубизна. В отдаленном зеркале — жаль, вчера его не заметил — он увидел их ложе и обнаженную Нору, которая безмятежно спала, положив на возлюбленного свои правосторонние конечности и дыша непарными органами своей головы, то есть ртом и носом, прямо в одно из его парных, то есть в ухо. Вот ведь поэт-то как-то сказал: «Любить иных тяжелый крест, а ты прекрасна без извилин», вспомнил он. Вступаю в полемику, БЛ, любовь — это сплошная, вот именно с этими остренькими уголками, извилина. Тут она проснулась и спросила:

— Что такое? Ты действительно думаешь, что любовь — это извилина?

— Ну, не прямая же линия, — оправдывался он.

— Я люблю твою лысину, — призналась она. — Ты немыслим без этой лысины. Она придает какую-то странную юность твоему лицу. В древних странах, в Египте например, знать выбривала себе лбы до макушки.

— Польщен, — сказал он. — Тем более что ты напоминаешь мне Изиду. Особенно когда сидишь на мне, поджав ноги.

— Каким образом?

— Ты знаешь, каким образом.

— Вот так, что ли?

— Именно так.

— И это напоминает тебе Изиду?

— Тебя это удивляет?

— Ничуть. Я знала это.

После экскурса в Древний Египет открылись шторы, и оказалось, что из четырех стен в этой комнате две были стеклянными. Мы тут на самой вершине, оказывается, в пентхаусе. За стеклом вашингтонская поздняя осень разыгрывала свой дивертисмент. Меняя цвета в диапазоне от бутылочно-зеленого до черносинего, катила здоровенная река. Разделяя поток на два рукава, пылал осенним самовыражением остров Теодора Рузвельта. За ним стояла стеклянная стена заречья. Теперь можно открыть стену и выйти из спальни на террасу. Да тут места не меньше, чем на бастионе среди иерусалимских твердынь! Целый отряд тяжеловооруженных может построиться для атаки на взбунтовавшуюся чернь. Вашингтонцы катят внизу по пересекающимся скатам фривея. Коробятся крышами улочки Джорджтауна. Добрая старая колониальная территория, зачем ты отделилась от короны, если до сих пор хранишь британский дух? По левую руку, однако, громоздится что-то свое, серое, крутобокое, очень знакомое, ба, да ведь не что иное, как центр американского шухера, крепость Уотергейт! А дальше центр артистической славы, Славы Ростроповича — гигантский храм в виде коробки с шестьюдесятью шестью подзолоченными железными колоннами; Кеннеди-центр.

Такова была вчерне композиция. Лирику, то есть динамику момента, создавал атлантический ветер, трепещущие флаги, медленно оседающий в сторону аэропорта тяжелый аэро и пролетающая в противоположную сторону формация гусей, от чьих трубных кличей можно было просто схватить себя за отощавшее пузо и проголосить: «Слава тебе, Господи!»

— Завтракать! Насыщаться! — возгласила Нора.

С ночи, оказывается, остался нетронутым стол с крабьими лапами, персидской икрой и шампанским. Он был выкачен на площадку бастиона. Будем есть, как Суламифь с царем Соломоном ели над Иерушалаймом, хоть у нас и не кошерное! Она хохотала, словно уже успела где-то поддать. Вот нам и соответствующие одеяния! Облачила любимого и сама облачилась в мохнатые до пола банные халаты. В углах бастиона еще лежал вчерашний снег, но быстро таял под осенним солнцем, которое, выскакивая из-за туч, успевало создавать иллюзию знойного Иерусалима.

Едва только они подняли свои бокалы, как на площадку вышла еще одна пара, несусветно высокая блондинка и почти такой же высокий брюнет. Хорошая все-таки у нас молодежь, сказал бы, взглянув на таких, какой-нибудь ветеран большого бизнеса.

— В чем дело, Омар? Здесь, я вижу, занято! — произнесли пухленькие губки ребенка, что казались несколько нелепыми на вершине красоткиной фигуры.

— Это не беда, Дженнифер, мы найдем себе что-нибудь не хуже, но прежде поздоровайся с миссис Мансур и ее новым другом, — сказал брюнет с французским акцентом.

— Хелло-миссис-Мансур-как-поживаете, — скрежетнула девушка, как сорок тысяч ея сестер скрежетнули бы.

Нора, перед тем как ответить, осушила бокал:

— Хелло-Джессика-ууупс-Дженнифер-как-поживаете?

Брюнет босыми ногами прошел по вчерашнему снегу, протянул руку Александру и сказал с хорошей сердечностью, что он очень рад снова увидеть мистера Корбаха. Ваше удивительное выступление в «Галифакс фарм», мистер Корбах, произвело неизгладимое впечатление. Сказав это, он вернулся к своей блондинке, и они удалились — она в раздражении, он явно чем-то довольный.

— У них тут тоже квартира? — спросил Александр.

— А, весь дом его, — небрежно отмахнулась Нора.

— А как он оказался в «Галифакс фарм»?

— Ну, как родственник.

— Он тоже Корбах? — несказанно удивился Александр.

Нора с еще большим удивлением на него посмотрела:

— Неужели ты не понимаешь, Алекс? Это Омар Мансур, мой муж.

— Май Гуднесс! — воскликнул он. Почему-то из всех американских восклицаний это было освоено им раньше других. — Он так молодо выглядит!

— А почему бы нет? Что же, я слишком стара для такого мужа? — спросила она шаловливо. Потом расхохоталась: — Ну конечно, этот гад на четыре года моложе меня. Бедный Алекс, ты, очевидно, думал, что ливанский муж твоей красавицы — это старый жирный паша, правда?

— Нора, ради Бога, ты сказала, что он родственник Корбахам, как это понять?

Она внимательно вгляделась в него, словно пытаясь определить уровень его тупости:

— Официально он все еще мой муж, ну, стало быть, он родственник Корбахам.

Он осторожно приблизился:

— А ты, Нора, родственница Корбахам?

Тут она сильно хлопнула себя по лбу:

— Значит, это я идиотка! Неужели я тебе не сказала, что я урожденная Корбах? Неужели в «Галифаксе» тебе никто не сказал, что я дочь Стенли?

— Нет! — взвыл он в лучшем стиле дневных телевизионных «мыльных опер».

Горсть обжигающе холодных дождевых капель была брошена на них с небес в этот момент. Темные силы замкнули кольцо окружения вокруг столицы нации. Солнце исчезло, очевидно, на весь остаток дня. Следующая порция дождевых капель слетела, по всей вероятности, с ладони гиганта. Нора и Александр не заметили их. Они в упор смотрели друг на друга. Ты потрясен, мой друг, читал он в ее глазах. Ты чувствуешь себя в ловушке. Ты не можешь себе представить романа с дочерью своего четвероюродного брата, да? Похоже, что ты готов в панике бежать с нашего «Понто Веккио»?

Ледяной дождь уже хлобыстал по ним во всю силу. Верхний ярус шторма разыгрывал неукротимый демонизм в сугубо вагнеровском помпезном стиле. По нижнему ярусу между тем, едва ли не по конькам городских крыш, неслись тучи космɐтые, как воплощение рок-н-ролльного мелкобесья.

Александр произнес, поглядев в небо:

— Я рос, меня, как Ганимеда, несли ненастья, сны несли. — Потом попытался перевести пастернаковскую строчку для Норы. Потом наполнил бокалы. — Ты, конечно, знаешь, что Ганимед был виночерпием. Выпьем до дна, чтобы дождь не испортил «Клико»!

Она улыбнулась с облегчением:

— Вы, русские, набиты своими стихами, как рождественские гуси начинкой.

Он ударил кулаком по столу, прямо в лужи, образованные складками скатерти.

— Откуда ты знаешь, чем набиты русские? Почему твой юный муж назвал меня твоим новым бой-другом? У тебя, стало быть, были еще другие бой-друзья до меня? Ты, грешная дочь моего четвероюродного кузена, ты, львица, принудила меня к бесстыдному кровосмешению! Уверен, что среди твоих прежних бой-друзей были и русские, набитые своей поэзией, как рождественские гуси своей начинкой! Признайся добровольно, или я приступлю к безжалостному наказанию!

Она хохотала как безумная:

— Ты, ревнивое чудовище, горластый русский шут! Ты даже не заметил, что я пожертвовала для тебя своей невинностью! Ты, старый похотливый пятиюродный дядя, ты растлил свою пятиюродную племянницу, девочку, у которой никогда не было никаких бой-френдов, не говоря уже о русских, набитых своей поэзией! Ты опоганил символ невыразимой чистоты!

Мокрые, как утопленники, они хохотали и угрожали друг другу. Потом она внезапно повернулась и бросилась в спальню, добрая часть которой была залита мощным косым дождем. Он устремился вслед и поймал ее так, как фавны ловят нимф в аттических дубравах. Поймав, затащил ее в ванную, стянул с нее мокрый халат, согнул ее тело в идеальную коленно-локтевую позицию и начал ее трахать таким образом, как будто это и в самом деле было суровым наказанием для гадкой девчонки. Она хныкала и вскрикивала, лживая су́чка, вернее, классная секс-актриса. Вдруг предательская мысль пробуравила его. Эта похотливая театральщина может стать началом конца. Ревность может стать необходимой частью нашей любви, и все захлестнет мучительная похоть, и весь наш «новый сладостный стиль» испарится жалким облачком.

— Что случилось, дядюшка Алекс? — невинным мелодичным голоском спросила она. Сучья мордашка смотрела на него из разных зеркал ванной комнаты. Предательская мысль исчезла, и все восстановилось как выражение полной и обоюдной игровой откровенности. Они тянули свою забаву так долго, как могли, пока не упали в полном изнеможении.

Только после этого пришли истинные невинность и нежность. Они сидели вместе в горячей ванне среди пенных гор, как будто на вершине райского облака.

«Ну, расскажи мне о себе, моя любовь», — попросил он. «Что бы ты хотел узнать, медок?» — поинтересовалась она. «Медок» (так мы осмеливаемся перевести вездесущее американское honey) признался: «Все!»

Она начала с времен допотопных, то есть предшествующих ее рождению.

3. Крошка Нора

Поздние сороковые, послевоенная эйфория, Голливуд. Стенли Корбах во всем блеске своей плейбойской известности нередко прочесывал Западное побережье в поисках новых игр. Ему был тогда всего двадцать один год, но он уже успел высадиться в Японии и считался ветераном Второй мировой войны. Так он закладывал виражи по шоссе Пасифик в своей коллекционной «испано-сюизе», купленной у самого Винси Уилки. Ну, разумеется, все двери Малибу были открыты для молодого принца из рода «Александер Корбах, розничная торговля».

Внимание, приближается исторический момент. «One enchanted evening you may see a stranger across the crowded room». Неотразимый юноша знакомится с кинозвездой Ритой О'Нийл. Рита О'Нийл, та самая Рита О'Нийл! Впрочем, у вас там, за «железным занавесом», вряд ли знали это славное имя.

Вообрази, Нора, даже в сталинской России знали Риту О'Нийл. Во время войны ведь мы были союзниками, и у нас шли фильмы с этой девушкой: «Пятая авеню», «Сестра президента», «Пять с плюсом по математике». После войны их, конечно, сняли с экранов, но, когда я подрос, мы ходили на полуподпольные сеансы американского кино в частных квартирах. Пятнадцатилетним мальчишкой я был влюблен в эту ослепительную Риту О'Нийл. Надеюсь, ты не хочешь сказать, что это твоя мама?

Именно это я и хочу сказать. Когда мои родители встретились, маме было двадцать пять, то есть она была на четыре года старше моего папы. Правильно, такая же разница, как между мной и Омаром, однако никакой символики в этом нет. Стенли влюбился, и Рита благосклонно допустила его к себе. Через год родилась Норочка, и тогда они поженились. Видишь, как получается, дарлинг: ты юнцом мастурбировал на маму в тени памятников Сталину, а теперь спишь с дочерью в тени монумента Вашингтону. Хорошо, я больше не буду такой циничной. Продолжаю. Тебя интересует этнический состав новорожденной? Ну что ж, давай подсчитаем. Имя О'Нийл, разумеется, было придумано для мамы в Голливуде. В те времена для тамошних евреев американские имена звучали чистым золотом. Мама была на одну'четверть еврейкой, на одну четверть чешкой и на половину испанкой из Мексико-сити. Итак, от мамы я получила 1/8 еврейской крови, что вместе 'с 5/16 иудейских генов от папы составляет 7/16. Теперь подведем итог по шестнадцатым долям: твоя крошка Нора — на 7/16 иудейка, на 2/16 чешка, на 4/16 испанка, на 1/16 итальянка, на 3/16 янки. Одна доля тут почему-то оказывается лишней, ну и черт с ней, мы все-таки американцы, нам все нужно в избытке.

Пять лет мои родители наслаждались счастливой семейной жизнью. Пожалуй, они побили рекорд счастья в Голливуде в то время. Потом произошел взрыв, и, когда пыль осела, счастье лежало в руинах. Даже сейчас я не знаю, что там было на самом деле. Мама в ответ на вопрос обычно говорит, что Стенли убил в ней не только женщину, но и творческую личность, однако в детали не вдается. Мне кажется, она считает, что именно отец помешал ей стать в ряд с такими киновеликаншами, как Грета Гарбо и Ингрид Бергман. Иногда она даже высказывается в этом духе. Я могла стать новой Гарбо, но некоторые обстоятельства личной жизни помешали мне это сделать. Пауза. Крупный план. Отдаленная скрипка. Она уже давно дорожит своей горечью. Она до сих пор является одной из самых влиятельных женщин Голливуда, однако ей хочется иметь в своем прошлом что-то драматическое, что-то предназначенное, ускользающее, ну, в общем. Хочешь с ней познакомиться, Алекс? Только скажи «да», и ты на загривке у Голливуда!

— Нет, нет, — сказал АЯ, — это лишнее.

Стенли никогда не выражал никаких обид в адрес Риты, лишь однажды в связи со своей первой женитьбой он вспомнил шекспировский диалог «'Tis brief, my lord! Like women's love», из чего я поняла, что он не считает себя единственным разрушителем семьи. Впрочем, в те времена в спортивных кругах не было принято давать женщинам сдачи.

Крошка Нора осталась в доме матери и пребывала в нем до поступления в университет. Отец корректно навещал ее и плавал с ней в бассейне. Именно ему крошка Нора обязана тем совершенным стилем плавания, который она надеется в недалеком будущем продемонстрировать своему новому дядюшке Алексу.

В тинейджерском возрасте Нора с полного согласия своей просвещенной матери и ее друзей (там всегда был совет друзей, опекавших хрупкую Риту О'Нийл) посещала своего папу на Восточном побережье — то в «Галифакс фарм», то в Ньюпорте, где стоял флот его яхт. Это было замечательно — лететь одной на Восток, напускать на себя такую светскую небрежность, от которой стюардессы начинали ходить на цыпочках. Папочка встречал Нору в аэропорту, его всегда сопровождала какая-нибудь красивая женщина, которую он обычно представлял как своего ближайшего кореша. Как это было прекрасно, выказывать светскую небрежность в отношении объектов папочкиной страсти. Одной из этих ближайших корешей в конце концов оказалась эта паскуда Марджори, но это просто к слову.

В жизни Норы тех лет присутствовал один забавный парадокс. Ты, Алекс, как артист должен оценить мягкое безумие той ситуации. В доме матери Нора постоянно видела самых блистательных и самых недоступных персон мира, всех этих Орсонов Уэллесов, Фрэнков Синатра, Стенли Крамеров и Бертов Ланкастеров, которых она называла «наша компашка» и считала дикими занудами. Посещая же папочкины владения, она встречала людей, которых считала «дифферент», то есть отличающимися от стереотипа: матросов с яхт, автомехаников, объездчиков лошадей.

Пока дед Дэвид не покинул президентского кресла в «АК ритейл», наследник Стенли вел эксцентрический образ жизни. Мама, к счастью, не знала, что и Нора нередко участвовала в папиных эскападах, иначе она лишила бы его права на свидания. Для мамы заранее заготовлялась дюжина нежных почтовых открыток, и папин слуга, Вечный Жид Енох Агасф, каждые три дня посылал ей по одной в дом на Бель-эр. Дочка между тем вместе с папочкой на маленьком, но сверхмощном катере, обгоняя рейсовый лайнер «Иль де Франс», пересекала Атлантику, чтобы принять участие в соревнованиях монгольфьеров на Лазурном берегу.

— Ну а лошади, лапа? — спросил Александр.

— Ну конечно, лошади, лошади и лошади!

«Относительно жизненных планов, дочь, — говорил по вечерам Норе вечно поддатый папа, — почему бы тебе не сосредото-

183

читься на конкуре?» — «Отец, ты меня с кем-то путаешь», — обычно отвечала она.

У матери, разумеется, были другие планы для единственной дочери. Нора должна была достичь в Голливуде того, чего не удалось Рите. Ей следовало затмить всех звезд своим неповторимым мегасиянием. Совет друзей планировал создание нового идола в джинсиках и майке без рукавов, что станет американским ответом заокеанским красоткам вроде всесильной тогда Бардо и уже подходящей ей на смену Денев. Идея была — создать не просто юную красотку, но персонаж нового типа, представительницу «умной молодежи». Нору стали таскать в классы танца, музыки, актерского мастерства и карате, без чего даже дочь несравненной Риты О'Нийл не могла рассчитывать на успешную карьеру. Каждый из друзей считал своим долгом поделиться с девочкой своим киноопытом, что было совсем уж невыносимо.

Вся эта глупость разлетелась в прах. Девица взбунтовалась. Она заявила, что не собирается имитировать «умную молодежь», а просто хочет стать ее частью. Иными словами, она собиралась поступить в университет, чтобы «брать» там историю, иностранные языки, в частности французский и арабский, а также классы по античной культуре и Ренессансу и чтобы, в конце концов, прийти к своей, раз и навсегда выбранной профессии — археологии.

До сих пор жаль маму: она была просто уничтожена решением дочери, своего, как ей казалось, образа и подобия. Предпочесть тухлятину библиотек, мир каких-то жалких школяров блистательному шоу-биз, единственному достойному существованию! Более того, выказывать какое-то дурацкое пренебрежение в адрес ее друзей, в адрес всего мира богатых и знаменитых, то есть особо одаренных, отмеченных Фортуной для того, чтобы формировать вкусы и умы публики! Презирать тех, кто весь мир ведет к мечте!

«Уверена, что на тебя повлиял отец!» — воскликнула она в духе какого-нибудь мемориального театра.

«Пшоу, мам! — отбивалась Нора. — Мой пап — классный спортсмен и привлекательный мужик, но он все-таки неотъемлемый член сверхбогатой мешпухи, а у меня нет ни малейшего уважения к «жирным котам» Восточного побережья».

Рита пыталась настоять хотя бы на выборе правильной школы. Ради Бога, только не скандальный Беркли! Поезжай хотя бы в Стэнфорд! Нора обещала, но не выполнила обещания. Она присоединилась к «ударным силам Красного Беркли» осенью шестьдесят седьмого года.

— Потому что он был из Беркли, — предположил мудрый Алекс.

Ты угадал, сообразительный друг! Ревность действительно ключ ко многим загадкам. Ты заслужил награду, и потому я тебе скажу, что они встретились в Лувре, его звали Дэнни и он был студентом археологии из Беркли. Он был почти на десять лет старше Норы, то есть твоего возраста, Алекс. Он очень долго пытался получить диплом МФА, потому что был из бедной семьи и ему приходилось то год, то два работать, чтобы заплатить за учебу. Разумеется, он был марксистом, да к тому же еще и троцкистом. Он ненавидел истеблишмент США и презирал СССР за то, что тот не смог разжечь мирового пожара, а вместо этого построил полицейское государство. Ну и Нора возненавидела истеблишмент США и запрезирала СССР.

Надо сказать, что ее бунтарство возникло не только от раболепия перед первым мужчиной ее жизни. Еще в детские годы девица ощущала неестественность порядка вещей, как и неестественность образа жизни мамы и круга ее друзей, в котором ездили на неестественных машинах, считали деньги суммами, непостижимыми для большинства населения, а оно в этом кругу называлось зрителями. Пресыщенная знаменитыми физиономиями и их курьезными манерами, девочка начинала раздраженно зевать, когда речь заходила о кино. Не хочу быть марионеткой в этом кукольном театре! Лучшим удовольствием для нее было сквозануть на велике в Вествуд во время каких-нибудь гуляний, толкаться в толпе, жевать сахарную вату, дуть из горлышка коку. В школе она скрывала, кто ее родители, и однажды даже устроила скандал директрисе, когда та слащавым голоском стала спрашивать, не смогла бы несравненная Рита О'Нийл осчастливить их учебное заведение своим визитом.

Да и Стенли с его гонщиками, матросами и воздухоплавателями увял в глазах его дочери после встречи с Дэниелем Бартелмом, революционером-археологом. Мир отца уже не казался ей «дифферент». Он пользуется безобразным преимуществом сверхбогатого человека, ходит среди своих смельчаков словно средневековый сюзерен. Бесцельные приключения, бессмысленное существование!

В те дни она отвергала разные тонкости. Дэнни бухал кулаком по столу в парижских дешевых кафе, или в лондонских пабах, или в их первой обшарпанной квартире посреди оклендского гетто. Ничего не может быть грязнее, чем бегемотское богатство, каким владеют твои родители! Это просто аморальный, чудовищный, вонючий образ жизни! Миллионы простаков в поисках нового язычества создали себе фальшивую вульгарную аристократию из голливудских куколок и тупиц. А те, принимая это как само собой разумеющийся факт, вообразили себя небожителями. Со стороны твоего папочки тоже ничего хорошего не наблюдается. Корбахи стараются выглядеть как трудящиеся коммерсанты и банкиры, а на деле они не кто иные, как отвратные nouveau riches, некие новые еврейские фараоны. Слушай, Нора, если ты хочешь быть нормальным человеческим существом, ты должна просто забыть о своих родителях! Посмотри, что вокруг творится! Молодежной революции такого размаха еще не знала история. Университет становится штабом восстания. Потом к нам присоединится Завод и Ферма. И мы победим! Наши ребята повсюду, в Париже, в Германии, в Японии, даже в Чехословакии, они штурмуют свинарник этого мира, который проволокой душит не только вьетнамцев, но и всех нас, наше творчество, нашу мечту, нашу мысль — все душит ебаный рыгающий мир-бегемот!

Тут Дэнни начинал трястись, хрипеть и не мог остановиться, не прибегнув хотя бы к одному из трех «раскрепощающих» актов: дуть крепленое пойло по доллару за галлон, курить «пот» или трахать Нору.

Боже, какие это были волшебные дни в Беркли! Стендаль как-то сказал: «Несчастлив тот, кто не жил перед революцией». Сейчас, после стольких лет эту идею можно переиначить: «Счастлив тот, кто жил перед революцией, которая так и не совершилась». Утро начиналось перед стенками с бесконечными дацзыбао. Студенты орали и пели под гитару. Тут же происходили митинги, принимались резолюции либо по вопросу отмены экзаменов и отметок, либо по вопросу создания Народно-демократической республики Залива Сан-Франциско во главе с вождем корейского народа товарищем Ким Ир Сеном. Толпа проходила через кампус на Телеграф-стрит, скандируя: «Настанет день, когда весь Залив Сан-Франциско заживет в объятиях председателя Ким Ир Сена!»

Везде попахивало травкой. Этот запах с тех пор стал для меня ностальгическим. Толпы ребят к вечеру заполняли все бары вдоль небольших улиц даунтауна. Народ там представлял все спектры культурной революции: древние поэты «бита» вроде Гинзберга и Фирлингетти — вообрази, им было уже за сорок! — и новые мальчики и девочки из лондонского движения «Власть цветов» — Дэнни ненавидел их лозунг «Люби, а не воюй!». «Воюй с войной!» — вот был его лозунг — и тут же рядом с ними воинствующие анархисты, маоисты, чегеваристы, «черные пантеры», гомосексуалисты, лесбиянки, проповедники восточных культов, ну и просто бродяги и придурки.

Наша Норочка оказалась в самой гуще этой публики, поскольку работала официанткой в «Кафе Петуха». Завсегдатаи знали взрывной характер ее бой-друга, и это сдерживало их довольно традиционные для таких кафе порывы. Нора стала своего рода любимчиком революционного движения, «мисс Ред Беркли», тем более что она была готова в любой момент присесть к пиано и спеть «Ответ развеян ветром» или «Старайся сделать это реальным», когда весь бар громом отвечал: «В сравнении с чем?!» Интересно, в Москве тогда знали эти песни?

— Может быть, небольшая кучка завзятых «штатников» знала, — сказал Александр. — У нас были свои Джоан Баэз и Бобы Диланы. В России все перевернуто по отношению к Западу. Там я был Диланом, левым, потому что против социализма.

— Ну, не за капитализм же, Алекс, правда? — спросила она, как бы выныривая на минуту из своих собственных глаз, в которых дым «Красного Беркли» зазеркалил всю поверхность.

— Вот именно за капитализм, — пробурчал он. И погладил ее по голове. — Не важно, не важно. Продолжай свою повесть, безрассудная Нора.

Словом, для Норы университетская жизнь превратилась в безостановочный бал оборванцев. Боже, как тогда весело было на той головокружительной Телеграф-стрит шестьдесят седьмого — шестьдесят восьмого! Недавно она там побывала после двенадцати лет отсутствия. Фантастика: улица совсем не изменилась — тот же запах, те же звуки, похожие лица. Она даже заметила нескольких старых друзей, тех бунтарей-шестидесятников. Они теперь стали уличными торговцами, перед ними разложен их товар: значки с дерзкими надписями тех лет, дешевая бижутерия с навахской бирюзой, боливийские пончо, тибетские колокольчики, наборы каких-то пустынных трав, порошок из оводов, ты знаешь для чего; ты, впрочем, в этом не нуждаешься. Капитализм приспособил и революцию, ваша взяла, пятиюродный дядюшка!

Она долго ходила там в большой кепке и темных очках. Что-то все-таки там было новым, она не могла понять что, пока вдруг не подумала: как приятно колышется листва, тень листвы придает этой улице еще большую пестроту! Тут осенило: тогда там не было деревьев! Кажется, однажды мэр, вконец осатаневший от демонстраций, битья стекол и баррикад, распорядился провести древопосадки, но это были жалкие саженцы, на которые никто внимания не обращал, кроме наших собак, что бегали там вольной коммуной. И вот прошла Норина юность, прошла революция, и Дэнни который год в бегах, а деревья на Телеграф-стрит выросли и утвердились, шелестя листвой; отличные швейцарские платаны.

— Если я еще раз пущусь в лирическое отступление, ущипни меня за задницу, Алекс, о'кей?

— Ты сказала, что твой Дэнни в бегах, что это значит?

Нора некоторое время хранит молчание, и автор использует паузу для одного бестактного напоминания. Дело в том, что весь предшествующий разговор, или, вернее, путешествие в прошлое, происходил в ванне. В данный момент — тысяча извинений —

187

вода потеряла температуру комфорта, а потом и вообще под влиянием каких-то то ли таинственных, то ли простейших причин — затычка, что ли, выскочила? — начала бурно вытекать из нашего «хронотопа» в соответствующую апертуру, оставляя два голых тела в клочках пены довольно вздорных конфигураций. Боясь, что Нора в клочках пены напомнит ему что-то мифологическое вроде купаний на острове Кипр, АЯ выскочил из ванны и принес два сухих халата. Они вернулись в спальню. Нора закурила сигарету и села на ковер. Она выглядела отрешенной и усталой. Он не решался повторить свой вопрос. С одной стороны, он, конечно, хотел узнать больше о ее первом любовнике, который, очевидно, оставил глубокую вмятину в ее памяти, с другой стороны, он видел, что, вспоминая прошлое, она уходит от него, и он испытывал какие-то уколы ревности к этому идиоту Дэнни, и к той чудовищной хевре в «Кафе Петуха», и даже к деревьям на Телеграф-стрит. Она посмотрела на него и грустно улыбнулась, возвращаясь к рассказу.

Ну, к концу первого академического года, то есть в апреле 1968, весь этот карнавал кончился. Ячейка приняла решение прибегнуть к тактике революционного насилия. Нора не знала об этом, потому что Дэнни хотел ее уберечь от этой опасной деятельности. Только после акции она узнала все детали от этой сучки, Ленор Яблонски. Алекс, конечно, познакомился с ней в «Галифакс фарм»? Нет? Это странно. В те дни она перетрахала всех ребят из ячейки, независимо от их пола. Она была самой активной сторонницей акции, но как-то умудрилась отмазаться.

Словом, троцкисты среди бела дня в масках напали на «Перпечьюэл бэнк» в богатой зоне на той стороне залива, очистили сейфы, да еще и подстрелили двух полицейских, то ли по необходимости, то ли заигравшись. В ячейке тогда, между прочим, идеалом был русский молодой революционер-экспроприатор девятьсот пятого года. Пятый год считался апофеозом чистоты. Успешная революция семнадцатого была тлетворной. Кронштадтская коммуна почиталась как образец противостояния истеблишменту. Уроки Кронштадта были темой многих собраний. Никто почему-то не упоминал, что именно революционный кумир Лео Троцкий залил кровью мятежный остров.

Когда Нору арестовали, она кричала агентам ФБР: «Да здравствует революция молодежи! — и только потом задергалась в истерике: — Где Дэнни?! Отдайте мне моего Дэнни!» Следствие почти сразу выяснило, что она не имеет к захвату банка никакого отношения, и ее выпустили. Вздулся, однако, немыслимый скандал в прессе: красивая первокурсница, дочь несравненной Риты О'Нийл и Стенли Корбаха, могущественного магната с Восточного побережья, имела тесные связи с группой вооруженных боевиков, лидер которой Дэниел Бартелм, по всей вероятности любовник мисс Корбах, был арестован на днях по обвинению в убийстве двух полицейских и ограблении банка, однако умудрился бежать из изолятора строгого режима.

Рита и Стенли немедленно прикатили к месту действия революционной драмы. Впервые после развода они смогли найти общий язык. Оба были потрясены прежде всего нищетой, в которой их любимый кид провел свой первый академический год. Оба без всякой договоренности были исключительно тактичны, оба симпатизировали Нориным идеям и сантиментам. «Тот, кто не был социалистом в восемнадцать лет, к тридцати годам станет сволочью», ну и прочие мудрости этого рода. Оба — Боже упаси, без всякого сговора — предложили Норе долгое заморское путешествие, чтобы на время исчезнуть из поля зрения правоохранительных органов, ну и по другим причинам. Оба называли ее в те дни ее детским прозвищем Хеджи, что значит Ежик.

Нора отвергла это предложение. Вместо путешествия она решила записаться на летний семестр и углубиться в археологию. «Это твое дело, Хеджи, — сказали родители. — Делай что хочешь. Мы любим тебя и уважаем твою независимость». В заключение Рита все-таки довела свою дочь до истерического хохота, сказав: «Ты прошла через огромное испытание, мое солнышко. Несмотря на все неприятности, эта история может стать базой для потрясающего кино. Почему бы тебе не подумать о продаже прав на фильм? Ты могла бы сама и сыграть свою роль в этом фильме об «умной молодежи». Потрясающий проект, тебе не кажется?»

«Ты неисправима и восхитительна, Рита О'Нийл», — сказал присутствовавший при этом разговоре Стенли и поцеловал руку своей разведенке.

Конечно, Нора надеялась, что Дэнни еще вернется. Однажды ночью скрипнет наружная дверь с комариной сеткой, потом кто-то толкнет коленом во внутреннюю закрытую. Она бросится в темноте, сердце, заколотившись, разбалансирует все ее движения. Но вот она на его груди, упирается прямо в железный предмет пистолета. О мой любимый!

Месяцы, однако, шли, а мистер Бартелм не появлялся. Некоторые уцелевшие члены ячейки намекали ей, что агенты давно убили его, а потом распустили слух о бегстве. Не без оснований она подозревала, что эти члены жаждут занять место Дэнни в ее постели. Она без проволочек давала им ногой под зад, а сама углублялась в археологию. Надо отдать должное Дэнни, рядом с революционным пылом в нем жил пыл проникновения сквозь культурные слои планеты. У него были основательные знания по предмету и опыт работы в поле. Там, в еги-

189

петском отделе Лувра, где они встретились, этот долговязый янки произвел на Нору впечатление именно спокойной преданностью своему поприщу; революционная горячка вспыхнула уже позже, в «Кафе Петуха».

После столь внезапно разыгравшейся безобразной драмы и исчезновения Дэнни Нора вспоминала, что лучшие моменты их совместной жизни были связаны с археологией. Забыв на время о «повестке дня», они тихо говорили, скажем, о разнице между Египтом и цивилизацией Междуречья. Шумерская и египетская концепции загробной жизни отличались друг от друга так же разительно, как спокойное течение Нила с его строго отмеренными разливами отличалось от хаотических мутных потоков Тигра и Евфрата. Египтяне среди своих величественных каменных сооружений как бы уже нашли гармонию вечной жизни. Ассирийцы и вавилоняне в их глинобитных домах, уничтожаемых на протяжении жизни одного поколения несколько раз непредсказуемыми наводнениями, верили скорее в ад, чем в рай. Дэнни говорил о Гильгамеше, как будто он его лично знал. Он говорил о космическом смысле археологии. Уходя в землю, человечество становится собранием космических объектов.

— Это похоже на «Философию общего дела» Николая Федорова, — сказал Александр. — Только тот уходил еще подальше космоса. Он говорил, что главное дело человечества — это возвращение ушедших отцов. Возвращение их из запредельных пространств во плоти. Космос для него, похоже, был лишь пограничной сферой.

— Как ты сказал, Николас Федора? — Она на академический манер прищурилась в его сторону; ему даже показалось, что он видит у нее на носу очки. — Это русский? У нас такого философа не знают.

Он усмехнулся:

— У нас тоже, разве только в узких кругах, в самиздате.

— Ох уж эти ваши узкие круги!

— Откуда ты знаешь про наши узкие круги?

— Как откуда? От русских любовников, конечно. От кого еще женщина может что-нибудь узнать? В промежутках между траханьем любовники рассказывали об узких кругах и о самиздате, но почему-то никогда не упоминали этого философа.

Тем временем сумрак в комнате сгущался. Через два часа надо было ехать в аэропорт. Нора облокотилась на кучу подушек, достала сигареты с ночного столика. Александру казалось, что она временами бросает на него пытливые взгляды, как будто и в самом деле хочет узнать больше о Федорове.

— По Федорову, — сказал он, — Всемогущий Господь ждет от каждого поколения живых, то есть от «детей воздуха», что оно будет работать для воскрешения всех мертвых, то есть для возврата силами науки и технологии космических и эзотерических объектов к жизни, то есть в воздух. Это главная идея: преодоление вражды природы путем воскрешения отцов. Звездное небо говорит нам об отдаленных мирах, но больше оно говорит нам о грандиозном поиске «отцов» милостью Божьей.

— На тебя как на артиста он повлиял? — спросила она.

Он как-то странно замялся:

— Сначала да, но потом возникло какое-то сопротивление. У него есть мысли об искусстве, они мне чужды. Началом искусства Федоров считает молитву, что для меня бесспорно, если и танец считать молитвой. Но потом в его рассуждения почему-то входит идеология и даже что-то вроде текущей политики. Он разделяет искусство на «теоантропоургическое» и «антропоургическое». Первое заключается в открытии Бога через вертикальное, молитвенное положение, оно состоит в создании памятника умершему. Второе — это светское искусство, с одной стороны устрашающее, с другой чувственно-привлекающее. Молитву здесь заменяет выставка.

Она крепко провела ладонью по лбу и промолвила:

— Это верно.

Александр пожал плечами:

— Слишком верно на мой вкус. У искусства есть еще одна важная цель. Оно направлено против главной вражды, которая исходит не от природы, а от времени. Полное уничтожение приходит от бега мигов, а искусство пытается открутить назад, поймать неуловимое. До искусства все проваливалось в бездну, сейчас иной раз кажется, что хоть что-то да остается. В этом, быть может, и проявляется Святой Дух.

— Где достать эту книгу? — спросила она.

Он пожал плечами:

— Я никогда не видел Федорова в виде книги. Это были просто пачки папиросной бумаги, которыми обменивались интеллигенты. Большевики вряд ли ее издадут: все-таки там говорится о таких вещах, перед которыми весь их диалектический материализм звучит, как детский лепет.

Он посмотрел на часы. Она проследила его взгляд:

— Да, надо одеваться. Отвернись!

Он хмыкнул. После тех форм близости, которым они только что предавались, такая вдруг стыдливость. Взгляд исподлобья. А, вот в чем дело, опять заманивает в свою ловушку. «Ну, что же ты мне не даешь спокойно одеться?» Медлительное, но все нарастающее разгорание.

— Ну, вот вы опять, сэр, — проговорила она, как бы пытаясь томной уловкой свалить на него то, в чем она сама была повинна. Он уже заметил, что она во время секса переходит на «вы», то есть использует «sir» и сослагательное наклонение глаго-

191

ла «will». — Вы же собирались слушать дальше откровения бедной Норы.

— Вам ничто не мешает, мэм, продолжать свой рассказ, — сказал он, начиная свое «опять».

Она удивилась:

— Вы полагаете, что я могу продолжать рассказ о бедной Норе, когда вы вот так меня лягушкой под собой распластали?

Он был настойчив:

— Я должен все знать об этой бедняжке, которую так мучают мужчины!

Она стала продолжать.

В принципе, самая драматическая глава уже рассказана. Остались лишь рутинная академическая карьера да археологические экспедиции к Полумесяцу Плодородия. Четыре года назад Нора познакомилась на Кипре с бейрутским молодым человеком по имени Омар Мансур. Они отправились вместе в Париж и вдруг поженились.

— У них есть дети? — спросил он с некоторым нажимом.

— У нее есть десятилетний сын, он воспитывается в Швейцарии.

— Кто его отец? — Снова конвульсия ревности пронзила его тело от макушки до всех кончиков.

— Хотела бы Нора знать! — пробормотала она. — Может быть, какой-нибудь шофер из экспедиции.

Эта женщина определенно знает, как свести меня с ума!

— А как зовут мальчика?

— Она дала ему свое имя, он Бобби Корбах, с вашего позволения.

— Хотел бы я быть его отцом, — неожиданно для самого себя произнес он.

Она уронила лицо в подушки, ее кулаки то сжимались, то разжимались, тело ее трепетало, она старалась подавить вопль. Он между тем продолжал свою любовную тяжбу, и мысль о завершении оной не посещала ни его башку, ни его член.

— Простите, сэр, — прошептала она, задыхаясь. — Вы не могли бы рассмотреть возможность завершения этого сокрушительно долгого совокупления? Во-первых, вы можете опоздать к своему рейсу, а во-вторых, мое влагалище кровоточит, ай эм эфрейд. Неужели вы были, сэр, таким же мощным с другими женщинами, мэй ай аск?

— Совсем нет, — ответил он. — Редчайший феномен тому виной, мэдам. Я просто встретил мою женщину, и она перетряхнула все мои тайные уголки, очевидно. Кажется, я просто завершил мой подсознательный поиск женской половины моей онтологической сути, вот в чем дело. Я просто люблю вас всеми мельчайшими клетками моего тела и сознания, мэм.

Когда это все-таки пришло к концу, они оба взглянули на часы и увидели, что есть еще минут двадцать для невинной нежности. Она целовала и ласкала мокрый и скользкий склон его головы.

— Мой милый избранник, если бы ты знал, как я люблю тебя, но особенно почему-то твою лысую голову!

— Ты знаешь, я очень рано, еще в юности, начал быстро лысеть. Тому виной, как мне кажется, был один курьезный случай в моем подростковом возрасте. Я был чуть не убит внезапно обрушившейся мне прямо на голову, моя любимая, пудовой люстрой.

Она схватила его за руку, уставилась в глаза, как будто воочию увидела эту драму экзистенциализма, и потребовала подробного рассказа. Он с блуждающей улыбкой, на полусерьезе, рассказал, как сидел в столовой с учебником физики, будь он неладен, слушал увертюру к опере Кабалевского «Кола Брюньон», когда вдруг начисто вырубился из своей жизни.

Она дрожала.

— Да что с тобой, дарлинг? — испугался он.

— Это не люстра была, Саша, — впервые она назвала его русским уменьшительным, — неужели ты не понимаешь, что это кто-то сзади тебя хотел убить огромной палкой?

Он закричал, точнее, как бы взвыл. Теперь уже он уперся ей в глаза, словно хотел там увидеть то, что, очевидно, всегда держал в уголке подсознания: подходящего сзади с палкой Николая Ивановича Ижмайлова.

— Как ты могла увидеть эту большую палку? Ты — ясновидящая, что ли? — Он рассказал ей о той самшитовой палке. Небольшое затруднение вызвало слово «самшит», которое по-английски звучало, как «некоторое количество говна», но вдвоем они благополучно выбрались из этой языковой ловушки.

Нора вдруг обняла его то ли как мать, то ли как старшая сестра:

— У меня раньше никогда этого не было ни с кем. Иногда мне кажется, что я без слов читаю тебя, читаю даже то, чего ты сам в себе не прочтешь.

Ну, хорошо, это все кончилось, а через час и их встреча подошла к концу в аэропорту «Даллас». Посадка на «Юнайтед» уже началась. В толпе Нора заметила группу знакомых мужчин и женщин, которые бросали на влюбленных исключительно любопытные взгляды.

— Тут народ из «Пинкертона», физики и генетики, — сказала Нора. — Хочешь познакомиться?

Физиков и генетиков по каким-то причинам пожирало безумное любопытство, они приближались.

— Привет, ребята! Я просто провожаю моего приятеля, — сказала им бойко Нора. — Знакомьтесь, Алекс Корбах, знаменитый театральный режиссер из Москвы!

— О, московский театр! — с уважением вздохнул ученый народ.

— Простите, ребята, нам нужен момент интима, — тем же тоном сказала Нора.

Физиков и генетиков дважды не надо было упрашивать, они немедленно отступили с сияющими от удовлетворенного любопытства лицами.

Что может быть прекраснее влюбленного лица Норы и ее фигурки в твидовом пиджачке и с шарфиком через плечо, что может быть грустнее, чем разлука?

— До следующего воскресенья, — сказал он, а сам не мог даже представить, что сможет без нее прожить семь дней недели.

— Неужели приедешь? — прошептала она.

— Можешь не сомневаться.

С некоторым напряжением она задала вопрос, который давно уже вертелся у нее на языке:

— Саша, а деньги у тебя есть?

Он пошутил:

— Ты знаешь хоть одного Корбаха без денег?

Так на этой не очень-то удачной шутке они и расстались.

4. Союз богатых

Плывя над облаками с востока на запад, он выиграл несколько часов и в результате умудрился даже немного поспать в отеле «Кадиллак». Утром брился, предвкушая, как из «Колониал» позвонит Норе в «Пинкертон». Потом вкушал ее сандвичи, которые она уложила для него в небольшую панамовскую сумочку: испанская почти черная ветчина, переложенная бельгийским эндивием, лососина с корнишонами, в общем лучше, чем у «Католических братьев». Пока ел, несколько раз поцеловал сумочку. С этой сумочкой через плечо он был похож вчера на обычного пассажира, а не просто на идиота. Там внутри было что-то еще, кроме сандвичей. Копнув, обнаружил две первоклассные рубашки, по всей вероятности, из гардероба мистера Мансура. Следующий раз надо будет проявить к нему побольше непредвзятости. Впрочем, может быть, и он позаимствовал для своей блонды дюжину трусиков из гардероба супруги. Так что мы квиты, Омар, обойдемся без непредвзятости. Еще глубже копнув, он нашел пятьсот долларов смятыми бумажками. Сунула в последний момент, грабанула весь «кэш», который был в доме. Богачки вроде

Норы Мансур с чистоганом не ходят. Впрочем, это может вызвать неожиданные трудности. Нечем заплатить жиголо за хорошую трахтовку. Не чек же выписывать какому-то ебарю. Гад, сказал он себе, вы настоящая свинья, Александр Яковлевич, не можете не обосрать все вокруг, даже ваше собственное счастье, ублюдок и перверт, не могущий оценить человеческую любовь и женскую склонность защитить любимого.

И все-таки, сказал он себе с конвульсивным выражением лица, гротескно отражающимся в чайнике, и все-таки ты не можешь принять от нее помощь, не можешь дать ни малейшего шанса подумать, пусть против воли, что она помогает вялому русскому невротику за его эротику. Снова чувство полной беспомощности охватило его. Если я хочу ее видеть каждую неделю, мне не избежать раскрытия моей жалкой жизни, то есть полного унижения.

Угнетенный и затуманенный этими мыслями, Александр отправился утром на работу. Все было кончено, от молодости ничего не осталось, да и любовь была под безжалостными вопросами со стороны всего, что попадалось на пути его дребезжащей машины: пальм, небоскребов Сенчюри-сити, рекламных щитов с их шаловливой абракадаброй. Он не знал, разумеется — как и мы не знали до предыдущей страницы, — что с каждой милей он приближался к новому повороту своей американской судьбы.

Первое, что он увидел тем утром в «Колониал», был сверкающий новенький «линкольн таункар», из которого высовывалась такая же сияющая, хоть и не новая, физиономия его чикано-друга Габриеля Лианоза:

— Нравится моя машина, эй, ты, Факко-вульфо?

— Где ты ее экспроприировал, Заппатиста-твою-налево? — поинтересовался Александр. Он уже давно начал замечать, что корпулентный на какой-то крабий манер бывший музыкант начал щеголять разными шикарными предметами длительного пользования: то это пиджак из змеиной кожи, то ботиночки из крокодильей.

Надо сказать, что Корбах за последнее время порядком сдружился с мексиканцем. Он казался ему воплощением латиноамериканского «магического реализма». Неуклюжий танец под тубу, эта маскировка народного притворства, казалось, вечно приплясывал в его лживых рыжих глазах, в обильной растительности лица, в большущих лапах акушера и пекаря. Габриель и в самом деле любил выпечь хлеб или выпростать в воздушную среду младенца из растянувшихся родовых путей своей жены, то есть из своих собственных родовых путей.

Нередко после общей смены они заваливались в «Ля Кукарачу» и угощались там, в саду, бараньими котлетами и кучей всевозможных перцев, сдабривая это дело галлонами холодной «Короны», от которой Габи все больше брюхатился, а Алекс все больше тощал. В последнее время мистер Заппатиста-твою-налево не позволял своему другу мистеру Факко-вульфо участвовать в расчете. Отстегивая доллары, он обнажал кустарники своих запястий, с которых свисали золотые браслеты и цепочки.

Александр засунул голову в пахнущий богатством автомобиль и сказал:

— Слушай, Габи, я влюблен, мне нужны деньги.

— Что она, не дает тебе без денег? — поинтересовался сеньор Лианоза.

— В этом роде, — кивнул Александр. — Я вижу, ты в последнее время разбогател; поделись секретом, как ты делаешь деньги?

Мексиканец некоторое время молча смотрел на русского, в глазах у него уже начинали разгораться вольфрамовые проволочки, эти предшественники крестьянских революций, но вдруг они погасли, и он разразился добродушным, хоть и не очень-то пасторальным хохотом:

— Ты и в самом деле заторчал на какой-то жопо-единице. Слушай, Габи Лианоза тебе ничего не может сказать, но как один человек искусства другому он может тебе посоветовать: задай тот же самый вопрос Араму.

Арам Тер-Айвазян по-прежнему сидел на высокой табуретке в кассовом боксе. Как всегда или еще больше, чем всегда, он был чрезвычайно серьезен и сдержан, ни дать ни взять член армянского кабинета в изгнании. Уже на подходе Алекс заметил то, на что раньше не обращал внимания: дымчатые очки «Порше», галстук «Версаче», часы «Картье». С таким добром человек сидит за кассой паркинга! Черт возьми, я тоже хочу в этот странный клуб богатых, и уж со мной-то Араму нужно поделиться секретом, ведь мы с ним немало водки выпили!

— Слушай, Арам, мне нужно сделать побольше башлей. Ты не можешь меня рекомендовать тем, кто знает, как это делается?

Арам был редким типом армянина: черная, как уголь, шевелюра и светлые устричные глаза. От корбаховского вопроса устрицы съежились, как будто под брызгами лимонного сока.

— А ты знаешь, что это опасно?

Корбах молча кивнул. Устрицы расширились и даже как бы подернулись перламутровой пленочкой дружелюбия.

— О'кей, друг, после полудня я тебя представлю важным людям, которые могут рассмотреть твою просьбу. Или могут не рассмотреть тебя в упор.

Душным дымчатым полднем — калифорнийское проклятье, ветер «Санта-Анна» начал свое внесезонное представление — Алекс и Арам прибыли в лос-анджелесский даунтаун, эту кучку небоскребов, торчащих из моря безархитектурных низких построек. Лифт одного из этих небоскребов поднял их на тридцать восьмой этаж. Упругий ковер, двери с медными ручками и табличками. На одной из них с неслыханно скромным достоинством значилось «Хорнхуф и Бендер, лимитед». Поразительно красивая секретарша щедро улыбнулась посетителям.

— Хелло, Нэтали, — сказал Арам. — Мистер Хорнхуф нас ждет.

— Пожалуйста, присаживайтесь, джентльмены, — последовал чуднейший ответ. Она пробормотала что-то мягкое и нежное в свою коммуникационную щель, потом встала и пошла к двери босса. Походка была само совершенство, просто-напросто ненавязчивая демонстрация всего самого великолепного.

Сквозь приоткрывшуюся дверь Корбах услышал знакомый голос, вопящий в телефонную трубку с такой дивной российской прогорклостью:

— А ты пошли его на хуй, Семен! Пусть сосет, манда чучмекская! — Мистер Хорнхуф оказался не кем иным, как активистом советского комсомола Тихомиром Буревятниковым.

Тих теперь витал над каньонами Лос-Анджелеса в роли некоего процветающего птеродактиля. Оторвался от совдепского рая и вот торчу, торчу неплохо, мужики! Лошадиная морда была покрыта теннисным загаром, общая картина впечатляла почти дейнековским тридцатых годов здоровьем, вот, правда, пальцы слегка дрожали из-за употребления разных сортов виски. После первой инвестиции, сделанной через ответсотрудника Завхозова, Энский, чрезвычайно довольный, стал посылать на счет Хорнхуфа электронные переводы Бог знает откуда — то из Гонконга, то из Макао — и быстро довел баланс до семизначных цифр. Активно используя щедрые вливания родины, Тих расширил и свой собственный специфический бизнес, доходы от которого, естественно, находились под другой крышей. Дружба дружбой, красная сволочь, а табачок врозь!

— Эх, ребята, как я рад вас видеть! — сказал Тихомир с хорошей советской задушевностью. — Помните, как в прошлом году-то гудели, вы двое, я, Стаська Бутлеров! Такой выработался настоящий тим спирит! Как ты, Сашок, когда-то пел, «нас много в нашей четверке»! Забыл? А я вот помню, некоторые вещи не забываются, бадди! И вот всего лишь за год эка нас разбросало! Нет, братцы, что-то мы все-таки теряем в этом мире чистогана! — Нашвыряв тут комсомольских восклицательных знаков, Тихомир умолк, как бы предлагая теперь изложить, за чем пришли. В глазах его и впрямь читалось страдание.

— Слушай, Тих, Саше деньги нужны, — сказал Арам.

— Сколько? — радостно воскликнул Буревятников. Он открыл ящик стола, со странным каким-то осуждением покачал го-

197

ловой, захлопнул ящик, взялся за чековую книжку, расписался, рванул листок, перебросил Корбаху. — Сумму проставишь сам!

— Ты меня не понял, Тих, — сказал Александр. — Я не хочу брать в долг без отдачи. Я просто хочу зарабатывать так, как Арам, как Габриель Лианоза, как другие ребята в гараже, не знаю уж кто.

— А вот это ты зря, Сашок, — печально проговорил Тихомир. — Тебе не нужно лезть в это дело. Тобой интересуются, постоянно тебя мониторят. Нет, Арамчик, нам нужно Сашу Корбаха в стороне держать, как декабристы Пушкина. Зачем тебе, Саша, такие опасности?

Саша вдруг вдохновился и встал:

— Эх, Тих, я не Пушкин, Тих, не дворянин, а просто шут, мой дорогой! Есть сходство по части семитской крови, он эфиоп, а я еврей-ашкенази, но все-таки меня не надо беречь. Дети мои, Арам, Тих, и ты, отсутствующий Бутлеров, знайте, что не алчность меня толкает в погоню за дензнаками, но любовь! В жизни моей, в небесах над этой страной, разворачивается для меня спектакль последнего вдохновения, и, если я его упущу, мне позор!

— Как излагает! — воскликнул мистер Хорнхуф.

— Это из поэзии? — суховато осведомился Тер-Айвазян.

Александр определенно умел разговаривать с комсомольским активом. Рогокопытский взволнованно встал, зашагал по своему офису, украшенному шелковолокнистой копией Ван-Гога. «Где-то по большому счету я тебя хорошо понимаю, Саша!» Он подошел к большому окну, сквозь голубоватое стекло которого на многие-многие мили просматривалась калифорнийская пустыня. Некоторое время стоял молча, потом мощно потянулся всем телом. Словно беглый огонь взвода страшно прохрустели его сочленения. «Ох, как хочется пробиться! — взмыл голос Буревятникова. — Пробиться сквозь все эти стекла и полететь, полететь, полететь!»

В тот вечер с хорошим воровским авансом в кармане Александр завернул в «Первое Дно». Вот он снова перед тобой, эффект относительности времени. Столько всего с ним произошло за два месяца после драки, а здесь царит все та же атмосфера медлительной захмелки; все тянется без конца, а время проносится незамеченным. Скука — самый алчный пожиратель минут. Любовь — сильнейший борец за их процветание.

Он вошел и сразу получил приветственный жест пианиста от уха в его сторону. Как и два месяца назад, тот прогуливал вдоль клавиш десять своих пальцев и пел с хрипотцой что-то жалобное в адрес «бэби». Бернадетта в этот раз сидела у угла бара, так что можно было видеть ее августейший профиль и под башней зачесанных вверх волос отменное ухо, напоминающее пакетбот Его Величества короля Георга, плывущий с хорошими новостями в «новые страны». Матт Шурофф сидел рядом, мускулы его еще больше укрупнились, причем на левой руке сильнее, чем на правой, что производило некоторый дисбаланс в мизансцене. Гигант трудового народа, впрочем, недурно гармонировал с двумя политическими беженцами, генералом Пью, чья ручка, по обыкновению, словно чайка витала над похожим на скат ядерной подлодки бедром Бернадетты, и Бруно Касторциусом, похожим, как всегда, на мешок бумажного утиля, выставленного на «рисайклинг». Группу привычно завершал Мел О'Масси, сама прохлада в костюменции от Сакса-что-с-Пятой, и он, по традиции, сидел в двух футах от других, как бы не совсем с ними, хотя все «Первое Дно» прекрасно знало, что молодой специалист с трепетом только и ждет, когда к нему повернется неотразимая управдомша. Вся эта пятерка представляла собой идеальную композицию попарта, и в этот тихий час могло показаться, что складки их одежды пропитаны скульптурной смазкой, что приобщает тленную шваль к вечности.

«Смотрите, кто пришел!» — возгласил бартендер Фрэнки, и два его подручных Кит и Киф зааплодировали. «Лавски, детка моя! — Бернадетта повернулась к АЯ с изяществом морской львицы. — Двойную «столи» для нашего Лавски!» Бартендер поставил перед ним стакан уже реабилитированной советской табуретовки. «Я знал, что он вернется! — Гигант дальних перевозок как-то мгновенно расквасился: должно быть, раскаяние все эти два месяца не давало ему покоя. Все зашевелились, давая Лавски пройти поближе к пышащему дружбой и лаской корпусу Бернадетты. Мел О'Масси показывал максимум своих эмоций, похлопывая блудного сына по плечу. Генерал Пью был воплощением нежности. Он мягко поглаживал область печени Александра и даже поцеловал его в область челюсти. Бруно вынул из кармана нечто действительно очень для него родное, целый хотдог с щедрой нашлепкой из горчицы и маринованных огурчиков. Передавая этот предмет Лавски, он как бы демонстрировал неувядающую солидарность восточноевропейского антикоммунизма. Все были счастливы: Лавски вернулся!

Сейчас видно, что они не хотели убить меня той ночью, думал АЯ. Они просто хотели проучить проклятую Россию, вот и все. Сделать больно, но не убивать, конечно. Сломать челюсть, пару ребер, вот и все. Люди, в общем-то, добродушны. Они могут и ошибиться, выбирая мишень для своего гнева.

Держа его в своих руках, Бернадетта воскликнула: «Эй, да ты, кажется, влюблен, нахал! Ребята, наш Лавски влюблен! Его член не реагирует на мои молочные железы! Признайся, Лавски, ты переутомлен любовным траханьем!» Пианист Генри в этот момент бравурно заиграл в его честь «Примаверу» Вивальди в его собственной, конечно, интерпретации, с адресом все-таки к «бэби». Лавски, также известный как Саша Корбах, положил на стойку три сотенных бумаги и сказал, что он покупает дринк всякому, кто захочет выпить в пределах этой суммы. «Слушай, Лавски, — доверительно, почти шепотом сказал ему Матт, — мы тут все охуенно соскучились по твоей «системе Станиславского».

Александр, которого уже, что называется, повело, начал всей компании, а потом и всему бару показывать технику перевоплощения на примерах. Ну, скажем, самое легкое, президент Рейган. Надо выловить у него какую-нибудь главную штучку. Всем известно, что он в прошлом актер кино, поэтому всегда смотрит, даже когда и не смотрит, откуда на него в данный момент направлена кинокамера. Ну, почти как дзэн-буддист, что всегда пытается понять, откуда на него смотрят глаза Бога. У Ронни с его Богом, то есть с камерой, особые отношения. Он всегда озабочен тем, правильно ли выглядит. Ему всегда хочется причесаться, увы, он не всегда может это сделать.

Другое дело товарищ Брежнев. Передо мной человек, который всегда боится, как бы у него что-нибудь не вывалилось. Вот смотрите, пьяные гады, как я, Брежнев, иду на трибуну читать приветствие ленинским профсоюзам и все время боюсь, как бы что-нибудь не вывалилось через штанину. «Вот вы, тоуахыщы, хохочете, а уэд это большая челоуэческая трахэдиа».

Так он лицедействовал под общий хохот «Первого Дна» и с каждой новой порцией гнусной влаги находил все новые нюансы в системе перевоплощений. Ну прям-таки Джонни Керсон, орали завсегдатаи. Между тем Бернадетта требовала, чтобы он перевоплотился в женщину. Ну что ж, изволь, сестричка! Перед вами, почтеннейшие лэдис (он, впрочем, сказал «блэдис», но этот нюанс не был замечен даже местным знатоком русского языка Касторциусом) и джентльмены (он, впрочем, сказал «жантильомы», но этот изыск был непонятен даже ему самому), перед вами воплощение археологически хорошо известного типа женщины-с-хвостом. Этот тип в исторические времена воплощался в образы императриц, вы знаете, олухи, о чем я говорю. Он прошелся величественно, чуть выпячивая зад и подталкивая вверх левую грудь, которая, как многим было известно, отвисала больше, чем правая. Потом он откинул за спину и запустил в перманентное струящееся движение то ли хвост, то ли гриву, то ли некий волосяной шлейф, льющийся за императрицей от затылка до пят.

«Я умираю от ревности, — сказал Матт Шурофф, — и все-таки восхищаюсь этим сукиным сыном Лавски». Бернадетта хохотала: «Жаль, что этот сукин сын обожрался любовью, я бы по-царски его наградила сегодня за эту работу!»

Страна огромных возможностей, что и говорить! Никогда не нужно опускать руки в отчаянии. Вставая утром, сразу ищи, откуда на тебя сияет улыбка Фортуны. Еще вчера ты был нищ до полной замшелости, вдруг клик-клик — и ты присоединяешься к преступной шайке, и твой карман уже упакован баксами. Это отнюдь не мешает тебе изображать из себя богемного артиста перед твоей любимой, тем более что вас разделяют три с половиной тысячи миль, а ваши круги имеют меньше шансов пересечься, чем волки и дельфины.

Итак, сорокачетырехлетний А.Я.Корбах, бывший лидер московского театра, бард и всесторонний, хоть и возмутительный, актер-каботен, стал одним из немалочисленной армии калифорнийских наркощипачей и пребывал таковым от ноября восемьдесят третьего, когда он вернулся после своего первого трансконтинентального свидания, до ноября восемьдесят шестого, когда он на ночном дежурстве протянул пакетик с кокаином долговязому малому, чей галстук, словно сорока, трепетал под порывами пустынного ветра.

Внешне это выглядело довольно невинно: принял пароль, отпустил товар, получил деньги, положил их в металлический ящичек под стулом мистера Тесфалидета. Больше ни в какие дела его друзья не посвящали, может быть, и в самом деле берегли в соответствии с излюбленной русской легендой о том, как декабристы берегли Пушкина. Так или иначе, помимо обычного жалкого чека от «Колониал», каждые полмесяца он теперь получал конверт с «кашей» то по две тысячи, то по три. Теперь он запросто мог летать в Вашингтон на свидания, что и делал почти еженедельно. Нора быстро уловила какие-то изменения в поведении Алекса, и больше он уже не находил в своей сумочке случайно туда залетевших сотенных бумажек.

Он привык к самолетам, а в «Юнайтед» его уже стали замечать. Однажды бригадирша стюардесс предложила ему присоединиться к новой тогда программе Frequent Flyer, то есть «Летунзавсегдатай», так сказать. При вашей работе, сэр, то есть при ваших перелетах с берега на берег, вы можете легко намотать достаточный километраж для бесплатного перелета в Океанию и Австралию. Он радостно удивился: никогда не думал, что эта «работа» принесет мне какую-нибудь выгоду. Стюардесса хоть и не поняла, но охотно рассмеялась. В манере американцев есть и эта приятная черта — смеяться непонятным шуткам.

Время в полетах больше не казалось ему долгим, то есть оно по своей плутовской привычке дурачить клиентуру решило больше не казаться ему долгим. Однажды все пять часов до Вашингтона ушли у него на выборматывание стихотворения из дюжины строк. Чаще, однако, он ничего не выборматывал, а только лишь с каждым часом наполнялся все большим жаром перед свиданьем. Уже и кресло самолетное само вызывало в нем первые струйки этого жара. Почти всегда это были самые поздние рейсы, и атмосфера опустевших аэропортов соединилась для него с почти уже забытым ощущением флорентийской романтики. Ну, вот вам, милостивые государи, если еще не надоел, еще один беглый портретик нашего искателя «нового сладостного стиля». Пока в Москве в соответствующем учреждении его папки пополняются донесениями, пока кагэбэшные писатели выискивают в своих статьях места, чтобы лишний раз лягнуть «запродаванца спецслужбам Запада», оный бредет в своем элегантном тряпье по длиннейшему аэропортовскому коридору мимо закрытых уже сувенирных киосков и еще открытых, но уже почти пустых закусочных с мерцающими экранами, на которых не утихает характерный для восьмидесятых годов диспут о сексуальной жизни американского народа, тащится со своей наплечной сумкой, то ли молодой, то ли порядком старый, то ли американец, то ли не очень.

Он настаивал, чтобы Нора больше не встречала его в аэропорту всякий раз, когда он прилетает. Она возражала. Ты хочешь лишить меня моего высшего удовольствия, дорогая обезьяна! Я так ценю этот момент, когда ты вылупляешься из безликой толпы, первый контакт взглядами и чувство немедленной капитуляции, ты знаешь, что я имею в виду. Он настаивал. Зачем тебе каждый раз переться в аэропорт? Сиди себе в кресле со своим «Кампари-энд-Гайдн» и жди, когда перед очами твоими покажется такой голубоглазый Алекс-Обезьяна. В этой настойчивости было нечто мазохистское. Иногда ему казалось, что он мечтает натолкнуться на измену. Конечно, он понимал, что она его любит, и все больше и больше по мере того, как их отношения становились все нежнее и теснее. Подсознательно все-таки он не мог себе представить, что такая женщина, как Нора, может хоть день прожить, не став мишенью мужской агрессии. Что-что, но ее чувственность была ему хорошо известна, и он легко представлял себе ее «немедленные капитуляции» в толпе алчных если уж не обезьян, то кроманьонцев, всех этих вашингтонских многочисленных «синглз» — юристов, политиканов, вояк, шпионов и дипломатов. Общеизвестно, что Дистрикт Колумбия страдает от дефицита хорошеньких женщин, так что в этих условиях миссис Мансур, дама без предрассудков, обладающая удивительным свойством даже на огромном расстоянии вызывать магический жар в чреслах мужчины, становится мечтой всего города.

В начале восемьдесят четвертого он наконец съехал из отеля «Кадиллак», провожаемый жаркими поцелуями тамошних девчат из группы «Пожилые еврейские граждане» и хлопками по плечу со стороны ребят, что, подбираясь к девяностолетнему рубежу, день-деньской на крыльце ночлежки обсуждали колебания валютной биржи. Бернадетта и Мел О'Масси, который к этому времени вырос в одного из влиятельных дилеров по недвижимости района Санта-Моники и Венис, нашли ему классную студию возле Марина-дель-Рей. Подходящее место для нашего Лавски, согласились все завсегдатаи «Первого Дна». Здесь он сможет отлично дрочиться со своей системой Станиславского.

Просторный дек студии висел прямо над променадой, за которой, как и везде в этой полосе, расстилался пляж шириной в два футбольных поля, ну а за пляжем еще одно пространство, значительно шире, облегающее своей водной смутой половину земного шара, созданное Господом неизвестно для какой цели, если не для постоянного восторга.

Александр никак не мог привыкнуть к новому месту. Всякий раз, переступая порог и видя за огромным окном серебрящийся или лиловеющий океан, он думал: сбылась мечта идиота, наконец-то ты живешь так, как в советском вечном насморке представляется жизнь за границей. Как все оказывается просто, надо лишь примкнуть к мафии, и жизнь поворачивается более зарумяненным бочком, входит большой морской озон, выдувает миазмы мрачного подсознания; человек рожден для счастья, как птица для полета (Горький? Шолохов?), как акула для проплыва, как дракон для изрыгания огня. В принципе то же самое ведь предлагалось и в России, когда товарищ Ситный со своими генералами за водочкой с семужкой советовали усилить патриотическое звучание «Шутов», укрепить наш собственный уникально русский элемент, ударить по классическим врагам россиян — по купцам, по попам, по помещикам. В принципе то же самое: просто будь членом банды, и все будет с тобой в порядке.

Теперь у нас все-таки есть альтернатива тоталитарному чудищу, банда забавных мошенников. Похоже, что человек не может выбраться из говна без какой-нибудь маленькой мошеннической альтернативы. Открой все раздвижные стеклянные двери и дыши — это теперь твое место.

Кроме основной комнаты, в студии был так называемый лофт, куда вела маленькая спиральная лестница. Там он оборудовал свое лежбище прямо под так называемым скайлайт, то есть окошком в крыше. На это окно часто садилась чайка с доминовидным хвостом. Он был уверен, что это та самая: тварь, очевидно, привыкла к Корбаху и проследила его переезд.

Глядя сверху из этого лофта, или, как в России говорят, с антресолей, он всякий раз удивлялся обширности своего жилого пространства. Тут впору наладить театр на пару дюжин зрительских мест. Сцену можно углубить за счет террасы. Пока что он купил для дека зонтик с надписью «Stolichnaya». Еще полгода преступной деятельности, и можно будет обзавестись пианино, а то и клавишами с электронным программированием, на которых можно будет записать музыкальное сопровождение спектакля «Арест наркотика». Жизнь, как всегда, поможет искусству. Полиции в этой студии будет легко производить обыск: углы не захламлены. Океанская студия крупного художника должна быть насыщена кармой океана. Надо будет все-таки собрать чемоданчик на случай ареста. Интересно, был ли у Яши Корбаха припасен такой чемоданчик? Идея бегства, конечно, никогда не приходила ему в голову — как можно бежать от родных органов? — но к посадке он, как всякий советский человек тех лет, должен был быть готов.

Пока что надо было наслаждаться новой жизнью, и он наслаждался. Даже сократил визиты в «Первое Дно». Часами сидел на деке, следя за бессмысленными перемещениями яхт. Большие корабли в поле зрения почему-то никогда не появлялись, зато мощно уходили вверх и растворялись в небесах джамбо-джеты курсом на Японию, Гонконг, Сидней. Ровно булькало под деком двухстороннее движение туристов. Иной раз бульканье взмывало фонтанчиком смеха. Из маленького мага у его ног постоянно канителилась музыка барокко. Эти клавесины и скрипки, виолы Вивальди, эти его драматические взмывы — как будто рядно вдруг начинает полоскаться в порыве чего-то пронзительного и ускользающего, как будто некто в венецианской треуголке входит, держа маску на отлете, и заявляет: не вечно будет так, будет как-то иначе! Как удалось девятнадцатому веку выжить без Вивальди? Что за глупая риторика, Корбах? Эзра Паунд открыл Вивальди для двадцатого века и стал пропагандистом на радио Муссолини.

Надо поговорить с Норой о музыке древних. Что там они находили в раскопках, какие инструменты? Была ли у греков и римлян нотная запись? При такой колоссальной сети театров трудно представить, что у них не было профессиональных музыкантов. Если я буду когда-нибудь ставить «Свечение Беатриче» в театре, а лучше в кино, там будет разговор о музыке древних. Поэты н.с.с. были потомками трубадуров, и они колоссально торчали на культуре античного мира. Они возрождались все-таки после тысячелетнего тления!

Вообразим себе такой эпизод: Гвидо Кавальканти, Дант и да Пистойя сидят возле бочки с вином. Появляется юноша, ну, скажем, юный Джотто. Он принес невиданную медную флейту, которую откопал на руинах античного форума во Фьезоле. Это флейта древних, говорит Гвидо. Увы, нам никогда не узнать, какую музыку они играли. Дант пробует отмытый купоросом инструмент, из него несутся какие-то хрипы, кваканье, и вдруг он начинает исполнять концерт Майлса Дэвиса.

И тут Александр поймал себя на том, что впервые за время эмиграции подумал о «Свечении Беатриче», вообще первый раз наяву начал думать «творчески». Эта океанская студия явно оказывает на него благое влияние. Ему было так здорово на новом месте, что он даже пропустил еженедельный полет в Вашингтон. Когда он осознал это, он содрогнулся от ревности. Нет сомнения, его отсутствие будет компенсировано чьим-нибудь присутствием. Он бросился в свой лофт, схватил телефон: разумеется, у него теперь был свой телефон и ему не надо было тащиться на пляж с мешком четвертаков за пазухой.

«Ничего страшного, — сказал ее голос, такой мягкий, такой милый. — Невозможно летать каждую неделю. У тебя, конечно, масса дел в твоем грешном Венис. Теперь моя очередь нагрянуть без предупреждения». Сказав это, она испугалась, что выдала ее собственную ревность, и постаралась закамуфлироваться беззаботным смехом. Ему никогда не приходило в голову, что она тоже может ревновать. «Ты меня любишь, бэйб?» — «Сильнее, чем прежде!» — прошептала она. Один ее голос сводил его с ума. «Могу я расстегнуть?» — «Пожалуйста, расстегни».— «Что ты теперь сделаешь, моя любовь?» — «Для начала я устрою легкое дуновение атлантического бриза, чтобы умиротворить тихоокеанского пирата в красной шляпе». — «А потом, котенок?» — «Ты знаешь, что будет потом». — «Нет, ты скажи!» Она сказала и, слегка задохнувшись, потребовала, чтобы и он высказался, причем в как можно более реальном приближении к языку советской казармы. Он не заставил себя упрашивать, после чего вся эта грязнуха испарилась, оставив место только беспорядочному любовному бормотанию с обоих концов сателлитной связи. «Ай-лав-ю-бэби-ай-лав-ю-соу-мач-соу-соу-мач-мач-мач-бейб-бейб-бейб-лав-лав-лав...» Занималось ли тут время своей привычной игрой с человеческой расой, то есть перепрыгиванием моментов из будущего в прошлое, не дано было им знать, потому что страсть становилась синонимом настоящего.

«Что ты сейчас делаешь со мной, Артемида?!» — наконец возопил он. Она немедленно откликнулась: «I'm just trying to pussyfy your iron-clad battery-ram, Hermes!»

Тут любовники стали испускать вопли, способные нарушить величие всех предметов, вращающихся в данный момент вокруг Земли. «Пффу, фай», — прошептала после этого взрыва Нора и повесила трубку. «Воображаю себе счет от «Белл-Пасифик», — пробормотал усмиренный АЯ и заснул.

Когда они в очередной раз встретились в Вашингтоне, Нора спросила, отводя глаза:

— Тебе не кажется, что мы совершили надругательство над временем и пространством?

Он мягко ее урезонил:

— Оставь в покое время, ему на нас наплевать. А вот пространство, возможно, и в самом деле было унижено.

5. Полет Норы

Прошло еще несколько недель в обычном ключе встреч и расставаний. Иногда Александр прилетал во внеурочные дни и бродил вокруг ее дома, притворяясь, что просто гуляет, не признаваясь самому себе в шпионстве. Видел однажды, как из дома выскочил Омар Мансур, за ним вытащили чемодан. Юнец скакнул в лимузин, чемодан бухнулся в багажник, тут же отчалили.

Александр из наемного «фордика» с другой стороны улицы целый час наблюдал за подъездом. Сейчас произойдет разоблачение. Муж уехал в командировку, любовник за три тысячи миль, сейчас явится третий. Гнусный этот вздор никак не выходил из головы. Как раз через час подъехал какой-то яппи в «ягуаре», не отрывая уха и рта от сотового телефона, прошел в подъезд. Вот сейчас я ее разоблачу, если, конечно, швейцар не помешает. Швейцары, эти гады, клевреты богатых мерзавок, вечно стараются сбить вас с толку, прикрыть блядство ширмочкой респектабельности. Не всегда, впрочем, это у них получается, нет, не всегда.

Нору он нашел в полном одиночестве, стол ее был завален книгами, компьютер включен, на носу ее любимом стрекозой сидели очки.

Почему он стал являться посреди недели? Она внимательно вглядывалась в лицо любимого и улавливала в нем какую-то фальшь. Пусть не плетет чепухи про театральные дела: в семье все знают про «Колониал паркинг». Откуда он берет деньги на все эти перелеты? Может быть, Стенли дает? Ведь они друзья, постоянно переписываются по поводу корбаховских гнилых корней и сучковатых веток. Так почему же он стал появляться среди недели? Может быть, там какой-нибудь бабе удобнее с ним встречаться по уик-эндам? Что же, другие бабы разве не чувствуют в нем его исключительный сексуальный драйв? Почему я должна думать, что эти сучки, которых он встречает на чтениях и прогонах, какими бы мифическими они ни были, будут считаться с таким простым и непреложным фактом, как его принадлежность другой женщине? Как я могу предполагать, что его не навещают разные нимфы и нимфетки, богини и героини из их чопорной и все-таки обалденно развратной русской литературы? Разве я забыла, что в этом факинг Венис достаточно свистнуть с дека, и вуаля, любое из этих гадских перевоплощений — в твоей постели! Если я увижу одну из этих проституток в его постели, убью ее на месте тремя выстрелами — банг! банг! банг! — я еще помню троцкистский тренировочный лагерь в Очичорнии! Боже, что за идиотские мысли приходят в голову!

В один из дней, заполненных такими мыслями, она рванула в аэропорт и перехватила самолет, идущий через Вашингтон из Женевы в Эл-Эй. Разумеется, она заговаривала себе зубы: дескать, нужно хоть на три дня вырваться из университетской рутины, да и мать повидать, ну и заодно посмотреть, как живет Саша, поговорить с ним обо всем серьезно, дать ему наконец понять, что не только в траханье состоит любовь. Конечно, она не Беатриче, однако все эти озарения, свечения, мгновенные сполохи, движущаяся живопись и ей не чужды. Если он думает, что в археологии нет поэзии, нет театра, то он просто осел. Так она твердила себе, а между тем чудище ревности ложилось на крыло самолета и смотрело ей в лицо немигающим желтым глазом. Ловушка подстерегала ее: любовь и ревность, разве они не сестры, разве они не сиамские близнецы, что удушают друг друга в бессмысленных переплетениях?

В Лос-Анджелесе она занимала себя беготней по маминому дому, общением с «кругом друзей», среди которых в тот день китайским богдыханом сидел Марлон Брандо, а также плаваньем в бассейне; тянула время, чтобы пришла ночь. Знаете ли вы калифорнийскую ночь, нервно думала она в каком-то странном русском ключе. Нет, вы не знаете калифорнийской ночи! Когда-то эта ночь пылала вокруг, и я плясала в ней, как саламандра, теперь, еще не запылав, она выжигает все изнутри.

Одеваемся во все черное из старых запасов. Ничуть не потолстела! Краски на морду не жалеть! Кепка набок, сумка через плечо, в сумку бросим один из мамочкиных многочисленных револьверчиков — Рита О'Нийл, почетный член Американской ассоциации частного оружия! — ну для забавы, конечно, не всерьез, не убивать же какую-нибудь толстомясую Брунгильду в самом деле. Просто для фана, на свиданку со своим плешивым мальчиком — в сумочке пистолетик.

Она подъехала к променаде около часа ночи. Проклятый Венис еще не спал. На асфальтовом озере среди песков кружили роликобежцы. Среди них выделялась большущая баба с развевающимся, как хвост Буцефала, хвостом, с руками, явно одолженными у Венеры де Мило. За ней, не отставая и повторяя все ее движения, крутили круги четверо разнокалиберных мужиков, в том числе миниатюрный вьетнамец с мышиными усиками. Ну что ж, маэстро Корбах, у вас тут, кажется, приятная компания.

Вот его дом: в три этажа терраcками висят над променадой застекленные по бокам и открытые к морю деки; лучшего места для блядства не найти. Дом был погружен в темноту. Значит, уже погасили свет и предаются любовной акробатике под луной. Почему-то Сашиной партнершей виделась ей та же самая здоровенная роликобежка, что еще была видна в отдалении со своей свитой. К дверям подошел солидный мужик в майке без рукавов. Блондинистые пушистые плечи. Оглянулся на Нору, в мелодраматическом обличье стоящую под фонарем:

— Хочешь ко мне, цыпка?

— Мне нужно в восьмую, — пробормотала она. — Ключ согнулся, не влезает в щель.

— Плохо, когда не влезает, — кивнул мужик и придержал дверь. — Ну, иди! Не хочешь ко мне, иди к кому хочешь.

Этот дундук будет невольным сообщником преступления. Когда меня возьмут, сразу скажу копам, кто меня впустил, мистер Блондинистые Плечи! Поднялась по лестнице к № 8. Чуть толкнула коленкой дверь, она отворилась. Этот дом просто заставляет меня совершить убийство из ревности!

Двухэтажная комната была наполнена лунным светом. Стеклянная дверь открыта на дек. Доносились визги со скетинг-ринга и глухой шум прибоя. В углу на полу молча полыхал телевизор. Там показывали искусственные половые органы. Неужели он уже спит, держа кого-нибудь в объятиях таким же образом, как и со мной нежно спит après? Она сняла туфли и бесшумно поднялась по спиральной лестнице в лофт. Там стояла большая постель, вернее, матрас «кинг сайз», невинно покрытый свежими простынями. Большая русская книга лежала возле лампы, две пары очков, любимый мой, на полу — магнитофончик и три кассеты: Вивальди, И.-С.Бах, «Пульчинелла» Стравинского, или, как он его называет, Страви. О, любовь моя, воплощение чистоты и интеллигентности!

Однако где же он шляется во втором часу ночи? Ну, мало ли где, может быть, в джазовом кафе сидит, или дежурит в своем паркинге, или в каком-нибудь из этих мифических театриков обретается. Буду ждать его здесь. Посмотрим, в котором часу притащится. И с кем. Просто любопытно: когда и с кем? Никаких драм не будет, просто сюрприз. А револьверчик этот дурацкий сейчас зашвырну над променадой в песок. Предварительно все пульки из него вытащу, чтобы там на пляже кто-нибудь в себя не шмальнул с похмелья. Или от ревности. Дикое чувство, олд герл, дикое чувство. Раньше ты думала, что оно подобно огню или музыке Бизе, а теперь, испытав сама, ты видишь, что если это и огонь, то огонь мрака. Никакого апофеоза от него не жди. Горит черная жирная нефть, облепляет и уничтожает.

Рассуждая так, Нора шагнула на балкон и сразу увидела возлежащего там в шезлонге Корбаха Александра Яковлевича. До этого шага край шторы скрывал его, а теперь он весь предстал перед ней со своими тощими ногами и пролетарским животом. А также и с миной обезьяньего страдания. А также и с пятном лунного света на отполированном, словно крыша автомобиля, лбу. Увидев ее, он дернулся, голова его задралась за край шезлонга и откинулась назад.

Забыв про все свои страдания, она бросилась к нему. Все стало ей ясно в один миг. Он сидел тут один и думал о ней, потому что больше ни о ком он не может думать в такой час. Он думал: неужели она с кем-нибудь сейчас лежит и неужели кладет голову кому-то на грудь тем же манером, что и ему, с той же доверчивостью, с той же благодарностью за утеху? Это были даже и не мысли, а просто медлительная конвульсия всех клеток его тела. И вдруг эта конвульсия материализовалась ее телом, вышедшим из темной комнаты на луну. Как будто он сам ее родил своей конвульсией.

— Так ведь можно и окочуриться, идиотка, — шептал он, обнимая ее и дрожа.

Идиот-ка. Эти русские дополнительные окончания обладают свойством порой до неузнаваемости менять настроение слова. Мрачный идиот ревности с кровавыми замыслами в сумке превращается в легкую, влюбленную, как кошка, сумасбродку. С-ума-сброд-ка. Пока они вытягивались вдвоем на шезлонге, а после его крушения катались по доскам дека, он объяснял ей значение и этого слова, образованного существительным и двумя частичками: out-of-mind-ка, то есть в общем все то же — идиотка.

С той ночи многое изменилось в их отношениях. Они поняли, что их любовь под угрозой и угроза исходит от самой любви. Если считать, что жажда любви — это когда одна половинка ищет другую в бесконечном хаосе тел и душ, чтобы соединиться в некую до-Адамову и до-Евину цельность, то случай Алекса и Норы был, быть может, неким приближением к идеалу, вроде любви израильтянина Шимшона и филистимлянки Далилы. Любую любовь, увы, где-то поблизости подстерегает предательство, и данный библейский пример не исключение. Ревность для Алекса и Норы была синонимом предательства, она то приближалась, то отдалялась от них, словно армия филистимлян; вихри хаоса.

Ну давай заведем такой своего рода пылесос против ревности, о'кей? Давай исповедоваться друг другу, и чем чаще, тем лучше. Давай я первая признаюсь в том, что с нашей первой встречи я больше ни с кем не спала. И я ни с кем не спал. И я больше ни о ком не могу даже и подумать. И я не могу даже посмотреть на другую. Оба были самую чуточку, ну, сущую ерунду, неискренни в своих признаниях, так как обоим пришлось так или иначе закруглять предыдущие отношения. Негласно они старались как бы чуть снизить градус своей любви, иной раз свести демонические страсти-мордасти к буколическим пастбищам дружбы, взаимной привязанности заботой об обстоятельствах жизни, хорошим юмором, приперченным слегка тем, что французы называют «les amis comme cochons».

Однажды Нора раскрыла Алексу свой «маленький секрет», которым привела его в состояние большого шока. Оказалось, что она умудрилась совершить трехдневный визит в Москву, где посетила тайком его мать, а также встретилась со многими его друзьями, среди которых было немало более или менее привлекательных женщин; ты с ними, конечно, когда-то спал — признавайся! признавайся! — ты, приапское чудище! Все эти люди выражали к тебе любовь и колоссальное уважение к твоим талантам. «Шутов», к сожалению, все-таки разогнали, но они собираются то и дело для подпольных спектаклей, то в квартирах, то в заброшенных складах, один раз даже в морге, где один из них работает сторожем. Я слушала там массу кассет с твоими песнями и даже плакала над ними, как стареющая слезливая американская шлюха. Они мне прокрутили две жуткого качества пленки с твоими спектаклями «Спартак—Динамо» и «Телефонная книга». Потрясающие шоу! Я была дико горда, что такой гений выбрал меня в качестве его верной наложницы! Короче, дядя Саша, за три дня я узнала о товарище Корбахе столько, сколько клещами бы не вытянула из тебя за три года. Кроме всего прочего, мне удалось оттуда вывезти рукопись «Философии общего дела», воображаешь?! Теперь я собираюсь нанять одного русского писателя, такого Василия, который живет в Джорджтауне, чтобы он сделал подстрочный перевод для американского издания.

Все пошло с того дня иначе. Нора решила теперь заботиться о любимом. Беглец Дэнни Бартелм и ливанский богач Омар Мансур могли бы рассказать о подобных периодах и в своих отношениях с этой женщиной, однако пусть они с этим сослагательным наклонением и останутся. Теперь уже Нора по уик-эндам в первом классе пересекала страну и сразу же из аэропорта мчалась не в Беверли-хиллз, а в Венис, благо ближе. Если бы так раньше пошло, не надо было бы вступать в банду, так иногда думал наш наркоделец. Эту тайну он пока еще не открыл своей заботливой возлюбленной. Надо хоть что-то оставить на будущее. Лучше будет, если она узнает об этих делишках, когда я уже буду в тюрьме.

Читатель, возможно, уже заметил, что мы стараемся не играть на его нервах с помощью всяких дешевых умолчаний, однако мы должны поставить его в известность, что еще не все секреты Норы были раскрыты даже в этот «период доверия». Происходит это вовсе не от того, что мы хотим подхлестнуть любопытство, а просто по законам композиции, и Нора это сама прекрасно понимает. Получается так, что композиция иной раз оказывается дороже чистой совести, но что уж тут поделаешь. Тот, кто этого не понимает, пусть не читает романов.

В данный момент законы композиции позволяют нам раскрыть один небольшой Норин секретик, в наличии которого она никак не решается признаться любимому. Дело в том, что истекало время ее академических занятий и приближалось время того, что археологи называют «полем». Через несколько месяцев для того, чтобы добраться до своей трепещущей половинки, Сашке придется раз в пять удлинить свои маршруты.

Пока что она обставляла его студию, покупала звуковую и видеоаппаратуру, набивала холодильник, вышвыривала бутылки дешевого шнапса и читала ему лекции о цивилизованном употреблении высококачественных вин, которые ведут не к маразму, а к благородству вкусов, как будто сама никогда не валялась в канавах Бейрута и Старой Яффы.

6. Пузыри земли, джакузи

В один из приездов она решилась: Саша должен наконец познакомиться с маменькой. Ну, Сашка, будем поехать к Ритка! Не научившись еще русскому языку, она уже почувствовала вкус «ка», этой странной добавки к корню. Норка брать Сашка к Ритка. Как так? Как кок, s'il vous plaît! Домой к маменьке она не решилась его пригласить: подумает, что хочу ввести его в «круги». Дурацкая неамериканская гордость терзает любимого, а между тем она как раз и хотела ввести его в «круги». Рите О'Нийл достаточно позвонить кому-нибудь из «кругов» по телефону, и с ним могут заключить договор на сценарий, а потом, глядишь, и фильм пригласят поставить. Если бы он только мог вытряхнуть свои комплексы!

Слушай, давай поедем сегодня вечером к моим школьным друзьям? Да никаких там не будет «жирных котов», своя неприхотливая бражка, фанатики пляжного волейбола. Что надевать? Не смеши меня, Сашка! Вот так и поедем, как есть, в твоем пиджаке, которому ты обязан тем, что я в тебя влюбилась с первого взгляда. «Нетленный товар», — сказал Александр, и они отправились.

Нора не лгала, ее школьные друзья были действительно фанатиками пляжного волейбола. Она просто не упомянула, что со времени окончания школы шестнадцать лет назад Джеф Краппивва сделал головокружительную карьеру как раз в тех самых «кругах», которые так сильно презирал один из парковщиков в Вествуд-виллидж. Пойдя по стопам своего отца, влиятельного продюсера, он сильно превзошел папу. В начале восьмидесятых годов ему удалось «поднять» рекордный бюджет в 50 миллионов для фильма о космической катастрофе, в результате которой Калифорния стала отдельной планетой Солнечной системы. Фильм полностью провалился, Голливуд понес колоссальные убытки, однако молодой Краппивва приобрел непоколебимую репутацию как собиратель рекордного бюджета.

В густых сумерках они подъехали к одному из пляжных особняков в поселке Малибу. Александр не заметил ни группы ливрейных шоферов, стоящей возле «роллс-ройсов», ни широкоплечих телохранителей, ни снующих людей его собственной профессии, валетов в лиловых жилетках. Утвердив свой подбородок в независимой позиции, он шествовал за Нориным шелковым платьем, которое напоминало цветущий сад под сильным ветром. Двери распахнулись, послышались крики: «Нора! Нора Корбах! Молода, как всегда!»

Тут он увидел, что за скромным фасадом живет, что называется, мир изобилий. Не совсем понятно, куда ты попал, в жилое помещение или в оранжерею академии наук, внутри это или снаружи. Гости стояли под здоровенными пальмами, но кое-где меж пальмами откуда-то свисали люстры. Холмик, увенчанный абстрактной скульптурой, вызывал ощущение пленэра, однако рядом на вполне реальных стенах висели полу- и сюрреальные картины. Свисали плоды грейпфрута и сладкого лимона, кое-кто из гостей их брал и ел. Углубившись слегка по главной аллее, вы едва не оступались в изрядный пузырящийся водоем, как бы предполагающий присутствие крокодила, между тем как из него выглядывали несколько смеющихся голов, высокопарно покачивалась волосатая грудь и торчала рука с шампанским. В глубине панорамы шевелилась пенная изгородь океанского прибоя; здесь он и впрямь был поставлен на службу человеку.

Попал в ловушку, думал Александр Яковлевич, пока Нору тискали ее школьные друзья. Девка, испорченное дитя, затащила меня в ловушку. Уехать немедленно, бросить дуру? Затылки гудящего общества казались ему сборищем персов у стен Иерусалима. Наконец Нора подошла к нему с хозяевами. Вполне молодая парочка, но, конечно, лет на десять постарше своей одноклассницы. Парень действительно выглядит, как фанатик пляжного волейбола: острижен под Карша Каралли, героя недавней Олимпиады, одет в сугубо калифорнийском стиле —

тенниска, мягкие джинсы, сникерсы на каучуке, как раз такие, какие хочу найти, но почему-то нигде не нахожу. Девушка чуть-чуть полновата для волейбола, но это ей идет. Черная майка со знаком ядерного разоружения, вокруг шеи моток бус, шорты, белые ковбойские сапожки с бирюзовыми инкрустациями, ручная работа, причем непарная, каждый сапог отдельное авторское произведение.

— Ну, вот, ребята, это мой бой-друг Саша, — сказала Нора, сияя. Сжавшись, он ждал, что сейчас начнется рекламная кампания: гений, великий режиссер, пострадал от тирании. Обошлось, однако, без пошлостей. — Он русский, — завершила представление Нора.

Джеф и Беверли, которые явно чванством не отличались, сердечно пожали русскому руку. Мы с вашей девушкой, Алекс, в одном классе учились. Грэмерси-Скул, обитель сумасбродов. Ваша девушка сейчас выглядит моложе нас всех, а тогда выглядела старше нас всех, интересно, не правда ли? Нужно пошутить, в этом месте нужно как-то сострить. Да я в те годы уже учительствовал, а сейчас вот только учусь. Шутка была не понята ни им самим, ни присутствующими, однако все рассмеялись. Саша, пожалуйста, не раскрывай наших тайн. Как вы думаете, Саша, далеко ли пойдет Горбачев?

— Ты меня платить для эта шутка, — сказала Алексу Нора. Ей явно хотелось щегольнуть своим русским.

— А ты мне за весь этот вечер, — ответил ей дядя.

— А в чем дело? — Она притворялась, что не замечает передвигающихся под пальмами Супермена и Супервумен, пары Джеймсов Бондов и Женщины Французского Лейтенанта, Мамы-Кошки и Творца Е.Т., а также прочих миражных фигур, среди которых выделялся буграми мускулатуры и доброй тевтонской улыбкой новый герой Америки, чье имя весьма красиво переводится на русский: Черночернов.

Джеф Краппивва отличался чрезвычайно тихим интеллигентным голосом. И таким голосом по голливудской «вертушке» он выколачивает мегабюджеты! Этим голосом он серьезно интересовался перспективами Горбачева. Куда он пойдет?

— На Китай, — высказался тут наш герой.

— В каком смысле? — удивился хозяин.

— На Америку у него сил уже не хватит, на Китай попрет, — сморозил АЯ.

— Откуда у вас такой великолепный английский, Алекс? — спросил Краппивва.

— От Норы, — сказал АЯ почти уже без шутовства.

Тут она ему просунула под локоть какую-то нежность, которой все прощается, ну, нежнейшую длань ея. А зачем же так подряд три мартини залпом, сладкое-сердечко? А тут, кажется, это не запрещается, медок? Пока ты все-таки не надрался, познакомься с моей мамой.

Ну вот и птички, сказал как-то Хемингуэй на просмотре своего фильма с Ингрид Бергман и ушел поддать. Послевоенный блюз. Звездная соль, лунная яичница. В лимонно-грейпфрутовой аллее стоят с коктейлями Рита О'Нийл и Грегори Пек. Объективно говоря, эта аллея завершалась туалетной комнатой, из которой то и дело выходили мужчины, однако эта деталь легко может быть опущена. Нора подводит Александра к живым легендам. Мам, это вот человек, о котором я тебе говорила. Человек, о котором она ей говорила, трепетно восхищен. Грегори Пек стар и красив. Рита, хоть ей и шестьдесят, в полумраке, в лунно-лимонном проходе (к чему — к туалету или к сцене из незабываемых «Ястребов Гибралтара»?) выглядит молодо, как всегда, и трогательно, конечно, просто чудо из чудес; стройна и декольтирована.

Перед тем как Нора и «тот человек» подошли, Рита и Грегори обсуждали предложение, которое она только что получила со студии «Парамаунт»: роль пожилой монахини из монастыря в охваченной антикоммунистической борьбой Польше. Она собиралась отказаться. Я не хочу играть пожилых монахинь, Грег! Пек как один из круга ее друзей пытался уговорить ее принять предложение. В монашеской одежде ты будешь неотразима, лапуля! Просто потребуй, чтобы сценарий немного переписали. Там есть место для сильной сцены между тобой и генералом КГБ. Они любили друг друга двадцать лет назад, понимаешь? Несколько ударных «флэшбэкс», твои промельки как юной и влюбленной. Это будет возврат великой Риты О'Нийл!

Она предложила свою руку этому странному любовнику бэби Норы. Поцелуи ручек давно вышли из моды, но он поцеловал ее руку; эти русские! «Грег, познакомься с другом Норы. Он был большим артистом в Москве». — «Вы еврей?» — спросил Пек и, получив какой-то невразумительный ответ на этот простой, но важный вопрос, немедленно растворился в лунно-лимонном свете, как он это делал тысячи раз во время своей выдающейся экранной карьеры. «Я вижу, у вас серьезная любовь, ребята», — с неприкрытой фальшью Рита начала этюд «Мудрость старших».

Как бы на замену худощавому старику Пеку подгреб человечина с избытком матерой в рыжих пятнышках плоти. «О, Рита, какое счастье тебя видеть, дорогая! Ты, кажется, к сонму богов присоединилась, вечно юная Эос!» Шевеля боками и ягодицами, он заполнил собой все пространство между кинозвездой и ее собеседниками.

Кто таков, молча спросил Алекс Нору. Та пожала плечами.

— Послушай, Найджел, тебе как поэту интересно будет познакомиться с Алексом. Он поэт из Москвы. — Рита гнусавила, как будто играла роль в сатирической антибуржуазной пьесе на московской сцене. — Не стесняйся, Найджел, у него довольно приличный английский.

— Боюсь, что у меня, ха-ха, английский не очень-то приличный. — Огромным балованным котом он терся вокруг маленькой Риты, не обращая на остальных никакого внимания, но все же протягивая вбок руку для рукопожатия коллеге-поэту. Александр ее не брал.

— А что он пишет, эта жопа? — спросил он у Норы по-русски.

— Никто не знает, что он пишет, но он поэт-лауреат, — ответила она и вместо Алекса пожала руку поэта.

Удовлетворившись, рука поэта ушла в глубь его тела.

— Ну, я пошел, девочки, — сказал Алекс и пошел.

Нора задержала его:

— Куда это ты пошел?

— Созерцать нравы колхоза. — Он боком отвалил в сторону, как будто за борт лодки.

Из всего, что тут происходило, и из всех присутствующих любимая казалась ему сейчас крупнейшим воплощением пошлости. Ходит тут со снисходительной улыбкой в адрес обожравшейся шатии, отступница, достигшая высот археологии — пардон за каламбур, — взирающая на все с академической усмешечкой, которую никто и не прочтет среди невежественной братвы, и в то же время неуклюже пытается представить своего любовника, эту толстогубую обезьяну с плешью, как будто надстроенной в гримерной Голливуда, а на самом деле стесняется, что с ней русский, которого надо представлять в толпе, где все знамениты. Злясь на Нору и придумывая в ее адрес все больше вздору, он продвигался в толпе, что все густела, чем ближе было к тому месту, где раздавали еду. Несколько раз он чуть не оступился в пузырящийся джакузи; или черт водит, или их тут значительно больше, чем одно (один? одна?). По дороге перехватывал с проплывающих мимо подносов то мартини, то шампанское и основательно окосел.

— А знаешь, мне понравился твой русский Корбах, — сказала Рита О'Нийл своей дочери. — Он один из нас, артист. Тщеславный, как и я сама.

Нора тревожно смотрела вслед Александру:

— Я боюсь, он тут устроит скандал сегодня.

Рита улыбнулась:

— Ну и что?

Вдруг Александр увидел первого стоящего человека в этой тусовке. Кэссиди Рейнолдс! Эта широкоскулая квадратная ряшка была замечена в московском Доме кино еще в шестидесятые годы. Знатоки немедленно выделили его из толпы стреляющих с бедра ковбоев. Смотрите, как он ходит, Кэссиди Рейнолдс! Как он смотрит, как он молчит, этот Кэссиди Рейнолдс! Жаль, что у меня нет такого Кэссиди Рейнолдса на главную роль, говорили друг другу молодые режиссеры «новой волны», Тарковские и Кончаловские. Выбрав кого-нибудь на пробах, они обычно поясняли: максимальное приближение к Кэссиди Рейнолдсу.

Саша Корбах смотрел на этого типа в трех шагах от себя. Голливуд еще не произвел подходящего сценария для этого парня. У них и подходящего режиссера нет для него. Он еще не сыграл своей главной роли и вряд ли когда-нибудь сыграет; Кэссиди Рейнолдс! Этот тип тогда по каким-то причинам казался воплощением мужского идеала для советских и польских киношников поколения шестидесятых. Я себе никогда не прощу, если не поговорю с ним.

— Хей, Кэссиди, меня зовут Саша Корбах, как дела?!

Рейнолдс с опущенными брылами, желудок и почки в состоянии постоянной дрожи, смутно видел перед собой незнакомца со стаканом чего-то мучительно желанного, запрещенного. Физиономия его, знаменитая в кругах Восточной Европы, давно уже превратилась в японскую гейшу пенсионного возраста, от былой походки остался только откляченный задок, который он пытался таскать с достоинством, как военный преступник на борту линкора «Миссури».

— Гоу, гоу, — выдавил он из себя и показал большим пальцем себе за спину: сваливай, мол, незнакомец!

— Эх ты, мудила грешный, — сердечно сказал Корбах. — Ты думаешь, что я к тебе как к знаменитости клеюсь, а я к тебе как к миражу юности клеюсь, понял? Тебя вся наша «новая волна» в Москве почему-то обожала: и Высоцкий, и Тарковский, вот как было дело!

Рейнолдс ни о какой «новой волне» никогда не слышал, а Высоцкий и Тарковский вообще проскочили в его мутной башке, как шелест шин. Единственное, что застряло, было часто повторяемое «как». По простоте своей сельской души он принял это за «cock», и это вызвало слабенькую реакцию в тесте лица.

— You're cock yourself, — промямлил он незнакомцу.

Фу, бля, Корбах с шумом выдохнул воздух. Еще один призрак отправился в графство Мальборо! Если ты в таком хуевом состоянии, зачем таскаешься по тусовкам, Кэссиди? Лежал бы дома, сосал бы телевизор.

Обойдя кумира юности, Алекс снова оказался на краю пузырящегося бочага. Вдруг нога поехала от изумления: из джакузи вылезал очень хорошо известный москвич Аврелий, автор многосерийного сериала «Алтай, мой Алтай», лауреат премии Ленинского Комсомола. Подтянувшись, он некоторое время висел на руках, словно для того, чтобы общество могло полюбоваться широченным размахом плеч и здоровенным, с ладонь, православным крестом, прилипшим к волосатой грудине. В курчавой бороде зиял хохочущий рот, пара золотых коронок представляла все еще солидные фонды СССР. Толчок, и Аврелий в вихре брызг выскакивает из джакузи. Сашка! Бросается в экстазе, не стряхнув сперматозоиды и подтеки с тампаксов, подцепленных в горячей лоханке. Объятие. С каких это пор советские люди с таким жаром бросаются к врагам народа? Сашка Корбах, греби меня в нос, вот так встреча! Вот так кукарача! Какая еще, к черту, кукарача? Ну, просто рифма — встреча-кукарача! Ну как ты, ну как ты? Ю ар как ерселф! Подожди, дай-ка штаны надену! Жду с нетерпением. Влезает в штаны «Версаче», натягивает на голый торс пиджак «Гуччи». Да ты хоть крест-то заправь, балда Аврелий! Э, Сашка, да ты, я вижу, отстал от тренда! От чего я отстал? От нового направления. Давай выпьем за встречу, нас мало, нас, может быть, двое, помнишь?! Нет-нет, вас больше, значительно больше.

Аврелий тащит Корбаха к буфету. На ходу берет каких-то женщин за зады, демонстрируя недремлющее, как КГБ, советское либидо. Мокрое пятно на его пиджаке меж лопатками напоминает Остров Крым. Тебе хвост омара и мне хвост омара! Бери еще! Бери три хвоста омара сразу! Видишь, я бутылку зажал? Это «Столи», она завоевывает весь мир. Соу уот? Соу суй ит в рот! Этот Краппивва — миллиардер, фак его суп! Давай выпьем, Сашка, за наше поколение, за новую свободу, фак ее вымя! Так что, свобода для тебя — это корова, подонок Аврелий? Да, это корова! Врешь, расфакованный фак, свобода — это крылатое существо, это новый сладостный стиль! Здорово, давай выпьем за это!

Когда первоначальные эмоции чуть утихли, Аврелий заплетающимся языком рассказал свою историю. Он теперь поселился в Лос-Анджелесе навсегда. Однако те, кто думают, что он перебежчик, в корне не правы. Он просто живет тут как свободный человек, вот и все; таковы новые веяния. У него тут баба, вот и все. Это вулканическая женщина, богатая и крэйзи, как Крез! Она дизайнеровские шмотки продает на Родео-драйв, понял? Да вот и она, мисс Гулия Паперджи! Он схватил пышненькую брюнетку, в костюме бикини, дополненном горжеткой из рыжей лисы. Сашка гениальный, ты бы знал, как тебя все наше поколение любит! Как ты убежал от советской пули, от стакана с отравой, от тюрьмы, от психушки, дай-ка я на ухо тебе скажу кое-что. Бег ер пардон, сэр, мое ухо для вас не закуска. Позволь, я не жую твое ухо, а говорю в него. Тогда повтори то, что сказал, но без, бля, соприкосновения. Странный ты стал какой-то, Саша, не свой, но все равно слушай. Есть тайное решение кончать. Как что кончать? — Исторический эксперимент. Не удался. Решено сворачиваться, спасать остатки, понял? Исполнение возложено на КГБ и комсомол. Горбачей тайно встретился в Рейганом и Папой Римским, оповестил. Извинился за покушение на обоих. Сказал, что виновные понесут ответственность. В общем, старик, верь не верь, но скоро СССР прекратит существовать. Жуешь? Всасываешь?

У АЯ закружилась голова. Хорошо, возле буфета росла пальма. Он схватился за нее и стал сползать. Аврелий продолжал без соприкосновения гудеть в ухо. Ничего, старик, не тужи. СССР развалится, а Россия вытянет, такая уж это лошадь. А я тужу, задыхался Корбах. Вся моя жизнь прошла в злодейском СССР, чему же мне радоваться? Я не могу без грязной советской родины, Аврелий, лауреат... умираю.

Нора нашла его лежащим под пальмой. Дергался подбородок. Аврелий что-то с жаром объяснял собравшимся гостям. Один из них, недавно набравший силу кинокброкер, с интересом наблюдал агонизирующего. У этого парня точно такой же пиджак, какой был у меня три года назад. Сьюзан сдала его тогда в магазин подержанных шмоток.

Остаток вечера и часть ночи Саша и Нора провели в «Первом Дне», сидя на видавшем всякое диване в той части заведения, что называлась гостиной.

Ты меня со своими людьми познакомила, а я тебя со своими, говорил он, усмиренный и почти протрезвевший, поглаживая ее по спине. Спина моей любви ничуть не хуже, чем ее груди, думал он. И живот моей любви идет вровень с вышеназванным, а носик ее ничем не хуже пупка. Она не просто красавица, а собрание красавиц. Каждый взгляд ее — красавица, и голос ее — красавица, в чем мы убеждались по телефону. В этом месте нужно соврать, и я сейчас совру. Мы будем вместе, как были, всегда и никогда не остынем друг к другу. Если только ревность нас не пожрет, думала в ответ Нора. Что это значит, «будем всегда, как были»? И во времена Первого Храма? И во Флоренции «белых гвельфов»? И за пределами «воздушного существования»? В космической, что ли, данности, в до-Адамовой цельности? Так, что ли? Ищи тебя тогда свищи в археологических стратах Земли, улыбалась она. Лучше уж не теряться.

«Первое Дно» пребывало в пьяной полудреме. Генри, клюя носом, раскатывал рулады Шопена в своей интерпретации к «бэби». Матт меланхолично бродил с кием вокруг бильярдного стола, примеривался, будто охотник на мух, потом наносил оглушительный удар и улыбался Норе: все под контролем. Бернадетта, возвышаясь, как осадная башня, томно танцевала с Пью. Мел О'Масси мирно спал в полуразвалившемся кресле. Бруно Касторциус, подчиняясь хорошо развитому у него чувству солидарности, тоже был здесь. Он раскладывал карты и улыбался своими неровными, мягко говоря, зубами.

«Видишь, Нора, какая идиллия, — сказал Алекс. — А ведь эти гады чуть меня не убили однажды в разгар «холодной войны». — «Ты, конечно, спал с этим женским кентавром?» — спросила Нора. «Разве это могло быть иначе до того, как ты появилась на сцене, мой Ренессанс», — ответил Алекс в самовопрошающем сладостном стиле. Берни тем временем приблизилась сзади, лизнула Нору в ухо и прошептала: «Я люблю твоего папочку, киска».

Генри внезапно заснул на своих клавишах, и в наступившей тишине очередное заявление телевидения достигло этой страницы: «Семьдесят процентов американцев не удовлетворены своим сексуальным опытом».

Сладкая ночь на краю континента, имеющего смутное сходство с песочными часами.

7. Момент закрытия рта

В этот момент мы снова как бы слегка и не по своей воле, а скорее по законам модернистской композиции начинаем фокусничать с хронологией и с зазевавшимся читателем. Кричим «стоп! стоп!» и быстро гоним камеру назад (или вперед?), ну, в общем в осень 1986 года, в «Вествуд колониал паркинг», где АЯ стоит в куртке, набитой сотенными бумажками и порошками кокаина. Нам кажется, что именно в данный момент мы можем закрыть изумленно распахнутый рот молодого человека с трепещущими на ветру челкой и галстуком. Почему именно в этот момент, почему мы не продолжили рассказ о трех годах, что должны были уложиться между двумя зафиксированными мгновениями? Ну, во-первых, потому, что такой рассказ в полном виде мог бы переполнить даже наш «Макинтош», а во-вторых — и это более важно, — мы не хотим нарушать ритм нашего повествования.

Итак, долговязый испустил немыслимый вопль «Саша Корбах!» и закрыл рот. Теперь, после восстановления нашего «хронотопа», для завершения части мы начинаем передавать события в лапидарном изложении. Долговязым любителем сахарку оказался некий Родней Помретт, фанатик современного театра, который когда-то, сто лет назад, приезжал с группой Фрэнка Шеннона в Москву для ознакомления с театром «Шуты».

Кокаинная вялость у долговяза испарилась и уступила место взрыву памяти. В течение нескольких минут он засыпал Корбаха цитатами из собственных маэстро изречений. Отправил Лероя Уилки за театральным народом. Через час после опознания великого режиссера современности, то есть через четыре года после его прибытия в США, на крыше паркинга началась «вэлкам парти»...

Единственной машиной на крыше оказался красный ЗИС-101. Народу набралось не менее двух дюжин: кто из «Театра на Бетховен-стрит», кто из «Заднего кармана», кто из «Арго», ну и так далее. Все обнимали маэстро, которого давно уже считали выбывшим из числа живых. Многие плакали. Саша отпустил все тормоза, хохотал и тоже смахивал слезу: наконец-то среди своих, среди авангарда, среди бессребреников! К утру узнали, что Фрэнк Шеннон летит из Нью-Йорка со всем своим классом, а с ним и представитель Группы театральных коммуникаций. Корбах нашелся, Мейерхольд нашего времени!

В последующие дни газеты напечатали несколько статей с фотографиями. Одна фотка оказалась особенно удачной: на отшлифованной макушке Александра Яковлевича поместился масляный блин. Газетчики, конечно, раньше не слышали ни его имени, ни мейерхольдовского. Главной новостью оказалась не находка Помретта, а то, что московский режиссер, к тому же носящий имя одной из главных американских корпораций, четыре года работал парковщиком машин в Вествуде.

— Вы «сделали новость», мой друг, — сказал седовласый, сияющий от счастья профессор актерской школы Шеннон. — Вы знаете, как это у нас водится в Америке: если собака укусила человека — это не новость, новость — это когда человек укусил собаку.

Алекс кивнул:

— По этой логике новостью будет американский парковщик, ставший режиссером в Москве, верно? — Он почесал затылок. — Хорошо, что газетчики не нашли в «Вествуд паркинге» еще более увлекательных деталей для этой новости.

Так или иначе, произошла некоторая, пусть умеренная, сенсация, и Александр, к тому времени уже достаточно американизировавшийся, ждал, что последуют какие-нибудь предложения из театров (ну, скажем, «Арена Стэйдж», или «Кокто», или «Ля Мамма», назовите сами), а то даже с Бродвея или из Голливуда. Он все же еще недостаточно американизировался. Только позже он понял, что люди, которые делают «предложения», никогда не читают в газетах новостей о парковщиках.

Местный театрик «Арго» все-таки предложил ему поставить у них Чехова. Его давно уже слегка подташнивало от бесчисленных сценических вариантов сестер-дядьев и чаек-с-вишнями, но все-таки он завелся и предложил им в ответ некую пост-модернистскую Чеховиану. Увы, «аргонавты» хотели более традиционный, то есть все-таки более коммерческий, вариант. За все про все маэстро Корбаху была предложена сумма, которую он зарабатывал в неделю у Тихомира Буревятникова. Получалась какая-то идиотическая ситуация: возвращаться на паркинг после «сенсационного раскрытия» было невозможно, прокормиться без паркинга было нечем.

Все решилось совершенно неожиданным образом. Нора, собрав все вырезки из газет, соорудила ему превосходный curriculum vitae и отправилась с оным к президенту своего «Пинкертона». О, эти американские си-ви, до сих пор непонятные русскому разуму и сердцу! Русский ведь человек привык прибедняться, скромничать, опускать глаза долу. Он все надеется, что кто-то за его спиной, так, чтобы не смущать, распространит о нем похвальную информацию. Трудно ему понять, что здесь, в Америке, ты должен сам показать свой товар лицом: да, гениален, да, эффективен, да, совсем не стар, да, не лишен юмора, да-да, будет хорошим коллегой.

Так или иначе, но к Александру Яковлевичу вдруг явилось письмо с университетским грифом, с тисненой печатью и личной, отнюдь не скопированной, подписью президента Миллхауза, одного из столпов американского образовательного процесса, достоинству которого могли бы позавидовать иные избранники Белого Дома.

Дорогой господин Александер Корбах,

зная Вас как одного из выдающихся режиссеров современного мирового театра, Президент и Совет Попечителей университета «Пинкертон» имеют честь предложить Вам позицию «режиссера-в-резиденции» сроком на три года (с полной возможностью продления) и с годовым окладом 70 000 долларов (переговоры по поводу увеличения этой суммы возможны). В договоре, разумеется, будут предусмотрены все дополнительные бенефиты, в частности, по медицинскому страхованию и пенсионному фонду.

Мы искренне надеемся, что Вы примете наше предложение и академическая общественность нашего университета, а также и всего Большого Вашингтона обогатится таким исключительно ценным сотрудником. Мы предвкушаем удовольствие от новых спектаклей в нашем экспериментальном театре, созданных под влиянием Ваших театральных, поэтических и философских идей.

С более подробным письмом к Вам обратится заведующий кафедрой театра профессор Найджел Таббак.

Искренне Ваш Бенджамен Ф. Миллхауз, Президент.

В тот же вечер позвонила Нора. Получил? Проси восемьдесят пять, дадут восемьдесят. Что, ты еще не решил? Саша, неужели ты не понимаешь, что нам на Западном побережье делать нечего? Ошеломленный этим «нам», он стоял на своем деке и прощался с густо лиловеющим океаном, по которому сильный южный ветер гнал мексиканскую рябь. Ну что ж, Океаша, из всех существ Нового Сира ты был ко мне самым снисходительным. Уезжаю к твоему не столь широкому в животе, а, пожалуй, продолговатому брату. Не обижайся, ведь вы же связаны друг с другом, как сиамские братья.

Итак, к концу шестой части, в начале восемьдесят седьмого года, наш герой отметил прохождение середины романа переездом в столицу нации город Вашингтон, который прижившиеся там русские эмигранты именуют Нашингтоном. Он снял, а впоследствии и купил квартиру в сердце густо набитого всякими человеческими типами района Дюпон. Теперь вместо снисходительного к Саше Океаши он мог видеть из своих окон винную лавку «Микси Ликуорс», кафе «Зорба» и «Чайльд Гарольд», многоцелевой универмаг «Подымающаяся Лямбда», а также книжный магазин Крамера, в который можно было зайти в час ночи и выпить пива.

Прежде чем завершить эту часть, нам тут следует сказать, что первым человеком, позвонившим Саше по телефону, оказалась даже не Нора, а ее отец Стенли Корбах. Во-первых, он поздравил четвероюродного кузена с благополучным (что он имел в виду, предоставляем предположить нашему проницательному читателю) переездом из Эл-Эй. Во-вторых, он сообщил, что звонит из больницы. На вопрос, что случилось, он бодро ответил: «Начался нормальный процесс угасания», — после чего перешел к обсуждению новых гипотез миграции Десяти Колен Израилевых.

На этом мы завершаем шестую часть и переходим ко второй половине книги.

VI. Лев в Алиото

Морской лев резвится у рыбацкого причала...

A sea-lion plays near the Fishermen's Wharf.
Третий раз за пять лет прихожу в ресторан «Алиото».
Меня тут не забыли, помнят, что не вор.
Прошлый раз приветствовал сам синьор Акселотл.

С тех пор тот лев не постарел...

Since then that sea-lion hasn't grown old,
Беженец моря ретив и, пожалуй, развязен.
Не скажешь, однако, что и чертовски молод.
Временами даже смешон в своем куртуазе.

К львицам залива Сан-Франциско...

Toward the lionesses of the San Francisco Bay.
Хочется напомнить ему как шаман шаману:
Хоть вы и хулиган, батоно, но все-таки не плебей,
Чтобы ради шайки блядей этой бухты предстать атаманом.

Где ты рассеял свое семя, свое потомство,
                                        все капли своей джизмы?

Where have you scattered your seed, your posterity,
                                        all drops of your jism?
Могут его спросить в час алкогольного сухостоя.
Можете ли по-комсомольски оценить свою жизнь,
Ту, что плескали когда-то в пучины, не зная покоя?

Найдешь ли лучшее убежище для ебаря на покое?

Could one find a better refuge for a retired stud?
Трудно найти веселее проток в пацифистском пространстве:
Салаты, селедки, красотки из блядских стад,
Словом, все, что потоком течет из местного ресторанства.

Мэтр Акселотл возникает как типаж из моего шедевра...

Maître Akselotl comes up as a type from my major oeuvre.
Буно джорно, Алессандро! Вам привет от Грапелли.
Я вижу, вас занимает там внизу, этот майор Моржов?
Должно быть, проводите двусмысленные параллели?

Он является сюда, неизменно под газом, раз в год или два...

He comes here, always inebriated, once in a year, or two.
Отчасти это похоже на побывки опытного маримана.
Неделя дебоша, и он сваливает в пустоту,
Иными словами, сэр, на просторы мир. океана.

Не говорите мне, Акселотл, что вы можете его различить...

Don't tell me, Akselotl, you can distinguish him
Из миллиона морльвов в их гедонистском раже.
Уж не по рожам же, право, вечно бухим?
Как вы можете выделить эту вечно нахальную рожу?

Послушайте, Алессандро, вы видели его левый клык?

Listen, Alessandro, have you seen his left fang?
Метрдотель наклоняется, таинственно подсвечен.
Левый клык у него золотой, как саудовский танк.
Вот по этому признаку он может быть нами вечно отмечен.

Вскоре после того обеда, в час заката...

Shortly after that dinner, by the time of sunset,
Когда ляпис-лазурный и индиго фронтиспис
Отражал весь большой океанский трепещущий свет
На стеклянных боках центрального Сан-Франциско,

Кто-то сделал на компьютере двойной «клик»...

Somebody made in his «apple» a double click,
Отражением отражения вспыхнуло время,
И с пронзительным чувством я узрел золотой клык
Уплывающего в открытые просторы морзверя.

Он покидает, друзья, эти обильные берега...

He is leaving, my friends, these opulent shores,
Покидает обжорные причалы и грязные сливы,
Скорость нарастает, как под ударами шпор,
Зуб, однако, поблескивает в прощальном «Счастливо!».

Он делает вид, что знает свой новый маршрут...

He's pretending he knows his new destination,
Будто бы знает не только средство, но также и цель
Там, на другой стороне океана, где мытые чистые гейши
Станцуют ему апофеоз из балета «Жизель».

Грудь его, еще мощная, раздвигает течения,
Он плывет к горизонту, где время качается,
                                              будто смерча нога,
Зуб его золотой излучает свечение.
He is going, going, going, mafiozo and merchant... Gone!

Он уходит, уходит, уходит, мафиозо и купец... Пропал!

Часть VII

1. Боль и обезболивание

В январе 1987 Стенли Корбаху исполнилось шестьдесят. Никто не заметил приближения этой даты ни в семье, ни в его офисе, то есть в штаб-квартире империи. Да и он сам не заметил этого. Конечно, он знал, что приближается к границе между средним возрастом и тем, что французы элегантно называют L'Age Troisiém, но дату забыл.

Вообще-то в романе предполагалось нечто вроде вот эдакого: может быть, в своем джете или на теннисном корте Стенли хлопнет себя по лбу и воскликнет: «Ба, да ведь мне уже шестьдесят, мой верный и послушный народ!» После этого он должен был перевернуть страницу какого-нибудь доклада или ударить ракеткой по мячу, ну, в самом вероятном случае налить себе скотч и забыть про юбилей. Что касается «верного народа», для него понятие преклонного возраста было несовместимо с образом Стенли Корбаха, этого вневременного босса, благосклонного Гаргантюа своих коммерческих владений. Вот так вот как-то предполагалось в романе, но получилось все-таки иначе.

Утром этого дня — за окном отвратная мешанина зимнего Вашингтона, снег или ледяной дождь, ветер и летящие листья — Стенли в его больничной палате посетила католическая монахиня сестра Элизабет. Она перекрестилась на распятие, висящее в углу напротив телевизора, и сказала мягко:

— Доброе утро, мистер Корбах! Вам сегодня исполнилось шестьдесят, сэр. Поздравляю вас от всего сердца! — Она взглянула на него своими глазками-незабудками, окруженными милым орнаментом морщин, и улыбнулась с нежностью непорочного ребенка. Было ясно, что все, произносимое ею, идет от всего сердца, ибо она принадлежала к малому числу душ, не испорченных существованием. — Сегодня вам, возможно, придется перенести тяжелую операцию, и я буду молиться за вас, мой дорогой мистер Корбах, сэр.

Стенли был тронут почти до слез. Он вытащил из-под одеяла руку и попросил:

— Пожалуйста, дотроньтесь до моей руки выше локтя, моя дорогая сестра Элизабет. — Она охотно это сделала, а потом вдруг отдернула пальцы, как будто что-то было в этой руке, за что она не могла помолиться. Стенли продолжал, не заметив этой дрожи: — Спасибо вам за ваше обещание молиться обо мне во время операции. Я тоже буду молиться, но только уж не знаю о чем, может быть, просто о себе и о своей операции, а может быть, о чем-то другом. Начинаю молиться прямо сейчас и буду продолжать, пока доктор Херц не возьмет меня на анестезию. Сделайте одолжение, сестра Элизабет, останьтесь со мной на несколько минут. Просто посидите в углу, моя дорогая, а я буду молиться то ли по-иудейски, то ли по-христиански, по-магометански, а может быть, даже немного и по-язычески.

Монашка молча кивнула и огляделась, где сесть. На миг ей показалось, что в комнате с большим достоинством сидит какой-то представитель одной из нехристианских, конфессий, но миг прошел, и она спокойно уселась под маленьким деревянным, хорошей резьбы распятием, четко выделявшимся на суровой белой стене.

Стенли Корбах начал бормотать что-то неразборчивое. Он уходил все дальше в это бормотание и, казалось, сам уже не вполне понимал его смысл. Сестра Элизабет сидела, опустив лицо и положив руки на колени. Монотонное бормотание временами прерывалось чуть ли не диким выкриком. В эти моменты монашка поднимала голову, и ее лицо освещалось таким живым чувством, что казалось, будто она понимает всю невнятицу одурманенного сильными обезболивающими средствами сознания — или подсознания. Пользуясь правом на авторское своеволие, мы постараемся представить перед уважаемым читателем картину того, о чем бормотал Стенли Корбах в его странной молитве перед операцией в хирургическом крыле вашингтонского католического госпиталя.

Вавилоняне разрушили Храм и подожгли город со всех сторон. И жители Иерусалима были сметены ужасом и тоской. В темноте многие из них попытались бежать из города и найти спасение в скалах Иудейских гор. В этот час царь Навуходоносор вошел в город, где все еще шли грабежи и убийства. Иудейский царь Зидкия и его семья были взяты в плен. Их приволокли к подножию вавилонского походного трона. Зидкию заставили смотреть на казнь его детей. После этого его ослепили кинжалом и приковали к колонне. В это время уже появились толпы иудеев, гонимых бичами и пиками в рабство.

Один ремесленник, чья лавка в узкой улочке у подножия горы Мория была только что разграблена вавилонскими солдатами, тащился в толпе пленных; его звали Кор-Бейт, что на иврите означает «холодный дом». Вдруг он увидел прикованного своего царя, который выл диким воем от нестерпимой боли. Кор-Бейт не смог выдержать такого унижения.

Я знаю, что этот Кор-Бейт был моим предком, бормотал Стенли. Я вижу все это, как в фильме, отснятом двадцать пять веков назад. Я уже видел этого или другого Кор-Бейта всякий раз, как принимал морфин. Я видел, как он вытаскивает кожи из погреба своего «холодного дома» и делает из них защитные жилеты и высокие сапоги. И вот я вижу в этот момент, когда молюсь перед операцией на своих половых органах, как Кор-Бейт выскакивает из толпы, выхватывает меч у стражника и пытается заколоть царя Зидкию, чтобы избавить того от страданий. Я вижу, как вавилонские солдаты одолевают его и тащат к ногам Навуходоносора, что сидит на своем походном троне на испоганенной террасе нашего Храма; мантия запачкана кровью Зидкии и его детей.

«Ты хотел лишить его чувств?» — спросил Навуходоносор Кор-Бейта, и мой предок ответил: «Йес, сэр», очень вежливо. Царь был очень мрачен в тот день его триумфа над Иудеей. Он хорошо знал астрономию, и у него были более или менее личные отношения с Астартой. По расположению светил он понимал, что богиня не одобряет кровавую баню, но он также знал, что у него нет выбора. Проблема финальной анестезии волновала его. Он спросил Кор-Бейта, что тот предпочитает, чувства или полное спокойствие. «Чувства», — ответил Кор-Бейт, будучи настоящим еврейским ремесленником. «Ты сказал», — кивнул Навуходоносор и приказал вырезать хорошую плеть из его кожи и этой плетью дать ему пятьдесят хороших ударов, не щадя никаких участков тела.

Католическая моя сестра Элизабет, что ты думаешь об этой иудейской истории? Мне кажется, я вижу небо той ночи над Иерусалимом, непостижимую прозрачность свода и две звезды, как будто движущиеся к нам, ко мне и к нему, моему предку, что ползет среди наваленных трупов к своему «холодному дому». Он выжил, сестра, и уберег свои яйца, иначе тебе не пришлось бы сейчас молиться за этого ебаного грешника Стенли Корбаха. Он выл всю ночь и потом еще целый месяц, но временами в бреду перед ним, между стеной полной боли и стеной полного обезболивания, вдруг возникала мгновенная картинка птичьей стайки, которая передвигалась в голубом воздухе с такой синхронностью, словно была единым существом.

Так Стенли Корбах бормотал и мычал все это, или меньше, чем все это, или больше, чем все это, пока дверь не открылась и в палату не вошел доктор Эдди Херц, его собственный Навуходоносор. За ним следовала толпа молодых врачей, сестер и студентов. Такова была практика утренних обходов, и для богатых пациентов исключений не делалось, даже если они могли, не моргнув, купить весь этот престижный католический госпиталь.

«Привет, Стенли! — сказал доктор Херц в манере университетского спортклуба. Выдающийся уролог, он был похож на чемпиона по легкой атлетике. — Потрясно выглядишь сегодня!» Он всегда старался относиться к своим пациентам, во всяком случае во время утренних осмотров, так, будто они перенесли простую спортивную травму.

Проблемы «Большого Корби» — как иногда за глаза его называли партнеры; он ненавидел это! — начались «из голубизны» (английская идиома для обозначения неожиданности) почти в буквальном смысле. Однажды во время полета из Парижа он обнаружил в себе некоторую странную аномалию, которая может показаться просто смехотворной в контексте рынка ценных бумаг и капитальных инвестиций, чем он был озабочен всю ту текущую неделю. Он не мог писать, несмотря на то, что его мочевой пузырь готов был уже лопнуть от излишних почечных поставок. Два из трех часов сверхзвукового полета он провел в туалете, стараясь выжать из себя хотя бы полстакана жидкости, которая, бывало, покидала его в виде мощной, слегка звенящей струи. Пассажиры «конкорда» были удивлены, обнаруживая, что один из двух чуланчиков постоянно занят.

Оказалось, что у него гипертрофия мужской железы, простаты, которая обычно сидит под мочевым пузырем и мирно продуцирует сперму, однако при увеличении, что случается в «третьем возрасте», может сжать мочеточник, и все это не имеет никакого отношения — или совсем малое — к финансовой ситуации в мире.

К концу того дня Эдди Херц, насвистывая «Примаверу» Вивальди, ввел гибкий катетер в пенис вконец измученного мегамиллиардера и освободил его мочпузырь от излишнего груза. Какая боль и какое облегчение, вы бы знали, народы мира! Вот вам мир чувств и ощущений; боль и благость существуют иной раз вплотную рядом. Не сестры ли они, сестра Элизабет?

На период тестов и анализов Корбах получил продолговатый пластиковый контейнер, который соединялся с катетером и был привязан специальными штрипками к левой ноге пациента. Он мог ходить и вдобавок к этой замечательной способности мог, задрав штанину, наблюдать скопление клюквенного сока из его травмированных мочпутей. «Пожалуйста, Стенли, воздерживайтесь от любого вида сексуальных возбуждений», — сердечно посоветовал доктор. «Разве таковое еще существует?» — мягко простонал пациент. Доктор загадочно улыбнулся. Легко сказать, трудно сделать. Почти каждую ночь в госпитале Корбаха почему-то посещали колоссальные эрекции, причинявшие ему поистине вавилонскую боль.

По мере того как команда Эдди Херца расширяла свои тесты, общее физическое состояние нашего гиганта все усложнялось. Выяснилось, что его коронарные артерии забиты холестериновыми формациями так же густо, как тропы горной Иудеи были перекрыты патрулями вавилонян и филистимлян. В таких условиях трудно было решиться на «хирургические мероприятия», по выражению Херца. К счастью, Стенли еще не нуждался в операции «байпас» на открытом сердце, можно было обойтись ангиопластикой, то есть прочисткой артерий. К несчастью, в сценарии было еще одно серьезное осложнение: ангиопластику даже при всем современном оборудовании было рискованно проводить на фоне продолжающегося кровотечения. И наконец, была еще одна, самая зловещая, опасность: увеличение простаты могло быть следствием злокачественного процесса. В этом случае надо было готовиться к большой полостной операции.

Стало быть, прежде всего надо было прибегнуть к биопсии, которая сама по себе, разумеется, относится к числу «хирургических мероприятий». Если Стенли повезет и опухоль окажется доброкачественной, тогда к железе, что Стенли застенчиво называл «моя сливочная фабрика», будут добираться без раскрытия живота все через тот же старый орган, который упорно возражал против того, чтобы его считали просто частью водопроводной системы. «Полный вперед, док, — сказал Стенли, — делайте все, что вам нужно, с этим столь несовершенным судном для путешествия души, как выражается один мой русский родственник».

Херц обсуждал с Корбахом все детали, как стратеги Пентагона, возможно, обсуждали зачистку Панамы. Сначала они решили сделать ангиопластику, и они сделали ее. После того как наш гигант оправился от этого мероприятия, его опять отправили в операционную и вытащили из него кусочек увеличенной железы на анализ. Затем, как несколько лет или несколько минут, протянулись несколько дней полуагонии в ожидании результатов. Дело осложнилось тем, что все это совпало с длинным уик-эндом национального праздника, когда университетские лаборатории были закрыты. Разумеется, «АК энд ББ корпорейшн» могла открыть все лаборатории города и заплатить за это любую цену, однако наш пациент резко возразил против такого варианта, сказав своей жене: «В этой фазе жизни, девочка, я хочу быть таким же, как все мои братья, я хочу испытать агонию и надежду. Агонию и надежду, мой друг; только так». В решающий день Эдди Херц не заставил их ждать. Деловито войдя в палату, он объявил хорошие новости. Канцера нет, опухоль доброкачественная.

Всю неделю до этого, лежа в постели, с иголочками, проникающими в главные пути его внутренней галактики, он продолжал думать о двух главных, как он полагал в это время, вопросах: чувства, то есть существование, и отсутствие чувств, то есть несуществование. Транквилизаторы, болеутоляющие, а также некоторый напиток Вечного Жида проделали какую-то странную шахту в его сознании: он не знал, то ли ему снятся ошеломляющие сны, то ли это какой-то иной вид путешествия во времени и пространстве. Он был уверен, что существуют онтологические параметры за пределами жизни, и не боялся смерти. И все-таки, когда перед биопсией он получил мощную общую анестезию и в следующий миг очнулся для того, чтобы понять, что «хирургическое мероприятие» завершилось и в нем содержалось на деле несметное число мигов, в коих он просто не существовал, его пронзила смертельная идея полного отсутствия онтологии, отсутствия чего бы то ни было за пределами мига чувств, иными словами, отсутствия Бога. Разверзлась идея тотального ужаса, и с этой идеей в обнимку его оставили ждать лабораторных результатов во время длинного уик-энда в столице Соединенных Штатов.

Ну что ж, мы немедленно начнем подготавливать вас к мероприятию на вашей простате. Доктор Херц попросил кусок бумаги и в лучших традициях американской хирургии начал фломастером пояснять пациенту, что они собираются делать с его бедной плотью. Главная цель этой сравнительно недавней техники состоит в том, чтобы избежать большой операции по удалению «сливочной фабрики». Вместо удаления мы через ваш мочеточник берем только часть тканей, так что в будущем «фабрика» сможет возобновить работу хотя бы частично.

Стенли кивнул и спросил, как долго это протянется. Полтора часа, был ответ. А как насчет анестезии? Что насчет анестезии? Существует хорошо разработанная болеутоляющая техника для этого типа операций. А в чем дело, Стенли? Я не хочу полной анестезии, Эдди, даже если будет больно. Оставьте мне хоть часть сознания, о'кей? Эта операция не требует полной анестезии, сухо сказал Херц и покинул палату. Ему не нравились пациенты, которые заказывают себе анестезию, как будто это гарнир в ресторане.

Дружелюбие, впрочем, вернулось к нему в предоперационной, когда он увидел Стенли замкнутым на все трубки и окруженным командой анестезиологов. Мистер Президент, я вам гарантирую, что завтра утром ставки «АК энд ББ» подскочат резко вверх! Давайте, давайте, думайте о бирже, о теннисе, о ваших парусниках, о женщинах, но только не о Навуходоносоре и Торквемаде! Мы забыли сказать читателям, что доктор и пациент стали приятелями после недели, проведенной на теннисных кортах острова Мартас Винъьярд.

Вскоре после этого напутствия Стенли Корбах начал снижение (или подъем) в облака блаженного, медленно вращающегося путешествия внутри самого себя или вокруг самого себя. Он ничего не видел, кроме исключительно приятных волн чего-то волнообразного, и ничего не слышал, кроме обрывков медицинской терминологии, произносимой какими-то добрыми духами. Среди этого блаженства кто-то время от времени тянул или дергал его член, но это ничуть не уменьшало чувство всеобщей гармонии. Как раз напротив, что-то прибавлялось. Он улыбался, показывая, что ему знакомы эти движения, он и раньше их испытывал там, где он недавно был, в его жизни, вот именно в том, что сейчас лежит немного сбоку от него. Нет ничего вредного в этих дерганьях пениса, ничего демонического, это все невинные игры существ, которых когда-то называли — и все еще, все еще называют! — людьми.

Позже поле его зрения, если мы можем назвать это зрением в обычном смысле слова, разделилось на сегменты, и в этих сегментах он мог видеть, или предвидеть, или вспомнить какие-то подробности жизни, увеличенные или уменьшенные, а то и целые панорамы, сфокусированные или размазанные, и все это вместе было предельно милым и близким: вдруг локоток высунулся из розовой розы кружев, потом явилась мощенная булыжником улица, в конце которой полоскалось темно-синее море с белыми барашками во всю ширину, кто-то шел под темными арками, он был горд своими новыми сапогами, он приближался к какому-то решающему повороту в жизни, маленькое белое пятно в углу сегмента быстро превращалось в трепещущий холст, появился экипаж, влекомый двумя ярко-коричневыми лошадьми, стук их копыт смешался со стуком его каблуков, дверь кареты открылась, маленькое розовое пятно вдруг вздулось огромной розой, весь шелк и кружева, и взбитое, как сливки, чувство юности, смешанное с горечью расставания; навсегда, ну что ж, прощай! Маленький мяч мрака катится через сцену, волоча проволочный хвост. Выплюни комок слюны! Выпей воды, вина или молока, вступи на сходни, глотни моря, глотни юности, триумфа, не верь, что тебя убьют как жида, когда вернешься, насладись своим свиданием и скажи этим губам и пальцам и всем другим частям розы: сеньоры, сделайте это так, как вы хотите, я весь ваш.

«Какое сейчас давление? — спросил Херц своих помощников. — Кэти, будьте любезны, добавьте седативов в систему, благодарю вас».

Сегментация круга исчезла, равно как и сам круг растворился в уюте и тепле наркотической полунирваны вашингтонского католического госпиталя.

2. Доступ к телу

Он постепенно приходил в себя уже в своей палате. Естественно, первое, что отчетливо сфокусировалось, оказалось телевизором, мощно прикрепленным к потолку помещения. Какой все-таки гуманный подход к основным нуждам прикованного к постели пациента! Странная игривость ума напомнила ему первую фазу похмелья. Что послеоперационный больной жаждет увидеть после путешествия в околоастральные сферы? Ну конечно, реальность, то есть телевизор. И рука его сразу после пробуждения автоматически рыщет в поисках переключателя.

На экране, как обычно, шумело ток-шоу с популярной ведущей, которая все еще не могла решить, какой образ ей больше личит: капризного бэби с пухлыми губками или пронизывающей очкастой стервы. Народ обсуждал вечно горячую проблему семейного кровосмешения.

Стенли уже предвкушал полчаса замечательного национального времяпрепровождения, когда кто-то выключил манящий экран.

— Мой бедный мальчик, мой любимый, — услышал он и, скосив глаза, увидел свою законную супругу, сидящую возле кровати и плачущую скромно и нежно в свой платок, несомненно тщательно подобранный для плача возле постели сраженного мужа.

Как она красива, подумал он. Какую отличную «куколку Барби» я подцепил двадцать три года назад! Кто осмелится сказать, что в ее лице мы видим бабушку двухлетнего мистера Даппертата-младшего?

— Что ты хочешь попить, мой дорогой? — спросило изящество. — Минеральной воды, куриного бульона?

Он усмехнулся:

— Что бы я действительно выпил сейчас со смаком, это бутылку «Гролша».

— О пиве нужно забыть, дорогой, — произнесла она слезливым голосом. В соответствии со всеми славными традиция-

232

ми она подоткнула чуть-чуть подушку над головой гиганта и чуть-чуть склонилась, намереваясь охладить поцелуем его жаркий лоб.

— Поосторожней, Марджи, — предупредил супруг. — Херц сказал, чтобы я избегал сексуальных возбуждений, пока из хера торчит резинка.

Она вздохнула, и в глазах ее промелькнул отблеск постоянного и привычного возмущения:

— Ну как можно говорить в такой манере сразу после операции?! И почему всегда должен быть юмор, почему нельзя без иронии? Почему даже после этого мученичества ты не можешь позволить себе нормальных человеческих чувств, мой дорогой, мой храбрый, мой такой драгоценный Стенли?

Он повел слабой рукою:

— Нет, нет, Марджи, я вовсе не юморю, вовсе не иронизирую, Боже упаси. Я просто говорю о пиве, о сексе и о катетере в члене, вот и все. — Сказав это, он немедленно заснул.

День за днем он чувствовал себя все лучше. На третий день был удален катетер. Эдди Херц явился, резво, как всегда, фломастером обрисовал Стенли ситуацию в его нижних этажах. Что касается вашей вирильности, Стенли, сэр, мы можем ждать двух вариантов: хорошего и не слишком хорошего. Учитывая вашу исключительность, мы вправе надеяться на лучшее. У вас будет нормальная эрекция и почти нормальный оргазм; в наше время экологических катастроф это не так уж мало. Что касается эякуляций, не ждите прежних, как я предполагаю, гаргантюанских излияний, мой друг. Ну, просто не думайте об этом, не говорите об этом с вашим секс-партнером, и вы просто не будете этого видеть, если только вы не... В этот момент доктор Херц посмотрел на своего пациента таким макаром, каким какая-нибудь «идише мама» смотрит на своего неисправимого мальчика.

Тут Стенли признался, что он уже провел небольшой эксперимент сродни тем, что практиковались сорок два года назад у них в казармах морской пехоты в тихоокеанском бассейне военных действий. С оргазмом действительно все было в порядке, однако он едва не расплакался, когда увидел в результате своих усилий лишь жалкую капельку водянистой жидкости. Не беспокойтесь, Эдди, я не собираюсь подавать на вас в суд за халатность. Вы сделали превосходную операцию, и я вам чертовски благодарен. Просто это грустно, как любой декаданс. Ах, Стенли! Херц упрекнул его за преждевременные эксперименты на столь сильно травмированном органе. Эта штука у вас улучшится, конечно, но все-таки не ждите вулканических извержений. Держите ваше либидо живым, но постарайтесь быть поумереннее и попроще в этой сфере. Какая простая и умеренно грустная история, вздохнул наш богач.

Он оставался в госпитале еще три дня. Пожалуй, ему даже нравилось беззаботное валяние. Он смотрел ти-ви, и читал газеты (все разделы, кроме бизнеса), и принимал визитеров. Он улыбался этим пилигримам и показывал им знак «"V" for victory». Иногда ему казалось, что он смотрит на визитеров с какого-то огромного нефизического расстояния своих недавних «путешествий» оттуда, где не важно, жив ты или мертв, существовал ты, существуешь, будешь существовать или ты не существовал, не существуешь и никогда не будешь существовать, оттуда, где одновременно и скорняк Кор-Бейт ползет, как ободранная ящерица, по заваленной трупами улочке Иерусалима, и незнакомая, но почему-то родная еврейская старуха сидит на высокой кровати, с которой ноги ее не могут достичь пола, сидит, опустив свое лицо, на котором кончик носа как бы пытается достичь кончик подбородка, старуха, застывшая в недостижимости и каменной тоске; мгновения эти, однако, исчезали, и он не без удовольствия возвращался в воздушную среду, к физическим пределам существования.

Среди первых визитеров был, разумеется, его крупнейший партнер и дальний родственник Норман Бламсдейл. Он попросил пятнадцать минут и получил их. Взглянув на него, Стенли подумал, что у болезни были и некоторые положительные стороны, в частности, он полностью забыл о существовании Нормана Бламсдейла. Теперь он сидел на кровати в позе лотоса, таким образом очень сильно возвышаясь над своим вице-президентом, утонувшем в мягком кресле.

— Ты хорошо выглядишь, Стенли, — сказал Норман.

— Ты тоже, Норман, — сказал Стенли.

Они лицемерно улыбнулись друг другу. Краем глаза Бламсдейл поглядывал в настенное зеркало. Проклятый супер-Корбах сидит в своем халате, как император. Можно было бы сказать, что мизансцена специально подстроена, чтобы меня унизить, если бы я не знал, что это ему никогда не придет в голову. Все происходит само собой. Мерзавец просто предрасположен возвышаться над приличными людьми. Стенли проследил его взгляд и улыбнулся:

— Прости, что я наверху, старина: это же госпиталь.

— Ничего, ничего, — сказал Норман.

Ты мошенник и зануда, думал Стенли. Я бы смирился с твоим мошенничеством, если бы ты не был так занудлив. Интересно, что Марджори нашла в этом мопсе? Может ли он быть хорошим любовником?

Норман открыл свой портфель:

— Позволь мне коротко тебя ознакомить с нашей деловой активностью за время твоей, м-м-м-м, медицинской активности. «Фрабинда» отказалась от своей заявки на покупку «Сиракузерса», но зато предложила семьсот миллионов наличными за двенадцать миллионов акций «Исмаил Ладда». Чтобы не вызывать паники, мы решили поднять ставки на пятнадцать процентов, имея в виду, что «Кииблс Куонтра» не-сможет купить больше, чем двадцать процентов нашей «Компак Оракл» — ты должен помнить это дело — по условиям пойзон-пиллз провизии ее байлоз. — Норман поднял голову от бумаг и увидел, что Стенли зевает. Это возмутительно! У него нет никакого уважения ни к корпорации, ни к тем сотням людей, что тяжело работают в поисках правильного решения. Сколько мы можем терпеть эти его зевки, которые он не скрывает даже на заседании Совета?

— О'кей, о'кей, — протянул Стенли и вдруг ошарашил: — А ты говорил с Керком?

— С Керком? — Норман открыл рот и позабыл его закрыть.

— Первое, что надо было сделать в описанной ситуации, это позвонить Керку, — сказал Стенли с выражением пресыщенности и скуки. — Следующее. Нужно прекратить подъем наших ставок, иначе вот тут-то и возникнет паника. Третье. Предложи миллиард за акции «Исмаил Ладда». Это все.

Норман закрыл рот и пожевал язык. Как опытный брокер он сразу понял, что стратегия, предложенная Стенли, и особенно намек на возможное сотрудничество с Керком Сметтеном, его личным другом и ублюдком почти той же пропорции, сразу просветит всю ситуацию и поведет корпорацию в правильном направлении. Теперь все было так просто! Почему это раньше никому не пришло в голову? Простота, обычно повторял Стенли на сессиях Совета, вот что нам нужно в наши времена, когда легионы посредников рвут на части нашу экономику и финансы. Что ж, надо отдать должное его решениям, похожим на удары сабли.

— Ну, знаешь, так нельзя, — с возмущением сказал Норман. — Ты все-таки не Ассурбанипал в «АК энд ББ»!

Стенли вздрогнул и посмотрел на него с темной улыбкой.

— Ты имеешь в виду Ассурбанипала или Навуходоносора?

Норман выскочил из своего унизительного кресла.

— Все знают, что ты прямой потомок основателя, что твое личное богатство составляет большой сегмент нашего бюджета, и все-таки, знаешь ли, ты все-таки глава корпорации конца двадцатого века все-таки, ведь это же не феодальное княжество!

— Семь, — сказал Стенли.

— Что «семь»? — взревел Норман, будто невменяемый.

— Я извиняюсь, Норман, но у тебя осталось только семь минут. Послеоперационному больному нужно отдохнуть с книжкой Франсуа Рабле на носу.

Упоминание книги, да к тому же еще автора, не известного собеседнику, просто взбесило вице-президента. Гад, он вечно претендует на интеллектуальное превосходство, этот Стенли, — тут вам и философ, и историк, и даже как бы высоколобый литератор! Руководство корпорацией для него — второстепенное дело, главное — это высокие предметы, генеалогия, видите ли, аристократ нашелся, реконструкция прошлого! Бламсдейл уже не мог сдерживаться. ·

— Я не удивлюсь, господин Президент, если в недалеком будущем на заседании Совета будет поднят вопрос о вашем руководстве. Современный финансовый мир — это слишком сложная структура, и мы не можем себе позволить иметь на вершине пирамиды безответственного, если не... не вполне... вот именно, человека!

Стенли хохотнул:

— Не вполне, это верно! Вполне не вполне!

Норману тут показалось, что он зашел слишком далеко.

— Ну, это просто то, что я недавно слышал о тебе. Как старый друг и близкий родственник я просто хотел тебя предупредить об этих далеко не безвредных слухах. Не забывай, мы все под огромным увеличительным стеклом!

— Норман! — вскричал Стенли.

— Да, сэр, мы под огромным увеличительным стеклом! — провизжал вице; на долю секунды его глаза выкатились из орбит, словно фотолинзы.

— Под огромным? — с восторгом воскликнул президент. — Хочется верить, что это так.

Он что-то другое имеет в виду, подумал Норман и продолжил:

— Стенли, я на десять лет моложе тебя, мы принадлежим к разным поколениям американцев, но я все-таки сын любимой кузины твоей матери!

Стенли важно поднял указательный палец:

— Тетя Дебора была в отличной форме, когда она тебя родила.

Норман отмахнулся от этой фразы, как от надоедливой мухи:

— Не прерывай меня, пожалуйста! У меня осталось всего пять минут, а мне еще нужно поговорить с тобой об одной важной вещи. Вернее, не о вещи, а о личности. Да, я настаиваю, о личности! Я хочу тебе сказать одну вещь об одной личности. Да, Стенли, я говорю о Марджори! Марджори — это не только красивая девушка моего поколения, она самая чувствительная и деликатная личность из всех на моем пути! И я хотел бы подчеркнуть, Стенли, что ты относишься плохо к своей жене, дорогой друг. На днях она вернулась из госпиталя в слезах. Она жаловалась, что ты окатил ее ушатом холодной воды, то есть «повернул к ней холодное плечо» по-нашему. Она пыталась к тебе от всей души, а ты ей ответил своей обычной иронией. Ирония в ответ на жалость, Стенли, это нехорошо. Не так ты должен относиться к матери своих детей. Стенли, только наша дружба и родственные связи позволяют мне поднять этот вопрос. В глубине души я мечтаю о том, чтобы наш клан Корбахов—Бламсдейлов стал воплощением любви и гармонии, Стенли!

Президент теперь внимательно смотрел на своего вице. Оказывается, он не такой уж зануда. Спит с моей женой и мечтает о семейной гармонии. Может быть, он тоже «не вполне»? Или его так ободрила специфика моей операции? Эта мысль совсем не понравилась президенту. Он чувствовал, что начинает рычать. Сейчас покажу ему настоящий львиный рык Ассурбанипала и Навуходоносора. Рык начался на низкой ноте, как будто из самых глубин древности. С каждой секундой он набирал мощь, словно в палате разогревал турбину истребитель «томкэт»: «А ну пошел отсюда вон, мошенник!» Не успел этот гром улечься, как комната была пуста. Ну, вот теперь они, гады, видят, что лев еще жив. Он растянулся на кровати и положил себе на нос том Рабле, открытый на сцене битвы с силами короля Пикрошоля. Боже, согрей меня своим увеличительным стеклом, но только не обожги меня, плиз, Создатель!

Следующие визитеры были намного приятнее. Явились Алекс Корбах и наша собственная дочь от музы кино Нора Мансур.

Отец давно уже узнал, что у Хеджи начался серьезный роман с представителем российских Корбахов. Он ничего не имел против. Родство было все-таки настолько дальним, что при всем желании эту любовь нельзя было назвать инцестом, милостивые государи. Помимо всего прочего, ему не нравился законный муж Норы. Он знал об этом изощренном парижанине, очевидно, больше, чем его дочь. Едва только новобрачные явились в «Галифакс фарм» семь лет назад, он заказал резюме на юношу в одном высококвалифицированном частном агентстве.

Омар принадлежал к большому и очень богатому семейству ливанских аристократов. Частично мусульмане, частично христиане, эти люди считали себя не арабами, а финикийцами, претендуя на то, что их корни уходят к полумифическим купцам и мореходам древнего мира. Это нормально, хотите быть финикийцами, будьте ими. Хуже то, что Омар весьма сомнительно завязан с самыми экстремистскими силами ближневосточной политики. Ходили даже слухи (неподтвержденные), что он под омерзительным ном-де-гер «Путак» руководил маленькой частной армией во время бейрутской бойни. Стенли Корбах, конечно, не собирался обнародовать свои сведения об этом смуглом и стройном человеке, похожем на мужскую модель с рекламных листов «Нью-Йорк таймс мэгэзин», однако вы, милостивый государь, конечно, можете оставить за собой право на получение дополнительной информации.

Заботливый отец пронюхал даже то, что Нора и Омар впервые появились вместе в конце семидесятых в Париже на одной из левых богемных вечеринок, участники которых многозначительно умолкали, если произносилось имя L'Action Direct. Конечно, он видел, что возлюбленная дочь после берклийских истерик целиком погрузилась в археологию, однако он знал также, что Хеджи до сих пор при слове «движение» начинает слегка задыхаться.

Ему доложили, что на следующий день после той вечеринки произошло удивительное совпадение: молодые люди встретились на борту самолета Эль-Ал курсом на Израиль. Сама судьба, казалось, направляла их передвижения. Омар поселился в тель-авивском «Хилтоне», в то время как Нора устроилась в археологическом лагере возле Ашкелона, то есть всего лишь в тридцати милях. Зная Нору, читатель может легко представить развитие событий. Все это понятно, думал Стенли, перелистывая рапорт агентов, непонятно только, почему они поженились. Не выполнял ли он задание по проникновению в корпорацию?

Корбаху не нравился Мансур. Не нравилось, как зять смотрит на него через стол или на поле для гольфа с довольно наглым выражением на хорошеньком лице, как будто у него тоже есть досье на тестя. Сквозь галантные манеры парижанина у него иной раз проглядывало странное выражение неоспоримого превосходства, довольно типичного для больших людей Ближнего Востока. Они смотрят на тебя так, словно владеют ключом к какой-то мистической безжалостной силе, способной когда-нибудь разнести на клочки «неверный Запад». Самое же неприятное состояло в том, что Стенли почему-то никак не мог себе представить, как Хеджи спит (или спала) с этим парнем. Зато он мог легко и одобрительно представить себе, как Хеджи спит с Сашей. Что может быть естественней? Трахайтесь, ребята, в свое удовольствие!

— Ну, как вы тут раблезианствуете, Ваше Величество Пантагрюэль? — такими словами Саша приветствовал Стенли.

— Вашими молитвами, Ваше Величество Король Шутов! — так ответствовал супер-Корб.

Нора впервые видела их вместе. Как вам это нравится, ребята пылают друг к другу симпатией! Когда они умудрились так подружиться? Она не знала, что за три года, истекших с начала их романа, Стенли и Алекс неоднократно встречались в Эл-Эй и проводили часы, обсуждая Данте, Рабле, Иосифа Флавия, Овидия, Римскую империю и маленькую Иудею с ее странной упорной борьбой против победоносных легионов; обсуждая также суть иудаизма — следует ли ему всегда быть таким суровым и отреченным от благ земных, как во времена Школы Йавне? — обсуждая также Иоанна Крестителя и омовения ранних ессеев...

Называть ли нам и прочие темы их дискуссий, Теофил? Изволь, называем: Нью-Йорк как «новый Рим», с его ордами варваров, ежедневно штурмующих город сверхпотребления; Москва как «новый Рим» в социалистическом варианте, с его собственными варварами, жаждущими потреблять, но стоящими пока что в полуголодных очередях; закат империй и закат Земли как таковой — ведь не вечно же она будет существовать; время как ловушка для смертных и путешествия за пределами этой ловушки под влиянием некоторых субстанций; воздушное пространство — всегда ли будет у нас достаточно воздуха и смогут ли люди на внеземных колониях производить воздух и удерживать его вокруг себя; ветер, этот сказочный Божий дар, без которого не возникло бы лирической поэзии — стало быть, на внеземных колониях не будет поэзии? — парусный спорт — побьем ли мы в следующем сезоне проклятых австралийцев? советская одержимость спортом как манифестация комплекса неполноценности; русские евреи, которые помогли раздуть революцию 1917 года, чтобы стать ее самой желанной жертвой, — вот уж поистине иудейский способ творить историю! Пастернак, кто стал более русским, чем все русские, кто со своей «высокой болезнью» выразил тонкие эмоции русских по поводу их земли и родни, кто в отступничестве от веры отцов, как Иосиф Флавий, призывал к ассимиляции среди главного народа, за что и был всенародно высечен у столба? Тема этнической чистоты и смешанных браков — почему израильские ревнители чистоты так упорно настаивают на том, что евреем может быть только тот, у кого мать еврейка, — не рождает ли это какой-то глубокой двусмысленности, а также учитывая шумерское происхождение прародителя Авраама и всех ханаанцев, амаликетян, аммонитов, филистимлян, греков и римлян, среди которых так долго приходилось жить нашему народу, включая и матерей наших? По крови ли был избран наш народ или по вере в единого Господа? Единый Всемогущий Невидимый и Непроизносимый Бог непостижим для смертных, и не потому ли человечество во все времена старалось гуманизировать эту идею в виде сонма языческих богов, а потом в виде пророков и святых; человек — это жертвенный ягненок Вселенной, и, чтобы ободрить нас, Господь послал нам свое воплощение, Иисуса Христа, показывая, что Он с нами проходит через наши муки.

Разве не Божье творение все эти человекоподобные образы языческой мифологии? Олимпийский сонм — это карнавальная поэзия, что помогает человеку держаться; монстры мифологии, как они прекрасны в контексте мирового амфитеатра, и что был бы Геракл без Лернейской гидры и Трехглавого Цербера; юмор и смех как ценнейшие Божественные дары человеческой расе, без которых мы все обречены были бы превратиться в мрачных саморазрушительных идиотов; секс, который как бы прямо адресуется к первородному греху, а между тем содержит в себе священные воспарения и утешения; вино, что было дано нам как еще одно священное утешение (шампанское «Клико»), однако загрязнено было Нечистым и стало проклятьем («Столичная» водка)... Что еще?

В этот момент мы остановимся чуть-чуть перевести дыхание. Литературный прием затянулся. Я пишу эти строки, сидя в комнате с видом на море, на вершине базальтового холма, в старой крепости Висбю, остров Готланд. Прямо перед этим холмом, подчеркнутый морским фоном, зиждется ярко-серый кафедральный собор Святой Марии с химерами и золоченым петухом на шпиле. Моя комната находится на уровне верхних окон собора, так что я вижу площадь и двери как бы с полета одной из гарпий. Черепичные крыши городка, уходя вниз, подбираются к морю, которое под садящимся светилом меняет свой цвет каждый раз, как я поднимаю голову от рукописи, — от тонких розовых акварелей до густого темного масла, на котором смелые мазки кисти разбросали паруса яхт. Ну вот вам и живопись, достаточная для десятиминутного перерыва: второе дыхание уже бороздит западные воды, и я продолжаю.

Они говорили не раз о неверном понимании России большинством американцев. Россия считается почему-то скучной страной. Вы симпатизируете нам, «бедным русским», однако сдерживаете зевоту. Вы даже не пытаетесь понять, как это сногсшибательно — быть русским! Так сказал один из них, и второй кивнул, согласившись.

Давай поговорим теперь о русском непонимании Америки. Вы к нам относитесь как к грубым, прагматичным, ковбойским личностям, лишенным каких-либо тонких чувств, а также смыслов ностальгии и трагедии. Так сказал один из них, и второй кивнул, согласившись.

Они говорили также о машинах, о лошадях, о собаках, о картах, о пьянках, о проститутках, с которыми были знакомы в разные периоды своей жизни, то есть они говорили как друзья.

В ходе этих разговоров, сильно напившись, пьянея все больше, чуть ли не в лоскуты, они переходили к теме взаимного уважения. Настоящие мужчины должны питать это чувство друг к другу без всяких затоваренных слов. Полностью без них. Никаких затоваренных слов вообще. Их надо перестрелять всех, эти затоваренные слова. Истребить, как тараканов. Сбросить их в Потомак, чтобы они не загрязняли наши напитки. Вместо затоваренных слов должен играть джаз. Договорившись до джаза, они плелись в «Блюз Эллей». Увидев пару кривоногих девчонок, они говорили об уродстве. Оно не может скрыть яркий свет изнутри. Нет, оно не скроет внутренней красоты. Девчонки тем временем писали меж мусорных баков, курили и смеялись, смеялись, смеялись.

Все сказанное выше не могло, однако, уничтожить некоторой цензуры в их разговорах. Две темы были табу, и они пришли к молчаливому соглашению не касаться их. Первой темой было устройство Алекса в Америке. Ничего не было легче для Стенли, чем помочь четвероюродному кузену обосноваться в новой стране с максимальным комфортом, или составить ему протекцию в кинематографических, скажем, кругах, или и то и другое. Увы, их дружба сложилась так, что он не пытался даже заикнуться на эту тему. «Эй, мэн, я вижу у тебя все в порядке», — иногда говорил он при встрече и замолкал, как бы оставляя некоторое дыхательное пространство для жалобы или хотя бы для тяжкого вздоха. И всякий раз Алекс отвечал: «Жалоб нет», — и они переходили к одному из перечисленных выше предметов.

Второй запретной темой была Нора. Несмотря на свое необычное для миллиардера поведение, Стенли все-таки был миллиардером, а эти люди всегда хотят знать все, что происходит в их ближайшем окружении, не говоря уже о любовных делишках их дочерей. Нечего и говорить о том, что он почти с самого начала знал об их романе, однако никогда не обмолвился ни словом на эту тему. Он не спрашивал Алекса, почему тот так зачастил в Вашингтон, как будто ничего не было странного в том, что калифорнийский парковщик навещает столицу нации по меньшей мере дважды в месяц. Молчал он и о том, что Нора рассказала ему о своем чувстве. Только недавно, уже из госпиталя, он позвонил Алексу на новую вашингтонскую квартиру и таким образом как бы легализовал «тему Норы». Приближающаяся хирургия иногда помогает устранить неловкость в ваших отношениях с друзьями.

Так или иначе, они вошли в его палату, стройные, забавные, небрежно одетые, сияющие любовью и юмором.

— Послушай, мой брат, Король Шутов, почему бы тебе не жениться на этой принцессе, твоей пятиюродной племяннице? — вдруг неожиданно для самого себя громогласно спросил Стенли. Не меньше минуты они сидели с открытыми ртами, потом разразились хохотом. — Уверен, что вы оба думали об этом, гады, только не решались высказаться громко и отчетливо, — продолжил Стенли, наслаждаясь их смущением.

— Какая интересная, поистине гомерическая идея! — произнес Алекс.

— Поистине гомерическая, ты сказал? — спросил Стенли со смаком.

— Да, сэр, поистине гомерическая.

Вмешалась Нора:

— Прошу прощения, джентльмены, но вы, кажется, собираетесь выдать замуж замужнюю женщину? — Она сидела с чопорным, если не пуританским, выражением лица.

Царственная длань отца сделала отвергающий жест:

— Чем скорее ты отправишь в путь своего финикийца, тем лучше. Мы, евреи, тем более Корбахи, должны держаться друг друга.

— Мудрость говорит вашими устами, Ваше Величество! — сказал Алекс.

— Что может быть естественнее брака между дядей и племянницей? Мудрость, достойная Иегуды Ха-Нози, главы Синедриона! — Нора уже превратилась из пуританки в светскую даму времен «Как важно быть Эрнестом». — Боюсь, что мы проглядели один момент в наших разговорах о новой счастливой семье. Жених, мне кажется, тоже слегка женат, не так ли?

Алекс похлопал себя по лбу.

— Благодарю вас за это напоминание, сударыня. Я слышал, что моя законная супруга Анисья вышла замуж за гаитянского принца. Сейчас они живут на роскошной вилле в Порт-о-Пренсе.

— Им можно позавидовать, — вздохнула Нора.

— Я надеюсь, они не пьют городскую воду в Порт-о-Пренсе? — озабоченно спросил Стенли.

— Насколько я помню, она никогда не пила городской воды, — сказал Алекс невинно.

— О'кей, даже в контексте «холодной войны» ваши супружества ничего не значат, ребята, — сказал супер-Корб. — Давайте поговорим о практических вопросах.

— Это о нашем браке, Сашка, — пояснила неисправимая Нора.

— Я понял! — гаркнул Алекс в ответ.

— Довольно юмора! Хватит иронии! — сердито вскричал Стенли. — Юмор и ирония — это разврат ума. Ум должен быть серьезным, как мне недавно объяснили. Итак, поговорим о деле.

Прежде всего, почему я заинтересован в вашем браке и почему я хочу, чтобы это случилось как можно быстрее. Вы знаете, что американские и русские Корбахи были зачаты путем оплодотворения одного яйца Двойры двумя сперматозоидами Гедали. Мы должны были быть одним кланом, однако русская революция как мини-Апокалипсис размела всех и воздвигла непреодолимый хребет между нами. Вы меня слушаете, ребята? Перестаньте хихикать! Теперь у нас появился уникальный шанс преодолеть этот хребет, избавиться от последствий катастрофы и неортодоксальным путем создать новую метафизическую общность. Метафизическая общность, вот что меня занимает в вашем случае.

Вы не очень-то молоды, мягко говоря. Алексу сорок семь, хотя он выглядит на тридцать семь, Хеджи тридцать семь, хотя ты выглядишь на пятнадцать лет моложе. Нет, Хеджи, не на двадцать, а точно на пятнадцать! Вы любите друг друга и, как я понимаю, любите трахаться друг с другом, так что, если вы однажды прекратите пользоваться пилюлями и резинками, вы сможете зачать и родить симпатичного нового Корбаха, как бы исправив историческую несправедливость.

Теперь некоторые практические вопросы, которые я должен поднять как финансовый магнат, или, по выражению Сашиных соотечественников, акула Уолл-стрита. Я знаю, что вы плюете на омерзительное богатство вашего папы и будущего тестя. Вы независимы, это так! Миссис Мансур вряд ли потратила один ливанский фунт из почти неограниченных богатств своего мужа. У нее свой собственный стабильный доход, состоящий из профессорского жалованья в Юниверсити Пинкертон и солидных потиражных за ее книгу «Гигиена древних», где расписание ванных процедур Клеопатры повергает в трепет наш просвещенный народ.

Что касается мистера Алекса Корбаха — я, пожалуй, должен сказать профессора Корбаха, — то он, получив пока скромную часть своего великого признания, становится тоже обладателем стабильного университетского дохода. Конечно, этот доход, может быть, не столь уж весом по сравнению с доходами вествудских парковщиков (внимание, читатель!), однако он свободен от риска и дурных предчувствий, столь свойственных парковочному бизнесу.

Ах, вот как? Александр посмотрел Стенли прямо в глаза. Тот утвердительно кивнул и покосился на Нору. Она определенно ничего не знала о внеурочной активности своего друга, опекаемого секретной службой «АК энд ББ корпорейшн». Ей и не нужно знать. Он продолжал:

— Итак, передо мной два трудолюбивых интеллектуала, однако при всем моем уважении к вашей независимости я хочу вас соблазнить неплохим приданым...

— Что?! — возопила Нора. — Уши не изменяют мне? Ты предлагаешь за мной приданое? Да ты не ... ли?

— Молчать! — оборвал ее отец не без довольно заметного гнева. — Да, я хочу дать приданое за моей дочерью, как это делали все мои предки столетия назад! Вот, например, сеньор Са-мюэль Корба де Леон дал за своей дочерью дюжину превосход-ных лошадей, три сундука бархатных и кружевных платий, три сундука драгоценной посуды и столового серебра, океанский ко-рабль, гасиенду...

— Отец! — прошептала Нора умоляюще.

— Прости, Стенли, а где ты видел это приданое сеньора Корба де Леон? — полюбопытствовал Александр. — В каком архиве?

Стенли бросил на него слегка дйковатый взгляд.

— Не важно где, я просто видел это! — Он рассмеялся с об-легчением. — Я просто хочу сказать, что это мое право предло-жить за дочерью приданое, а ты, конечно, вправе от него отка-заться. Итак, я предлагаю за ней жемчужину нашей империи, универсальный магазин «Александер Корбах» в Нью-Йорке. Да-да, мой друг, то самое здание, что ты принял в начале книги за ворота Страшного Суда.

— Как это чудесно! — Нора сцепила пальцы в стиле старо-модной театральщины. — Какой у меня щедрый отец! Алекс, медок мой, ты мог когда-нибудь подумать, что этот храм света и роскоши станет нашей собственностью? Вообрази се-бе наших милых деток, двухсторонних Корбахов, как они день-деньской катаются на восемнадцати лифтах вверх и вниз, вверх и вниз!

Стенли смеялся:

— Это забавно, двухсторонние Корбахи в восемнадцати лифтах!

Нора продолжала шутовать:

— А как насчет твоего любимчика, Арта Даппертата? Ты его тоже включил в мое приданое?

Стенли вдруг посерьезнел:

— Не беспокойся насчет Арта. — Затем он выразительно по-смотрел на часы, откинулся на подушку и закрыл глаза.

— Ну, что ты скажешь обо всем этом? — спросил Александр, ко-гда только что «обрученная» пара выехала из больничного пар-кинга.

Нора вздохнула:

— Я очень волнуюсь за него. Надеюсь, что все это лишь последствия глубокой анестезии и что все эти «двухсторонние Корбахи», приданое в виде исторического универмага, ссылка на каталонских предков выветрятся из него по мере выздоров-ления. Он не знает, что я у него сидела во время его делириу-ма. От его бормотания тогда мне стало не по себе: там было что-то совсем далекое, совсем — ты понимаешь? Я знаю, что Марджи и Норман шпионят за ним. Они осторожно пытаются возродить разговоры о его безумии. Ты не знаешь историю его трех «исчезновений». Похоже на то, что он готовится к четвертому.

Стараясь выдерживать дистанцию между автором и персонажами, мы все-таки готовы поблагодарить Нору за упоминание Арта Даппертата, этого энергичного представителя поколения яппи, что сменило поколение хиппи и этим внесло конструктивный вклад во многие сферы нашей жизни, не говоря уже о пресловутом «кризисе городов».

Я надеюсь, что читатель не будет возражать, если мы обратим его благосклонное внимание на маленькую фонетическую деталь в нашем повествовании. Все три словечка, что выпрыгнули сейчас на страницу — яппи, хиппи и Даппертат, — имеют двойное «п» в своих серединках. Этот странный феномен, на наш взгляд, придает им специфическую взрывную энергию, не так ли? Всегда подчеркивай дабл-пи, дарлинг, так советует Арт своей очаровательной и все еще такой молодой жене Сильви. Не жуй их, как последний шнурок спагетти, жми на них, подчеркивай, почти чихай, потому что это перец нашей фамилии!

Персонажи, персонажи, о, эти персонажи, скажем мы в стиле господина Гоголя лирических отступлений. Не чума ли это для новеллиста — все время держать их в уме, заставлять их взаимодействовать, проявлять хоть некоторую логику в поступках, искать в них новые черты, то есть описывать их в развитии, подтаскивать их временами к зеркалу, чтобы посмотрели на себя, или внезапно открывать перед ними окно в мир свободы, воздуха и птиц, то есть не забывать их в темных затянутых паутиной кладовках, как заброшенных марионеток, вовремя их оттуда вытаскивать, давать им хороший фонетический душ, крепкий здоровый завтрак, пиво к ланчу, шампанское к ужину, вообще относиться к ним хорошо, как к равным, иначе вы можете однажды обнаружить, что они сбежали из заплесневелых углов и подняли против вас восстание в дальних провинциях, чтобы потребовать бо́льшую роль в книге и даже настаивать на отречении автора и установлении какой-то своей хиппи-яппи-пеппер-паппит-даппертутто республики.

А вот если вы выказываете вашим персонажам полное уважение и внимание к их выношенным в кладовках идеям ограниченной автономии, вы можете в конечном счете превратить свою авторскую муку в славный карнавал, где персонажи будут вести себя в соответствии с запросами книги, вовремя входить и выходить, а когда нужно, танцевать вокруг наших с вами словесных фонтанов, дорогой творческий читатель. Я не оговорился и не заискиваю из лести, я действительно делю читателей на творческих и «других», всяких там Скамейкиных, и этого творческого читателя, а не Скамейкина считаю истинным соавтором книги. Серьезно говоря, каждый акт чтения творит новую версию книги; это как в джазе. И Боже нас упаси от машинного «скамейкинского» чтения, что перемелет и филе-миньоны в шведские биточки, но это уже из другой оперы, милостивые государыни!

Теперь позвольте мне немного приподнять занавес, чтобы обнажить кое-какие беллетристические ухищрения и суету за кулисами. Впрочем, вы и без этого, очевидно, уже догадываетесь, что мы превращаем очередь визитеров к Стенли Корбаху в своего рода парад персонажей, что призван напомнить читателям основные лица этой истории.

Даппертаты входят. Тридцатидвухлетний глава семьи. Все та же упругая походка. Та же дружелюбная внешность. Полная готовность подхватить любую шутку, долю секунды поработать над ней при помощи всех чипсов головного мозга и немедленно вернуть хорошо обогащенной.

— Хей, Стенли, да ты выглядишь, как самый здоровый тесть в мире!

Он еще не знает, что следующая большая удача ждет его за углом, но в общем-то готов принять любую удачу в любое время. Ну что еще нового? Правильно, дорогой читатель, — усы! Замечательное а-ля генерал Китченер приобретение с двумя слегка подкрученными крыльями, всякий раз показывающими противоположные стороны света. Эти две чувствительные антенны уже не напомнят нам прежнего Пульчинеллу, но зато вызовут в памяти Базилио, мастера любовного напитка. Ну что еще в масштабах здравого смысла, джентльмены? Чтобы не выглядеть слишком самоуверенным, не могу не упомянуть выдающийся коммерческий успех Арта. Сильно утвердившись со своими неизвестно почему такими дьявольски желанными «игрушками для стареющих деток», он стал очень солидным акционером «АК энд ББ корпорейшн», да и его собственная фирма разрасталась из года в год.

Теперь, чтобы в соответствии с нашими правилами не играть с читателем в кошки-мышки, откроем один уже готовый к открытию секрет. Готовясь к своему «Четвертому Исчезновению», Стенли Корбах пришел к решению сделать своего зятя одним из самых влиятельных вице своей АКББ с годовым заработком... оу, довольно, не надо сыпать соль на столько ран... ну и, разумеется, с определенным процентом от «брутто профит». Так уж наша Америка относится к своим любимчикам: если решила она сделать кого-нибудь богатым, тут никаких пределов для нее не существует.

Учитывая все эти обстоятельства, мы вроде бы не должны волноваться об Арте, но мы между тем все-таки волнуемся. Иной раз мы находим его в состоянии какой-то странной растерянности. Ему кажется, что он год за годом все больше теряет нечто более важное, чем накопление добра, некую альтернативу, тот манящий хаос жизни, с которым однажды он повстречался в лице пьяного русского мудилы, ко времени написания этой фразы едва не ставшего его родственником. Эти наши волнения, похоже, разделяет милая жена Арта, его «сладкое-сердечко» Сильви, которая и сама себе не признается, что у нее есть некоторые сомнения по поводу «стабильности» Артура.

Мы бы сказали: «Беспочвенные сомнения, Сильви», если бы не знали, что у ее мужа появилась склонность к некоторым новым почвам, а именно к русской земле, еще точнее, к Москве, куда он ездил уже дважды под видом «бизнес рисерч» и откуда возвращался в весьма потасканном состоянии, словно кот после сезона крышных баталий. Со слов некоторых участников группы «Шуты» (с ними нам еще придется познакомиться в ходе романных перипетий) мы знаем, что в столице мира социализма Арт не раз ошарашивал девушек странным заявлением: «Россия у меня в сердце, она мне нужна как раскаяние».

Что касается нашей юной красавицы, я должен сам покаяться перед снисходительным, я надеюсь, читателем. Встретив ее в третьей главе, мы все — не правда ли, сударь? — были готовы влюбиться в этот дивный плод корбаховского древа, однако потом под влиянием каких-то смутных воспоминаний предпочли более зрелых женщин. Теперь мы видим, что Сильви стала просто неотразима в смысле нежных, беатричевских чувств. Кое-что мы все-таки должны добавить к этому заявлению. Иной раз какое-то новое выражение посещало ее прежде столь невозмутимо прекрасное лицо. Это выражение могло вас увести с вашим восхищением далеко за рамки платонизма. С этим выражением, а также с бэби Гаролдом на коленях она выглядела не просто красавицей, но слегка обиженной красавицей, что кружило головы джентльменам на острове Гваделупа, где она часто воспитывала ребенка.

В такие моменты читатель со склонностью к более глубокому проникновению в мир персонажа мог бы прочесть на лице Сильви следующее: да, вы хорошо заботитесь обо мне, спасибо, вы извлекли меня из похотливой толпы студентов «Колумбии», вы лишили меня некоторых гадких привычек, я это очень ценю, вы дали мне счастье в лице бэби Гаролда, вы дали мне вашу любовь и протекцию в виде ваших рук и слегка слишком заросшей груди, но почему, милостивый государь, вы не видите во мне личности? Ну, в общем, как всегда это бывает со всем этим ненасытным бабьем.

Теперь пора обратить наше внимание на бэби Гаролда, который уже давно сидит на правом плече своего деда. Вдвоем эта пара представляет поистине мифологическую сцену: стареющий гигант с херувимом на правом плече. «Вот настоящий еврейский мальчишка!» — восхищается дед.

— Прошу прощения, мой дорогой патриарх, — заметил Арт, — но у Гаролда пятьдесят процентов итальянской крови, не говоря уже о других ингредиентах. Это что-нибудь вам говорит?

— Ровным счетом ничего. — Гигант таял под маленькими ягодичками, а его шевелюра блаженно дыбилась, будучи схвачена командой крошечных пальцев. — Гаролд еврей, потому что его мама еврейка, а Сильви еврейка не потому, что ее папа по большей части еврей, а потому, что ее мама на одну четверть еврейка с материнской стороны, а вот маминой мамы мама была уже целиком. Разумеется, никакой случай супружеской неверности со стороны этой цепи женщин не будет принят во внимание по нашему определению еврейскости. Правильно, Гаролд?

— Mais oui, — ответил карапуз, который только что вернулся с Гваделупы от нянюшки-креолки.

— Ну, это уж слишком для двухлетнего крошки! — прогудел восхищенный дед.

— Voila, — скромно поклонился отец.

Мать ничего не сказала и сняла малыша с башни. Она чуть не плакала.

Когда они уже уходили, Стенли попросил Арта задержаться на пару минут:

— Слушай, Арти, я, очевидно, вскорости исчезну.

С удивлением он заметил, что зять смотрит на него исподлобья с любовью и тревогой.

— Не говори так, Стенли! Я навел справки, сэр. С твоей начинкой все в порядке.

Тесть хохотнул:

— Вот поэтому я и исчезну, малый! Сейчас самое время раствориться в воздухе.

— Четвертое Исчезновение? — догадался Арт.

— Правильно! — сказал Стенли с выражением полной освобожденности. — Я уйду из моего факинг бизнеса и из всей моей выморочной с-понтом-аристократической рутины. Я чувствую себя готовым сделать что-то стоящее в этом воздушном мире, пока я еще не превратился в космический объект. А ты, Арт Даппертат, будешь моим человеком в совете АКББ. Поздравляю тебя, счастливый кот, с назначением первым вице!

— Нет, нет, Стенли, нет! Пожалуйста, не тяни меня за ногу! — взмолился Арт, качаясь будто в центре урагана. Не меньше минуты прошло, прежде чем он пришел в себя. И спросил шепотом: — Ты хочешь, чтобы я присматривал за Норманом?

— Никогда не сомневался в твоей сметливости, — улыбнулся тесть.

Парад персонажей продолжался. Все они как будто сговорились доказать Стенли, что мир незыблем и что Атлас жив и сучит ногами, поскольку руки заняты поддержкой глобуса. Среди прочих явилась и румяная Роуз Мороуз, глава канцелярии «Галифакс фарм» из штата Мэриленд. Ее сопровождала сотрудница, бледно-дебелая Лу Лафон. Дамы привезли множество добрых пожеланий от соседей из Йорноверблюдского графства, в том числе от шести женщин — Труди, Лиззи, Лорри, Милли, Лотти и Ингеборг, которые когда-то, до благоухающих замужеств, составляли рок-группу «Поющие Русалки». Роуз сделала фотку своего босса вместе с Лу и попросила последнюю сделать две фотки ее с ее боссом.

Бенджамен Дакуорт (Достойный Утки) приехал из Нью-Йорка со своим приемным сыном, четырнадцатилетним Рабиндранатом. В дверях они столкнулись с вышеуказанными девушками и попросили их подождать в приемной.

— Очень рад познакомиться с членом экипажа моего отца, — сказал Рабиндранат Стенли Корбаху. Для пояснения своих слов он предъявил журнал «Паруса и моторы» 1970 года, на обложке которого были запечатлены два члена экипажа большой яхты «Кошмар австралийцев», два американских гиганта, черный и белый, один по происхождению сенегалец, второй еврей. Положив бревнообразные руки на плечи друг другу, оба смеялись, как будто их яхта только что не сделала оверкиль, пытаясь подрезать нос у «Звезды Австралии».

Стенли был растроган, но не забывал и дела:

— Будь наготове, Бен, — сказал он сыну своего фронтового друга, то есть как бы своему собственному сыну. — Может так случиться, что ты мне срочно понадобишься.

— В любое время, Стенли, — таков был немедленный ответ бывшего парашютиста.

Не успели Достойный Утки и его приемный сын Рабиндранат покинуть палату, как вошла еще одна пара визитеров; не кто иные, как Ленор Яблонски и Энтони Эрроусмит. Ни разу еще за всю жизнь не выцветшая красавица и сейчас выглядела великолепно и женственно. Хей, да она счастлива, просто-напросто счастлива, простодушно счастлива, ну и дела!

Энтони в свои двадцать-семь-с-чем-то тоже выглядел неплохо: с плеч ниспадал черный плащ с пелериной, широкополая шляпа оттеняла бледное лицо, левая рука в идеальной перчатке держала правую перчатку, только что снятую, правая обнаженная рука была протянута к отчиму. Стенли почему-то ожидал увидеть в ней колоду карт, но ошибся, рука была протянута для рукопожатия.

Чудо из чудес, Ленор Эппловски (русский вариант ее фамилии) выглядела почти застенчивой в тот вечер. Иной раз она бросала на Стенли как бы извиняющиеся взгляды, будто бы говоря: нет-нет, Стенли, ничто не забыто, ни одна из наших страстных ночей (и утр, добавил бы он) не пропадет в забвении, но что я могу поделать, милый Стенли, я полюбила этого мальчика, будь снисходителен к нам!

Секс, думал Стенли, любопытный феномен, не правда ли? Почему люди так сильно преувеличивают все эти совокупления? Почему они думают, что трахтовка автоматически приносит чувство близости и теплоты? Не счесть сколько раз я совокуплялся с моей женой Марджори, но ни разу не испытал чувство близости и теплоты. Пройди под гулкие своды классики, туда, где бродил наш Саша, увидишь юношу Данте, взирающего на юницу Беатриче. К моменту их встречи он был уже мужем Джеммы и главой семейства, но даже мысль о совокуплении с новой просиявшей красотой не посетила его. Это была иная, непостижимая страсть, из иных пределов, и ни единый половой импульс не посетил его и его кавернозное тело; так, во всяком случае, звучат стихи. А мы, не-поэты, но и не-скоты, любую свою похотливость, любой пистон облекаем в какие-то туманные ностальгические одежды. То, что мы называем романтизмом, это, очевидно, космически отдаленный отблеск настоящей любви. Не в силах достичь и романтизма, мы жаждем теплоты и близости. Даже эта сорокаоднолетняя девушка с ее впечатляющим стажем партизанских действий в рамках американской секс-революции застенчиво посматривает на меня: «Стенли, пожалуйста, не думай, что все забыто!»

Причины прихода Ленор и Энтони были довольно просты. Во-первых, конечно, они хотели выразить свои симпатии выздоравливающему патриарху и пожелать скорейшего возвращения к его обычному великолепному состоянию ума и тела, а также к его общеизвестному благородному кавалерству (sic!). Также примите поздравления по случаю вашего юбилея. Мэни хэппи ритёрнс! Во-вторых, они хотели бы проинформировать главу клана о своем решении пожениться. Двенадцатилетняя разница в возрасте (четырнадцатилетняя, быстро в уме поправил Стенли) ничего не значит, если ты кого-нибудь любишь столь всепоглощающе и самоотреченно. Проблемы создает мать Тони, вот в чем дело. Она и дядя Норман были просто взбешены нашим решением. В отчаянии ища поддержки и теплого взаимопонимания, да, теплого взаимопонимания, они решили обратиться за благословением к Стенли. Им также нужен его мудрый совет: как им поступить в подобных обстоятельствах, как выдержать враждебность семьи?

Нет ничего проще, мои дорогие дети, немедленно откликнулся Корбах, одновременно спрашивая себя, наказывают ли на небесах за такого рода цинизм. Вопрос № 1: запрошенное благословение — даровано! Я никогда не желал своему пасынку лучшей жены, чем ты, Ленор. Вопрос № 2: для того чтобы избавиться от надоедливого ворчанья матушки и от попердывания дяди Нормана, вам нужно немедленно отправиться в кругосветное путешествие по законам медового месяца. Выбирайте что хотите — чартерные полеты или знаменитую яхту мореплавателя Тони. Если вам нужны деньги, соединитесь с Артом Даппертатом в нашей штаб-квартире, он позаботится об этом предмете.

«Арт Даппертат?! В нашей штаб-квартире?!» — воскликнул Энтони с какой-то неуместной интенсивностью. «Ах, Арт Даппертат, — протянула Ленор, как будто вспоминая что-то кинематографическое. — Что ж, с ним можно найти общий язык». — «Не сомневаюсь в этом», — сказал Стенли и отпустил пару царственным движением руки. И помолвленные направились в свою бурную и незабываемую семейную жизнь.

На следующий вечер, фактически за ночь до выписки из хирургической обители к Стенли явился еще один неожиданный визитер. Этому не предшествовал даже звонок из приемной, что было весьма странно в образцовом заведении. Дверь просто распахнулась, и через порог шагнула в резиновых сапогах не кто иная, как Бернадетта Люкс, героиня его почти отчаянных послеоперационных снов. (Читателей, жаждущих подробностей этих снов, мы переадресовываем к московским писателям младшего поколения.) Вдобавок к этим сапогам Бернадетта шиковала в ярко-голубом комбинезоне и ярко-красной куртке. Этот гардероб, возможно, и объясняет тот факт, что девушка не подверглась проверке. Персонал, очевидно, принял ее за водопроводчика.

— Стенли-Смутли! — воскликнула она шепотом и раскрыла свои руки Венеры Милосской для огромного любящего объятия. — Ты в порядке? Все в порядке? Мы гнали сюда из Эл-Эй четыре дня и четыре ночи! Вообрази свою нежную Берни-Терни за рулем огромного трака на федеральном шоссе № 70! Матт не мог оторвать меня от руля! Ты знаешь, он плакал! Бедный парень все время повторял: «Я уважаю твои чувства, герл, однако тебе нужен отдых, герл! Тебе нужно расслабиться, выпить бутылку «Сиграма», поиметь хороший пистон и поспать, герл!» Замолчи, кричала я на него. Мне нужно увидеть моего большого бэби, у него была операция, он нуждается в моей любви! — И так мы

251

рулили день за днем, останавливаясь только заправить баки и выгрузить помидоры. Твой дружок Кукки... — Она оттянула «молнию» на кармане куртки, и немедленно крошечная мордочка с остреньким носиком, с парой трепещущих ушек и с преувеличенно выпученными глазками выскочила оттуда... — Бедняжке иногда приходилось опростаться прямо мне в колени, ну ничего, его капельки мало добавляют к общей вонище планеты.

Кукки тем временем выскочил из кармана, поцеловал Стенли в губы и начал носиться по кровати, нюхая там, нюхая здесь, страшно возбужденный множеством разных обонятельных нюансов, недоступных заросшим ноздрям современного человека. Больше всего привлекали мальца пальцы ног господина президента. Он суетился вокруг них, просовывал между ними свой острый носик и наконец улегся за ними, то и дело высовывая чуткую головенку как превосходный чихуахуа — страж зубчатой твердыни.

— Берни, дорогая, — произнес Стенли с трагическими интонациями, — я так высоко ценю твою верность и отвагу, однако, увы, любезнейшая дамзель, недавняя операция вряд ли позволит мне ответить на излияния твоих эмоций с моей прежней адекватностью.

— Это чепуха! — заявила решительно мадам Люкс. — Такого просто быть не может! Давай-ка, Кукки, мальчик, возьмемся за нашу работу! Ты лижи ахиллову пяту нашего героя, а я позабочусь о таране! — Еще из школьной программы она знала о странной связи этих явлений.

Дуновения бризов Эллады, шорохи молний, чмоканье губ, запахи тлеющих вулканов, все ароматы средиземноморских пространств, включая урожаи вздымающейся из глубин Атлантиды; какое блаженство, кряхтит возрождающийся Ахилл, какое чудо творит со мной это женское чудовище!

После этой греховной акции мы, разумеется, нуждаемся в духовном вожде, и вот мы, о Теофил, уже слышим его четкие шаги в гулких коридорах. В комнату, которую только что оставила телесная целительница, входит раввин Самуэль Дершковиц. Да, он здесь со своей верой, несмотря на наши экуменические огрехи.

Сэм Дершковиц был уже описан в пятой части как человек с суровой внешностью религиозного фундаменталиста. Сейчас мы добавим к этому описанию пару-тройку зажеванных стереотипов в виде длинной бороды и свисающих с висков заплетенных в косички пейсов. Между тем, невзирая на внешность, он был в душе, может быть, самым либеральным пастырем среди иудаистского духовенства среднеатлантических штатов. У него была отменная фигура и твердая поступь хорошо тренированного

252

атлета, которым не повредило даже его пристрастие к крепким напиткам. Сказав это, мы уже не можем отступить, не упомянув в нескольких словах его боксерского прошлого.

Он рос на «крутой» улице нью-йоркского аптауна, и все его детство прошло под страхом получить удар бейсбольной битой по темени или словечком «кайк» (жид) в ухо. Эти неприятности привели его в конце концов в боксерский тренировочный зал, и через некоторое время улица уже почтительно называла его «мистер Панч», то есть «тяжелый удар». Он даже победил в отборочных соревнованиях и был включен в команду «Золотые перчатки», но вскоре после этого бросил бокс. Я просто не могу бить человеческую плоть, тем более контейнеры мысли, эти их башки. И с прежней боксерской настойчивостью он погрузился в бездонные анналы иудаистской мудрости, устремился к древним работам Симона Бар-Йохаи и Иехуды Ха-Нази, к «Мишне» и ее частям «Галаки» и «Агадда», которые освежают вас, мой друг, как хорошее вино, к работам Амморая, к «Вавилонскому Талмуду», к текстам Мазорета, а также и к внеканоническим произведениям, включая «Йад Ха-Хазана» Мозеса Маймонида.

В те постбоксерские годы юноша часто возвращался к одной фундаментальной мысли, которая родилась в нем в результате изучения еврейской истории.

Все столетия до разрушения Второго Храма, за исключением благословенных лет царей Давида и Соломона, были временами резни, жестокой борьбы за власть или сопротивления оккупантам. И только после унизительного развала государства остатки еврейского народа вступили в эпоху смирения и раздумий, интенсивного исследования священных текстов и творчества, во времена Закая и Гамлиеля — когда расцветали философия, поэзия и мистицизм и когда казалась ощутимой близость Машиаха.

Стенли и Самуэль сидели напротив друг друга и улыбались друг другу. Раввин сказал:

— Стенли, я знаю тебя почти тридцать лет, но до сих пор не понимаю, почему твой вид вызывает у меня сильную жажду.

Стенли хохотнул:

— Увы, рабби, я не могу ее сейчас утолить в этих стенах.

Дершковиц вынул очки и вгляделся в лицо Корбаха:

— Старый грешник, ты выглядишь так, будто только что имел очень хорошее свидание! — Стенли шутливо отмахнулся, но раввин настаивал: — Сознайся! Я хорошо тебя изучил за тридцать лет.

Стенли плутовато хмыкнул:

— Двадцать восемь лет, чтобы быть точным. Мы познакомились в яхт-клубе. Ты только что отшвартовал свою «Тверию» и завел со мной разговор о спинакерах. Боже тебя благослови, Учитель, но это произошло в субботу.

— Этого не может быть! — горячо воскликнул раввин. — Люди могут про меня говорить, что им угодно, даже то, что рабби Дершковиц поет «ниггуним» в синагоге, однако я твердо заявляю, что никогда не плавал под парусами в субботу!

Стенли продолжал его поддразнивать:

— Ты был тогда в отпуске, Сэм, а в отпуске легко перепутать дни недели.

Раввин улыбнулся:

— Ты хочешь сказать, что мы оба грешники?

— Это вы сказали, мон мэтр.

Они рассмеялись. Дершковиц сменил тему разговора:

— Так или иначе, я вижу, что ты в порядке, что ты возвращаешься к своей жизни и что ты снова собираешься сбежать. — Разделив эту фразу на три части, он с каждой частью становился все более серьезным.

Стенли был несколько ошарашен: как ты догадался? Раввин скромно развел руками.

— Ты что же, против моего побега?

— Нет, не против. Я просто хотел в связи с этим сказать тебе одну важную вещь. Прошу, выслушай внимательно.

Я знаю, Стенли, что ты постоянно норовишь сбежать. Несмотря на твои колоссальные финансовые успехи, ты не бизнесмен по натуре. Что ж, большинство людей делают чье-то чужое дело, занимаются чьим-то чужим времяпрепровождением и в то же время смутно томятся по какому-то другому делу, по другой жизни, ну и, конечно, по другим женщинам. Все они скованы безволием, и это безволие имеет что-то общее с религиозным тупиком внутри темы свободной воли и предназначения. Стоит ли мне пытаться чего-то достичь, если все уже предназначено?

Иные люди слегка или сильно демонического типа, те, что в литературе называются байронитами, бросают вызов судьбе, но потом и они опускают руки, думая, что и эти вызовы были предопределены. Ты как раз относишься к этому типу, господин президент.

Конечно, я не знаю твоего истинного призвания. Может быть, ты врожденный артист, или авантюрист, или своего рода «мессия». Я употребляю это слово в кавычках и с маленькой буквы, потому что чаще всего мы имеем дело с так называемыми ложными пророками. Почти всегда они являются выдающимися людьми, и мы знаем немало таких в еврейской истории — от великого Бар-Кохбы до не очень великого Давида Алроя. Часто они достигают такой высокой экзальтации, что кажутся сами себе действительными посланниками Божьими. Другие просто охвачены мегаломаническими амбициями. Этот феномен так же стар или так же молод, как и вся человеческая раса. Увы, во многих случаях он стоит дорого современникам этих пророков и мессий, производя опустошение в умах и в населенных землях.

Я знаю, что твои исчезновения, которые у вас в семье идут под порядковыми номерами, это поиски самого себя, какой-то своей онтологической сути, и поэтому заклинаю тебя воздерживаться от идей всемирного счастья для всех, от какой-то гомерической мегаломанической «цдаки». Мир не может быть счастлив. Каким бы процветающим он ни был, это реалия юдоли, обращения в прах. Я знаю, что у тебя есть надежный страж против мегаломании, это твое чувство юмора, хорошо известное всем яхтсменам Восточного побережья, однако мощь и власть часто искажают личность, и я за тебя боюсь. Я люблю тебя, мой друг, и я молюсь, чтобы твой юмор не оставил тебя!

Сумерки сгущались в больничной палате. Ветер за окном внезапно влепил в стекло три лимонно-желтых листа, и они прилипли к мокрой поверхности, образовав странную конфигурацию, нечитаемый знак предназначения.

Стенли положил бревно своей руки на камень Самуэлева плеча:

— Скажи, друг, ты все еще чувствуешь жажду в моем присутствии? Тогда вынимай!

Дершковиц долго себя не заставил упрашивать и достал плоскую флягу. Мегаломания, подумал Стенли. Да я просто пытаюсь убежать от чувства собственного ничтожества. То же самое со мной, думал раввин, и потому я сваливаю из этого текста по крайней мере до последней главы. Примите мою браху и — пока!

3. Четвертое Исчезновение; исчез

Последним в цепи визитеров, конечно, оказался главный слуга «Галифакс фарм» Енох Агасф, который и ранее в этой комнате почти зримо присутствовал и чей промельк, в частности, был замечен сестрой Элизабет. На этот раз он явился вместе с двумя своими правнуками — они, впрочем, могли быть пра-пра-пра-пра-; добавьте столько «пра» и черточек, сколько вашей душе угодно, — и они втроем, не задавая никаких вопросов, начали быстро укладывать корбаховские пожитки в какой-то бездонный мешок, распространявший запах плохо продубленной воловьей кожи и пастушеских костров из иудейских горных становищ. Стенли тем временем облачался в вельветовые штаны, фланелевую рубашку и утепленную куртку. Краем уха он слушал бормотание древнего семита: «И растлилась земля перед Всесильным, и наполнилась земля злодеянием. И увидел Всесильный землю, что вот: растлилась она, ибо извратила всякая плоть путь свой на земле».

— Мы готовы, малый, — наконец сказал он своему любимому хозяину.

Доселе невидимая сестра Элизабет тут выступила из угла и осенила исчезающих крестом. Агасф только передернул плечами. На паркинге в темноте ждал их большой белый лимузин, похожий посреди метельной ночи на дрейфующую льдину.

В феврале восемьдесят седьмого Александр Корбах начал свой первый семестр в университете «Пинкертон». Как водится, новичок получил щедрый набор приглашений на приемы и вечеринки в его честь: «вино-и-сыр» в театральном департаменте, «коричневый пакет» (это когда сам приносишь с собой свои éды) с членами подкомитета по корневой программе, ужин с советом попечителей, «русская карусель», организованная старым плейбоем профессором Стивом Иглоклювовым, ну и так далее, и, наконец, ланч с самим Президентом, долговязым «англо» с водянисто-голубыми глазами, исполненными основной идеи Просвещения — никогда не выпадать из контекста.

Не имея никакого опыта академической жизни, Александр ждал, что во время этих общественных мероприятий будет происходить своего рода проверка его творческих и преподавательских намерений, он даже готовился к выражению своей философии театра. Ничего подобного, однако, не происходило на приятных собраниях. Люди были исключительно дружелюбны, говорили «welcome aboard», смотрели на него как бы в ожидании хорошей шутки, вопросы задавали в основном о его известном из газет парковочном бизнесе, который они, похоже, считали самой юмористической частью его жизни.

— Ради Бога, дарлинг, относись к этому полегче, — говорила Нора. — Эти люди преподают философию, историю, физику, астрономию, археологию, что угодно. На вечеринках они не хотят говорить серьезно, они хотят болтать, хохмить и дурачиться. Кроме того, позволь мне откровенно сказать: никто на кампусе всерьез не относится к должности «режиссер-в-резиденции», никто от тебя не ожидает революции. Некоторым образом они видят в тебе, ну, такого симпатичного лысого артиста-юмориста, которого университет себе может позволить. Так что видишь, медок-сахарок, как все вернулось на круги своя: ты снова шут! Не правда ли, это чудесно?!

Ну что ж, моя любовь, мой сиропчик, ты не очень-то тактична, думал он. Он был, пожалуй, даже слегка задет за живое таким a propos отвержением какой-либо для него значительной роли в университетской жизни. Ну что ж, посмотрим, что в конце концов из этого получится. Если они хотят посмеяться, почему бы им не поискать объект в департаменте археологии?

Тем временем он продолжал устраиваться в новой среде, в Вашингтоне Ди-Си, этом ящичке с сюрпризами, притороченном к горбу штата Вирджиния прямо под пузом штата Мэриленд. В отличие от Эл-Эй это был настоящий город, где люди сталкивались на углах, перекликались через улицы, удерживали свои плащи, хлопающие в завихрениях вашингтонского лабиринта, хватались за шляпы, дабы не дать им улететь, преследовали эти все-таки улетевшие шляпы, преследовали их вплоть до победного конца или до горечи поражения, то есть до полной растерянности на перекрестке, до бесшляпности посреди траффика, плывущего сразу с девяти направлений (особенность площади Дюпон), в перепутанности всех ветров производили ловкие трюки, чтобы увернуться от жирных капель соуса чили, или кетчупа, или сырной подливки, врывались в кафе-уютный-уголок, переводили дыхание, спрашивали (умоляли) чего-нибудь теплого, дружественного, слушали в ужасе последние новости из Панамы, слегка подтанцовывали, чтобы казаться завсегдатаями, съедали кусок торта с выставки кондитерского изобилия, мазали свои лица черничным кремом, вмешивались в дискуссию «про-жизнь, про-выбор», получали пулю в живот, стреляли в ответ мимо цели, преследовали ее (цель, сударыня), целовали ее внутри и снаружи, нахлобучивали ее себе на голову и далее следовали в ней по своему назначению; вот это и есть настоящий город, не то что бесконечные плантации Эл-Эй.

Как-то раз он проснулся с блаженным ощущением городского уюта. Нужно посвятить весь этот свободный день нуждам своего городского жилья. Установке всяких там аппаратов, гаджетс, как их тут называют, будем звать их «гадами», без которых жизнь невозможна: радио-хайфайки, игралки-музыкалки, тивиашки-висиарки, все эти дела в их технокрасоте. В принципе нужно и эту односпаленную превратить в симпатичную берлогу одного такого артистического холостяка, еще не продавшего свою свободу за многомиллионное приданое разных бесчисленных невест. Определившись в этом, он начал развешивать по стенам портреты Норы, не менее дюжины в рамках: улыбается, как дитя, улыбается, кадря, плывет дельфином, копает нашу археологическую планету, злится, сияет при виде кого вы сами догадаетесь, ждет квсд, верхом на Гретчен, она танцует, она в очках, пьяна в дупель, ждет, когда ее трахнут, пытается врать, требует истины. Ну что еще? Напротив камина нужно раскатать ковер, темно-синий тунисский ковер, который Нора купила во время экспедиции на Куок-остров, лохматый и мягкий; вот видишь, как тут все получается, жопа-генерал товарищ Ситный, предрекавший свалку на «бездушном Западе». Здесь вот в дене с окном на Дюпон встанет овальный письменный деск, сделанный по Нориному заказу для мыслящего режиссера. Ну что ж, почему бы не прогуляться в окрестностях, не приобрести пару настольных ламп? Пройтись по городу с зонтиком, играющим роль трости городского джентльмена, готовой в любую минуту превратиться в зонтик городского джентльмена, индиид. Как славно жить в районе Дюпон, где все расположено либо на другой стороне улицы, либо за углом! Ну вот вам ресторан «Чайльд Гарольд», вот книжная лавка Крамера, соединенная с кафе «Послесловие», вот киношка «Янус» — четвероликий, без нажима пошутит АЯ, поскольку там в четырех залах одновременно идут четыре разных шедевра, ну вот, разбросаем еще несколько вывесок, чтобы у читателя составилось впечатление о городском районе, выбранном нами для проживания в те времена: «Рабле», «Зорба», «Заголовок дня», да еще вдобавок «Поднимающаяся Лямбда».

Хорошо жить в настоящем городе, думал он, а еще лучше оказаться за пределами того парковочного бизнеса, когда каждый стук в дверь ты принимаешь за визит Администрации по алкоголю, табаку и огнестрельному оружию. В этот самый момент его мысли были прерваны сильным стуком в дверь, произведенным львиной головой корбаховской персональной стучалки. Он глянул в пип-дырку и увидел на своем крыльце дюжего мужчину в униформе. Конечно, он мог бы оказаться представителем ААТОО, но больше он был похож на генерала Советской Армии. Неужели за ночь город взяли красные?

— Мистер Корбах, сэр, — сказал генерал с исключительной вежливостью. — Миссис Марджори Корбах извиняется за визит без предупреждения, однако чрезвычайные обстоятельства заставляют ее просить вашей конфиденциальной аудиенции.

Александр Яковлевич открыл дверь и увидел «серебряную тень», стоящую за рядом запаркованных вдоль тротуара машин. Секундой позже из лимузина выпорхнула тоненькая, вечно юная дама с парой больших драматических глаз и скорбным ртом.

АЯ давно уже привык, что ни одна американская встреча, будь то дело или любовь, не обходится без предложения смягчить каким-нибудь напитком предположительно сожженную глотку.

— Что бы вы хотели испить, Марджори? — спросил он. — Чай, кофе, минералку, пиво, скотч?

Ответ был самым неожиданным:

— Спасибо, мистер Корбах, пиво подойдет.

И подошло. Стоило запомнить вид Марджори Корбах с банкой «Бада» среди безобразия незавершенной квартиры.

— Йес, мэм, — он сидел перед ней, скрестив пальцы на одном из колен скрещенных ног, ну, чтобы точнее, на левом. В СССР это была его любимая «репетиционная позиция». Нора любила комментировать эту позу: «Посмотрите на руки мастера, дорогие читатели! Посмотрите на нервное подрагивание пальцев! Оно отражает большую художественную натуру!» Он смотрел на гостью и думал, что ее «мистер Корбах» дает понять, что она не считает его родственником ни с той, ни с другой стороны. Ну что ж, его «мэм» сигнализирует о полном понимании ситуации.

— Алекс!!! — внезапно с тремя восклицательными знаками вскричала одна из лучших девушек поколения пятидесятых, и вся невысказанная обида этого поколения, казалось, прозвучала в этом крике. — Стенли пропал! Его должны были выписать из этого ужасного госпиталя, но ночью он исчез! Ушел не замеченный никем! Я вчиню им иск на десять миллиардов! Мой любимый муж испарился! — Восемь фаллосов, то есть восклицательных знаков, милостивые государыни, можете не пересчитывать, прозвучали в этом пространном вопле несчастной женщины. Алекс Корбах пошевелил своими художественными пальцами, как бы пытаясь снизить уровень экзальтации.

— Не беспокойтесь, Марджори! Он не был похищен, не ждите требований выкупа, уверен, что он исчез по собственному разумению.

— Это случилось четвертый раз, — прошептала Марджори. Кровь могла свернуться в жилах от такого шепота. — Четвертый раз за двадцать три года нашего брака. Он все время шутил о своих исчезновениях, но я отношусь к ним очень серьезно. Это опасно, Алекс! Он ненормальный! К нему приходят гости из прошлого! С теми рычагами финансовой мощи, что в его власти, он может сотворить что-то ужасное! Он может разрушить наш дом, семью, корпорацию, всю страну! Пожалуйста, Алекс, не обращайте внимания на то, что я немного таращу глаза, это базедка, ничего более. Знайте, что я готова пожертвовать собой ради моей семьи, Алекс Корбах (подчеркиваю, Корбах!), но я не хочу жертвовать моей семьей, всем нашим кланом ради заумных идей, рожденных мужским климаксом!

Да, мы богаты, но богатые тоже люди, они могут плакать, впадать в отчаяние, жертвовать собой ради близких, как я готова пожертвовать собой ради Стенли! Всякий знает, что получается из этих паршивых эгалитарных теорий: нацизм, большевизм, терроризм, вы знаете это лучше, чем я.

Алекс, вы были ближайшим другом моего мужа в течение последних трех лет. Меня даже немного раздражало постоянное упоминание вашего имени. Алекс там, Алекс здесь, Алекс сказал то, Алекс сказал это... да-да, пожалуйста, еще пива, большое спасибо... Теоретически вы даже наш дальний родственник, не правда ли? Знаете, я никогда не возражала против вашего романа с Норой. После ее бурной жизни она наконец-то нашла тихую гавань. Алекс, позвольте мне сказать прямо: только вы можете спасти нашу семью от позора! Я уверена, что Стенли скоро явится к вам выпить и поговорить. Пожалуйста, дайте мне только знать, что он жив! Я даже не осмеливаюсь просить вас о великом одолжении, но, может быть, вы все-таки попробуете отговорить его от этих ридикюльных эскапад?

Она уронила лицо в чуднейший платок, плечи ее слегка тряслись, в этот момент она была похожа на студенточку колледжа из какого-нибудь классического фильма. Она всего лишь на два года старше меня, подумал АЯ. Чтобы подавить неуместные эмоции, он оторвал глаза от Марджори и стал смотреть на городскую жизнь за окном.

Становилось темнее, и благодаря этому вся картина приобретала более резкий фокус. В толпе у метро ямайский верзила выпустил изо рта длинный язык огня. Несколько прохожих упали перед ним на колени: «Пощади, Заратустра!» Он помахал обеими руками вдаль, как будто говоря: «Поздравляю, Сашка Шут! Ты стал персонажем настоящей «соуп-оперы»!»

VII. Чудо в Атланте

Однажды бес занес меня
В аэропорт Атланты.
Своей огромностью маня,
Он был сродни Атланту,

Негоцианту,

Тому, что шар наш приволок
В торговую арену
И там стоит, не сдвинув ног
И не назначив цену.

Хорош «челнок»!

Все было тут с плеча верзил,
Столицам по ранжиру.
Подземный поезд развозил
Толпищи пассажиров,

Гуляк, транжиров.

Увидеть перуанских лам,
Услышать перезвоны
Тибетских лам, и по делам
Взлетали авионы.

Всем им шалом!

В суме, висящей на плече,
Тащил свою я утварь,
Когда вдруг началось чепе:
Центральный сел компьютер.

В одно из утр.

Толпа кричит, как грай ворон.
Кружится хаос адский.
У всех ворот водоворот:
Ни взлета, ни посадки!

Вали, народ!

Уже был съеден весь попкорн.
Запал угас в унынье,
И на полу среди колонн
Народ полег, как свиньи.

Вот вам и свинги!

Вдобавок к этому, друзья,
Взыграла stormy weather,
Из тех, что не осмелюсь я
Зарифмовать с together.

Прощайте, грезы!

261

Как космы черной бороды,
Качалась вся округа.
С огромной массою воды
Тайфун явился «Хьюго».

Порвал бразды.

Казалось, треснет свод опор,
И хлынет стынь из трещин,
И рухнет весь аэропорт,
Как Атлантида-стейшн.

Завалит грешных.

Я в Айриш-пабе присягал
На верность белу свету,
Когда бармен вдруг дал сигнал
И крикнул: «Пива нету!»

Без этикету.

Иссякло пиво! Кто бы мог
Сухим представить днище?!
Растряс земли, кислотный смог —
Все было бы попроще.

Где пива сыщешь?

Вдруг к стойке бара меж кирюх
Прошла младая дама,
Мудра, как сонмище старух,
Свежа, как дочь Адама.

И шелест брюк!

Весь свет затих, узрев красу,
Забыв о молний сваре.
Светясь, спустился парашют
С гондолы Портинари.

Взяла «Кампари».

Протрепетала сотня лип,
Процокали подковы,
И вдруг запел какой-то тип,
Жонглер из графств Московии,

Хрипат и сипл.

«Пропитых связок аппарат
Не годен для кансоны,
И все же, братья, воспарю
С кансоною для донны,

Столь окрыленный

Ее божественной красой
И благородством жестов!

262

Так грезит старый кирасир
О молодой невесте:

Он не из жести!

Мы не встречали этих глаз,
Пожалуй, семь столетий,
А тот, кто к сальностям горазд,
Наказан будет плетью.

Таков мой сказ.

О ты, чистейшая из жен,
Прими мою музЫку!
Ведь я Амуром поражен,
Хоть и ору тут зыком,

Под звездным знаком.

Стожары греют небосвод,
Вселяют жар в мужчину.
Не там ли мир святых свобод,
Не там ли все причины,

О чем кричим мы?

Ты видишь, наша жизнь пошла,
Потерян смысл отличий.
Скажи, откуда ты сошла,
Святая Беатриче,

В наш бренный шлак?»

Он оглянулся. Все вокруг
Молились без опаски,
Майамский загорелый друг
И мужичок с Аляски,

Адепты ласки.

Один почтенный джентльмен,
Чикагский венеролог,
Держа на вилочке пельмень,
Вдруг разразился соло

Вслед за жонглером.
Он пел о шалостях любви,
Венериных проказах,
О том, как мало соловьи
Пекутся о стрекозах

И о занозах.

Святая Дама, он молил,
Пошли нам жар без мошек,

Сироп священный без смолы,
Сады без мандавошек,

И черствых плюшек.

Весь клуб мужчин запел вослед:
Строитель, жулик, лектор,
Мулов погонщик и ослов,
И хомисайд-инспектор.

Так много слов!

Святая Дама, укажи
Обратный путь в за-древность,
Где не пускала в ход ножи
Любви убийца, ревность,

Сестрица лжи.

Засим настал разлуки миг.
Вертеп ирландский дрогнул.
Тревожно изогнулся мим,
Поэт скривился, вогнут,

Тоской томим.

Парижский вскрикнул брадобрей,
Заплакал жрец науки.
Тут был объявлен первый рейс:
«Юнайтед», на Кентукки.

Будь к нам добрей!

Так ничего и не сказав,
Она сошла со стула,
Бела, как горная коза,
Легка и не сутула.

Как ветром сдуло.

И всякий, кто в быту суров,
И те, кто к сласти падки,
Смотрели, как сквозь блеск шаров
Она идет к посадке.

Бесшумный взрыв
В ее «Кампари» просиял.
Бесшумны были вопли.
Фонтан взлетал и угасал.
На всех пришлось по капле.

И сны усопли.

Часть VIII

1. «Пинкертон»

Прошло десять месяцев после завершения седьмой части, и наступила, говоря языком академических семестров, Осень-87. Декорации существенно изменились. Большой территорией со своей внушительной застройкой в роман вступил кампус университета «Пинкертон». Псевдоготические башни здесь перекликаются с постмодерном, придавая пространству некоторую загадочность. В связи с новыми веяниями столетний монумент основателю школы, который был, кажется, каким-то колониальным предком знаменитого английского сыщика, со всеми своими причиндалами в виде треугольной шляпы, парика, доброго голубиного зоба, трости, которой ему столько раз хотелось протянуть вдоль спины своих студентов, нерадивых увальней Вирджинии, а также в виде чулок и башмаков с пряжками, оказался на основательно покатой площади, образовав центр некоей «концепции сдвига».

Ну что еще нового? Прибавилось, конечно, огромное количество персонажей в лице двадцати пяти тысяч студентов «Пинкертона». Вот они тащатся от своих пространных, как пастбища, паркингов к учебным корпусам — кто в лохмотьях под стать Председателю Земли Велимиру, а кто по правилам клуба: блейзер, галстучек, шорты, румяные колена, похожие на подбородки гвардейцев. Одного спросишь, куда пойдет после учебы, ответит: в ЦРУ. Другой скажет: в мировую революцию. Немало в этих бредущих толпах и персидского народа. Вот интересно, клеймят Америку «Большим Сатаной», а детей посылают к Сатане на учебу. Наши ребята спрашивают этих приезжих: «Правда, что у вас там нельзя выпить, гайз?» Те отвечают: «Днем нельзя, а ночью можно, если двери хорошо закрываются». И долго там у вас так будет с этой факинг революцией? Персы смеются. Если мулла сядет на осла, он уже с него не слезет, пока осел не сдохнет. Похоже на нашу советскую родину, думает, шагая вместе со студентами «режиссер-в-резиденции», только там вопрос иначе стоит: кто раньше сдохнет, осел или мулла?

Дорожки вьются среди обкатанных под машинку зеленых холмов. Путь неблизок, наслушаешься всякого, даже персидских анекдотов. По мере движения дорожки сливаются, народу становится все больше, но основная толпа стоит возле здания Студсоюза. Страна борется с никотином, а тут все дымят. Хей, мэн, как дела, я тебя вчера ебеныть видел! А я тебя вчера ебеныть не видел. Давно тебя ебеныть не видел, мэн! А я тебя целый ебеныть век не видел! Как ты там факинг дуинг? Я дуинг факинг грейт! Какого же фака ты не прихилял к Трейси? Я факинг вчера был у Сусси, фак-твою-расфак! Ну-с, господа русские читатели этого романа, если вы думаете, что наиболее употребляемое слово этих диалогов имеет отношение к слову «факультет», мы спешим вас разуверить: только отчасти, судари мои.

И вот после таких стояний через четыре года появляются великолепные специалисты и по «относительности» и по «безусловности», с беспочвенной ядовитостью думал Александр Яковлевич, проходя через эту толпу, хотя прекрасно понимал, что далеко не все студенты тут стоят, и те, что тут стоят не всегда тут стоят, и толпа сама по себе не всегда тут стоит. Оснований для сарказма у АЯ после первого года университетской работы было не так уж много, все шло здесь у него совсем недурно, но такова уж извечная российская диссидентщина: восторгов от нее не дождешься, а вот «поросячьего ненастья» навалом.

Он вступил в огромный кафетерий, где половина людни, рассеявшись по залу, ела, а другая половина с подносами еды стояла к кассирам-корейцам. Эту столовку он часто предпочитал профессорскому клубу, где постоянно надо думать, что бы еще сказать умное. Быстро проходишь к салат-бару, наваливаешь на бумажную тарелку здоровой пищи: свекла, морковь, брокколи, бобы, что-то еще, не знаю, как имя-отчество. Потом — к чанам с горячими супами, шмяк в пластмассовую миску половник «чили», порядок! Ну, подцепи еще с полки для куражу пакетик поджаренных лук-колец, взъяри себе большой стакан диет-коки, и ты в комплекте. Теперь начинается стояние в кассу. Дрочишь себя гнусными этническими обобщениями: эти корейцы такие копухи! На самом деле никто в мире так быстро не подсчитает цену набранной еды, как корейцы-кассиры из «Пинкертона», никто в мире!

В глубине зала играет рок-группа, чтобы никому не дать спокойно покушать. Длинный и сутулый, в каких-то вроде бы кальсонах третьего срока, с власами, как у «шильонского узника», — лид-вокалист тянет могучую в своей заунывности оралию:

266

йеее-биии-цццц-каяяя-сссииилллааа! Барабанщик, почему-то аккуратный, с галстуком-бабочкой, вколачивает в каждый слог по гвоздю. Аккуратность на нем кончается: две зажеванных ти-майки, в каких народ тут и спит и в классы ходит, извлекают из промежностей электронные рулады вполне на уровне ансамбля Элтона Джона. Неужто по-русски тут парни завыли? Да нет, поют обычное: Don't be silly, — это только АЯ, чуткому на все русское, родная похабщина слышится. Зал тем временем жует, шебуршит в толстенных справочниках, никто ни на кого не обращает внимания, будь ты хоть семи пядей во лбу, как наш Александр Яковлевич. Впрочем, пяток девиц и тут обмирает перед лабухами, даже и эти свинопасы не обделены поклонницами. АЯ бормочет своим поедаемым овощам: «Таков наш мир: любая бездарь, любой зачуханный баран изображает высь и бездну, стуча в жестяный барабан».

Вдруг доносится через весь зал: «Саша, Саша, у нас имерджженси!» Ну, то есть чепе. Меж столов катится, как колобок, главная корбаховская энтузиастка, ассистентка из «Черного Куба» Люша Божоле, родственница заморских вин. В чем дело, Люция? Опять, наверное, Гарри Понс и Робби Роук под газом? Не пришли на примерку костюмов! Повесить мерзавцев!

«Черный Куб» издали напоминает поставленный на один из своих углов Священный камень Кааба. Вблизи, а особенно внутри, это сходство пропадает. Попадаешь в лабиринт каких-то лестниц и галереек, сфер и кубиков, который вдруг выводит в зрительный зал со сценой, которую можно таскать вверх-вниз, влево-вправо, в общем, хоть за уши подвешивай.

Появление в театральном департаменте «режиссера-в-резиденции», русского смельчака с такой сугубо американской фамилией, было встречено очень благосклонно, если не с восторгом. Никто, конечно, ранее не слышал ничего ни о нем, ни о его московских «Шутах», но все прочли изготовленную Норой си-ви с вырезками из газет и теперь делали вид, что полностью в курсе дела. Это замечательно, Саша, что именно у нас, именно в «Пинкертоне» вы сможете продолжить свои московские поиски! С чего бы вы хотели начать, старина? Глава департамента, считавшийся классицистом Найджел Таббак, большой румяный, в обрамлении седых бакенбардов, облаченный в толстый кардиган ручной вязки, светился мягкой акварельной палитрой.

Александр осторожно начал примериваться издалека. Дескать, был когда-то такой город Флоренция. Не совсем та Флоренция, которую сейчас корками пиццы забрасывает миллион туристов. В той Флоренции, если после заката проходили по улице, стуча сапогами, трое мужчин, начинались разговоры о бунте гвельфов или гибеллинов. Там семьсот лет назад, озаренный ранним куртуазным трубадурством, зародился «новый сладостный стиль». Два поэта, два Гвидо без конца говорили о любви, имея в виду не совсем то, что нынешние туристские массы. Они говорили также о музыке золотого греко-римского века. Какой она была, пела ли о любви, могла ли найти нужный лад? Однажды к ним робко подошел юноша из семьи «белых» гвельфов Алигьери. В руинах дворца Марка Аврелия он нашел флейту, которой тысяча лет. Ну, вот такое начало. Что скажете, коллеги?

— Я не очень люблю эту эпоху, — признался профессор Таббак и как-то слегка загустел, то есть замаслился в своих тонах. — Этот ранний Ренессанс попахивает декадансом. Как называется пьеса, Саша?

Александр признался, что пьесы еще нет, но он может написать ее за месяц. Коллеги помоложе, почти умирая от чувства такта, стали увещевать новичка. Дантовская тема — это всегда слишком сурово, все-таки слишком серьезно. Мы все-таки тут имеем дело со студентами, им бы поколбаситься как следует. Вам, Саша, все-таки еще нужно создать свою труппу, вы согласны? Они, конечно, ему не сказали, что для Данте надо было все-таки итальянца какого-нибудь пригласить, а не русского. Корбах тут же схамелеонил. Коллеги, пожалуй, правы. Для студентов надо найти что-нибудь другое. Ну вот, скажем, Петербург начала девятнадцатого века, «Записки сумасшедшего», это повеселее, попроще. Всунем туда и «Нос», а заодно и музыку Шостаковича. Всунем также гоголевских ведьм и чертенят. Разыграем компанией в десять человек.

— Восхитительно! — вскричал завкафедрой, и Саша увидел, как выглядят его цвета в гамме восторга.

Всем департаментом стали с энтузиазмом работать корбаховский спектакль. Студенты валили на прослушивания. АЯ строчил свою «Гоголиану», то есть то, что в Москве партийная критика без лишних слов заклеймила бы как «глумление над нашим классическим наследием». Каждую дюжину листков тут же ксерокопировали для студентов, репетировали и обсуждали. Студенты носились по лестницам «Черного Куба». Таббак с отеческой улыбкой присутствовал на этих буйствах. «Саша, твой Достоевский мне спать не дает», — говорил он. «Гоголь, Найджел, Гоголь!» — в десятый раз уточнял АЯ. «Для меня это все Достоевский!» — упорствовал классицист.

Студенты, разумеется, влюбились в безудержный русский гений. Отпечатали полсотни штук лиловых маек: на груди — портрет Саши, снятый в момент режиссерского экстаза, со всеми его преувеличенными деталями в виде растянутого рта, выпученных глаз и торчащих инопланетных ушей, а на спине — надпись «Шуты Потомака». Забыв обо всем на свете, он репетировал, как в лучшие годы на Пресне. Слов иногда не хватало, тогда мычал и показывал конечностями. Получалось еще понятней, чем в словах. Иной раз даже забывал, что работает в Америке. В дерзостные моменты оглядывался: не пробрались ли в темный зал стукачи Главреперткома.

«Что с тобой происходит, Сашка? — смеялась Нора. — Ты помолодел на десять лет. Только твоя лысина меня еще спасает».

Она, конечно, преувеличивала, но он и в самом деле бурлил, хоть и перестал с прежним неистовством самовыражаться в постели. Вот чего ему не хватало все эти годы, бедному мальчику, думала она, целуя его башку во время их по-прежнему долгих и сладких, но, увы, как бы каких-то вообще-то регулярных, что ли, откровений. Мне повезло, что у него во время нашей встречи не было театра, даже такого завалящего, как этот «Черный Куб». Он полностью сублимировался на мне и дал мне такую любовь, какой я не знала. Теперь эти гомерические восторги будет вытеснять театр. Мама была права, он один из них, из лицедеев.

Что ж, продолжала она, вскоре ему придется познакомиться и с моим лицедейством, и уезжала в Хьюстон. По дороге не прекращала сводить свой баланс с Александром. Мы самые близкие люди, а так много и так долго скрывали, да и сейчас скрываем, друг от друга. Он почти ничего не говорит мне о своих сыновьях, очень мало рассказывает о своей прошлой семейной жизни, не говоря уже о бабах в Москве. Так долго молчал о проклятом вествудском паркинге, об отеле «Кадиллак», да и сейчас, кажется, о чем-то умалчивает из этого периода. Да и я хороша: вот и сейчас темню с Хьюстоном. Что это ты повадилась в Хьюстон, хитрая Нора, однажды спросил он и, как бы не дожидаясь ответа, как бы не придавая значения моему ответу, заворошился со своими гоголевскими бумагами. Ну что ж, если тебе не особенно интересно, нечего и рассказывать. Да так, отвечает Нора, как и спрашивали, мимоходом, там просто разрабатывается один археологический проект, и вроде бы не врет, а на самом деле сильно врет и уезжает в Хьюстон.

2. Иные сферы

В Хьюстон Нору сосватал кузен Мортимер Корбах, полковник ВВС и астронавт США. Еще на том достопамятном «Воссоединении Корбахов» в мэрилендском поместье Нора, оторвавшись на десять минут от мыслей о загадочном русском фавне, заговорила с Мортом об археологических исследованиях из космоса. Хорошо бы прицелиться с орбиты на районы древних цивилизаций, скажем, на Полумесяц Плодородия от Евфрата до Нила, или на округ Куско в перуанских Андах. Почему бы однажды не включить в команду «Шаттла» какого-нибудь археолога, скажем,

Нору Мансур, PhD? Морт тогда прищурился на нее и сказал, что не видит в этом предложении ничего сумасшедшего, хоть оно и сделано сумасшедше красивой женщиной. Ну в общем, комплимент вполне в стиле наших ВВС.

Поговорили и забыли, тем более что той совиной и летучемышиной ночью она думала не столько о космосе, сколько о лугах, по которым нужно скакать к фавну и брать его живьем. Прошло не менее полугода, когда вдруг позвонил Морт и сказал, что в Хьюстоне заинтересовались ее проектом. Проектом? Вы сказали, Морт, моим проектом? Если вы такая отчаянная женщина, хмыкнул полковник, вам надо завтра поехать в управление НАСА на Индепенденс-авеню вот к такому-то и согласовать там свой «пропозал».

Почему-то все ее мысли вновь закрутились не вокруг Земли, а вокруг Сашки. Теперь подумает, что я свихнувшаяся феминистка. Будто я что-то хочу ему доказать. Забыть этот вздор? Или все-таки написать «пропозал»? Ну что ж, почему не написать, почему не проверить живучесть нашей бюрократии? А Сашке ничего не говорить, какое ему дело до моей науки, он весь в своих комплексах.

Бюрократия оказалась довольно живучей, что подтверждалось ее долгим мертвым молчанием. Вдруг за год до описываемых в этой части событий какие-то барьеры были подняты, дело — чудо из чудес! — сдвинулось! Вот как получается, судари мои, еще десять страниц назад мы и не думали отправлять нашу Нору в космос, а между тем в правительственных, военно-космических, разведывательных, финансовых и научных сферах ее кандидатура была взята под серьезный прицел. Различные комитеты стали приглашать ее на заседания, где среди прочего обсуждалась и ее идея. На слушаниях конгресса по науке одно ее высказывание вызвало особый интерес. «Археология, джентльмены, — сказала она, — имеет больше отношение к космосу, чем к текущей биологии». Все семеро джентльменов, сидящих на возвышенной панели, переглянулись, то есть трое слева и трое справа посмотрели на сидящего в середине. Наше общество поднимает ушки, когда слышит «уан-лайнер», то есть афоризм в одну строку. Вялость общего мышления требует периодического подхлестывания. Председатель комиссии снял очки. Все замерли: как истолковать это движение? Председатель сказал: «От имени этой текущей биологии позвольте мне поблагодарить вас за вашу искренность, миссис Мансур!» В Америке нередко взрыв хорошего хохота решает все дело. Похоже, и в тот раз так случилось.

Нора понимала, что к ней присматриваются, и не исключала, что студенческое прошлое всплывает где-то как аргумент против ее кандидатуры. Она представляла также и аргументы в свою пользу: ну, господа, дочка Риты О'Нийл и Стенли Корбаха в семнадцать лет просто должна была поиграть в революцию. Главное, мы сейчас имеем дело с серьезным ученым, автором нашумевшей книги «Гигиена древних». Персона к тому же является и хорошеньким лицом женского пола, и оно (тут происходит путаница с родами русского языка, чего, конечно, не произойдет в английском) продемонстрирует прогресс еще недавно закабаленного сегмента.

Собирается в конце концов президиум Археологического общества США. Люди не последние в области проникновения из мира сущего в сферы неподвижно лежащего. В большом проценте случаев неожиданные эксперименты приносят неожиданные результаты, господа. Многие археологические находки были сделаны при помощи авиации. Снимки со спутников сейчас широко используются в геологии. Иные темы популярных таблоидов могут приобрести научный аспект. Орбитальное наблюдение пирамид, например. Доктор Мансур предлагает собственную методику исследования зоны города Ур. Есть еще один важный фактор в пользу экспедиции Мансур. Появление в ее лице первого космического археолога США привлечет колоссальное внимание к проблемам нашей науки, а стало быть, к увеличению финансирования наших экспедиций и публикаций. Ну, словом, в добрый час, доктор Мансур!

Тут мы добавим кое-какую наблюденцию по поводу нравов. Американцы к башлям всегда подходят впрямую, с откровенно открытым ртом, в отличие от русских, что топчутся вокруг да около, делая вид, что их презренный металл не особенно и интересует, есть, дескать, сферы более высокие. Как это истолковать, не знаю, полагаюсь на вас, сударыня.

Отправляясь на первое медицинское освидетельствование в Хьюстон, она ничего не сказала Алексу. Только уже после возвращения, со смехом: «Знаешь, я тут на днях проходила свои «физикалс», так врач мне сказал: «У вас превосходное здоровье, прямо хоть на «Спейс-Шаттл».

Как раз в этот момент Александр Яковлевич приспосабливал ее в одну из любимых позиций и пыхтел в своем лучшем стиле. «Никогда в этом не сомневался, дарлинг, — ответил наглый трахальщик, — каждая встреча с тобой похожа на запуск ракеты».

Вновь и вновь она отправлялась в Хьюстон: то на ознакомление с аппаратурой, то на недельные тренировки, но он, похоже, даже не ревновал. Иной раз задавал вполне формальные вопросики: «Ну, как там у тебя продвигается в Хьюстоне?» — без всяких сомнений принимая ее отговорки. Он весь уже был в своем спектакле, в этом гадском «Черном Кубе», где сучки из «Пинкертона» наверняка заигрывают с ним, а то и садятся к нему на колени. В конце концов Нора твердо решила: ничего ему не скажу до конца, пусть узнает из телевизора!

Подражая Владимиру Набокову с его «Толстоевским» и учитывая литературную ориентацию своего завкафедрой, Александр придумал себе автора пьесы: «Лейтенант Гоглоевский». Афиша спектакля выглядела несколько курьезным образом, призванным заинтриговать просвещенную публику Северной Вирджинии, Южного Мэриленда, Джорджтауна, Даунтауна и Правительственного Треугольника.

«Черный Куб» представляет.

Пьеса Лейтенанта Гоглоевского «Мистер Нос и другие сторонники здравого смысла».
Поставлена Александром Корбахом под эгидой Театрального департамента университета «Пинкертон».
Спонсоры: «Универмаги Александер Корбах инк.», «Доктор Даппертутто, Куклы для взрослых, компани».
Людей без чувства юмора просят не беспокоиться.

Последняя строчка вызвала возражение профессора Таббака.
«Это грубость, — сказал он решительно. — Те, кому это адресовано, обидятся и не придут». Артисты наивно удивились: «Но кто может подумать, что это ему адресовано?» После некоторого размышления профессор согласился: «Хорошо, поскольку мне это не адресовано, я не возражаю».

За неделю до спектакля АЯ стал себя накручивать. Будет провал! Ребята не профессиональны, перепугаются, перепутают всю мою «биомеханику», звукосистема, конечно, сломается, свет мы и так не довели до ума, задуманный и отрепетированный полубалет превратится в бессмысленную толкотню пригородных остолопов, тут и декорации обрушатся.

АЯ недооценил современной молодежи. Спектакль прошел одним духом, без единой сбивки темпо-ритма, почти без накладок. Ребята не выказывали ни малейшего стеснения, как будто каждый вечер играют перед полным залом вирджинского бомонда. Иной раз даже казалось, что они как бы слегка объелись такой аудиторией. Может, «сахарку» нанюхались? Будучи человеком не совсем наивным в этой области, АЯ знал, что после хорошего в нос засоса любой ресторанный фиддлер может сыграть на уровне Паганини, однако через час расползется местечковой квашнею. Вот как раз через час, в «Носу», и начнется маразм. Со второго акта я просто смотаюсь.

«Все оки-доки, босс, в чем дело?» — успокаивали его ребята в перерыве. «Саша, почему такой бледный, прическа не в порядке?» — нагловато шутили исполнительницы женских ролей Беверли, Кимберли и Рокси Мюран.

Наш Александр Яковлевич упустил, что эти дети выросли под постоянным глазом родительского Home Video и не боятся

272

линз. Появилось целое поколение артистов, что перед зрителями ведут себя вполне естественно, не хуже Дастина Хофмана или Джулии Робертс, а то и лучше, L&G, а то и лучше.

Во втором акте труппа не только не расквасилась, а напротив, стала заваривать то, о чем он только мечтал на репетициях, некое подобие ритмо-додекафонного, булькающего, словно луизианский суп, полубалета с мгновенными барельефами — остановись, мгновение! — и в двух-трех местах так уместно сымпровизировала эти стопы, что АЯ даже сделал победный жест кулаком в воздухе. Студенты лабали в свое удовольствие. Гарри Понс крутил круги на велосипеде Акакия Акакиевича, его Шинель в углу сцены пела арию Каварадосси, Панночка мгновенно превращалась в ведьму и обратно, ну а Нос, Робби Роук, с трибуны кандидата в губернаторы требовал демократических реформ. Со сцены несло настоящей гоглоевщиной. Все получалось в ту ночь, и даже финальная, почти невозможная сцена с ее моментом «неизлечимой печали», когда все персонажи начинают угасать, словно Майя Плисецкая в «Умирающем лебеде», получилась так, что миссис Президент Миллхауз встала со слезами на глазах.

Здесь не принято хлопать в унисон и без конца выходить на поклоны. Тем более в университетском театре, где спектакль все-таки часть учебного процесса. И все-таки знакомый хмель успеха уже гудел в его жилах. Боже, значит, я еще не сдох, да? За кулисами вся братва лежала на полу, слабо передавая друг другу банки пива. Саша, мы это сделали! Я горжусь вами, ребята! Потом начался прием и длился два часа, что тоже было мерилом успеха. Инкредибл, говорили ему, джаст фантастик! Щедротами Арта Даппертата всех обносили недурственным шампанским. Большие креветки жарились на гриле, торчали букеты крабьих лап, предлагались миньоны. Там, где Корбахи, там успех, там победа! В толпе встречался задумчиво-непонимающий взгляд Марджори. Муж уже десять месяцев как в бегах. Откровенно неискренняя любезность Нормана Бламсдейла. Что касается главного попечителя Арта Даппертата, то он вел себя как дорвавшийся до халявы московский актер. Набухался в дупель. Вполпальца затыкал бутыль «Мумма», пускал в потолок струю. Кричал Саше: «You won, starik!» Привез, видите ли, из Москвы словечко.

Подходили журналисты: аккуратист из «Поста», неряха из «Вашингтон таймс», девушка из «Виллидж войс». Оказывается, в спецкомандировке на Корбаха. Нью-Йорк хочет знать, кто таков. Александр блуждал в толпе, будто сам какой-то дряни нанюхался. Вплотную не замечал тех, кого по правилам «Пинкертона» надо было заметить, в частности финансовых воротил из вирджинского «Хай-Тек Коридора». Вместо этого слишком долго, о чем не поймешь, говорил с вечными соперниками из соседнего огромного университета «Мейсон». Вдруг его пронзило беспокойство. Здесь кого-то не хватает! Только уже нервно озирая зал и даже как бы подпрыгивая, он сообразил, что высматривает катастрофически отсутствующую Нору Мансур. Она обалдела, подумал он. Не пришла на премьеру! Она хочет меня бросить. Я ей уже надоел. У нее любовник в Хьюстоне. Вот вам и финал торжества. Прощай, «новый сладостный стиль»! И он тут же ушел из «Черного Куба» в слякотный простор.

Шагая по слякотному простору, он проклинал злосчастную судьбу и собственный идиотизм. Упустил такую женщину, посланницу безмятежных небес и бурнокипящих земных низин! Ради какого-то школьного театра бросил свою любовь на произвол техасских секс-маньяков. Прощай теперь уже навсегда, моя молодость по имени Нора! «Прощай, молодость» — так назывались гнусные советские фетровые боты. Теперь вся жизнь моя станет таким «говноступом» со слежавшейся внутри гнилью, которую даже вилкой не выковыряешь, даже вилкой, вот именно, даже вилкой.

Поперек аллеи ветер мел мокрые листья. Сзади медленно наплывали два хрустальных глаза. Он отступил в сторону. Подъезжал какой-то «Est-Que-Vous-Avez-Un-Grey-Poupon». Стекло поехало вниз. Из «роллса» смотрело лицо серьезной куклы. Марджи Корбах — ездит одна по ночам. «Я почему-то не видела Норы сегодня», — сказала она. «А хуй ее знает, где она. Уеблась, наверное, в свой Хьюстон», — ответил он по-русски. Мачеха любви кивнула, как будто поняла что-то еще, кроме Хьюстона. «Что же вы идете пешком, — сказала она, — садитесь ко мне в машину». — «Да на хуй мне нужна ваша машина, вот мой «сааб» стоит под тем разпиздяйским фонарем».

С серьезностью необыкновенной она снова кивнула, как будто поняла что-то еще, кроме слова «сааб». «Роллс» поддал, и вскоре в слякотном мраке исчезли два маленьких его задних рубина.

3. Спустись оттуда!

На следующее утро в своей подлой «обезноренной» норе, если можно так сказать, играя с похмелья русскими префиксами, суффиксами и ударениями, в квартиренке посреди гейского квартала, он узнал о случившемся. Позвонил не кто иной, как Омар Мансур.

— Эй, слушай, принимаешь поздравления? — спросил он почти по-грузински.

— А ты что, там был? — Даже в такое гиньольное утро трудно было себе представить этого молодца на спектакле в «Черном Кубе».

— Зачем обязательно там быть?! — едва ли не вскричал Омар. — По телевизору утром видел. Включи телевизор и сам увидишь в любой программе новостей.

— Что-то невероятное, — пробормотал Саша.

— Вот именно! Невероятное! — Омар уже кричал. — Мое имя в космосе! Разносится по всему миру!

Саша Корбах с трубкой под ухом обеими руками амортизировал в воздухе, как бы отодвигая наваливающийся абсурд. Конечно, бывает, за ночь весь город может поехать, но все-таки о чем ты говоришь?

— Ну, как же, Саша, событие колоссальной важности, особенно для арабского мира, дружище! Для всех передовых мусульман! Наши ретрограды продолжают издеваться над женщиной, девочкам во многих странах выжигают клитор, а тут женщина в космосе, женщина-археолог фотографирует с орбиты районы древних цивилизаций! И вот вам самый главный удар по ретроградам — у женщины арабское имя! Пусть она американка, но она Нора Мансур, жена небезызвестного в Ливане Омара Мансура! Нет, я был прав, когда не торопился с разводом! Вот вам удар, ретрограды! И я тебя поздравляю, Саша Корбах, как ее друга, как ее фактического мужа, привет тебе, хорошему еврею и хорошему американцу, от мужа и араба, от финикийца и вообще!

Употребив несколько гусеничных движений, Александр приблизил свои подошвы к телевизору и большим пальцем ноги включил. Тут же обозначился «Спешл рипорт», и выявился ведущий, как всегда чуть-чуть как бы отрыгивающий что-то вкусное и, как всегда, в плохо повязанном галстуке. Последнее обстоятельство почему-то всегда раздражало Александра Яковлевича. Даже сейчас, за секунду до появления Норы и с голосом Омара в ухе, он успел подумать привычное: «Тебе, халтурщик, платят такие деньги, а ты даже не научился повязывать галстук».

Тут пошли кадры с мыса Канаверал, и, не веря своим глазам, он увидел Нору в космическом костюме, смеющуюся, с летящей на ветру гривкой, бодро шагающую среди всей команды на посадку в «Атлантис». «Впервые в истории в экспедиции принимает участие археолог, профессор университета «Пинкертон» Нора Мансур!» — сказал тот, с плохо повязанным галстуком. Встык пошли кадры запуска: огненные струи под ракетной связкой, отход носителей и, наконец, оставшееся огненное пятно, быстро удаляющееся от Земли. Там Нора! Она удаляется от Земли, моя крошка! Он немедленно весь рассопливился. Дрожь стала продирать от макушки вниз, сосредотачиваясь в пятках. В ужасе вспомнил совсем недавнюю трагедию одного из таких «шаттлов», взрыв прямо на глазах у всех, абракадабра распадающегося огня. Там были две девушки, одна из них чем-то напоминала Нору. Боже, помоги! Боже, пронеси! Молитва услышана, тут же встык пошли уже кадры с орбиты: веселые физиономии, проплывающие в невесомости тела, вот и его любимая проплывает, тоненькая, попкой вверх, волосы тихо струящимся флагом следуют за головой, улыбается в камеру, помахивает рукой, как будто персонально мне. Конец спецсообщения.

В ухе продолжал еще восклицать арабский прогрессист:

Нам нужен прогресс во всем... в космосе, в спальне, в стакане напитка!

— Как ты сказал, в «стакане напитка»? — переспросил АЯ.

— Вот именно, Корбах дорогой! Мы должны сегодня выпить с тобой за нашу Нору! Почему нельзя выпить шампанского? Пусть шариат запрещает водку, виски, но не надо запрещать шампанское, чтобы каждый мусульманин мог выпить за свою жену, полетевшую в космос! Правильно, Саша?

Он еще продолжал выкрикивать что-то, на этот раз о величии Америки, воспитавшей таких исключительных женщин, как Нора Мансур, но это уже явно предназначалось для магнитофонов ФБР. Александр повесил трубку. Боже милостивый, Господь всемогущий, ни о чем не хочу больше слышать, ни о чем не могу ни думать, ни говорить, пока она не спустится оттуда. Только бы она спустилась оттуда, как американцы говорят, in one piece!

Нора еще не спустилась оттуда — полет был рассчитан на неделю, — когда на пятый день после премьеры Александру пришлось расхлебывать свой собственный, пусть не столь космический, но все-таки успех. Позвонил известный кинорежиссер Штефан Чапский. Он говорил по-русски с характерным польским подхихикиваньем. Когда-то, еще в пятидесятые он окончил ВГИК и даже снимал что-то совместное на «Мосфильме». В конце шестидесятых остался на Западе, но не так, как советские оставались, без «предательства родины», без гэбэшных истерик. В Польше все-таки практиковался несколько смягченный подход к невозвращенцам: ну, остался так остался, нехорошо, но можно пережить.

В голливудском лесу Чапский поначалу погибал, как огромное количество его предшественников, но потом вдруг выскочил на веселую поляну и как-то сразу утвердился среди вереницы новых славянских режиссеров: Полянский, Кожинский, Форман, ну вот и Чапский.

— Хелло, мистер Корбах, дорогой товарищ! («Хелло» звучало как у Лайзы Минелли в фильме «Кабаре» — «хеллееуу».) Это здесь Чапский, Штефан Чапский, не надо падать в обморок. Есть одна добра пропозыцыя, Саша, знаешь. Ты и я как една генерацыя сделаем муви. Не возражаешь? Файн! Можно взять авион сегодня? Не можно? Тогда можно держать? Две минуты — держи!

Сообразив, что употребляется глагол hold в прямом переводе, Александр держал трубку. Точно через две минуты Чапский, соскочив с какой-то параллельной линии, сказал, что вылетает в Вашингтон. Вот прямо сейчас поворачивает с Сансета на Сан-Диего-фривей. Рейс через час десять, он успеет. Водку купить? Все есть? «Гениально! Шедеврально!» — прокричал он популярнейшее восклицание своих студенческих пятидесятых и был таков.

К концу дня он прилетел, совсем не такой, каким его можно было представить после бойкого телефонного разговора. Тяжеловатый и как будто слегка подслеповатый еврей, или скорее полуеврей, как все вокруг. Впоследствии Александр привык к частым переменам в этом Чапском. Периоды грузности сменялись у него атакующим стилем, когда казалось, что он даже как бы теряет в весе.

Разумеется, они твердо перешли на «ты», еще не допив первой бутылки «Выборовой». Оказалось, что на Корбаха Чапского навел один его друг, который был на премьере «Гоглоевского» в «Черном Кубе». Один такой отличный «хлопак», богач, но совершенно свой, артистический тип. Ну, конечно, Арт Даппертат, кто же еще! Чапский был поражен. Он не знал, что Корбах в Америке. Конечно, он помнит его песни, он следил за историей «Шутов», за всей этой ебаной коммунистической скандалистикой, но потом все затихло: «Шуты» и Саша Корбах исчезли из сообщений корреспондентов. Столько всего происходит, пся крев, одна лавина новостей сменяет другую, только брызги в стороны летят. Послушай, мы достали два тейпа с твоими монологами, один из московского спектакля, а другой в каком-то зале английской готики, похоже, что в Штатах. Знаешь, I've been just engrossed, просто обалдел, твой артистизм меня просто нокаутировал, Сашка, но самое главное — я вспомнил твои фильмы прошлых лет, тебя же тогда в русскую первую пятерку включали! Корбах был поражен, узнав, что расторопные ассистенты достали для Чапского и это старье: он был уверен, что ленты давно смыты соответствующими органами.

Чапский был сейчас уже не просто режиссером, но главой зарождающейся киноимперии «Чапски продакшн». С этой позиции он решил, что будет просто идиотизмом не использовать Сашу Корбаха в американском кино. Скажи, олд чап, ты сможешь написать сценарий, поставить фильм, один или со мной, сыграть в нем роль? Конечно, ты можешь! Какой фильм? Об этом поговорим через несколько дней. Сейчас лечу в Париж, там у меня одна экипа снимает, потом обратно в Эл-Эй, через неделю вернусь в Ди-Си. Здесь будет решающий митинг заинтересованных сторон. Да, уже есть такие. Все, дело в сторону. Давай теперь выпьем, как когда-то в общаге у ВДНХ. За то, чтоб они сдохли! И больше чтобы не рождались! — заключил Корбах этот популярный московский тост.

На Коннектикут-авеню, бросаясь за такси, Чапский рассыпал свой портфель. Среди прочего вывалилось немало «троянцев» — презервативчиков с роскошным закатным пляжем на пакетах. Собирали все хозяйство с мокрого асфальта, чертыхаясь по-польски и по-русски. Крев, чья, пся, мать, какая, гребена! Из машин народ смотрел на большого дядьку в тяжелом пальто и стройного псевдоюнца, похожего на здешнего гомосексуалиста. Чтобы привести себя в норму, ввалились в «Тимберленд», где в американском стиле, то есть почти в полном мраке, сидели несколько таких, что были уже в норме. Тут Чапский устал от полузабытой славянщины и перешел на английский.

— Listen, Korbach, are you happy in America?

— Not at this particular moment, Chapsky.

— Why not?

— How can I be happy when my girlfriend is in the space?

— In what space?! — взвыл Чапский, глядя в угол бара, как будто там искал ответа на вопрос о пространстве.

— In the outer space. — Корбах качался на табуретке, как общеизвестный Хампти-Дампти. — She is so far away, my love, she's orbiting our planet, she's losing her gravitation, she's not my love anymore, a weightless body...

— That's great, Sashka! It's a great proposal. He's drunk in the bar, she's weightless on the orbit! You're a generator of proposals you fucking Soviet Sashka Korbach! We'll make you rich and famous sous les drapeaux de Chapsky Production!

Прошло не более недели. Нора была уже на Земле и проходила послеполетные обследования в Хьюстоне. Их телефонные счета росли с космической скоростью, так как разговоры в основном состояли из вздохов и пауз. Вдруг явился Чапский, выбритый и в отличном синем костюме. С ним была его ассистентка, в глазах которой, казалось, постоянно стоял тот самый популярный в наших краях троянский морской закат.

— Едем, Сашка, сегодня ты увидишь синклит не хуже ЦК КПСС.

В машине он сунул Александру листок бумаги. Это был, разумеется, пропозал. Конечно, ты сможешь его потом перекроить или вообще выбросить к чертям. Сейчас главное — раскачать телегу. Дорога была недолгой, АЯ ничего не успел прочесть. Заметил только, что действие начинается в Афганистане. В те времена трудно было найти сценарий, который не начинался бы в Афганистане.

— Ну вот мы и приехали, — сказал Чапский. — Мы вылезаем, а Нора позаботится о парковке. Саша вздрогнул:

— Какая еще Нора?

— Да вот эта, моя помощница.

— Моя подруга — тоже Нора. Чапский пожал плечами:

— Должно быть, их папаши обожрались Ибсеном».

Перед ними высился и ширился на весь квартал серый дом с множеством маленьких колонн и эркеров, дом неопределенного архстиля, но с некоторым приближением к Paris d'Haussmann. Это была знаменитая «Старая Контора», второе по важности вашингтонское строение. Оно было обнесено решеткой и бетонными надолбами в виде цветочных клумб, которые тут появились после того, как соплеменники Омара Мансура стали увлекаться грузовичками, начиненными взрывчаткой.

Чапский и Корбах поднялись по торжественной лестнице, открыли двери и сразу оказались в окружении статных, плавно двигающихся и цепкоглазых офицеров, белых и черных. После небольшой проверки компьютерного списка визитерам на лацканы пиджаков были нашлепнуты «баттонз»; не исключено, что в этих липучках была какая-нибудь магнитная полоска, которая мониторила их по ходу движения внутри столь важной структуры. «Второй этаж, джентльмены, вас там встретят», — сказал старший на КП.

На мраморной лестнице Чапский приостановился:

— Слушай, мне только сейчас пришло в голову; прошлый раз ты что-то болтал по пьянке о невесомой подружке, а сейчас сказал, что ее зовут Норой. Уж не хочешь ли ты сказать, что это Нора Мансур?

Корбах не успел ответить — к ним спешили два мальчика из аппарата. Дурацкая мысль тут же посетила Сашу: вот эти ребята получают гроши по сравнению с тем телевизионщиком, а галстуки у них завязаны идеально. Надо все-таки сосредоточиться, фидлстикс. А это еще из какой оперы, фидлстикс? Фидлстикс, фидлстикс, что за абракадабра привязалась? Приглашаем читателя пошебуршить немного в прочитанном, чтобы обнаружить словесное чучело. По секрету: четвертая часть, милостивые государи.

Они шли по широкому коридору с высоким потолком (таких сейчас не строят), справа и слева открывались двери, тоже широкие и высокие, и к ним с весьма любезными рукопожатиями присоединялись ответственные сотрудники. Лица этих людей порядком примелькались на телевидении, иначе можно было бы предположить, что находишься в каком-нибудь германском бальнеологическом курорте прошлого века, фиддлстикс. Наконец прибыли к месту назначения. В дверях огромного кабинета двух эмигрантов приветствовал Американский Политик из тех, чье имя в официальных списках предваряется словом «honorable». Эту возвышенность, увы, лучше не переведешь, чем некоторой толстопузостью — «достопочтенный».

Эдмонд Пибоди являл собой пример исключительной сбалансированности внешних и внутренних качеств. Благодушно-приятельскими манерами не очень отличаясь от своих сотрудников, он тем не менее нес отпечаток большой политики, как внешней, так и внутренней; последняя, возможно, была для него важнее первой. Прибывшим мистер Пибоди едва ли не раскрыл объятия: «Большая честь приветствовать вас здесь, господа! Перед вами поклонник всех ваших фильмов, мистер Чапский! О, мистер Корбах! Моя жена видела ваш спектакль в «Черном Кубе». Мы ведь соседи с президентом вашего университета. Нэнси Миллхауз чуть ли не насильно затащила мою Энди на премьеру, а домой она вернулась в сущем восторге! Просто была восхищена вашим талантом. Вы ведь недавно в Вашингтоне? Что ж, добро пожаловать в нашу столичную провинцию! — Он повернулся к своим сотрудникам: — Теперь все в сборе, можно начинать. Давайте, ребята, все заходите ко мне».

Чапский успел перед началом совещания шепнуть Корбаху: «Потом расскажу, кто есть кто, пока что просто сиди с вдумчивым видом; это все, что от тебя требуется».

На совещания в ЦК КПСС это все-таки было мало похоже, учитывая тот факт, что часть народа сидела на валиках диванов, а двое даже на полу, демонстрируя идеально натянутые носки. Все называли друг друга сокращенными, чаще всего односложными именами: Эд, Джо, Фил, Рекс. В советской партийной этике небольшой элемент неформальности вносится как раз за счет удлинения имен хвостатыми патронимами, ну, отчествами, мой друг.

Говорить начал Чапский, и по ходу его выступления картина прояснялась, как будто он протирал ее своим круто загнутым большим пальцем. Речь шла о большом игровом фильме, посвященном советским военнопленным в Афганистане. Все понимают, что это горячая тема, но мы, «Чапски продакшн», не гонимся за актуальностью. Мы хотим создать настоящую человеческую драму силами современного — хотелось бы подчеркнуть это слово — искусства. Это должен быть жесткий аутентичный фильм с почти документальной фактурой. Никаких Слай Стиллонов с пулеметными фаллосами, никаких бла-бла-бла «танцев с саблями» моджахедов, пылких глазок из-под чадры. В то же время наш жесткий фильм должен быть пронизан некоей постмодерной эстетикой, с моментами гротеска и ностальгией советского упадка. Учитывая все эти элементы, гайз, мы решили предложить постановку Алексу Корбаху. Никто в Америке, кроме него, не сделает того, что мы хотим, господа, мистер Пибоди.

Все присутствующие, а их было не меньше двух дюжин, с пониманием кивали, как будто такие уж собрались мастаки по части фильмов в этом политическом совете, а когда речь зашла о Корбахе, к пониманию прибавились сочувствие и симпатия. Неужто «Гоглоевский» мне сослужил в Вашингтоне такую службу? Вздор, тому виной, конечно, миссис Нора Мансур: перипетии жизни этой ненышней суперстар, конечно, обсуждаются сейчас по всему Вашингтону. Впоследствии Александр узнал, что в совещании среди всех этих «гайз» (ребят) участвовали большие специалисты внешней политики, пара высоких чинов Пентагона (в штатских штанах, но в казенных ботинках), а также эксперты из Си-Ай-Эй, что звучит почти как «племя сиу». В русской номинации ЦРУ представляет, между прочим, некий противовес ГРУ, а вместе они образуют своего рода фигуру тяни-толкая: ЦРУ-ГРУ-ЦРУ-ГРУ; кто кого, кто куда?

Чапский продолжал: «Конечно, мы могли бы обойтись и без правительства. Не в традициях Голливуда просить правительственных субсидий. После долгих дискуссий, однако, мы решили предложить вам сотрудничество, в том числе и по части финансового риска. Однако не думайте, что мы думаем об экономии собственных средств. Голливуд не заинтересован в экономии, он заинтересован в прибылях. Покажется парадоксальным, но мы обращаемся к правительству ради художественных задач, в частности для воплощения принципов аутентичности и для того, чтобы полностью избежать элементов бродвейского шоу, которыми мы все грешим. Вот в чем дело, а совсем не в том, о чем подумало почтенное собрание».

Короткий перерыв в виде хорошего смеха и обмена понимающими взглядами. Никто пока не торопился взять слова, и Чапский немного продолжил: «Не думайте также, что мы с Сашей Корбахом преследуем какие-нибудь политические цели как жертвы тоталитаризма. Художественные задачи для нас прежде всего. Советские пленные — этнические европейцы, между прочим, в руках неукротимых мусульман — это как раз то, что называется маргинальной ситуацией».

Будучи в активной фазе, Чапский тараторил на своем, к удивлению Корбаха, далеко не идеальном английском, однако все его великолепно понимали: американцы натренированы на речь варваров. Услышав слово «тоталитаризм», многие собравшиеся, что называется, сделали ушки. Очевидно, недолюбливают, подумал наш герой. А может быть, и уважают как предмет постоянного изучения.

Кое-кто уже начал показывать председательствующему палец: «Пару слов, Эд, если не возражаете». Пибоди притормозил ладонью, сейчас-сейчас, и сам первым высказался:

«Мы чрезвычайно благодарны Стиву Чапскому за его выступление. Очень интересный проект, спасибо. Я думаю, что правительство не должно сторониться фильмопроизводства; в конце концов, ведь это одна из главных статей нашего экспорта. Пора расшатывать стереотипы, друзья. Перед тем как перейти к дискуссии, я хотел бы задать вопрос нашему новому талантливому другу Александеру Корбаху. Алекс, я надеюсь, вы полностью разделяете энтузиазм Стива? Вы себя видите в роли постановщика?»

В опыте этому начальнику не откажешь, подумал Корбах. Должно быть, заметил мою обалделость. Мудила Чапский даже не сказал мне, что фильм будет о пленных. «Конечно, Эд, — ничтоже сумняшеся заявил он. — Мы со Стивом только об этом и говорим днями и ночами. Сделаю все, что смогу».

Тут снова выступил Чапский, сказав, что Сашу Корбаха они собираются использовать в трех планах: во-первых, он напишет сценарий, во-вторых, он поставит этот фильм или с моей помощью, или, что лучше, один, в-третьих, он сыграет роль парадоксального характера — советского генерала, ненавидящего коммунизм и мечтающего стать президентом свободной России. Говоря это, Чапский смотрел на Корбаха с некоторым давлением: понял, ты понял, Сашка? Корбах кивал и улыбался. Похоже, друг, что ты не так уж сильно независим от этих ребят и что бедолагу Корбаха ты используешь здесь как приманку. Покивав, он произнес: «Я бы предложил снизить чин этого персонажа до полковника. Он летчик, он катапультируется над горным массивом для того, чтобы пробраться к нашим».

— К нашим или к вашим? — спросил один из людей в казенных ботинках. Он был очень серьезен и делал пометки в своем желтом линованном блокноте.

— Говоря «к нашим», я имею в виду «ваших», то есть американских наблюдателей, — уточнил Корбах. — Иными словами, наш полковник хочет дефектнуть к нашим представителям, то есть, простите, их генерал сбежит к нашим, иными словами, к вашим наблюдателям, сэр; простите, малость запутался, где ваши, где наши.

Все собрание бурно захохотало, а, как мы уже указывали ранее, хороший общий смех в Америке часто становится предвестником положительного решения. Чапский был в восторге.

Участники совещания стали высказываться. Все с энтузиазмом поддерживали проект. Основная задача, конечно, лежит в создании сильного высокохудожественного произведения. Участие правительства поможет разрушить стереотипы рынка. Создаст прецедент. Если удастся сделать такой мировой боевик, как «Доктор Живаго», затраты окупятся. Окупятся с лихвой. Главное все-таки художественность. Большая высокохудожественность, индиид. В финансовом отношении тоже окупится. И в других отношениях. Разумеется, и в других отношениях. Высокохудожественная вещь повлияет и на состояние умов. Правительство, конечно, должно участвовать в финансировании, но главным образом в поисках источников. Использовать наши рычаги в больших корпорациях. Для создания высокохудожественного произведения. Солдат с блокнотом высказался определенно. Мы тоже за создание высокохудожественного произведения, потому что оно оказывает более сильное влияние на умы, чем низкохудожественное произведение. В данном случае такое произведение поможет остановить опасное приближение русских к нефтеносным районам.

Перед тем как время вышло, Пибоди предложил создать рабочую группу по связи с «Чапски продакшн», пожелал успеха в создании полновесного бюджета и поблагодарил всех присутствовавших. Прощаясь, он сильно тряс руку Корбаху и говорил, что вскоре надеется с ним встретиться в окрестностях «Пинкертона», то есть в своем собственном доме. Обещаю, что за столом не будет никого из университета «Мейсон». Тут окружающие рассмеялись, потому что все знали о традиционном соперничестве этих двух школ.

На выходе к Корбаху присоединился один из молодых участников совещания, человек, очевидно, всесторонне хорошо тренированный. «Между прочим, Саша, — запросто обратился он к нему по-русски, — ваши песни снова стали колоссально популярны в Союзе. И в Сороковой армии тоже, то есть в Афганистане. Политруки охотятся за кассетами, но солдаты все равно крутят старые шедевры врага народа: и «Чистилище», и «Фигурное катание», и «Сахалин имени Чехова», и «Шведский бушлат», и «Дельфинов», и «Балладу Домбая», и «Балладу Бутырок», и абсолютно превосходного «Кола Брюньона». Юнцу явно доставляло удовольствие перечислять все эти песни, совершенно никому, как он считал, не известные в этой стране. АЯ между тем подумал: значит, и здесь была парочка специалистов, занимающихся песнями Саши Корбаха. Нет, Стенли прав, эта страна действительно цитадель свободы!

Через два дня прилетела Нора. Девушка как-то странно изменилась после путешествия в космос: как-то сжималась, втягивала голову в плечи, словно стараясь побудить его к защите, к нежности, а вовсе не к тому, что раньше у них было в обиходе: «наказание паршивки». Он откликался на это новшество и жалел ее без устали. В промежутках между этими сеансами жалости она рассказывала ему некоторые странные вещи о своем и без того необычайном путешествии. На орбите с ней что-то происходило такое, в чем она не была даже уверена как в действительном происшествии.

4. Феликс

Внешне, вернее, в виду Земли все проходило так, как ожидалось. Раз за разом из лунной тени на сверкающую поверхность выходил Полумесяц Плодородия. Нора делала бесчисленное множество снимков, целясь преимущественно в намеченные заранее стыки караванных путей. Сквозь линзы ей казалось, что в предполагаемом местонахождении шеститысячелетнего города Ур она видит топографию городских кварталов. Снимки эти по возвращении будут, конечно, изучаться и обсуждаться на конференциях.

Помимо этих основных занятий, она, как и все прочие члены экипажа, облепившись присосками медицинских датчиков, делала упражнения, питалась космоедой, которая, как ты, Саша, выражаешься, «посильнее, чем «Фауст» Гете», и даже играла в карты с ребятами, чему тоже надо учиться в условиях невесомости.

Отдых, однако, превращался для нее во что-то совершенно неописуемое. Вытянувшись и закрепившись, она смотрела через маленький иллюминатор в противоположную от Земли сторону. Что-то немыслимое стало являться ей. Попробую описать, но знай, это даже не приближение к тому, что было. Прежде всего потому, что эти явления не имели никакого отношения к понятиям «было-есть-будет». Она прекрасно понимала это тогда, но совершенно не понимает сейчас. Ну я, может быть, могу назвать это невероятно огромными ликами, что ли. Они возникали один из другого, и каждый воплощал в себе всех. И уходили один в другой, словно флуктуации какого-то света, как в третьей части «Божественной комедии», но без конца. Это только сейчас я их называю ликами, но это были не лики, Саша; ну, в общем, невозможно сказать. Она иногда молила их: покажитесь, покажитесь! И тогда как бы в ответ появлялись подобия ангелов. Ну да, Саша, с крыльями — как бы человеческое, но с крыльями. Потом все сменялось всеобъемлющим трепетом. Она сама тогда как бы становилась частью восторга, и в этом было все: и конец, и начало, — и оставалось только молить, о чем — не помню. Вдруг осознала, что видит Христа, но не в человеческом виде, а в каком-то невидимо-грандиозном, если можно так сказать, но сказать никак нельзя.

Вдруг возникло в одной точке какое-то бурление, как будто некий щуп ее буравит. На немыслимой глубине в ней обнаружилась коробочка с инкрустированной крышкой. Она открыла эту коробочку и оказалась на краю обрыва, над готическим городом с черепичными крышами, фасадами руин, крестами и химерами большого собора. Короче говоря, внутри коробочки оказался эпизод, происшедший с ней — еще до Сашки — на острове Готланд.

Она шла по дорожке над обрывом. Впереди была зеленая подстриженная поляна, окаймленная с трех сторон кустами многоцветных роз, а с четвертой несколькими валунами, как бы маскирующими линию обрыва. На поляне, глядя в небо, лежала молодая женщина. Рядом с ней сидел мужчина с красивым и мрачным лицом. По поляне между тем бегал крохотный мальчик, не старше трех лет, в круглой шапочке с пластиковым козырьком. Одна стопа у него была — очевидно, в результате врожденного дефекта — сильно вогнута внутрь, поэтому его бегущую фигурку можно было сравнить с лодчонкой на крутой волне под боковым ветром. Это ему нисколько не мешало быть воплощением радости жизни. Он выдергивал из травы то голубой, то желтый цветочек, кричал «папа, папа!» и шустро ковылял к мрачному человеку со своим подарком. Тот брал цветочек и немедленно, не глядя, клал его в траву. Малыш, смеясь, бросался назад и выхватывал новый цветок в опасной близости от обрыва.

У Норы защемило под коленками от ощущения этого обрыва. «Эй!» — крикнула она, и мальчик, сорвав очередной цветок, обернулся на крик. Разглядев Нору, он теперь помчался к ней, смешной калека, не знающий пока, что его ждет в жизни с этой ногой. Приблизившись, он приподнес Норе синюю незабудку. «Большое спасибо. Позволь мне пожать твою руку», — сказала Нора. Он протянул ей левую. «Нет уж, дай мне правую», — засмеялась она. Она вся переливалась счастьем от общения с крошкой. Хохоча, он дал ей правую. Они трясли друг другу руки и смеялись. Тут оказалось, что мать мальчика стоит рядом. Их взгляды встретились. Молодая женщина неуверенно улыбнулась. «Какой у вас чудный мальчик, — сказала Нора. — Как его зовут?» — «Его зовут Феликс», — ответила мать, будто не веря, что ее сын может кому-то нравиться. Нора захлопала в ладоши: «Какой чудный, милый, очаровательный Феликс!» Мальчик тоже захлопал в ладоши и засмеялся еще пуще. Нора поцеловала его в щечку с розоватеньким и не очень-то здоровым румянцем и сразу пошла прочь, чтобы не разрыдаться на людях от нежности к Феликсу. Обернувшись через несколько шагов, она увидела, что вся семья в сборе: мать с ее робкой и благодарной улыбкой, сияющий Феликс и хмурый, но все-таки тоже чуть-чуть подтаявший викинг. «Феликс, осторожнее, тут обрыв!» — крикнула Нора. Мальчик еще раз весело подпрыгнул при звуках иностранной речи. Мать посмотрела в направлении Нориного жеста и в ужасе раскрыла рот: она, очевидно, думала, что за валунами просто склон. Тут же она взяла Феликса на руки и беззвучно губами поблагодарила иностранку. Муж показал рукой «все под контролем».

Быть может, не все у него было под контролем, особенно когда он впадал в меланхолию от сознания того, что жизнь так несправедливо с ним поступила, наградив увечным сыном. Быть может, все время, пока Феликс бегал за цветочками, отец ощущал этот край и где-то в уголке его сознания гнездилось обращение к судьбе: «Этот обрыв из твоей оперы, ну что ж, против тебя мы бессильны». Он никогда в этом себе не признается, как не признается и в том, что случайная прохожая, какая-то странно сияющая американка, одарила его на всю жизнь любовью к сыну. К Феликсу.

Нора, конечно, уже через час забыла об этой сцене и никогда о ней не вспоминала. Коробочка с этой встречей, явившаяся из неведомых пучин, стала для нее полной неожиданностью. Теперь она шептала на ухо любимому: «Знаешь, мне кажется, там было все содержание моей жизни, как будто я только для этого и была рождена, для этой мгновенной вспышки. Для Феликса. Не знаю, что там было инкрустировано на крышке, может быть, просто мое имя и мои даты. Впрочем, все это лишь выглядело как коробочка, чтобы я поняла, а на деле там была лишь непостижимая данность чего-то, связанного со мной».

Он держал ее одной рукой за плечи, а другой гладил по голове. Чем больше она почувствует телесного, обычного, тем быстрее выйдет из небытия. Что они там думают, в Хьюстонском центре? Дать добро для полета женщине с таким алкогольным и наркотическим фоном! Она пережила что-то сродни переживанию Данта, перед тем как он начал писать «Божественную комедию». Что там было толчком, болезнь, рана, какой-нибудь сильный яд, — ясно одно: он побывал там, где нельзя побывать. Вот и с Норой что-то похожее произошло в невесомости.

Ну хорошо, пойдем в ресторан. По дороге возьмем билеты в кино по соседству, на фильм «Двуликий Янус». А лучше купим тебе длинные зимние сапоги. Я вижу тебя в таких сапогах. Посмотри-ка, открылась новая книжная лавка, а вот как раз то, что мне нужно, новый перевод «Одиссеи». Пока ты летала, тут у нас кое-кто прогорел, в частности магазин «Революционный плакат», но кое-кто и появился на свет, в частности винный погреб «Дюпон Андерграунд». У них тут демпинговые цены на «Вдову Клико»: двадцать пять долларов за бутылку, а в Париже, помнится, я платил по тридцать пять. А по сорок не хочешь, улыбнулась она, и он обрадовался этой живой реакции на мировые цены. Берем полдюжины по этим демпинговым ценам и будем пить сегодня всю ночь. Хорошо все-таки не стесняться в средствах, правда, Норочка Мансур, урожденная Корбах? Ну вот мы и тащимся, груженные, как ослы на перевалах Сардинии: твои сапоги, «Одиссея», шесть бутылок шампанского. Ты чувствуешь, какие это тяжелые вещи? Гравитация возвращается к тебе в виде отменных вещей и фонтанов поэзии. Так мы вваливаемся в «Винченцо»; ты что больше любишь, скампи на гриле или жаренные в масле с сухарями? Вот чесночной подливки не надо. Да, я еврей, но не люблю чеснока! Готов отказаться от своего еврейства, лишь бы в меня не впихивали чеснок под разными соусами. Зачем мне «Одиссея»? Для парафраз, подробности позже, сначала решим, паста или ризотто? Красное вино или белое? Пармезан или груэр? После ресторана приличные люди отправляются на джаз. Ведь мы с тобой приличные немолодые люди, джаз — это то, за что мы должны цепляться. Если бы у нас родился ребенок, я бы назвал его Джаз. Джаз Александрович Корбах, представляю, как был бы счастлив Стенли.

Ты его видишь, признайся! Он где-то здесь, твой беспутный отец. Не удивлюсь, если сейчас войдет. Прошел слух, что он учреждает какой-то огромный благотворительный фонд. Тебе нравится саксофонист? Слишком резкий. Я бы для тебя иначе сыграл. А ты, значит, и на саксофоне? Разумеется: и жнец, и швец, и на дуде игрец. Что это значит? «He's harvesting corn and he's blowing horn», вот так примерно. Вот так Сашка! Сашка-молодец, голубоглазый удалец, веселый друг моих забав, ту-ру-ру-ру, С-а-а-аш-ка-а-а! Ты весь напичкан обрывками, какими-то клочками из вашей поп-культуры. Впрочем, как все русские. А ты откуда знаешь всех русских? Спала со всеми. Я так и знал, наконец-то призналась!

Они вышли из джазового кафе и поразились — все было покрыто снегом, который продолжал падать в огромном избытке. Снежинки были преувеличенными, иные в пол-ладони, рисунок их парения прихотлив, как у бабочек. Нора повизгивала от восторга. Вот видите, мадам космическая гостья, какие тут у нас возникают чудеса из простых комбинаций кислорода и водорода. И мы все эти дела поэтизируем, сударыня. Он вытащил из уличной урны полумокрую «Вашингтон пост», свернул из нее саксофон и заиграл как раз то, что она хотела услышать: Come to me, my melancholy baby, cuddle up and don't be blue...

5. Звездный восьмидесятых

Между тем на малых оборотах стал раскручиваться проект фильма. «Чапски продакшн» прислал Александру официальное письмо, в котором говорилось, что теперь, после принципиально важного совещания в «Старой Конторе», все заинтересованные стороны ждут от мистера Корбаха так называемую outline, то есть первичную заявку на двух-четырех страницах. После этого компания подпишет с ним как с автором договор на более пространный план сценария, treatment, который перейдет в контракт на полноразмерный сценарий. Ступеньки цифр, предложенных в письме, были довольно впечатляющими, но все-таки не настолько впечатляющими, чтобы, как в немом кино, запечатлеться с открытым ртом и с последующей фразой на темном кадре с виньеточками: «Я богат! Я богат!» Фраза с виньеточкой предполагалась тогда, когда восхищенное человечество соберется в очереди у кинотеатров от Торонто до Джакарты.

А он пока еще не знал, о чем писать. Придумав с ходу какого-то летчика, которого он якобы мечтает сыграть, он сейчас от этой фигуры готов был отмахнуться. Чтобы сделать его реальным, надо слишком много объяснять западному зрителю. Этот военный фанфарон и советский хам, конечно, может присутствовать сбоку, но основная линия должна быть иной. Ну да, пленные, но в чем будет основной смысл нашей истории? При всем внешнем сходстве нельзя выстраивать параллель вьетнамским эпопеям американского кино. Тут что-то должно быть сугубо советское и, как ни странно, нечто европейское. Чапский бросил тогда толковое определение: европейские мальчики в плену ислама. Несмотря на идеологическую пропасть, русские все-таки остаются частью европейского этноса. Им противостоит ислам с его неукротимостью, но все-таки и с еще не изжитым первоначальным смыслом: «примирение», «богобоязнь».

Что-то стало брезжить сквозь фразеологический туман проекта. Пещера в горах Южного Афганистана недалеко от пакистанской границы. Там моджахеды держат советских пленных. Главная достоверность возникает в судьбах трех восемнадцатилетних пацанов. Один из них сибиряк, второй волжанин, третий — питерский уличный шкет из гитаристов. Эй, да ведь это может быть что-то вроде той старой когда-то нашумевшей повести о трех мальчишках — «Билет к звездам», что ли, нет, «Звездный билет», вот именно. Сколько копий тогда было сломано над этой нехитрой штучкой! А видимо, не зря Партия, Смердящая Дама со своим комсомольчиком-сутенерчиком, так ярилась. Мне было тогда двадцать два, но я все-таки отождествлял себя с восемнадцатилетними героями романа. Эй, да ведь я тогда познакомился и с автором. Он жил где-то возле метро «Кропоткинская». Атаки Партии сделали его знаменитым. Однажды Сашка его увидел. Парень с детской коляской стоял возле стенда «Комсомольской правды» и читал статью под заголовком «Билет, но куда?». Саша Корбах легко подошел. Привет! Мне нравится твой роман.

Послушай, да что ты сейчас притворяешься, двадцать шесть лет спустя? Как будто ты не сталкивался с ним много раз в чердачно-подвальных компаниях, как будто у вас не было массы общих друзей, как будто ты не знаешь, что этого ВА Степанида Властьевна тоже вытолкнула из своей пробздетой хаты еще за два года до тебя. Как будто тебе неведомо, что он где-то здесь живет в Джорджтауне и читает курс в университете-сопернике. Как будто ты не попал к нему в новый роман в качестве главного героя.

Так или иначе, моя история может стать парафразой «Звездному билету». Пафосом той книги было бегство, она даже показывала направление — Запад! Комсомол по заданию партии накачивает «романтику» на Востоке (там нужны «трудовые подвиги»), «звездные мальчики» удирают на Запад, пусть всего лишь в Эстонию, то есть в пределах СССР, но все-таки в готику, к остаткам Балтийской Ганзы, откуда до Готланда рукой подать. Персонажи «ЗБ» были мальчиками из интеллигентных семей, герои нашего фильма будут детьми советского охлоса; убежать от зрелого социализма они могут только в бутылку или в анашу. Границы пересекаются ими только в танках и боевых машинах пехоты. Солдат в бою — это, по сути дела, возврат в горизонтальную позицию, отказ от первичного творческого акта людей. Только разгром и плен заставляет их снова взглянуть на небо. Из проема высокогорной пещеры за фигурами стражников в блиновидных шапках они впервые видят свое отечество не как СССР, а как наплыв созвездий.

Предельное одиночество. Постоянный сжигающий страх перед какой-то чудовищной пыткой, скажем, кастрацией. Надеяться не на что и не на кого, если только не на полковника авиации Дмитрия Денисова, который катапультировался из нетронутого самолета прямо в руки моджахедов. Идея бегства на Запад приходит из 1961 года, но это уже не идеология и не каприз, а чисто экзистенциальный момент. Полковник Денисов знает, что советским вертолетчикам отдан приказ при любой возможности уничтожать советских пленных. Что такое капитуляция в подсознательном смысле, спрашивает он юнцов, в которых видит себя и своих друзей двадцать шесть лет назад. Сдающийся — это не до конца озверелый, это тот, кто рассчитывает на малую толику человеческого в сердце врага. Чем дальше идет война, тем меньше остается этого наивного расчета. Остается лишь Запад, вечно манящая страна свободы. В конце концов они бегут и добираются до своей цели; все, кроме полковника, очевидно. Его время уже окончательно прошло. Охляне, как он их называл в пещере, бредут по Елисейским Полям, но это уже похоже на вторую серию.

Обнаружив экзистенциальный смысл идеи бегства, Александр без труда написал «аутлайн», отослал странички в Лос-Анджелес и вскоре получил первый пятизначный чек от «Чапски продакшн». Мотор начал набирать обороты. Штефану, который теперь чуть ли не ежедневно звонил из самых неожиданных мест на земном шаре, нравился корбаховский начальный замысел с двумя знаменателями. Полковник, которого, конечно, сыграет сам Саша, представляет полный разрыв с иллюзиями послесталинских поколений. Тема нынешнего поколения молодежи может ошеломить Запад, зрители увидят, что советские солдаты вовсе не загадочные фанатики коммунизма, а такие же, как их западные собратья, члены мирового охлоса, бубнящие свой рок и помешанные на аудио- и видеообразах своего жалкого гедонизма.

Основные российские «флашбэкс» мы будем снимать за Ай-Си. Какой айси? Ну, Iron Curtain, «железный занавес». Пошлем экипу через третье лицо под видом съемок фильма о красотах земли русской, а потом подмонтируем их кадры к павильонным. Ну, в общем, гони коней, не сдерживай! Излишки твоего воображения мы потом сдадим в музей и под это дело произведем списание с налогов. Никогда не выбрасывай черновиков, Сашка, сдавай их в музей, а стоимость списывай с налогов! А как ты вообще-то себя чувствуешь? Тебе ничего не надо еще? Ну я не знаю, какие-нибудь сверхдорогие витамины. Конечно, такие есть в природе. Ты думаешь, все витамины выставляются в аптеках? Ошибаешься, некоторые витамины не выставляют в аптеках, чтобы не раздражать публику. Нет, я таких не видел, но я точно знаю, что половина Голливуда живет на сверхдорогих витаминах. Иначе был бы полный маразм, мой дорогой! Почему это я «поехал»? Я просто хочу, чтобы у тебя было все что нужно.

Александр знал на примере друзей да и из собственного богатого опыта, что режиссерство или, скажем, в случае Чапского продюсерство вырабатывает какое-то странное, проститутско-сутенерское сознание. Режиссер-продюсер как бы влюбляется в того, с кем работает. Он живет его (ее) интересами, заботится о быте, вникает в сложности личной жизни, может потратить целый день на поиски каких-то сверхвитаминов или запчастей для машины обожаемого сотрудника. Влюбленность эта немедленно испаряется, как только человек отработан. Ты можешь к нему разлететься, как прежде, а там уже новая любовь. Стойкости чувств в режиссере не ищи, а если он будет на них настаивать, знай, что это притворство. Впрочем, он и настаивать не будет.

6. Идейные ухабы

«С кем это ты все время говоришь по телефону?» — однажды спросила Нора. У нее, разумеется, был свой ключ от квартиры «Сашки», и этот факт, похоже, доставлял ей удовольствие. Приходишь без всякой подготовки, просто по наитию, сюрпризом, находишь любимого в естественной позе, в естественном настроении. Даже если и любит посидеть с русским журналом в отдаленном чуланчике, то ведь это тоже часть его естества. На основе взаимности она и ему предлагала ключ от своей квартиры, но он отказался. Не вижу смысла. Ваш швейцар все равно стукнет тебе по телефону, пока я доберусь до дверей, и ты успеешь спровадить любовника, какого-нибудь бугая из защитной линии «Краснокожих», ты столкнешь его на свой бастион, а оттуда он уже перепрыгнет на соседнюю крышу.

Нередко она его теперь заставала валяющимся на тахте с телефонной трубкой под ухом и со сморщенной, как от головной боли, частью лба. «Ну, — периодически мычал он, — ну, знаешь...», уверен?.. серьезно?.. куда?.. а, туда...» — такой красноречивый участник явно содержательного диалога.

Однажды, повесив трубку, он ответил: «Да это, знаешь ли, по поводу фильма. Фильм затевается».— «Что же ты молчал?!» — вскричала она как-то так, что и самой не понравилось: имитация чего-то там, радости, что ли.. «Ну... — он встал с софы и пожал плечами. «С кем?» — спросила Нора, исправив свою псевдорадостную интонацию на псевдосухую. «С Чапским», — сказал он. «О!» — сказала она, и разговор о фильме на этом закончился.

Так они, не понимая, что делают, расставляли друг другу маленькие ловушки. Увы, сударыня, люди часто не могут найти мотивировок нарастающему раздражению, сваливают все, скажем, на чрезмерную высоколобость сожителя или, наоборот, на низколобость, на грубости секса или, наоборот, на недостаток грубости, на несовместимость по зодиаку, ну и так далее, однако, увы, мой друг, мы знаем с вами, как много зависит от детской гордости и обидчивости. Ну, вот, скажем, Александр Яковлевич начинает катить на свою любимую: она думает, что я сам ничего не могу добиться, потому что это она, а не я потянула ниточку моего сомнительного успеха. А Нора тем временем злится на АЯ: он не хочет со мной говорить о своем успехе, потому что все приписывает моим связям как дочки богатых родителей, он лелеет в себе образ затравленного эмигранта, непризнанного таланта, ну и не буду его ни о чем спрашивать, если такой дурак.

Однажды ей все-таки пришлось заговорить. Вот ты не пошел со мной на прием в The Bertran Russell Human Rights Memorial, а у меня там был неприятный разговор о тебе. Вернее, о фильме Чапского, ну, и о тебе в этой связи. Это правда, что вы делаете фильм о русских военнопленных в Афганистане? А правда, что все это происходит под зонтиком Администрации, Пентагона и ЦРУ? Как странно! Я всегда считала Чапского талантливым парнем, в достаточной степени независимым среди нынешнего коммерческого маразма, и вдруг он впадает в политический маразм! Я понимаю, что вы оба ненавидите тоталитаризм — кто его любит? — но разве нужно для этого... Для чего? Ну, не придирайся к словам! Разве обязательно для борьбы за права человека смыкаться с нашими ультра, с махровыми солдафонами, с беспринципными спуками из нашей разведки, насквозь разъеденной цинизмом? Какое это отношение имеет к искусству?

Не знаю, на что рассчитывает Чапский, но ты, Саша, навсегда запятнаешь свое имя в глазах американской интеллигенции. Уже никогда не отмоешься! А это означает и художественный провал, к твоему сведению! Ты, может быть, не знаешь, но к русским интеллектуалам и так с подозрением относятся за их склонность флиртовать с правительством.

Саша, ты должен немедленно отмежеваться от этого проекта «холодной войны»! Надеюсь, ты денег у них еще не взял, а если взял, надо вернуть. Я тебе помогу, достанем любую сумму. Ты и фильм получишь, не сомневайся. Я же тебе говорила, Рите достаточно полчаса повисеть на голливудском телефоне, и у тебя будет полновесный контракт. Только скажи, что ты хочешь. Фильм о Данте? Дольче Стиль Нуово? Почему бы и нет! Главное сейчас — отказаться с резким жестом от этого политического заказа! Или без жеста, но только отказаться!

«И не подумаю», — коротко ответил он на ее монолог и таким образом прекратил дискуссию.

А пока она говорила, расхаживая по комнате, он невольно любовался оратором. Нора вышагивала, тоненькая, подкрепляла слова чудесными жестами, то вспыхивала лицом от сочувствия к интеллигенции, то гасла и старела от неприязни к реакционным силам, чтобы снова вспыхнуть и помолодеть. И вдруг застыла, будто натолкнулась на древесную лягушку; это был его ответ.

И, только ответив так жестоко на эмоциональный монолог, вызванный не столько принадлежностью к левому лагерю, сколько искренней заботой о нем и тревогой, он стал наполняться оскорбленным самолюбием. Укоротись, настырная американка, стал думать он едва ли не со злобой. Ведь ты же утонченное существо, ты даже подсознание мое иногда читаешь, у тебя почти дантовские откровения были в космосе, и ты не можешь понять простой человеческой психологии! Приписываешь мне и Чапскому примитивную ненависть к коммунизму! Дорогая моя, значит, ты просто не знаешь человека, с которым живешь уже четыре года! Со всей своей тонкостью не можешь отличить ненависти от отвращения? Примитивно ставишь знак равенства между ЦРУ и КГБ? Да все ваши охранки за всю их историю не сотворили столько мерзостей, сколько гэбуха делает за час!

А как позволите расценивать ваше сотрудничество с правительством, мэдам астронавт США? Где вам давали допуск на полет? В «Amnesty International»? Вы уж простите, но я затрону и вашу интерпретацию художественного успеха, нет-нет, вы уж простите, я затрону! По-вашему, провал в левых кругах означает и художественный провал? А без признания вашей бражкой шедевр невозможен? И вы предлагаете мне вернуть любую сумму, полученную от кинофирмы? Мне, нищему, который еще недавно толкал понюшки порошка в «Колониал паркинг»? Выброшенному из его страны шуту вы предлагаете оттолкнуть продюсера, единственного в этой стране, который знает его как артиста, а не только как любовника Норы Мансур? И ты не понимаешь, что оскорбляешь меня? И ты обещаешь мне, что твоя маменька устроит меня режиссером на фильм о Данте? И ты не догадываешься, что это надругательство, Нора Мансур, супруга террориста?

При обилии «р» можете себе представить, почтенный читатель, как в его уме пророкотала последняя фраза и по-русски и по-английски, не смягчившись даже женственной подушечкой wife в последнем случае. Она уже давно ушла, собственно говоря, хлопнула дверью сразу же после «и не подумаю», а он еще долго продолжал умственное грохотанье, сопровождавшееся сдергиваньем портретов, плесканьем в стакан огромных, с разбрызгом, капель, порций виски, ломаньем ни в чем не повинных (хотя кто знает) сигарет. Довольно! Слишком уж это затянулось! На кой хер я приехал в Америку?! Стать придворным шутом здешних чванливых Корбахов, этой вшивой аристократии? Уже и Марджори меня высматривает! Остался бы во Франции, уехал бы в Израиль, никогда бы и не встретился с ними, с их кошмарным богатством! Остался бы честным советским плебеем, веткой, бутоном (sic!) на древе жертв, униженных и оскорбленных! Миссис Мансур, вы только притворяетесь моей мечтой, а на самом деле только лишь член мой вас ко мне влечет, только лишь ваше влагалище вас заботит!

Последняя сентенция заставила весь этот рык вырваться наружу. Тут и пришел конец упомянутому выше стакану с виски. Полетел в стенку, надолго, до следующей квартиросдачи, оскорбил ее непорочную белизну. Предоставляем теперь женской половине «нашего дорогого читателя» ответить от лица Норы на яростные инвективы Александра Яковлевича. Уверен, не останется в них и единой нитки, длиннее ладони! При нынешнем просвещении и мужская половина, впрочем, вряд ли удержится, чтобы не отдубасить зарвавшегося мужепеса. Мы же, однако, попытаемся урезонить обе половинки. Ведь женско-мужскую любовь можно рассматривать и как бесконечную схватку греко-римской борьбы! Вспомните русскую поговорку «милые бранятся — только тешатся» — какой народный оптимизм заключен в ней!

293

Через пару дней после описанной сцены Нора выбралась самым нежнейшим и шелковистым созданием, вроде ласки, из-под все еще бурно пыхтящего Алекса и обняла голой рукою округлость его головы, наподобие Ники, знакомой уже с трудами Птолемея:

— Дарлинг, давай пойдем сегодня на прием в честь Клунни Кудела? Увидишь там весь наш либеральный бомонд. И перестанешь заблуждаться, реакционер!

А может быть, она права, думал Алекс Корбах, входя в бальный зал отеля «Мэйфлауэр». Может быть, либералы лучше консерваторов. Все-таки в первом случае есть какая-то связь с либидо, а во втором, хочешь не хочешь, мерещится какая-то стерва. По виду толпы, впрочем, нельзя было определить таких тонких различий: мужчины все в черном, а дамы в тонах пастельных. Не надо каламбурить, скажем мы тут русскоязычному читателю.

— Скажи, пожалуйста, а кто такая эта Клуша-Куделя? — спросил он Нору, притворяясь, будто ничего не слышал о героической женщине.

— Перестань кривляться, — сказала она серьезно и тут же вспыхнула адресованной всюду и всем улыбкой, поскольку в толпе многие на них смотрели.

Да уж, перешутовал малость АЯ с Клушей-Куделей, скажем и мы, тем более что он и сам входил в качестве советника в это широко известное общество памяти Бертрана Рассела. Еще недавно общество его запрашивало, кому из советских героев присудить ежегодную премию в 50 000 долларов. Он тут же предложил на выбор двух пловцов: один драпанул с «родины всех надежд», переплыв за девять дней Черное море на надувном матрасе; второй, пуще того, сиганул с советского туртеплохода без всего и в течение трех дней и трех ночей плыл в окружении акул к филиппинскому острову. «Мы выдвигаем обычно людей гражданского мужества, — написал в комитет Алекс Корбах, — в данных случаях оно сочетается с мужеством физическим». Ни тому, ни другому, увы, премия не досталась, а досталась она виновнице данного торжества Клунни Кудела из Намибии. То есть именно премия и сделала ее виновницей данного торжества. В этом смысле. Фиддлстикс.

Нору окликали и к ней бросались. Происходил обычный обмен любезностями: ю-лук-грейт-ю-ту-лук-грейт! Никто почему-то не спрашивал ее о космической экспедиции. Может, потому, что правительство замешано, гадал АЯ. С дринками в руках они подсели к одному из многочисленных круглых столов. Официанты проносили большие подносы, предлагали лазанью, шпинатовый салат со сколлопами, куриные якитори под соевым соусом. Все было просто, очень просто.

За их столом собралось персон не менее восьми; обаятельные продолговатые лица, чуть смущенные улыбки интеллигенции Восточного побережья. Присутствовала одна черная пара,

294

явно не претендующая на какое-либо особое внимание. Особое и явно позитивное, ободряющее внимание было направлено, надо сказать, на Александра Яковлевича. Оно как бы говорило: вы уж извините за любопытство, но мы все знаем Нору, но не знаем вас. Вы нам нравитесь, Саша Корбах, но вы, пожалуйста, скажите что-нибудь, ну, схохмите или хотя бы чихните в салфетку и будете друг!

Через стол от них сидела Клунни Кудела, женщина крупного жадного тела и цыганистого лица. Да и одежда ее была, пожалуй, сродни убору королевы табора. Вдруг она уставилась на Александра Яковлевича, да так пристально, что он как бы воспротивился: идите, мол, матушка, прочь со своими гаданиями. В их компании заговорили о лауреатке. Какая милая эта Клунни Кудела, вы не находите? О, она просто найс! После того, что выпало на ее долю, она выглядит просто чудесно, не правда ли? Вы знаете, ребята, я с ней сегодня разговаривал. Как себя чувствуете в Штатах, спросил я. Прямая и мужественная, она просто подмигнула и сказала: We shall overcome!

Затем произошел диалог, который потом в перепутанном виде стал являться Корбаху по ночам словно невнятица его собственной судьбы.

Кто-то спросил: «Она вам нравится, Саша?» Внезапно для самого себя он ответил: «Не очень».

Нора в этот момент сильно пнула его под коленку.

— Перестань пинаться, — сказал он спокойно.

— Что ты имеешь в виду? — воскликнула она как бы со смесью юмора и возмущения, то есть давая и ему и себе возможность отступления.

— Да просто хочу, чтобы ты не пинала меня под столом в мою чувствительную коленку. Твои сигналы, Нора, даже такие неуместные, не заставят меня замолчать простейший факт — мне не очень-то нравится эта ваша Клунни Кудела.

— Спокойно, Саша, — сказал кто-то за столом, кажется, мужчина. — Она может вам лично не нравиться — иногда это случается, случаи необъяснимой враждебности, — но вы же не можете отрицать ее вклада в борьбу против апартеида.

Корбах покивал с пониманием, но потом вдруг рубанул ребром ладони по краю стола, словно матрос «Кронштадтской коммуны».

— Простите, я даже не думал об апартеиде. То, что я сказал, не имеет никакого отношения к апартеиду. И я бы хотел добавить, сэр...

— Джек, — мягко подсказал оппонент.

— Спасибо, Джек. Простите, Джек, но мне кажется, что таким людям, как вы и ваши друзья, не могут нравиться женщины этого типа.

— Ты вне ума сегодня, — свирепо сказала Нора по-русски.

— Совсем нет, моя любовь. Совсем. Нет. — Он чувствовал себя вполне по-идиотски, но тем не менее почему-то не мог оборвать себя на полуслове. — А вы, мои друзья, почему бы вам не выплюнуть горячую картофелину из ваших ртов? Неужели вы не видите декадентской, похотливой, развращенной и вероломной сути этой вашей Клунни Кудела? Я знаю, вы скажете: она страдала, ее муж все еще в тюрьме и тэдэ. Не знаю, как она страдала, но сочувствую ее мужу, особенно после того, как увидел его жену. Да, господа, особенно после того, как встретился с ней взглядом в этом зале.

В этот момент он услышал цоканье копытцев улетающей прочь лошадки. Нора стучала каблучками, улетала, улетучивалась. Он смотрел ей вслед, думая о том, как женщины могут так быстро и ловко передвигаться на шпильках. Потом встал и пошел за ней, но прежде поклонился всей компании. Жаль, ребята, что вы не понимаете того, что и ежу понятно. С первого взгляда на эту бабу видно, что ей нельзя давать премию имени благородного человека. Произнеся это, он сообразил, что произнесено по-русски, но повторяться на тарабарщине не стал. Клунни Кудела продолжала не отрываясь смотреть на него. Даже восторженные поклонники ее не отвлекали. Он резко бросил в ее сторону ладонь с растопыренными пальцами, как будто пытаясь закрыть телекамеру.

Нора стояла на углу Коннектикут и малого отрезка улицы «L» (Love?), в конце которой перпендикуляром к асфальту светилась вывеска ABC NEWS. По широкой Коннектикутской меж тем сквозь медленные закрутки пурги, как в свое время по улице Горького, шарашил негустой траффик. Вот такие тоненькие фигурки, кутающиеся в псевдомеховые полуперденчики (ведь настоящий-то мех — это преступление против гуманности), вот такие-то фигурки на углах по ночам возле отелей (мысль Саши Корбаха, как вы, конечно, заметили, сударь, в кризисные минуты имела склонность отвлекаться от сути дела), вот такие фигурки дам, поджидающих вызванное такси, нередко ведь могут быть приняты за проституток, не правда ли?

«Оставь меня, Алекс», — сказала Нора, не поворачиваясь. Ну, теперь надо что-то сказать в свое оправдание. «А что я сделал? — спросил он. — Ничего позорного, кроме правды, я не сказал. Эта ваша новая пассия Клунни Кудела — просто полубандитка, иначе и не скажешь. Я знаю, ты думаешь, что русские в их антикоммунизме смыкаются с западной «правой», с расистами, со столпами эксплуатации. О, как ты не права, Нора Мансур, урожденная Корбах!» Подошла машина. Нора открыла дверцу: «Оставь меня, Алекс!» Пробую последний вариант: «Когда мне тебе позвонить?»

Она наконец повернула к нему лицо. Серьезность, печаль, губки дрожат, любимая, не уходи! «Не надо звонить. Я хочу от тебя отдохнуть, Алекс».

Уехала. Да, этот удар сродни тому — самшитовой палкой по голове. Но все-таки не убивающий, нет-нет, не убивающий! Ведь все-таки она сказала «отдохнуть» — значит, не навсегда, не правда ли? Вопрос к вам, медлительные ведьмы вьюги: не правда ли?

7. Откликнись, Нора!

Прошло несколько недель без Норы. За это время несколько раз прилетал Чапский. Вдвоем они посещали толковых ребят из «Старой Конторы». Эд Пибоди однажды мягко упрекнул Чапского за то, что тот во всех своих интервью упоминает их проект. Есть одно соображение, Стив, не очень важное, но все-таки. Тема этого фильма очень неприятна советским даже сейчас, а агентура влияния у них рассеяна по всему миру. Многие люди в этой сети даже не подозревают, что они помогают большевикам, а некоторые даже убеждены в обратном. Преждевременная паблисити может вызвать нежелательную суету на Лубянке, вот в чем дело.

Чапский сказал: — «Учтем, Эд. Спасибо. Возьмем это серьезно». — Он засмеялся. Вообще-то ему кажется, что в Москве начинается распад. Им, похоже, на все наплевать. Он недавно там был пролетом из Токио, впервые за двадцать три года. Никто на него не обращал никакого внимания, а ведь еще недавно называли «пресловутым Чапским, зоологическим антисоветчиком». Шлепнули транзитную визу за сто двадцать баксов, и гуляй. В Москве огромные очереди стоят за костями — запечатанными в целлофан мослами под названием «суповой набор». Голодных на улице все-таки не видно, только глаза у всех голодные, рыскающие, вопрошающие. Все по привычке мрачно хамят, но в то же время и в глаза друг другу заглядывают: может, кто-нибудь знает, что нас ждет? Была такая песня в одном старом советском фильме: «В воздухе пахнет грозой». Сашка, переведи эту строчку для Эда. Ну, правильно: The air smells of thunderstorm.

Эд Пибоди скромно покашлял:

— «Выборгская сторона», кажется?

Александр изумился:

— Да вы, стало быть, и по-нашему можете, Эд?

Большой начальник пожал плечами и развел руками:

— А как вы думаете, Саша, мог бы я сидеть в этом кресле без знания русского языка?

Чапский продолжал делиться московскими впечатлениями. Там теперь все их основные тотемы под вопросом. Даже каменный караул у Мавзолея Ленина дрогнул. Солдаты тихонько переговариваются и хихикают.

— Это пиздец, — прокомментировал Александр.

Пибоди восхитился:

— Вот что значит человек искусства: за несколько минут преподносит столько деталей! Хотелось бы мне иметь таких наблюдательных сотрудников! — Он продолжил: — И все-таки воздержитесь от паблисити, Стив, на данный момент. Неплохо было бы даже где-то бросить, что проект провалился.

— Ну уж, дудки, — пробурчал Чапский. После московских воспоминаний он стал переходить из своей легкости — «Пан-Штеф-з-Варшавы» — в свою грузность знаменитого мрачного режиссера.

Совещание тем не менее продолжалось. Моджахеды, хоть и получают от нас деньги и оружие, наотрез отказываются от сотрудничества в вопросе о пленных. Заложничество для них непременная часть войны. Иногда все-таки удается вытащить некоторых счастливцев. Как раз сейчас прибыла в Пешавар группа из пяти человек. С моей точки зрения, гайз, вам хорошо бы прокатиться в Пешавар. Чапский встряхнулся. Что за вопрос, конечно, дернем в Пешавар! Проедемся по афгано-пакистанской границе. Может, даже перейдем эту границу в двух-трех местах. Пибоди улыбнулся. Только не говорите об этом в ваших интервью, Стив.

Перспектива оказаться на другой стороне Земли, в Пешаваре, как-то странно поразила Александра. Он подумал, что за годы эмиграции еще ни разу не выезжал из Соединенных Штатов. По советскому ощущению Штаты котировались как некая окончательная заграница. Куда еще стремиться из американского дома? Оказывается, в Пешавар. Пробраться через границу в эти страшные горы, в края, где может догнать советская или мусульманская пуля, где и тебя могут посетить дантовские откровения.

Нора не звонила. Прошло уже несколько обезноренных недель. Как будто и не было ее никогда у меня. Несколько раз он оставлял ей мессиджи на ответчике — сначала псевдо-легкомысленные, потом шутливо-умоляющие, потом просто отчаянные, — ответа, увы, не последовало. Входя в квартиру и видя мигающий красный сигнал, он бросался к трубке, валился с ней прямо в пальто на тахту: «Ну, говори же, говори!» Телефонная кассетка передавала только чепуху из «Черного Куба» или из «Чапски продакшн».

Однажды он увидел Нору на кампусе. В кожаной куртке, с большим шарфом через плечо, она переносила из одного здания в другое несколько бумажных рулонов — карты или диаграммы. Он побежал по диагонали через газон, чтобы перехватить ее перед входом в здание, но вдруг сообразил, что она идет не одна, а с целой кучей других лиц. Очевидно, какая-то конференция двигалась. У всех были значки идентификации на лацканах, и все были в прекрасном настроении. Включая Нору. Она хохотала. Ах так, мадам? Вам весело? Вы, кажется, уже отдохнули от Сашки? Вполне излечились от пагубной страсти? И он круто повернул назад.

Ну конечно, милостивые государи, она видела, как он рванулся, потому и начала хохотать с другими участниками межуниверситетского коллоквиума «Стыки караванных путей и взаимовлияние паганизма». Ведь так по идее и должно быть: тот, кто занимается человеческими останками, должен обладать чувством юмора, не так ли, судари мои?

Несколько раз он посылал ей тексты менестрелей, закладывая их в желтые конверты многоразового использования внутриуниверситетской почты, которые не заклеиваются, а закрываются при помощи тесемки, что обкручивается вокруг бумажной пуговицы, как ни покажется это странным.

> *Эн Элиас, поговорим*
> *о тех, кого любовь влечет,*
> *кто никогда любви не лжет*
> *и без обмана сам любим;*
> *скажите, если нами чтим*
> *закон любви, то в чем почет:*
> *любовником иль мужем Дамы стать —*
> *кого мы будем выбирать?*

Отправка этих эпиталам тоже как бы содержала некоторый ненавязчивый юморок, но все-таки больше уже походила на мольбу: откликнись, Нора! Она не откликалась. Он готов был уже в духе юного Блока, что выслеживал на петербургских улицах розовощекую Любовь Дмитриевну, бродить вокруг ее дома на Вест-энде, где они провели столько счастливых часов, но не было никакого смысла в таких брожениях. Даже пятки ее не увидишь: колесит в своем «бенце», а возвращаясь, ныряет в подземный паркинг, откуда взмывает прямо в свой пентхаус; ни слова, о друг мой, ни вздоха!

Безобразнейшая идея обратиться за помощью к господину Мансуру, к счастью, даже не приходила в голову Александру Яковлевичу, да и мы с вами, друзья, не будем упражняться в столь грязном водевиле «Муж и любовник в поисках женщины».

Оставалось только превратиться в посмешище университета «Пинкертон», в Пьеро с унылой мордой, обсыпанной мукой, — возможность второго ударения в этом слове просто приглашает в комедиа дель арте — околачиваться возле кафедры археологии, где она, как нам хорошо известно, редко бывает, а то и притащиться на ее семинар, что, очевидно, и придется сделать, отправив в отставку гусарский афоризм «Чем меньше женщину мы любим, тем больше нравимся мы ей».

По вечерам он часами сидел в кресле, глядя в окно, где проскальзывали на велосипедах гомики Дюпона и где из пиццерии «Везувио» выходил огнедышащий Циклопиус и мрачно запахивался в свое огромное пальто. Без Норы нет смысла писать, петь или ставить фильм. Только лишь в театре ошиваться еще можно без Норы. Интересно, что даже жалости у нее нет ко мне, это очень любопытно. К маленькому Феликсу она пронизалась жалостью и любовью, ко мне нет. Вот вам разные формы любви. Чувство к Феликсу, очевидно, ближе к тому, о чем говорила в Раю Беатриче трепещущему Данту. Рядом с этим наши слияния, видимо, ничего не стоят, это любопытно, не так ли?

Ладно, хватит о любви, есть и другие сферы жизни. Даже по телевизору иногда в промежутках между сексуальными дискуссиями показывают вашингтонские приключения Горбачева. Генсек появляется в самых неожиданных местах столицы. Ну вот, пожалуйста, подходит к витрине книжного магазина. Там выставлен его портрет советского производства, то есть без «семи пятен во лбу». Вздохнув, говорит сопровождающему вице-президенту Бушу: «Сам себя тут не узнаю, Джордж, вот вам образец социалистического реализма».

С тем же Джорджем небрежно, в светской манере, Горбачевы прогуливаются по торговой галерее «Джитаун-парк». Опытным советским взглядом Саша Корбах подмечает, что у Раисы Максимовны при осмотре прейскуранта начинается что-то нервное. Официальный гость, однако, спокоен и не без лукавинки. «Любопытно, Джордж, как этот магазин будет выглядеть через день после нашего с вами визита».

Еще одна зарисовка. Где-то явно поддав, компания вваливается в The Blues Alley, а там не кто иной, как Диззи Гиллеспи раздувает свою трубу с отводной трубочкой. Горбачев поражен такой ловкостью американцев. Да ведь это же тот самый, ну великий, ну за мир который. Идет к музыканту, раскрыв объятия: «Хеллоу, хеллоу, дорогой вы мой, у нас вся страна вас любит, Полюшко-поле!» У Диззи закружилась джазовая башка: «Ну и гость у нас сегодня, ребята!»

300

Грубый монтаж, подмечает Александр Яковлевич оком профи. Горбачев и Гиллеспи беседуют о судьбах современного искусства. Оба пришли в себя и выглядят великолепно. Первый давит на извечную советскую лукавинку, унаследованную от первого вождя.

«А вот скажите, какой мессидж вы бы послали своей музыкой вашим поклонникам в Советском Союзе?» Второй строго изрекает великую мысль: «Music has no messages, Sir!»

Горбачев жмет руку трубачу, направляется к выходу. Вдруг мелькает хороший кадр: у стойки бара пожимает плечами старая накрашенная дама. Корбах выключает телевизор. Мрак на минуту овладевает комнатой, потом начинает сдавать позиции. Первым высвечивается, конечно, белый телефон, этот гад, который может в любой момент осчастливить валяющееся в кресле тело; может, но не хочет. Но чу, этот момент, кажется, пришел: резкий звонок проходит конвульсией по названному телу.

Нам кажется, вряд ли даже заядлые оптимисты из числа наших читателей подумают сейчас, что это Нора. Мы поаплодируем, однако, тем, кто решит, что по подлой логике вещей должна сейчас появиться другая женщина. Так оно и оказалось. Низкий женский голос, что называется «зовущий», а то еще и «влекущий», попросил мистера Корбаха. Ну правильно, друзья, она звонит из-за угла, из таксофона. Овал ее лица частично скрыт драгоценным мехом. Ну вот, скажут из вашего числа антиаксеновисты, еще одна красивая баба! Этот автор создает фальшивую реальность, принимает желаемое за действительность. Что ни женский пол у него, то обязательно красавица: Анис, Сильви, Марджори, Ленор, Нора, мамочка ее Рита О'Нийл, прочие. Есть даже и гипертрофическая красавица в лице калифорнийской фаворитки Бернадетты де Люкс. Если же и появится, очевидно вопреки авторской воле, какая-нибудь некрасавица, ее обязательно оттянут на периферию.

Вот и сейчас, едва наша главная Нора Мансур, звезда наших очей, как бы сказали в русской байронической литературе, откуда она, собственно говоря, и явилась, едва лишь она проявила тенденцию к выходу из сюжета, едва лишь возникла потребность в новой женщине, как тут же в целиком, от головы до пят, стеклянную телефонную будку вбегает еще одна, ну конечно, красавица. И эта баба испанского наклонения, пряча в драгоценных мехах часть своего овала, телефонирует нашему Александру Яковлевичу своим волнующим контральто. Все это как-то расходится с реальным положением вещей в Дистрикте Колумбия, где число некрасавиц в значительной пропорции превышает число кандидаток в наши героини, где, собственно говоря, и драгоценные меха не особенно в ходу, а если уж и кутаются во что-то овалы, то разве что в воротник стеганого «дутика», и где ноги не появляются в разрезе этих драгоценных мехов, подобно героиням оперетты Оффенбаха, а скромненько чапают на службу, демонстрируя плохо натянутые колготки.

Все это так, друзья, попробуем мы защититься, но ведь романная реальность ой как отличается от реальной реальности: в романе автор дает волю своим прихотям, ради чего рискует даже местом в «серьезной литературе», где нынче не сыщешь ни одной хорошенькой мордахи, не говоря уже о паре нимфообразных ног. В заключение этого полемического и не очень-то уместного пассажа мы рискуем напомнить нашему читателю, что он является соавтором прозаического произведения и, если у него есть потребность в реализме, он может спокойно прибавлять нашим героиням длину носов, оттопыривать им уши, отягощать задки и ставить под вопрос прямизну ног. Мы же от себя упрямо скажем, что наша баба, ну, та, что сейчас говорит с АЯ из телефонной будки возле кинотеатра «Двуликий Янус», была воплощением фанданго. «Саша Корбах, это с вами говорит ваш будущий друг, и он очень близок к вам в данный момент», — пропело контральто. «Ну так приезжайте! — Баритончик АЯ сбился на дискант. — Запишите адрес».

Какой неосторожный, подумала Мирель Саламанка, а это была она (первое упоминание в третьей части), и вздохнула так, что телефонная трубка в кулаке Александра обратилась в томного тропического попугая: «Не нужно адреса. Открывайте дверь, я буду у вас через минуту».

Ровно через минуту она уже влекла его всеми своими телами и мехами по лестнице вверх в его собственную спальню, она хохотала, блестя всем спектром глаз, и задерживалась только для того, чтобы сильно щекотнуть языком, и дальше, оставляя на лестнице детали туалета, завихрялась прямо в спальню, то есть явно отметала все другие варианты начала дружбы, как-то: чашка чая, разговор о погоде, о прошлом и тэпэ. И вот уже наш герой распростерт на своем ложе, посвященном прежде только в Норины нежности, а гостья, как была в мехах из сотой секции ГУМа и в облаке духов «Одержимость» имени Келвина, что ли, Клайна — не будем уточнять, — напевая некое Бизе, воцаряется на его перпендикуляре и предъявляет для знакомства то одну, то другую, то третью грудь ея; фиддлстикс.

«Ну что, узнал, Саша?» — спросила она после этого пира. «Да откуда же, любезная незнакомка?» — удивился он. «Эх ты! — засмеялась она. — А еще диссидент!» Тут он сообразил, что разговор идет по-русски. «Ты от них, что ли?»

Поднесенный к ее сигарете огонек заодно драматически озарил резьбу ее носа.

Она дружелюбно рассмеялась: «Все-таки сообразительный. Разрешите представиться: капитан Мирель Саламанка, отдел Энский, КГБ СССР. Это имя вам что-нибудь напоминает, развратный артист?» Он вздохнул: «Ровным счетом ничего, красавица провокатор». — «Что же, тебе Буревятников не рассказывал о нашем вихре в Никарагуа, о вулканических лавинах поэзии, что низвергались на нас в озаренных луною горных кручах, когда совы и ястребы кружили над нами, как купидоны?»

Пока Александр Яковлевич приходит в себя от этой лавины, мы отошлем нашего верного соавтора-читателя назад к четвертой части. Вообще, рекомендуем время от времени засовывать палец в четвертую часть: там немало корешков прячется.

Так это та самая поэтесса, с которой Тих подорвал из киногруппы, удивился Корбах. Вот именно сейчас по идее Нора решит пойти на примирение, откроет своим ключом дверь и увидит этого капитана от поэзии. Вот именно сейчас это и должно произойти по всем законам подлости.

«Вы бы, товарищ, все-таки сняли бы вашу шубу и надели бы, к-хм, другие предметы». — «Да, я известная поэтесса, — со скромной гордостью подтвердила она, следуя за ним из спальни в гостиную, снимая шубу, но не торопясь с другими предметами. — Лауреат всемирного конкурса в Кнокке-ле-Зут. Сам Михалощенко вручал мне приз. А кроме того, я член ЦК Боливийской компартии в изгнании».— «Ну, и кроме того, очевидно, председатель мирового союза проституток? — любезно осведомился Корбах. — Или только член ЦК?» Она х-хо-х-хо-тнула: «Председателем у нас другая хорошо вам известная особа!»

Она расхаживала по квартире, как у себя дома, открывала шкафчик, вынимала виски и стаканы, брала пепельницу. Все ей тут было известно. Ей неизвестно только то, что я ей сейчас засажу бутылкой по башке, гэбэшной суке. И не засаживал. Причину нерешительности АЯ каждый может понять, поставив себя на его место.

«Ну что ж, Саша, давайте поговорим серьезно, — проговорила Саламанка, расположившись на тахте, куря и отпивая «Чивас» хорошими солдатскими глотками. — Садитесь, — пригласила она в новом, цивилизованном стиле любимых органов. Почти правильно употребила русскую поговорку: — Правды нога не имеет».— «Как и ничто другое», — заметил Саша, садясь. Она прищурилась: «Во-первых, вам привет от вашей семьи». Улыбнулась.

Удар пришелся в самое незащищенное место Александра Яковлевича, то есть в лоб. Диссидент, как она его презрительно именовала, а не было слова более презренного в Энском, поплыл, да причем без руля и ветрил, с хаотическим заглатываньем воздуха.

«Легче, легче, — блаженствовала она. — Пока что с ними ничего не случилось. Я видела их вчера в резиденции Шапоманже, барона Вендреди, на Гаити. Ведь мы старые друзья с Альбером. До его встречи с Анис мы нередко вдвоем толковали Сен-Джона Перса. Ну что вам сказать? Ваша жена основательно растолстела, хотя по-прежнему хороша. Как это говорит русский народ: «Сорок пять, бабочку обнять». Лева и Степа — вот ваши шедевры, Саша, а вовсе не песни с сомнительным душком, и уж тем более не пьесы с похабными антисоветскими намеками. Хороши собой — в маму. Сложены на зависть любому гомосексуалисту, будущие атлеты. Недавно стали чемпионами микрорайона, где живет гаитянская буржуазная сволочь, по серфингу, о'кей? Французский стал для них родным, Шапоманже обдумывает их поступление в парижскую L'Ecôle Normale. С новым отцом — не дергайся, Саша, сам во всем виноват — у них превосходные отношения. Даже ассистируют ему во время ритуалов. Вот недавно привезли с доминиканской границы его мертвую тетку, которая славится умением заглатывать живого петуха, так ребята вместе с отцом исполнили вокруг нее три круга «вуду».

Гадина так расположилась на тахте, что ее бутылкой не достанешь, в отчаянии от этого глумления думал Саша. Как заткнуть рот этой падле? Неужели она действительно видела моих ребят? Словно в ответ на это недоверие Мирель преподнесла подарок — снимок приема на лужайке перед виллой, среди гостей пятнадцатилетние близнецы в белых пиджачках. В глубине кадра виднелась также Анис с роскошными плечами, в лиловом платье, словно перевернутая чернилка-непроливайка. Понять, где тут барон Вендреди, было трудно: все присутствующие выглядели аристократами. Ему казалось, что Левка и Степка смотрят прямо на него, хотя они в тот момент снимка смотрели на гадину с ее крохотной «минолтой». Я их таскал, бывало, на плечах, одного на левом, другого на правом. Анисья кричала: «Опусти моих детей!» Между тем распутница была рада, когда я их забирал и уезжал в Коктебель. Неделями мы кувыркались в бухтах, карабкались на Карадаг. Они вырастали моими друзьями. Даже когда я ушел из того гнусного дома ЦК, ребята продолжали меня любить и в школе хвастались: «Наш папа тот самый пресловутый Саша Корбах!» Все их раннее тинейджерство отняла у меня проклятая власть. А теперь они воспитываются в семье колдуна.

«Ну что это ты, сильный мужчина, а разнюнился? — произнесла Саламанка. — Ты же видишь, у них все в порядке. Конечно, Гаити страна опасная, но у нас там крепкая надежная сеть. Захотим, у них и дальше все будет в порядке».— «Какова цель шантажа? — спросил он. — Давай вываливай!»

Она, видимо, и дальше собиралась куражиться, когда вдруг подошла главная тема. Груди, не очень-то аккуратно заправленные в лифчик, заволновались, словно и они хотели принять участие в ответственной беседе.

«Ну что ж, слушай. Ты прекращаешь свою возню с Чапским и Эдом Пибоди. Отказываешься от постановки антисоветского фильма. Все собранные материалы по сценарию передаешь мне. Эти требования непреложны. Выполнив их, ты обеспечишь защиту своих детей. В противном случае они останутся беззащитны. Дальше на выбор. Первый вариант — полное молчание. В этом случае мы запечатаем историю твоей трудовой деятельности в Вествуде. Второй вариант — шаг навстречу. Ты получаешь поддержку и даже...» — «Они говорили обо мне?» — спросил он. Она расхохоталась: «Можешь быть уверен, они говорят о тебе. Тобой, предатель, целая группа занимается». — «Дети говорили обо мне?» — уточнил Александр смысл вопроса и тут же потом покрылся: у кого я это спрашиваю! «Какой, оказывается, ревностный отец! — снова ржанула Мирель. Надо сказать, вся эта беседа сопровождалась ее специфическим звукоисторжением: кхмыканьем, языковым подцокиваньем, даже насмешливым подвываньем в ответ на нежелательные фразы собеседника. — Хотите, Александр Яковлевич, мальчишки к вам в гости приедут через неделю? Все будет путем, как говорит наш шеф генерал Бубцов. А может быть, и не путем, никогда своих отпрысков не увидишь, эбэнэмат, Саша сраный, сучий потрох, палкой ударенный, корбаховский выблядок; так говорят о тебе советские офицеры!»

Что вызвало новый выплеск гэбэшной грязи из уст, созданных хоть и не для «нового сладостного стиля», но для приторного кича, сказать трудно, если не вникнуть в тот факт, что она тряслась и смотрела исподлобья, как какая-нибудь кухонная баба, которую опять заголяют на задворках. Да это же дьявольское искушение, вдруг осенило АЯ. Сущее искушение человеческой натуры дьявольскими силами.

«Много тебе платят за эту работу, капитан?» — так он попытался перейти в контрнаступление: не забывай, дескать, наемная тварь, что сидишь перед непродажным!

«Много! — выкрикнула она. — Я богаче вас всех, мудрецы сионские! Со мной всегда моя ленинская идеология! Думаете, уже развалили крепость социализма?! Рано радуетесь! В перестройке мы очистимся от еврейской грязи! Костяк преданных нанесет по буржуазии сокрушающий удар! Мы вам не простим попыток повернуть историю вспять!»

Он посмотрел на часы, и она посмотрела на часы. Он встал, и она встала. Он сделал к ней шаг, и она сделала к нему шаг. Он развернул историю вспять, и она подработала вспятью. Коленно-локтевое положение принять, скомандовал он. Шершавого вгонять, скомандовала она. Ну, видишь, гадина, наступает полная стыковка, бормотал он. Я тебя ненавижу, бормотала она, ненавижу то, чем ты меня правишь! По комнате сильно понесло серной секрецией. В темном окне, за которым продолжал суетиться мирный перекресток, отражалась сцена подлейшего искушения. От этого мне уже не отмыться никогда, думал он. Сейчас засосу тебя со всей твоей лысиной, думала она. Правильно товарищи подсказывали: бить на извращенную сексуальность. Только бы сейчас Нора не вошла, в отчаянии думал он и от этого отчаяния входил в еще больший раж. Вошла бы сейчас эта его сикуха, жаждала она, пришел бы пиздец всей вашей «новой сладостной поэзии». Сласть тут просто из нее сочится, думал он, сласть беспредельного позора. Она мычала: «В трепете радостных солнечных пятен, в громе прибоя вдвойне запах любви мне всецело приятен в горных глубинах и вне».

«Инахивне!» — наконец произнесла она громогласно и прокатилась крупной дрожью, как эскадрон красных конников. «Молчи, только молчи, — командовал он себе, а сам повторял за ней: — Инахивне, инахивне!» — пока наконец конвульсия передового отряда не подняла их битву на дыбы, чтобы оттуда уже сползти в мутнейшее après.

Минут десять в комнате царили молчание и полумрак. Белели только ее поднятые ляжки, которые, впрочем, скоро свалились вбок, как горбы усталого верблюда. Неподалеку гудела Коннектикут-авеню, как всегда от этого гудения теряющая свою срединную «к». Из-за стены слабо, но чисто доносилась музыка. Какой-то нормальный человек прослушивал «Serenata Notturna». АЯ закрыл лицо ладонями и произнес: «Ну, теперь уходи, капитан!»

Он слышал, как она прошла в ванную, а когда вернулась, запах «Madame Rochas» стал активно вытеснять серу. Действуя в рамках инструкций, она умело и быстро собиралась. Остановилась в дверях, сказала мягко, по-человечески: «Продумай все, Саша. Выхода у тебя нет. Я позвоню через пару дней».

Дверь закрылась. Фиддлстикс.

8. Пили кофе, ели кейк

Чем хороши наши среднеатлантические штаты, так это своими осенними сезонами. Простишь им все за эти сезоны, наполненные солнечным и голубым воздухом, как бы похрустывающим от легкого морозца, как бы наполняющим новым живительным кислородом огромные бронхиальные разветвления очистившихся от усталых листьев деревьев, за прозрачными рощами которых теперь столь скромно и уместно виднеются либо островерхая белая церковь, либо псевдоганзейская линия таунхаусов, совсем ничего не теряющая от приставки «псевдо», ибо последняя давно уже

306

стала вопросом скорее стиля, чем надувательства, либо какой-нибудь стеклянный монумент высокой технологии, либо еще какая-нибудь штучка вроде каменного бегемота, да мало ли еще чего, но все в умеренных порциях и в пропорциях пейзажа.

Вряд ли найдете вы в такие дни гражданина, который бы хоть на минуту не задержался со вздохом: да, хороша все-таки наша среднеатлантическая осень! Даже и те молодые люди, что по утрам выходят на паркинг лот, одной рукой пия кофе, а другой разговаривая по сотовому телефону, даже и они, поставив кружку на крышу машины, чтобы отомкнуть последнюю, вякнут мимоходом в адрес осени «хороша!» и только уж потом нырнут внутрь и гибкою рукою заберут с крыши своего быстроходного седалища дымящийся напиток.

Бодрость вселяет в тебя осень, пока идешь по кампусу к своему театру, бодрость и очищение от скверны. Творя метаморфозы, осень и сама нередко преображается. Вчера еще казалось, что ей конец, уж космы злобные арктических ведьм хлестали по мирным улицам, уж выла в вентиляторе сила позора и тоски, ан наутро блаженная осень возобновляется, и с нею вместе возобновляются личности, казалось бы уже до основания разрушенные.

Вот каковы наши среднеатлантические осени, возблагодарим же Единого Господа Нашего за это благо, дарованное равно и иудею, и католику, и мормону, и православному, и мусульманину, да и поклоннику Ваала, чье присутствие в зоне Большого Вашингтона не вызывает сомнений.

Таким вот утром шествовал АЯ на свой семинар по биомеханике. Сначала плелся изможденно после вчерашнего, потом ноги пошли веселее и легкие вздохнули глубже, как будто приобщившись к бронхиальным пучкам университетских дерев. Он оживал после вчерашнего гнусного пип-шоу с собственным участием, этого секс-кича, приправленного кагэбятиной. Тут посетила возрожденческая мысль: ты часть природы все-таки, и, хоть прошел ты пору цветения, совсем не обязательно до срока впадать в гниль. Иди теперь прямо на кафедру археологии. Смири свою гордыню. Ищи Нору без наигранной беспечности, не бойся выказать живых чувств, пусть это будет даже трагедия. Встретившись с Норой, не проявляй секса, отвлекись от своего неуемного пениса, бухайся в ноги, обними ее туфли, положи свой нос меж двух ее туфлей, попроси помощи. У кого еще тебе просить помощи, если не у своей Беатриче?

На кафедре археологии пили кофе и ели кейк: отмечался день рождения секретарши Фран. Царило легкое возбуждение, часто вызываемое избытком сладкого. Каждому приходящему предлагали ломтик пирога со всем радушием, свойственным вирджинским женщинам; не сочтите за каламбур, любезные острословы. «Режиссер-в-резиденции» не без удовольствия выпил кофе и отъел от кейка, напомнившего ему самого близкого человека из всех когда-либо живших и живущих вокруг, бабушку Ирину. При всей отдаленности арбатских пирогов от вирджинских у них все-таки были общие корни в Страсбурге. Если я не прав, пусть меня поправят — так звучит излюбленная фраза советского отрочества, при помощи которой многие нерадивцы смогли избежать заслуженного наказания.

Все присутствующие дамы сказали ему, какая это приятная неожиданность увидеть на их скромном торжестве звезду нашего театра доктора Корбаха. Многие в университете величали его доктором Корбахом, и ему всякий раз хотелось ответить на земский манер: «Покажите язык!» Ему удалось отвести в сторону виновницу торжества сухопарую шотландку Фран, о которой Нора в унисон со всем департаментом говорила: «На нее всегда можно положиться». Они остановились в углу под плакатом, изображающим стомиллионнолетнюю окаменелость, что волею стихий оказалась похожей на египетскую игрушку всего лишь шеститысячелетней давности. По замыслу авторов плаката сравнение этих двух цифр должно было что-то сказать человеческому уму и сердцу.

Александр Яковлевич и в этот раз не потянул на трагедию. Напротив, начал лепетать что-то несуразное: «Прошу прощения, Фран, за вторжение на ваш праздник, но я, видите ли, ищу Нору Мансур. Мне пришлось тут довольно долго путешествовать, и я потерял ее след, а тут как раз приехал из Лондона наш общий друг, и ему нужен ее совет по важному научному вопросу». С давних пор АЯ знал, что секретарши любят, когда их посвящают в подробности, даже фальшивые. «А разве вы не знаете, доктор Корбах? — начала было Фран, но доктор Корбах тут поправил ее: «Саша, плиз». — Да, Саша, спасибо. Послушайте, Саша, ведь Нора третьего дня уехала в Ирак. Она там собирается присоединиться к экспедиции Лилиенманна. Как? Вы не знали об этом? Саша, вы побледнели! Примите аспирин!»

Эти американцы, думал он, все больше бледнея, верят в свой аспирин как в панацею.

Фран, добрая душа, взяв его за запястье как бы ненароком, а на самом деле, похоже, подсчитывая его пульс, продолжала делиться информацией. У Норы начался двухгодичный академический отпуск, sabbatical. Сколько времени она будет в Ираке? Думаю, не меньше трех месяцев, но потом она, кажется, хочет составить свою собственную команду. Во всяком случае, Фран отправляла за ее подписью немало писем по этому поводу. Вы, конечно, понимаете, Саша, с ее именем теперь для нее все двери открыты. Все только и мечтают увидеть Нору Мансур. Соседи Фран не могут поверить, что она еженедельно пила кофе с Норой в преподавательском клубе. Конечно, мы все будем по ней скучать. И вы, как я вижу, тоже. Что поделаешь, Саша, наши профессора нередко ведут жизнь бродяг. Насколько я понимаю, речь идет о серии серьезных раскопок на пересечении караванных путей. Иными словами... «Иными словами, она надолго уехала», — тихо сказал он.

Уехала, не сказав мне ни слова. О'кей, это моя вина, Фран, но это так грустно, Фран, невыносимо печально, когда кончается часть твоей жизни и все подвергается размельчению, как устаревшая почта, Фран.

На этот раз трагизм явно отразился на его лице. Фран сжимала на груди сухие кулачки. Живая опера разыгрывалась на ее глазах и с ее участием. Если Саша хочет, она попытается найти какие-то каналы для связи с Норой. Во всяком случае, она будет иметь его в виду, если Нора позвонит, что вполне вероятно, хотя бы потому, что несколько ее студентов остались incomplete.

Чем больше невинности, тем сильнее жалит. Все присутствующие дамы давно уже только делали вид, что увлечены тортом. На самом деле они, чуть ли не задыхаясь, внимали драматическому разговору в углу не очень-то большой комнаты. Спасибо, Фран, мне ничего не нужно. У вас большое сердце, но, увы, даже оно не может мне помочь. Как русские говорят: что было, то прошло. Поздравляю вас с днем рождения. Он пошел прочь, но оглянулся с порога. Все дамы, потрясенные, смотрели ему вслед: такое телевидение без телевизора! За ними на стене пылала мрачным огнем окаменелость, которая под влиянием неизвестного процесса сто миллионов лет назад приняла форму всадника на лошадке. Я, кажется, опять сшутовал, и, если это так, нет мне никакого прощения. Махнув рукой даже и на эту мысль, он покинул главку, да и она тут же ушла с экрана лэптопа.

9. Как я могу, когда просто не могу?

Принимать ли нам всерьез угрозы Саламанки? Без сомнения, она или кто-нибудь из них видели его семью на Гаити. Снимок сыновей постоянно лежит теперь перед ним то ли как средоточие любви, то ли как напоминание о шантаже. Однако Анисья ведь тоже не лыком шита. Большинство нашей аудитории, должно быть, помнит, как она осуществляла некоторую щекотливую миссию в начале книги. Трудно как-то себе представить, что она переселилась на экзотический остров без комитетского «добро».

Это в теории, в реальности может получиться гнусная неразбериха: один сектор опекает госпожу Шапоманже, а другой шантажирует Корбаха жизнью его сыновей. С помощью своей отборной пизды они выворачивают ему стержень. Скажут, вероятность мала, дескать, комитет уже не тот, что во времена Эфрона, Меркатора, Сикейроса, Эйтингена, Судоплатова и прочих их оголтелых убийц. А не увеличились ли нынче подобные вероятности? Саламанка ведь и сама может шмальнуть, с ее бешенством матки.

Да и вообще, какое может быть искусство, когда партия так на тебя наезжает, думал Корбах. В Москве она считала «Шутов» хоть и строптивыми, .но своими, подкожными. Играла в солидность, устраивала инспекции, заседания всяких реперткомов, выносила резолюции. Теперь, когда она причислила меня к своим прямым врагам, в ход могут пойти «плащ и кинжал», прямая бандитская провокация. Ну что, в конце концов, я теряю, мучается несчастный наш артист. И так все потеряно. Потерял любовь, ради которой жил, хоть и не рассчитывал найти. Жалеть теперь о каком-то фильме? А о чем же еще мне жалеть теперь, как не о работе, о блаженном «поливе» и о последующей тихой оркестровке? Как я могу не жалеть о потере, может быть, последнего шанса сказать свое слово? Признайся себе, что, даже и прислуживая в «Колониал паркинг», ты рассчитывал на этот шанс, жаждал чуда, когда придут и скажут: Саша, давай, покажи нам свою эстетику. В этом мировом искусстве, где все пробздето то идеологией, то коммерцией, артистический шанс выпадает реже, чем джек-пот в Атлантик-сити. Вот Андрей под занавес смог одолеть обоих монстров — и восточного, и западного. Я не прощу себе, если выпаду из обоймы.

Снова, в который уже раз со времени встречи двух корбаховских ветвей, в голову приходила детская идея — броситься к Старшему Брату, то есть к четвероюродному кузену Стенли Франклину Корбаху. Если уж раньше чванился, то теперь сам Бог велел — ведь угрожают маленьким Корбахам, русским носителям еврейского гена из дома Кор-Бейт, прослеженного конторой Фухса аж до времен Навуходоносора. Стенли с его рычагами в этой стране может подключить здешние тайные службы, а те попросту скажут «рыцарям революции»: если вы нам сделаете больно, мы вам сделаем очень больно; лучше воздержитесь, и мы воздержимся. Там это просто называется: reciprocity.

Как от зубной боли стеная, Александр позвонил в «Галифакс фарм» главе тамошнего секретариата мисс Роуз Мороуз. Ее там не оказалось. Она здесь больше не работает, сэр. Только тогда вспомнилось: да ведь Четвертое же Исчезновение сейчас происходит! Из-за своих мелких бед забыл об историческом событии! В «Галифаксе» теперь, должно быть, сидит Кинг-Конг, Норм Бламсдейл. Он наверняка перетряхнул весь штат исчезнувшего президента.

«Разрешите поинтересоваться, кто звонит? — спросил любезнейший женский голос: Мэриленд не оскудел еще любезными секретаршами. Услышав в ответ имя «Алекс Корбах», голос на секунду запнулся, но не потерял баланса: — Простите, сэр, у меня есть указания на случай вашего звонка. Вас очень просят поговорить с одним из членов семьи. Не будете ли вы столь любезны подержать трубку в течение минуты?»

Теперь уже он споткнулся, но в отличие от секретарши почти потерял баланс. Неужели она оставила какой-нибудь телефон для связи? С этими новомодными сотовыми аппаратами можно ведь звонить отовсюду, хоть из гробницы Хаммурапи. Вот он звонит у нее в рюкзаке в тот момент, когда она счищает пыль с таблички, гласящей: «Женщина, оставившая мужчину, подлежит наказанию плетьми», нет-нет, наоборот: «Мужчина, вынудивший женщину уйти, подлежит повешенью».

— Хелло, Алекс, — послышалось в трубке. — Это Марджи. У вас есть новости?

Еще один спотыкач. Безобразная раскачка на натянутой проволоке собственного седалищного нерва. Нет, все-таки ухватился обеими руками. Раскорячившись, выпрямляюсь.

— Я как раз звоню, Марджи, чтобы у вас что-нибудь узнать.

— Приезжайте сюда. Я пошлю за вами самолет.

— Да где вы?

— На Корсике, — был ответ.

— Нет-нет, Марджи, как я могу?

Несколько секунд длилось молчание, потом дрожащий голос произнес:

— Ну пожалейте меня, Алекс! Приезжайте!

— Нет-нет, Марджи, как я могу, если просто не могу! — Он повесил трубку.

10. Опять фиддлстикс

Вдруг через несколько дней ситуация с фильмом разрешилась сама по себе, и самым неожиданным образом. Разразился новый сильнейший скандал в администрации. Нечто вроде Ирангейта, только с той разницей, что на этот раз все раскрылось сразу. Опять сработала диспропорция и дезориентация власти в демократической супердержаве. Снова оказалось, что империя не может существовать без тайных операций, в то время как демократическая структура требует полной гласности.

На этот раз речь шла о подспудных нарушениях торговых санкций против режима апартеида ЮАР в обмен на ее существенные услуги проамериканским повстанцам в коммунистической Анголе. Разоблачительницей снова оказалась «Вашингтон пост», сумевшая за последние десятилетия, несмотря на повышенную влажность в долине Потомака, вырастить крепкую школу журналистов-сыщиков. В первой же публикации, занявшей половину головной полосы и целый разворот внутри основной секции, имя Эдмонда Пибоди упоминалось по крайней мере две дюжины раз. Фигурировали также и его портреты: один персональный, один на заседании совета «Старой Конторы», один с министром важных дел, а один даже с миловидной женой и очаровательной собакой.

В отличие от полковника морской пехоты Оливера Норта, Пибоди, который, к удивлению Алекса, оказался еще и полковником авиации, то есть коллегой полковника Денисова из намечавшегося сценария, темнить не стал, а при первой же возможности заявил следующее: «Существуют некоторые обстоятельства, когда некоторые органы не могут выносить некоторые свои операции на обсуждение конгресса. Некоторые акции против апартеида мы также не могли выносить на открытое обсуждение, чтобы не сделать их полностью бессмысленными. Требования бескомпромиссной гласности в работе некоторых учреждений ставят под вопрос само существование этих учреждений. Period». Последнее словцо означает нечто вроде русского выражения «И точка!». В данном контексте вполне уместно было бы добавить к нему уже полюбившийся нам fiddlesticks. Фиддлстикс — и точка!

Уставшее от Ирангейта общество на новый скандал реагировало довольно вяло, однако газеты и телевидение не без злорадства сообщали, что «Старую Контору» трясет от крыши до подвалов. Как глубоки последние, никто все-таки не знал. Промелькнуло сообщение, что Пибоди отстранен от должности, но не падает духом. Какая-то корпорация уже предложила ему кресло, в котором он будет получать в три раза больше своей учрежденческой ставки. Вот почему люди уходят из правительства в таком хорошем настроении, комментировал комедиант Джонни Карсон. Там, очевидно, только и мечтают, когда их выгонят с позором. Таковы курьезы демократии, господа: столпы отечества трясутся, критиканы и насмешники укрепляют авторитет.

Прощай, Пешавар, подумал Александр, как только прочел первую разоблачительную публикацию. А ведь Пешавар уже несколько дней казался ему каким-то лермонтовским Кавказом. Уехать в Пешавар — вот идеальный ответ на чей-то отъезд в Ирак! Там, в Пешаваре, вся моя неразбериха уляжется, останутся только горы, граница, война, диктофон, видеокамера, лэптоп. Никто не будет знать, где я. Можно было бы обмануть даже поэтическую сучку Мирель. Назначить ей свидание, в последний раз поддаться искушению и сразу улететь в Пешавар. Теперь прощайся со своим Пешаваром, сказал он себе, сворачивая газету. Теперь все у тебя начнет утекать из рук. Плавиться, смердеть и утекать.

Антигерой страны полковник Пибоди однажды ему позвонил: «Я просто хотел сказать, Алекс, что очень сожалею о случившемся. Хотите верьте, хотите нет, но мне больше всего будет недоставать моего скромного участия в вашем со Стивом замечательном проекте. Все-таки верю, что он воплотится в жизнь. Чапский — это настоящий генератор идей. А вы просто редкий художник. Всего вам хорошего и огромный привет от жены. Она полностью разделяет мои чувства».

Остался только Чапский. Теперь по логике вещей и он начнет плавиться, смердеть и утекать. И впрямь, Чапский в лучших традициях режиссерского сословия сразу после скандала исчез с горизонта. Прекратились ночные звонки с заливистым вываливанием переполнявших толстое пузо идей, с шутками в лучшем варшавско-чикагском стиле: «Hallo, old chap, this is your old Chapsky!» Переборов гордыню, АЯ сам позвонил в Эл-Эй. Любезнейшая секретарша сказала, что босс сейчас «за морями», но как только появится, ему будет немедленно доложено о звонке мистера Корбаха. В голосе ее Александру послышалась нотка сожаления. Впрочем, какие могут быть эмоции у этих автоматов любезности.

Наконец Чапский позвонил. Почему-то из Афин. Он был явно в своей сумрачной фазе: ноль хохм, ноль уменьшительных, ноль мата. Он через час вылетает и завтра к полудню будет в международном «Даллас», откуда через три часа продолжает в Калифорнию. За это время мы можем с тобой поговорить ad tempora, ad mores. Если можешь, приезжай, я буду ждать тебя в баре «Дипломат». При такой странной необязательности можно и не ехать, но все-таки нужно поставить точки над «i» или, по-русски говоря, над «е». В назначенное время он вошел в названный бар и сразу увидел Чапского, сидящего в облачке табачного дыма за отдельным столиком. Грузная фигура славянского эмигранта. Мешки плеч в дерюжном свитере. Отвисшая саркастическая губа. Ну, вот видишь, Саша, какая получается пся-крев. Все рухнуло со «Старой Конторой», и наши инвесторы, бляди, сразу разбежались. Как видно, кино подсознательно мечтает о сильной руке.

В баре было неуютно. Бестолковые официантки таскали салаты и пиво. Явилась баскетбольная команда, двенадцать огромных пацанов скопились у стойки, выпяченные зады нависли над столиком наших героев; среди них был один гений игры, позже прогремевший на всю страну смертельной передозировкой крэка.

Я тебе не звонил, потому что надеялся еще на один вариант. «Путни продакшн» поставила наш проект на обсуждение совета.

313

Большинство было «за», но тут явился один гад, у которого толстый пакет акций. Вот видишь как. Вот так. Ну, в общем... Прости, мысль куда-то в сторону потекла, в клозет. В общем, еврейская везуха. Этот тип говорит: русский проект только через мой труп. Такое, видишь ли, непреодолимое препятствие, проспиртованная лошадь. Оказывается, его в Москве вашей сраной обидели. Он ждал, что ему прямо у трапа красный ковер раскатают, все-таки всемирный богач приехал с идеями сотрудничества, а его никто даже не встретил в аэропорту. Ты лучше меня знаешь этих распиздяев из Госкино. Он в лучшую гостиницу направился, а его и в худшей не ждут. Так оказался миллиардер один среди варварской толпы. Довольно острое ощущение, не находишь? Оно тебе знакомо? Да откуда, Саша? Хорошо, не уточняй. Главное состоит в том, что именно таким идиотским образом «комухи» подрубили твой «Звездный восьмидесятых». Чапский посмотрел на часы и вылил в себя остатки пива. Пора на посадку. Корбах заплатил по счету, и он не возразил.

11. Промежуточные или окончательные?

Все вокруг подводило нашего АЯ к какому-то промежуточному, если не окончательному, итогу. Разрушена любовь. Разрушен проект. «Черный Куб» как-то перекосился, как будто спицу свою потерял и осел на банальную поверхность. Коллеги смотрят какими-то странными взглядами. Может быть, Саламанка уже настучала про «порошки счастья»? А где, кстати, эта Мата Хари мировой революции? Может, сделала харакири в своей проституции? Товарищ, верь, не трилла ради (это от русского «триллера»), не гонораров жирных для, не в ожидании награды мы вспоминаем эту... правильно, читатель — рифма проста. Исчезла даже и эта баба, а ведь не помешала бы теперь, когда спорный вопрос отпал. Обещала появиться через пару дней, а отсутствует уже пару недель.

Но вот звонок в ночи: она! Малость охрипла то ли от водки, то ли от избытка рокочущих и рычащих в родной речи. Да вы откуда, комрад Саламанка? Из Пешавара, хохочет она. Сидим тут, вас поджидаем. Не дождетесь, мы не приедем. Вы лучше ко мне приезжайте, потрахаемся. Что за наваждение эта чертова шпионка! Реальный ли это субъект текущей биологии? Не померещилось ли Александру Яковлевичу? Не кошмарчик ли это той вогнуто-выгнутой сексуальности, что вечно тлеет в нем чеховской чахоткой?

— Значит, капитулировали, мистер Корбах? Детки вам, значит, дороже мировых шедевров? — Странное какое-то разочарование льется теперь из Пешавара или из телефонной будки возле кино «Двуликий Янус». Казалось бы, ликовать надо: вот, мол, как перед нами трепещут отщепенцы, ан недовольна офицерша, как будто ее проект тоже затрещал.

— Да-да, так и передайте: детки дороже.

— Ну, мы с вас все равно не слезем!

— Не возражаю, мадам.

— Прекрати провоцировать, мерзавец! — прокатилось в телефоне с такой силой, как будто дрогнула пакистано-афганская граница. — Будешь врать, что трахал меня? Никто не поверит! Хочешь, чтобы детки были живы, продумай всю свою жизнь! Жди рандеву, но дрочить на революцию перестань! — Отбой. Завыла преисподняя, сквозь которую, без сомнения, проложены все телефонные связи.

Взвыл и Александр Яковлевич. Горе мне, еврею, не признавшему родства, опозорившему и военно-русскую родину! «Белая лошадь», хлынь в меня неудержимым потоком, соедини хоть с чем-то родным на свете! Отщелкивая телефонный код Республики Гаити, он не выпускал изо рта увесистую, однако стремительно теряющую в весе бутылку. Любезнейший вкрадчивый голос то ли девушки, то ли ягуара осведомился, кому звонит столь великолепно пьяный месье. Звоню в резиденцию господина Шапоманже, mon chat actual. Соединяю вас с резиденцией министра внутренних дел. Да я не министру звоню, а просто мужу моей жены, так вашу! Алло, резиденция министра Шапоманже слушает! Послушайте, что за вой там у вас, что за стоны, что за петушиные рулады?

Степа и Лева, два комсомольца Страны Советов, держат две отводные трубки. Не волнуйся, отец, это просто бабушка Фуран пришла со своим шантеклером. А правда, батя, ты миллиардером стал в США, c'est vraiment? Ce n'est pas vraiment, дети-негодяи! Так когда-то резвились в шутках: отец-подлец, дети-негодяи. Вы такую даму, прошу прощенья, знаете, Мирель Саламанку? Госпожа министерша в этот момент берет третью отводную трубку. Не волнуйся, Сашка, Мирель Коллонтай Саламанка давно у нас на учете. Четвертую трубку берет сам барон Вендреди. Хороший грузинский акцент. Послушайте, месье Саша, хочешь хорошо покушать, выпить, приезжай немедленно. Мы тут накопили много всего хорошего. Вокруг хорошего мало, а внутри хорошего очень много. Спасибо за приглашение, другого я от тебя и не ждал, барон. В тропиках рождаются широкие натуры, поселяются большие души. Север при всей своей философии лишен братства древних караванных путей. Вот я, например, оказался здесь одинок, как перст. Нет, не как перс, а как аллегорический палец. Аллегорический, correctement. Не тот, у которого девять подвижных братьев, но аллегорический, сродни гоголевскому «Носу». В общем, еду к вам на роль бывшего мужа, то есть одного из ваших зомби.

Перед отъездом надо попрощаться с памятниками любви. Так полагается в среде современного байронизма. Так же было и во времена «нового сладостного», а то и еще раньше. Много раньше. Взмываем в лифте на бастион башни царя Соломона. Всё стекла этих пентхаусов давно выбиты, гуляет свора ветров, вздувает оставшиеся занавески. Банные халаты бродят по комнатам, что твои гаитянские призраки. Вздувшиеся каким-то неведомым говном туалеты смертельно разят. В углу бастиона сидит согбенный и страждущий брат по любви Омар ибн-Кесмет Мансур. Саша, я получил официальное извещение о разводе, плачет он. Несправедливо, брат! Как-то противоречит этот акт законам Хаммурапи. Пусть я не был любим, но я все-таки хранил ее тайну. Эй, браток, держись, сейчас тебя сдует вместе с этой тайной! Ну вот и сдуло. Тайна Норы Мансур, нелепо размахивая махровыми крыльями, пытается присоединиться к клину гусей и тает в сумерках.

Последняя надежда на что-то прекрасное ждет тебя, Саша, на холмах Мэриленда, где благородные лошади шелковыми своими гривами и хвостами овевали вашу первую встречу. Но что это? Лишь расклеванные стервятниками скелеты коней пасутся теперь на голубых склонах, да и они медленно осыпаются в прах прямо перед твоим взором. Охолощенный, тащится из рощи производитель, с которым ты вел свои диалоги осенью 1983 года. В приверженности своей к существованию, то есть к мясистости, он стал огромен, как битюг Александра Третьего. Медленно разворачивает к тебе свои великолепные ягодицы и раскорячивается срать. Выпучивается из-под хвоста пожарный шланг сероватого кала, обрывается, падает яблоками и снова тянется шлангом. И срет он, и срет. Облокотившись на тот же самый забор, Александр Яковлевич Корбах с такой же сраной медлительностью все плачет и плачет.

12. Get up, Lavsky!

Ну, хватит этого говна! Он еще может вернуться к жизни, к глубокой прозрачности флорентийских небес. Тот, кто намерен его спасти, медлит просто из чувства такта. Надо же дать пьяному человеку проспаться. Ему надо встать, ужаснуться перед своей физиономией в зеркале ванной, выжать полтюбика пасты в пасть, долго там шурудить подвывающей электрощеткой, трясти башкой, сбрасывать быль и небыль вчерашнего, вдруг вылупляться в зеркало с ощущением, что вылупившийся ему не родня, бормотать «на хуй, на хуй», профузно отблеваться и стонать над отощавшим животом.

Наконец, когда доходит до кофе, раздается дверной звонок. Наш герой сволакивает свое тело вниз по лестнице. Наверное, опять студенческие курсовые, эти гадские мидтермс, чего же еще ждать. Открывает. В глаза ему и во все лицо смотрит февральский день 1988 года. Упавший за ночь снег дарит запах детства и родины. На ступеньках в неисправимо ковбойской позе, хоть и в кашемировом пальто, сдержанно посвечивая немолодыми, но полными юмора глазами, стоит спаситель погибающего индивидуума, беглый миллиардер нашего триллионного романного (по сведениям журнала «Форбс») бизнеса Стенли Франклин Корбах собственной персоной. «Get up, Lavsky! Collect your limbs and all drops of your consciousness! It's time to do the real things!»

VIII. Граница

Ты спрашиваешь, как я его вижу. То в виде облака,
То как поле, над которым стоит дождь.
Иногда это ладонь с протянутым яблоком,
Иногда проходящий с шуршащим подолом венецианский дож.
То он текуч, как фарватер сильной реки,
То он летуч, как амурчик в ветвях рококо,
То он сыпуч, словно мера пшеничной муки,
То он кудряв, как еврейский комбат РККА.
Сын мой, молчит он, и я понимаю невидимого отца,
Хоть не встречались мы с ним никогда на дорожках земли.
Храм пред собою я вижу то ли с фасада, то ли с торца,
Вишни ли цвет наплывает, или вьюги его замели.
Понимаю нелепость вопросов: «Ты там или здесь?»
«Иудей или эллин, то есть еврей или грек?»
Он идет по полям и ведет свою лошадь в узде,
А за ним, как закат, поднимается в поле наш грех.
Это то, что осталось меж нами и что заставляет молить
О прощенье, о жалости, о ненасытной любовной печали.
Как Израиль стоит, умоляя, пред горсткой олим,
Так и мы с ним взираем на кружево темной печати.
Ты спрашиваешь: в чем гнездится тот грех?
Темнота подступает, все теснее сближаются лица,
Дождь идет за окном и стучит, как горох,
Два скворца прижились в опустевшей, теряющей стекла теплице.
А отец уплывает, как шелестящий под утро платан,
Или как кружащееся весло, что предлагает нам в дар река,
Или как стукающие шпалы железнодорожного полотна,
Или как расстрелянный в своей кудрявости комбат РККА.

Часть IX

1. «Galaxi-Korbach»

К началу последней трети нашего представления мы можем уже отметить некоторую ободряющую регулярность: хронологические разрывы между частями составляют у нас приблизительно три года. Реалистическая тенденция, стало быть, нарастает. Недружеский критик, конечно, может резко возразить — и она это, конечно, сделает, — сказав, что хронологическая регулярность играет у нас роль дымовой завесы, под покровом которой события прыгают с присущим модернизму хаотизмом.

Пшоу, мадам, не заставляйте нас напоминать, что прием литературных реминисценций был в ходу и у Тургенева. Открыв в изумлении чей-то рот, мы все-таки не забыли его и захлопнуть, а уж сколько реминисценций мы через этот рот пропустили, это наше личное с читателем дело.

В этой части у нас роль открытого рта будет играть пространство ночной Атлантики в декабре 1990 года, и мы клянемся, что пространство это не останется без присмотра вплоть до своевременного пересечения оного к концу главы.

Итак, мы на борту Стенли Корбаха личного джет-лайнера, что снялся из нью-йоркского аэропорта Ла Гардиа по направлению к «старым странам». Видимость неограниченная, и все небесные тела сияют как сверху, так и снизу, отражаясь в далеких водах. Самолет принадлежит к семейству «Galaxi» израильского производства, хотя данный образчик был сделан специально по заказу Фонда Корбаха и отличается от серийных более внушительными размерами, более сильными моторами и в два раза большей дальностью безостановочного полета. «Неплохой дельфин», — говорит капитан Эрни Роттердам, похлопывая самолет по пузу перед каждым полетом. По его мнению, нафаршированная самой отменной технологией машина уже приблизилась по интеллектуальному уровню к мыслящим животным Земли.

Двигатели спокойно жужжали, то есть мыслили на свой лад, в то время как четверо мужчин в кокпите были погружены в свои собственные размышления. Капитан Роттердам, сорокапятилетний ветеран ВВС США, поглядывая на сферический дисплей приборов, разумеется, думал о женщинах. Раньше у него была какая-нибудь парочка-другая славных попок в окрестностях базы. С тех пор как он стал работать на фонд, круг его подружек непомерно расширился, поскольку он летал теперь по всему миру и останавливался то в Риме, то в Джакарте, то в Йобурге на несколько дней, а то и на неделю. Не староват ли я уже для такого хоровода, думал капитан. В Москве он еще не бывал, но много и о ней слышал ободряющего.

Тем временем его штурман Пол Массальский, сидя за спиной капитана и делая вид, что изучает маршрут, читал новый роман одного из пассажиров сегодняшнего рейса, Лестера Сквэйра. Книга называлась «Пальцы пианиста» и рассказывала историю, от которой кровь сворачивалась в жилах. Джазовый пианист был британским агентом в Западном Берлине. Его похитили гэбэшники, ведомые человеком под странным именем Завхозов. Чтобы выжать из пианиста секретный код, они стали обрубать ему пальцы, фалангу за фалангой. Возлюбленная пианиста, майор службы М15, в которой посвященный мог бы без труда узнать самого автора, взяла дело мести в свои собственные нежные, но пружинистые пальцы. Какой все-таки талант, думал Массальский, написать книгу, которая продается в любом аэропорту мира, от которой бросает в дрожь даже навигаторов!

Кресло рядом с пилотом было специально сконструировано для босса. Оно давало достаточно комфорта его существенно преувеличенному телу. Перед собой на столике Стенли имел пару очков для чтения, записную книжку, лэптоп-компьютер, томик Боккаччо, ну и, конечно, стакан виски. Если бы он не летел в своем собственном джете в своем собственном направлении, его можно было бы принять за чудаковатого пенсионера, коротающего бессонную ночь в своем скромном кондоминиуме. В настоящий момент он занимался тем, что выискивал нужные телефоны в книжке, вводил их в компьютер, соединял компьютер с главным мыслящим инструментом самолета и приспосабливал наушники и микрофон к соответствующим частям своей головы.

Прямо за ним в полугоризонтальной позиции расположился его четвероюродный кузен. Алекс Корбах направлялся на свою родину после семи-с-половиной-летнего отсутствия. Сидя в поднебесье, он старался не думать о быстро приближающейся встрече с Москвой. Увы, он не мог не думать об этом. О'кей, приходил он в раздражение, буду думать об этом. Увы, ни одна стоящая идея не приходила ему в голову. Он ничего не чувствовал, кроме засасывающего нудного беспокойства. Что я собираюсь там сказать? Что я там увижу? Кого мне там любить? Почему я туда прусь с такой странной, реактивной поспешностью? Беспокойство переходило в тяжелую дремоту. Сквозь жужжание двигателей до него доносился оживленный голос Стенли. Что за энергия у этого слона, ей-ей, позавидуешь!

— Привет, Хуан! — сказал кому-то Стенли через свою систему. — Как я рад слышать твой голос, бадди! Надеюсь, не разбудил ваше величество? В полной униформе? Инспектировал гвардию? Жаль, что меня не было с вами. Люблю смотреть, как ты инспектируешь гвардию. Да нет, просто так звоню, просто поболтать. Я на пути в Европу и через неделю смогу, пожалуй, к тебе залететь. Прямо на Ибицу? О'кей! И Слава там будет? Замечательно! Вы со Славой почему-то очень подходите друг другу. Я тоже? Ну что ж, сыграем трио! — Чем дольше эта болтовня продолжалась, тем яснее для Алекса становилось, что собеседником Стенли является король Испании.

После этого разговора босс вызвал какого-то Чарли и спросил его между прочим: «Как там твоя зануда?» — что заставило предположить в нем какую-то исключительную заботу о царствующих фамилиях.

Затем, повозившись немного с компьютером, он неожиданно сказал по-русски:

— Привет, Михаил! Это Стенли, ремембер ми? Йес, это Степан Давыдович, эт ер сервис! Что? Что? Не понимати. Тож не понимати? Ду ю хэв эн интерпритер эт хэнд? Не понимати? О, шит!

Александр поднял свое кресло в прямую позицию:

— Стенли, я могу тебе помочь с этим парнем.

Стенли хохотнул:

— Почему мне это раньше не пришло в голову? Возьми дополнительные наушники и помоги мне с ним поговорить. При нем сейчас нет переводчика.

— Здравствуйте, — сказал Александр в вишенку микрофона. — Стенли Корбах вас приветствует.

— Рад вас слышать, Стенли, — сказал Михаил. — Вы откуда звоните?

— Из самолета, — пояснил Александр, — перелетаем Атлантику.

— У вас что там, русский на борту? — спросил Михаил.

Александр перевел ответ Стенли:

— Нет, все американцы, но, к счастью, один знает по-русски.

— Хм, — сказал Михаил, и по этому «хм» Александр понял, что отношения с этим Михаилом у Стенли не такие задушевные, как с Чарли и Хуаном. — Чем могу быть полезен, Стенли? — Не исключено, что этот Михаил боится подслушивания.

Стенли стал объяснять: «Послушайте, Михаил, мы направляемся в Москву. Наш фонд был приглашен на сессию «Мемориала». По непонятным причинам визы не были готовы вовремя. Все-таки я решил лететь. Надеюсь, мы не встретим препятствий в Москве, тем более что мы везем проект исключительной важности для Советского Союза. Вы, может быть, помните наш разговор два года назад в Риме».

— Что же вы меня раньше не предупредили о вашем приезде, Стенли, дорогой? — вздохнул Михаил. — Такие главные, основные вещи надо сообщать заранее. Ведь они расширяют наши горизонты. Они требуют серьезной подготовки. Мы вас примем, конечно, по первому классу, ведь Россия даже во времена царизма отличалась гостеприимством. Сколько человек в вашей группе?

— Нас десять, — сказал Стенли и добавил полушутливо: — Все евреи.

Михаил выдал внушительную паузу, показывая, что шутка неуместна.

— Да ведь все евреи, хотя бы частично, — усмехнулся Стенли.

— В Америке может быть, у нас не все, — сказал Михаил. Непонятно, юморил ли он теперь в тон Стенли или был мертвецки серьезен.

— Мне всегда нравился ваш юмор, Михаил, — все-таки сказал Стенли. — Знаете, есть одна закавыка в списке нашей группы. Тут у меня Алекс Корбах такой, мой друг и родственник. Он был лишен советского гражданства восемь лет назад. У Брежнева не было чувства юмора, Михаил. Надеюсь, это нетрудно решить во времена перестройки, верно?

— Что-то я не понимаю, — вздохнул Михаил. — Как это так, ваш родственник был лишен советского гражданства?

— Он вам сам сейчас объяснит, — сказал Стенли.

— Кто?! — едва ли не вскричал Михаил. Как это водится у таких людей, он забыл, что говорит через переводчика.

— Речь идет обо мне, — сказал тут АЯ. — О вашем переводчике, м-м-м, господин Михаил. Я Саша Корбах, может быть, слышали? Из театра.

— Саша Корбах?! — воскликнул Михаил. — Да что вы там делаете?

— Где там? — АЯ в свою очередь как-то нелепо поразился. Слово «там» почему-то показалось ему непонятным.

— Ну, вообще там, не у нас, за пределами, — произносил Михаил с возрастающим возмущением.

Тут уж и АЯ вздрючился:

— В настоящий момент перевожу разговор своего родственника Стенли Корбаха с человеком по имени Михаил.

— С Михаилом Сергеевичем Горбачевым.

— Да я уже понял. Весьма рад познакомиться.

— А вот я не весьма.

— Что же так?

— Мы с вашими песнями все-таки жили, Саша, мечтали об изменениях к лучшему. А вы там у американских богатеев. Такие люди, как вы, должны работать на нашу перестройку, быть флагманами процесса, а вы в переводчиках.

— Любопытно, как я могу быть флагманом, когда у меня гражданство отобрали?

— Это не оправдание.

— А мне и не нужно никакого оправдания.

Короткая пауза. Что-то шуршит. Бумага, что ли? Или мысли шуршат? Горбачевские или мои? Скорее всего, шуршит что-то нешуршабильное в пространстве.

— Не нужно противопоставлять себя родине, — произнес Горбачев с тошнотворным советским выражением. — Видно, мы ошиблись, когда за своего вас держали. — Тут он, кажется, понял, что что-то не то говорит. — Как-то мы вас с новизной ассоциировали, Саша Корбах. С романтикой, с общечеловеческими ценностями.

— Вы меня с кем-то путаете, Михаил Сергеевич, — холодно подвел черту АЯ. Хорошо хоть на три буквы не послал творца развала. Неужели он говорит на запись, на какую-то гэбэшную пленку? Вдруг все, чем он до слез восхищался последние два года, сотни тысяч русских, идущих по телеэкранам мира под лозунгами демократии, — превратилось в склизкую фальшивку, в дешевую интригу «флагманов».

— Ну хорошо, переведите вашему боссу, что в Шереметьево вас встретят люди из моего аппарата.

Только сейчас Александр заметил, что Стенли, повернувшись на сто восемьдесят градусов, следит за выражением его лица. Тяжелая рука четвероюродного опустилась на его плечо, пока он завершал разговор с осмотрительным пареньком Михаилом.

— До скорой встречи, Стенли!

— До скорого, Михаил!

Александр высвободился из-под руки Стенли и пошел в кабину. Она была освещена только линией маленьких ламп вдоль прохода.

Все уже спали, убаюканные мощными «роллс-ройсами»: Лейбниц, Сквэйр, Агасф, Дакуорт, Пью, а также «стюардесса» Бернадетта де Люкс, которая, как читатель видит, умудрилась за последний хронологический отрезок прибавить аристократическую приставку к своей и без того роскошной фамилии и вычесть тридцать фунтов веса из своего щедрого состава. Все знают, что потеря веса — это тоже существенное приобретение в наше время, во всяком случае, оно помогло ей стать одной из самых заметных блядей Нью-Йорка.

Алекс подошел к бару, налил себе виски и сел у окна. У проклятого пойла был вкус бессмысленно разбазаренной жизни. Сколько раз я говорил себе не пить этот сорт с толстозадым оптимистом, вышагивающим на этикетке. Горби заявляет на меня какие-то права. Я, оказывается, все еще должен что-то этой родине-суке. Этой суке или ее детям никогда не придет в голову, что они изуродовали чью-то жизнь. Блевать я хотел на вас, подонки! Никакой России я больше не принадлежу, как не могу, увы, принадлежать и Штатам, какими бы соединенными они ни были. Жаль, что и океану я не принадлежу, что лежит посредине, а принадлежу только моменту, у которого нет ни прошлого, ни будущего, одна лишь черная «ничегошность». Он осушил стакан и поправил себя с усмешкой: все-таки звезды и отражения звезд, все-таки спящая банда, летящая на Восток, все-таки красный огонек на крыле «Галакси».

Мы оставляем его дремлющим над океаном, чтобы использовать вольность романиста и пуститься в реминисценции, дабы рассказать, что произошло с нашими персонажами с того момента, когда Стенли Корбах появился на заснеженном крыльце Александра Корбаха.

2. Как Стенли Корбах
с ходу решил все неразрешимые проблемы Александра

Его Величество Стенли обычно решал свои проблемы приблизительно в стиле своего любимого литературного персонажа Гаргантюа, который вычесывал из волос пушечные ядра, будучи в полной уверенности, что это всего лишь вши, подцепленные на грязных улицах Парижа. Проблемы Александра даже вшами-то ему не показались. Это была всего лишь перхоть, ее можно стряхнуть одним движением ладони. Леденящая кровь история о демонической кагэбэшной шантажистке просто рассмешила великана. Больше того, он был восхищен некоторыми деталями копуляций Алекса и Мирели. В частности, признанием Алекса в том, что его пронзило странное чувство, когда авантюристка оседлала его в своей норковой шубе. Я держал ее за меховую задницу, и мне казалось, что это ее естественная шкура, бормотал грешник. В этот момент я не возражал, чтобы все женщины превратились в таких пушных тварей. Стенли, который после операции на железе был постоянно озабочен подтверждением своей вирильности, решил немедленно начать серию экспериментов с разными типами мехов. Поздравляю тебя, о Брунгильда, подумал Алекс.

Что касается самого шантажа, Стенли просто позвонил одному из своих ценнейших сотрудников, а именно все тому же Лестеру Квадратному. Тот обещал немедленно собрать всю информацию по этому делу. Надо сказать, что посвященность Лестера в мировые секретные операции увеличилась вдвое, втрое, может быть, в десять раз с тех пор, как он решил бросить разведку и с головой окунулся в писание захватывающих политических триллеров. К концу дня он перезвонил и сказал, что Алексу больше нечего беспокоиться. Как так? Ничего не могло быть проще, мои просвещенные друзья. Он просто нашел некоего Сергея, также известного под кличкой (т.и.п.к.) Пафос, одного из влиятельных резидентов КГБ в Северной Америке, и дал ему понять, что АКББ не хотят продолжения этой операции. Уважение, которое испорченные перестройкой агенты питают к многомиллиардным американским корпорациям, значительно превышают чувства, резервированные ими для своей организации. Особенно если это уважение подкреплено чеком на 20 000 долларов, посланным на личный счет Пафоса. Так или иначе, мы уже получили подтверждение, что операция Энского под странным кодовым именем «Норковая шуба» против Саши Корбаха прекращена. Сашины ребята уже «вне горячей воды», если эту идиому можно употребить, учитывая общую обстановку на Гаити.

Ну, что там у нас еще на повестке? Катастрофа с кинопроектом, которая погрузила нашего чувствительного артиста в пучину депрессии? Уже давно Стенли научился от Алекса емкому русскому выражению «мудила грешный», которое с максимальным приближением переводится как you sinful jerk. Именно с этим выражением он обратился теперь к кузену:

— Ты, Алекс, мудила грешный, стал жертвой твоего собственного мудилогрешновского отношения к американскому деловому подходу. Если бы ты отбросил свою дурацкую русскую мегаломанию и щепетильность, ты бы уже давно стал заметной фигурой в кинобизнесе. Фортуна дала тебе, мудила грешный, такие связи, которые бы сделали счастливым любого из жителей этой страны, а ты нахально пренебрег ими. Теперь сиди со своим водка-тоник и слушай.

К полному изумлению Алекса, Стенли попросил свою верную Роуз Мороуз соединить его с той самой «Путни продакшн», которую Штефан Чапский безуспешно пытался втянуть в их проект.

— Я хотел бы там с кем-нибудь поговорить: или с Айсманом, или с Магазинером, с Тедом Лазаньей, наконец, а лучше с самим Путни или Уолтом Риджуэем. — Через несколько минут Риджуэй был на линии. Только тогда Алекс сообразил, что это тот самый тип, что торпедировал его «Звездный восьмидесятых». — Хей, Уолт, старое копыто, как ты там ничего-себе-молодое? Слушай, у меня тут сидит великий русский режиссер, мой однофамилец и дальний родственник, Алекс Корбах, ты, конечно, слышал это имя. Не слышал? Как это может быть? О нем сейчас везде говорят от берега до берега. — Стенли прикрыл трубку и стал транслировать для Алекса высказывания русофоба. — Он говорит, что очень рад. Всегда имел огромное уважение к русскому творческому потенциалу. Он говорит, что он сплошное ухо. — Открыв трубку, он продолжил Риджуэю: — Этот парень собирается сделать колоссальный фильм о жизни Данте Алигьери. Нет, не о древности, а о средневековье, точнее, о раннем Ренессансе. Ну вот, теперь точнее, вот именно тот самый. Представляешь, Уолт, как это будет красиво на экране: Флоренция, замки, поэты в рыцарских доспехах, непорочная Беатриче. Ну конечно, я сам собираюсь инвестировать в этот проект. Инвестировать профузно. Нет-нет, Уолт, мы говорим о восьмизначных числах. Мегабюджет, колоссальный «пакет», все должно быть на высшем уровне!

Иной раз Александра начинало колотить, когда он думал о русско-американских горках своей жизни: валишься на дно мусорной ямы, в самую слизь, потом взлетаешь на гребень, где дыханье перехватывает от горизонтов, — разве это не тревожная, раздражающая, провокативная, аморальная, наглая и опьяняющая метафора существования?

Гаргантюанский карнавал начал раскручиваться бешеным темпом. Александру Яковлевичу не хватало времени прослушать все записи, оставленные ему за день на автоответчике. Путнийские люди жаждали получить от него синопсис. Пошлите нам ксерокс черновика, Алекс, как можно скорее. Нам нужен листок бумаги, чтобы начать работать с вашим договором. Нам необходимо также соединиться с вашим агентом. Кто ваш агент, сэр? Бошар, Голдберг, Синтия Канелл, может быть, сам Эндрю Уайли? Шит, у него никогда не было никакого агента. Он был безагентным человеком в мире, богатом агентами. Стенли усмехнулся. Ты должен дать им имя Еноха Агасфа. Потенциально Вечный Жид — это лучший киноагент во всем мире. Он знает все существующие языки и много несуществующих. Он также обладает гипнотическим воздействием на смертных. Я не уверен, что он видел хоть один фильм за все века своего существования, но важно, что он знает, как сказать «да» и «нет» без всяких околичностей.

В этом месте мы хотим авансом сказать, что история художественного посредничества никогда не знала лучшего агента, чем Енох Агасф. С завидной эффективностью он проник в самое сердце голливудских интриг и даже стал высшим авторитетом в таких сложных вещах, как «распределение риска», «пакетирование проектов», «коллатеральные доходы» et caetera. В процессе производства фильма «Свечение» АЯ не раз благодарил Небеса за ниспослание такого агента. Агасф, надо сказать, тоже был очень доволен, когда осознал, что его новое занятие в этом глупом, суетливом и увлекательном муви-бизнесе может помочь ему скоротать надвигающиеся столетия.

3. Восточный Коридор

Стенли однажды сказал: «Алекс, я знаю, что тебя мучит чертова уйма угрызений, что ты психуешь из-за своей новой удачи. Твой трахнутый ум тебе говорит, что присутствие благодетеля Гаргантюа ставит под сомнение твои собственные возможности творить в искусстве. Кул ит, кореш! На этот раз твой четвероюродный преследовал очень прагматическую цель, вытягивая тебя из дерьма. Дело в том, что, в отличие от трех предыдущих бессмысленных Исчезновений, я нашел смысл для Четвертого, текущего. Он состоит в том, что я собираюсь отдать мои деньги другим.

Все очень просто: в этом мире, где множество порочных кругов, крутясь, дают движение друг другу, одна окружность вдруг открывается и вытягивается в прямую линию. Однако и в этой простоте, как и во всей ебаной диалектике, кроется уловка. Раскаявшийся «жирный кот» все-таки остается котом жира. Меня мучит то, что желание все отдать другим может оказаться оборотной стороной желания все взять на себя. Щедрость приносит тебе благодать, значит, будучи щедрым, ты самоудовлетворяешься. Мне нужна рядом антитеза самому себе, близкий друг, который никогда не постесняется сказать мне в лицо: мудила грешный. Это ты. Ты будешь моей правой рукой, в том смысле, что я буду твоей левой рукой, если ты оценишь мою скромность. Только с тобой я буду знать, что мои деньги идут к тем, кого я умозрительно называют «другие» или «остальные», если ты подумаешь по-английски. Теперь ты, очевидно, понимаешь причину моего вмешательства в твою творческую судьбу». — «Нет, не понимаю», — сказал Алекс. «О'кей, левая рука всегда заинтересована в благополучии правой. И наоборот, правда?» Александр засмеялся: «Простенько, но с изюмом!» — Стенли кивнул: «Я знаю, что ты не можешь жить без того, чтобы не производить что-нибудь артистическое, будь это песенка, шоу или колоссальный кинопроект, особенно если это относится к «новому сладостному стилю». Так что полный вперед, работай в свое удовольствие, а я обеспечу тебе зеленый свет во всех направлениях, кроме твоих собственных темных тупичков, мой друг, — тут я бессилен».

Этот разговор происходил в почти пустом вагоне «Метролайнера» на пути из Вашингтона в Нью-Йорк. Мрачные тяжелые небеса висели над всем Восточным Коридором. Время от времени начинало пуржить. Поезд пересекал полузамерзшие бухты с их брошенными до весны причалами яхт, что привносят в пейзаж специфическую и странно уютную среднеатлантическую меланхолию. Это же чувство только усиливалось при промельках крохотных городков с их бакалейными лавками и с неизменными светящимися рекламами «Bud». Прочтя это словечко как русское «буд», русский меланхолик вряд ли удержится от соблазна образовать слово «будущее».

— Говоря о моих темных тупичках, Стенли, ты, очевидно, имеешь в виду наш разрыв с Норой?

— Не обязательно. У каждого есть темные тупички. Я просто сужу по себе. Поверь, мне случалось загонять любовь в непролазную паутину.

— Ты попал в цель. Я думаю только о твоей дочери и безжалостно секу себя за то, что случилось.

— Уверен, что она больше виновата, — сухо сказал Стенли. — Я знаю свою дочь. Она может со страшной силой ударить по самолюбию, а сама этого даже не заметит.

— Не согласен. Нора — самый чувствительный человек из всех, кого я встретил. Она понимает все наши трахнутые тонкости. Так что вся ответственность на мне, толстокожем.

Короткий зимний день был на исходе. Ненастье за несущимися окнами быстро превращалось в темноту.

— Тебе когда-нибудь пришлось видеть Роберта? — осторожно спросил Стенли.

— Какого Роберта?

— Бобби Корбаха, ее сына.

— Хей, а я и забыл, что у него, м-м-м, та же фамилия.

Стенли подумал: он хотел сказать «наша фамилия», но не решился.

— Ну конечно, он носит нашу фамилию, какую же еще?

— Мы никогда не говорили с ней о Бобби, — пробормотал Алекс. — Да и о моих ребятах, признаться, мы никогда не говорили. — Он посмотрел на Стенли и внезапно сделал признание, которого стыдился, может быть, больше всего: — Меня сжигала ревность, Стенли. Я ревновал ее ко всему и больше всего, как мне сейчас кажется, к Америке. То есть к ее жизни без меня. В Америке.

— Жаль, что вы не были до конца откровенны друг с другом, — сказал Стенли.

Он посмотрел Алексу прямо в глаза, как будто спрашивая, открыть ли что-то еще весьма важное. Алекс этого не захотел. Внезапно он переменил пластинку и спросил с улыбкой:

— Для чего все-таки мы едем в Нью-Йорк?

Стенли вздохнул с явным облегчением. Он ненавидел разглашать секреты, тем более возникшие в его собственной семье.

— Прежде всего мы отправимся на ужин. Я заказал столы в самом экзотическом ресторане Америки. Вообрази, вместо того чтобы снижать калории, они хвастаются их избытком.

4. «Ужин ваших бабушек»

Всегда поражаешься на Манхаттане, как много тут всего накоплено. Ведь совсем еще недавно был здесь один только плохо проходимый лес. В районе Таймс-сквера пробегала в день лиса-другая, и больше не случалось ничего, кроме копошения насекомых. За какую-то чепуху времени остров оброс камнем, железом и стеклом и накопил в себе много всякой всячины, не говоря уже о полифонии еды.

Это слово «еда» имеет в себе столь много всего, непосредственно к понятию не относящегося. Эва, простейшее вгрызание, отрывание куска от целого, размельчение оторванного специально для этого образованными во рту затверделостями, вся эта череда простейших действий превратилась в явление культуры, в праздник не только плоти, но отчасти и духа. Многие патриотические принципы связаны с этническими кухнями. Вот, скажем, пельменные войны. Ведь не раз схватывались русские и китайские армии в жестоких битвах за пельменный приоритет. И несмотря на эти побоища и хитроумные мирные конференции, спроси сейчас любого русского, хоть академика Лихачева, хоть скульптора Неизвестного, хоть и автора этих слов, что является первейшей русской исконной едой, и любой русский тебе немедленно ответит: пельмень!

Быстро, пока не засекли, перескакиваем к русскому вопросу. С некоторых пор магнат Стенли Корбах стал замечать за собой какие-то странные прорусские настроения. Существует, говорил он своей банде, стереотип русского как патологического антисемита. Это неверный взгляд, ребята. Конечно, есть слово «погром» и оно русского происхождения, но с другой стороны, почему мы не спрашиваем себя, как случилось, что в ходе столетий евреи, изгнанные испанцами, французами, британцами и немцами, беспрерывно шли на Восток, в Россию?

Конечно, мы всегда возмущались презренной чертой оседлости, но почему евреи со времен Екатерины шли туда и оседали сотнями тысяч? Не означает ли это, что они получали там некоторую, хоть и жалкую, протекцию со стороны русской администрации, рожденную, возможно, подсознательным желанием видеть рядом этих странных чужеземцев. Посмотрите дальше на то, что происходило быстрым темпом в развитии русского еврейства. Вчерашние жалкие менялы-ростовщики, сапожники, шинкари, обитатели штетлов, что ютились вокруг полуразвалившихся синагог и темных хедеров, смогли добиться значительного успеха на русской земле. Новые поколения еврейских инженеров, врачей, фармацевтов, торговцев, банкиров сделали эту пресловутую черту практически для себя невидимой. Не говоря уже о художественных полях, господа! Евреи немало способствовали великой русской художественной революции. Достаточно назвать дальнего родственника наших Корбахов скульптора Марка Антокольского, художника Левитана, поэта Надсона, музыканта Рубинштейна, это в девятнадцатом веке, а в двадцатом веке великих имен становилось все больше: Мандельштам, Пастернак, Лифшиц, Шагал, Лисицкий, Мейерхольд, Рувим Корбах, дедушка нашего Алекса; их было множество в авангарде.

К 1914 году стало ясно, что черта оседлости безнадежно устарела. Конечно, там были «черные сотни» и Пуришкевичи, однако русское общество оказалось достаточно зрелым, чтобы отвергнуть «дело Бейлиса» как чистую провокацию. Мои слова, может быть, прозвучат парадоксально, но мне кажется, в первые десятилетия нашего века в России стала зарождаться какая-то странная взаимная симпатия между русскими и евреями. Мне скажут, а как насчет жестоких еврейских комиссаров времен Гражданской войны? Однако, во-первых, жестокости той войны мотивировались не этническими причинами, а чисто политическими, а во-вторых, кто знает, присутствие евреев среди победителей, может быть, хотя бы слегка смягчило пролетарский подход к уничтоженным классам.

Хотите пример — он у вас, говоря в местечковой манере. В 1921 году большевистское правительство было чрезвычайно раздражено деятельностью Вольной Философской академии, «Волфилы». Ленин как истинный русский революционер предложил самую быструю и эффективную акцию: ночная облава и экзекуция всех буржуазных псевдофилософов. Однако Троцкий, которого заботило международное мнение, настоял на высылке. Как опытный демагог он говорил: не надо создавать мучеников из этих болтунов, не надо, товарищи, давать врагам пропагандистское оружие. В результате сто двадцать блестящих русских интеллектуалов были насильно посажены на пароход, отправляющийся в Германию. Еврейский здравый смысл помог сохранить для России целую философскую школу.

Теперь позвольте мне перепрыгнуть через четверть века к концу Второй мировой войны. Так или иначе, это русские освободили остатки обреченных на газовые камеры еврейских контингентов. Мы не должны никогда забывать тех офицеров и солдат, что открыли ворота Освенцима и Майданека. И мы никогда не должны забывать сотен тысяч евреев, что сражались в рядах Советской Армии как равные. Неизвестно, как русские повели бы себя по отношению к евреям, если бы Сталин успел начать свой план геноцида, но этого, слава Богу, не случилось.

Есть люди, равно как и целые народы, начисто лишенные чувства благодарности. Мы, евреи, я надеюсь, не из этого числа. Мы должны думать о России, дети мои, особенно сейчас, когда разваливается ее трахнутая утопия, дети мои.

— Какие мы, на хер, дети твои, Стенли? — удивилась в этот момент Бернадетта де Люкс. — Коман, не изображай из себя патриарха, бэби! — Как бы для подтверждения относительности всех масштабов из лифа высунулась и тявкнула головка известного всем Кукки.

Все присутствующие расхохотались, но не все еще собрались, чтобы сотрясти стены ресторана «Фимми Хаус», что на углу Сиворд-авеню и Орчад-стрит в Нижнем Ист-Сайде Манхаттана. Именно сюда Стенли и Александр приехали прямо с вокзала. Ресторация сия была посвящена восточноевропейской ностальгии. «Добро пожаловать к ужину ваших дедушек и бабушек!» — гласило меню на английском, на идиш и на иврите. В центре каждого стола здесь фигурировал графин с напитком янтарного цвета. Боже упаси, не примите это за что-нибудь освежающее! В графинах, господа, содержится не что иное, как чистый куриный жир, без которого, очевидно, был немыслим ужин ваших дедушек и бабушек. Ну, а как же без него, сами посудите! Закажите, например, рубленую печенку. Вам принесут оловянный таз с заказанным продуктом, и вот тогда-то в ход пойдет янтарный графин. Не менее половины его содержимого выливается в таз и там перемешивается с рубленой печенкой. Деликатес готов. Половником, достойным кухни артиллерийской бригады, печенка с куриным жиром наплюхивается в миски гостей. А какая мамалыга мыслима без перемешивания с куриным жиром? Ответим в стиле всего этого ужина: никакая!

А какая, тут кто-нибудь воскликнет, картофельная пюре мыслима без куриного жира?! Вы скажете, что пюре немыслимо в женском роде? Нет, оно просто немыслимо без куриного жира! И уж нечего говорить о кнелях, блинцах и прочая и прочая.

Такой вот очаг жира существует посреди салатно-фруктово-клетчаточной Америки как напоминание о тех временах, когда прибавление в весе считалось признаком здоровья. Ну, в общем, что тут говорить, «Бифштексная Фимми» — это не просто обжорка, это часть культурного наследия, а упомянутые выше деликатесы всего лишь увертюра. Главная опера начинается с подачи стейков. Стейки у Фимми бывают трех видов: малые, средние и большие. Малый стейк представляет собой продолговатую штуку мяса длиною три четверти фута и толщиною два дюйма. Взяв эту вещь за один конец, любой из воинства Стенли Корбаха сможет отхлестать по щекам, а то и оглушить любого из воинства Норма Бламсдейла. Птицам лучше не попадаться среди этих траекторий — упадут замертво! Но вообще-то, господа хорошие, лучше уж ешьте эти вещи, кусок за куском, сдабривая их горчицей с добавлением куриного жира, пристрастием к которому еврейский люд заслужил особенную ненависть среди коренных народов.

В отличие от малого средний стейк удивляет своей округлостью. Он покрывает собой всю большую тарелку и посылает в сторону здоровенную кость, напоминая таким образом сильно увеличенную ракетку для пинг-понга. Ну и, наконец, перед нами венец Нижнего Ист-Сайда, большой стейк Фимми, этот уж напомнит нам о кортах Уимблдона! Тарелки для него не сыщете на Манхаттеане, а посему подается он на деревянной доске. Густейший сок стекает с доски на скатерть, ставя под вопрос строгости кошрута. Еврейские полнокровные молодцы, что сто лет назад были нью-йоркскими биндюжниками, а сейчас стали адвокатами и кинопродюсерами, творят раблезианский пир, охлаждая себя кубами льда, из которых торчат горлышки водочных бутылок, и все более от такого охлаждения разгораясь.

Тут к этому привыкли, надо сказать. Любой удавшийся ужин кончается энным количеством проломанных черепов, раздробленных челюстей, пропоротых животов, оторванных ушей, ущемленных мошонок и самолюбий, особенно если к полуночи заведение попадает в осаду подонков короля Пикрошоля.

Пока что танцевали и пели. Публика рвалась к самодеятельности. Прилетевший из Израиля рок-бэнд хабадников вламывал по заказу любой ритм, только пейсы разлетались. Один народный певец заказывал «Хаванагилу», другой «Рэйчл, ю ар лайк э тиар ин май ай», третий вдруг возбужденно выскакивал с «Корнетом Оболенским». То и дело помещение сотрясалось массовым танцем, в котором неизменно можно было увидеть объевшегося старичка, что плясал, засунув большие пальцы под мышки, словно Ленин после принятия плана ГОЭЛРО. Тут же была и соблазнительная дамочка, заголявшаяся со скоростью морской львицы.

В тот вечер было особенно шумно, и потому Стенли попросил перенести все съестные сокровища своей компании в отдельный кабинет. Следуя по пятам за этим очередным парадом наших персонажей, мы должны сказать, что не очень отчетливо представляем себе, во что выльется этот чем-то чреватый ужин. В романостроительстве предварительно заготовленные чертежи нередко полностью опровергаются. Попав под влияние героев, автор отказывается писать по чертежам; ну что там, просто неинтересно. Невзирая на профессиональные дела и контрактные обязательства, мы должны признаться: не было бы нам интересно писать романы, мы их не писали б.

В отдельном кабинете Стенли обратился ко всем присутствующим: «Я надеюсь, банда, вы оценили тот факт, что я вас собрал именно здесь. Ведь «Фимми» — это часть нашего общего наследия». — «Уж не хочешь ли ты сказать, что все здесь евреи?!»— воскликнул чрезвычайно удивленный Алекс Корбах. «Именно это я и хотел сказать, дорогой Лавски! — хохотнул Стенли. — Все здесь могут гордиться капельками того, что называют еврейской кровью».

Александр обводил взглядом собравшихся вокруг нескольких круглых столов. В притушенном освещении они выглядели как групповой портрет фламандской кисти. Хорош Сион, особенно в лице генерала Пью, этого крокодильчика из дельты Меконга. «Йес, йес, Лавски, — захихикал генерал. — Моей мамочки мамочка была еврейской гувернанткой в семье Хуонга Ксян Нгуэма».

Невольно глаза Алекса повернулись к черному красавцу Бенджамену Дакуорту: ну уж тут-то, казалось, все чисто. Тот сдержанно улыбался: «А моей мамы девичья фамилия была Вайсаки. Грейс Вайсаки, Стенли Корбах не даст мне соврать».— «Звучит скорее по-японски, чем по-еврейски», — возразил Алекс. Бывший парашютист взял салфетку и написал на ней девичью фамилию своей матери. Получилось Vysocky. «Высоцкий?!» — вскричал Александр. «Честь имею», — щелкнул каблуками специалист по охране крупных коммерческих объектов. «Что касается меня, то я на сто процентов еврейка», — заявила Бернадетта де Люкс и почему-то потрясла плечами на цыганский манер.

До знакомства со Стенли, надо сказать, Берни никогда не «торчала» на своем еврействе, если вообще о нем помнила. Теперь она с удивившей ее самое ясностью вызывала в памяти картинки детства: папа-талмудист и мама-печальница, по суббота вся семья сидит, накрывшись талесами, и бормочет молитвы, не решаясь даже встать и зажечь свет, чтобы не прогневать Всевышнего. Тут кстати тявкнул из своей расселины ее любимый Кукки. Кукки, мальчик гетто, иди погуляй по столу, тебя тут все любят. Кукки в ужасе шарахался от мясных лопат этнического ресторана, но зато с удовольствием слизывал лед с оплывающих водочных штофов.

После заявления Берни, которую прежде члены ее кружка вообще-то производили скорее от эллинов, чем от иудеев, все общество пришло в волнение. Каждый старался предъявить свое еврейство, но, увы, главный аргумент присутствовал, честно говоря, только у Бруно Касторциуса из правоверного Будапешта. Остальным почему-то удалось сохранить избыток кожи. Стенли с удовольствием прислушивался к общему шуму и с удовольствием оглядывал эту группу лиц, которую он уже называл своей бандой. С этой бандой, думал он, я, может быть, смогу воплотить идею Четвертого Исчезновения, то есть отдать свои деньги другим. Он был, пожалуй, единственным, кому удалось добить до конца большой бифштекс Фимми. Стараясь не упустить нить беседы, он большим ножом, годным для выяснения отношений во дворцах Ашкелона и Кесарии, отрезал куски, сдабривал их большим слоем кошерной горчицы и сопровождал великанскими глотками кошерного пива «Маккаби», названного в честь могучих братьев, поднявших 2300 лет назад восстание против греческого декаданса во славу Единого Бога. Давно уже он не испытывал такого удовольствия от еды, питья, созерцания лиц и обмена словом. Закончив дело, он поднял руку и попросил внимания. «Внимание!» — тут же резко крикнула знающая свое дело Роуз Мороуз, и внимание было дадено.

«Кем по национальности был наш праотец Авраам? Мы знаем, что он был сыном Фарры из колена Сима, что он жил в междуречье Тигра и Евфрата, в городе Ур, стало быть, он был либо халдеем, либо шумером, либо ассирийцем, что приблизительно одно и то же. Евреев тогда просто не существовало, а ивритских пастухов в пустыне никто не считал народом. За два тысячелетия до того, как Господь явился к Аврааму и повелел ему начать новый народ, в Полумесяце Плодородия существовали развитые цивилизации, шумерская на Востоке и египетская на Западе. Там были ремесла, искусства и даже своды законов. Всякий, конечно, помнит Столп Хаммурапи, выставленный в Лувре».

Вождь сделал паузу и внимательным взором обвел присутствующих. Решался, возможно, вопрос о кадровом составе «банды». Каждый либо жестом, либо мимикой подтвердил знакомство с Хаммурапи. Бернадетта, например, приподняла правое плечо и левую бровь: как, мол, можно не знать выдающийся столп человечества? Пью многозначительно поинтимничал со своей сигаретой: вопрос напомнил ему курсы генштаба при режиме Нго Динь Дьема. Бруно Касторциус обеими руками над головой изобразил воспарение к вершинам юриспруденции. Алекс опрокинул в рот рюмаху водки и показал три пальца: дескать, еще с третьего класса знает вавилонское слово, что говорило само за себя. В общем все присутствующие так или иначе выказали знакомство с обсуждаемым предметом, один лишь Матт Шурофф сохранил каменную неподвижность.

«Может быть, кто-нибудь просветит нашего друга?» — поинтересовался Стенли. «Да необязательно, — разжал наконец губы Матт. — Из-за этого Столпа Хаммурапи я провел сутки в парижской полиции».

Все, разумеется, были тут несказанно заинтригованы: подробности, подробности!

Оказалось, что лет десять назад компания, в которой тогда работал Матт, а именно «Грэйт пасифик коммуникейшнз», наградила своих передовиков экскурсией в Париж. Там в первый же день, нет, вру, во второй, ну точно, в среду, Матт увидел в Лувре Столп Хаммурапи, и ему неудержимо захотелось его обнять. Он готов был даже умереть, сжимая в объятиях Столп Хаммурапи. Может быть, не все это понимают, особенно легкомысленные женского пола, но Матт был весь в слезах от этого сокрушительного желания. Ведь так и сдохнешь, ребята, ни разу не обняв Столп Хаммурапи, объяснил он другим ударникам и по скрипучим паркетам Лувра устремился к экспонату. Слезы помешали ему заметить пуленепробиваемое стекло, окружающее редкую вещь. Врубился лбом и от страсти так сжал бока стеклянного ящика, что тот хрустнул. Дальнейшее помню смутно. Дежурная по этажу парализовала меня электрошоковой штучкой. Потом уж в участке ажаны палками учили родину любить. Учитывая этот факт в биографии, как-то странно отвечать на вопрос о Столпе Хаммурапи.

Брат мой, любовно думал Стенли Корбах, глядя на могучего, ему самому под стать, дальнобойщика. Мы с тобой люди одной породы, нам нравятся одни и те же вещи, ревность неуместна. Ко мне ведь тоже, всякий раз в Лувре, приходила такая же страсть к С.Х. Не понимаю, что меня удержало от такого же великолепного поступка?

Он продолжал.

«Ты начнешь новый народ», — сказал Господь Аврааму, и возник Завет. Почему из всех жителей Междуречья избран был старый Авраам? Очевидно, потому, что он глубже других понял тщету язычества и неделимость Единого Бога. Он был одним из множества халдеев, а стал первым евреем. Значит, наш народ возник не в результате многовекового этнического процесса, а в результате мистического откровения. Напрашивается неортодоксальная мысль: быть может, и сейчас понятие еврейства содержит в себе больше духовного, чем этнического? Авраам был раскольником, покинувшим свой дом и свой народ, чтобы найти новый дом и зачать новый народ? Может быть, за все четыре тысячи лет этот процесс еще не завершился? Почему мы все время уходим: то в Палестину, то в Египет, то в Вавилонию, то в Рим, Африку, Испанию, Европу, Россию, Америку, снова в Палестину? Может быть, не столь важно неукоснительное выполнение древних ритуалов как сохранение духа этого пути, космополитичности еврейства как такового?

Почему антисемитизм всегда приходит из затхлых этнических глубин разных народов. Почему главной идеей антисемитизма является мировой еврейский заговор, заклятие кровью? Подсознательно антисемитизм, очевидно, пытается передернуть карты, приписать евреям свою собственную идеологию примата крови над духом, разрушить мистический Завет.

Старики Авраам и Сарра не были идеальными производителями. Они горевали, что у них уже никогда не будет детей. Господь выводит Авраама из шатра под звездное небо и говорит ему: «Посмотри на небо и сосчитай звезды, если ты сможешь их счесть. Столько будет у тебя потомков». Это для нас всех, потомков Авраама, пример того, насколько дух сильнее плоти. Авраам и Сарра прожили потом около тысячи лет, и от них пошли народы».

Высказавшись на эту не совсем простую тему, Стенли как бы отвлекся, чтобы не сказать засмущался, и даже глянул на часы, словно вновь вошел в роль президента корпорации. Берни де Люкс тут же ободрила его нежным взглядом: «Ты же знаешь, медок, возраст не всегда помеха в этом деле».

Сидевшая тут рядом с мужем дочь нашего Гаргантюа, нежнейшая Сильви, прикрыла глаза: ее поражало, что какая-то несусветная баба, чьи ручищи там и сям были покрыты мелкими татуировками, обращается к ее отцу в такой интимной манере. И он улыбается ей в ответ! И все вокруг, включая Арта, сидят с умиленными рожами. Стенли выпил стакан румынской свуйки: б-р-р.

«Эта идея, ребята, должна сидеть у вас в башках во время работы в фонде. Вы же понимаете, возникает Заговор Сионских Глупцов: отдача своих денег — другим. Мы будем работать по всему миру, но приоритет вначале по известным причинам будет отдан Восточной Европе и Советскому Союзу. Все люди Земли, будь они дети Ноя, Деуклена или Гильгамеша, должны помнить о Всемирном Потопе».

«В этом состоит принцип политики Соединенных Штатов», — заметил тут бывший мастер-сержант 82-й десантной дивизии.

Стенли Корбах любовно посмотрел на крепко очерченное лицо Бенджамена Достойного Утки. Как он похож на своего отца! Глядя на этого парня, он забывал свой возраст, и ему казалось, что вернулся 1946 год, когда они вместе с Роджером Дакуортом служили в оккупационных силах США на территории Японии.

5. Японский дивертисмент

Собственно говоря, они были вместе в одном батальоне морской пехоты и вместе подплывали в августе сорок пятого к берегам поверженной империи на авианосце «Йорктаун». Фронтовая дружба, скажете вы и тут же нарисуете в своем воображении высадку на Иводжиме, двух парней, черного и белого, что, стоя по грудь в изумрудной воде, ведут огонь по низкорослым желтым парням, а потом, как опытные бейсболисты, забрасывают гранатами пулеметные гнезда. Потом один из них — черный или белый, решить это всегда трудно — вытаскивает из-под огня раненого товарища. Пара симфонических аккордов завершает пронзительную сцену.

Ничего подобного не было в жизни Стенли и Роджера. Их дружба возникла на совсем другой основе. Через полгода после победы капрал Дакуорт и рядовой Корбах были посланы с базы, расположенной на побережье, в горный район Нара, где они должны были наблюдать за установкой какой-то радиоантенны. Оказалось, что этот район был до войны модным курортом. Огромная старая гостиница в британском колониальном стиле украшала горный склон. В ней и поселились два солдата. Кроме них, постояльцев тут не наблюдалось, но гостиница была на полном ходу. Повсюду стояли молчаливые улыбающиеся слуги. В холле, в мраморной нише, сидело чучело белого какаду. Однажды оно спросило с британскими придыханиями: «How are you getting on, old chaps?» Ребята питались в зале со стрельчатыми окнами и витражами, изображавшими турнир рыцарей Круглого Стола. Отряд официантов полукругом выстраивался за их спинами. Стоило вытащить сигарету, как тут же перед тобой появлялась спичка из лучшей японской древесины.

Общее ощущение было жутковатым. Все время казалось, что кто-нибудь может тебя тут прихлопнуть бамбуковой палкой. «Эй, Роджер, ты где, мазерфакер?!» — кричал Стенли. Эхо гуляло по анфиладе приемных залов с портретами князей династии Мэйзи. Дакуорт вдруг появлялся из глубины плавательного бассейна. Вода, что казалась плотнее обычной, учтиво волновалась вокруг, как бы задавая вопрос от лица побежденной страны: что? что? что угодно?

«Невозможно так жить, давай привезем блядей», — однажды предложил Роджер. Он был на пять лет старше, и такое предложение должно было исходить от него. Стенли с тоской смотрел в окно, за которым, словно бесконечная эскадра вторжения, по хвойным буграм волоклись тучи, начиненные мокрым льдом. «Говоря о блядях, ты имеешь в виду волчиц или медведиц?» Учтите, господа, что в те времена еще не существовало телевидения, не говоря уже о MTV. Роджер подошел к менеджеру, что с утра до ночи мерял шагами лобби отеля, словно ожидал прибытия почтового дилижанса с туристами викторианской поры. Сделав из указательного и большого пальца левой руки кружок, он потыкал в него большим пальцем правой; получился красноречивый жест. Менеджер серьезно кивнул и бровями спросил: сколько? За годы войны в «Mountain Palace» все, кроме белого какаду, забыли английский. Пальцы, впрочем, играли вовсю. Шесть, показал Роджер. Стенли бросился, подъяв указательный. Непонятно было, чего он хочет: еще одну или одну-единственную. Роджер покатился со смеху при виде несущегося с торчащим пальцем огромного рыжего недоросля в пудовых бутсах морской пехоты. Даже и менеджер, само беспристрастие, не удержался от улыбки.

К вечеру прибыли девушки, семь майко-сан с высокими прическами, украшенными цветами, гребнями, серебряными мостиками и гирляндами колокольчиков. «У этих цыплят все иначе, чем у наших, — инструктировал Роджер. — У наших главное титьки, а у этих спинки, треугольник промеж лопаток».

Все-таки он был не совсем прав: многое у здешних цыплят было похоже на то же самое у наших. Стенли валялся на ковре и хохотал. Рыжие дебри его груди и митенки предплечий повергали девушек в изумленное восхищение. Черный владыка Дакуорт сидел в кресле с двумя девушками на каждом колене. За окном каталось среди стволов нечто усредненное, оно то всей круглой мордой залепляло окно, то повисало над верхушками елей, как фантом восходящего солнца. Даже сейчас как-то трудно разобраться в сути вопроса.

В общем, служба на этой горе была нелегкой. К счастью, она включала и выезды на джипе к месту строительства, где на свежем воздухе можно было отдохнуть от трюков зачарованного отеля. В конце концов мачта была воздвигнута, провода натянуты, и ребята вернулись в свои бараки, где несколько сот ртов три раза в день ритмично поедали горячие гамбургеры. Что там говорить, такой боевой опыт тоже не забывается, недаром в дальнейшие годы при случайных встречах друг с другом Стенли и Роджер впадали в хохот и валились на пол, на палубу, на асфальт, на любую поверхность, что была у них в данный момент под ногами.

Стенли, конечно, был непомерно богаче Роджера, но и тот времени не терял, став в конце концов антрепренером большого бокса. Увы, личная жизнь у него не ахти как сложилась, да, впрочем, у кого из необузданных мужчин она ахти как складывается? Подруги сменяли одна другую, в разных городах росли дети, одни с выраженным негритюдом, другие почти белые. Горько плакала Линн Вайсаки. Муж называл ее «чемпионкой американской слезы». Стенли пришлось как-то ночь напролет утешать красавицу. В полной неразберихе, в потной атмосфере боксерских раздевалок, среди фонтанов неохлажденного шампанского, в «президентских апартаментах» бесконечных «Шератонов» и «Хилтонов», в бестолковых сделках на большие деньги проскочило время Роджера Дакуорта; так он из него и выскочил, не успев и даже не попытавшись в чем-либо разобраться. Призраки горного отеля преследовали его еще плотнее, чем его младшего друга, а ведь, может быть, он когда-то мечтал стать вот таким, каким вырос и возмужал его Бенджамен, — сильным, спокойным, убежденным сторонником американской Конституции, человеком, на которого с каждым годом все более мечтательно смотрит далеко не худшая девушка Мэриленда, Роуз Мороуз.

6. Возвращаемся к «бабушкам»

Печальное это воспоминание заняло у нас не менее трех страниц, а между тем оно промелькнуло в памяти Стенли, как вспыхнувшее, проплывшее и тут же погасшее перо павлина. Он хотел было продолжить свое выступление, чтобы очертить возможное приложение сил каждого из присутствующих, когда вдруг со стуком распахнулись двери отдельного кабинета. Сначала из основного зала долетела песня «С одесского кичмана сбежали два уркана», потом ворвались запахи разгулявшейся толпы, пот, чеснок, жир, духи «Элизабет Тейлор», и, наконец, все увидели стоявшего в дверях человека небольшого роста в черном, несколько старомодного кроя костюме, в круглой шляпе лондонского Сити и с белыми лайковыми перчатками в правой руке, которыми он нервно похлопывал по левой ладони. Сжатый рот и большие очки наводили на мысль о дуэльных пистолетах. Что еще могло оказаться в полированных ящиках цвета «бургунди», которые держали в руках два могучих спутника маленького драматического человека, не кого иного, как первого вице-президента корпорации АКББ Нормана Бламсдейла.

«Вот вы где, наконец! — воскликнул вышеназванный петушиным голосом. — Я пришел сказать, что вашим планам не суждено осуществиться! Ты, недостойный муж великолепной женщины, знай, что сессия Совета намерена лишить полномочий тебя, так называемого президента, а также твоих смехотворных креатур!» — «О мамма миа!» — вскричал тут вице-президент Арт Даппертат и стал как веером обмахиваться одним из оставшихся «средних бифштексов».

Норман выбросил вперед руку с взметнувшимися перчатками: «Стенли Корбах, ты недостоин носить имя нашей корпорации!»

Стенли гулко захохотал: «Взяв жену, он отбирает у меня и имя!» Он стоял теперь перед Норманом, засунув руки в карманы штанов, столь широких, что сгодились бы и Пантагрюэлю, будь на них столь ярко описанный мэтром Рабле гульфик.

Норман продолжал выкрикивать: «Мы не позволим тебе посягать на одно из величайших предприятий американского бизнеса! Ты сумасшедший! Мегаломан! Ты возомнил себя Машиахом! Тебе место в психушке!»

Тут рядом со Стенли воздвиглась Бернадетта.

«Пчелка моя, похоже, и тебя в этом мире обижают?»— «Ах, вот она! — взвизгнул Норман. — Воплощение ущербной эротики! Сколько он платит вам за ваши услуги? Он же не мужчина! Ему там все отрезали!» — «Интересно, — фыркнула де Люкс. — От кого же я тогда воплю, как похищенная Европа?»— «Как кто?» — опешил Бламсдейл. «Стенли трахает меня, как Зевс!» — взревела уязвленная уроженка Океании. «Не верю!» Потерявший самообладание соперник Зевса вознамерился хлестнуть Его Могущество перчатками по лицу, однако в самый последний момент, то есть перед самым носом, оскорбительный предмет туалета был перехвачен дочерью властелина.

Телохранители Нормана тут же извлекли из своих ящиков два помповых ружья. Страшное это оружие исключало мирный исход исторической встречи.

«Freedom! Dignity!» — взвизгнул тут генерал Пью и, выставив вперед столь хорошо известные Алексу боевые лопаточки рук, ринулся в атаку. За ним, ломая все вокруг себя и крутя над головой несъеденные мясные лопаты «Фимми», пошла в атаку основная ударная сила нового гуманитарного фонда, Бен Дакуорт и Матт Шурофф.

В разгаре битвы Стенли оттянул Алекса в угол комнаты и показал ему старинный дагерротип в рамке с завитушками. На снимке более чем столетней давности был изображен коллектив только что открывшегося мясного храма. В центре находились два совершенно одинаковых юнца довольно нахального вида, оба в длинных фартуках и с галстуками-бабочками.

«Вот почему я тебя сюда притащил», — ухмыльнулся президент. Первой попавшейся салфеткой Алекс вытер пролившуюся какой-то эмоциональной влагой лысину: «Неужели это они?» — «Натан и Александр собственными персонами», — торжествовал Стенли.

Битва в комнате тем временем подошла к концу. Телохранителей выносили из ресторана на вольный вьющийся первозданной пургой нижний восточный брег острова. Само же тело вдруг пристроилось под ручку к мишени его грозных инвектив.

«Черт знает сколько времени тебя не видел, Стенли, — говорил он теперь в манере кантри-клаба. — Хорошо бы как-нибудь разыграть партию».

На улице вдоль всего квартала стоял эскорт Бламсдейла: три сверхдлинных лимузина, два скоростных «порша» и городской джип с пулеметной турелью на плоской макушке. Едва только вывалилась наша компания, как двери лимузинов открылись и из них вышла бригада бойцов. Наши, конечно, тоже в долгу не остались. С крыши на штурмовых веревках немедленно спустилось заблаговременно там Дакуортом расположенное подразделение.

Тот, кто видел фильм «Die-hard with vengence» или тысячи ему подобных, не нуждается в подробном описании разыгравшейся далее сцены. Мы от себя лишь добавим, что в этих фильмах прекрасно бьют по зубам, но очень плохо стреляют. То есть стреляют-то красиво, но попадают редко. С сочинительской точки зрения, оно понятно: стреляй они лучше, ни один сюжет не дотянул бы и до середины. С точки же зрения жизненной правды, к которой все фильмоделатели вроде бы привержены, если в главного героя стреляет хороший боец, то как ему уцелеть? Выплачивайте ему гонорар и играйте дальше без главного героя.

На Сиворд-авеню, к счастью для нашего сюжета, тоже стреляли плохо, но постороннего народу побили немало. Граждан США погибло 18 493, постоянно проживающих с «зелеными картами» 7548, политических беженцев 4004, нелегалов 28 697, иностранных туристов 678, просто прохожих 18. Немало было сломано костей: челюстей 840, ребер 18 600, черепов 618, длинных костей врассыпную 65 111, тазов 300, ключиц 115, грудин 240; это по костям. Что касается мягких тканей, то здесь статистика хромает, подсчеты не отличаются точностью, посколько нью-йоркцы, желая сохранить лицо, не предъявляют в госпитали свои ягодицы.

Для успокоения читателей сразу скажем, что ни одна пуля не попала в наших героев, хотя целили-то именно в них. Тому виной, быть может, метеорологические условия. Битва Нормана и Стенли проходила, по сути дела, при нулевой видимости. Гигантские снежные волчки, раскручиваясь над Атлантикой, обрушивали на Нью-Йорк белые космы длиной несколько миль каждая. Можно лишь с восхищением удивляться стойкости наших высотных сооружений, потерявших во время этой бури, сопряженной с битвой, всего лишь полмиллиона кирпичей и четверть миллиона стекол. Стойкости нашей полиции поем мы славу. Сто восемнадцать патрульных превратились за ночь в ледяные статуи, правда, все они к полудню следующего, поистине буколического дня благополучно оттаяли.

Александр же Яковлевич Корбах, сорока девяти лет от роду, несколько часов слонялся по улицам, огибая окрученные желтыми ленточками зоны пожаров, сторонясь автоматного огня и гранатных взрывов, отряхивая обледеневающее пальто, скользя и шепча: «Неужели я тебя даже в такую ночь не встречу?» Не встретил.

7. Качаемся на люстре

Вскоре после примечательного ужина у «Фимми» состоялась официальная презентация нового фонда в Карнеги-холле. Это было настоящее светское событие, типа «черный-галстук-голые-ключицы», то есть в вечерних туалетах. Присутствовали, как в Америке говорят, «everybody who's somebody». Потрудитесь сами перевести это выражение, господа, я же могу предложить только один сугубо индивидуальный вариант: «всяк, кто не дурак».

Как и все участники, Александр Яковлевич Корбах был облачен в полный набор светской униформы, включая даже камбербант, о коем он никогда ничего не слышал до приезда в Америку. Гости оборачивались посмотреть на АЯ. Он был совершенно неизвестен среди этой «звездной пыли», и это делало его заметным. Любопытство подогрело заявление Стенли Корбаха, который не моргнув объявил незнакомца своей правой рукой, то есть номером два в новой гуманитарной структуре.

— Мистер Александр Корбах, — сказал он со сцены несколько озадаченной аудитории, — был приглашен участвовать в нашей будущей деятельности не только благодаря своему имени. Его имя, господа, вовсе не главный его капитал, хотя, должен признаться, и не главная его задолженность. Главный его капитал для нас в наших поисках реальной реальности состоит в его неумолимом стремлении видеть мир свежим глазом, качество, которое он развил в ходе своей борьбы за первичные художественные ценности в Советском Союзе.

Публика была слегка шокирована, когда Стенли продолжил, говоря, что Фонд Корбахов ищет людей, которые не были испорчены своим положением в обществе, чрезмерными гонорарами и образом жизни в стиле бесконечных каникул. Она (публика) несколько нервно хихикала и обменивалась взглядами, предпочитая не понимать, что чудаковатый богач именно их и имеет в виду. Однако Стенли счел нужным уточнить, сказав, что при всем его глубоком уважении к собравшимся они годны только для больших светских сборищ, для с-понтом-значительной болтовни над пузырящимися напитками, а нам нужны люди, у которых нет «ничего», которые пришли «ниоткуда», но у которых есть принципы и мысли по поводу предназначения человеческой расы.

— А как насчет вас самого, сэр? — выкрикнули из зала. — У вас тоже нет ничего, вы тоже пришли из ниоткуда? — Голос, похоже, принадлежал одному из телевизионных конферансье, который получал по пятьдесят тысяч за каждое свое получасовое не очень-то и смешное выступление пять раз в неделю круглый год.

— Я принадлежу к мицелию гигантов, — ответил Стенли с обезоруживающей простотой. — Гаргантюа и Пантагрюэль — мои предки. Маккавеи — мои прапредки. Я последний байронит среди богатых, а ведь без того, что мы называем байронизмом, господа, невозможно творчество. — Публика была порядком ошарашена таким явным проявлением ненормальности, но тут Стенли комически подбоченился, показав к облегчению каждого, что это он все не всерьез.

Самая большая сенсация вечера, однако, содержалась в деловом сообщении, сделанном одним из главных чинов фонда, доктором Лейбницем. Он зачитал изначальный список стипендий, грантов и наград, а потом скромно сказал, что такая огромная благотворительная активность фонда будет обеспечена уставным капиталом в размере пятнадцати миллиардов долларов, да, господа, 15 000 000 000, да-да, вы не ошиблись, пятнадцать плюс девять нулей, господа. Сильная конвульсия прошла через весь зал. Со сцены, что знала столько великолепных исполнителей, начиная от эскаписта Гудини и не кончая уловительницей наших душ мисс Эллой Фицджеральд, видны были зияющие рты и вытаращенные глаза, как будто потолок на них пошел снижаться вороном, как сказал поэт, а пол одновременно пошел вздыматься медведем, как сказал бы поэт. Далее произошло то, что многие были склонны расценивать просто как фигуру речи, в то время как другие утверждали, что они своими глазами видели вице-президента АКББ Арта Даппертата качающимся на люстре исторического здания.

Достоверно то, что, как только сумма основного капитала была объявлена, в окрестностях Карнеги-холла возобновились боевые действия. Даже толстые стены не могли окончательно заглушить грохота солдатских сапог и победных кличей.

Александр не остался на концерт. Пройдя несколько кварталов по Пятьдесят седьмой, он вошел в каофе-шоп и сел там в углу. Старик, сидящий у стойки, внимательно смотрел на него, очевидно привлеченный гала-парадным костюмом. Потом он подошел к нарядному господину и предложил на продажу серебряную браслетку с собственного запястья. Она была оформлена в виде двух обезьянок, что переплелись хвостами; знатный кич.

«Хорошая сделка, молодой человек, — сказал старый человек. — Всего сто двадцать за уникальную вещь». — «Сто», — сказал АЯ и немедленно получил браслетку в полное пользование.

Старик, очень довольный, взял со стойки свой пакет с пончиками и вышел на улицу. Никаких символов, сказал АЯ сам себе. Просто две обезьянки, старый жулик и среднего возраста идиот, вот и все.

Пятьдесят седьмая катила мимо, не обращая никакого внимания на боевые действия. Пипл тащил покупки в ярко раскрашенных сумках, подзывал такси, скользил на роликах, высвистывал простенькие мотивчики, выдувал простенькие пузыри из главных отверстий своих голов, поглощал на ходу информацию с первых полос газет, считал доллары в руках и внутри карманов. Тем временем боевики Корбаха и Бламсдейла строили и штурмовали баррикады, стреляли из базук и безоткатных пушек, снова и снова сталкивались в рукопашной. Временами кровоточащие люди заглядывали в кофе-шоп и отшатывались, волоча либо раненого товарища, либо пластиковые мешки со свежими органами для трансплантации.

Александр наслаждался одиночеством. Он снял черный шелк со своего горла, стащил «крахмал» и надел таксидо на обнаженный торс, сразу превратившись таким образом из безупречного комильфо в обычного нью-йоркского «вако» с обезьяньей браслеткой как самой привлекательной частью своего убранства. Идет к концу, думал он. Быстро движется под знаменами четвероюродного шиз-кузена. Обезлюбовленные, но с неограниченными возможностями, Корбахи всех стран, соединяйтесь! Полный к концу!

8. Утюгом по башке, да?

На поверхности вашингтонская жизнь АЯ ничуть не изменилась. Как обычно, дважды в неделю он катил в своем «саабе» по 77-му фривею на кампус «Пинкертона». Всякий раз, когда он видел, как среди могущественных тополей, кленов и дубов возникает смесь готических шпилей и постмодернистских структур, он испытывал комфортабельное чувство принадлежности к чему-то здоровому, спокойному, резонному, да еще к тому же и благодарному, если иметь в виду слово «поприще». Ему нравилась жизнь кампуса и — можете плюнуть мне в лицо всей группой, ледис и джентльмен! — образовательный процесс как таковой. Он любил преподавательский клуб и одинокие ланчи в шуме студенческой столовки. Он любил даже «комитеты-подкомитеты- и комитет-по-комитетам» университетское времяпрепровождение, когда все участники старательно жуют ту или иную тему, стараясь главным образом показать, что его (ее) челюсти тоже заняты делом. Благотворная карма, без сомнения, проходила волнами по дорожкам и площадкам кампуса, когда молодежь, набитая дерьмом жаргона, день-деньской шествовала от паркингов к своим классам и мастерским и обратно.

«Черный Куб» оставался его любимым местом. В один сезон он предложил для постановки пьесу, найденную им еще по совету Витеза за паутиной парижской профсоюзной библиотеки. Это была ирландская парафраза к чеховской «Чайке», она называлась, разумеется, «Цаплей». Вот вам ирландское воображение — заменить романтическую птицу воздушной и водной стихий исчадием местных болот, девой-цаплей, работницей трикотажной фабрики. Действие пьесы происходило на изумрудно-зеленой равнине возле южной границы Ольстера, запечатанной британскими войсками. Жители этих мест чувствуют себя изолированными от всего мира. Они даже не мечтают пересечь границу. Есть, впрочем, одна персона, что пересекает заветный рубеж без проблем, — это девица с трикотажной фабрики. По ночам она летает из «нашего болота» в «их болото» на любовное свидание. Местное общество раскололось. Одни ненавидят птицу, другие ошеломляюще и тревожно в нее влюблены. Самой своей птичьей природой отвергая ограничения, установленные властями предержащими, а также и все предрассудки, окаменевшие за столетия, она источает лишь чувство чистой любви и становится таким образом своего рода ангельским созданием. Ее убивает ружье, которое в течение всего действия висит на стене. В соответствии со знаменитым чеховским афоризмом такое ружье должно убить. В соответствии с ирландской традицией любая цапля с двумя сучковатыми ногами, скромным хвостом и кое-чем под хвостом должна класть яйца. Пьеса завершается воскрешением Цапли, она садится высиживать некое преувеличенное яйцо для своего любовника, американского байронита неизлечимо ирландского происхождения.

Театральный факультет был восхищен Сашиным выбором. Прежде всего потому, что это была не русская пьеса. Отвергнув в свое время дантовский сюжет, теперь они втайне от самих себя побаивались, как бы «Черный Куб» не превратился в русскую вотчину. Саша оказался очень тактичен, гайз, выбрав ирландскую пьесу. Она все-таки будет ближе зрителям Северной Вирджинии, да и учебный процесс выиграет от расширения репертуара.

Он приступил к работе с огромным, если не волчьим, аппетитом. Непроницаемая граница была метафизической темой для его поколения в России. Неуклюжие полеты Цапли, казалось ему, связывают ирландское болото с Флоренцией XIII века.

Мальчики и девочки из «гоголевского» состава жаждали получить роли в новом проекте. Они готовы биили до утра торчать на репетициях «буйного Саши», как они называли своего почтенного профессора. Особенно активны были его фаворитки Беверли, Кимберли и Рокси Мюран, три шаловливые девицы с танцующими походками. Он предсказывал им великое будущее трех* московских актрис: Яблочкиной, Турчаниновой и Пашенной.

В «Пинкертоне», конечно, ничего не знали, где проводит их режиссер свободное время, а проводил он его в своих прежних, едва ли не ностальгических калифорнийских местах, а точнее, в Голливуде. Однажды на кампусе возникло волнение. Разнесся слух, что там работает какая-то киногруппа с двумя идолами нового поколения, Квентином Лондри и Голди Даржан. Студенты бросились к месту съемок с завидным энтузиазмом, напомнившим стареющим профессорам добрые старые времена университетских бунтов. Тут вдруг все увидели, что распоряжается на съемках не кто иной, как Wild Sasha.

Нам, пожалуй, придется сейчас приоткрыть еще один из Сашиных тайничков. Иногда после учебных часов он бродил по кампусу в одиночестве и воображал, как он встретит наконец свою Нору в одном из многочисленных переходов или на «кошачьих мостиках», в галереях или под арками, где еще торчат кучки нераскаявшихся курильщиков и где ее каблучки будут отстукивать, как на флорентийской улице между Барджелло и лё Баджиа. Однажды он наскочил на место, некий цилиндр воздуха и архитектуры, которое вдруг ясно сказало ему, что только здесь может произойти встреча Данта и Беатриче. Казалось бы, что особенного: в глубине — кипарис, долька кафедрального высокого окна, ближе — ступеньки к фонтану со львом, еще ближе — пряди плакучей ивы, все вместе — фальшивый ренессансный дизайн, вполне, впрочем, уместный среди пинкертоновской эклектики, однако ему показалось в тот момент, что этот вид сошел в объеме со страницы первого пергаментного издания «Комедии», сделанного в Урбино.

Деловому народу в «Путни» не нравился его выбор на главные роли. Они намеревались заплатить ведущей паре не меньше чем по пять миллионов, в то время как расценки Лондри были в то время — вот беда — значительно ниже, не говоря уже о Даржан, которую в общем-то мало кто знал в Америке несмотря на ее колоссальный успех в Европе. Александру удалось уговорить администрацию сделать этим актерам экранную пробу, вот почему съемочная группа разбила свой цыганский лагерь на кампусе «Пинкертона». Он-то был уверен, что будет снимать только эту пару.

Полеты из Вашингтона в Эл-Эй, очевидно, введены в мой генный файл, думал Алекс. Раньше дрожал от романтизма на этой линии, а за последние два года все стало рутиной. Погружаясь в салон первого класса, он сразу начинал думать о новом варианте сценария, который надо будет обсуждать с роем путнийских редакторов, и он включал свой лэптоп, как только самолет набирал высоту. В Эл-Эй его неизменно ждал лимузин, который отвозил в отель «Bel Age» на Сансет-бульваре. Отряд чиканос в русских косоворотках с подсолнечниками и петухами в духе Натальи Гончаровой приветствовал его и его чемодан у подъезда. Отель был спроектирован в двадцатых в соответствии с парижским стилем русской эмиграции. Там неизменно президентский номер был приготовлен для режиссеров из рода Корбахов. Счет был открыт, за все платила компания, то есть в конечном счете Стенли, вложивший уже немалые фонды в проект «Свечение».

Как-то раз Александр решил собрать свою старую русскую компанию под крышей этого «Прекрасного Века». Народ с удовольствием явился в количестве даже большем, чем приглашалось. Оказалось, что большинство даже и не подозревало о наличии в западном Архангельске такого стильного русского места, где висят рисунки Бакста и Бенуа к «Весне священной», а музыка Стравинского доходит до ушей даже в туалетных местах.

Произошли, конечно, некоторые перестановки в непрерывно разыгрываемой сексуальной игре. Стас Бутлеров, например, явился с Двойрой Радашкевич. Верная его подруга первой половины истекающего к этому романному моменту десятилетия, Ширли Федот, сопровождала мистера Гэрри Хорнхуфа, он же Тихомир Буревятников. Были тут также «наш русский врач» Натан Солоухин, «наш русский адвокат» Юлис Цимбулист, богатырская дружина «наших русских косметологов» — Игорь Гнедлиг, Олег Осповат, Ярослав Кассель — кто со старой, эстетически напряженной супругой, кто с новой женкой, каковой было на все наплевать по причине сильно молодого возраста.

Гостиная в номере Корбаха булькала английской речью, только изредка лопался солидный пузырь русского мата: «Пошли его на хуй!» — ну и так далее. По-русски тут старался один только довольно неожиданный гость, старый парковочный босс Тесфалидет Хасфалидат.

— Русска бразерс, — говорил он. — Ортодокса! Каждый еверибоди на борба! Факк офф наша коммуниста!

С некоторым опозданием, как и полагается богатому человеку, явился сменщик Габи Лианоза. С порога он начал изображать свой любимый инструмент, тубу. Надувался и лопался в увертюре «Кармен», да так здорово, что закружились все стройненькие герл-френдихи, и даже жирные жены ударились в пляс. Держа одну ногу на отлете, он не давал дверям закрыться, а когда закончил свою партию, заорал:

— Факко руссо, смотри, кого я привел, — двух золовок, Терцию и Унцию!

Из коридора ворвались сюрпризы, две увесистые квадратные донны, от которых можно было ожидать любых художеств в стиле маг-реализма. Извечной рижской элегантностью пахнуло, когда проскользнула с бокальчиком поближе к хозяину изящная, от Ann Klein II, Двойра Радашкевич. Смотрела с грустью женщины, которой есть что вспомнить. «С кем вы делите свой успех, Саша?»

Стас, оказывается, все-таки подтвердил диплом и вот уже третий год защищает в суде группу одесских мошенников, что покупали масло для отопительных систем и продавали его как дизельное топливо. Похоже, что от своих достижений Бутлеров серьезно забурел, во всяком случае, он сказал абоненту класса «люкс» в отеле «Bel Age»:

— Я богат, Сашка, ты даже не представляешь, как я богат! — Он, как всегда, любил плотные соприкосновения мужских тел: то локоть тебе на плечо положит, то привалится пузом, и вовсе не по-гомиковски, просто так, очевидно, ему представлялись традиции Казанского университета — через тумбу-тумбу-раз-школа химии! — Эх, Сашка, так и хочется порой посидеть с тобой на крыше, повколачивать гвозди, пососать потом пива! — Похоже, он считал, что Корбах до сих пор ремонтирует крыши.

На облике Тиха Бури явно сказались влияния всеобщей благотворительницы Ширли Федот. Вместо бандитских нарядов от Гуччи и Версаче он теперь был в стиле country gentleman, даже челюсть немного тряслась. Отдаваясь ему в объятия альбатроса, Александр ожидал из его рта букет аджики, вместо этого получил дуновение хорошей промывки.

— Все рушится, Сашка, — почти трагически зашептал Тих. — Большевистская гадина при последнем издыхании. Тянет за собой в могилу и наш Ленинский комсомол. Скоро все будем в тюрьме. Знаешь, как Розенбаум поет: «А гуси уже летят далеко»? Хочется расправить крылья и вслед за ними! Аллегорически, конечно.

— А как в личном плане? — поинтересовался АЯ и улыбнулся Ширли Федот, внимательно, но с подлинно человеколюбивым очарованием наблюдавшей за ними.

— Посадила на диету! — хохотнул Буревятников и почему-то хлопнул себя по загривку. — А сама не просыхает, с утра уже за «Кликушу».

АЯ сообразил, что имеется в виду «Вдова Клико».

— Ни одному слову обо мне, Саша, прошу, не верьте! — полыхнула всей своей бубновалетовской палитрой женщина эстетики и здравого смысла.

Посреди разброда явился тут и Арам Тер-Айвазян под руку с Нэтали Салливан, секретаршей из конторы Хорнхуфа; быть может, кто-то из читателей еще помнит ее безупречный, то есть незапоминающийся, проход. Сейчас, когда она переступила порог, все электронные приборы обширного номера почему-то зашкалило: в часах стрелки побежали в обратном направлении, картинка в телевизоре остановилась, а Вивальди в проигрывателе стал напоминать Софью Губайдуллину. Арам был еще строже, чем в прежние времена. Он уже подводил итоги изгнания. Годы не прошли даром. Обоснование независимости возникло в диаспоре. Отсюда в Урарту отправлено было немало литературы. Пора и самому собираться. Азербайджан не дремлет. Родине угрожает опасность.

Всю компанию Александр повел в ресторан. Меню тоже было выдержано в русском стиле: салат «Ясная поляна», рыбный меланж «Передвижники», борщ «Мир искусства», солянка «Бродячая собака», расстегаи «Кремлевские», мороженое «Зимний дворец», суфле «Жар-птица», ну и так далее. Пока большая компания поглощала все это добро, Александр Яковлевич перебрасывался репликами с Буревятниковым.

— Тут мне случилось, Тиша, с одной такой Мирель Саламанкой пересечься. Это имя тебе звонит?

— Муза поэзии, — сумрачно припомнил Тихомир.

— И Лубянки, — уточнил АЯ.

— Трахались? — поинтересовался Тихомир.

— Полемизировали, — ответил АЯ.

К их разговору внимательно прислушивался неопознанный гость, человек без лица, если не считать глаз, бровей и всех прочих деталей плюс рудиментарный нос. Вот такой запросто может проломить башку, подумал Саша. Он ответил незнакомцу подбородочным жестом.

— А это кто такой, Тих?

Босс «Рогов и Копыт», явно пребывающий в похмельной мизантропии, пояснил немногословно:

— Завхозов. Партнер.

Подали счет. Не заглядывая, Саша махнул подпись. У Завхозова в тухлых зенках мелькнуло восхищение: вот так и нам надо жить в новой России!

Казалось бы, расходиться пора, но компания не унималась. Русского человека пригласить легко, проводить трудно. Поднялись опять к АЯ опустошать внутренний бар. Вскоре большинство уже валялось на коврах да на диванах. Парочками, а то и группками запирались в спальне и в ванной. Голосили повзводно «Надежды маленький оркестрик», «Не оставляйте стараний, маэстро!». Англоязычные подружки недоуменно прислушивались: посреди нестройного хора слышалось знакомое слово «Моцарт», откуда оно?

— Бутлеров, ты не возражаешь, если я останусь с Корбахом? — спросила Двойра.

Хозяин блестящего суаре начал подвывать:

— Не надо, Двойра, я ведь уже не тот.

Кто-то все-таки подсунул гитару. Ну-ка, Саша, тряхни стариной! Он вдруг, неожиданно для самого себя, запел «Старуху Фидель», то есть почти парафразу к когда-то нашумевшей «Старухе Изергиль». Восторга новое сочинение не вызвало. Среди снисходительных взглядов прошелестела фразочка: «Выдохся на чужбине». АЯ покатился по ковру и докатился до Завхозова.

— Каким способом собирались меня ликвидировать, товарищ Завхозов?

— Олег, — поправил его безликий.

— Так каким способом, Олег?

— Обсуждались разные варианты, — припоминал Завхозов. — Яд. Мазь. Радиоактивное излучение. Направленный взрыв. Ну...

АЯ заглядывал в советское лицо, иногда клал подбородок на плечо палача. Тот сидел на ковре, обхватив руками колени. Двадцатипятитысячные часы «Картье» украшали запястье, скупо и трогательно покрытое славянским ковылем.

— Да я что, Саша? — Он пожал плечами. — От меня не так много и зависело. Но вообще-то я за традиционные методы.

— Утюгом по башке, да? — пытливо вглядывался Корбах.

Ковыльные бровки поднялись: дескать, вот так догадка! Мне нравится твое чувство юмора, Саша.

Тут Тих подсел, держа в ладонях три стаканчика с крепкой смесью.

— Ну-ка, хлопцы, аллюром! Три снаряда по товарищам! — Он явно повеселел: успел поднабраться, пока Ширли любезничала с Тесфалидетом в глубинах президентского апартамента под витающим в полумраке портретом Александра Блока.

Зазвонил телефон. Кто-то перекинул АЯ бесшнурную трубку. Звонил Стенли Корбах.

— Саша, я тебя по всеми миру ищу! Через десять минут включай CNN! Берлинская стена рухнула!

— Хорошие новости для Завхозова! — крикнул Саша и пальцем ткнул сначала в электронную женщину Нэтали Салливан: дескать, оттащите и включайте!

Оказалось, что Стенли как раз там, на месте. Только что привез на «Галакси» Ростроповича с виолончелью. Слава уже пилит. Стена падает. Кусками. Народ лезет в дырки с Востока и с Запада. Фонтаны «Советского Шампанского»! История свершается! Отель «Bel Age» сотрясался, как будто вдоль калифорнийского брега прошла новая дрожь, что, впрочем, не исключалось. «Надежды маленький оркестрик» гремел, как гигантский хор Советской Армии.

Только к утру компания стала разбредаться. Саша смотрел, как они тянулись через паркинг-лот к своим машинам; феллиниевская процессия. В центре паркинга девушки-молодушки и девушки-старушки повели хоровод. Из подстриженного кустарника выбрались и уставились на танцующих три игуаны, четыре енота и пять койотов. Вся живая природа, кажись, понимала серьезность пришедших перемен.

9. Попытка генеалогического путешествия

Однажды Фухс показал Александру Яковлевичу некоторые результаты их изысканий, добытые с помощью компьютеров и софтвэар нового поколения. Фильтруется огромное количество информации. Попутно с Корбахами появляется множество других линий, а также суммируется уйма сведений по истории диаспоры. Вот вы все торопитесь, Саша, а зря. Я бы мог вам показать, например, как наша линия Корбахов—Фухсов подходит к ответвлениям рода Колонов, внутри которого в середине XV века родился Христофор Колумб. Я вижу, вас удивляет не столько Колумб, сколько связки между вами и мной. Ха-ха, это просто одна из тысяч неожиданностей, встречающихся на пути.

Их беседа проходила на четырнадцатом этаже нового корбаховского центра, что расположился на углу Пятидесятой-ист и Лексингтон-авеню, напротив издательства «Рэндом Хаус» в равновысоком небоскребе. Сотрудники, исчерпав свой сегодняшний запас генеалогического энтузиазма, разошлись, только лишь Фухс, похожий на миниатюрного Марка Твена, покручивался на своем кресле между компьютеров, поворачиваясь лицом то к параллелепипеду яркого заката, то к трапеции мутного неба, в котором уже поднималась луна. Ни той, ни другой геометрической форме еще не удалось убедить Фухса в тщетности его усилий.

Если у будущей голливудской знаменитости есть полчаса, Фухс может пригласить его совершить путешествие от его прапрадеда Гедали Корбаха в более, если так можно выразиться, отдаленные времена. Известно, что Гедали сам создал свою процветающую пушную торговлю. Родился он в 1828 году, в семье скорняка, от которого не унаследовал ничего, кроме умения выделывать шкуру на мех, сбивать мездру, квасить, выминать, да еще унаследовал запах кислятины, не покинувший его даже в достатке.

Так говорил Лайонел Фухс, который, судя по его имени и по внешности с бакенбардами, и сам имел отношение к чему-то пушистому.

Этот ремесленник, ваш прапрапрадед Мордехай Корбах, является первым человеком в роде, чья фамилия звучит точно как ваша. «Х» на конце возникло, очевидно, в связи с переездом семьи из Голландии в Германию, точнее, в Лейпциг, где проживала многочисленная и почтенная семья Бахов. Будущий скорняк родился в конце XVIII, или в 1795, или в 1798. Его отцом был Иеремия Корбейт (в некоторых записях, впрочем, называемый уже Корбахом), довольно крупный банкир; прибавьте еще одно «пра» к слову «дед». В Лейпциг он переехал из Амстердама за семь лет до рождения Мордехая, очевидно, в связи с наследственным разделом имущества. Последующий переезд семьи из Германии в Польшу был похож скорее на бегство. Существуют довольно ясные документы, свидетельствующие о захвате банка властями Саксонии, и менее ясные — о погроме в доме Корбахов. Вполне возможно, что эта катастрофа была инспирирована высокопоставленными должниками банкира.

В результате этого крушения сыновья банкира рухнули на несколько ступенек сословной лестницы вниз. Имя Корбах прочно закрепилось лишь за скорняком Мордехаем, тогда как два его брата мелькают в архивах Лодзи под фамилией Корбат. От них, по всей видимости, пошли восточноевропейские фамилии типа Корбач, Корбачевский, Корбабутенко, Корбут, Корбис. Этими ветвями мы пока что не занимаемся, но вскоре возьмемся и за них.

Давайте держаться основного ствола. Можно сказать, что Корбейты и очень близкие к ним Корбейт-Левиты XVIII—XVII веков были голландцами. Основное наследование сейчас прослеживается достаточно четко благодаря сохранившимся коммерческим и финансовым записям тех времен. Вы можете просто нанизывать, как четки, все больше и больше приставок «пра». От отца Иеремии, Халеви Корбейта, в обратном порядке: Мозес — Ниссон — Магнус — Иехуда — Иммануэль — Элиас — Леон — Сантаб — Эзра. Они занимались корабельным подрядом для королевского флота и коммерческих судов, а это был большой бизнес тогда в Голландии. Откуда прибыл в Амстердам Эзра Корбейт? Разумеется, из Испании. Он принадлежал к семье «анусим», или испанских маранов, но поколение спустя, благодаря исключительно либеральной атмосфере Амстердама, Корбейты вернулись к иудаизму.

Здесь возникает важный стык между разными культурами: арабами Севильи, сефардами и теми, кого впоследствии стали называть «ашкеназим». Без компьютеров мы бы, конечно, потеряли след голландских Корбейтов, однако, просеивая горы информации, в том числе и архив инквизиции (вообразите себе стоимость этих работ, и вы воскликнете: слава Стенли!), мы натолкнулись на сведения об отъезде некоего Эзры Корбаха предположительно в Голландию. Это открытие потащило за собой массу других. Впервые мы увидели имя Кор-Бейт через черточку, а в списках прихожан барселонской синагоги оно было написано на иврите. Это подтвердило наши догадки о происхождении имени от древнего прозвища Холодный Дом. В странах с жарким климатом такое прозвище носило скорее позитивный, чем негативный характер.

Продолжаю. Вы, кажется, еще не смотрите на часы? В период испанско-арабско-еврейского «золотого века»... А, вы уже смотрите на часы! «Извините, Лайонел, Стенли ждет меня в аэропорту. Мы летим в Будапешт на выездную сессию фонда. К «золотому веку», я надеюсь, мы вернемся позже».

Фухс вздохнул: «Что ж, возьмите на прощанье хотя бы это. — Он вытянул из принтера шестифутовой длины лист бумаги, на котором содержалась генеалогическая схема от Гедали до Эзры с ответвлениями и россыпью мужских и женских библейских имен. — В немецкой части вы найдете момент соединения Корбейтов с Фухсами», — печально произнес исследователь.

«Я очень рад считать вас родственником, Лайонел!» АЯ уже шел к выходу, петляя между компьютерными столиками, как будто выполняя задачу выхода из файла. В дверях оглянулся. Маленькая фигурка с трубкой (Фухс мог позволить себе ее извлечь из кармана, только когда его антиникотиновый коллектив расходился по домам) стояла на фоне застывающего западного окна. Пролетел момент какой-то острой тоски. Всегда Саша чурался гадалок, не желая узнавать своего будущего. Сейчас вдруг почувствовал что-то сходное с этим чуром перед человеком, который вытягивал из прошлого его столь далеких предков.

«Что вы так смотрите? Я смешон?» — спросил Фухс.

Саша пожал плечами: «Друг мой, а кто сейчас не смешон?» И вывалился из центра пристыженным, но не без облегчения.

10. Колоть орехи ублюдком

Я столько уже раз прокручивал этот фильм в своей башке без всяких «Путни продакшн». Кусками и вереницей кусков, мешаниной кадров и в строгом порядке, стихами и прозой, в джазе и под старые виолы, а однажды, начав на пляже Венис среди картонных ящиков бомжей и продолжив в самолете по дороге в Вашингтон, я прокрутил его от пролога до финала с симфоническим оркестром, с Норой в главной роли и со своей обезьяньей мордой вместо благородных ликов Данте и Блока.

Кажется, ни черта у меня не получится. Сокровенность этой темы не может воплотиться среди мельтешения лиц в киностудии, среди людей, которые намерены делать этот фильм со мной. Режиссер должен уметь защищать свое вдохновение, то есть в принципе он должен уметь его скрывать. Некоторые вещи я просто не могу сказать чужим. Я не могу сказать им, что вся эта история с «новым сладостным стилем» возникла во мне как предощущение того, что мы беспомощно называем «истинная любовь», что это предощущение живет во мне как странно задержавшееся юношеское девственное чувство, жажда невыразимой нежности. Я взрослел, матерел, развратничал, а себе казался все еще нецелованным, ну значит, неразъебанным мальчишкой. А без этого постоянно трепещущего фона я бы не подцепил эту метафору.

Как я могу рассказать тем, кто хочет и будет со мной делать этот фильм, о том, как с новой силой засветилась передо мной эта метафора после встречи с Норой? И как мы в нашей «истинной любви» немедленно переплелись с сексом, с конвульсиями, с ее и моей порочностью, со всем этим счастьем ебли, выпяченных поз, внедрений, слияний, с терзаниями похабной ревности?

А что теперь? Все мои любови разрушены. Меня больше не озаряет ни дантовский восход, ни блоковский закат, мне пятьдесят один год, я опоздал, поезд ушел, я никогда не смогу воплотить на экране то, о чем столько лет мечтал и что мне сейчас судьба, казалось бы, преподносит на блюде. В лучшем случае внесу свой вклад в entertainment, завоюю золоченую фигурку ублюдка: колоть орехи, жрать, жиреть, засыпать все вокруг шелухой.

Если я еще хочу сохраниться как артист, мне надо выйти из игры, закрыть контракт и... И свести до минимума влияние моего любимого Стенли, всего этого корбаховского мира, его благодетельного лунатизма и сумасшедших цифр.

Таким мыслям предавался Александр Яковлевич Корбах за одиноким ланчем в недавно облюбованном ресторанчике Джорджтауна. Шел март 1990. «La Belle Ruche» предлагал салат из арагулы. Над каждым столом висела табличка какой-нибудь известной парижской улицы. Vin Maison здесь было отменного вкуса, хоть и подавалось в графинах. Ресторанчик нашел здешний приятель АЯ, журналист со «Свободы». Время от времени они тут собирались небольшой русской группой: АЯ, журналист, врач, джазист, торговец сувенирами. Иногда к ним присоединялся и автор романа. Сидел тихо, поглядывал с равнодушием, как будто он тут и ни при чем, говнюк.

354

Обсуждали, разумеется, умопомрачительные спирали советской актуальности: сотеннотысячные митинги и демонстрации за отмену шестой статьи, за изгнание КПСС, а также возникновение новых партий, фактическое крушение цензуры, раздувание войны на Кавказе, личность Горбачева. Кто он, столь круглоголовый, отмеченный на лбу загадочной комбинацией пигмента, — хитрющий коммуняга, спасающий свою стонущую, трещащую триеру, или, наоборот, хитрющий антисоветчик, триеру эту гребаную порешивший посадить на мель и развалить? Обсуждения эти нередко кончались скандалом, отшвыриванием стульев, швырянием долларов на стол и выбеганием, однако потом вся эта пятерка снова собиралась как ни в чем не бывало.

В обычные дни Саша заходил сюда просто пожрать. Горячая еда для него давно уже приобрела какой-то дополнительный смысл, став как бы философией «горячей еды». Каждый не до конца опустившийся человек должен раз в день получать «горячую еду», таково было его кредо, которого он придерживался, невзирая ни на что. К салату из арагулы (Бог знает, откуда взялось такое растение) он заказывал протертый суп с крабьим мясом и здоровый сектор пирога «киш» — иными словами настоящий хот-мил. Жрать, больше не думать о киношных мегапроектах. Лишь несколько режиссеров в мире нашли способ самовыражаться и одновременно держать в кулаке студию, съемочный коллектив, даже тиранствовать. Тарковский мог прийти в Госкино со своими мучительными метафорами, и там хоть все и бздели партийной ответственности, но благоговели: никому не хотелось записываться в душители гения. В Голливуде ему вряд ли дали бы снимать «Сталкера», где главной темой была вода — медленно льющаяся, капающая, застаивающаяся, сочащаяся отовсюду прозрачная жидкость.

Саша уже собирался попросить счет, когда главный официант Паскаль, креол с Гваделупы, подошел к нему и сказал весьма значительным полушепотом:

— Алекс, вас там спрашивает леди. Подчеркиваю, настоящая леди, из сфер. Она спросила по-французски: «Могу я поговорить с месье Корбахом?» Я никогда не видел таких дам среди нашей клиентуры.

Саша обернулся и увидел Марджори Корбах. Она сидела в углу под фальшивой, но миловидной пальмой и выглядела столь же юной, сколь тонкой выглядела ее талия. Саша с его склонностью к неуместным мыслям немедленно начал думать о том, почему иные американки похожи на бегемотих, а другие — как козочки, даже сильно за полста.

Марджори была одна. Ни охраны, ни эскорта! Очень скромно одета, вовсе не «Шанель», просто скромнейший «Селин». Без драгоценностей, милостидари! В городских джунглях совсем не обязательно носить драгоценности. Член высшего общества тоже может идти в ногу со временем и понимать эгалитарные идеи. Все должно быть как у всех или хотя бы выглядеть как у всех, и ваш селиновский костюм должен выглядеть, как, ну я не знаю, как что.

Она сидела с бутылочкой пива и с некоторым страхом думала, что сейчас придется заказывать что-то еще, а она не знает, что и как заказывают в подобных местах. В некотором смысле так чувствовали себя дамы из высшей кремлевской номенклатуры, когда они оказывались «в городе», как они называли пугающий внешний мир. Министр советской культуры Екатерина Фурцева — кстати, Марджори слегка напоминала Саше Корбаху этого министра своим затаенно-страдальческим, а чаще просто недоумевающим взглядом, — решив однажды показать на собрании деятелей искусства свою близость к жизни, начала было произносить фразу: «В любом троллейбусе вы платите свой рубль и едете...» — и была прервана бурными аплодисментами: не знала, бедная, что троллейбусный билет стоит пять копеек, то есть в двадцать раз меньше, чем она думала.

Нынче в Америке, конечно, больше нетипичных толстух, чем типичных англостройняшек, продолжал АЯ продумывать свою абсолютно неуместную мысль, пока подходил к мачехе своей убежавшей в Ирак возлюбленной. В этом «плавильном котле» слишком жарко и влажно. Телеса разбухают из поколения в поколение. Только в Новой Англии да вдоль канадской границы потомкам пионеров еще удается сохранять стройность. Марджори, конечно, относится к этому числу. Довольно паршивый юмор, думал он, подходя. Не хватает вспомнить советское «сзади пионерка, спереди пенсионерка». И подошел.

— Марджори!

— Ой, это вы!

Вспыхнувшие глаза швыряют ее в ряды вневозрастной модельной молодежи. Просто классная баба. Очаровательная кукла-леди. Он сел напротив и оказался под уличным знаком «Boulevard Saint-Michel».

— Я вам, знаете ли, хотела сказать нечто важное, — торопливо проговорила она.

— Простите, Марджори, но как вы меня здесь нашли?

Не вполне уверен, каким покажется этот вопрос просвещенному читателю: притянутым за уши, чисто информативным, сугубо сверхнормативным? С упорством, однако, не откажусь от него. Будь вы, читатель, англичанином, вы бы удивились, увидев какую-нибудь из букингемских принцесс в тавернах Ковент-Гардена? Будь вы русским, вы бы удивились, увидев Аллу Пугачеву в толпе пассажиров электрички на Казанском вокзале? Ну, американцу и так все понятно.

Она улыбнулась не без лукавства, а оно ей было к лицу:

— Неужели вы думаете, Алекс, что вам легко скрыться при вашей популярности?

— При моей популярности?

— При вашей популярности у дам определенного возраста.

Он подумал, почему она употребляет плюрал? Может, она еще и Нору имеет в виду? Считает, что она уже соединилась с падчерицей в своей победе над возрастом. Не нужно придираться к сухоньким пальчикам и слегка запекшейся коже над ключицами; Марджори Корбах — чудо природы!

— Ну, хорошо, что же вы хотели сказать такое важное, что даже решились прийти в эту забегаловку?

— Мы развелись со Стенли.

— Вот это действительно новость!

— Теперь мой муж — Норман Бламсдейл. Человек, которого вы ненавидите.

— Ну, это слишком сильно сказано.

— Теперь вы можете его наказать весьма серьезным образом и каким угодно способом.

— Марджи, я старый человек.

— Вы старый? Смешно!

— Марджи, ну что вы на мне заклинились? Найдите себе жиголо помоложе. У меня даже есть один на примете, идеальный стад.

Она по-дурацки округлила глаза. Он подумал, что кукольный бессмысленный вид всю жизнь был для нее маскировкой.

— Это интересно! Можете мне записать имя и телефон этого хуя?

Он написал на салфетке: «Матт Шурофф, 213-инфо, район Венис». Она взяла салфетку и встала:

— Ну пойдемте! Не сидеть же нам здесь весь век.

Шофера в «роллс-ройсе» не было, неужели она сама приехала? Она прошла мимо машины, даже не взглянув на нее и уж тем более на розовый штрафной тикет под дворником. Давайте прогуляемся немного вдоль этого мутного илистого канала. Чуть-чуть романтизма, Алекс. Вы же прекрасно знаете о моей любви, безжалостная обезьяна. Сашу Корбаха вдруг пронизало желание отступить в сторону и исчезнуть под одной из гнилых арок узенькой и горбатой набережной с двумя-тремя жалкими фонариками еделен и сапожной мастерской.

— Как чудесно, — шептала Марджори. — Я понятия не имела, что Вашингтон может быть таким романтичным, таким зовущим к чему-то безумному. Посмотрите на этот темный угол под огромными вязами! Что там за говно стоит с такой подкупающей скромностью?

— Это кормушка для мулов, мэм.

— Алекс, ваш русский акцент кружит мне голову. Кормушка для кого?

— Для м-у-л-о-в, мэдам, для ослино-лошадных бастардов. Они тут бурлачат на ржавой трухлявой барже восемнадцатого века. Это лучший туристский аттракцион в Старом городе.

Она подошла к кормушкам и даже облокотилась на них, выставив попку. Селиновский туалет почти, но не совсем, слился с сумерками, так что получалась идеальная фигура au Bout de la Nuit. Ну, Алекс, что вы тут сейчас сделали бы со мной, будь вы чуть помоложе? Как раз то, о чем вы меня спрашиваете, мэм. Она задохнулась. Вот здесь, у кормушки для мулов? Нет, в самой кормушке. Как-как-как, это так по-русски? Я посадил бы вас задом прямо в эту прослюнявленную мулами кормушку. Представляю, сколько овса прилипло бы к вашим ягодицам. Она застонала. Да уж немало, ей-ей, овса прилипнет к моим ягодицам, с которых бы вы стащили трусики, сорвали бы их двумя рывками. Одним рывком, мэм. Вы умеете одним? Что делать, жизнь научила. Ну а потом? Начали бы меня таранить? Именно так, мэм, подходящее слово, таранить! Как-как-как? Так, словно в этом заключается смысл моей жизни — таранить пожилых красоток, мэм. Марджи вцепилась ему в пиджак. А руками, Алекс, что бы вы делали руками? Ну, вытаскивал бы ваши неплохо сохранившиеся титьки. А дальше, дальше? Ну, Марджори, вот уж не думал, что так разыграетесь. Хотите палец в свой анус, что ли? Обеими ладонями она заглушила свой вопль, но он, даже неслышный, не менее минуты сотрясал ее тело. Потом она обвисла на АЯ, глядя вокруг бессмысленным взглядом, как бы проходя мглистую зону между воображением и реальностью. Сильно запахло жженым волосом. Так, должно быть, случается и с мулами, когда хвосты их не в силах отгонять слепней и животные начинают тереться о стенки.

Через несколько минут респектабельная парочка вышла из зоны словесного мрака и жжения и проследовала к более цивилизованному участку набережной джорджтаунского канала, а именно к небольшому торговому центру «Фоундри» с его витринами антикварного магазина и картинной галереи.

— Ну, вот, Алекс, мы теперь не чужие люди, и потому я хочу вас предостеречь, — с тихой грустью произнесла дама. — Дело в том, что война между Стенли и Норманом вступает в решающую фазу, и похоже, что у Стенли остается очень мало шансов.

— Тем более что он, по всей вероятности, и не замечает этой войны, — сказал Саша Корбах.

Некоторое время она молчала, вынула откуда-то маленькие очки и склонилась к витрине, как будто разглядывая цену. Как будто она что-то понимала в ценах.

— Вот именно, — наконец продолжила она. — Он не замечает, а между тем готовится главный удар с неожиданной стороны.

— Ваш муж, должно быть, Наполеон, мэм? — Он остановился возле банкомата.

— Что это? — спросила она, с неподдельным интересом разглядывая слабо светящуюся штуку с ее экраном, кибордом и разными щелями для вынимания и засовывания денег.

Он вытащил пачку гибких, пощелкивающих деньжат. «Бедное дитя номенклатуры, — улыбнулся он этой совсем в общем-то неплохой бабе. — Сколько открытий за один вечер!»

11. Нора во время ее отсутствия

Известно, что от любви немало произошло несчастных случаев, как в жизни, так и в художественной литературе. Были сильные, впечатляющие случаи, но рядом с ними проходили случаи жалкие, нелепые, курьезные, достойные разве что «минималистского стиля». Наши нынешние записи, хоть и отвлеченно, хоть и через систему зеркал, как идеальных, так и искривленных, все-таки отражают иной стиль, заявленный еще в XIII веке как «новый и сладостный», а потому мы стараемся хотя бы не ставить наших влюбленных в совсем уж идиотские положения. С другой стороны, мы, конечно, не можем забыть, что смешное, сбивающее с высоких тонов течение бежит вблизи любого, даже самого грандиозного симфонизма и нередко оказывает влияние на интерпретацию любовных событий.

Позвольте напомнить, что произошло однажды с одним из певцов нашего российского «сладостного стиля», перекликнувшимся через шестьсот пятьдесят лет с флорентийским, юношей Борей Бугаевым т.и.к. (также известным как) Андрей Белый. Отвергнутый Любовью Блок после череды изнуряющих сердце свиданий — некоторые их отблески разбросаны по первой половине романа «Петербург», этого нашего «Улисса», — потерявший сразу все, чем дорожил среди бренного мира: друга-крестоносца, попутчика на мистических полях, а также и жену друга, воплощение Софии — увы, слишком плотское, слишком румяное воплощение, чтобы удержаться от карнавального соблазна, он шел среди хлябей петербургских, где лишь чугун стоит достойно, а все остальное ослизняется занудной влагой, и направлялся к Неве, что уже тогда, еще до того, как акмеисты набрали силу, связывалась с одной из рек печального Аида, чаще всего с Летой. Трудно было не догадаться о его намерениях, глядя на этот нервный проход с проваливающимися внутрь коленками, с руками, которые то взмахивали, как у морского сигнальщика, объявляющего артиллерийскую атаку, то, как у слепца, щупали впереди безнадежный питерский воздух, с глазами Адама, вдруг осознавшего, что изгнан навеки, в вихре крылатки, равнодушной к мукам хозяина, ибо жила своим собственным хлопающим на ветру драматизмом, трудно было не догадаться, но городовые делали вид, что не догадываются, поскольку им-то, ментам паршивым, было наплевать, что наш «Улисс» еще даже не был зачат и через несколько минут может оказаться, что он никогда и не будет зачат, а просто в незачатом еще виде пройдет мимо планеты и исчезнет в черной дыре; ну и фраза!

На Николаевском, кажется, мосту, а может быть, и на Троицком занесена была уже над перилами нога в английском ботинке, взор в последний раз очертил дугу над колоннами и шпилями миражного града, секунду задержался он на нечитаемом заявлении угасающего заката, в последнем ужасе упал на жестяную рябь всепоглощающей воды. Рябь вдруг померкла. Прямо под мост проходило большое безобразное судно, груженное то ли углем, то ли еще чем похуже. Не падать же в это! Не на посмешище же шел! Ведь кануть же просто хотел, ведь в Лету ж! Нога рефлекторно вернулась назад, на прохожую часть моста. В эту же секунду идея романа вошла в сознание Бориса-Андрея-Котика Бугаева-Белого-Летаева, и он застыл на мосту, над «кишащей бациллами» влагой, и к закату поднял уже не свое лицо, а бледную маску Коленьки Аблеухова. Так вот инстинкт творчества преодолел зловещее смехотворчество, отвратил смертоносный кич любовной драмы, спас для нас уйму замечательных страниц нашего «Улисса». Я был бы плохим русским филологом, если бы здесь не заметил, что «наш Улисс» появился в печати на девять лет раньше «ихнего».

Не берусь утверждать, что эта история как-то повлияла на переживания наших героев, но и не исключаю этого. Внешнее их спокойствие, быть может, вовсе не относилось к сексуальному цинизму конца века, но отражало лишь какое-то подспудное нежелание вместо растворения в Лете свалиться на палубу грязной баржи. Парадоксально, но такая баржа как раз и спасает. Вот почему мы с такой внешней легкостью расстались на столь большое число страниц и почти на три года хронологии с нашей героиней. Это вовсе не означает, что мы разлюбили «нашу Татьяну». Мы любим ее настолько, что даже в звездах мирового кино находим сходство с нею, особенно почему-то в звездах шведского происхождения — как Грета Гарбо, Ингрид Бергман, Ингрид Тулин, Ингрид Стерлинг.

Пардон, последнее имя, кажется, совсем из другой оперы. Да ведь это же из поэмы Игоря Северянина: «У Ингрид

Стерлинг лицо бескровно, она шатенка, глаза лиловы и скорбен рот».

Именно в таком виде мы однажды застали Нору во время ее отсутствия на страницах романа в отеле «Палм-Бич» на южном берегу Кипра. Она вышла из телефонной будки, и лицо ее было бескровно. Села в угол и была шатенкой, правда, с поправкой на выгорание волос, что постоянно происходит в археологических экспедициях. Официант принес ей из бара какой-то крепкий напиток, и, выпив его, она залиловела глазами в сторону сапфирового — от имени Sapho — моря, но рот был скорбен у нее в промежутках между глотками.

Мы так и не узнали, почему она была бледна, выходя из телефонной будки, — просто-напросто не решились подойти. Мы ходили вокруг да около, наблюдая, как с каждой новой порцией скотча возвращается румянец к ее ланитам, темнеет ее лоб, обожженный солнцем древнего мира, словом, вели себя ненамного лучше двух завзятых отельных кадрильщиков, сразу заприметивших «потрясающую женщину». Что-то им все-таки тоже мешало приблизиться, а между тем стемнело. Нора посмотрела на часы, встала, засунула белую рубашку в белые штаны, подтянула ремешок и предерзостно простучала своими сабо к выходу. Через стеклянную дверь было видно, как она села в поджидавший ее джип. На том наша внеповествовательная невстреча закончилась. В принципе хорошо, что так получилось. Менее чопорный поворот мог бы посягнуть на нашу авторскую свободу. Свобода сохранена, и потому мы продолжаем, как нам вздумается.

Она часто себя спрашивала, что толкнуло ее на разрыв с Сашкой, а потом и на внезапный отъезд в экспедицию Лилиенманна, в Ирак. Слов нет, она была чертовски зла на любимого. Он самоутверждается, постоянно хочет показать свой авторитет перед «американской дурочкой», избалованной сумасбродкой. Этот идиотский разрыв между культурами! Он снисходительно подмечал ее американские привычки, типичные жесты, мимику, всю эту ерунду, на которую никто не обращает внимания. Например, если она на прощанье похлопывала его по плечу, он без запинки спрашивал, в чем дело. Что «в чем дело»? Твое похлопыванье меня по плечу, что это означает? Почему это что-то должно означать, кроме «гуд бай»? Он пожимает плечами. Это интересно, после стольких нежных поцелуев ты похлопываешь меня по плечу, как будто с легкой прохладцей одобряешь мое выступление: «неплохо, неплохо, старик». Что за вздор!

Ну, вот еще один пример. Если он видит ее в аэропортовской толпе с сумками в руках и с билетом во рту, он начинает хохотать: «Посмотрите на эту американскую девушку!» В чем дело, Алекс? Что ты нашел сейчас во мне такого ужасно американского? Естественно, для того, чтобы задать этот вопрос, мне нужно опустить сумку и вынуть билет изо рта. Я это делаю автоматически, дорогие читатели! Автоматически, vous comprenez? Он смеется: так он, оказывается, узнает американок в аэродромной толпе — только они носят во рту свои билеты. Дальше он уточняет. Интересно, что ты используешь для этой переноски только внешние, сухие части своих губ, слизистая оболочка в этот процесс не вовлечена, значит, и билет не размяк, и гигиена не страдает. Ведь ты у нас специалист по гигиене древних. Интересно, пользовались ли они ртами для переноски клинописных табличек?

Если уж не над чем ему посмеяться, тогда он смеется над тем, что я левша. Что это за американский бзик писать левой рукой? Уверен, что это связано с левым уклоном «нашей интеллигенции».

Сначала я не замечала этих признаков пресыщения. Хохмила в ответ: посмотрите, какая наблюдательность у этого парня! Живет среди нас как один из нас, даже спит с одной из нас и все упражняет свою антиамериканскую наблюдательность! Я все-таки старалась его щадить. Эти русские, думала я, их вечный комплекс неполноценности переплетен с курьезным комплексом превосходства над другими народами, особенно над американцами. Я не понимала, что это у него не к Америке, это ко мне. Как странно оказаться такой толстокожей! Обычно я была слишком тонкой по отношению к нему. В постели меня часто ошеломляло чувство полнейшего понимания. Острое тревожное чувство, сказать по правде. Иногда мне казалось, что я знаю всю его поэзию заранее. Я не открывала этого ему, но мне казалось, что я преодолеваю массу барьеров, не говоря уже о языке. Однажды мне показалось, что он чувствует во сне присутствие своего отца, человека, который умер до его рождения. Это было какое-то непостижимое раскаяние, ощущение высшей любви, существующей в его тайниках. Я ждала, что он признается, то есть расскажет мне об этом сне, который он помнил, я в этом не сомневалась, но он этого не сделал. Напротив, я почувствовала, что от него исходит сильное раздражение. А может быть, я просто все это выдумала? Может быть, я первой почувствовала легкое раздражение из-за того, что он не захотел рассказать мне о своей встрече с отцом? Может быть, я непроизвольно изменила интонацию или жест, обращаясь к нему?

После орбиты я тоже не решалась открыть рот и рассказать ему о тех ошеломляющих откровениях, об ангелах во все небо и о коробочке с бэби Феликсом. Только любовная близость, какое-то странное ощущение, что он в этот раз как бы защищает меня своим сексом, развязало мне язык. Я чувствовала, что он потрясен, он весь дрожал, он был тогда переполнен любовью, и нежностью, и пониманием. Я была уверена, что он мне расскажет об отце и даст мне понять, от кого исходило то странное чувство раскаяния, и он был готов открыть рот, но не открыл.

Я уверена, что он попал в ловушку мужских стереотипов, типичных для русских. Как они все, он подсознательно отгонял малейшую идею о моем возможном превосходстве. Они там говорят «он ее ебал», а выражение «она его ебала» кажется им неестественным. Женщина всегда проецируется в подчиненной, если не порабощенной и униженной позиции под всемогущим жеребцом. Подсознательно, а может быть, и сознательно он считает, что если он входит в меня с победоносной позиции, как в проститутку или как в наложницу, то я и есть проститутка или наложница.

Права я или постоянно придираюсь к нему? Разве мне самой не хочется иногда чувствовать себя проституткой? Разве он, несмотря на слегка иронические интонации, не читает мне из Гвидо Гвиницелли и разве я не понимаю, что он готов умереть за эти «стрелы любви»?

Ну хорошо, но как объяснить его ядовитые ремарки, что стали уже постоянным припевом в последний месяц нашего союза. Он ненавидел все признаки моей протекции ему, тогда как для меня не было ничего естественней, чем помочь любимому. Конечно, я совершила какие-то faux pas, особенно с той ужасной парти в Малибу, однако в чем я ошиблась с «Пинкертоном» или с BRF? У него, похоже, появлялось какое-то садистское удовлетворение, когда он провоцировал меня и моих старинных друзей, смеясь над всеми нашими идеями, над нашей борьбой с нашей внутренней «правой», с язвами капиталистического корпоративного общества. Таковы эти русские либералы. Мы считаем их людьми, которые вместе с нами стоят за демократические ценности, а они в своей антикоммунистической ярости думают, что мы играем на руку КПСС и КГБ. Для Алекса все наше движение, все наши шестидесятые — это просто шалости балованных детишек богатого общества. Как он спрашивал со своей вечной снисходительной улыбкой: «Интересно, ты понимаешь, что троцкизм и сталинизм были просто пересобачившимися фракциями одного и того же ебаного коммунизма, назовем его красным фашизмом, чтобы ты лучше поняла?»

Я понимала, что он имеет в виду. Он только лишь не сказал вслух, что я и мои друзья по Беркли-68 были ближе к фашизму, чем менты и стукачи ЦРУ. Нет-нет, мистер Корбах-из-за-границы, я никогда не продам свою юность даже за все ночи нашей любви! Может быть, я не понимаю чего-то существенного, но ты не понимаешь простейшей вещи: мы боролись не за ваши русские дела, будь это троцкизм, или сталинизм, или черт в ступе!

Как бы это ни называлось в то время, мы боролись за наше право на конфронтацию, за образ жизни, альтернативный зажеванной «американской мечте» с ее долларами, бондами, закладными, «кадиллаками» и загородным комфортом. Я плюю на тебя, мой суженый Сашка! Ты не ценил нашу близость, а она тем временем разжижалась усмешками, ухмылками, взглядиками искоса, приступами плохо замаскированной пошлой ревности. Если ты меня спросишь через дюжину лет, когда мы уже станем старыми и усталыми, почему я сбежала от тебя в Ирак, не сказав ни слова, я скажу тебе только одно: хотела спасти тот Dolce Stil Nuovo, что снизошел на нас с осенних небес в Мэриленде в ноябре восемьдесят третьего.

Тем временем ей «стукнуло», как говорят русские, сорок, то есть она «разменяла еще одну десятку», как они же выражаются. Между прочим, ее русский становился все лучше благодаря почти систематическому изучению этого идиотского языка. К тому же после Ирака экспедиция Лилиенманна передвинулась в Израиль, где большинство рабочих на раскопках в Кесарии и Ашкелоне оказались русскими.

Прошло уже больше двух лет с тех пор, как она покинула «Пинкертон». Она была красива, как всегда. Красивее, чем как всегда. Археология, почтенные читатели, помогает стареющим девушкам закрутить часы назад. И никаких специальных усилий не требуется. Просто работай в траншее день-деньской, карабкайся на холмы в пустыне или на морском побережье, дай твоим волосам выцвести под свирепым солнцем, мой кожу водой древних источников, ночуй в палатках с поднятым пологом, то есть среди постоянно дующего бриза, меняй своих партнеров, не проверяя их интеллектуального уровня, — вот рецепт для поддержания молодости.

Не успеете вы продумать этот рецепт, как мы вам скажем, что археологическая экспедиция — это не пикник. Временами Нора уставала от блуждания по путям древних патриархов, от палаток и дряхлых постоялых дворов, где сомнительный душ воспринимается как дар Божий. Тогда она ненадолго удирала в параллельный мир пятизвездных отелей, бассейнов и прохладных полутемных баров. Кляня себя за неизлечимые буржуазные склонности, она отправлялась делать покупки в отельные аркады с их сволочными ценами и за ужином появлялась то как леди от Сен-Лорана, то как шикарная богемщица от Сони Рикель.

Тель-Авив, Афины, Корфу, Венеция, вот она входит в усыпляюще элегантный зал. Легкое землетрясение проходит звоном по хрустальным бокальчикам. Престарелое население этих мест с зияющими ртами смотрит на одинокую безупречную красавицу, что идет по проходу словно призрак «тех наших лет». Она занимает столик в углу, заказывает бутылку шампанского. Метрдотель, взволнованный и серьезный, стоит рядом, задавая вопросы по меню. Он уже видел оттиск ее кредитной карточки и знает, кто она. В Средиземноморье метрдотели следят за светской хроникой и знают о жизни Корбахов и Мансуров.

Сама себе она говорила, что останавливается в этих отелях, только чтобы встряхнуться с помощью какого-нибудь вульгарного приключения с каким-нибудь плейбоистым ебарем из тех, что тут рыщут в поисках великосветской бляди. Увы, где они, эти всесокрушающие секс-конкистадоры? Ни один не тянул на ее воображение. После шампанского она признавалась себе, что ищет только Сашку, хотя вероятность встреч с ним в этих местах была равна вероятности падения метеорита вот именно в этот ресторанный зал.

В поле ей часто казалось, что она излечилась от Сашки. Трахнув в палатке какого-нибудь кудрявого мальчика, она бормотала: «Пусть испарится весь этот твой «новый сладостный стиль»! Я могу с этим справиться! Ты мне не нужен!» Странным образом всякое возвращение к цивилизации вызывало длинную череду воспоминаний об их встречах и разлуках среди стеклянных стен. Она видела ночной опустевший аэровокзал с одинокой фигуркой, бредущей ей навстречу мимо закрытых стоек и сувенирных киосков. Он еще не видит ее, но они сближаются в бесконечном, слегка искривленном коридоре того, что он называл «наше комфортабельное Чистилище». Он слышит стук ее каблучков и поднимает голову с живостью, неожиданной для такого волокущегося тела в штанах-мешках. Его лоб во всем его величии напоминает «Боинг-747» анфас. При виде бегущей к нему фигурки нижняя часть кокпита открывается в неповторимой обезьяньей улыбке. Что за внешность!

Она нередко набирала номер телефона его логова на Дюпон. Она ничего не знала о его немыслимой занятости, вдруг пришедшей после ее отъезда, и его постоянное отсутствие, сообщаемое торопливой, грамматически неправильной записью, приводило ее в бешенство. Подонок, где он пропадает? И с кем? Может быть, это одна из тех пинкертоновских нахальных сикух-бимбос? Или, может быть, он вступил в дюпоновскую «голубую дивизию»? Она была поражена и оскорблена простым фактом: он ни разу не попытался найти ее за все два года разлуки! Как они говорят в России: «с глаз долой, из сердца вон»? Банальная блядская мудрость оказывается верна.

Во время своих нечастых, но продолжительных разговоров с отцом она ни разу не упомянула Алекса. Чувствуя эту нарочитость, Стенли тоже ни разу не назвал его имени. Только совсем недавно, то есть близко уже к возвращению Норы в романное пространство, он сказал мимоходом, что Алекс избран одним из вице-президентов Фонда Корбахов и что, возможно, они в недалеком будущем вместе поедут на его «великолепно разваливающуюся родину». Впрочем, он тут же прикусил язык, встретив ее враждебное молчание. Он был определенно огорчен тем, что Алекс и Нора не собираются одарить его маленьким «двойным Корбахом».

Однажды в отеле на Кипре ее вдруг пронзило острейшее чувство приближения к Алексу. Он был где-то рядом, без сомнения! Она бросилась в телефонную будку и набрала вашингтонский номер. Если он ответит, она не скажет ему ни слова, но хотя бы будет знать, что интуиция на этот раз ее подвела. Снова послышался рекординг, но тут ее пронзила еще одна ужасная мысль: пока она тыкала пальцем в кипрский телефон, Саша прошел мимо будки и испарился с концами! Она распахнула дверь и выскочила. Среднего возраста мужик в шортах и панаме отшатнулся в сторону, как будто он пытался подслушать ее разговор. Он не мог оторвать от нее изумленных глаз. Что случилось? Может, это какой-нибудь Сашкин друг? Или этот тип помнит ее портреты в газетах двухлетней давности? Собственное отражение в зеркале мелькнуло перед ней. Она была поражена своей страннейшей бледностью и еще более странным лиловым свечением в глазах.

Нет сомнения, он где-то здесь. Может быть, он сидел в баре с этим в панаме и видел ее на пляже. Может быть, он сказал этому приятелю: видишь эту женщину, я ее когда-то любил. Или что-нибудь более детальное, как они любят говорить в барах с многозначительными улыбками и усмешками в стиле хемингуэевских героев.

Она села в холле и заказала мартини. Почему не спросить в рецепции, есть ли здесь такой Алекс Корбах? Нет уж, никогда не унижусь до поисков. Сижу здесь просто потому, что здесь приятно сидеть с мартини после месяца в грязных пещерах. Конечно, мы можем столкнуться друг с другом, но это произойдет только случайно. Сиди здесь, жди случайности, закажи еще мартини.

Мужик в шортах снял свою шляпу, заткнул ее за пояс и присел к бару. Пьет чай. Ну и зануда, пьет чай в баре! Бросает косяки на нее время от времени. Знаю я эти фальшиво отеческие взгляды! Но почему мне кажется, что если этот тип здесь, значит, и Сашка где-то поблизости?

— Экскузо муа, ву зет вери лонли ай си ту ту найт? — спросил сзади наглато-трусоватый голос. Она обернулась и увидела нескладного верзилу в переливающемся шелковом костюме.

— Poshyol na khuy! — Она ответила вежливо.

Переливающийся отвалил в ужасе. Шорты в баре покивали с одобрением. Через вращающуюся стеклянную дверь она увидела Джейкоба Палсадски, который подъехал на своем джипе, чтобы взять ее в Пафос на вечеринку археологов. Она встала и вышла из отеля. Внешне без колебаний, внутренне, если можно так выразиться — а почему нет, пожал плечами чаелюб, — в позе классического отчаяния.

И наконец она прозвонилась. Однажды, почти уж ритуально, натыкала мизинцем его номер и вдруг услышала дымный голос: «Хеллоу?» Было десять часов утра в Яффе и, стало быть, два часа ночи в Вашингтоне.

Алекс лежал в постели. Сна не было ни в одном глазу. Мыслей ни в одной извилине. Бесконечные перелеты перепутали стрелки его внутренних часов окончательно. Он мог не смежить очей всю ночь и заснуть перед уроком в «Черном Кубе». В этот именно момент он предавался своим небезвредным привычкам: тянул «Джека Дэниела», курил черную сигариллу и соображал, кого пригласить на пробы в Эл-Эй — Беверли или Кимберли. Или обеих? Рокси Мюран только что его покинула, то есть была уже приглашена. Совершенно измочаленный пятидесятиоднолетний мудак. Смешно начинать все сначала в таком возрасте, даже если твой спонсор Стенли Корбах с его миллиардами. Раскинувшись среди подушек и одеял, он не мог шевельнуть ни руками, ни пальцами. Все-таки один блудливый палец из левой группы начал тыкать в RC. VCR начал предлагать то, что записал в отсутствие хозяина. Ну, разумеется, ток-шоу, что-то вроде советского «Клуба веселых и находчивых», встреча команды садистов с командой мазохистов, хохот, обмен невинными шутками.

В этот как раз момент зазвонил телефон, блядская жаба. Он выключил телевизор и снял трубку жестом обожравшегося человека, берущего еще одну порцию шиш-кебаба. Хелло. Молчание. Ну, вот опять, подумал он. Конечно, он давно уже не ждал звонка от Норы.

«Послушай, — произнес голос, который он сначала даже не узнал, — через неделю я буду в Париже». Узнав ее, он отказывался верить. «Я остановлюсь в «Лютеции» на углу бульвара Распай и Рю де Севр». И опять он сначала не понял, что ему назначают свидание. «Так что приезжай, если можешь. — После паузы. — И если хочешь».

Повесила трубку.

И упала на ковер, хватая себя за горло всеми десятью пальцами и воя от стыда за свое столь сильное кичевое выступление.

Александр Яковлевич тем временем удивлялся, найдя себя не в постели, а на подоконнике. Умеренно выла телефонная трубка, которую мы так неуместно сравнили с шиш-кебабом четырнадцать строк назад. Шел апрель, если вы не возражаете. Ночь скромно предлагала пятна лилового цветения рядом с замысловато изогнутыми светящимися словесами. «Видеолавка Приапа» была еще, или уже, открыта. Видно было, как внутри тесная компания чертей с аккуратными рожками, элегантными копытцами и упругими хвостиками берет кассету для домашнего пользования.

«Лечу! — вдруг заорал АЯ, как влюбленный школьник. — К ней! В «Лютецию»!»

12. Перекресток Париж

1990. Конец апреля. Летняя жара. Ранние сумерки. Телеграфная проза. И что-то ждет за углом.

Нора сидела одна на открытой веранде брассери «Лютеция». Перед ней поставили чайный набор и яблочный торт. Никакого алкоголя, он может исказить образ ослепительной красавицы, сидящей в одиночестве за столиком парижского кафе. Тонкий дымок покачивается над пепельницей. Сигарета не исказит образ красавицы. Наоборот, подчеркнет что-то в нем. Фотокамера, лежащая рядом с тортом на столе, добавляет в кадр особую нотку, тем более что ослепительная женщина время от времени поднимает аппарат и щелкает раз или два, не меняя своей позиции. Что же является объектами ее интереса? Ничего особенного, кроме обычного перекрестка Левого Берега с витринами модных бутиков, парой светофоров, типично парижской круглой тумбой под резной крышей в стиле бель-эпок, с большим, округленным тумбой лицом Жерара Депардье, ну и, конечно, со столами, стульями и зонтиками на каждом углу.

Она наслаждалась каждым моментом этого сидения. В последние годы она стала ловить себя на склонности к некоторым клише. Вот мое любимое клише — кафе в Париже. Оставляю Амман и Багдад снобам. Мне больше нравится Париж.

Ничего особенного не происходит на перекрестке. Волна «часа пик» схлынула, ритм улицы замедлился. Впрочем, девушки в обтягивающих слип-дресс все еще шагают резво, мелькая своими большими белыми кроссовками. Что касается мужчин среднего возраста, то они уже расстегивают верхнюю пуговицу своих рубашек, оттягивают вниз галстуки, непринужденно движутся к своим кафе, слегка спотыкаясь при виде этих девиц, одетых в предмет туалета, который еще совсем недавно считался нижним бельем и соблазном интимных оказий.

Нора подняла свой «Nikon» и сделала снимок двух мужчин шестидесяти-с-чем-то, элегантных и неряшливых, которые пересекали улицу по направлению к «Лютеции» и были полностью увлечены своей дружеской болтовней. Они были похожи на людей из парижских литературных кругов. Один мог быть старшим редактором какого-нибудь старого издательского дома, и его перо, возможно, путешествовало по рукописям Жан-Поля Сартра и Альбера Камю. Какие тут издательства расположены по соседству — «Галлимар», «Файярд»? Второй, конечно, писатель, его романы приобрели солидную репутацию во многом благодаря дружеской редактуре первого. Они любят друг друга и никогда не предавали друг друга. И никогда не предадут, пока живы и еженедельно выпивают вместе в «Лютеции».

Внезапно Нора испытала к этим двоим порыв мимолетной симпатии. Эти двое находятся среди тех, кто подпирает мир, к которому я принадлежу. Каждый момент их уже идущих на спад жизней вносит вклад в содержание феномена, известного как «западная цивилизация»: книги, одежда, художественные выставки, самопоблажки, распущенность, витамины, транквилизаторы, застарелые привычки, включая вот эту дружескую болтовню по дороге в кафе. Они уже слишком стары для девиц в слип-дресс и белых тапочках, а может быть, в самый раз для них. Впрочем, они, кажется, не обращают внимания ни на кого, кроме одинокой красавицы на веранде.

Двое заметили Нору и обменялись многозначительными взглядами, словно говоря друг другу: видишь, она все еще здесь, эта женщина, героиня нашей литературы, она все еще в этом мире! Потом они открыли дверь, и из кафе вылетела тема первой части а-минорного концерта Грига. Как раз то, что было нужно.

Нора ждала здесь мужчину. Впервые в жизни она пришла раньше партнера на свидание. Те из вас, ребята, кто думает, будто она ждет Сашу Корбаха, ошибаются. Она приехала нынче в Париж, чтобы увидеть другую мужскую персону, своего сына Бобби. В этом году ему исполняется восемнадцать, он кончает колледж в Швейцарии и начинает думать о новой фазе в своей жизни.

Неделю пасхальных каникул Бобби провел с бабушкой Ритой О'Нийл в Эл-Эй, теперь он был на обратном пути в колледж. Сидя в кафе, Нора мечтала, как шести-с-чем-то-футовый мальчишка выйдет из толпы и как она поймает его своей камерой. Вместо Бобби другой малый из ее раскинутого по всему мира хозяйства появился на другой стороне улицы. На этот раз вы правильно угадали, это был наш неугомонный Александр Яковлевич. Он вышел из такси прямо напротив Нориного наблюдательного поста, и она немедленно призналась себе, что ждала здесь его, а не Бобби.

Высадившись, Александр Яковлевич (она всегда произносила его полное имя с несколько сардонической интонацией) замер на месте, как будто очарованный парижскими огнями и тенями, запахами и звуком. А может быть, он был очарован молоденькой стройной тварью в черном обтягивающем слип-дресс и белых кроссовках, которая быстроходно прошла мимо и бросила на него притворно надменный взгляд через плечо? У Норы перехватило дыхание.

Ну вот и я, подумал Саша Корбах в этот момент. Вокруг вечный Париж. Кто сказал, что он вечный? Прошу прощения, только не я. Всегда шарахался от таких клише. Другой, понимаете ли, уровень изощренности. Впрочем, я люблю его. Я люблю этот вечно ускользающий Париж. Я не могу представить себе Землю без Парижа. Эту вечную Землю без этого вечного Парижа. Вечная планета, вечный город, вечный перекресток, вечная тумба с вечной актерской мордой, вечная девчонка, вечно готовая на все, два вечных литературных старика, жующие за окном свои Fruits de Mer, вечная одинокая женщина в углу открытой террасы, красивая штучка с богатым прошлым, а тут рядом и вечный парижский поцелуй в исполнении уродливой парочки, но — чу! — перестук железных копыт, — из-за угла появляется смертный металл, имперский кентавр со стальной фацестой, засунутой ему в сраку, уж не собирается ли скульптура разрушить этот вечный мир, плотоядно переплавить плоть и металл, почему он тут таскается по переулкам, это воплощение смертности? Увы, и Париж не вечен, таков был глубокомысленный вывод, сделанный АЯ в этот момент. Отгони эту мысль и вдохновись тем, что тут есть вечного, то есть постоянно ускользающего, в этот момент. Он поднял с тротуара свою сумку и зашагал к «Лютеции».

Она видела, как он приближается, и ей казалось, что он может пройти, не узнав ее. Она заметила нечто новое в его лице, какой-то смущенный прищур. С соседнего столика люди удивленно смотрели на независимую даму в широких стильных одеждах: почему у нее так сильно стучит чайник о фотокамеру? Она подняла камеру и пустила ее на автоматическую серию: Алекс Корбах приближается со своим полулунатическим видом, он останавливается, привлеченный щелканьем затвора, надевает очки — очки у него на носу, невероятно! — наконец узнает фотографа.

— Простите, сэр, — она сказала, — могу я надеяться на вашу компанию сегодня вечером?

— Я весь ваш, lock, stock and barrel, то есть со всеми потрохами, — ответил он так, как нужно. Все-таки он был режиссером и лучше других знал, как избежать горько-сладкого кича. Он сел рядом с ней, и они не менее пяти минут хранили молчание, напряженно глядя друг на друга, как будто изучая каждую морщинку на лбу и вокруг глаз. Потом он смущенно протянул руку и отвел ее волосы, чтобы найти родинку на виске. Найдя ее, он улыбнулся, и она вспомнила, как он шутил, что это, конечно, знак браминской касты, только немного заблудившийся в сказочной стране. В ответ она быстрым движением пальцев, сродни молниеносному броску фехтовальщика, расстегнула одну пуговицу на его рубашке и увидела мачту кораблика на его грудине. Эта татуировка была сделана тридцать лет назад в казарме артиллерийской бригады, где Саша со своими однокурсниками проходил военные сборы, или, вернее сказать, месячные курсы по унижению человеческого достоинства. Не раз Нора говорила, что кораблик завез его слишком далеко.

Вскоре после этого обмена в кафе появился Бобби Корбах, долговязый юноша «англо», не имеющий никакого отношения к рэп-стилю своего поколения; эдакий преппи-аристократ.

— Вообрази, Бобби, я ждала тебя, а тут неожиданно мой друг Алекс выскочил как Джек из коробочки, — слицемерничала Нора.

Бобби посмотрел на Алекса с холодной сдержанностью: хау ду ю ду, мистер Алекс!

АЯ пожал руку сильного теннисиста. Забавно, подумал он, этот парень тоже может считаться евреем, хотя, по моим расчетам, в нем только 7/32 наших благородных генов, а его внешность не имеет никакого отношения к варшавскому меховщику.

— Как тебе Рита? — спросила Нора.

Мальчик рассмеялся:

— Все в порядке. Как всегда, молодеет. Она говорит: к сожалению, я пропустила один важный момент в моей жизни и потому постарела. С того времени, однако, я всегда начеку и никогда не упускаю шанса помолодеть. Ты знаешь, мам, она меня почти уговорила идти в кинобизнес.

— Что это значит, Бога ради? — спросила Нора тревожно.

— Ну, для начала можно взять годовой курс при киношколе в USC.

— Надеюсь, ты это не всерьез, Роберт? — Нора повернулась к Алексу. — Мой сын еще в декабре подал заявление в Беннингтон. Собирался изучать политическую журналистику и классическую философию. Это был его собственный выбор! — Теперь она повернулась к сыну. — Мистер Алекс, как ты его называешь, имеет некоторое отношение к кино. Никто лучше него не объяснит тебе, что кино — это «ярмарка тщеславия».

Бобби выдал одну из своих самых утонченных улыбок:

— Я понимаю, мам, что мистер Алекс Корбах не просто какой-нибудь рядовой балаганщик на этой ярмарке, особенно в связи с его суперпроектом, о котором так много сейчас говорят.

Нора почти в шоке повернулась снова к Алексу. Она стала немного выпучивать глаза, подумал он. И кожа на углах челюсти отвисла самую чуточку. Но, Боже, как она красива, моя любимая!

— О каком это твоем проекте теперь так много говорят, мой друг?

Алекс молча показал ладонью на Бобби: спроси, мол, у него.

— «Свечение», — произнес Бобби скромно. Он был явно горд показать свой доступ к голливудской внутренней информации.

Алекс усмехнулся:

— Мне понравился твое «балаганщик», Бобби. Я действительно балаганщик по натуре. Уж конечно, я не политический журналист или классический философ. Циничная и тщеславная толпа — это как раз мой мир. У меня выбора нет. Но как насчет тебя, молодой человек? Ты уверен, что тоже любишь балаган? Жаль, что я не могу тебя попробовать на сцене моей старой московской труппы.

— Вы имеете в виду «The Shooty», сэр? — Бобби с удовольствием произнес название труппы по-русски.

Нора хлопнула ладонью по столу:

— Что происходит? Откуда это ты так много узнал об Алексе?

— У Риты только о нем и говорят, — сказал Бобби и подмигнул другу своей мамы.

У него довольно дружелюбная мигалка, подумал Алекс. Вряд ли он ее от своего папы унаследовал.

— Всевышний! — воскликнула Нора. — Уж если Ритин клуб тебя обсуждает, значит, ты стал настоящей звездой в мое отсутствие!

— В твое отсутствие где, мам? — невинно спросил Бобби.

И все трое тут грохнули, после чего двусмысленность исчезла и установились довольно естественные связи в этой маленькой компании: вечно красивая и все еще молодая мама, ее взрослый сын и ее бывший любовник. Бывший? Ну, впрочем, это не важно, важно то, что он остался ее истинным другом, и ее сын, значит, ему не чужак.

Те читатели, что хоть немного знакомы с другими les romans данного автора, вправе предположить, что после взрыва дружелюбного хохота эти трое отправятся ужинать, и, разумеется, в «Куполь». Каким бы малым ни было число этих читателей, мы скажем, что они правы и что мы уважаем их в обратной пропорции от их числа. Уверен, они теперь отправятся по стопам нашей тройки в храм монпарнасской жратвы. Мы же, в свою очередь, не пойдем по стопам достопочтенного мэтра Франсуа Рабле и не будем гвоздить читателей такими суперлятивными существительными и прилагательными, как пьяницы, сраки, обжоры, говенные мешки жира или жирные мешки говна, мы, пожалуй, будем придерживаться стереотипной вежливости, однако даже мы будем настаивать, чтобы они в «Куполе» не путались с нашими героями и не выказывали никаких признаков амикошонства. Даже автор, как видели многоуважаемые читатели, делает вид, что не знает эту тройку, хоть и сидит рядом, ушки на макушке. Не исключено, что Саша Корбах узнал автора, во всяком случае, он бросил на него косой взгляд и кривоватую улыбку, как бы говорящие: «Ну к чему эти постоянные попытки подслушать чужие разговоры? Неужели шпионство действительно вторая натура вашей профессии, бесстыжие романисты?»

Что касается нашей красавицы, то она не замечала посторонних и лишь наслаждалась удивительной встречей одновременно с двумя людьми, ближе которых для нее не было никого в мире, и только иногда чувствовала какие-то необъяснимые уколы тоски. Бобби Корбах тем временем, не чувствуя никаких уколов тоски, как настоящий молодой человек всех времен и народов был счастлив сидеть на равных в знаменитом ресторане со своей «мам» и ее бой-френдом, о котором он слышал так много из разных источников. Непринужденно болтая, он старался изо всех сил показать в лицах ведущих членов кружка его бабушки.

— Посмотри, Нора! — восклицал Алекс. — Твой парень не лишен актерских талантов! Вам надо пересмотреть его будущее!

Нора с понтом злилась:

— Ты что, действительно хочешь соблазнить моего «строгого юношу»?

В свою очередь она рассказывала забавные истории из недавней археологической практики, и тоже в лицах, особенно когда касалось «кита полевых работ» профессора Лилиенманна. В начале каждого полевого периода он обычно прекращал бриться и стричь волосы. Чем глубже погружалась экспедиция в культурные слои, чем богаче был депозит артефактов, тем более древним и величественным становился Лилиенманн. Как библейский пророк в замазанной тунике он сидел на верхушке холма, бросая то одну, то другую фразу на латыни, иврите или на том, что он считал шумерским, — в зависимости от того, где они работали. Самая ударная метаморфоза, однако, происходила с ним, когда «поле» кончалось. Старательно выбритый, с прической ежиком «крюкат», в хорошо сшитом костюме, он появлялся в научной толпе на конференции и бывал чертовски раздражен и оскорблен, если сотрудники его не узнавали.

Саша Корбах тоже не остался в долгу. Он стал рассказывать о своих отношениях с путнийскими профессионалами. Раз привели целую толпу фехтовальных экспертов. Окаменели, когда он им сказал, что в фильме не будет фехтования. Фильм о XIII веке без стали в руках, без потоков крови? Сессия Совета была созвана для обсуждения этих противоречий. Там он сказал, что самое близкое к традиционному голливудскому фехтованию, очевидно, произойдет, когда группа гвельфов столкнется в узкой улочке с группой гибеллинов. Там, после обмена ругательствами, обе партии возьмутся за рукоятки мечей. Бой не состоится или останется за кадром, но этот эпизод будет более драматичным, чем все ваши бочки с клюквенным соком, леди и джентльмены. После этого один из продюсеров написал рапорт об отставке. Он отказывался работать для «намеренно тоскливого, гнилого, претенциозного и декадентского образчика так называемого высокого искусства». Ты видишь, Бобби, что, даже несмотря на деньги и влияние твоего деда, «Путни» вряд ли когда-нибудь сделает «Свечение».

В этот момент Нора заметила, что ее сын замер с открытым ртом. Кажется, он хотел что-то спросить, но потом испугался собственной дерзости. В следующий момент Алекс совсем уже ошеломил мальчишку.

— Слушай, Бобби, ты не найдешь нескольких часов, чтобы пролистать это и сделать свои замечания?

— Алекс! — воскликнул Бобби шепотом. — Вы имеете в виду свой скрипт, не так ли?

Алекс отдернул молнию на сумке и вытащил увесистый сценарий с грифом «Путни продакшн» на обложке. Не веря глазам, Бобби пробормотал:

— И вы это мне даете, чтобы я пролистал, так?

— Ну конечно, у меня с собой два экземпляра.

Нора поняла, что экземпляр, который Бобби сейчас держал в благоговейных руках, предназначался для нее. Теперь Бобби его получил. Мэтр хочет узнать вкусы нового поколения. Бедный Саша, неужели ты не понимаешь, что Бобби Корбах не представляет широких масс кинозрителей? Ну, пусть они обменяются взглядами. Им явно хочется подружиться. Второй раз за вечер тема григовского концерта проплыла над ее головой. Она оглянулась и заметила, что по крайней мере десяток людей наблюдает за ней с грустной симпатией в глазах. Сладостная и болезненная меланхолия, казалось, заменяла запахи утонченной кухни в этом гастрономическом чертоге. Двое мужчин за ее столом вроде бы забыли о ее присутствии. Теперь они увлеклись разговором о природе Ренессанса. Что это было: возрождение великой традиции, классических искусств и словес после трудно объяснимой тысячелетней дегенерации или новый триумф плоти над робким духом, первичного греха над первозданной чистотой небес, а если второе верно, то какое отношение Данте имеет к Ренессансу?

Мерзавцы, они даже не думают, что женщине тоже есть что сказать по данному предмету, хотя бы по археологическому фону

Ренессанса. Сейчас выберу мужчину из тех, кто на меня таращил глаза, и буду с ним кокетничать. Она оглянулась вокруг и была разочарована: никто за ужином не обращал на нее внимания, все были полностью увлечены мягким пережевыванием пищи.

Общеизвестно, что французы творят священный ритуал из своих трапез. Какая концепция Ренессанса действует здесь, в этом огромном зале «Belle Epoque»? Если для них рестораны — своего рода церкви, то этот, очевидно, кафедральный собор. Стоит взглянуть на статного бровастого метрдотеля, что идет по проходу, как епископ. Похоже, что собирается сделать какое-то важное заявление, призвать гостей к еще более благоговейному блаженству.

Внимание, внимание, медам и месье! Бровастый поднял руки в манере циркового шпрехшталмейстера. Прежде всего позвольте мне сказать, что я чрезвычайно рад моей привилегии поблагодарить вас от лица нашей администрации и всего коллектива, включая двух волшебников кулинарии, месье Пьюсана и мадам Фатон. Моя неизмеримо почтеннейшая публика, мы прекрасно знаем, что наша историческая институция время от времени становится местом действия того или иного романа, часто написанных на внешних языках. Это, между прочим, происходит сейчас, дорогие гости. Мы знаем, что среди наших регулярных прихожан присутствуют люди, которые не очень-то оценивают вдохновенно приготовленные блюда, все искусство и культ Куполь-де-Монпарнас, будучи вместо этого вовлечены в посторонние беседы, к примеру, о противоречиях Ренессанса. Мы можем также предположить, что среди сегодняшних дам присутствует одна, чей смех не звучит как полная манифестация наслаждения и чьи глаза полны печали за их радужными оболочками.

Дорогие друзья, я надеюсь, что встречу всеобщее одобрение, если я скажу этим нежданным гостям, так искусно обнаруженным нашей спецслужбой: добро пожаловать! В соответствии с нашей всемирно известной традицией мы им говорим: иностранцы, вы нам не обуза! Мы уверены, что рано или поздно и вы приобщитесь к таинствам нашего храма. И для того чтобы доказать наше гостеприимство, мы проводим сегодня акцию пожертвования! Каждый приглашается внести свою лепту! Allez-y!

Маленький, но изощренный оркестр начал тут тихонько играть попурри бессмертных тем, вроде «Shadow of Your Smile», «Dream a Little Dream», «Over and Over», что привело Нору на грань рыданий. Два маленьких аннамита вкатили гигантское, густо позолоченное блюдо пожертвований. Они медленно проходили по главной аллее, а также проникали в боковые авеню между столиками. Не было ни одного прихожанина, кто бы постарался увильнуть от донаций. Некоторые дамы вставали как-то рывками, господа — с полным достоинством. Одни делали это с полуироническими улыбками, другие со слезами на глазах. Одни ставили на блюдо маленькую вазочку с персидской икрой, другие предлагали простой корнишон. Вообразите диапазон цен, просто вообразите! Первый слой пожертвований быстро покрыл золоченое блюдо и продолжал наращиваться, превращаясь в поистине благоуханную пирамиду.

Было здесь немало и початых кушаний: ломтики лососины, филе-соль, комки картофельного пюре под грибным соусом, скелетики маринованной сельди, похожие на червячков анчоусы, остатки бульона на бычьих хвостах, хвосты и лапы омаров и лангустин, соплеподобные серебристые устрицы, дюны цветной капусты с зонтиковидными брокколи, одна персона, которая как-то не может определиться, животное она (он, оно) или растение, а именно морской еж, и его близкие родственники по гастрономическим пещерам Парижа, мы имеем в виду, конечно, разрезанные пополам лимоны, рогатеньких улиток, морскую траву, напоминающую пряди подводных дев, а также больших вкладчиков в общий обонятельный букет, сыры различных видов, ну, и остатки наших плотоядных утех, а именно позвоночки ягнят, телячьи почки, кусочки филе-миньонов, которые прикидываются не частью чьей-то плоти, а просто какой-то отвлеченно вкусной едой, птица также, немало птицы, кусочками, как индейки и фазаны, или цельной штучкой, как хрустящие цыплята, например, или перепелки, иные из них уже утратившие ножку или две в процессе пиршества, прерванного благотворительной церемонией.

Было бы нечестно не упомянуть тут тех, которые уже завершали ужин, а потому могли предложить только элементы десерта, в основном деформированные зубами и языками, всякие там яблочные пироги, крем-карамель, смородиновые шербеты, торты типа «тысяча листиков» и так далее. О ценности вклада в данных условиях, конечно, нельзя было судить по его нетронутости. Гораздо важнее был порыв. Мы видели литературную мамзель в парике, чьи челюсти советской работы застряли в ломтике иорданской халвы. Она тем не менее вырвала все это хозяйство изо рта и водрузила свой вклад на вершину пирамиды, чем заслужила аплодисменты.

Нора в ужасе наблюдала рост пирамиды. Рано или поздно круг будет завершен и жертвенное блюдо направится к персоне, которой она предназначена, к ней. Терпение ее в конце концов лопнуло, и она бросилась к бровастому церемониймейстеру.

— Что означает весь этот кич?! — взвизгнула она с истерической интонацией, которую ранее она никогда за собой не замечала, но догадывалась о ее существовании в своих глубинах.

— Вы знаете, мадам, — ответил с поклоном сияющий монстр.

— Таким вот уродливым образом вы представляете здесь конец моей любви?

— Это вы сказали, мадам.

Весь ресторан, несколько сотен едоков, взорвался в аплодисментах. Чудовищная гора объедков приближалась, как будто открывая свои ароматные объятия для Норы. Достоин удивления тот факт, как быстро эта масса начала гнить, распространяя вонь удушающего разложения. Ну достаточно, вы, автор, хватит уж тратить бумагу на все это дерьмо!

Они завершили свой ужин и после кофе покинули «Куполь» в прекрасном дружелюбном настроении. На углу Распая Алекс показал Бобби небольшой образчик своего шутовского профессионализма. Там работал мим, который незаметно пристраивался к гражданам и имитировал все их движения: подзывание такси, чтение газеты, целование девицы, поедание хот-дога с неизбежным разбрызгиванием кетчупа. Алекс незаметно пристроился к самому миму и начал имитировать его имитацию. Бобби хохотал как безумный. Ну, подружились, думала Нора, глядя на них и пытаясь стряхнуть со своих уст подобие материнской улыбки.

— Приходи ко мне завтра в четыре часа дня, — шепнула она Алексу.

— Почему так поздно? — шепнул он в ответ, показывая определенное нетерпение.

— В четыре часа, — повторила она, и они расстались.

Он отправился на площадь Сен-Сюльпис, где давно уже заприметил в тени большой церкви отельчик, который показался ему почему-то воплощением литературной парижскости. Надеюсь, у них найдется комната для меня, подумал он и по-католически перекрестился. Это помогло. Как раз в тот момент, когда он вошел в маленькое фойе с изогнутой лестницей и скульптурой робкой нимфы, ночной портье говорил по телефону с одним из гостей. Этот человек сообщил, что на пару дней задержится в полиции и потому отменяет свою резервацию.

АЯ вошел в крохотную комнатку с окном, выходящим на импозантный фонтан с великолепными мраморными фигурами. Струящаяся вода создавала ощущение мирно падающего времени. Он сел на кровать и стал смотреть на суровых епископов, могучих львов и довольно похабненьких морских чудищ. И те, и другие, и третьи представляли собой вызов бесчеловечным законам материализма. И в то же время каким-то смирением веяло от всей композиции: что было, мол, то прошло.

Она хотела спасти нашу любовь, и она это сделала. Спасенная любовь ушла в прошлое. Необратимо. Где-то хранится, вне нашего времени. Для Данте Беатриче была посланницей

Небес. Блок дрожал в тени высокой колонны, с купола церкви на него нисходил образ Прекрасной Дамы. Оба они были молоды ко времени своих мистических встреч — еще не развращенные души. В отличие от великих мы с Норой встретились, будучи уже жалкими развратниками. Мы жаждали великой любви, но мы не могли ее представить без траханья, без безумных совокуплений, так что наша великая любовь была обречена, пока она ее не спасла. Необратимо. Эти мысли без конца приходили ему в голову, пока он не заснул в парижском отеле, в комнате, которую так нескладно зарезервировал для себя футбольный хулиган из Ливерпуля.

На следующий день в четыре часа пополудни он постучался в комнату 609 отеля «Лютеция». Дверь распахнулась, и он через порог увидел незнакомое юное существо. Простите, я, кажется, ошибся. Существо протянуло к нему руки. Нет-нет, вы не ошиблись, сэр! Входите и делайте все, что вам в голову придет. Ну, конечно, это была она, несмотря на короткую мальчишескую стрижку. На ней было обтягивающее черное платьице с двумя тонкими бретельками на голых плечах. Грудь была едва ли прикрыта. Юбка обрывалась на уровне лобка. Солидными частями ее туалета были только большие белые кроссовки и длинные белые носки.

Охваченный мгновенным неудержимым желанием, он ворвался в комнату, схватил Нору за плечи, запечатал ей рот своими губами и склонил ее тело поперек широкой постели. Она оказалась без трусиков, так что его пенис не встретил никаких препятствий для быстрейшего и максимального проникновения. Оказавшись под ним, хныча и вскрикивая, она продолжала играть роль уличной поблядушки.

— Угодно вам, чтобы я сняла свои туфли, сэр? — прошептала она, когда они переходили к их излюбленной коленно-локтевой фигуре речи.

— Не смей! — прорычал он в ответ. Сам он тем временем снимал свои шмотки штуку за штукой. Полумрак распутства царил в комнате.

Интересно, сколько людей сейчас трахаются по всему Парижу, думал он, как всегда, не очень-то к месту. Тут он заметил, что Нора смотрит куда-то вбок, он проследил направление — это было темное зеркало. В его смутном отражении он разглядел лысого старого развратника, насилующего хорошенькую школьницу. Он слегка прикусил ей кожу над лопаткой. Она жалобно пискнула, полностью в своей роли. У нее тоже есть свои собственные актерские свойства. Фактически у всех под обычным поведением таятся актерские свойства. В каждом человеке живет хороший актер, и он может проявиться при определенных обстоятельствах. В данном случае при обстоятельствах неутомимо таранящего хуя. В комнате, между прочим, вовсю витал мышиный запашок кокаина.

При следующей перемене позиции — на этот раз Нора уселась сверху — он вступил в следующий раунд неуместных мыслей. Какие странные мы создания! Мы такие странно плотные, у нас так много органов, расположенных так тесно друг к другу. Почему мы не были созданы каким-то менее запутанным, более воздушным, более эфирным путем? Почему так получается, что высшее проявление любви не может быть достигнуто без втыканья определенного отростка (по-английски звучит «шут») в определенную продолговатую полость? Почему это не может происходить каким-то менее зверским путем, ну, скажем, сведением каких-либо поверхностей, дыханьем изо рта в рот? Мы представляем собой комбинации каких-то странных на вид процессов. Все, что мы едим, даже самое вкусное, превращается в говно, которое из нас выходит через отверстие очень близкое к органу любви. Что это такое, если не последствия первородного греха? Может быть, оригинальный концепт был каким-то другим, но потом он на некоторое время отклонился? И мы, бедные твари, как раз и являемся странными фантомами этого «некоторого времени», которого без нас нет?

Странным образом основательные идеи, бродящие в его уме, совсем не отражались на его выступлении ниже пояса. После каждой эякуляции — а их было уже тридцать в ходе «изнасилования школьницы» — его фаллос немедленно возвращался в боевое положение. Будем откровенны, он засек время и теперь с тупой улыбкой отмечал, что прошло уже триста семьдесят минут, а все неясно, сколько еще этих блаженных минут впереди.

В конце концов «школьница» вырвалась из его объятий и с полубезумным выражением на лице попыталась спасти свою измученную и кровоточащую зону от очередного раунда безжалостного траханья. Трудно было больше обрадовать его или кого-то еще в нем: он стал преследовать бедную крошку от стены до стены и перехватывать ее на пороге единственного возможного убежища в ванной. Она забилась на полу в угол и умоляюще вытянула руки. Пожалуйста, хватит! Остановись! Я больше не могу! Он сел рядом с ней, взял ее руки и стал целовать их так страстно, как будто они и были самыми чувствительными частями ее тела. Потом без сопротивления раздвинул ей ноги и снова вошел.

Часы тикали, он наблюдал движение их стрелок и думал с тупым удовлетворением, как сильно он побил свой собственный рекорд. Не удивлюсь, если я уже побил рекорд «Лютеции». Надо будет спросить на обратном пути у портье, какой у них рекорд.

Говорят, в Очичорнии есть один рекордсмен, которому двух часов не хватает на один пистон. Теперь и он посрамлен с его жгутами и шприцами папаверина. Однако я должен все-таки выразить какую-то жалость, какое-то сострадание моей партнерше. Согласно Артуру Шопенгауэру, сострадание — это единственное, что отличает нас от животных. Он сжал ее бедра и с долгим воем ввел в нее наконец все свое внутреннее содержание без остатка. Два тела распались, и он немедленно заснул.

Проснувшись, он увидел, что Нора сидит в кресле, одетая в обычные джинсы и светшетку, с сигаретой в одной руке и с напитком в другой. Ничто, кроме мальчишеской прически, не напоминало в ней недавнюю сучку-ученицу.

— Ты меня не любишь больше, — сказала она печально.

— Ты так думаешь? — Ему было неловко от своей наготы. Его орган напоминал теперь жалкого воробьышка, а не победоносного орла, каким он его видел последний раз.

— Это не меня ты трахал, — сказала она. — Другую, и ты знаешь кого.

Он пошел в ванную и вернулся с полотенцем, обкрученным вокруг бедер.

— Ты знаешь, Нора, что ближе тебя у меня нет никого в мире.

Она кивнула:

— Я знаю. — Потом добавила: — Но это другое дело.

Он промолчал. Тоска высасывала у него изнутри то малое, что осталось. Потом сказал:

— Пожалуйста, пожалей меня, любимая.

Она прошептала:

— Я жалею. — И положила ему руку на поблескивающую макушку.— Бедный шут. Расскажи мне о своем отце.

Он вздрогнул:

— Что я могу рассказать о человеке, которого никогда не видел?

— Ты знаешь что, — сказала она.

Он рассказал.

Она вздохнула с облегчением:

— Слава Богу, это почти точно так, как я воображала. Ты помнишь, Саша, что я тебе рассказала после полета на шаттле? Мне нелегко было раскрыть даже для тебя этот запрятанный ящичек. Поэтому я ждала, что ты мне раскроешь свой. Я чувствовала, что это как-то связано с отцовством. Сначала думала, что ты себя воспринимаешь предателем по отношению к Степе и Льву, и только потом забрезжило что-то, уходящее к Якову Корбаху. В мужчине всегда живет мальчик, и этот мальчик хочет знать отца. Когда-нибудь Бобби потребует у меня ответа, кто...

Алекс прервал ее:

— Не волнуйся, он не потребует. Бобби прекрасно знает, кто его отец.

Нора почувствовала, что входит в зону сильной тряски.

— О чем ты говоришь? Как он может знать то, чего даже я не знаю, его мать? Просто тогда, среди дурацкой бешеной жизни, я вдруг захотела ребенка, вот и все.

Алекс прикоснулся губами к ее руке.

— Знаешь, давай закроем эту главу нашей соуп-оперы. Я давно уже понял, что твой первый муж, Дэнни-революционер, беглый из списков ФБР по обвинению в убийстве двух копов, наведывался тогда к тебе. Он и есть отец Бобби.

Не меньше пяти минут прошло в молчании. Рука ее несколько раз тянулась к ночному столику, очевидно, за транквилизатором, но останавливалась. Несколько раз она пыталась откинуть свои длинные волосы, потом спохватывалась, что их нет. Наконец она произнесла:

— Как Бобби может знать? Я никогда ему не говорила о...

Алекс пожал плечами:

— Бартелм мог навестить сына в швейцарском колледже.

Нора взвизгнула:

— Это он сам тебе сказал об этом?! Вчера?! Когда я ходила в туалет?!

Он осторожно взял ее руку в свои ладони.

— Пожалуйста, Нора, успокойся. Бобби ни слова мне не говорил о своей жизни. Мы толковали о Ренессансе.

Она вырвала у него свою руку:

— Тогда откуда ты знаешь?!

Он видел перед собой ее сощуренные, почти враждебные глаза.

— Откуда ты, Нора, узнала о моих снах с отцом? Как ты почувствовала эту девку в белых тапочках? Нам с тобой трудно что-то держать в секрете друг от друга.

Тогда она сказала спокойно:

— Оденься и оставь меня одну. Я засыпаю. Давай опять расстанемся надолго. Поезжай, куда тебе надо, — в Голливуд, в Россию? Поцелуй меня напоследок и испаряйся!

Не успел он выйти из комнаты, как она заснула, провалилась в темную яму без пушинки света.

Проснулась с ощущением полной неподвижности. Не могла шевельнуть ни рукой, ни ногой. Ее сын Бобби сидел перед ней. Он внимательно смотрел куда-то над ее головой. В незнакомом зеркале на незнакомой стене она видела его спину в клетчатой рубашке, потом саму себя, распростертую среди трубок на кровати, а позади кровати большой металлический ящик с флюктуирующими красными огоньками. Потом она услышала возбужденный голос сына: «Моник, давление поднимается! 80 на 45! Продолжает расти! 95 на 55! Она выкарабкивается!»

В следующий момент Нору захлестнуло чувство безмерной любви к своему единственному отродью.

13. *Декабрь 1990, SVO*

Нам приходится напомнить нашему читателю, что мы все еще находимся в параметрах девятой части романа, точнее, в самолете «Галакси-Корбах», который уже завершил ночной перелет через Атлантический океан и сейчас все глубже внедряется в атмосферу европейского континента. Время, как известно, при таком движении немного пожирается астрономией, и самолет, снявшийся из Нью-Йорка в полночный час, подходит к Москве уже ввечеру, как будто летел не десять часов, а все восемнадцать.

Все еще спали или дремали, кроме генерала Пью и полковника Сквэйра, которые перекидывались в картишки, когда из кокпита зазвучал голос майора Эрни Роттердама:

«Доброе утро, ребята, вернее, добрый вечер! Мы приближаемся к месту назначения. Через час с небольшим будем садиться в SVO. Мэдам де Люкс, экипаж напоминает вам, что в вашем распоряжении находится великолепная кофейная машина».

Вслед за высшими чинами отставки, которые, как мы видим, уже бодрствовали, встал отставной мастер-сержант Бен Дакуорт, немедленно готовый ко всем перипетиям судьбы, вплоть до сибирских соляных копей, о которых слышал немало еще на курсах подготовки молодого бойца.

Потянулась всеми членами ея и стюардесса воздушного судна, она же в некотором смысле и хозяйка, несравненная Бернадетта. «Черт побери, — произнесла она сиплым со сна голосом, который к середине дня превращался в весьма эффективное контральто, а по ночам иногда звенел и на частотах колоратуро. — Черт побери, надеюсь, мне удастся в Москве прогулять моих соболей!»

В Нью-Йорке она была постоянной мишенью одного из обществ защиты пушных животных. Возле здания Фонда Корбаха, где у Стенли и его прекрасной дамы был скромный жилой пентхаус площадью всего лишь три тысячи триста квадратных футов (чтобы получить в метрах, нужно разделить эту цифру на одиннадцать), почти всегда дежурил патруль этого общества. Едва лишь наша п.д. появлялась из подъезда в одной из своих тридцати трех шуб, к ней устремлялись активисты с плакатами «Прекратить убийства!», «Руки прочь от пушных животных!», «С вас течет кровь!» и с выкриками намного похлеще этих текстов. Иной раз какой-нибудь юнец — отдадим должное благородным побуждениям — бежал за ней по пятам и обрызгивал следы дамы несмываемой красной краской.

Бернадетта тогда, распахнув шубу и подбоченившись, то есть предъявив городу то, что, как она заявляла, принадлежит теперь только Стенли, начинала базлать в прежнем стиле управдомши на Тихоокеанском побережье: «А вы-то кто такие, идиоты?! Что у вас на ногах, гады?! Кожа! Кто бегал в этой коже до того, как она превратилась в ваши сапоги? Фак-вашу-расфак, сумку кожаную таскаете, а кто был твоей сумкой, писс-тебя-офф! Что ты жрал сегодня на завтрак — котлеты, сосиски, цыплят? Берите мою шубу, терзайте, варвары, мазерфакеры! На, на, жри мою шубу, на, на!» Ну, словом, Нью-Йорк. В Москве, она надеялась, ничего подобного с ней произойти не может.

Вся экспедиция собиралась теперь на завтрак вокруг овального стола. Приветствовали друг друга на новый, но уже укоренившийся в окружении президента манер, вместо «хау ар ю дуинг тудей» говорили «хау ар ю дайинг тудей», имея в виду философский аспект человеческой жизни как непрерывного умирания. В ответ полагалось оптимистически хохотнуть: «Айм дайинг файн!»

Когда началось снижение, Саша Корбах отсел к окну и постарался отключиться от хохота «умирающей» компании. Он задал себе увидеть первый блик открывшейся после семи с половиной лет родины.

Эрни Роттердам классно вел машину через километровый слой облепившей Страну Советов облачности. Ни хрена не было видно, а сумерки тем временем все сгущались. Сядем, очевидно, уже в полной темноте, решил Саша, и в этот момент сквозь войлочные космы открылась земля с большими бурыми и белыми шкурами русской поверхности. Блюдо покачивалось, то здесь, то там уже поблескивали огоньки деревушек, потом на горизонте стал проявляться большой московский жилмассив. Саша Корбах приник к окну. Этот-то вот массив, сплошная высотная застройка, скопление кухонь, мусоропроводов, всяких шторок, шатких сидений, холодильников «Север» и телевизоров «Рубин», рубленые соленья всяких там «синеньких», маринады с хрящами, ети их суть, шлепки-пантофлы, нерасчесанные киски, бутылки с мокрой затычкой, отодранные станиолевые шляпки, сырки «Виола», откормившие жирнушек нового национализма, концерты легкой инструментальной музыки, всякие немые сцены кухонных дискуссий — предупреждающий палец в потолок, гитаренции, аккорды «От Суоми до Китая всюду родина святая», в подъездах телефоны с оторванными на какую-то разживу трубками, лифты, в которых шансы рухнуть близки к шансам вляпаться, вопрос бессмертного быта «А где вы брали эти куры?», всякие там учебники Тарасевича с чернильно-борщевыми пятнами, отжеванные нервными ртами мундштуки папирос, отсосанные до внутреннего смыкания щек сигареты, а я у вас не разживусь десяткой до получки? — умиротворяющее фигурное скольжение по телевизору: 5,8; 5,9; 5,9; 5,7 (гад, не наш); 6,0; 6,0, — ура! снова золото мира нашему детству, а вот вам и Шоколад Шоколадович, этот с орехами, «Фантазия», что ли, ну, с балериной, или пористый, горько-сладкий «Слава», то есть почти Ростропович, чувство уюта со стаканом чая с плиткой Ш.Ш., тут открывается форточка, оттуда мороз, ночь, тебя там где-то ждут, «Танец маленьких лебедей» проходит через морозное небо апофеозом всего еще уцелевшего, шоколадного, пошло попурри конферанса, все-таки не зря два века говорили по-французски, даже чекистской шваброй до конца не развезешь всего этого в жилмассиве.

Жилмассив, качнувшись, ушел под крыло, и Саша Корбах чуть не разрыдался. Откачнувшись от окна, он увидел, что вся компания смотрит на него, и среди них выделяются глаза их «чокнутого» корбаховского патриарха, с коим вместе сто тридцать лет назад зародились в одной еврейской яйцеклетке. Стенли тут же отвел глаза, чтобы не смущать возвращающегося на родину Алекса, и все поступили так же, как будто просто случайно в этот момент взглянули на прильнувшего к окну друга.

На летном поле SVO (так нынче в авиабилетах сокращают слово «Шереметьево») какая-то западная машинка скребла железными щетками ледяную лужу. Стоял унылый пограничник с повисшим носом. «Галакси-Корбах» подруливал к выходному рукаву. Удивляла затрапезность и малая занятость главного международного порта Страны заходящего солнца Советов.

Сразу за бортом самолета, в проходе стояла тетка неопределенного возраста. Саша Корбах столько лет уже не видел ни одной советской тетки с ее безучастной, но все-таки всегда немного враждебной физиономией, с головой в скомканном мохеровом платке, в кургузом пальтугане с косой полой и в стоптанных, как битые утки, полусапожках. Что она тут делает на священной черте, почему первой встречает зарубежных пассажиров? Здравствуй, дорогая товарищ женщина, не изменившаяся за все эти года! Ты даже не представляешь, какой небывальщиной веет от тебя на блудного сына отчизны! За теткой стоял с каменным лицом пограничный майор. Он как бы ничего и не видел, просто представлял здесь усталую, но все еще несговорчивую власть. По ходу движения группы вдоль стены стояли другие люди, военные и штатские, среди них одно лицо вдруг резко наехало на нашего героя. Оно поражало бледностью и экстатическим дрожанием глаз. То ли безумная гордость отражалась в них, то ли измучены они были страшными комплексами молодого глазоносца. Все в

384

порядке, подумал Саша: сначала тетка, потом «человек из подполья», между ними майор, недвижный, как Урал.

Экспедиция фонда входила в здание. Довольно впечатляющая группа людей. Крохотный Пью в яркой «лунной» экипировке, тщательно подобранной для него Бернадеттой в детском магазине «Шворци-Морци». Сама раблезианская Гаргамель в драгоценных мехах, оживляемых торчащей головкой любимого Кукки. Енох Агасф в черной шляпе лондонского Сити и в тяжелом, донельзя советском пальто с каракулевым шалевым воротником. Сам возвышающийся над всеми президент с его огромным пеликаньим зобом, в котором как будто вместились все гуманитарные посулы раскаявшегося капиталиста. Ну, и прочие. Читатель легко может их увидеть без излишних описаний.

Появились какие-то люди, бегло говорящие по-английски, по всей вероятности, международники из ЦК КПСС. Мистер Корбах, от имени руководства мы приветствуем вас и вашу группу на советской земле. В настоящее время вырабатывается расписание ваших встреч в соответствии с вашими запросами. Кто-то пошутил насчет погоды: дескать, начинается вьюга, но она не в силах развеять нашей дружбы. Их становилось все больше по дороге в «зал депутатов», а там вообще образовалась какая-то суетливая толкотня. Саше Корбаху даже показалось, что где-то мелькает и сам «Михаил», только в парике и с усами, то есть в том виде, в каком бегал по Питеру летом 1917 человек, чьи книги «Михаил» до сих пор читал на сон грядущий.

Довольно быстро принесли советские визы, похожие на тонкие срезы патентованной ветчины. Пью и Лейбниц выпили «Советского Шампанского» и выпучили друг на друга глаза в полном изумлении. Теперь всех повели на священную территорию, которой, смеем мы, пользуясь авторской вольностью, заметить, осталось существовать ровно восемь месяцев без трех дней. Пока шли по стеклянным коридорчикам, несколько раз открывался основной зал ожидания. АЯ подумал, что в нем стало много хуевей, чем было. В прошлый раз, то есть весной восемьдесят второго, он был еще новым, лишь за два года до этого ЭфЭрГэ его построила к Олимпийским играм, а теперь он стал уже старым: и стекляшки кое-где потерял, и пол замазали чем-то несмываемым, и клубы зимнего пара входили в него вместе с тяжелой толпой, создавая гриппозную сивуху в воздухе. Но как примета чего-то нового в глубине стояла плотная демонстрация людей с плакатами.

— Вас там общественность встречает, — сказал сопровождающий международник с неопределенной, но гадкой улыбкой.

— Смотрите, ребята, там нас целая толпа ждет! — бодро произнес Стенли.

Бернадетта на ходу проехалась щеткой по его пегой гриве.

Прошли еще один поворот и через заколоченную фанерой дверь вышли прямо на эту стоящую, как перед штурмом, толпу. Саша Корбах чуть не ослеп еще до того, как включились телевизионные лампы. Мощная вспышка этой толпы. Десятки, если не сотни родных лиц вспыхнули немыслимой радостью. «Саша-аа!» — ахнуло пространство. Плакаты, числом не менее дюжины, повторяли его имя: «Саша Корбах, ура!», «С приездом, Саша!», «Сашка, ты снова с нами!», «Саша, мы с тобой!», «Саша, Питер твой!», «Саша, ты в объятьях Арбата!» и даже «Карабах приветствует Корбаха!» — но самый большой и самый яркий, с собственной его десятилетней давности обезьяньей хохочущей мордой, гласил: «Сашка, твои «Шуты» живы!»

Тут вспыхнули лампы нескольких лихих перестроечных программ — «Взгляд», «ВИД», «Пятое колесо», и несколько новых молодых «анкорменов» — Листьев, Любимов, Молчанов, Светличный, бросились к нему со своими операторами. Затея с интервью была не из лучших. Толпа напирала, не обращая внимания на СМИ. Герой дня качался в объятьях, словно крейсер «Аврора» в волнах во время своего бегства из Цусимского пролива.

Вдруг все отступили. На освободившуюся площадку под музыку старого спектакля «А—Я» («Телефонная книга») выскочили шуты-первопроходцы: Наталка Моталкина, Бронзовый Маг Елозин, Шурик Бесноватов, Лидка Гремучая, Тиграша, Одесса-порт, Марк Нетрезвый, остальных не могу вспомнить из-за волнительности момента. Они кувыркались, не боясь остеопороза, крутили сальто, невзирая на сосудистую нестабильность, разъезжались в шпагатах, плюя на гинекологические и урологические проблемы. Внимание, сам Сашка снимает видавший виды английский пальтуган (он в нем еще здесь ходил, не поверишь!) и присоединяется к вакханалии-шаривари. «Снимайте! Снимайте!» — кричат своим операторам перестроечные властители дум. Кто-то сует ему в руки гитару. «Сашка, это твоя, я ее у тебя в семьдесят пятом увел, колки подтянуты!» Из толпы выкрикивают названия старых песен: «Сахалин», Саша!», «Вруби «Преисподнюю»!», «Давай «Деликатесы»!» И он дает, и он врубает к общему, едва ли не безумному, восторгу любимой публики.

Наблюдая из угла описываемую в струях «совшампанского» (без каламбуров, господа!) сцену, сдвинув кошачью шапку на и без того искаженное гримом лицо, мыслил М.С. Горбачев. Нет, мы не ошиблись в Саше Корбахе. Он неожиданно оказался на гребне движения. Многие все-таки у нас в устаревшем политбюро недооценивают стихийный энтузиазм перестроечного момента. Может быть, я был не совсем прав, качнувшись вправо, выдвинув Янаева, опершись на Язова и Крючкова. Да ведь все-таки неприятно было Первого мая стоять на священной трибу-

386

не Мавзолея и слышать из толпы бестактные крики: «Красная сволочь, вон из Кремля!» Момент был щекотливый, ей-ей, страшный, испепеляющий был моментище. И все-таки, может быть, я зря тогда увел товарищей с трибуны и качнулся вправо? Может быть, надо было понестись вперед вместе с волной, возглавить решающую фазу? Так все сложно и не с кем посоветоваться! Не с американским же миллиардером Степаном Давидовичем! Какие круги стоят за его программой помощи? Ох, как сложно!

Сашу Корбаха в это время начали подвергать триумфальному качанию. Взлетев однажды, он заметил в отдалении от толпы чем-то до боли знакомую тройку советских граждан. Взлетев второй раз, он увидел делегацию Фонда Корбахов с возвышающейся головой президента. Словно бедные родственники они стояли посреди ликующего народа. Взлетев третий раз, он перехватил взлетевшую рядом пузырящуюся бутылку и умудрился из нее отпить, снижаясь в любовные руки. Засим толпа понесла его к выходу, в мокрую вьюжную Москву.

— How d'you like our Lavsky?! Isn't it sensational?! — вскричала де Люкс.

— That's exactly what I have expected as far as Alex is concerned, — заметил Лестер Сквэйр.

Стенли молча приложил перчатку к глазам, и все остальные так или иначе последовали его примеру.

В отдалении тройка мельком замеченных советских граждан заливалась слезами. «Сашенька, Сашенька», — бормотала мать. «Он ничуть, ничуть, ничуть... Совсем ни капельки, ни капельки», — хлюпали полусестра и полубрат.

— Не будь перестройки, такая встреча не состоялась бы, — сказал проходя мимо никем не узнанный М.С. Горбачев. Он умолчал о том, что это как раз в его секретариате произошла «утечка» о возвращении Саши Корбаха.

IX. Three points of view

There was a man of well known a nation,
He was worth of a modest quotation.
Having beer once he said,
You can grasp outset,
You cannot understand termination.

Once a pirate was freed from a jail.
He has grumbled whilst hoisting his sail,
There is a sense in the end of detention,
No sense in its bloody inception,
As you turn into filthy a snail.

Mused a huge crocodile in the Nile
After loading his spacious file:
There are no the onsets, or ends,
Only bliss for your digestive glands,
Just completion as long as a´mile.

Часть X

1. На высшем уровне

19 августа 1991 года Александр Яковлевич Корбах в очередной — кажется, восьмой за год — раз прилетел в Москву прямым рейсом ПанАм из Нью-Йорка. К регулярной уродливости моей жизни между университетом и кино теперь еще прибавилась уродливость существования между двумя странами, думал он. Пора бы уже в садике копаться, наблюдать закаты, просыпаться на зорьке, днем похрапывать за «Моралиями» Плутарха, а я мечусь по планете, словно молодой теннисист. Пожилые скрипачи, впрочем, носятся нынче еще почище молодых теннисистов.

Самолетные расписания почему-то часто сводили его со всемирным виртуозом Оскаром Бельведером. Они вместе обедали в первом классе, основательно выпивали, а потом Оскар немедленно засыпал, лишь успев промолвить: «Извините, Саша, мне играть через семь с половиной часов». Пребывая, скажем, на месячных гастролях в Японии, он успевал еще по требованию своего агентства слетать в Цюрих или Аделаиду. Просыпаясь в электронно-управляемом кресле параллельно палубе самолета, Бельведер сразу начинал бриться и изрекать нормальные еврейские мудрости вроде: «Пока человек жив, он неисправим, мой друг, нет-нет, не спорьте!» — «Кажется, вы правы, — отвечал АЯ, — во всяком случае, мы, евреи».

В тот, первый, приезд, восемь месяцев назад, Стенли предложил ему возглавить советскую программу фонда: ты же здесь популярен, как у нас Элвис Пресли. Но кроме популярности есть еще кое-что. Один молодой журналист в Москве мне сказал: «Саша Корбах — один из немногих у нас людей, которые вообще имеют право о чем-то говорить». Для русских ты свой, вовсе не какой-нибудь американский еврей. Твое председательство не даст сказать, что Фонд Корбахов — это филиал ЦРУ и что наша цель состоит в разрушении советского потенциала.

Ситуация пока что вроде не давала оснований для таких предосторожностей. Первый приезд в декабре завершился полным успехом. Газеты и телевидение объявили американского магната другом и фанатиком российского просвещения. Встреча «корбахов» с кремлевским руководством вообще ошеломила телевизионно мыслящую страну. По одну сторону протокольного стола рядом с Горбачевым размещались Лигачев, Янаев, Лукьянов, все партийные шельмы в общем-то на одно лицо. По другую сторону сидела примечательная коллекция лиц, доселе не представавшая перед советским народом: некий лощеный юрист, который каждой своей улыбкой как бы приглашал партийцев не хитрить — все равно, мол, вскроем; рядом с ним какой-то загадочный аннамит, так цокающий языком, что Генка Янаев всякий раз вздрагивал; далее рыцарски независимый негр с отменным плечевым поясом, явно не из «Лумумбы»; потом некий старец сильно еврейской внешности, по слухам, крупнейший голливудский агент, однако взиравший на славян как бы из глубины иудейских веков, и, наконец, двое самых сногсшибательных — драгоценнейшая простигосподи с ударными маммариями, но в профессорском пенсне, и некий самый главный, крупнее всех богатырь, но не Илья Муромец, а как бы постаревший Тарзан. Далеко не многие телезрители догадывались, что перед ними персонажи нашего романа.

Переговоры завершились весьма благоприятно для обеих сторон. Советская сторона с пониманием отнеслась к желанию несоветской совершить полумиллиардное вливание долларов в погибающие отрасли социализма, а именно в науку, в образование, в здравоохранение, в печатное слово (спасение советских толстых журналов, этого бесценного ассета мировой словесности) и в искусство (субсидирование самоиспепелившегося совкино). Американская сторона получила разрешение на открытие в Москве своего филиала, для чего ей было сдано помещение на уровне мировых стандартов и за соответствующую цену в здании СЭВа, где крытые венгерской кожей кресла уже год пустовали после серии бодро проведенных «бархатных революций». Скажут — дорого, но ничего не поделаешь, рыночная экономика на подходе. Наконец проведена была серия банкетов, завершившаяся грандиозной презентацией фонда, на которую прибыли какие-то личности, вызывающие у москвичей ступорозное состояние: Стелла, Лука, Арсен, Мана и еще какие-то с двухсложными именами числом не менее двух дюжин. А этих-то кто приглашал, удивился АЯ. Оказалось, никто. Они приходят без приглашения, а если не приходят, делу конец.

Словом, все шло просто великолепно, если не считать странных намеков, что иногда всплывали в разговорах с официальными лицами. Вот, например, министр культуры, славный широкоскулый сибиряк, спрашивает, правда ли, что Фонд Корбахов несет в себе еврейскую идею? Стенли начинает ему с улыбкой, но всерьез рассказывать о «Заговоре сионских глупцов». Министр просвещенно улыбается в ответ, но потом говорит, что лучше бы эту специфику не выпячивать. Мы не сможем принимать ваши фонды, если эта специфика будет выпячиваться.

Это советские инстинкты работают, объяснил АЯ. Им дают деньги в открытом конверте, а они требуют в запечатанном. И никто особенно не благодарит за помощь, вы заметили, ребята? Многие из них по-старому думают, что капиталисты их вытянут при помощи той веревки, на которой они потом капиталистов повесят. Это их Ленин так учил, вставил Бен Дакуорт. Да здравствует 82-я десантная, воскликнул Алекс.

Однажды напросился к Стенли в старомодный люкс гостиницы «Националь» один развязный русский, который и в годы «холодной воды» постоянно ошивался в Штатах вроде как бы по делам какого-то искусства или по «борьбе за мир» — в общем, такой. А помнишь, Стенли, как мы у Сайруса-то, в теннис-то, неплохо, правда? Так вот это откуда! Из того места «Где Мопса Мыли», неправительственный диалог. Тогда Норман Казенс призвал говорить с русскими. С ними надо говорить, говорить и говорить, и тогда они откажутся от злодейских планов. Говорили там в основном русские. Советы привозили целые кучи каких-то ученых, те выспренно врали и при первой возможности разбегались по окрестным торговым центрам. А этот вот ходил там независимо. Не помню, чтобы мы с ним играли в теннис, но помню, что он все время на что-то намекал, подмигивал, а то вдруг садился где-то там за клавиши и голосил что-то надрывное.

Теперь звучит как-то яснее. Дает понять, что был бы полезен в роли председателя московской группы фонда. Мелькают все эти имена с окончаниями на «ов-ова-ин-ина-енко-атский»; ну уж простите. Вытаскивает из сумочки книжечки, надписывает «For my deer frend Stenlu». Второе «D» у него напоминает «Z», и тогда получается не так уж плохо, «deer frenz», то есть почти «исступленный олень Стинли». «Исступленный олень» засовывает в одну из книжечек палец. Сплошной текст каких-то антисталинских разоблачений. В жизни не стану читать такой сплошняк, пока это не «Моралии» Плутарха.

Все мы постарели, и эта большая железная лиса тоже уже трачена молью. Все-таки «исступленный олень» «траченной молью железной лисе» — не товарищ. Гость, кажется, понимает общее настроение. Ну, в общем-то не очень и рассчитывал. Отстраняется, хе-хе. Между прочим, в кругах тут говорят, что «Корбахов» послало в Москву ЦРУ. Стенли проносит свою пантагрюэлевскую руку над журнальным столиком, похлопывает по торчащей, как из скульптуры Макса Эрнста, лисьей коленке. Вы столько ездили по Штатам, Джин, а так и не разобрались в нашей иерархии.

Так или иначе, предупреждающие идейки были заброшены, и главная звучала проще пареной репы: не воображайте, мол, себя хозяевами, если деньги даете. Стенли, однако, как сильный шахматист в ответ на фланговые интриги провел ход ферзем: назначил председателем московской группы своего четвероюродного кузена. Масса доводов в пользу этой кандидатуры. Во-первых, еще русский и почти американец. Во-вторых, не просто русский, а чуть ли не кумир страны. В-третьих, «один из тех, кто тут вообще имеет право раскрывать рот», по словам молодого журналиста. В-четвертых, хоть и еврей, но тут его таковым никто не считает: наш Саша Корбах! С таким председателем мало кто купит дезинформацию о ЦРУ.

— Ты тут всех знаешь, — сказал Стенли Алексу, — в том числе многих негодяев. У тебя есть дар физиономиста, я заметил. С тобой в качестве председателя мы тут меньше наломаем дров. Я знаю, что Лестер хотел получить это место. Теперь я вижу, что здешние гады вряд ли потерпят этого парня в Москве. Он провел слишком много ночей, наблюдая кремлевские стены через реку из британского посольства. Кроме того, ты когда-нибудь замечал что-то особенное в крыльях его носа? Эти крылья носа как будто говорят окружающим: вы, русские кукусы, я знаю всю вашу вонючую требуху, от меня не скроетесь! Аппаратчики тут не потерпят такого высокомерия, а они от власти, как я вижу, отказываться не собираются. Они будут цепляться за нее до полного развала. Мне жалко Россию почти так же, как тебе, а Лестеру, похоже, не очень.

— Ваше Величество, фак-ваш-трак, — взмолился Саша Корбах. — Это уж слишком для меня! «Черный Куб» в «Пинкертоне» и «Бетховен-стрит» в Эл-Эй, я не могу их бросить! «Путни» готов хоть завтра запустить фильм в производство, все зависит только от расписания Квентина Лондри. Наш Вечный Жид ведет сейчас переговоры, а уж он-то знает, что время — деньги. Ну а как я могу наплевать на моих «Шутов», на этого доброго черта с открытой в хохоте и жажде пастью?

— Ты сегодня в ударе, корбаховское чудовище с открытой в хохоте и жажде пастью! — захохотал Стенли, отчего какая-то молодая мордочка стала **выпрыгивать из возрастного пятнистого зоба, как кенгуренок из мамкиной сумки.** — Ты столько тут наговорил, что все равно ни с чем не справишься, независимо от того, станешь ты председателем московского филиала или нет. В связи с этим я расскажу тебе короткую историю из моего солдатского прошлого.

Ну вот: база маринз на Алеутах, мы там готовимся к десанту. Дикий мороз, а мой приятель Голсуорти, ети его суть, каждый вечер отправляется к эскимоске Корделии. К отбою он не приходит, но утром я его всякий раз вижу мирно сопящим на соседней койке. Хей, факинг Голсуорти, как ты умудряешься попадать в барак, минуя проходную? Заборы были там такие высокие и вечно обледенелые, что их не перелез бы и Тарзан. Как ты вообще остаешься жив, если по ночам тут минус тридцать по Фаренгейту? Это меня и спасает, говорит Голсуорти. Я забрасываю свой бушлат через забор, и тогда уж ничего больше не остается, как перелезть проклятое препятствие.

— Мудрая притча, — покивал АЯ. — Мне так нравится, когда идиотские шутки военщины превращаются в мудрые притчи и помогают распоряжаться миллиардами долларов. Ну что ж, забрасываю бушлат!

Так началась престраннейшая, но, как оказалось, вполне возможная жизнь московского челночного периода. Ирландская пьеса между тем прогремела в «Черном Кубе», что позволило ему выцыганить у администрации гибкое расписание. Теперь он появлялся на кампусе, когда хотел, но все-таки не менее восьми раз в семестр. Хитря, Александр Яковлевич умудрился соединить «Шутов» и «Бетховен-стрит» в некий «Американо-Советский театральный картель». Совместно два этих отдаленных коллектива начали готовить ударный спектакль «Четыре темперамента» по пьесе мексиканского марксиста-отступника Чапая Бонавентура. В «Путни» тоже вроде бы все было на мази, но здесь нам понадобится более развернутый кусок повествования, чтобы показать, как эта мазь растекалась по сложному механизму.

После бесконечных обсуждений — все-таки каждому на студии надо было показать свою активность — сценарий был наконец принят. Обе стороны, то есть режиссер и продюсерская группа, надеялись, что в производственном периоде удастся все перелопатить в противоположных направлениях. Пока что шел отбор актеров, которые могли бы взаимодействовать с единственно возможной любовной парой, Квентином Лондри и Голди Бель

Даржан. По сути дела, топтались на месте, поскольку молодые люди входили во все большую моду и их, что называется, рвали на части.

Но все-таки все и здесь шло великолепно, если уж не выпендриваться. Шло даже с несколько подозрительной великолепностью, думал наш герой, склонный, как и все советское мужское сословие, не доверять удаче. Иногда ему казалось, что в суете огромной конторы «Путни» мелькают по его адресу какие-то двусмысленности. Ну вот он входит, например, в лифт, и немедленно замечает, что двое молодых да ранних обмениваются при его виде ироническими взглядами. Да кто вы такие, говнюки? Я еще понимаю, если бы Бертолуччи с Форманом перемигнулись, а вы-то кто такие, охотники за деньгой?

Секретарши путнийские вскакивают, как будто близкий родственник вернулся из тюрьмы. Алекс! Дик мечтает вас увидеть! Простите, у него сейчас Бертолуччи с Форманом, это разговор не больше чем на двадцать минут, может, вы пока к Эду зайдете? Эд тоже мечтает вас увидеть! Пока он идет к Эду, за спиной у него переглядываются. Что означают эти незримые ухмылочки? Может, просто «блатным» меня тут считают или я тут просто не ко двору в неглаженых штанах?

Пока он идет к Эду, от Пита выходит не кто иной, как Норман Бламсдейл. Что здесь делает наш враг? Где припрятаны пулеметы? Занимался бы аляскинской нефтью, гад, а не калифорнийской кинохой. Сухой кивок издали сродни вертолетной рекогносцировке. Из кабинета выскакивает Эд, классический тип еврейского ковбоя. Алекс, как я рад, что вы вернулись! Идемте на ланч! Как будто я сюда ради ланча летел из Москвы.

Американская поговорка гласит: «Ланч-то ланч, а денежку не клянчь!» А Дик к нам после присоединится! Народ тут, в общем, такой же простой, как везде. С утра готовятся к ланчу. Потом послеланчевый выход из ланча. Дик Путни, Эд Путни-Кригер, Эдна Кригер-Накатоне вокруг японских плах с сашими, на них четвертованные осьминоги. Послушайте, Алекс, вы не можете нам рассказать, как развивается в СССР деятельность Фонда Корбахов? С удовольствием, Дик, Эд и Эдна, но прежде позвольте мне узнать, видели ли вы наши экранные пробы?

Ну вот и опять какое-то неуловимое, но все-таки уловимое переглядывание трех важных китов, вернее, двух китов и касатки. Экранные пробы, Алекс? Да они просто великолепны! Вы, оказывается, настоящий глубокий мастер кино. Мы еще об этом поговорим, а пока расскажите нам, по какому принципу вы там распределяете фонды?

Что это значит, «оказывается»? Ему дают фильм с огромным бюджетом, массу профессионального народа в помощники, а потом удивляются: оказывается, он и сам профессионал. Выходит, приведи сюда Стенли Корбах козу, так и ей тут дадут зеленую улицу? Можно ручаться, что никто из них не видел экранных проб. Они ограничиваются пустыми комплиментами, а сами почему-то интересуются субсидиями фонда. Норман тут, что ли, подпустил осьминожьего яду? Жаль, что я действительно не наказал его так, как Марджи советовала.

А какого черта меня интересуют все эти переглядывания, неуловимые ухмылки, случайно проскальзывающие словечки, недостаток интереса к моим экранным пробам? Мне пятьдесят второй год, а я еще не успел прочесть ни Гомера, ни Моисея. Что же, так и свалю без Эсхила, Вергилия, без Канта и Ницше? Сколько осталось угольков от прежнего огня, зажженного «новым сладостным стилем»? И сколько накопилось имитации, супермаркетских, пропитанных химией полешек? Я занимаюсь всем и ничем, пенкосниматель. Из затравленного соцшакала превратился в сомнительного любимца буржуазии. Бросить все и уехать с Норой в Грецию, на маленький остров. Пусть вблизи будут археологические раскопки, пусть там углубляется. Не исключено, что в «Лютеции» она зачала дитя. Может быть, даже родила? Там, на острове, сидеть на террасе над морем, левой рукой читать «Илиаду», правой пить вино, босой ногой покачивать люльку. Стараться тянуть подольше, чтобы ребенок успел вырасти в мужчину при живом отце. Или в женщину. Словом, чтобы стал самостоятельным хищником драхм. Эх, что за вздор я несу!

Все-таки дела шли неплохо. Три его театра обменивались идеями, эскизами, музыкой, а самое главное — актерами. В «Пинкертоне» ему присвоили звание заслуженного профессора. Дик Путни прислал личное взволнованное письмо о том, какое сильное впечатление на него произвели корбаховские экранные пробы. Совет московской группы фонда, который теперь состоял из многих выдающихся местных либералов, то есть всегда был склонен к склоке, встречал его появления аплодисментами: председатель почему-то быстро находил простые решения сложнейших благотворительных проблем.

Общественность Москвы вообще души в нем не чаяла. Знаешь, Сашка, сказал ему однажды старинный друг-музыкант, когда ты ходишь, как ни в чем не бывало после стольких лет исчезновения, публика начинает думать, что, может быть, не пропадем, как-нибудь выкарабкаемся, вон и Саша Корбах снова здесь. Увы, среди близкой публики было немало и предателей, в смысле тех, о которых он знал, что они предавали. Нередко такие, считая себя естественными реципиентами «корбаховских стипендий», направлялись к нему с распростертыми: «Саша, родной мой, ведь мы же у тебя свободе учились!»

Иногда он не выдерживал. Ну что ж ты, сволочь, лезешь ко мне? Ведь ты же знаешь, что я знаю. Ведь ты же требовал применить к ренегату Корбаху законы военного времени. Или другому: простите, достопочтенный, мои руки убираются за спину, они просто не хотят соприкасаться с десятью производителями доносов. Саша, побойся Бога, какими еще «десятью производителями доносов»? Да с вашими пальцами, сударь, если их у вас не одиннадцать. Отворачивался и от третьего, который столько раз в пьяных хлябях клялся в дружбе, а потом и сам писал отречения, и другим помогал формулировать. Ну, а вот с четвертым приходилось лицемерить, даже обмениваться театральными поцелуйчиками, уж слишком близкий был человек. Надо было делать вид, что не знаешь, как он после твоей высылки с гэбэшной подачи называл тебя Гапоном, и только лишь позволять себе иной раз заглянуть ему поглубже в глаза и подумать: неужели они всегда у тебя были такими нехорошими, мой добрый чудаковатый друг?

Все эти перелеты, суетные проблемы и дерганые эмоции проходили на фоне реальной драмы Москвы, чье население стояло в бесконечных очередях за «суповым набором», сиречь за мизерной кучкой гнилых костей, и месило снежную грязь с солью, и оглядывалось друг на дружку и на проходящего мимо Сашу Корбаха с немым, а то и с вопленным вопросом: что же с нами теперь будет?!

Подземные переходы под «Пушкой» все более становились зловещей кавернозной пещерой. Там мутноглазые панки с отвисшими задами утепленных джинсов пережидали зиму, анархисты и монархисты размахивали своими газетенками, похожими на свод правил городской бани, первые кооператоры из крошечных пещерок торговали каким-то желтковым пойлом с пальмой, бабы-ельцинистки, не скрываясь, разгуливали с портретами Бориса Николаевича на ватных грудях, читатели «Московских новостей» прокатывали коммуняк по всем перекатам русского языка: «Курвы позорные, обожрали нас, облевали, хуесосы, падлы, блядей наших за границей на компьютеры меняют!» Там вдруг ДС дерзновенно разворачивал трехцветное русское знамя и пер наверх, напролом, умирать за свободу на свежем воздухе, однако не умирал, но лишь пополнялся союзниками: «Долой красных!»

Бухарики и нажратые кодеином мочились в углах, но основная масса возбужденно гудела, как трюмный хор взбухающего восстания. Все были за литовцев: пусть живут как хотят! В городе разрасталась вторая власть, ВС РСФСР. Из двух кардинальных российских вопросов — что делать? и кто виноват? — второй уже был решен, но первый, раздувшись до гомерических размеров, выл под «Пушкой», как в аэродинамической трубе, гоготал издевательским эхом.

Пришло лето. Мерзости малость поубавилось. У девчат заголились коленки. Мысль временами стала отвлекаться от политики. АЯ продолжал курсировать через Атлантику и вдруг однажды залетел на «остров Крым», куда когда-то с подружками удирал отдохнуть от материкового большевизма.

Вот она и набережная Ялты с ее накатами и взлетами свободной стихии. Предметом шика в то лето была западная мягкая бутылка из-под пепси-колы. В нее наливают какой-нибудь домашний напиток и, прогуливаясь, сосут. Нет кораблей, нет туристов. Ленин по-прежнему тычет черную ладонь в голубизну. На телевизорах полковник Алкснис снисходительно дает понять, что ждать осталось недолго, скоро снова возьмут власть настоящие советские мужчины.

Клиенты фонда, профессора по легочным болезням, устроили шашлык на большой высоте, в бывшем партийном, ныне муниципальном заповеднике «Красный камень». Здесь эти мерзавцы истребляли народных оленей, объясняли хозяева американцам. Наслаждайтесь уникальным воздухом плоскогорья, в котором на кубический километр приходится всего два болезнетворных микроба. Саша Корбах стоял на краю Яйлы, что обрывалась гигантской отвесной скалой к морю. Два болезнетворных микроба витали над ним, пытаясь залететь в ноздри.

Волшебный Крым, там в прежни годы, как нынче, впрочем, как всегда, сквозь миндали неслись удоды, сквозь пальцы утекали годы, и старый шут, как друг свободы, молил: гори, моя звезда! И провожали пароходы совсем не так, как поезда.

В тот же вечер он улетел через Москву и Хельсинки в Лос-Архангельск, чтобы вернуться в Москву ранним утром 19 августа 1991 года.

2. Акция Москвы

В аэропорту его встречала Роуз Мороуз, которая вот уже полгода исполняла тут обязанности менеджера. Удивительные изменения произошли в ходе романа с этой простухой из Йорноверблюдского графства. Нынче, когда она в своем деловом костюме проходила через холл бывшего СЭВа, взоры всех мужланов, вечно околачивающихся там, следовали за нею. Нельзя сказать, что это сильно нравилось заместителю Роуз Бену Достойному Утки, но до поры до времени он терпел из дипломатических соображений.

Пока ехали из Шереметьево к Ленинградскому шоссе, Роуз разложила на своем атташе кучу бумаг, на которых требовалась подпись уважаемого, но плохо уловимого председателя. Ей повезло: по шоссе в то утро проходила какая-то бесконечная бронеколонна, движение транспорта было почти остановлено, и Алекс, еще не доехав до города, подмахнул все что надо.

Движение все не восстанавливалось. Военные регулировщики распоряжались на перекрестке. Бледное солнце отражалось в их нагрудных бляхах. АЯ не мог оторвать взгляда от медленно катящих в сторону города бэтээров и танков. Клацающая гусеницами родина. Чудо, что она не развязала страшную войну. Сорок пять лет наращивала свою таранную башку. Одним ударом взломать все европейские замки! В принципе у родины не было альтернативы. Производя этот таран и опустошаясь телом, она жила как бы в ожидании гигантского грабежа. Подобно ханам Орды набежать на Запад и вернуться с добычей! Оставить за собой развалины, чтобы заново отстраивались до нашего нового похода. Чудо, что эта логическая цепь не замкнулась. Куда теперь тянется эта опозорившаяся броня, на какие бессмысленные маневры?

Вдруг менты начали пропускать машины. Однорядным ручейком они потекли вдоль остановившейся колонны. Фондовскому «таурасу» повезло оказаться в первой партии, и вскоре он добежал до первых городских кварталов, по крышам которых пламенными уступами все еще громоздился смехотворный сейчас призыв: «Мы придем к победе коммунистического труда!» Вдруг опять застопорилось. Проспект во всю ширину, включая тротуары, оказался забит ползущим транспортом. Выли сирены милицейских машин и «скорой», никто им не уступал дорогу. Иногда пробирался поперек движения мотоцикл с бессмысленно орущими гаишниками. Возле Белорусского вокзала все остановилось наглухо. «Таурас» затерло на горбу проспекта, с которого он перетекал в улицу Горького. Она тоже на всем протяжении была забита. «Нечто невероятное», — сказал шофер Марк Гольдберг, до недавнего времени работавший в «Бурденко», где он как хирург получал по неофициальному курсу доллара в пятьдесят раз меньше своей нынешней американской зарплаты.

АЯ вышел из машины. С моста были видны всеобъемлющие масштабы ступора. Бессмысленно меняли цвета несколько светофоров. Пары от работающих вхолостую моторов поднимались в воздух. Словно отяжелевшая, но неумолимая валькирия, надвинулась и нависла над площадью темная туча. Вдруг на мгновение все как бы обнажилось — тысячи людей в позах отчаяния. Пошел дождь. Несколько парней стояли среди машин, курили, спрятав сигаретки в рукав. Он пробрался к ним. Парни озлобленно переговаривались.

«Садовое перекрыто, на-хуй-блядь. Говорят, все мосты через реку перекрыты, на-хуй-блядь. Совсем у распиздяев крыша поехала».— «А что происходит, ребята?» — спросил АЯ. Один повернул к нему башку: «Ты что, не слышал? ГКЧП в городе, Горбача скинули!»

Александр тут же бросился назад, к машине, вытащил за руку Роуз Мороуз с ее бумагами: «Роуз, мы идем пешком! В городе переворот! Нам нужно как можно скорее добраться до фонда!» Шоферу он сказал: «Оставайтесь пока в машине, но если начнется стрельба, бросайте все и пробирайтесь к нам!»

«Где стрельба? Какая стрельба?» — забормотал Марк. Он и в Израиль-то не уехал оттого, что там стрельба. Стрельба в Москве была выше его понимания. Тут как раз что-то бухнуло рядом, но это был не выстрел, а выхлоп газа из-под грузовика.

Они быстро выбрались на Грузины. Здесь было тихо. Казалось, что вообще ничего не происходит. На Тишинке шла обычная жалкая торговлишка. Странные звуки послышались при приближении к Пресне: рев и какие-то трубные вопли. Не сразу догадаешься, что волнуется чуткий зоопарк. Из метро выходил обычный утренний поток. Люди ускоряли шаги в сторону троллейбусных остановок. Лишь на некоторых лицах был виден робкий вопрос: все ли осталось на месте в Москве, пока под землею мы мчались? Между тем два юнца в джинсах, щедро зачерпывая из ведер белила, заканчивали на стене надпись метровыми буквами: «Долой ГКЧП!»

Корбах приостановился: «Ребята, просветите, как расшифровывается ГКЧП?»

Юнцы ответили, не оборачиваясь: «Говнюки-Коммунисты-Чекисты-Подонки».

Вдруг какой-то восторженный спазм сжал горло АЯ. Он положил ладони на спины граффитистов. Эй-эй, дядя! Они обернулись и узнали: «Саша Корбах, ты с нами?» — «Конечно, с вами, ребята! С кем же я могу быть еще?!»

Чем ближе они подходили к зданию СЭВа, тем чаще на стенах домов и заборах долгостроя попадалась им зловещая аббревиатура, влекомая словом «долой» и подгоняемая дубинкой восклицательного знака. Встречались группы людей, страстно обсуждавших ситуацию и размахивающих руками. Возле здания правительства РСФСР группы уже перерастали в небольшие толпы. Вдруг часть народа повернулась в одну сторону. В подземный гараж «Белого дома» спускалась цепочка черных «волг». Донесся крик: «Ельцин приехал!» Нестройные крики «ура» быстро слились в скандирование: «Ура, Борис! Ура, Борис!» Милиция расставляла вокруг здания свои хлипкие загородки. В одном месте какие-то парни катили к проезжей части улицы металлические бочки. Подъехал самосвал, вывалил загрузку песка. Волокли выломанные секции строительных заборов. Боками притерли к сооружаемой баррикаде две больших поливальных машины. Неужели думают сопротивляться? И снова, теперь уже сокрушительным ознобом, его протряс неведомый прежде восторг.

Уже с террасы СЭВа он увидел, что сквозь толпу осторожненько движется к «Белому дому» колонна бронетранспортеров. Ну вот и все, это конец, подумал он, и вдруг заметил на головной машине — Боже! Боже мой! — слабо поднимаемый легким ветром трехцветный флаг. Восемь броневиков остановились, как бы образовав линию обороны. Толпа вокруг радостно возбуждалась.

В холле СЭВа царила вполне бессмысленная активность. Поднимались и опускались перегруженные лифты. Милиция как бы с особой строгостью проверяла документы, между тем в соседние двери входил всяк кому не лень. В углу большая толпа стояла у телевизора в ожидании. На экране безмятежно дрыгоножествовал имперский советский балет. Кто-то прошел с маленьким приемничком возле уха, бросил спутникам: «Эхо Москвы». Таманская и Кантемировская. Полторы тыщи танков, бэтээров и бээмпэ». Роуз Мороуз с достоинством проходила через толпу, произнося первую русскую фразу из тех, что она усвоила в Москве: «Паааэволь теетоварищи!»

Первым, кого они увидели на девятнадцатом этаже в конторе фонда, был Сол Лейбниц. Он сидел за столом перед окном с видом на реку и на шедевр сталинского барокко, гостиницу «Украина», и как бы являл собой эпитому американской информационной эффективности. Безукоризненная рубашка, безукоризненная прическа, одна ягодица, как водится, значительно свисает с крутящегося стула. Все коммуникации вокруг работают на полную катушку: телефонная трубка под ухом, на экране компьютера сводки электронной почты, сбоку на телевизоре не балет, как по всей Москве, а задыхающийся от волнения диктор CNN, из факсмашины тянутся листки с грифами различных обществ и комитетов. Увидев вошедших, он, не прекращая разговора, потыкал толстым «монбланом» в окно. Там за рекой, вокруг памятника Шевченко, концентрировалась какая-то бригада мотопехоты. Сказав кому-то в трубку: «Please, keep me posted», он развел перед Алексом руками: «Боюсь, мой друг, московскому карнавалу конец». Протянул пачку сводок. Горбачев отстранен от власти. Задержан в Крыму. Его уже нет. Он сам все устроил, прикрывшись Янаевым. Выслан за рубеж. Местонахождение Ельцина неизвестно. Арестован. Скрылся. Сбежал на Урал. «Останкино» занято войсками. Ожидается пресс-конференция ГКЧП. В его составе все силовые министры. Вот еще одно любопытное сообщение. Журналист «Либерасьон»: согласно надежным источникам, КГБ и МВД заказали к этому дню 250 000 пар наручников, однако неизвестно, все ли они пришли в срок.

Эту бумажку Александр долго держал в руке. Двести пятьдесят тысяч, это больше чем достаточно. Достаточно и десятой части. Впрочем, на всякий случай пусть будет столько, сколько заказано. Сол и Роуз смотрели на него с несколько обеспокоенным выражением. Для чего так долго держать перед глазами бумагу? Проходящая мимо туча остановилась напротив окна, осыпала коротким дождем пространство между СЭВом и «Белым домом». Ну что ты ждешь, спросила она. Он встал и взял плащ: простите, Сол и Роуз, я должен идти. Нужно глотнуть свежего воздуха. В случае ухудшения ситуации идите в посольство. Обо мне не беспокойтесь. Все будет олл райт.

Роуз кивнула, а Сол протянул ему сотовый телефон: по крайней мере каждые два часа информируйте нас, где находитесь, Алекс. Мы сообщим ваш номер Стенли. Он сейчас в Бангладеш. Будьте осторожны.

С первым же толчком московского воздуха он перестал быть председателем московской группы американского гуманитарного фонда, а также потерял свое нынешнее профессорство и будущее голливудское лауреатство. Несколько секунд стоял истуканом, вроде этого «Оскара», а потом метнулся как бы в осень 1956, как бы взметнул тогдашнюю шевелюру, как бы влетел в толпу будапештских мальчишек, что ждали возле кино «Корвин» с бутылками керосина советские танки. «Сражаться за свободу в свои семнадцать лет!» — вот о чем он мечтал всю жизнь. Встать против «них» с оружием в руках! Бить в морду эту тупую, отрыгивающую салом, нажратую водкой силу большевизма, вставать перед ней на баррикадах «в свои семнадцать лет», хотя бы лишь для того, чтобы крикнуть: «Не боюсь вас, свиньи!»

От подъезда СЭВа он спустился в толпу, которая заметно увеличилась, пока он читал сводки. Физиономии вокруг были на удивление веселые. Можно сказать, что он никогда прежде не видел в Москве такого количества хорошо освещенных физиономий. Как будто все решили, что им сегодня семнадцать лет.

Двое парней корячились со здоровенным бревном, предназначая его для предмостной баррикады. АЯ стал им помогать. С матерком подняли на плечи, двинулись к баррикаде, напоминая известную парсуну соцреализма «Ленин на коммунистическом субботнике в Кремле». «Лысый, как всегда, сзади», — бестактно, но добродушно сказал ему один из парней, тоже вспомнивший этот шедевр. Саша залился счастливым детским смехом.

Не менее двух часов он работал на строительстве этой баррикады, подтаскивая мешки с размокшим цементом, арматуру со стройки, все, что попадалось под руку, шло в дело, хоть каждый из строителей и понимал, что их наивная преграда в лучшем случае лишь на несколько минут затормозит проламывающий Т-72. Тем не менее все деловито трудились. Здесь был обычный московский люд, хоть и не от университетских кафедр, но и не от сохи. Верховодил тоже весьма обычный тип эдакого советского «геолога-скалолаза-подводника». Его все окликали «Серый», что, очевидно, происходило от имени Сергей, но уж никак не от серости, ибо у парня была медная загорелая рожа и сверкающая клавиатура зубов, что было даже странно в стране массового кариеса. Майка рок-группы «Машина времени» говорила сама за себя.

Вдруг он остановил АЯ и спросил:

— Слушай, тебе не говорили, что ты похож на Сашу Корбаха?

— Не раз, — кивнул АЯ.

Вдвоем они раскачали пакет цемента и забросили его в середину кучи. В это время появились женщины с горячим кофе, свежим хлебом и батонами советской колбасы. Парни шутили, что жрать эту колбасу нельзя, а лучше ей отбиваться от язовских танкистов.

Кто-то прибежал с сообщением, что в пятом подъезде идет запись в сотни и выдача оружия. Сплотившись вокруг Серого, баррикадчики стали пробираться сквозь толпу. Вдруг распогодилось. Тучи задвинулись за шпиль «Украины», как будто специально, чтобы осветить историческое событие. Оно явно приближалось, и сотни фото- и телерепортеров охотничьим чутьем это предчувствовали. Вокруг цепочки «наших» броневиков началось бурление. На броню вскакивали молодые люди в галстуках, с короткими автоматами под пиджаками. На головном бэтээре воздвигся президент Российской Федерации со своей отменной шапкой серебряных волос. «Борис! Борис!» — зашумела толпа. Словно на партийной трибуне, президент поправил галстук, проверил пуговицу пиджака, достал текст и зачитал заявление, через несколько минут поразившее весь мир своей дерзостью. Россия не подчинялась собственным танкам!

Там, где стоял Корбах, ничего не было слышно, катились только волны криков «Не пройдут!», «Виват, Россия!», «Виват Борису!», «Долой ГКЧП!», и он вместе со всеми махал зажатой в кулаке береткой и плакал под разворачивающимися трехцветными флагами. Тучи снова надвинулись. Кто мог накрылись зонтиками. Серый пустил по кругу бутылку «Кристалла». Хлебни и передай товарищу!

Медленно продвигаясь в толпе, Александр увидел знакомую высокую фигуру в плаще «аквасквитум». Аккуратно зачесанный лысеющий затылок. Бывший агент Ее Величества Лестер Квадратный.

— Лес, я не знал, что ты тоже в Москве!

Писатель повернулся.

— Алекс, я тебя давно заметил. — Понизив голос, он заговорил по-русски: странная конспирация в гуще русской толпы: — Послушай, в любую момент здесь будет началось страшная массакр, ну да, бойня. Это бывает второй Тяньаньмынь, только хуже. Сюда выдвигает себя команда «Альфа». Один офицер «Альфа» — это маленький танк, вы не сомневаетесь. Арморед ол овер, газ, спиннинг буллитс, флэйм-сроуэрс, как это, огнеметы, страшный гренейды! Тотал беспощадноуз! — Потом он перешел на английский: — So we should make ourselves scarce! Let's go upstairs, to Rose!

Александр ответил:

— Tell them I'm fine, will you?

Сквэйр посмотрел на Александра внимательным и, как ему показалось, несколько насмешливым взглядом. Впрочем, то, что мы принимаем за насмешку в глазах англичан, может оказаться предельным сочувствием.

— So, you stay?

— Yes.

— With your people?

— Exactly.

— Take care of yourself, Alex.

— See you later, Les.

— I hope so.

Не торопясь и постоянно делая снимки, Сквэйр направился к зданию КОМЕКОНа, как на Западе называли Совет Экономической Взаимопомощи. Надо отдать ему должное, ведь, по его сценарию, атака «Альфы» могла начаться в любую минуту. И мы отдаем ему должное.

Интересно, что почти тот же совет АЯ почти немедленно получил от своего командира, Серого: «Слушай, ты вроде иностранец, что ли? Эмигрант? Ну я так и думал. Может, тебе слинять отсюда, а? Тут могут быть, ну, ты понимаешь. Чекисты-козлы с такими, как ты, церемониться не будут. Они и настоящего Сашу Корбаха не пощадят».

АЯ рассмеялся: «Да я и есть Саша Корбах, Сергей, но прикрываться этим не собираюсь».

Изумленный малый смотрел на него во все глаза. Счастье такого немыслимого знакомства с живой легендой медленно растягивало его лицо в ширину. А Александр Яковлевич, отпустив всякие тормоза, вдруг стал вываливать на него свое сокровенное: «Для меня, Сергей, гибель в бою с чекистами стала бы вершиной существования. Ну, ты же альпинист, ты же понимаешь, что такое вершина. Вот ты встал там в восторге и в этот момент получаешь пулю, желательно все-таки, чтобы слева между ребер, чтобы иметь несколько секунд для осознания вершины, которых — секунд, ети их суть, — у тебя не будет, если бьют в голову. Так или иначе, если вершина и пуля неразделимы, никогда не сойду в сторону. Я ведь давно уже перестал верить, что эта вершина, ну, грубо говоря, свобода, существует. Я ведь давно уже и Россию мою считал слепой лошадью в забытой шахте».

Пораженный этим монологом Сергей, который и вправду был инструктором базы в Баксанском ущелье, смотрел на Корбаха, раскрыв жемчужную пещеру рта с одним-единственным, почти незаметным пенечком металлосплава. Этому парню, очевидно, казалось, что он, подобно Улиссу, попал в какое-то течение чудес. Приехать в командировку в Москву и оказаться в центре революции, на баррикаде, познакомиться на ней с самим Сашей Корбахом, да еще выслушать обращенный прямо к нему монолог, который в будущем может стать популярной песней.

Они продолжали пробираться к Дому правительства. Наконец вышли к пункту переписки. Там уже стояли ребята с их баррикады, шла запись в сорок четвертую сотню. Здесь же на месте сотенным был избран наш альпинист Сережа Якубович. Оружия никакого не выдавали, однако некий капитан-лейтенант в полной морской форме через батарейный громкоговоритель созывал всех, кто служил в воинских частях; очевидно, им собирались выдать оружие. Подскочил какой-то с красной повязкой: «Вы Корбах? Пожалуйста, будьте в этом районе. За вами сейчас придут».

Все чаще в толпе стали мелькать знакомые лица. Много было театрального люда. Игорь Кваша из «Современника» деловито осведомился, в какой он сотне. Будешь здесь стоять? Буду здесь стоять до конца. Хватит, знаешь! Всю жизнь было нельзя, а сейчас хватит! Подошли молодые актеры и актрисы из табаковской студии. Все хохотали, как будто вокруг шла просто-напросто огромная тусовка. В толпе уже гулял только что кем-то пущенный каламбур: «Забил заряд я в тушку Пуго». То тут, то там вспыхивал хохот: «Ой умру, тушка Пуго!» — и каждый, очевидно, представлял балтийско-коммунистическую физиономию министра внутренних дел в тот момент, когда ему в задницу вбивают заряд лермонтовского бомбардира. Следует тут отметить еще одну важную деталь, которая делала несколько притянутый за уши каламбур вполне уместным: монолог лермонтовского бомбардира прозвучал во время смертельного ожидания на поле Бородино.

День 19 августа 1991 года начинал уже клониться к вечеру и к насморкам. В артистической компании, столпившейся на мокрых ступенях, рассказывали, как забздел бывший товарищ министр культуры СССР, как он поддержал ГКЧП и таким образом высвободил одну пару из заказанных 250 000 наручников. Тут заиграли «Шуты» — Наталка Моталкина, Бронзовый Маг Елозин, Шурик Бесноватов, Лидка Гремучая, Тиграша, Одесса-порт, Марк Нетрезвый, — всех не упомнишь в моменты исторических пертурбаций. Начали представлять древний, дораблезианский сюжет о забздевшем министре культуры. Свободный народ Москвы, в том числе многочисленные дамы с собачками, вышедшие в этот час прогулять своих любимцев, из которых иные были выше их ростом, наслаждался балаганом, особенно когда вместе с театром заиграл гражданин США Саша (каламбур на свою совесть не берем, получилось случайно), ну да, тот самый Корбах — играет вместе со всеми, а ведь ворочает огромными суммами из американского бюджета!

К концу концерта люди из «нашего правительства» стали выкрикивать в толпе, что не хватает бумаги для агитационной борьбы с путчистами. Просим всех, у кого есть бумага, внести свой вклад! Заранее спасибо! Саша Корбах взял тройку своих баррикадчиков, и они отправились в СЭВ за бумагой.

В корбаховском фонде все комнаты были залиты прекрасным электричеством. В конференц-комнате вокруг стола персон не менее двух дюжин, русские и американцы, ели тульские пряники. Управхозяйством Матт Шурофф в могучих руках вносил трехведерный самовар. Надо сказать, он в Москве не тужил о своем дальнобойном грузовике, и даже рана, нанесенная столь драматическим отдалением Бернадетты, по его выражению, хоть еще и дает о себе знать, но уже не кровоточит. Этот неисправимый байронит из американского рабочего класса был уже заново влюблен, и мы, кажется, догадываемся в кого, не правда ли?

Мы решили тут все остаться, пояснил Лестер Сквэйр. Ощущение осажденности — это ни с чем не сравнимая штука. Острее всего я испытал это в шестьдесят девятом на Коморах, в отеле «Флорида», когда к островам в темноте приближались катера Боба Динара. Теперь посмотри на эти блуждающие огни над рекой. Я уверен, что это принюхивается «Альфа».

Роуз Мороуз была неподражаема в роли осажденной американки. Думал ли кто-нибудь, что судьба так высоко занесет девушку-почтальона из Йорноверблюдского графства?! Мы беспрерывно рассылаем протесты и призывы к солидарности во все гуманитарные организации мира, рассказала она. И получаем огромное количество ответов.

«Я хочу несколько ограничить эту активность, Роуз, — сказал Алекс. — Экспроприация бумаги на нужды сопротивления. Да-да, большое спасибо». Он вдруг как сидел в кресле, так и заснул. Сказались и джетлэг после долгого перелета, и сильнейшее возбуждение, трепавшее его уже много часов. Вырубился, как сейчас говорят, или, еще точнее, «замкнул на массу». Проснулся он так, как будто просто клюнул носом. Комната между тем была пуста и темна, только в углу тлела на низком режиме американская лампа. Кто-то положил ноги АЯ на соседнее кресло. Было тихо, лишь издалека доносилась неразборчивая скороговорка какого-то средства информации. Он выбрался из кресел и подошел к окну. Несколько секунд он ничего не мог понять из того, что перед ним открылось в темно-лиловом полумраке. Момент неузнавания немедленно отразился на дыхании, он стал «тонуть» в воздухе. В панике взглянул на часы. Положение стрелок нанесло ему удар куда-то в район уха. Восемь без пяти. Вдруг осенило: да ведь не переводил еще стрелок с прилета! Тогда все встало на свои места. Я в Москве. В Москве военный путч. Гони московское время на восемь часов вперед, получается без пяти четыре утра 20 августа 1991 года. Картина мира восстановилась и даже показалась чем-то уютной, как будто канун чьего-то дня рождения и ожидается приезд «всех наших».

В небе все ползали вертолетные огоньки. Внизу на асфальте стояли большие лужи. Дождь, похоже, уже не прекращается. Народу на площади стало вроде меньше, но все равно множество. Кое-где выступали ораторы. Возле баррикадных нагромождений можно было видеть костерки. В «Белом доме» освещен целый этаж. Надеюсь, оставили для отвода глаз, а сами сидят в затемненных комнатах. Говорят, что Борис преображается в критические часы. Вяловатый мужик становится гением контратаки. Трехцветные флаги торчат повсюду. Значит, путч еще не завершился, пока я спал.

Он заторопился. Набросал в пакет оставленные на столе сандвичи и несколько банок пива. Сбежал по лестнице: лифты на этот раз стояли. Наружный воздух почему-то пахнул какой-то плавящейся гадостью, как будто гостиница «Украина» за ночь превратилась в мыловаренную фабрику. Закинув сумку через плечо, он приблизился к толпе. «Ребята, Сережу Якубовича не видели?» Ему махнули в сторону Новинского проезда. Где-то там, под аркой, командир отсыпается. Он пошел туда. Под одной из арок большого сталинского дома сидела группа в капюшонах. Навалено много рюкзаков и спортивных сумок. Из одной торчал приклад автомата.

— Ребята, вы случайно Серого не видели?

Несколько хмурых лиц повернулись к нему. Один мужик сделал жест рукой — давай, мол, проваливай!

— В чем дело? — спросил он. — Не можете ответить?

— Вали, а то жидовскую пасть порвем, — сказало одно из подкапюшонных лиц. Кто-то ухмыльнулся. Какая-то поверхность заскорузлой шерсти взбухла за спинами у мужиков и тут же опала.

— А эти с порядочным приветом, — пояснил появившийся сзади Якубович. — Монархисты. — Он был свеж, румян и белозуб, как и вчера. — Ты вовремя появился, Саша! Намечается акция!

— Странно видеть тут таких ублюдков, — сказал АЯ громко, чтоб слышали, и повторил: — Ублюдков!

Никто на него уже не смотрел, и лиц уже не было видно под капюшонами.

Для акции был подготовлен небольшой автобус. Что за акция — концептуализм? Вроде того: нормальная акция, едем на Ленгоры разлагать войска. АЯ, больше ничего не спрашивая, прыгнул внутрь. Впереди растащили для проезда кусок баррикады. Автобус, трясясь как сукин сын, выехал на мост. Боялись, что за мостом остановит патруль, но обошлось. Без приключений мимо вереницы спящих, если не сдохших танков дунули вдоль набережной в сторону «Мосфильма». Вот так же когда-то с режимных съемок возвращались, чтобы сдать отснятый материал в производство.

В автобусе среди баррикадчиков были депутаты Верховного Совета и даже один член всесоюзного правительства, профессор Воронцов Николай Николаевич, министр экологии, единственный, кстати сказать, из горбачевского кабинета, кто осудил путч. Присутствие Саши Корбаха всех вдохновляло. Молодежь вас знает, а солдаты — это та же самая молодежь.

Что нам с Воробьевыми, то бишь Ленинскими-то, горами делать? Большая шельма как-то к малым птахам не привязывается, одна лишь остается для нее изначальная пакость: «воробей», в этом роде. На эспланаде и дальше к университету стояло множество бронетранспортеров. Разложение, очевидно, уже без постороннего вмешательства прогулялось по этой воинской части. Задние люки были открыты. Из бронированных утроб слышались то храп, то болтовня с матерком, а то и пенье под гитарку: «Вгоняя штык с улыбкой на бегу в тугую грудь душманского халата». Много солдат слонялось мимо грузных машин. То тут, то там, не стесняясь офицеров, слушали по транзисторам русскоязычное вещание с Запада. Знакомый Корбаху голос из парижской студии «Свободы» призывал военнослужащих не поднимать оружия против своих братьев. Никто не обращал внимания на появившуюся среди ночи группу штатских. За эспланадой во весь окоем дрожали многосмысленные огни Москвы.

Наконец послышался начальственный голос:

— А эти люди что здесь делают? — Стоял в окружении подчиненных некий значительный полковник. — Вы кто такие?

— Мы из «Белого дома», — был ответ. — Депутаты и министр. И Саша Корбах, певец.

— Серьезно?! — воскликнул кто-то из офицеров. — И Сашка Корбах с вами?

— Конечно, с нами! Все честные люди с нами!

— А вы уверены в этом? — спросил полковник.

— А вы уверены в себе, полковник? Зачем вы в Москву вошли с такой массой броневой техники?

— Мы пришли спасти страну от анархии. Предотвратить развал.

— А вам не кажется, полковник, что́ это просто переворот? Президент задержан. Вам не кажется, что это чревато гражданской войной?

— Ну что ж, давайте поспорим, — вдруг предложил полковник и даже как-то обкомфортился, облокотился на балюстраду и достал сигареты.

Солдаты и офицеры столпились вокруг. Началась дискуссия. Кто-то из депутатов ловко перефразировал сталинский штамп: коммунисты приходят и уходят, а Россия, наша родина, остается.

— Неплохо сказано, — комментировал командир части.

Один из солдатиков поднял руку, как в школе:

— Разрешите вопрос Саше Корбаху? Саша Корбах, вы лично Володю Высоцкого знали?

Поднялся хохот. Вот так выступил рядовой необученный! Даже в такую ночь у него одни гитарные дела на уме! Оказалось, не так уж прост салага. За первым вопросом последовал второй:

— На чьей стороне был бы сейчас Володя Высоцкий?

— На нашей, — ответил Саша Корбах и больше ничего не сказал, но и этого было достаточно. Поднялся шум. Кто-то крикнул: «Ура!»

Вдруг из подъехавшего «козла» резво соскочили майор с двумя автоматчиками:

— Что тут происходит? Прекратить агитацию! А ну, пройдемте с нами!

Сережа Якубович отвел властную руку:

— Не имеете права, депутаты неприкосновенны!

Тогда один из автоматчиков ударил его прикладом «десантного варианта» прямо в лицо. Оно, лицо Якубовича, тут же превратилось в месиво. Он рухнул на бок и стал выплевывать сгустки крови и осколки своих некогда, секунду назад, великолепных зубов. Саша опустился рядом с ним на колени.

— Сережа, are you o'key? — кричал он почему-то по-английски.

Сережа что-то мычал, дескать, все в порядке, но вскоре затих. Корбах схватил его за ноги.

— Ребята, тащите! Гоним в «Склиф»!

Через несколько минут разваливающийся автобус мчал по пустой Москве в Институт Склифосовского. Министр и депутаты остались на Ленгорах в окружении вполне дружественных военнослужащих. Чувство вины вообще-то редко способствует развалу воинской дисциплины, но это был как раз тот самый случай.

Нигде лучше, чем в «Склифе», не чувствовалось присутствие в городе тяжелой Советской Армии: одному пациенту танк ногу отдавил, другого ненароком прижал к стенке, третьего просто обдал соплей горячей солярки; ну, в общем.

«Боюсь подумать, что здесь будет завтра», — сказал Корбаху заведующий приемным покоем, профессор Зулкарнеев, оказавшийся, конечно, старым знакомым, поклонником «Шутов».

Якубовича повезли в центр челюстной хирургии. Он смотрел ясными глазами. Говорить уже не мог. Показывал ребятам глазами на Корбаха — дескать, он теперь ваш командир. «Не бздимо, Серый, — сказал ему АЯ на старом жаргоне, — мы тебе такие зубы потом сделаем, каких не видели ни Кавказ, ни Памир!»

3. Боевые товарищи

20 августа в районе полудня ехал маршал Язов в своем бронированном ЗИЛе с Лубянки на Арбатскую площадь, в Министерство обороны. Предстояло принятие самого важного в его жизни решения. Четверть часа назад Крючков сказал ему, что все попытки прийти к соглашению с «кучкой авантюристов» провалились. Не хотят товарищи разоружиться перед партией. Кто же захочет, думал маршал. Кому захочется с руками за спиной волочиться под ударами, заживо превращаться в отбивную котлету? Если бы я был с той стороны, я бы тоже не захотел. С этой стороны я еще все-ш-таки могу разоружиться: демократы все-ш-таки бить не будут пожилого человека.

Лимузин шел мимо бесконечных колонн демонстрантов, бодро шагающих с митинга на Манежной площади в сторону «Белого дома», то есть на поддержку ренегатов. Приказ о перекрытии Калининского проспекта, уныло заметил маршал, никем не выполняется. Это странно, думал маршал. Приказы отдаются для того, чтобы они выполнялись. Хуево, но выполнялись. Что-то не припоминается ни одного факта невыполнения.

В руках демонстрантов, кроме основательно уже надоевшего — и всего-то за сутки! — «Долой ГКЧП!», замечались оскорбительные и художественно неполноценные карикатуры. В них подчеркивались качества лиц высшего руководства страны: одутловатость премьер-министра Павлова, хорькообразность председателя госбезопасности Крючкова, некоторая ступорозность министра внутренних дел Бориса Карловича Пуго, своеобразная алкогольность и.о. президента Янаева, собственная министра обороны какая-то странная, неприглядная быковатость. Пошло, товарищи, не смешно! На самих себя бы посмотрели! Всем карикатуроносцам придется держать ответ за разнузданность! Не исключено, что вплоть до применения высшей меры. Неужели не отдаете себе отчета в том, что крючковцам отдан приказ всех заводил внимательно фотографировать. Надеюсь, у них-то приказы выполняются?

Вообще-то отмечается некоторая странность со стороны Николая Федоровича. Некоторая визгливость. Почему обязательно все перекладывать на министра обороны? Разве у вас нет собственных сил задержания и ликвидации? Где ваша хваленая «Альфа»? В карты играют по подворотням? Прикажете нам танками давить столь большие контингенты собственного народа? Ведь не венгры же, не чехи, даже не афганцы! Зачем визжать, зачем тыкать в нос нетипичный эпизод на Ленинских горах? Полковник Мыльников — заслуженный боевой офицер, нет пока никаких оснований подозревать его в нарушении присяги.

«Есть связь с Мыльниковым?» — спросил маршал своего адъютанта подполковника Чаапаева.

Тот повернулся всей своей не очень-то пролетарской физиономией: «Связи нет, товарищ маршал».

Изжога на мгновение опустошила весь пищевод министра обороны. «Что же, вся бригада, что ли, пропала?» — «Похоже на то, товарищ маршал», — ответил адъютант и замкнулся в своей псевдоаристократической мине.

Язов отодвинул кремовую шторку сбоку. Сразу полезли в поле зрения наглые морды взбесившегося люда. Проморгали, просрали целое поколение, товарищ комсомол, дорогие чекисты родины! Несоветского вида недоросли суют в бок ЗИЛа трехцветную белогвардейщину. Пидарасы! Вот сейчас бы лично по таким от живота веером! В этом Крючков, конечно, прав: ради счастья миллионов можно устранить несколько сотен выродков. Но как их отделить от обманутых тыщ?

«Товарищ маршал, Варенников на проводе», — без всякого выражения произнес Чаапаев и протянул Язову трубку радиотелефона.

Почему-то не в тот же момент вспомнилось имя боевого товарища. Все-таки вспомнилось, но как бы с другой стороны. «Варенников Вал. Ив. (р.1923), сов. военачальник, генерал армии (1978). Чл. КПСС с 1944. В Вел. Отеч. войну нач. артиллерии полка. С 1973 команд. войсками Прикарпатского ВО. Деп. ВС СССР с 1974». Это были данные из «Советского энциклопедического словаря» 1980 года издания, в котором для него, нынешнего министра обороны, не нашлось ни одной строки. Никогда никому маршал Язов не открывал этой обиды, но в душе называл Варенникова сталинским выскочкой.

«Послушай, Дмитрий, что же происходит? — брюзгливо заговорил Варенников. — Ведь договорились же, что Ельцин будет в первый же день ликвидирован, а он продолжает гарцевать, интервью дает всяким «пи-пи-си»!» Язов обиделся: «Не по адресу обращаетесь, товарищ советский военачальник тысяча девятьсот двадцать третьего года рождения! Почему армия должна заниматься устранением преступника? Что у нас, нет

410

правоохранительных органов? Ты звонил Янаеву, Павлову? В их руках вся власть. Пуго, наконец, — где его подразделения?» — «Янаев и Павлов пьяны до бесчувствия. У Пуго кризис личности. Крючков кивает на тебя. Вы что, братцы, рехнулись? Губите державу!»— «Как ты смеешь так со мной разговаривать?» — взревел Язов таким мощным медведем, что даже невозмутимый Чаапаев покосился. «Смею! — завизжал в ответ деп. ВС СССР с 1974 года. — Ты знаешь, что мыльниковская бригада целиком ушла к врагу?!»

В ярости Язов на пол швырнул радиотелефонную трубку. В тот же момент подполковник Чаапаев попросил приостановить машину и, как только его просьба была удовлетворена, немедленно вышел на улицу.

«А ты-то еще куда, Петр Яковлевич?! — отчаянно завопил маршал в спину молодому человеку. — Я знаю, ты не веришь в историческую судьбу России, но подумай хотя бы о своей карьере, говнюк! Тебе еще тридцати нет, а я сделал тебя гвардии подполковником! На тебе практически вся система координаций, ядерный щит родины! Философы хуевы, пробрались в высший эшелон! Подумай о своих девках, о библиотеке! Жизнью рискуете, гвардии подполковник Чаапаев!»

Спина, ничего не отвечая, быстро удалялась и вскоре смешалась с неимоверной толпищей противников социализма вокруг кинотеатра «Художественный».

Приблизительно в это же время главный чекист страны Крючков и командующий подразделением «Альфа» генерал Карпухин вошли в спортзал секретной базы. Не менее ста двадцати командиров вышеназванного подразделения обернулись на вошедших. Со стороны было похоже на слет «Динамо»: все присутствующие были в тренировочных костюмах, за исключением Крючкова, но и он в своей засаленной пиджачной паре мог сойти за выжигу-тренера.

— Товарищи офицеры, — заговорил Карпухин. — Я доложил руководству о вашем решении не вмешиваться в конфликт власти. Руководство категорически отметает ваши доводы. Разрешите мне еще раз кратенько сформулировать их для Николая Федоровича?

Офицеры, каждый из которых, по утверждению литературного шпиона Лестера Сквэйра, мог за считанные минуты превратиться в маленький танк, кивнули своему командиру: сформулируйте, Карпухин! Многие стояли, скрестив руки на груди, но все-таки покачиваясь на пружинящих ногах, то есть подрабатывая ахилловы сухожилия, от коих ох как много зависит во время атаки нижним ярусом тела. Любимец команды, кот Котофей, сидел на окне, кушая голубя. Временами его единственный глаз расширялся, как прибор ночного видения.

— Основная проблема заключается в исключительно значительных скоплениях населения вокруг «Белого дома». Для успешного завершения атаки, то есть для задержания и устранения руководителей Российской Федерации, потребуется, по минимуму, принести в жертву тридцать тысяч человек народа. Учитывая, что все происходит в столице нашей родины, городе-герое Москве, а не в каком-нибудь абстрактно зарубежном пространстве, команда «Альфа» предпочитает не выдвигаться в боевые порядки, дабы не запятнать свои знамена в историческом аспекте. Такова, в общем и целом, резолюция. — Карпухин пожал мощными плечами, как бы показывая, что сохраняет профессиональную беспристрастность.

Офицеры смотрели на Крючкова, чье имя в их среде не произносилось, поскольку заменено было одним всесокрушающим словом «Сам». Такова уж была традиция в этом учреждении: какого бы мудака ни назначила партия, в главном кресле он становился «Самим» без всяких оговорок. По сути дела, первая за все семьдесят четыре года существования «вооруженного отряда партии» оговорка была произнесена сегодня.

Крючков повернул голову и приказал сопровождающим лицам действовать. Открылись все двери спортзала, и на порогах с нацеленными на «альфистов» убойными машинами встали бойцы личного крючковского резерва, среди них три брата Завхозовы.

— Всем лечь на пол! Лицом вниз! — скомандовал командир взвода.

«Альфисты» подчинились. Они очень хорошо знали смысл этой команды, кроме того, отказываясь уничтожить тридцать тысяч «людей народа», они все-таки слабо представляли, как можно не подчиниться «Самому».

Крючков и все его заместители, Бубков, Буйцов, Буйнов, Брутков и Брусчатников, смотрели не без горечи на сто двадцать совсем неплохих спин и затылков своей преторианской гвардии. До этого момента воображение этих генералов в штатском, похожих на авторитетов международного криминала, рисовало совсем другую картину. Ельцинская компания ниц, носами в землю, которую хотели предать, а над ними с оружием вот именно эти могучие питомцы, гордость всесоюзной чекухи.

— Товарищи офицеры! — обратился к лежащим «Сам». — Я даю вам последний шанс. Тем, кто сейчас вернется в свое подразделение для выполнения боевого задания, будет прощен факт нарушения присяги. К тем, кто упорствует, будет применен закон о чрезвычайном положении. На размышление тридцать секунд! — Ему казалось, что в голосе его прозвучала вся сталь пролетарских полков. Иногда он думал о себе: жаль, внешность у меня немного заурядная, то ли дело незабвенный Юрий Владимирович, зловещая птица на страже революции! Увы, иной раз напоминаю пенсионера-доминошника из вохры. Что ж, история знает немало примеров несовпадения масштабов личности и масштабов данной личности внешности; ну, вот так. Великий Ленин, например, не отличался драматизмом черт, но источал неукротимую волю.

Теперь он стоял, сжимая кулачки в карманах обвисшего пиджака. Секунд становилось все меньше. Офицеры лежали, хоть и поднимали иногда головы, чтобы проверить, кто встал. Никто не вставал. Котофей с подоконника капал голубем на пол. Почему они так спокойно лежат, изнемогал Крючков. Они уверены, что даже Завхозовы не будут стрелять. Ну что ж, тогда конец всему. Не нажимать же отобранную у Михаила «ядерную кнопку»! Юрий Владимирович бы нажал. И Никита Сергеевич бы нажал. Больше никто бы не нажал. Леонид Ильич не нажал бы. Вот так вот и приходит распад в стальное тело социализма. Крякнув слегка, генерал Карпухин улегся рядом со своим личным составом.

— Предатели! — ярко, сильно, хорошим петухом воскликнул председатель КГБ и немедленно покинул помещение. Вслед за ним двинулись замы — Бубков, Буйцов, Буйнов, Брутков и Брусчатников, уже отягощенные заботой о своем будущем. Даже «альфисты», уж на что изощренный народ, не заметили, как исчез взвод самой личной охраны. На несостоявшемся месте казни брошены были сверхсекретные суперавтоматы, каждая пуля которых производит в организме цели миниатюрный атомный взрыв. Естественно, офицеры заинтересовались этим о.о., которое им недавно обещали, но еще не дали.

Между тем братья Завхозовы драпали уже вовсю. Надо было успеть «зачистить» квартиры: уничтожить партбилеты и пропуска, расплавить секретные бляхи, слить в унитаз яды. Также надо было быстро избавить данные квартиры от собственного присутствия. Что касается генералов, то они гулко удалялись по полустеклянным переходам среди секретной подмосковной хвои. Они уже не единожды растворялись во мраке, но всякий раз кот Котофей высвечивал им спины своим инфракрасным глазом. Для пущего символизма, Теофил, добавим, что полусъеденный котом голубь улетел восвояси.

Приблизительно в это же время, а может быть, на час-другой позже председатель Союза советских писателей С.В.Михалков присел в своей квартире к ультраяпонскому телевизору. Облаченный в кашемировый кардиган и верблюжьи шлепанцы, он стал смотреть гнусную, чтобы не сказать антисоветскую, программу CNN. Совсем неподалеку располагался дом С.В. от центра обозреваемых вражьим оком событий. Достаточно пересечь Садовое кольцо в том месте, где оно взбухает площадью Восстания, пройти мимо высотного дома, этого монумента сильной и щедрой власти, осветившей своим торжественным блеском молодую зрелость Михалкова, сделавшей его из сочинителя детских виршей первым пером государства, свернуть налево, и вот он — призраком славных тридцатых зиждится «Белый дом», крамола девяностых. Данное местожительство всегда казалось ему воплощением незыблемости, оплотом всей общесоюзной сути и вот закачалось.

Не понимая, что болтают развязные, но не лишенные женской привлекательности американские дикторши, С.В. взирал на колышащееся сонмище лиц, на колеблющиеся стяги белогвардейских знамен. Непостижимо, как удалось демократической банде продержаться всю ночь, второй уже день кряду бросать вызов здравому смыслу, тормозить обутое в броню колесо истории. Именно в поддержку здравого смысла подписали вчера секретари Союза писателей свое историческое заявление.

Вдруг пронзило Сергея Владимировича: подписать-то подписали, а вдруг просчитались? Вдруг нахлынет оттуда, от реки, толпа, пойдут по квартирам искать депутатов, лауреатов, с-с-с-сотрудников? Размышления старика были прерваны телефонным звонком. Звонил по всем статьям коллега, Кузнецов Феликс Федосьевич, наследник революционных демократов.

— Сергей, я тебе с улицы звоню... Не с какой не с Воровской, а с Воровского. Есть важный разговор, ты не можешь выйти?

Со многими коллегами из секретариата Михалков был на короткой ноге, с Феликсом же его соединяло не только фасадное секретарское единство, но также и то зафасадное, глубинное «чувство локтя».

Он вышел как был в верблюжьих тапочках, которые тут же промокли. Грузная фигура профессора Кузнецова стояла под зонтом у чугунных ворот некогда надежной писательской усадьбы. Родная борода профессора выглядела, как криво надетая маскировка. Он прижался к Михалкову левым боком, сильно взял под руку, дохнул гнилью:

— Знаешь ли, Сережа, я всю ночь не спал, снимал с полок Ленина, Розанова, Блока. Мучили мысли о России, о том, что нас ждет впереди как этно-историческую данность; ты это понимаешь, конечно. Отчаянию Белого с его «Довольно, не жди, не надейся, рассейся, мой бедный народ» мы противопоставляем общеизвестную «степную кобылицу»; она донесет, она доскачет!

— К-к-короче, — сказал Михалков.

— Хорошо, — согласился Кузнецов, но остановить гражданское слово как-то сразу не мог, несло. — Думал о нашей вчераш-

414

ней резолюции, был горд. У нас достало мужества не соблазниться демагогией, встать против словесного блуда, встать вместе с нашей, ну, в общем, вместе с народом, с патриотами правительства. Да-да, я сейчас, ближе к делу, конечно. — Он хихикнул каким-то странным, едва ли не зловещим хихом, оглянулся и вдруг сильно, снизу, вдул в хрящи михалковского уха: — А вдруг? — Тут же быстро зашептал: — Мы не должны быть застигнуты врасплох, надо подумать о спасении интеллектуального и творческого нашего богатства, не дать перечеркнуть достижения грандиозного исторического эксперимента, нашей позитивистской философии. Она еще нам пригодится в радостный час восхода! Ну, хорошо, хорошо, суть вот в чем: у тебя там есть свои люди, сильные люди?

Михалков усмехнулся:

— Так же, как и у тебя, Феликс, чего ты скромничаешь? Однако если твое «вдруг» с-т-т-трясется, этим «сильным людям» будет уже не до жиру.

Кузнецов хапнул себя за бороду, застонал:

— Я не об этом, Сергей, не об этом. Я о Китае, о Кубе, о Корейской Народно-Демократической республике. О Вьетнаме, наконец! Нашим экстремистам кажется, что они разрушают коммунизм, однако азиатские твердыни незыблемы! Мечта Чернышевского в этот раз придет с Востока! У тебя есть знакомые в посольствах братских стран на случай, если придется спасаться, эмигрировать? Если вдруг высылать начнут таких... — Он полыхнул темным жарком, с улыбочкой посмотрел исподлобья на старшего товарища. — Таких, как мы с тобой, Сергей?

Михалков от этого жарка тут же вспыхнул:

— На что ты намекаешь, Феликс? На моем «Дяде Степе» шесть поколений детей выросли в этой стране, а ты меня тянешь в К-к-китай?! Нет уж, отправляйся в Китай без меня! Мы, Михалковы, все-таки из российских купцов первой гильдии происходим, ударение на первом слоге носим, мы азиатам не продаемся!

Ошеломленный Кузнецов осел. Старик Михалков, как был в верблюжьих тапочках, уходил от него, шагал, не обходя луж, к самой середине площади Восстания. «Союз нерушимый республик свободных», — бормотал он и тут же правил: «Борцов демократии вечно свободных», — неплохо вроде получается. — «Сплотила навеки великая Русь», — а это неплохо звучит и сейчас. Пардон, что-то тут не то. Чутье стилиста меня никогда не подводило. «Вечно свободных», а в следующей строчке «навеки», так не годится. Сделаем иначе. «Борцов демократии, сильных, свободных, сплотила навеки великая Русь! Да здравствует созданный волей народов» — эту строчку оставляем, она никому не повредит. Вот дальше загвоздка. Ну, вперед, вдохновение!

Подходящие многоярусным флотом мрачные тучи ободряли поэта. Продолговатым дятловидным носом и осетровыми заушными жабрами (в этом ключе он был когда-то клеветнически, но красиво описан Валентином Петровичем Катаевым) он улавливал запах нового российского ветра. Итак:

Борцов демократии, сильных, свободных,
Сплотила навеки великая Русь!
Да здравствует созданный волей народов
Общественный строй, чьей свободой клянусь!
Славься, Отечество наше свободное,
Думы и слова надежный оплот!
Знамя трехцветное, знамя народное
Пусть к благоденствию всех приведет!

Ну, понеслась!

Сквозь тучи сияло нам солнце свободы,
И Пушкин великий нас в путь проводил!
Нас Сахаров двинул на долгие годы,
И с ним Солженицын нас всех вдохновил!

Он стоял теперь в самом центре своего нерушимого мира, обдаваемый грязью несущегося пустого грузовичья, и гордо, с клекотом, пел гимн новой демократической России. «Эй, дядя Степа!» — кричали ему на лету взращенные на доброй милицейской поэме шоферюги, и главный виршетворец державы знал: выдюжим, пройдем и через это все и будем стоять и грохотать вокруг!

4. Буйны головы на белы руки

Не поторопился ли Сергей Владимирович, не перестарался ли малость? Ведь к вечеру 20 августа обстановка в столице была далека от ясности, и воинские части в большинстве своем готовы были к выполнению «любого приказа Родины». В толпе защитников «Белого дома» — мы имеем в виду ту безоружную массу людей, что многими десятками тысяч стояла меж баррикад и на подступах к бетонно-мраморной громаде,— вовсю гуляли разговоры, что приближается час штурма, что снайперы сидят на крышах окружающих домов, готовые отстреливать из толпы любого, хоть вас, гражданочка, что скоро прилетят вертолеты и пустят газ.

Но странный, однако, феномен распространился в толпе. Все говорили о штурме, но почему-то как бы со стороны. Ни-

416

кто почти не сомневался, что штурм будет, но никто почему-то и не боялся, как будто не понимал народ, что именно по их телам Красная Армия будет прорываться к «Белому дому».

Закат показал какую-то комбинацию почти супрематических лиловых и багровых фигур, которую никто не мог прочесть. В сумерках возобновился дождь. Саша Корбах почувствовал, как струйки потекли по лицу, но не проснулся. Он снова пребывал в джетлэге, однако на этот раз отключка догнала его не в мягком кресле, а под фанерным навесом среди хлама баррикады, куда он залез было перекурить. Позже, вспоминая эти провалы, он думал, что в них, быть может, было что-то метафизическое: энергетический его контур на время покидал жар истории, чтобы отдохнуть в прохладном астрале. Проснулся он только тогда, когда в сумке под боком заверещал сотовый телефон. Мужской голос сказал по-английски: «Я ищу Алекса Корбаха». — «Это я», — ответил он, еще не вполне в этом уверенный. «Слава Богу, ты жив!» — воскликнул Стенли.

Известие о московских событиях застало нас в Калькутте. День ушел на оформление бумаг, и вот мы в воздухе. Сейчас проходим Гималаи. Колоссальная луна, тени восьмитысячников совсем рядом, под крылом. Час назад нас атаковали два истребителя Нормана Бламсдейла. Отогнали их умиротворяющей ракетой. Часов через пять будем в Москве. Все тебя обнимаем: Берни, Бен Достойный Утки, пилоты. Где ты находишься? Ну, конечно, Берни, ты была права, он в самом пекле. Лавски, держись! Агентства сообщают, что эта ночь будет решающей. Где-нибудь в Москве можно купить шампанского?

Алекс положил телефон обратно в сумку и вдруг услышал аплодисменты. Вокруг его убежища стояла группа его поклонников, мужчин и женщин — тот тип, что в Америке называют the aging children, «стареющие дети». Этих «поздних шестидесятников» он мог бы различить в любой толпе. Сейчас они умиленно ему аплодировали, как будто он только что сыграл сценку «Разговор по-английски с неведомым персонажем». Одна женщина сказала ему с характерным для этой публики смешком: «Знаем, что глупо, но это все-таки так здорово видеть вас сейчас здесь, Саша Корбах!»

Двое с трехцветными повязками на рукавах пробрались к нему через толпу. Наконец-то мы вас нашли, господин Корбах. Понизив голоса, они сказали, что пришли с поручением. Если он хочет, его могут проводить в «Белый дом». Руководство очень радо было узнать, что он тоже здесь, среди сторонников демократии, так что если он... ну, в общем, вы понимаете. В любую минуту что-то может произойти. Но если есть желание. Все. Борис Николаевич тоже. Будут рады приветствовать.

В коридорах цокольного этажа кишела толпа, было много вооруженных. Иные проходили в бронежилетах и в касках. Иные сидели вдоль стен на полу, клевали носом, пили чай из термосов, разворачивали бутерброды. Чем выше поднимались по широким, прямо-таки апофеозным лестницам, тем чаще мелькали офицерские погоны крупного достоинства, включая и генеральские. Проходили десантники в полной экипировке. Большинство, однако, составляли госслужащие в протокольном облачении: пиджачки, галстучки.

Вошли в огромное помещение с кованым гербом РСФСР на стене. Там в углу стоял Ельцин в окружении лиц пониже. У Руцкого на левом плече болтался автомат, как раз такой, каким Якубовичу выбили зубы. За столом общей площадью не меньше каравеллы Колумба сидело множество людей. Они перебирали и перекидывали друг другу какие-то бумаги, но были и такие, что спали, положив буйны головы на белы руки. Кто-то ел что-то неплохое. Сновали девушки из буфета, убирали тарелки, раскидывали новые, расставляли бутылки пепси-колы. У всех окон, слегка приоткрытых, дежурили десантники Мыльникова с оружием на изготовку. Было холодно и сыро, пованивало давно немытым.

Ельцину сказали про Корбаха. Он отдал кому-то телефонную трубку и пошел навстречу с распростертыми.

«Саша Корбах, да ведь ни одного похода не проходило без твоих песен! Ну, привет! Вот как довелось познакомиться! — Излучал энергию. Видно было, что переживает лучшие часы жизни, недаром время от времени отпечатывался на белой стене то квадратом, то комбинацией треугольников, то категорическим параллелепипедом; никто, впрочем, кроме Саши, этого не замечал, во всяком случае, никто не таращился. — Очень ценим деятельность корбаховского фонда, — продолжал Президент. — Новая Россия нуждается в помощи Запада, друг Саша! Теперь мы будем частью цивилизованного мира!»

Он выглядел, как обычный советский мужик, этот «друг Боря», но что-то человеческое сквозило в очертаниях губ. И что-то супрематистское, подумал АЯ, сквозит в этих отпечатках на стене, которых никто не видит.

«Ты в теннис играешь? — спросил Ельцин и подмигнул с некоторой шаловливостью. — Ну, в общем, давай общаться, Саша, если не возражаешь!»

Вокруг не менее полудюжины видеокамер запечатлевали и этот момент общего телеисторического разворота. Ельцин с понтом, по-сибирски поднял пятерню, но снизил ее для вполне цивилизованного рукопожатия.

Не знаю, видит ли сейчас наш читатель целиком весь этот политический театр, может ли он вместе с нашим Александром Яковлевичем на секунду затормозить перед некоторыми удивительностями и заметить, скажем, как в стене на мгновение открывается пронзительный коридор, в непостижимой глубине которого отпечатываются образы льва и лани, орла и какаду, розы и агавы и, наконец, единый, то есть еще не разделенный сексом, Адам, горящий вечным огнем.

Действие драмы, впрочем, не замирает даже на эту секунду. Ельцин в спортивном стиле пятидесятых годов — «А ну-ка, мальчики, ощетинимся!» — продолжает по телефону атаковывать колеблющихся генералов. В другом углу басовитым соловьем разливается виолончель Ростроповича. Увидев товарища по изгнанию, Слава, как был в каске и бронежилете, бросается с поцелуями: «Сашка, ты тоже здесь! Вот здорово! Люблю твой талант, Сашка, ети его суть! Фильм твой смотрел про Данте, обревелся!»

Саша мягко поправляет всемирного любимца. Фильм-то, Славочка, еще не начал сниматься. Очень мило обмишулившись, Слава продолжает дружеский напор. Песню твою люблю! Музыку обожаю! Ты первоклассный мелодист, Сашка! Ну-ка, давай, подыграй мне на флейте! Ребята-демократы, у кого тут найдется флейта? Коржаков уже поспешает с флейтою на подносе. А мне вот Филатов «челло» привез из Дома пионеров! Поет, как Страдивари, сучья дочь!

Корбах для смеха дунул в дудку и вдруг засвистел, как Жан-Пьер Рампаль. Ну и ну, вот так получился дуэт в осажденном павильоне! Многие растроганные повстанцы приостановились, и на стене вдруг отпечаталась общая композиция осажденных, но дерзких душ. Видишь, шепнул Слава Саше.

Завершить концерт, как хотелось, на плавном взлете, однако, не удалось. В городе возник и стал нарастать какофонический грохот. Началось хаотическое движение непокрытых голов и стальных касок. Освещение было притушено до минимума. Шире открылись окна. Возле них присели фигуры с гранатометами. Корбах уловил за полу быстро проходящего офицера. Что происходит, майор? Тот улыбнулся. То, чего ждали, товарищи музыканты. Лучше бы вам спуститься в подвал.

Вот выдающееся зрелище: маэстро Ростропович меняет виолончель на «калашникова»! Корбах обнял старого друга за плечи: Славочка, я должен идти в свою сотню. Доиграем завтра.

Выставленный подбородок музыканта подрагивал от решимости. Обязательно доиграем, Сашка!

Эпицентр этого танкового грохота пришелся на Садовое кольцо в районе от площади Восстания до Арбатских ворот. Он забивал все звуки и тем не менее не мог заглушить скандирования: «Россияне! Рос-си-яне!» Над тоннелем, в который один за другим уходили танки и бэтээры, плечом к плечу стояла молодежь.

Мальчишки размахивали трехцветными флагами с фонарных столбов. Вдогонку адским слонищам летели бутылки, не всегда пустые, если судить по огненным змейкам, растекающимся на броне. Никто не собирался драпать. Несколько раз толпа, качнувшись, устремлялась куда-то. Казалось, вот, началась паника — ан нет, оказывается, бросались к очередному троллейбусу, высаживали пассажиров, заворачивали городской транспорт к баррикадам, чтобы укрепить заслон. Не обошлось, конечно, и без шутников в таком массовом действе: кто-то голосил окуджавское «Последний троллейбус по улицам мчит».

Вдруг несколько танков вместо того, чтобы идти вслед за всеми в тоннель, двинулись поверху, в боковой проезд, иными словами — на людей. Резкий голос прорезался сквозь вой турбин: «Россияне, неужели мы их и сейчас испугаемся?!» И будто хор в античной трагедии толпа ответствовала мощным повтором трех слогов: «Ни-ког-да! Ни-ког-да!» На одну из машин вскочил парень с полностью забинтованной башкой. Торчали только глазные дырки да маленькие отверстия носа и рта. Он с такой силой потащил высунувшегося из люка танкиста, что тот только махал руками, пока не был полностью извлечен из своей броневой скорлупы. Толпа стояла прямо перед танками, как бы вообще не собираясь отступать, а некоторые парни ложились на асфальт. Ну, будете своих давить, гады?

Танкисты тормозили, машины еле ползли, что давало смельчакам возможность в последний момент выкатиться из-под гусениц. Многие вспрыгивали или вскарабкивались на броню и, стоя там, на вражеских спинах, продолжали кричать: «Россияне! Россияне!»

Между тем на скате в тоннель произошла трагедия. Один из броневиков вывалился из общего строя, забуксовал, ударился в бетонную стенку и в результате раздавил трех наиболее активных протестантов, трех юношей в московской джинсовой униформе и белых кроссовках. «Убили! Убийцы!» — прогремела Москва под землей и над землей, с тротуаров и с балконов. Обезумевший лейтенантик из броневика открыл пистолетную пальбу. Солдатики вываливались из кормового люка и нелепыми скачками скрывались в ревущей ночи, той самой ночи с 20 на 21 августа, во время которой двадцать три года назад их отцы въехали и утвердились стальными тушами в потрясенной и униженной Праге.

Всю ночь под непрерывным дождем колоссальное становище на берегу Москвы-реки ждало атаки, но атака так и не состоялась. Танковый рев поднимался и затихал то в одном, то в другом конце Москвы, создавая впечатление странной морской бури, как будто Нептун то размешивал волны своим трезубцем, то заливал их оливковым маслом. Между тем по периферии площади, на перекрестках и в переулках накапливалось все больше каких-то неопределенных, то ли «наших», то ли «язовских» танков. Они глушили моторы, и экипажи вылезали на броню. Нередко рядом с этими, как бы «замирившимися» танкистами на броне рассаживались московские девчонки. Компании покуривали, напевали популярную в том сезоне песенку женской рок-группы «Комбинация»: «Два кусочика колбаски предо мной лежали на столе. Ты рассказывал мне сказки, только я не верила тебе». Солдаты заботливо прикрывали девчат своими шинелями. Население, верное стародавней российской традиции жалости к «служивым», протягивало на танки булки, кефир, палки сравнительно съедобной колбасы. Получалось не так уж хуево, ребятня. Ехали куда-то в жопу, без всякого желания, а попали в неплохое место: и с кадрами красивыми познакомились, и неказарменной жратвой развлеклись.

— Вы, ребята, на своих пушки-то не имеете права направлять! — говорили им два ветерана с набором медалей на пиджаках.

— А мы и не собираемся, — отвечали танкисты.

— Да как вы смеете военнослужащих агитировать?! — визгливо разрушала диалог какая-нибудь бабка, тоже с медалями. — Они присягу давали защищать нашу советскую родину!

— Отойди, Шура, стукачка ебаная, а то по харе получишь, — увещевали ветераны и бабу эту визгливую.

— Руслан! Русланчик мой любимый! — вдруг послышался нежный женский крик. Обращен он был не к общеизвестному спикеру Руслану Хасбулатову, а к тощему солдатику в танковом шлеме, сидевшему на стволе орудия. Подбегала превосходная женщина с ярко накрашенными губами. — Неужто это ты, Руслашка мой?!

— Ну, мама, мама, ну, что ты так, ну, не кричи так громко, мама! — засмущался танкист.

— А у меня тут конфет кулек! Я как знала, конфет взяла! Возьми, Руслан! — кричала женщина, и все вокруг умиленно улыбались.

Едва рассвело, со стороны Кутузовского проспекта на мост стала выезжать танковая колонна. Она шла прямо на баррикады. Но что это? Сквозь холодный туман карательные чудовища проявлялись одно за другим будто движущиеся цветочные клумбы — все обсажены размахивающей трехцветными флагами молодежью. И с неистовой энергией массы ночной человеческой стражи бросились разбирать баррикады. Победа!

Александр Яковлевич Корбах проливался слезами. Тело порой сотрясалось, словно в религиозном экстазе. Скорее всего, это и был религиозный экстаз, ибо никогда в жизни он не мечтал стать свидетелем чуда настоящей «духовной революции». Неподчинение тиранам в конце концов возгорится, как сухая трава, так представлял себе эти дни Лев Толстой. И вот трава возгорелась, и в этом огне испарились, пусть хоть на миг, все наши отчаяния, бессилия и унижения. Пусть это все по прошествии времени утвердится в истории лишь как дата неудавшегося переворота, пусть все пойдет не так, как мечтают в этот момент эти сотни тысяч, все равно три дня в августе девяносто первого останутся самыми славными днями в российском тысячелетии, как чудо сродни Явлению Богородицы. А может, это и было Ее Явление?

Он отдал свой «калаш» кому-то из ребят — к счастью, не пришлось ни разу стрелять — и стал пробираться к зданию СЭ-Ва. Повсюду смеялись, кричали и пели что-то совершенно не подходящее к случаю, поскольку никто из этих, еще вчера советских людей не знал ничего подходящего к случаю.

Невероятно, но факт: лифты в этом обшарпанном небоскребе снова были исправны. Открыв дверь в холл фонда, он прежде всего увидел огромную спину Стенли. Рядом с этой спинищей даже тыловая часть Бернадетты де Люкс казались всего лишь спинкой плюс попкой. В данный момент первая дама являла собой неотразимый изгиб, ибо слегка свисала с плеча своего покровителя. Другие спины располагались по флангам этой пары: Бен, Лес, Сол, Матт, Роуз, Фухс, ну и так далее, перечисляйте сами. АЯ стоял в дверях и с какой-то еще новой ностальгией смотрел на американскую компанию, прилипшую сейчас к стеклянной стене и оживленно обсуждающую происходящие внизу события. «Прощай, Америка!» — вот что сформулировалось в конце концов в результате этой мимолетной ностальгии. Потом кто-то обернулся и испустил вопль при виде «баррикадчика Лавски». Все бросились к нему, но Стенли был первым, чтобы сжать его в своих пантагрюэлевских объятиях. Сол Лейбниц, не упуская момента, делал один снэпшот за другим. Хлопнуло сразу несколько пробок шампанского.

5. Спасибо за все!

Попрощавшись с Америкой, Александр почти немедленно туда отправился. В «Путни» назначили окончательное обсуждение бюджета. Он был, пожалуй, даже рад вырваться из московской лихорадки в монотонный комфорт международного первого класса. Входишь в полупустой просторный салон 747-го. В середине уже сервирован буфет с великолепными напитками и закусками. Нежно жужжит кондиционер. Воздух России сюда уже не проникает. Наливаешь себе «Клико», один бокал опустошаешь сразу, с другим идешь к своему креслу. Неподалеку, разумеется, уже сидит Оскар Бельведер. Он летит из Японии в Нью-Йорк.

«Алекс, что там у вас произошло в Москве? Расскажите, пожалуйста! — И добавляет: — В двух словах». В прямом переводе английская идиома звучит на грани полного негодяйства: «В ореховой скорлупе».

Впереди десять часов полудремы над океаном. В полудреме этой ты возвращаешься к обычной жизни. В течение тех трех дней ты об этой жизни ни разу не подумал. Ты даже не вспомнил о Норе. Ну вот теперь ты можешь вспоминать о ней десять часов подряд.

После встречи в «Лютеции» он долго казнил себя за совершенное по отношению к ней паскудство. Иной раз, впрочем, рьяно начинал оправдываться. Не она ли сама совершила паскудство по отношению ко мне? Не она ли разыграла уличную дешевочку? С того времени, то есть уже год и пять месяцев назад, она ни разу ему не позвонила, и он ее не искал. Однажды долетела новость.

Пардон, в этом месте мы берем маленький тайм-аут, оставляем нашего АЯ наедине с его мыслями, а сами вступаем в диалог с читателем. Разумеется, сударь, мы могли бы повременить с этой новостью, отложить ее до нашей заключительной двенадцатой части, чтобы, ну как бы ошеломить неожиданностью. Вдобавок к этому соблазну существует еще один: повременив до финала, мы могли бы нагрузить эту новость символическим смыслом. Нет, сударь, мы так не поступим, хотя бы из уважения к вам как к читателю творческого порядка, каким вы и являетесь, если уж докатились до этой страницы и не забыли предыдущих. Будучи читателем этого порядка и докатившись так далеко, вы, конечно, понимаете прекрасно, что автор не ищет сюжетных закруток и расхожих символов. Роман наш не относится к жанру thrillers, или, как в России их сейчас называют на новорусском, триллеров. В этом соотношении русского и английского содержится довольно странный каламбур, который, возможно, поможет нам выкарабкаться. Ведь если мы транслитерируем русский термин обратно, мы получим «triller», а «trill» по-английски означает не что иное, как русскую «трель». Именно трелью мы и стараемся заменить «thrill», то есть хоть и острое, но поверхностное ощущение.

Теперь мы продолжаем. Однажды долетела новость: у Норы родился ребенок, мальчик. Хронологически это совпадало или почти совпадало с девятимесячным сроком после их бурного

423

свидания. Значит, зачатие произошло в результате разгула похоти, среди декадентских драпировок, под витающим мышиным комариком кокаина? Так или иначе, возник новый продолжатель мужской линии — тот, кого Стенли называл «двойным Корбахом». Попробуй отличи любовь от похоти? Где лицо, а где козлиная маска? Ночевала ли здесь скромная суть человека, Божьего червячка?

Однако с Норой разве можно быть хоть в чем-то уверенным? Может быть, я и не имею никакого отношения к ребенку. Может быть, ее вечный революционный идеал опять отличился? Ведь он наверняка где-то там околачивается, в археологических траншеях. А может, и просто какой-нибудь «проезжий молодец» из отеля на Ближнем Востоке?

Он в очередной раз попытался ее найти. Позвонил даже в Археологическое общество Северной Америки. Там сказали, что по их сведениям доктор Мансур завершила свою работу в экспедиции Лилиенманна и теперь, очевидно, обобщает результаты для публикации. «Копай и печатайся!» — эту заповедь археологов он узнал еще восемь лет назад.

А может быть, она просто вернулась в «Пинкертон»? От «Черного Куба» до кафедры археологии каких-нибудь полмили через кампусовские пасторали. Он зашел в Alfred Ridder Hall, один взгляд на псевдоготические башенки которого вызывал у него любовное волнение. Просто так, забросить «одну русскую рукопись» для Норы Мансур. Секретарши в офисе отнеслись к нему с глубоким женским вниманием. К сожалению, Алекс, у нас нет никаких сведений о местонахождении Норы. Известно только, что она продлила академический отпуск еще на год без сохранения содержания. Без сохранения содержания! Как она вытянет без сохранения содержания? Они улыбались и смотрели на него со значением. Наверное, знают про ребенка, но считают неуместным говорить о нем с бывшим бой-френдом.

Стенли явно ничего не знал. В разгаре глобальной благотворительности ему явно не до отдельно взятых новорожденных. Слово «ребенок» он употребляет только во множественном числе, видя перед собой то сирот Карабаха, то голодающих Сомали, то жертв этнических чисток в Югославии, то детей, не получающих обязательных прививок дома, в Соединенных Штатах.

Тем более поразительным оказалось его недавнее, всего лишь за день до текущего рейса, откровение четвероюродному кузену. В баре московского «Интерконтиненталя» он смущенно сказал, что Бернадетта ждет бэби, и это будет мальчик. Должен тебе признаться, старый ходок дико рад. Во-первых, приятно удивлен, что у меня еще сохранились детородные способности.

Во-вторых, с удовольствием попрощаюсь с образом Короля Лира. В-третьих, счастлив, что возобновляется мужская линия. Конечно, я уже стар, но Берни еще достаточно молода, чтобы поднять мальчика.

Молода и здорова, как кобыла Пантагрюэля, подумал АЯ в полутьме советского бара, обсаженного большим числом великолепных проституток. Здорова, если не принимать в расчет мегатонну скотча и мегатонну джина, которые она вылакала в «Первом Дне», а также и крэка, которым она изрядно побаловалась для пущей сласти в своих гомерических копуляциях, ну и, конечно, не принимая во внимание такую чепуху, как триппер, герпес и мандавошки, что тоже не обошли стороной гостеприимное тело. Он постарался отринуть злобные мысли и ободряюще похлопал магната где-то на периферии его титанической спины. Глупо было заводить разговор о Норином ребенке именно в этот момент.

В конце концов он позвонил даже Бобби Корбаху, который к тому времени уже учился в университете «Беннингтон» и удивлял сокурсников своим литературным английским. Мальчишка страшно обрадовался его звонку и спросил, не сможет ли он на каникулах пристроиться в его съемочную группу. Готов делать что угодно, даже лампы таскать. Алекс не сказал Бобби, что лампы таскать будут только члены профсоюза осветителей, однако пообещал что-нибудь устроить. Что касается мамочки, то Бобби, не особенно привыкший к ее обществу, полагал, что она о'кей. Она звонит ему раз в неделю, но вот откуда, он не знает, потому что она, по своему обыкновению, «передвигается». Ни одним словом порывистый юнец не обмолвился о маленьком братике, значит, ничего не знал.

Подтверждение слухов пришло неожиданно, но зато из самого достоверного источника. Однажды, перебирая снимки утвержденных актеров, он задержался на дивном, как бы вечно озаренном лице Голди Даржан. Это лицо и удлиненная фигурка его завораживали: нет лучше Беатриче в мировом кино! В личном общении, надо сказать, чувиха не производила такого впечатления. У нее была мимика и манеры дешевенькой лондонской бимбо. Ну что ж, на то я и режиссер, чтобы превратить сикуху во флорентийского ангела. Вдруг его поразило сходство некоторых снимков с прежними ликами Риты О'Нийл. Вдруг возник неожиданный поворот сюжета. Беатриче не умерла. Испугавшись любви Данта, она имитировала свои похороны, скрылась из Флоренции и дожила до старости где-нибудь в Урбино, в полном одиночестве и аскезе. И эту роль пожилой Беатриче сыграет Рита О'Нийл, мать его возлюбленной, глава голливудского «теневого кабинета». Уже представляя, какой на студии начнется вой при неожиданной переработке утвержденного сценария, он позвонил своей «почти теще» и попросил аудиенции.

«Алекс, я так часто сейчас думаю о вас», — сказала потускневшая звезда весьма молодым и упругим голосом. «В связи с фильмом?» — довольно глупо спросил он. «Нет, в связи с Филиппом», — ответствовала она. «С Филиппом, Рита?» — «Да, с Филиппом, моим маленьким внуком и вашим сыном, мой друг».

Он примчался к ней, на холм Бель-Эр, и она, «прямо как в кино» на фоне мерцающего всякой чепухой Лос-Анджелеса рассказала ему о своем недавнем полете в Европу на свидание с ее вторым внуком Филиппом Джазом Корбахом. Потрясенный Алекс немедленно вспомнил одну счастливую ночь и мокрую «Вашингтон пост», из которой он скрутил саксофон, чтобы сыграть для Норы. Филипп Джаз Корбах, это звучит! Нора сказала, что вы отец, мой друг, но она не собирается навязывать вам отцовство. Он закричал, что любит Нору, только Нору и что любит уже и Филиппа Джаза Корбаха! Он уже немолод, но! Рита, тонко улыбнувшись, заметила, что его возраст, очевидно, ни на чем не сказывается, и по этой классной «диаложной» улыбке он понял, что «почти теща» посвящена в некоторые подробности. Он продолжал, говоря, что странные отношения с единственной женщиной его жизни (Рита тут сделала отличный жест, как бы амортизируя ладонью вниз) измучили его. Ничего больше он не желает, как только посвятить весь остаток дней ей и Филиппу Джазу. Но он даже не знает, где она. Нора почему-то считает, что он посягает. Ну, на что-то. На независимость, что ли. Тут же последовало: это чувство кажется вам странным у женщины? Сказав это, то есть как бы отметившись в передовых порядках, Рита с большим сочувствием пообещала «почти зятю» посодействовать его встрече с «этим лучшим в мире младенцем», ну а стало быть, и с его мамой заодно.

Только после этого он открыл ей цель своего звонка. Он боялся, что она будет шокирована: значит, он думает о фильме, а не о ее дочери? Напрасные опасения, профессионалка миражного царства мгновенно забыла обо всем на свете, кроме возможности снова появиться на экране в огромном, если не эпохальном фильме. Конечно, она согласна, однако есть одно условие, без которого дело не состоится. Давным-давно она дала себе зарок никогда не играть старух, поэтому Беатриче должна быть отправлена в рай хоть и в пожилом, но еще в женском возрасте. Посмотрите на меня, Алекс, и вы увидите, что я не требую ничего «ридикюльного». Я вполне еще могу сыграть хоть и платоническую, но сильную любовь. Поверьте, у меня есть что сказать по этому поводу. Он восхитился: не в первый раз суетная светская ветеранка поражала его острыми прорывами в суть предмета.

Однажды он вспомнил, что у Гумилева есть стих о Данте и Беатриче. Весь «Серебряный век» в Петербурге (не в Москве) прошел в присутствии этих двух теней. Символисты и акмеисты были одержимы дантеанством. Алигьери блуждал среди пустынного классицизма вокруг «Бродячей собаки». Он полез по своим полкам и вытащил четырехтомник Гумилева, изданный эмигрантским издательством и переплетенный в суровую бумагу. Уже в первом томе нашлось искомое.

Музы, рыдать перестаньте,
Грусть вашу в песнях излейте,
Спойте мне песню о Данте
Или сыграйте на флейте.

Дальше, докучные фавны,
Музыки нет в вашем кличе.
Знаете ль вы, что недавно
Бросила рай Беатриче?

Странная белая роза
В тихой вечерней прохладе.
Что это? Снова угроза?
Или мольба о пощаде?

Жил беспокойный художник
В мире лукавых обличий,
Грешник, развратник, безбожник,
Но он любил Беатриче.

Тайные думы поэта
В сердце его прихотливом
Стали потоками света,
Стали шумящим приливом.

Музы, в сонете-брильянте
Странную тайну отметьте:
Спойте мне песню о Данте
И Габриеле Россети.

В принципе вот то, что я должен снять, вот это мой синопсис, остальное — гарнир. Прообраз Данте видели те петербуржцы каждый в своей судьбе. Модерн и «новый сладостный стиль» слились воедино. Брюсов призывал символистов:

Ты должен быть гордым, как знамя,
Ты должен быть острым, как меч,
Как Данте, подземное пламя
Должно тебе щеки обжечь!

И если не Беатриче, то чью поступь чувствовал Блок в высоких храмах окатоличенного православия, кто, если не она, проходил в ризах Величавой Вечной Жены?

Провозглашенный «центральным человеком мира», Данте оставался человеком, то есть жертвой Вселенной. В нем, как и в Россети, как и в Блоке, как и во всех нас, грешных, тоска по райской любви перемешивалась с жаждой земной, то есть счастье перемешивалось с похотью. Беатриче ходила по тем же улицам, что его домашняя Джемма, что и лихие тогдашние синьоры, Фьяметта и Пьетра, которых он довольно грубо домогался. Акт слияния, вся его сласть для него становится как бы тоской по единому Адаму, слово «сладостность» взывает к тому, из чего он был выброшен первородным грехом.

Задумано было что-то другое, непостижимое нами. Потом в этом возник какой-то перекос, мы дети этого перекоса. Вся мировая биология, включая человеческую историю, то есть историю одухотворенной биологии, это не что иное, как процесс преодоления этого перекоса, возврат к идеалу. И об этом непостижимом идеале вечно тоскует поэт, опутанный, как и все живое, цепочками хромосом, пунктирами ДНК. Но об этом ни слова на заседании совета «Путни продакшн», иначе нас выбросят оттуда, невзирая даже на инвестиции Стенли. Говоря «нас», он, разумеется, имел в виду себя и Данте.

Ну хорошо, а что это я так заторчал на столь высоких материях, одергивал он себя. Как в том отменном анекдоте: «И в самом деле, хули я?» Я, дитя расстрелянного командира РККА и запуганной архивистки, мальчик, ошарашенный поперек головы самшитовой палкой цекиста, жалкий выкормыш руссо-еврейства, певец советских недорослей, проглотивший столько гнусной водки в плацкартных вагонах и в общагах, расковырявший столько банок гнусных консервов, проволочившийся столько среди вечного советского стукачества и убожества, среди вечной вони, которую уже не замечают, а чтобы заметить, надо восемь лет не быть дома, а потом вернуться и задохнуться среди сортиров родины, среди ее зассанных подъездов, хули я?

Хули я вообще-то возомнил себя артистом высокого искусства, всего этого нашего жалкого окуджаво-галичевско-высоцко-тарковско-любимовско-козловско-параджановско-корбаховского ренессанса? Хули ж я среди всех таких же все мечтал о каких-то там Зурбаганах, о каком-то «острове Крыме», где можно укрыться от красных чертей, о всех этих пролетающих образах греко-иудейской прародины среди оливковых рощ; хули я?

Ну что ж, каждый из нас так может себя спросить — из всех, с кем я провел эти три дня, из всех этих альпинистов,

428

шоферов, докторов, журналистов, «афганцев», педагогов, библиотекарей, строителей, санврачей, кукловодов, ну и так далее; хули мы?

А хули я вообще-то, Корбах Александр Яковлевич, 1939 г.р., место рождения Москва, еврей по национальности, так прижился в Америке, as snug as a bug in the rug, как будто я ей принадлежу, а не юдоли советской. Какое я отношение имею к этой стране с ее, скажем, неграми, к которым я, как выяснилось, не имею ни малейшего отношения, несмотря на все джазы и баскетболы? Какое отношение я имею, например, к пачке «жиллетов», из которой при распечатывании выпадает пластиковая карточка на пятиминутный телефонный разговор, выпущенная компанией MCI совместно с федерацией атлетики под эгидой вышеназванной брадобрейной компании? Какое отношение я имею вообще к этому материку, когда я подлетаю к нему в разгаре, вернее, в распарке его лета и вижу с высоты его берега, томящиеся в жарких парах? Какое отношение я имею к шкурам его лесов, в которые как ни войдешь, так сразу тебя и охватывает чувство непричастности к моткам непроходимых колючек и висящим без движения ветвям? Ты не относишься никак и к викторианским домикам, стоящим в ряд под свисающими в жаркой влаге листьями, похожими на связки вирджинского табака или на многоярусные юбки каких-то испанских матрон, под которыми зиждятся дубовые или эльмовые ножища этих бабищ чудо-реализма.

Говоря о реализме, следует сказать несколько слов и о ебле. Американская к тебе относится не очень-то впрямую, старый козел. Нора не раз тебе говорила, что ты трахаешься как-то не так, как их козлищи. Равенство партнеров не заложено в структуру твоего языка, вот в чем причина, а вот из их языковой структуры как раз и проистекает весь их феминизм с их «политической корректностью».

Ну давайте уж напрямик. Когда я вхожу в люкс очередного пятизвездного отеля, разве я имею к нему какое-нибудь отношение? Те, кто имеют к нему отношение, не замечают великолепия, а я в пузырящихся ваннах, перед зеркалами, совершенству которых позавидовала бы и старая Венеция, перед окном с видом на очередной океан, отвечая на любезнейший вопрос, к какому часу подать вольготный «линкольн» с исполнительным, без заискиванья, шофером, я тут все время думаю, что не имею к этому никакого отношения, но зато имею прямое отношение к другому типу отелей, ну, скажем, к керченскому «Межрейсовому дому моряка», где в номере люкс здоровенный гвоздь торчит из паркета острием вверх для пущего удобства тех, кто хочет порвать свои штаны, где в ванной кроме «воды нет» нет еще и света, потому что лампочку кто-то унес, где вместо туалетной бумаги в мешок всунута местная коммунистическая паскудина, где, чтобы зажечь или погасить лампочку на ночном столике, надо вылезти из постели, пересечь спальню, забраться на спинку дивана, ибо только оттуда можно дотянуться до штепселя, где утром просыпаешься весь в пятнах после визита ночных красавиц, мух с соседней свалки, где дежурная тетка-большевичка заходит к тебе без стука пересчитать полотенца и спрашивает басом, не сожрал ли ты вафельное; вот, собственно говоря, к какому типу отелей ты имеешь отношение, Александр Яковлевич.

Ну что ж, надо закругляться и возвращаться к своим. Спасибо за все, Америка, ты-то хороша, да хули ж я.

6. Зеркальная стена

В Нью-Йорке он неторопливо направился из одного павильона авиакомпании в другой. До пересадки на Эл-Эй было больше двух часов. Двигался по бесконечным стеклянным коридорам, по катящимся дорожкам мимо киосков, закусочных, кафе, баров, высоких тронов для чистки сапог, гирлянд маек, на которых столько вздора нарисовано и написано, мимо книжных лавок, почти сплошь занятых оскаленными клыками и зубами-резцами. Вот еще загадка, почему эту страну так тянет к Дракуле? В бытовой жизни никаких намеков на вурдалачество, а в духовной вот бесконечная кровища течет со всхлипами под аккомпанемент романтической, ну, стало быть, румынской музыки. Он шел в своем потоке и смотрел на встречный поток американского пассажирства. Было такое впечатление, что ты в толпе довольно знакомых людей: шли основные типы общества, которых не так уж много, ну, скажем, триста. Вон тащится навстречу знакомый тип из академической среды, какой-нибудь драматург на университетском жалованье, об этом можно судить по расхлябанной одежде, скрывается за большущими толстяками — сколько тут у нас развелось большущих мужских и женских толстяков в стране бейсбола! — снова появляется, демонстрируя надменный подбородок непризнанного гения — вполне типично американский не-совсем-американец — и проходит мимо. АЯ минует зеркальную стену, даже не сообразив, что в течение нескольких секунд наблюдал за своим собственным отражением.

Чтобы завершить эту весьма важную часть в ее собственных, части десятой, пределах, нам придется прибегнуть к приему, который мы бы тут охарактеризовали словцом «однажды». Делается это вовсе не для того, чтобы скрыть наши нелады с хронологией, — напротив, с помощью этого словца мы надеемся гладко провести тебя, читатель, по последующим девяностым годам к тому самому моменту, когда ты, выложив кучку рублей, долларов или франков, раскроешь эту книгу.

7. Виляющий тотем

Однажды Дик Путни позвонил Александру прямо в съемочный павильон. Произошло это в тот момент, когда режиссер объяснял своему любимому актеру Квентину Лондри, что тот вовсе не horny по отношению к Даржан в момент встречи у Понто Веккио, а просто-напросто мистически экзальтирован.

«Извините, Алекс, что раньше не предупредил, — сказал Дик, — но как насчет совместного ланча? Да, сегодня. Дело в том, что мой старик, который давно уже умирает с вами встретиться, неожиданно заявился в мой офис. Вряд ли у нас будет лучший шанс для того, чтобы собраться вместе».

Александр закончил утреннюю съемку и на прощанье сказал Квентину: «Не жри мяса. Я тебя умоляю, не жри стейков с кровью, пока мы снимаем «Понто Веккио». Ты можешь это сделать для меня?»

Ланч состоялся прямо в офисе Дика на двенадцатом этаже здания компании, что торчит из пальмовых макушек на склоне холма Бель-Эр и смотрит верхними окнами на архитектурный вздор необозримого Лос-Анджелеса.

Мы, кажется, еще не рисовали для вас портрета Дика Путни, этого всемогущего производителя разного рода киновздора, да в этом и нет особой надобности. Достаточно сказать, что он по всем статьям представлял собой тип денежного воротилы и в глазах у него часто стояло выражение типа «нет-нет, вы не заставите меня размечтаться!».

Фигура папаши, успешно приближающегося к восьмидесятипятилетнему юбилею, достойна более подробного описания. Этот Эйб Путни, что на заре века в местечке Луцк Херсонской губернии был известен как Абраша Путинкин, являл собою представителя хорошей, взращенной на калифорнийских пустынных источниках старости. Темно-рыжая краска на голове классно скрывала не только седину, но и обширные, густо пигментированные просветы кожи. Две основные старческие жилы под подбородком были перевязаны фуляром «аскот». В отменных фарфоровых зубах Эйб постоянно держал сигару: привычка, приобретенная еще в начале голливудского расцвета, от которой он не собирался отказываться, несмотря на запрет кардиологов. Иногда он даже зажигал спичку и направлял ее к сигаре, но всякий раз огонек останавливался в сантиметре от любимого предмета, чтобы погаснуть от небрежного, как бы рассеянного помахивания. Одет патриарх был в ядовито-коричневый блейзер с длинной шлицей и в голубые джинсы, плотно облегавшие его стройные ножки. Обут в штучные ковбойские сапожки с инкрустацией. Такова внешность, к ней прибавим голубенькие под стать джинсам глаза, то ли натуральные, то ли искусственные, во всяком случае, достаточно зоркие, как покажет последующая беседа. Что касается внутренности, то тут наше перо начинает буксовать, не решаясь даже коснуться этой темы в завершающей фазе романа.

Слуги из ресторана «Мопассан», что располагался в первом этаже здания, принесли два меню в кожаных переплетах, похожие на приветственные адреса по случаю юбилея Академии Генерального штаба. Эти меню предназначались для Алекса Корбаха и Дика Путни. Старику притаранили его любимую еду из «Макдоналдса»: два гамбургера, пакетик френчфрайз, солидную вазу салата и тюбик кетчупа, которым он мгновенно перемазал салфетку.

Алекс внимательно смотрел, достаточно ли широко откроет рот Эйб, вступая в интим с гамбургером. Он всегда недооценивал упругую пухлость этих культурно-исторических булочек. Пальцы и челюсти умелого человека превращают самый толстый бургер в удобное едальное устройство, и Эйб Путни был как раз из этого числа.

— Ну, расскажи, Алекс, о своих перспективах, — попросил Дик. — Как начались съемки, ну и вообще.

Алекс тут же начал плести ахинею о том, какое огромное значение приобретает сейчас дантовская тема в контексте европейского культурно-политического вызова. Балканы показывают, что мы наблюдаем своего рода откат Ренессанса, однако на фоне неожиданного выдвижения России наш фильм может оказаться манифестом культурного фронта. Запад жив, цивилизация не сдается! Европа не уйдет с авансцены, пока существует человечество, мистер Путни!

— Эйб, — сказал старик.

— Простите? — не понял Александр.

— Называй меня Эйб, — сказал старик. Он уже прикончил оба свои бургера, всю картошку и две трети салата, в то время как «молодые люди», отхлебывая отменное «мерло», только что приступили к своим миньонам. Теперь Эйб уже поднимался — в уборную.

— Ты Алекс, я Эйб, — говорил он, хихикая. — По-руску Сашка и Абрашка, о'кей?

Он довольно долго не возвращался. За это время Дик и Алекс успели закончить свой ланч и поговорить о девушках

432

из массовки. Ребята болтают, что у тебя там масса красоток, верно? Когда Эйб вернулся, Алекс и сам уже чувствовал нужду отлить, или, как говорят на бензоколонках, take a leak (дать утечку). Войдя в туалет, застал в унитазе огромную темно-зеленую кучу, свидетельствующую о неплохом состоянии пищеварительного тракта президента корпорации. На кафеле валялась толстенная газета столбиками биржевых показателей вверх. Увлекшись любимым чтением, Эйб позабыл спустить воду; ну, бывает.

За кофе начался какой-то странный, но явно основной разговор.

— Уж несколько веков прошло, как я не видел Стенли, — сказал Эйб. — Это правда, что он женился на негритянке?

— Во-первых, еще не женился, а во-вторых, она не негритянка, — ответил удивленный Алекс.

— А мне говорили, что негритянка, — промямлил Эйб.

— Нет-нет, Эйб, — снова возразил Алекс. — Она типичная еврейская ирландка, из рода Блюмов.

— Блюмов или Бламсдейлов? — остро поинтересовался Дик.

— Ее фамилия Люкс, — пояснил Алекс. — Это боковая ветвь Блюмов.

— Да это не важно. — Эйб помахал пятью пальцами правой руки и четырьмя левой. По крайней мере семь перстней красовались на этом подразделении морщинистых, но все еще надежных солдат с зазубренными ногтями. — Негритянки могут быть отличными подругами как в постели, так и за ее пределами. Знаю по собственному опыту.

Александр вздрогнул: на скатерти, неподалеку от набора джемов, сидела маленькая, не длиннее чайной ложки, изумрудная ящерица. Глазенки, крошки смарагда, с любопытством смотрели на него. На мгновение выскочил раздвоенный язычок. Удивительная деградация огнедышащих драконов. Старший Путни попытался накрыть ящерку ладонью. Значит, не игрушечная! Пресмыкающемуся не составило никакого труда отбежать в сторону и спрятаться за кофейником.

— В газетах сейчас только и пишут о корбаховском фонде, — вздохнул Дик с такой печалью, словно только третьего дня перечитал «Екклезиаста». — Пишут, что вся «бархатная революция» была финансирована Корбахом.

— Что за вздор! — рассмеялся Алекс. — Это Горбачев там все устроил. Задействовал постоянную советскую агентуру в Берлине, Праге, Бухаресте, и все было сделано в одночасье.

Эйб быстро скользнул рукой за кофейник. Ящерка тут же перебежала за сложенную пирамидкой салфетку. Эйб поинтересовался:

— А что, этот Горбачев, он тоже сотрудник фонда?

— Только не нашего! — воскликнул Александр. — С чего это вы взяли, Абрашка?

Дик Путни пожал плечами:

— Да это не важно, просто в газетах иной раз пишут об этих делах. Как-то я читал, что все эти августовские дни были устроены в Москве на деньги Корбахов.

— Какие газеты ты читаешь, Дик? — холодно осведомился Алекс.

Путни снова пожал плечами:

— «Пост» и «Таймс», ничего больше.

Теперь уже Алекс пожал плечами:

— Я читаю те же газеты и никогда ничего подобного там не видел.

Вдруг оказалось, что его реплика задела младшего Путни за живое:

— Прости меня, Алекс, но я должен тебе кое-что сказать. Знаешь, мы относимся к нашим режиссерам как к родственникам. Даже посвящаем их в некоторые аспекты нашей семейной жизни. — Еле заметно, но заметно он покосился в сторону туалета, а потом в сторону крахмальной пирамидки, из-за склона которой, словно крошечный тотем, сейчас высовывалась изумрудная головка. Затем продолжил: — Это дает мне право, старина, слегка тебя одернуть. То, что ты не видишь чего-то в газетах, еще не значит, что этого там нет. Ты человек искусства, поэт, как я слышал, музыкант, верно? Прости меня, ты не умеешь читать газеты так, как это делаем мы, люди бизнеса. Мы извлекаем из них много сведений, скрытых от... ну, людей искусства.

В этот момент Александр заметил, что старый Эйб смотрит на него твердым, немигающим и скрытно усмешливым взглядом. Собственно говоря, он был на перекрестке трех взглядов: двух Путни и одной ящерицы.

— Я слышал, Сашка, что Стенли тратит там, в «старых странах», чертову кучу денег, это верно? — поинтересовался старик.

Алекс ничего не ответил. Дик заметил с усмешкой:

— Из тех же газет, старина. Есть сведения, что расходы Фонда Корбахов принимают чудовищный характер, что в аппарате АКББ возникает напряжение в связи с этими делами.

— Может быть, но вряд ли, — спокойно ответил Алекс. — Стенли все-таки финансовый гений. Во всяком случае, я стараюсь не лезть не в свое дело. — Если бы они знали философию Стенли, они бы не задавали таких вопросов, подумал он.

— И правильно делаешь, май малчык, — сказал старик и угостил новоявленного «члена семьи» сигарой, извлеченной из кармана блейзера. Если о пиджаке еще можно было сказать, что он «знавал лучшие времена», то сигара уж явно была не из тех времен, поскольку принадлежала к супермаркетовской породе по

2.99 за полдюжины. Потом он хлопнул ладонью по столу, и ящерка немедленно нырнула ему в рукав, за манжету.

— Этой твари не меньше шестидесяти лет, — пояснил сорокапятилетний Дик. — Она снималась в нашем первенце, ну да, в том самом «Путни и Лиззи». Принесла нам контейнер долларов. — Чем-то очень довольный, он встал с протянутой рукой. Александр ответил на рукопожатие. Трудно было не вспомнить поговорку американского богобоязненного народа: «Бесплатных ланчей не бывает».

8. Межсезонье

Однажды поздней весной или ранним летом 1993 года Александр Яковлевич сидел в своем кабинете председателя московской группы ФК и подписывал бумаги, заготовленные к его приезду Розой Морозовой, как сейчас, после трех лет в Москве, предпочитала себя называть вечно цветущая мэриленка.

Дела в фонде шли все лучше, в том смысле, что денег тратилось все больше. По программе «Рабочий интеллект» большие средства вливались в различные сферы российской науки. Чтобы затормозить утечку умов за границу, ФК старался напрямую выходить к ученым, особенно «фундаментальщикам», предлагая ежемесячные стипендии в размере 400—500 долларов, что по тем временам в полуголодной стране было сущей синекурой. Так удавалось, хоть вполнакала, поддерживать работу порядочного числа лабораторий, и у генетиков не возникало желания загнать какие-нибудь хромосомы любознательному вождю КНДР или, еще пуще, жадно чавкающему бегемоту по соседству.

Начала развиваться обширная программа по образованию, именуемая сокращенно ШУА (Школа, Университет, Аспирантура). Разработаны были условия конкурсов среди учителей и учеников. Условия были такими, что только ленивый бы не получил ничего, однако «неленивых» надо было еще поискать.

Охватить всю гигантскую полуразвалившуюся систему здравоохранения они не могли, однако успешно развивался проект «Скорая», по которому шло укрепление неотложной помощи в крупных городах. Через ФК поступали спецмашины, оборудование, а также премиальные стипендии врачам и персоналу.

Солидный сектор общего круга составляла помощь беженцам, которых становилось все больше: народ бежал из новых независимых стран, а также из Чечни с ее правительством бандитов и из очагов железных мужеложских забав в Абхазии и Приднестровье.

Александр Яковлевич, хоть и понимал, что является тут едва ли не подставной фигурой, испытывал удовлетворение от своего присутствия в фонде. Вот какими делами надо заниматься, а не фантомными самовыражениями в самом неподходящем для этого месте, в студии «Путни». Лучше бы и те киношные миллионы пошли на беженцев, чем тратить их на ублюдков вроде Квентина Лондри.

Этот последний поражал его своим жеманством, какими-то «голубыми» капризами, хоть и был известен своими бесчисленными победами над киношным бабьем. Трудно было понять, как этот кривляка умудряется в отснятом материале выплывать в образе мечтательного и сурового Данта. Перед камерой этот обожравшийся миллионными гонорарами Актер Актерыч иногда вдруг по какому-то наитию находит единственно нужный тон. Если бы только распиздяй не подкладывал вечно свинью со своим расписанием! Чуть ли не каждый месяц выяснялось, что он где-то еще снимается. Вбегает в истерике. Алекс, ты мне друг или портянка? Ты дорожишь мной, своим alter ego? Мои агенты, мерзавцы, дармоеды, опять все перепутали! Оказывается, я должен сниматься два месяца в Сиднее, иначе мне не жить!

В результате приходится приостанавливать съемки, платить всем членам профсоюзов огромные неустойки, терять ритм, приобретать изжогу. Да и нимфоманка, между прочим, недалеко ушла от своего партнера. Тот почему-то с ней не спит, ну и она, конечно, в ярости: он, видите ли, мегастар, а она просто суперстар, значит, ему дозволено то, что ей никак, да?

Взбесившись вдруг от нахлынувших заокеанских забот, АЯ оставил Розу Морозову и отошел к окну. Зачем я влез в эту мегаломанию? Что я могу добавить к тому, что уже существует в мире под знаком Данте? Я слаб и тщеславен, не смог устоять перед соблазном. Деньги Стенли в конце концов извратили мою личность. Никогда уже не вернуться к чистоте ранних американских лет, к благой заброшенности в отеле «Кадиллак», к очереди за католическими завтраками, к влюбленности в принцессу Нору, что сидит в своей археологической башне за три тысячи миль от лысого обожателя. Вот почему она спряталась от меня, почему и Филиппа Джаза мне не показывает, она просто почувствовала коррупцию всего моего внутреннего состава.

Внизу, на площади, как всегда в последнее время, проходил коммунистический митинг. Несколько сот ампиловских подонков стояли под красными флагами, под портретами Рыжего Хорька и Черного Кота. Рядом, не смыкаясь, но и не отделяясь, присутствовали ражие детины под черно-золотыми стягами монархии. Ненависть к тем, кого они называют «евреями», объединяет эти две, казалось бы, противоположные силы. Неужели вот за эту свободу мы тут стояли на баррикадах? За свободу ненависти?

Он взял бинокль, который неизменно здесь теперь лежал с августовских дней. Навел фокус на лица манифестантов. Мразь человеческая, воплощение всего, что он до тошноты презирал на своей родине. Их считают бедными, старыми, угнетенными хищническим капитализмом. Говорите это тем, кто их не знает. Я узнаю эти кувшинные рыла и свиные пятаки, бывших вохровцев, политотдельцев, смершевцев, кадровиков, поносников-выдвиженцев, захребетников-партийцев, начальничков-пенкоснимателей, а главное — стукачей, стукачей и стукачей! Вначале они попрятались, боялись, что будут их вытаскивать на свет Божий, а потом увидели, что новая власть даже палками не отлупит, и стали собираться большими тыщами. Кровожадное старичье подкрепляется молодчиками вполне палаческого возраста. Плодятся их газеты, на телевиденье то и дело появляются их провокаторы. Витийствует парижский писака-большевик, морщится от цитронной эссенции, пронизавшей всю округлую совковую мордочку, вопит: к железу! к топору! Уже набрасывается с железами красная хевра на оробевших перед их знаменами московских ментов. Нынешнее лето журналисты сравнивают с летом семнадцатого. Осенью ожидается окончательный переворот, штурм Кремля. Гиенообразные генералы, не стесняясь и не боясь, проводят встречи верных офицеров, обещают «умыть дерьмократов их собственной кровью», иными словами, убить Ельца, вырезать молодое правительство, провести антизападный террор.

А члены правительства проносятся по городу в бывших цековских лимузинах и делают вид, что не замечают на стенах аршинных букв, призывающих к их уничтожению. Циничные улыбочки распространяются в среде демократической прессы. Стало уже неловко вспоминать Август, настолько густо он заляпан дерьмом дезинформации, изуродован гэбэшным подмигом.

Что же мы тогда тут торчим с нашими «презренными долларами», думал АЯ. Кому помогаем? Русскому народу? Русской интеллигенции? Все опять захапают коммуняги, а нам только в руку дающую плюнут, обвинят в шпионаже. Чувство благодарности, ей-ей, не самая заметная черта в характере русского народа, а о большевиках и говорить нечего. Большевизм тут укоренился навеки, как спирт в алкоголике.

— Алекс, вы в порядке? — тревожно спросила Роуз Мороуз. И как раз в этот момент, как бы призывая отвлечься от мрачных антипатриотических мыслей, прозвучал телефонный звонок непосредственно по его душу. Звонила не кто иная, как бывшая жена Анисья, ныне баронесса Шапоманже.

— Сашка мой, Сашка родной, извини, задыхаюсь, — прежний сладкий голос, с той только разницей, что прежде он струился, как сахарный песок, а теперь липнет, как патока.

Он стоял с трубкой у большого во весь рост зеркала и весь в нем отражался: юношеская фигура в заношенном свитере и старая башка. Сколько ей лет сейчас, этой Анис? Мгновенная калькуляция: Боже мой, этой бабе полста!

— Почему ты молчишь, роднуля, лапуля?

— Просто обалдел, — ответил он и сделал шаг к зеркалу. Что это? На крутом склоне лба обозначилась небольшая плеяда пигментных пятнышек. Ну вот, теперь покатится, плешь заканáреется, потом залеопардится, достаточно будет взглянуть на нее, чтобы сказать: а этот что тут вякает?

Откуда она звонит? Надеюсь, из Порт-о-Пренса? Надежда тут же лопнула, она звонила по соседству. Мы вернулись в папину старую квартиру, Саша, в «Дом на набережной», представляешь?! Помнишь, как там было, те ночи, полные огня, еще до замужества, и Андрей, и Володя, и Сережа, Ленка, Тамарка, как мы певали, Саша, только припомни, Саша, ну хорошо, не буду.

Они только что приехали всей семьей. Да-да, и Степа, и Лева, ты их не узнаешь, парижские студенты, красавцы, ну и Альбер, конечно, ну и другие члены семьи, даже домашние животные, ты не поверишь. Конечно, нужно пересечься, пообщаться, ведь не чужие же. Они могут к нему сейчас зайти. Оказалось, что даже ждать не надо: они звонят снизу, и вот все входят. Он шепотом: «Rose, please, stay!» Менеджершу и упрашивать не надо: увидеть такую удивительную встречу!

Близнецы были оба в белых пиджаках. Одинаково выстриженные затылки и свисающие на лоб белокурые, но все-таки с какой-то иудейской продрисью, патлы. Облапили отца без всяких церемоний. Здорово, папаша! Замечательное слово произносилось ими с ударением на последнем слоге, отчего становилось еще более замечательным; папашá!

Анис изрядно располнела, что неудивительно, если вспомнить гаитянскую куриную диету, однако была по-прежнему хороша. Пребывание на тропическом острове не отразилось на ее вкусе, туалет был, как всегда, выдержан в ярких, но неплохо сбалансированных бубновалетских тонах. Хвост иногда давал себя знать, когда ложился у нее между ног во время сидения. Глядя на этот пушистый отросток, Александр Яковлевич не мог не подумать: хорошая ебля все-таки способствует появлению неплохого потомства, м-да-с.

Барон Шапоманже поздоровался с любезностью глухонемого джентльмена. Подчеркивая некоторую относительность своего родства по отношению к Корбаху, он сел чуть в стороне от трогательной мизансцены. Эта позиция, равно как и полное отсутствие движений помогли всем присутствующим, включая как бы случайно пробегающих служащих фонда, обозреть его фигуру во всей ее поразительности. Удивляла исключительная худоба аристократа. Он как будто был анахоретом известной мудрости XX века: нельзя быть слишком худым, как нельзя быть слишком богатым. Еще более странным феноменом казался декадентский монохром его облика, от густой чернильной лиловости под глазами и во впадинах щек до нежнейшей сиреневой пастели костюма. Остроконечность головы роднила барона со стальным пером № 86, что еще и сейчас используется в искусстве каллиграфии.

— Он, кажется, по-русски ни бум-бум? — спросил Корбах.

— Пока нет, — ответствовала Анис, как бы обнадеживая бывшего супружника.

Между тем расторопные Роуз и Матт уже спроворили угощение: кофе, чай, крекеры, набор «мягких напитков» и «жестких спиритов» — все это в прямом переводе. Александр сделал Альберу жест: дескать, угощайтесь! Тот деликатно, мизинцем, указал на виски «Баллантайн». Шурофф тут же как символ американского империализма навис над ним со стаканом и бутылкой: сами, мол, скажете, когда достаточно.

— Что это он у тебя такой худой? — спросил Александр у матери своих сыновей.

— Он умирает, Саша, — просто, почти в неореалистическом ключе ответила она и, конечно, закурила сигарету.

Александр Яковлевич и раньше не раз ловил себя на том, что невольно начинает подыгрывать любой персоне, начинающей при нем что-нибудь разыгрывать. Так и сейчас, вместо горького изумления он только лишь поднял бровь — «вот оно что» — в неореалистическом ключе. Неистовая Анис, впрочем, тут же переключилась на первостатейную мелодраму:

— Альбер стал жертвой любви! Она сожрала его, жреца любовных ритуалов!

— Как это прикажешь понимать? — спросил АЯ еще в прежнем стиле, не успев переключиться.

— А понимай, как знаешь, — и отвернулась, борясь с рыданиями.

Корбах посмотрел в упор на Шапоманже. Тот улыбнулся расшатанными зубами и поднял бокальчик: дескать, а votre santé, monsieur! Тут же плеснуть и себе янтарной влаги, просалютовать в ответ: держитесь, храбрый островитянин!

Будто издалека долетел голос Анис: «А с ним ухожу и я!» Сидела, отвернув к окну округлый подбородок. Наблюдала пролет кислых туч грядущего советского реванша.

— Позволь, Анисья, о чем это ты сейчас говоришь, а главное, в какой манере? Аллегорической? Метафорической?

Он посмотрел туда, где только что сидели сыновья. Их там не оказалось. В коридоре была открыта дверь, за ней Лева и Степа, сверкая зубной клавиатурой, играли на двух компьютерах; вот вам квартет!

439

— Ах, Саша, родной, всегда несмотря ни на что бесконечно любимый, искренний мой, непосредственный, незащищенный в своей артистичности человек! Как же я могу выжить, если он умирает, этот до судороги, Саша, любимый негр?

Очевидность трагедии была налицо, однако в разливе белорусской березовой сласти она как бы и переставала быть трагедией. И все-таки сильная интонация, думал наш лицедей, все-таки в чем-то «дама с камелиями».

— Он открыл мне целую вселенную мудрости вуду, и все наши, как их там, плазмодии и амебы столько раз циркулировали вместе, — на прежней ноте продолжала-Анисья.

— Не нужно преувеличивать, — вдруг со скрипом, но по-русски произнес барон Шапоманже.

Немая сцена. Все застыло на полудвижении, на полуфразе, одна лишь Анис успела раскрыть свой влажный, немного даже пенный, рот во всю ширь. К ней первой и вернулся дар речи:

— Значит, ты все знал, все понимал?

— Не все, ma chérie, — кротко ответствовал барон. — Почти все.

Анис молча и медленно поднималась из кресла и вдруг разразилась:

— Сволочь! Merde! Хуй моржовый! Так я и знала, ты ходил в ячейку к этой Саламанке, чекистке разъебанной! И ради этого говна я пожертвовала всем, детьми, талантливым мужем, чистотой лона!

Горшок бегоний с легкостью волейбольного мяча полетел в голову барона, но при попадании, к сожалению, потерял эту легкость, разлетевшись на мелкие куски. Барону ничего не оставалось, как встать и скромно отойти в угол обширного помещения. Анисья снова с хорошим результатом швырнула в него корбаховский стул, но барон уже лиловым фломастером выводил на белой стене символы Вевес.

— Не испугаешь, скотина! — с испепеляющей силой завизжала Анис.

Все были полностью шокированы, кроме близнецов, которые теперь хохотали и приплясывали в общей комнате.

— Папаша! Внимание! Сейчас появятся духи Лоа!

Барон между тем скромно изображал некую загадочную фигуру, напоминавшую радугу, переплетенную змеей.

— Боже, Боже! — воздела руки Анис. — Вы, Лоа и Вевес, придите на помощь!

Мальчишки, копируя спортивных комментаторов, кривлялись:

— А сейчас появляется бабушка Фуран! При жизни она была высшей мамбой!

Бабушка Фуран давно уже была здесь. Никто не заметил ее появления, быть может, потому, что все были отвлечены нарастающим запахом карбида. И вдруг все увидели, что она столбом стоит между Маттом Шуроффом и доктором Фухсом.

При всем доверии к нашему читателю, мы все-таки не решимся приступить к описанию внешности бабушки Фуран. Литературная практика не раз опровергала расхожую поговорку «бумага все стерпит». Нет, милостивые государи, и у бумаги есть предел терпения. Недаром она стала вытеснять иные авторские гадости непосредственно на целлулоидную пленку. Стоп, говорит иной раз бумага и загибается под необузданным пером, вспомните, сударь, о «правилах человеческого общежития», как в былые времена говорили. Стоп, бурчит она, заклиниваясь иной раз в вашем принтере, простите, сударь, но то обстоятельство, что я была подвергнута коммунистическому насилию, вовсе не дает вам права мазать на меня все накопившиеся в обществе миазмы. Все-таки я имею право на какой-то, пусть короткий, санитарный период!

Ну, в общем, в силу вышеизложенного мы воздерживаемся от описания внешности бабушки Фуран и ограничиваемся лишь одной, хоть и довольно заметной, деталью: из желудка у нее торчал живой петух.

Мы покидаем этот хронотоп. Лева и Степа берут под белы руки своего отца, едва не попавшего под магнит религии вуду.

— Пойдем отсюда, папаша! Они сами во всем разберутся.

Они вышли на свежий воздух, если так можно сказать о московском лете 1993 года. Неподалеку с агитгрузовичка витийствовала комсомолка-большевичка. Седые кудели ее развевались в унисон с красным флажьем. «Негодяи! — орала она. — Ограбили народ! Мы у вас заберем всю жилплощадь! Мы дадим квартиры каждому выпускнику детского сада!» Рядом мясистый и чубатый вася-теркин наяривал на гармошке: «Когда нас в бой пошлет товарищ Сталин и Макашов на битву поведет!» Несколько баб с криками «Подосланный! Подосланный!» гнались за носатым маленьким стариком. Тот ловко уворачивался от острых зонтиков, потом вспрыгнул на подножку троллейбуса, махнул маленьким триколором — умру за демократию! — и был таков. Бабы притормозили и тут же повернулись к оратору, вещавшему со стула. «Товарищи, я вас научу читать жидовские газеты! У них везде цифра 22 запрятана! Число Сиона, вот что это такое! Недаром Гитлер на нашу страну 22 июня напал!» Толпа бурно дышала, лопалась криками: «Душить их надо без всякого уважения!», «В прорубь всех спускать!» Кто-то недоумевал: «При чем тут прорубь, товарищи? Что же, ждать до зимы?» Между тем четыре бригады рабочих трудились по периферии площади, поднимая огромные рекламные щиты: «Банк Олби. Я всегда с тобой!»,

«МММ. Из тени в свет перелетая!», «Казино «Эльдорадо», «Одежда Ле Монти. Комильфо».

— Тут тоже интересно, — сказал Степа.

— Даже интереснее, чем там, — сказал Лева.

Папа Корбах вез сыновей на открытом «мустанге».

— Во машина! — восхищались сыновья. — Дашь погонять, дад?

Александру Яковлевичу хотелось подружиться с сыновьями. Он спросил ребят, что нужно для этого сделать. А ты сам подумай, папаша́. Лучшего способа он не нашел, чем купить им по джипу. На Тверской в новом магазине по платиновому «Амэксу» приобрели два «чероки», один синий, другой красный. В сочетании с одеждами юнцов получилась манифестация свободы.

— Всегда к вашим услугам, господин Корбах, — сказали продавцы.

Сыновья восхитились:

— Ничего лучшего ты бы не смог придумать! Папаша́, да ты, мы видим, просто молодец!

Вечер провели в квартире у Чистых прудов, которую московский ФК снимал для своего председателя у бывшего советского министра хлебозаготовок. Последний махал метлой у ворот, придуриваясь под простого мужика; вскоре он стал хорошим капиталистом.

Ребята рассказали отцу, что барон является одним из главных хунганов, то есть колдунов, Гаити, но и мамаша за годы тамошней жизни выросла в настоящую мамбу, то есть колдунью. Конфликты, возникающие между ними, не следует рассматривать просто как семейные свары, это скорее борьба двух сильных стихий, к которой народ республики относится с неизменным уважением. Вдруг как бы ни с того ни с сего парни расплакались, как маленькие:

— Папка, зачем ты нас покинул? Мы хотим жить с тобой в простом художественном мире! Не прогоняй нас, пожалуйста!

Он тоже плакал, держа обоих за здоровенные плечи. Быть может, я им являлся почти так, как меня иной раз во сне посещает Яков. С мольбой о прощении, но не за то, что покинул, а за то, что родил.

Вдруг из окна донеслось любовное женское пение: «Сад, ты мой сад, вешняя заря».

— Ну, так и есть, помирились, — предположили ребята.

АЯ подошел к окну. В пруду по мосткам прогуливался с гитарой барон Шапоманже. Мамаша Анис пела, прогуливаясь за ним. Бабушка Фуран столбом стояла сбоку. Выпущенный погулять шантеклер пускал кукареку и принюхивался к нечистотам знаменитого литературного перекрестка. И это было всего одно московское сутко 1993 года.

9. Что такое сто лет?

Однажды, кажись, уже в девяносто четвертом, прибыл из глубинной экспедиции доктор Лайонел Фухс. Был очень возбужден, рассыпал повсюду трубочный пепел, норовил подергать собеседника за язычок «молнии», как в свое время небось его дедушка Пейсах Фухс цеплялся за собеседникову жилетную пуговицу, словом, был счастлив. Александр Яковлевич, признаться, уже подзабыл (или делал вид, что подзабыл) о существовании в недрах ФК довольно объемистого рудимента, именуемого «генеалогической секцией», а она тем не менее не только существовала, но и разрасталась. Разве не ясно, говорил доктор Фухс, что наши исследования напрямую связаны с гуманитарными целями фонда? Не осознав себя галактикой внутри галактики, человечество зря потратит свои деньги. Я прав?

Ну, словом, как ни туманна была его концепция, особенно если учесть, что она была сопряжена с глубоко укоренившимся фухсовским атеизмом, наш исследователь готов был в любой момент мчаться хоть в Дублин, хоть в Дурбан, проскочи там хоть крошечная искорка корбаховско-фухсовской «молекулы». В этот раз он вернулся из Самары.

Ну, знаете ли! Волга произвела на него сильное впечатление. Он не ожидал, что она выглядит так, как она выглядит. Но дело не в этом, дорогой Алекс! Дело в том, что мы там обнаружили немало корбаховских вех и, в частности, бумажную фабрику вашего прадеда Натана. Да, она существует и даже иногда производит бумагу. В принципе это ваша фабрика, Алекс, но об этом позже.

Получилось так, что, изучая линию Амоса Корбаха, родного брата варшавянина Гедали, то есть двоюродного прапрадеда Алекса и Стенли, компьютеры «генеалогической секции» стали периодически выходить на некую Хесю Теодоровну Корбах, 1894 года рождения, уроженку Самары, бывшего Куйбышева — нет-нет, Алекс, не Хуйбышева, а именно Куйбышева, — позднее фигурирующую в различных материалах как Ася Федоровна Сухово-Корбах. Почему-то им никак не удавалось заполучить дату ее кончины. Все запросы завершались прочерком. Тут вдруг кому-то из сотрудников — ну, не обязательно уточнять кому, хотя, разумеется, Фухс непременно бы уточнил, если бы это не был он сам, скромнейший, — удалось проведать, что Ася Федоровна просто-напросто еще жива.

Вообразите, так и оказалось. Сто лет — это не так уж много, сказала Ася Федоровна вашему корреспонденту. Она курит, сидя на балконе своего дома возле самарского речного вокзала. Теперь не больше полпачки в день, раньше не хватало и двух, всякая всячина. Даже этот дрянной балкон не успел развалить-

443

ся за сто лет. В детстве все вокруг говорили, что он вот-вот развалится, ан жив курилка! И она хрипло смеется внезапному каламбуру.

Как-то так получилось, что она прожила свое столетие без особых треволнений. Я просто смотрела, как Волга течет, вот и все. Читала словари, справочники, энциклопедии и стала по мере течения Волги настоящим кладезем знаний. Вот вам еще один каламбур, господа американцы. Возьмите любой словарь, откройте наугад и задайте мне вопрос. Берем нечто тяжеленное, в ошметках какой-то кожи, труха с позолотой, пятно смородинового варенья полувековой давности. Ася Федоровна, что такое мята? Она возводит к лепному, не успевшему еще обвалиться потолку ашкеназийские, не успевшие еще за век выцвести голубые глаза и, откидывая папиросу не лишенным элегантности жестом, вспоминает: «Позвольте, мята? Растение Mentha. Мята курчавая, простая, дикая, или русская, квасная. Mentha crispa. Mentha viridis, кучерявка. Мята перечная, английская. Mentha pipirita, холодянка. Мята дикая, глухая, конская. Mentha arvensis, перекоп. Maribus vulgaris, шандра. Кошачья мята, будра, душица, pulegium. Пташья, куриный-мор. Stellaria media. Ballota nigra. Мята степная. Nereta cataria... Ну-с, этого достаточно?»

На Западе недооценивают русскую культуру, выносливость ее еврейской части. Что такое сто лет? Я даже не успела как следует облысеть, хотя мой знаменитый родственник, говорят, был лыс с рождения.

Нет, в тюрьме ей не пришлось, но уж давайте несколько фактов по порядку. В двадцатые годы было нелегко девушкам из банкирских семей, особенно если ваш брат ушел с белыми в Персию. К счастью, инженер Сухово предложил ей свое имя. Ася Сухово звучало прилично, даже в контексте антисемитизма. Ну, экономический институт, всякая всячина, комсомол. После института, ох, всякая всячина, безработица эт цэтэра. И вдруг, мистер Фухс, вообразите, молодой дамочке предлагают работу на крупной фабрике «Волжский коммунист», в экономическом отделе. Открою секрет: помогли буржуазные связи, всякая всячина. Фабрика когда-то принадлежала двоюродному дяде новоиспеченной комсомолки Аси Сухово, Натану Корбаху, крупнейшему производителю бумаги. В 1918 году два самарских Корбаха, Натан и собственный Аси Сухово дядя Гиркан, банкир, после экспроприации их собственности исчезли из города. Кажется, они пытались добраться до Финляндии, увы, они никуда не добрались. В городе говорили, что их ограбили и убили два солдата, которых потом убил и ограбил сам комендант поезда.

Даже среди самарских большевиков были люди, которые жалели Корбахов, поскольку в свое время они немало дали денег на революцию. Одним из таких людей был товарищ Шляхтич, старший технолог фабрики «Бумага Корбаха», ставшей «Волжским коммунистом». Он как раз устроил Асю Сухово в бухгалтерию, где она проработала почти без перерыва пятьдесят лет, всякая всячина. Эта фабрика является уникальным предприятием. Да, мистер Фухс, она существует до сих пор. Ни одно другое производство в стране не выпускало бумагу типа верже, типа итон, ватман, калька эт цэтэра. Можете быть уверены, все распределялось через ЦК ВКП(б). Перед глазами Аси Федоровны прошло немало приветственных адресов, настольных листов со страшными грифами, блокнотов спецвыпуска в основном для съездов и конференций нашей партии. Уникальное английское оборудование, поставленное здесь Натаном Корбахом, до сих пор считается непревзойденным. Совершенно верно, господа Фухс и Дакуорт, ваш переводчик правильно понял: эти машины работают до сих пор.

Грандиозное спасибо, миссис Сухово, но давайте оставим на время эту фабрику и вернемся к вашим родственникам. Известно ли вам что-нибудь о «французской ветви», начатой вашим братом Владимиром, т.и.к. Воля? Ну, разумеется, товарищи! Волины внуки — Лили, Лазарь, Яник, Антуан, Мари-Терез и Ипполит — постоянно помогают мне держаться на плаву, то есть присылают ароматический чай, бисквиты и вот эти сигареты «Цыганка». А сейчас приготовьтесь, историки, я расскажу вам самую волнующую историю моей жизни!

В сорок пятом меня мобилизовали как переводчицу для работы в лагере военнопленных. Он располагался в Жигулевских горах, третьем по красоте заповеднике во всей Европе. Немцам там, конечно, было не до красоты в каменном карьере. С одним, правда, исключением, и этим исключением был двадцатилетний голубоглазый, скажем, Зигфрид, скажем, Вагнер. Он влюбился в Жигули и в пятидесятилетнюю Асю. Но что такое пятьдесят лет, если у тебя кружится голова от вальсов, которые этот мальчик наигрывает тебе на гребешке? Увы, это продолжалось всего полгода. В сорок шестом Зигфрид подписал обязательство о сотрудничестве с МГБ, его комиссовали по болезни и отправили домой в Германию. Не исключаю, джентльмены, что в Германии у меня родился ребенок. Ну конечно, меня арестовали, но вскоре я была на свободе, дав подписку о сотрудничестве с МГБ, всякая всячина. Ах, это все чепуха, они просто всех старались подписать на сотрудничество, потому что за это их повышали в чине.

Нередко я скучаю по тем временам, мистер Фухс и мистер Дакуорт, знаете, каждый вторник политинформация, все собираются, какое-то чувство уюта, тепла, были также шефские концерты, коробки нашего куйбышевского шоколада к празднику

8 марта. Сейчас в городе, говорят, стало опасно. А у меня все-таки запасы ароматического чая на пять лет, хочется жить. Поэтому я на улицу не выхожу, предпочитаю балкон. Ну обвалится, так обвалится, ничто не вечно под луной.

От Хеси Теодоровны они отправились на мануфактуру «Волжский коммунист», что приютилась с давних времен на берегу Волги между пивным гигантом «Штюбе» (1898) и тепловой станцией Мамонова (1912). Там все, конечно, очень обрадовались приходу американцев. Потомственные бумажники, между прочим, до сих пор называют завод «Корбахом» и гордятся рычагами старой английской ковки. Из поколения в поколение сначала шепотом, а потом громко переходила мечта о том, что их когда-нибудь купят американцы.

Ну, давайте угощаться, чем Бог послал. Рыба соленая, рыба копченая, рыба кипяченая, водочки для обводочки, пивка для рывка. Представители ФК являли собой изрядную парочку: крохотный Фухс с эйнштейновскими усами и атлетический смуглый красавец Бен, чья улыбка вспыхивала всякий раз, как молния дорогого фотоаппарата.

Вот уже месяц, как фабрика была приватизирована и перешла во владение бывшего райкома комсомола, ныне ТОО «Утес». Приехал первый секретарь, то бишь президент, Глеб Колобродченко, мужик-мощага в итальянском пиджаке, отягощенном четырьмя пистолетами. Бен пошел в уборную и, зажимая ноздри носовым платком, позвонил через сателлит своему президенту. Покупайте, сказал Стенли, даже не дослушав рассказа о старом заводе Корбахов. Пусть теперь наш Алекс станет потомственным волжским капиталистом.

Начали торговаться. Хотели предложить Колобродченко миллион, но не успели и рта раскрыть, как тот запросил пятьсот тысяч. Сошлись на двухстах пятидесяти. У Глеба в проспиртованных зенках зажглись романтические огоньки. Он уже представлял, как будет прокручивать этот «валик-налик». Вдруг какая-то тяжелая мысль приостановила подписание контракта. Хряпнул Колобродченко кулаком по антикварному столу: ««Корбах» пойдет только с нагрузкой! Без п/я 380 не отдам!» Оказалось, что в горячке приватизации ТОО «Утес» само не заметило, как завладело секретным заводом снарядов. Лишенный госзаказов, завод этот висел на комсомольцах мертвым грузом.

«Золотую жилу вам отдаю, мужики, — говорил американцам Колобродченко, кося казачьими коварными глазами. — Конвертируйте ящик во что хотите, хоть снаряды обратно выпускайте!»

Бен начал не очень уже верным пальцем тыкать в карманную рацию. Куда звонишь, негатив, поинтересовался Глеб. Кажется, на Ямайку, ответил бывший десантник. Оказалось, что пока они сидели за пиршественным столом, его приемный папа

Стенли успел перелететь с Ямайки в Мехико-сити. По возбужденным голосам, доносившимся в трубку, Дакуорт догадался, что разбито еще одно подразделение Нормана Бламсдейла, и пожалел, что его не было при этом славном деле. Конечно, бери, сказал Стенли о «п/я», только без пороха. Нашему Алексу совсем не помешает хороший заводик кастрюль в придачу к бумаге. Только этого мне и не хватало, простонал рядом Алекс. Сателлитная связь работала безукоризненно.

10. Оттянуться на халяву

Однажды, кажется, уже в 1995 году, в Москве на ночь глядя открывался новый полуподпольный клуб. Полуподпольный не в смысле политики, а в смысле планировки. На поверхности он радовал глаз отлично реставрированным павильоном XVIII века, а вот вниз уходил глубоко большим постмодернистским чертогом с лестницами, трубами, нишами, трансформаторами, альковами, котлами, кабинетами, сводчатыми коридорами, один из которых, говорили, упирался в тайное кремлевское метро. По распространившемуся в те времена двусмысленному стилю клуб так и назывался — «Полуподполье».

Александра Яковлевича Корбаха, которому к этому времени шел уже пятьдесят шестой год, не тянуло на эту гала-тусовку, однако пошел. Открытие намечалось как праздник «всей Москвы», то есть деловой и финансовой общин, артистического люда, журналистского корпуса, политических кругов ну и, конечно, эскадрона красавиц. Хозяин клуба, некий Орест Сорокарорский, произносивший свое имя с неразборчивым грассированием, встретил АЯ почтительнейшим объятием. Он просто счастлив приветствовать гордость нашей культуры, да к тому же еще и представителя великого клана Корбахов. Без твоего присутствия, старик, мы просто не сможем продемонстрировать новый московский стиль конца века.

В поверхностной части «Полуподполья» было очень светло. Сквозь французские окна открывались подсвеченные церкви Зарядья. Толпа шумно стояла вокруг столов, заряженных отменными закусками. Протянув в сторону руку, можно было получить любой дринк с пробегающих мимо подносов. Быстро научились неплохо жить наши черти.

АЯ уже мутило от тусовок, и в то же время не было недели, чтобы он не отдавался в руки мошенницы-Москвы, и она «тусовала» его в своей слипшейся колоде. Эта колода почти целиком, очевидно, присутствовала здесь; ярмарка всех четырех мастей. Среди фанфаронов мелькают и славные рожи, «свои», попадается и «шестидесятничество», вступившее уже в пору окончательных разъездов. «Давайте говорить друг другу комплименты», вспомнил он старую песню. Актуальный призыв певца: опоздаешь с комплиментом, можешь уже никогда не успеть.

Он увидел актерскую компанию. Старые ребята с молодыми подружками. Старые девчонки сами по себе. Вековая несправедливость, от одного этого запишешься в феминисты.

Хотел было протолкаться к ним, но тут же был перехвачен возгласом «Девочки, да это же Саша Корбах!» и окружен табунком неправдоподобно красивых созданий. Ну, знаете ли, если это поколение рождает таких девиц, то я «за»! Целиком и полностью на его стороне! Что за рост, что за гибкость, какие изысканные платья! Ей-ей, сам Парис мудрил, должно быть, над их прическами! Сам Адонис, видать, тренировал их в играх! Вот вам два варианта будущего, мой народ: зюгановский мрачный булыжник или любой из этих девиц музами освещенный медальончик. Я выбираю вас, юные жены! Ведите меня в свои хороводные рощи! Готов даже вместе с вами вечно нестись по барельефу античной вазы. Я ваш всецело, и вот вам пять моих визитных карточек, любая из вас получит стипендию на поддержание красоты. Бегите от маленьких волосатых «новоруссов», ищите гордого росса из европейской семьи народов, не чурайтесь и храброго иудея!

Девушки хохотали, и, как ни странно, даже без намека на вульгарность. Неизвестно из каких семей произрастая, они все казались плодами высокоразвитых цивилизаций. Страннейшая фантомность, едва ли не мутантство. Кажется, я опять наговорил лишнего, и опять под телекамерами. Зреет очередной скандал, опять жди атак неофашистов: Корбахи прицениваются к нашим девицам!

Быстро тут прошел молодой человек довольно шакальей внешности и в отличном костюме. Он что-то говорил кому-то в бесхвостый телефон. Не прерывая разговора, скомандовал «музам освященным»: «Девушки, рассредотачивайтесь!» Прелестные великанши, оказывается, были наняты «Подпольем» для сегодняшней презентации, но не на блядские роли, как какой-нибудь замшелый похабник подумает, а чтобы, равномерно рассредотоачиваясь по всему залу, создавать эстетическую картину.

Не успел АЯ утихомирить свой восторг, как драматургия вечера швырнула его в противоположное состояние: из-за голых плечиков он увидел физиономию Завхозова. Этому гаду нельзя стареть, подумал он. Раньше гладкость кожи создавала общую невыразительность. С каждой морщиной, однако, вылезает внутренняя лепра. Скоро народ начнет блевать при виде этой ряшки, если не выберет ее в президенты; тогда привыкнет.

Совершенно неожиданно генерал гэбэ Завхозов стал возникать в контексте московской группы Фонда Корбахов. А ведь этого человека следовало бы повесить в ту памятную августовскую ночь. При всем отсутствии насилия та ночь все-таки должна была завершиться повешеньем Завхозова. Пусть не до смерти, но он должен был поболтаться сапогами кверху. Эта мера, может быть, все-таки отбила бы у него охоту протыриваться в президенты. Не получилось. Революция в общем-то не состоялась. Завхозов растворился среди мирного населения. И вот четыре года спустя выплыл в роли солидного бизнесмена, претендующего на участие в делах американской благотворительной организации.

По порядку. В девяносто втором возник доморощенный фонд «Русские скауты». Обратились за помощью к корбаховцам. В отсутствие АЯ восторженные филантропы отвалили им круглую сумму и учредили план ежемесячных вливаний. АЯ, однако, уж на что лопух в филантропии, увидел, что дело нечисто: за «скаутами» укрылась бюрократия Всесоюзной Ленинской пионерской организации. Хотел было уже в прессе начать скандал, но тут увидел в списке попечителей несколько почтенных либеральных имен.

Либералы прибыли к «Корбахам» на совещание. Да, мы знаем, что там коммуняги и гэбуха, сказали они, но мы считаем, что пока нам надо сохранять прежние структуры. Все-таки дети, Саша, тут не до чистоплюйства, надо вытягивать сотни тысяч из отчаянной ситуации. Вот посмотри: дети-туберкулезники, дети-беженцы, жертвы межнациональных столкновений, дети по программе алкогольной реабилитации, оздоровительные лагеря на юге, конкурсы талантливых, группы отсталых. Кто этим всем будет заниматься, если разогнать прежнюю шоблу? Нужен постепенный, трезво сбалансированный процесс. Такие разговоры типичны на пространстве захезанной родины. Многомиллионная масса все-таки была хоть и липовыми, но коммунистами, Теофил.

Прошло время. АЯ и думать забыл о «Русских скаутах» среди своих прочих дел, как вдруг произошло чепе. Явился некий Борис Раздрызгальников, раскаявшийся пионероорганизатор. Он потрясал красненькой папочкой производства куйбышевской фабрики «Волжский коммунист» с золотым тиснением «Участнику Всесоюзного слета Ленинской пионерии. Будь готов! Всегда готов!». Саша Корбах, не могу молчать! Я обвиняю, Саша Корбах! Жулики, негодяи, осквернители чистых идей! Ничего не боюсь! Разоблачу до конца!

Ну, разумеется, оказалось, что корбаховские доллары не очень-то доходили по прямому адресу, то есть к деткам. Нет-нет, прямого воровства не было, Боже упаси! Иные из руководства так и говорили: «Боже упаси!» — и осеняли верхние половины тел православным крестом. Другие клялись мужской честью, а один даже проорал, забывшись: «Да я партбилет положу!» Деньги в значительной степени доходили, но только после проведения некоторых процедур в системе свободного предпринимательства, как она понималась активом. Корбаховские суммы просто прокручивались в течение полугода, а то и года в новоявленных банках, давая активу навар сам-десять или даже сам-двадцать. По завершении же этих операций американская филантропия — ну или, скажем, значительная ее часть — достигала «скаутов», больных и здоровых, а также их вожатых, пионерских специалистов из распущенной ВЛПО, из которых большинство не подпускалось к навару и на ракетный залп. К этому числу относился и правдоискатель Раздрызгальников.

«А в чем дело, господин Корбах? — удивились руководители РС. — Ваши деньги целы. Вот документация. «Скауты» все получили. А доходы, сэр (в слове «сэр» всегда у нас слышится что-то вроде «картами-по-носу»), шли на расширение нашего движения. Вот, пжалста, ремонт в Туапсе, реставрация в Павлово-Посаде, пжалста, пжалста».

Попытки АЯ донести до клиентов, что благотворительные субсидии не могут участвовать в наваривании прибылей, пропадали втуне. Вы, Саша Корбах, оторвались от нашей жизни. У нас такой снобизм не проходит. У нас теперь своя есть «ноу-хау». Даже голос повышали, постукивали кулаками, ну, еще не по столу, но по ручке кресла уже. Увы, подобное отношение к чужеземной помощи нельзя назвать нетипичным. Помощь у нас воспринимается с высокомерным и мрачным выражением лиц. Что же касается «ноу-хау», то словечко это, прижившееся в среде бывших комсомольцев, приобрело какие-то мутантные очертания. «Ноу-хау» у нас прижилось, с одной стороны, как что-то пушистое, годное на дорогую шубу, а с другой стороны, как нечто освежающее, вроде плода фейхоа, что когда-то актив поглощал в санаториях Абхазии для улучшения стояка. «Снобизм» же, который сейчас суют в любую дырку речи, выглядит каким-то едва ли не производным от гоголевского «носа»: дескать, нечего нос задирать!

Пользуясь опять же гоголевской стилистикой, скажем, что запутавшийся АЯ «зафаксовал себе двух ревизоров», а именно Сола Лейбница и Лестера Сквэйра. Вот вам и непрактичный артист! Нельзя было принять более правильного решения. Под стальными взглядами североатлантических джентльменов комсомолия стала разваливаться на куски, в обонятельном смысле напоминающие семью копошащихся скунсов. Оказалось, что и номинальных сумм «Русские скауты» не могли показать, поскольку похоронены были эти суммы под развалинами рухнувших «пирамид» вроде «Чары», «Властилины», унесены были на лапках новоявленной саранчи, сиречь возлюбленных бабочек господина Мавроди. Похоже было также, что РС стали за это время одной из многочисленных подставных фирм огромного финансового треста «Виадук», что по иронии судьбы располагался в том же самом небоскребе, построенном в период «зрелого социализма» в виде раскрытой книги, двумя этажами выше «Корбахов». Позволим себе тут заметить, что никакой судьбы в этих ирониях нет, как нет и ироний в этих судьбах, один лишь, как обычно, присутствует в таких делах бардак.

«Ну что ж, программу по «скаутам» мы закрываем, а вам вчиняем гражданский иск, дорогие товарищи», — устало подвел итог АЯ. Он давно уже мечтал об отставке с высокого поста и тянулся к пинкертоновским пасторалям, нимало не заботясь о том, что намоноложил тут у нас дюжину страниц назад.

Специалисты скаутского движения начали выпячивать подбородки: не советуем, мистер Корбах. Советуем сначала поговорить с нашим куратором. Он, между прочим, вас ждет. Преступные пальцы тыкали в потолок, как когда-то отцы этих пальцев тыкали в висящую над всей страной тучу Сталина.

АЯ отправился наверх. Не надо было бы ходить, да любопытство недобитое тащило: что это за «Виадук» такой, о котором столько в городе говорят? Ничего особенного там не заметил, кроме обычного хамья в дорогих костюмах, курящего по коридорам. А в городе между тем утверждали, что старая Лубянка перебралась в «Виадук» под руководством все тех же Бубкова, Буйцова, Бубнова, Бруткова и Брусчатникова: все они теперь именовались вице-президентами.

Да-да, мистер Корбах, президент вас ждет. АЯ входит в обширнейший кабинет. В дальнем углу его украшает великолепная копия скульптуры «Мыслитель». За президентским столом нечеловеческая харя, сильно постаревший спецагент Завхозов. Олег, что ли? Да нет, Орел. Орел Ильич. Странно, Саша, живем по соседству, а рюмки водки вместе не можем выпить. Давайте уж по делу, господин президент. Ну, давай по делу. Вот тут мы просматривали ваши бюджетные схемы, и накопилось немало вопросов. Пятеро мужиков, хоть и пожилые, но здоровенные как черти, подгребают поближе, располагаются вокруг гостя. Внимательно изучают каждую морщинку шутовского лица. Простите, я к вам не о наших бюджетах зашел поговорить, а о подлогах, совершенных РС, вашими подопечными. Да, собственно, и не поговорить, а просто известить, что мы их программу у нас закрыли.

Взрыв какого-то гомерического, даже как бы карнавального хохота прозвучал в ответ. Дядьки крутили головами. Ну и ну! Кто-то даже крякнул: в этом весь Саша Корбах, товарищи! Все как-то еще больше приблизились, а один, поднявшись с подоконника, встал за спиной. Пиздить, что ли, будут? АЯ прикидывал обстановку, можно ли улизнуть? Президент Завхозов ужасающе улыбнулся. Да ведь мы просто по-соседски, Александр Яковлевич. Думали, может, вам помощь нужна? У нас тут очень опытный народ к вашим услугам. Премного благодарен, но я, пожалуй, пойду. Мне тут с вашими опытными разговаривать не о чем. Новый взрыв почти благожелательного хохота. Вот вам Саша Корбах, товарищи, он весь в этом! А вы тут все, я вижу, товарищи, господа? Да-да, товарищи мы все, еще по институту. Саша, скажи, а что по-еврейски означает твоя фамилия? Холоднодомский, что ли? А правда, что у твоего кузена Стенли крыша поехала? А правда, ты с его дочкой?

Корбах встал. На прощанье, господа-товарищи, я бы вам не посоветовал тратить время на столь пристальное к нам внимание. Лучше займитесь жульем из «Русских скаутов», пусть вернут деньги подрастающему поколению. Все почему-то, включая и президента Завхозова, двинулись за ним и, обгоняя, к дверям. В дверях образовалась неуклюжая толкучка, чтобы не сказать пробка. А что же вы, Александр Яковлевич, без охраны передвигаетесь по нашей опасной демократической столице? Какое-то странное легкомыслие. Ходит какой-то тут еврей и делает вид, что не боится. А ведь демократия не стоит на месте, она развивается! В приемной президента послышалась небольшая возня, и тут же к мизансцене в дверях прибавились двое широкоплечих, черный и белый. Наши! Александр вздохнул с облегчением при виде Бена и Матта. Alex, we were weary where were you for so long? Теперь обе стороны вежливо раскланивались. Плюрализм, какого еще не видели эти стены!

Вдруг стены качнулись. Пол загудел так, будто снова танки в Москву вошли. На этот раз, однако, не сталь, а бронза пошла в ход. За спинами «виадукцев» возвысился на две головы здешний «Мыслитель». Что за шум, а драки нет, спросил он. Иди, иди, Миша, сказал ему президент и ухмыльнулся гиньольным ртом. Пока, господа соседи!

Теперь эта гиньольная рожа ухмылялась ему в нарядной толпе «Полуподполья». Салют рюмочкой. Бровка, сухонький кузнечик, взлезает на пятнистый лоб. Все путем? АЯ не отвечает на привет. Завхозов что-то цедит кому-то через плечо, явно уж что-то антисемитское.

Вдруг рядом и немного сверху прозвучал веселый ангельский голосок:

— Александр Яковлевич, а меня к вам на сегодняшний вечер прикомандировали, если не возражаете! — Дивно улыбаясь, стояла одна из давешних высоченных девиц. — Меня зовут Ласта.

— Власта? — удивился он чешскому имени.

— Нет, просто Ласта, — смеялась девушка. — Ну, как у тюленя. Вам не нравится?

— Напротив, нравится, даже слишком. Особенно производный глагол.

— Ну, вы все поняли, Александр Яковлевич. — Не без юмора в движениях она на мгновение как бы приластилась к нему, причем ее подбородок скользнул по его лысине.

— Ласта, я ведь вам не в отцы, а почти уже в дедушки гожусь.

Она горячо возразила:

— Может быть, вы как иностранец не знаете, но у Саши Корбаха в нашей стране возраста нет. Ну, идемте с шахту! Все основное там!

Покинув сверкающий зал, они стали спускаться в подземелье, похожее на съемочный павильон какого-нибудь голливудского боевика о закате цивилизации. Стены грубой кладки с торчащими балками и огромными трубами, из которых кое-где что-то сочилось. Пространство пересекали лестницы, на вид как бы полуразрушенные, на самом деле совершенно безопасные. Горы ящиков и мокрых картонных коробок усугубляли атмосферу распада. Временами, однако, вся пещера вспыхивала коловоротом разноцветных кружащихся огней.

— Проверяют свет для «Апофеоза», — пояснила Ласта.

Ноздри улавливали смесь противоречивых запахов: духов и потца́, рыгаловки и хорошего кофе. Глаза привыкали. Стало видно, что повсюду стоит молодежь числом не менее двух сотен. Женские головки возвышались над бритыми башками парней. В глубине была освещена уютная пещерка бара. Луч прожектора держал в фокусе полуразвалившуюся пятитонку старых времен. В кузове с откинутыми бортами стояло четверо голых по пояс, тощих, как узники боснийских лагерей, музыкантов; группа «Ум-ум». Вдарили по струнам, мощно заголосили:

Прости, что был совсем бухой,
Киса!
Прости, что бил тебя ногой,
Киса!

Ласта сжала руки на груди: «Я просто обожаю этих мальчиков!»

В этот самый момент Саша Корбах увидел проходящую мимо какого-то гнусного кишечника труб Прекрасную Даму. В первый момент он не сообразил, кто она, хотя и подумал в самом что ни на есть бытовом ключе: годы ее не берут. В следующий момент свет ушел с того уровня пещеры, где шла эта дама, и только тогда он понял, что это Нора.

— Что с вами, Александр Яковлевич? — спросила Ласта.

Тут снова закрутился цветной коловорот, и Нора со своим бесконечно милым и умным лицом замелькала перед ним, как в мультяшке. Забыв про Ласту, он покатился со своего уровня к ней. Коловорот улегся, и в полумраке между столиков они увидели друг друга. За ее спиной стоял спутник, молодой человек с большой гривой светлых волос и в светлом пиджаке, светлый рыцарь национального движения Дима Плетояров. Еще недавно демократическая Москва о нем говорила «фашистская сволочь», а теперь снисходительно опустила эпитет: «Сволочь, конечно, но что-то в нем есть».

Стойкий феномен забывчивости выработался в постсоветской России. Уж чего только не писал вьюнош Плетояров в «Тушинском пульсе» (пульс Вора, что ли?) и в прохановском «На дне»! То нацистскую, то большевистскую ягодицы свои в форточку показывал! Все его знали — высокий, красивый, с очень красным (прямо в масть) ртом. Поговаривали, что жрет какой-то химический состав, но кто его знает, в отклонениях вроде не был замечен, если не считать публикаций, но кто их сейчас читает. Ну, на всякий случай вот одна из них, судите сами.

В третью годовщину крушения совдепа Плетояров напечатал у Проханова статью, в которой путчистов называл декабристами. Увы, сетовал он, и эти оказались далеки от народа! Позволили московской хевре, всем этим полным, половинчатым и четвертичным жидкам, перехватить инициативу. Не решились устроить наш хороший русский Тяньаньмынь. Пытался он тогда, добрый молодец, повлиять на генералов Генштаба, ведь не даром же его называли «росиньолем в.с.» после будоражащих выступлений по телевизору. Ну хорошо, увещевал он, боитесь пролить кровь, пролейте краску! Что за странные фантазии, Дмитрий, морщились генералы. А вот послушайте, ваши превосходительства! В толпу вокруг «Белого дома» засылается агентура. У каждого под курткой пузырь с театральной краской. Взвывают сирены, слышатся фиктивные взрывы, агенты вырывают затычки, кровь бьет ручьями, евреи в панике разбегаются, Ельцина можно брать голыми руками. Генералы хохотали. Странная у тебя башка, Митяй! Вот так и просрали державу!

Все это вспомнилось АЯ в течение нескольких минут, пока пробирался к Норе. Вспомнилось и тут же забылось: какое отношение имеет вся эта русская клиника к нам, к ней и ко мне? Вот и она увидела его, вспыхнула, как бывало

454

вспыхивала в Вашингтоне, в аэропорту, когда встречала. Сашка! Норка! Они сели в углу и положили сцепленные руки на поверхность питейного столика. Ты у меня опять столько времени отняла, паршивка! Четыре года! Четыре года и четыре месяца!

Что тебя сюда занесло? Да мы тут работаем неподалеку. Кто мы? Где? Моя экспедиция. Возле Элисты. Копаем хазарские курганы. А в Москву-то как? Да по старой памяти. Помнишь, ты меня ревновал к Москве? А теперь вот этот Дима. Одобряешь? Да пошел он, этот Дима! Ты лучше о сыне расскажи! О ком? О Филиппе Джазе Корбахе!

Тут она вытащила руки из дружеского сцепления. Накинула шарф на плечи. Белый луч, как назло, уперся в нее, осветив все морщинки, выпятившийся вдруг подбородок, небольшую, но заметную базедочку. Другой луч, желтый, услужливо в этот же момент осветил Плетоярова, танцующего с Ластой; пост-модернистская молодость! Мой сын к тебе никакого отношения не имеет. Неправда!

— Нора, вы уже посекретничали? Можно к вам? — крикнул в вихре ламбады фаширствующий молодчик.

Нора отвернулась от него, ничего не сказав. После короткого размышления АЯ решил нанести своей любимой ответный удар. И сильный удар. Где ты подцепила этого славянского Аполлона? Она расхохоталась именно так, как он ненавидел, поблядски, подняла на-гора всю свалку ревности. А он интересовался, видишь ли, нашими раскопками, вообще хазарами как возможным коленом Израилевым. Любознательный мальчик. Ах, Норочка, неразумная берклиечка, ты, кажется, не знаешь, кто он такой. Прости, но ты спишь с главным жидомором и всем известным фашистом этой страны.

Подошли и присели запыхавшиеся танцоры. Сразу два колена вздыбились над краем стола: голое принадлежало Ласте, плетояровское было крыто белым денимом. Молодежь вопросительно смотрела на профессионального благотворителя, ждала гостеприимства. АЯ сильно разочаровывал, ничего не предлагал. Нора сидела боком, смотрела на собственную сигарету. Плетояров недоуменно хмыкал. Он, очевидно, во время танца пообещал изящной дылде отменную халяву.

— Ну, что вам? — спросил подошедший боевик из бара.

— Давай шампанского тащи! — сказал ему Плетояров. — Только нашего, не французского.

— А деньги-то есть? — спросил боевик, но, очевидно, понял, что есть, и, не дождавшись ответа, ушел.

Ласта незаметно для окружающих кончиками пальцев ободрила корбаховский запотевший затылок. Не оставляйте стараний, маэстро!

— Мда-а-а, мистер Корбах, — протянул националист с томностью, которая у нас часто бывает в родстве с наглостью, — зря вы все-таки забросили ваше единственное удачное начинание. Московский ваш театр все-таки хоть и с неизбежным душком, но получился вехой. Вехой, дорогой! Напрасно вы, батенька, в деньги-то полезли. Деньги вещь крутая, не всякий потянет. Очень жаль. — Он все время переводил взгляд с Корбаха на Нору, как бы пытаясь понять, успел ли он рассказать ей, кто такой Димочка Плетояров. Нора ни разу не посмотрела на него, ни разу не наградила его своей улыбкой, которую он — откроем секрет фашиста — называл «лучом света в хазарском царстве». — Да, жаль, Александр Яковлевич, что вас затянула наша клоака. Вот говорят, что ваше имя уже на контракте, а это очень жаль.

— Я тебе сейчас так вжалю, что на всю жизнь зажалишься! — неожиданно для себя сказал АЯ.

Плетояров отвалился изумленной колодой. Боевик в это время хлопнул над ним пробкой. Пенные струи пошли по бокалам. АЯ поднял свой: ну, за встречу!

Все чокнулись.

Он видел, что Нора чуть не плачет. И сам чуть не плакал. Девочка моя, мэрилендская всадница! Тебе уже сорок шесть, в отчаянии ты готова уцепиться за каждый хорошенький солоп. Вспоминаешь ли ты хоть изредка тот медный рассвет, кипение лиловой листвы, застенчивые ножки своей Гретчен, зацелованность твоего тела, общелованность моего, весь этот «н.с.с.»? Встань и уйди сейчас со мной! Проживем то, что осталось, вместе!

Ничего этого не сказав и не получив ответа на невысказанное, кроме одного темного взгляда, он поднялся, набросал на стол какое-то количество пятидесятитысячных и пошел к выходу.

— Как это интересно, Александр Яковлевич, — задумчиво говорила Ласта. — Ваши оставшиеся на затылке волосы выглядят совсем молодо, а из ушей у вас торчат седые пучочки. Любопытный экземпляр тела выпал, Александр Яковлевич, на вашу долю. Многое у вас, как у молодого, а вот шея вся в морщинах.

— Скажи, Ласта, что такое «поставить на контракт»? — спросил он у девушки, которая все-таки увязалась за ним на Патриаршие пруды.

Она рассмеялась:

— Ну, это список на устранение, что ли. Покушения по контракту, так, кажется. Я помню, это вам Димка сказал, да вы ему не верьте, известный трепач. Неужели вас еще удивляет эта бесконечная болтовня вокруг?

АЯ был все-таки удивлен. От удивления он весь так вздыбился, что девушка перестала считать пучочки и морщинки. Как-то все-таки удивительно быть у родины «на контракте»!

Из окна был виден пруд и аллеи в весенних предрассветных сумерках. По сырой земле меж стволов плелся большой, с проплешинами, уссурийский тигр. Зевал, словно отставной маршал Советского Союза.

— А это еще что такое? — еще раз удивился АЯ. — Может, вы мне объясните как иностранцу?

Девушка уже засыпала и зевала, но совсем не так, как олитературенный нами тигр, а как некое новое существо, длиннейшая ласта.

— Да ведь это же тигр, Александр Яковлевич, неужели не узнаете? Тут ведь зоопарк неподалеку, ах-ах.

X. Ночью на Пьяцца Цисцерна

Средь кружев каменных проходит чуткий Дант.
На галерее Каменная Донна,
Чей облик был ему в соблазны дан,
Стоит в шелках из пышного Лиона.

Они сближаются, он поднимает вверх
Кусок Луны, его с ума сводящий.
Сан-Джиминиано покрывает грех
И открывает драгоценный ящик.

Он счастлив, что исторг из камня крик
И потревожил даже кромку леса,
Что не нарушил правила игры
И обратил гранит в живые чресла.

А Беатриче глянет в этот миг
И с нежностью вздохнет: о, мой повеса!

Часть XI

1. Арт

Пропадающие персонажи — это ли не главная тревога романиста? Поток вдохновения — не предательский ли это путь для нашего неторопливого каравана? Подхваченный этим потоком, валясь по дороге в пузырящуюся пену простодушного восторга, вы можете легко потерять профессиональное благоразумие, а вместе с ним и персонажей, без которых вы не мыслили свое действие какую-нибудь сотню страниц назад. Такое могло бы произойти даже и с автором данного сочинения, не будь он достаточно хитер, чтобы предугадать справедливый упрек со стороны своего в Высшей Степени Уважаемого и Проницательного Читателя (ВСУПЧ).

ВСУПЧ, в частности, вправе спросить: а где же наш такой симпатичный Арт Даппертат? Ведь последний раз мы его видели полкниги назад на гала-презентации Фонда Корбахов в Карнеги-холле, где он то ли в переносном, то ли в буквальном смысле качался на люстре. Я благодарю ведущую группу ценителей и тебя, о Теофил, которых Андрей Белый, а вслед за ним и Владимир Набоков называли подлинно «творческими читателями». В свете ваших внимательных глаз я время от времени обозреваю список действующих лиц и иногда, признаюсь, позволяю себе некоторую мнимую рассеянность. На самом деле я давно уже сообразил, что Арт у нас оставлен на обочине и незаслуженно забыт. Чувствуя угрызения совести, я старался всунуть его куда-нибудь, но ничего из этого не получилось. Любой его возможный возврат вызывал какую-то странную неловкость, как будто этому блестящему молодому человеку не было места среди наших чудаковатых благотворителей. Было ощущение, что он выпал из текста не просто так, что стоит за этим какая-то важная романная причина. И вдруг я неожиданно понял, что это действительно был не просчет, а своего рода маневр со стороны нашего молодого активиста.

(Кстати о его возрасте: сколько ему сейчас? Давайте посмотрим: если в начале нашей истории ему было двадцать семь, то теперь ему, господа, точно сорок. Воздержимся от вздохов по поводу неумолимого времени, мы сами во всем виноваты. Так или иначе, сорок лет — это великолепный возраст с точки зрения беллетристики. На этом позвольте мне закрыть скобки.)

Как это странно иной раз бывает в толстых современных романах! Их авторы могут думать, как подтянуть разбухшую композицию, а в это время созреет заговор одной группы персонажей против другой. Не без содрогания авторы поймут, что такие заговоры могут быть направлены даже против основополагающих вещей: сюжета, структуры и даже против руководящих центров иных гигантских корпораций, проводящих неслыханную доселе благотворительную программу. Вот что иногда случается в романах, дорогой ВСУПЧ!

Однажды поздней весной 1995 года вечером в самом центре Манхаттеана, в здании «АКББ корпорейшн» на пятьдесят седьмом этаже два джентльмена засиделись перед экраном компьютера. Оба были без пиджаков, так что мы можем заметить их отлично развитую плечевую мускулатуру. Поскольку мы смотрим сзади, у нас есть хороший шанс обратить внимание и на то, что в макушках обоих нет ни намека на начинающуюся плешивость. Напротив, короткий ежик одного и львиная грива другого могут легко вам напомнить первые главы романа. Читатель, наверное, уже догадался, что одним из этих двух был вице-президент корпорации Артур В. Даппертат, а вторым глава специального исследовательского центра Мел О'Масси. В лице последнего мы не можем не заметить, что вдобавок к львиной гриве он приобрел за эти годы некоторые черты львиной маски. Не подумайте о проказе, господа, это были просто результаты серьезной маскулинизации, которой подвергаются руководящие сотрудники наших гигантских корпораций. Чтобы не придирался какой-нибудь унылый критик, мы должны заметить, что мы, и находясь сзади, видим лица этих двух людей, поскольку они отражаются в большом темном окне небоскреба. Вот и все, хватит с вас, унылый Скамейкин.

Важнее тут сказать, что пять лет назад Мел женился на средней дочери Стенли Корбаха, которая была на пять лет старше своей полусестры Сильви Даппертат. Разведенка с двумя детьми, Сесили не теряла времени даром и быстро родила Мелу сына

Криса и девочек-близнецов Лавон и Эми. Временами, когда Даппертаты и О'Масси встречались в «Галифакс фарм» или еще где-нибудь на земном шаре и если еще подгребала старшая полусестра Уокер со своим потомством, возникало впечатление большого племени из семейства кошачьих (львов ли, тигров ли?) с их котятами на разных степенях развития в зрелых «капиталистических хищников».

Что за карнавальная радость возникала во время таких сборищ родственных душ и тел! Х-хохот, с-смешки, п-пение, т-трескотня, т-танцы, д-дразнилки, ш-швыряние кремовых тортов в любимые физиономии, но главными событиями таких дней, конечно, становились соревнования отцов, Мела и Арта. Эти двое были неудержимы в своей страсти побить друг друга. Они просто не могли жить без того, чтобы не испытать силу, сноровку, тренировку, удачу, выносливость своего свояка, извините за тавтологию. Например, если Арт видел, как Мел мажет маслом свой тост, он непременно ему говорил: «Слушай, мне кажется, я в три раза быстрее тебя намазываю на тост масло!» Битва вспыхивала немедленно, и вскоре стол покрывался дюжинами намазанных тостов.

Нечего уж и говорить о теннисе, плаванье, прыжках в высоту и так далее. Что касается кикбоксинга, то дети давно уже привыкли к виду отцов, покрытых потом и кровоточащих, изрыгающих shit, shit, shit и другие более-менее цензурные ругательства. Все члены клана давно уже привыкли к пятнам крови на деке или в ливинг-рум, и никто при виде этого не собирался звонить в полицию.

Конечно, были некоторые области, в которых соревнования становились бессмысленными. Мел, например, не мог и мечтать о том, чтобы переиграть Арта на гитаре или перепеть его репертуар с песенками Дилана, Саймона и Гарфункеля, Высоцкого и Саши Корбаха, не говоря уже о балладах и блюзах собственного сочинения. Эти спонтанные концерты заставляли бывшую русалку, превратившуюся во льва, удаляться в уголок и сидеть там с иронической улыбкой, которая быстро превращалась в нервное позевывание. С другой стороны, в любое время, когда Мел приближался к компьютеру, Арт разводил руками и подписывал капитуляцию. Мел был неоспоримым главным волшебником в этой сфере человеческой активности. That O'Massey is awesome! — так говорили о нем на всех этажах корпорации. Ходили слухи, что глава специального исследовательского центра может пробиться даже через кодовые системы таких великолепно охраняемых компаний, как IBM, Chase Manhatten, General Dynamics и Центральный банк России. Он мог высчитать стратегию АКББ на годы вперед и никогда не ошибался в своих как стратегических, так и тактических оценках мирового развития. Ходили слухи, что именно ему с его СИЦ, а не председателю Бламсдейлу компания была обязана своими колоссальными успехами последних лет. Впрочем, говорил народ, кто как не Бламсдейл нанимает такие ценные кадры? Не секрет, что именно Норман нашел молодого гения в одном из клевых прибрежных баров Калифорнии, где тот ночи напролет кадрил (кадр кадрил, ну, каково?) толстозадых блядей-лошадей вроде гротескной Берни Люкс, ставшей подружкой чокнутого Стенли Корбаха, номинально все еще президента АКББ. Так или иначе, уже и до Арта доходили слухи, что вскоре его спарринг-партнер будет продвинут на вице-президентский уровень. Парень это заслужил, думал Арт. Он гений современного агрессивного маркетинга. Мороз по коже идет от его неопровержимых калькуляций! Ведь только благодаря им нам удалось за последние годы пожрать «Макдоналдс», «Мицубиси», «Локхид», «Кока-колу», CNN и уже раскрыть рот на «Путни продакшн».

М-да, мы должны сказать, что по мере того, как годы идут, наш любимчик Даппертат начинает тяготиться своей высокопоставленной позицией. Недавно он открыл дверь своей гардеробной, увидел там несколько дюжин костюмов-троек и почувствовал тошноту. Неужели призвание моей жизни состоит в том, чтобы председательствовать на бесчисленных и бесконечных совещаниях? Или в подписывании бумажных гор на моем столе? Или в депозировании на мой банковский счет все больших и больших миллионов? А не состоит ли мое призвание в том, чтобы вести старый джип по дорогам Средиземноморья, сидеть за рулем в протертых вельветовых штанах, привозить ребятам в забытые Богом места какие-нибудь кукольные буффы и не в последнюю очередь мой собственный нос Пульчинеллы и мои зенки, которые, я надеюсь, еще не лишены остроты и жажды жизни?

Видит Бог, он никогда не жаждал стать акулой бизнеса! Когда он влюбился в Сильви, думал, что они будут просто беззаботной и, пожалуй, даже в чем-то артистической молодой парой, какими-нибудь коллекционерами, спонсорами выставок и некоммерческих фильмов, завсегдатаями богемных сборищ, но уж никак не занудными яппи, у которых, кроме коммерческого успеха, ничего нет в голове. Ну хорошо, такова уж моя доля — первым делом по утрам открывать деловой раздел «Нью-Йорк таймс», но все-таки невыносимо видеть и свою любовь с очками на носу, изучающую «Показатели рынка» и «Данные NYSECP» над своей первой чашкой кофе.

Рискуя нашей репутацией (впрочем, она давно уже стала безнадежной и без этого), мы должны добавить к ламентациям Арта, что иногда даже во время исполнения супружеских обязанностей Сильви старалась занять такую позицию, которая не мешала бы ей перелистывать «Forbes». К своему тридцатиоднолетнему возрасту, будучи матерью трех прелестных детей, Сильви Даппертат оставалась образцом американской красавицы, стройной, нежной, с романтичным выражением все еще девчоночьего лица, несмотря на то, что под этой поверхностью она, к своему удивлению, пару лет назад обнаружила сухого и непреложного биржевого дельца.

Иногда, осушая стакан за стаканом бутылку своего любимого «мерло», Арт думал: жаль, что я остался за бортом, жаль, что я не могу быть вместе с моими ближайшими друзьями Алексом и Стенли и с этой бандой забавных ребят, собравшихся вокруг них. Тратить деньги действительно веселей, чем их делать. Увы, я должен быть на верхушке корпорации, чтобы охранять дело Стенли от посягновений со стороны Бламсдейла. Жаль только, что друзья, да и автор романа, слишком часто забывают обо мне. Эта мысль наполняла его горечью. Ему начинало казаться, что вся жизнь «проходит мимо», как нередко поется в фольклорных балладах. Как-то иначе ему представлялись отношения со Стенли Корбахом, его кумиром еще с тех пор, когда он служил юнгой на его яхте «Рита». Конечно, он, Арт, играет сейчас важнейшую роль в борьбе Стенли против свирепых аппетитов Нормана Бламсдейла, это бесспорно. Пока вице-президент сидит за высшим круглым столом корпорации, все видят, что Бламсдейлам не одолеть Корбахов. Арт прекрасно знал, какие кровавые битвы кипят на периферии: над Гималаями, в Мексике, в Чечне, в Боснии, однако в штаб-квартире на Манхаттане все пока что выглядело прилично. Изначальная резня на Ист-Сайде и в окрестностях Карнеги-холла считалась здесь неуместной темой для разговоров. Здесь самым сильным оружием, которым пользовался Арт, был юмор. После каждой сессии Совета электронная почта подливала горючего в многозначительные разговоры на этажах. «Арт Даппертат осадил Норма Бламсдейла, назвав его «представителем большинства». Иные аналитики с сороковых этажей предполагали, что Даппертат вообще близок к тому, чтобы взять окончательный верх в Совете. Всезнайки с тридцатых с нахальной небрежностью, типичной для этого народа, стали называть святая святых, шестьдесят пятый, «круглым столом короля Артура». Чертовы трепачи! Когда-нибудь вся эта болтовня отыграется именно на вас, молодежи «даппертатского набора», ведь в штабе Норма упорно коллекционируют все хохмы и разговорчики, касающиеся их босса. О'кей, в конце концов, у Арта есть главное преимущество в этой бесконечной сваре: готовность в любой момент свалить из проклятой пирамиды, кишащей интригами. Вот тогда и друзья поймут, что слишком многого от меня ждали!

Предаваясь этим размышлениям, Арт не знал, что решительный момент приближается и что очень скоро — а именно вот в этот вечер, о котором идет речь, — Мел О'Масси позвонит и в обычной своей как бы ленивой манере попросит его зайти — ну, просто чтобы бросить взгляд на необычную конфигурацию фигур и цифр, только что возникшую на его экране. Ну конечно, сказал Мел, я мог бы всю эту штуку принести к вам, мистер вице, но тогда мне пришлось бы это оформлять как доклад, а я тебя прошу просто глянуть и сказать, оформлять мне эту странную выкладку как доклад или сбросить ее на фиг. Конечно, Арт, в любое время, но лучше сегодня вечером. Ну да, в любое время сегодня вечером, но лучше прямо сейчас. Тебе хватит десяти минут, чтобы понять, как это срочно. Шит, хотел бы я, чтобы это не было срочно!

Когда он вошел в обширный офис Мела, глядящий окнами на поздний закат над Гудзоном, его пронзило странное чувство неожиданного хроматического баланса сродни тому, что испытываешь перед каким-нибудь шедевром живописи. Он не сразу понял, что завершало эту картину. Все вроде было как обычно: бездонные небеса с их золотой пылью над гребнем Манхаттеана и изумрудным сводом, в котором уже обозначились звезды в стадии раннего умывания. Все было, иными словами, неотразимо и непостижимо, как всегда, если глядеть из большой полутемной комнаты. В следующий момент он нашел этот момент неожиданности. Это был экран персонального компьютера Мела О'Масси, столь персонального, что он никому не разрешал даже вытереть с него пыль. Экран показывал комбинацию простых геометрических форм: круг, квадрат, пара параллелепипедов, пригоршня треугольников разных размеров. Помимо форм там была представлена и комбинация красок, простых и ярких: красная, черная, лазурная, лимонно-желтая. В целом это было похоже на элементы простейших хроматических материй, представленных публике во времена великих открытий, в частности на первой супрематистской выставке Казимира Малевича с учениками в октябре 1915 года.

Пару минут Арт стоял словно под гипнозом посреди комнаты, за спиной у Мела, в то время как последний слегка покачивался на своем стуле, сцепив пальцы на затылке. После того как эта неизмеримая «пара минут» истекла, вице-през понял, что хроматический праздник означает не что иное, как окончательный приговор Стенли Корбаху: его царство кончилось!

— Понял? — спросил Мел, не поворачивая головы.

— Да, — ответил Арт и тут же подбоченился с вызовом. — Что бы ни показывала твоя факинг штука, я никогда не предам Стенли!

— Почему бы вам не присесть рядом, мистер вице? — мягко предложил Мел. — Послушай, Арт, — начал он, когда его друг-свояк подкатил стул к компьютеру. — Видит Бог, я не хотел взрывать старого сукина сына! Признаюсь тебе, он был идолом моей ранней юности со всеми его командами гребцов и яхтсменов, с его девушками и автомашинами от Винси Уилки, с его прошлым морского пехотинца и аристократическим воспитанием, с его гениальными финансовыми операциями и скандальными «исчезновениями», наконец, с его всемирным крестовым походом благотворительности. Конечно, я ненавидел его за то, что он поработил девушку моей мечты, королеву Тихоокеанского побережья от Санта-Моники до Марина-дель-Рей, однако вскоре я увидел, что она мало изменилась со времен наших сборищ в «Первом Дне». Все та же лихая кобылка, какой я ее знал, и всегда поскачет навстречу, стоит только... ну ладно.

Словом, у меня не было никакого желания посчитаться со Стенли, и я вовсе не хотел приступать к исследованию его финансовых дел. Я знал, чего ждут от этого исследования Норм и его большинство в Совете. Я даже собирался уволиться из лавки, когда однажды Норм вызвал меня на разговор. Он сказал: «Постарайся доказать кредитоспособность Стенли. Используй любую информацию, какая тебе нужна для этой цели, взломай любые коды под мою ответственность, найми любых беспристрастных людей, докажи, что он кредитоспособен, и я обещаю, ничего плохого с тобой не случится. Больше того, ты получишь повышение раньше, чем рассчитываешь. Больше того, я обещаю прекратить все боевые операции против Стенли и начать переговоры. Однако, — продолжил он, — я на сто процентов уверен, что даже ты, О'Масси, не сведешь его баланс, как бы ни старался. Наоборот, ты рассеешь всю дымовую завесу, которую там сотворили Сол Лейбниц и Енох Агасф, считавший, как говорят, таланты и статиры самому Помпею». Увы, он оказался прав, свояк! Стенли истощает свои ассеты с такой скоростью, как будто у него прорвало все трубы. Я видел много сумасшедших в деловом мире — не на последнем месте среди них находится великий прагматик Норм, который иногда, похоже, хочет посчитаться со всеми мужиками трех поколений, что трахали Марджори; нет, ты подумай только, сунешь палец в крупнейшие мировые политические и финансовые махинации и немедленно нащупаешь бабу; мы приближаемся к миру великой логики, но войти в него мы не сможем из-за нашего сексуального безумия...

— Ближе к делу, — сухо сказал Арт.

Мел все больше нервничал:

— Я просто хотел сказать, что даже среди этих идиотов Стенли с его благотворительностью безусловно держит первое место. Ну вот, суди сам! — Он положил слегка подрагивающие пальцы на киборд и стал очищать экран компьютера от изображений. Затем, время от времени многозначительно поглядывая на Арта, он приступил к манипуляциям с колонками индексов и цифр. Каждую стадию своих операций он трансформировал в фигурки цветной графики. Экран теперь полыхал супрематическими комбинациями.

У Арта покруживалась голова, пока он наблюдал взаимодействие индикаторов АКББ и NYSE, корреляцию этих данных с данными IMF и Мирового Банка, а потом с данными каких-то неведомых компаний в Индии и России, и засекреченными файлами налогового управления, и результатами текущих операций с наличными в Токио, Йобурге, Гонконге и Лондоне. Все эти информационные юниты вращались вокруг солидных колонок Фонда Корбахов, пока фонд не превратился в шар чисто красного цвета. Увы, произнес Мел почти грустно, почти с проблеском почти человеческой ностальгии и, уж во всяком случае, без злорадства, увы, увы, в темном пространстве вокруг красного шара начинали образовываться внешне невинные цилиндрики, кубики, клинья и ромбоиды, то плавающие отдельно, то хаотически громоздящиеся в углах экрана.

— Теперь ты видишь, друг, что у этого небесного тела больше нет никаких шансов. — Мел вздохнул и полуобернулся к Арту. — Ну что, хочешь, я сделаю финальный «клик-клик»?

Арт молча кивнул. Мел сделал «клик-клик». Все малые части начали вращательное движение вокруг красного шара, периодически атакуя его со своих орбит. Через пару минут шар развалился в бесформенную кашу красных пятен. Смешиваясь с начальными элементами, каша постепенно, но все быстрее и быстрее начала образовывать один калейдоскоп за другим. Сначала нельзя было понять смысла этих превращений, но вскоре стало ясно: изображение теряло изначальные яркие краски, брало верх чисто черное. Наконец все прочие цвета исчезли, и Арт увидел перед собой идеальную форму ярко-черного цвета, тот самый «Черный Квадрат», материя меньше нуля, «ничто» с тенденцией засасывать в себя всякого, кто будет слишком внимательно вглядываться. Таков был конечный результат. Постмодернизм. Пост-все. Деконструкция. Смерть Стенли Корбаха как героя своего поколения. Полное поражение и изгнание байронизма.

— Хотел бы я, чтобы уж и меня засосала чертова штука, — произнес Арт.

Мел расхохотался:

— Брось эту комедию дель арте, Даппертат! Пульчинелла, выше нос! Мы все еще здесь, в нашей виртуальной реальности, в конце концов! — Он сделал еще один «клик-клик» своей «мышкой». «Черный Квадрат» немедленно полетел в тартарары и там, в царстве Тартара, превратился в невидимое пятнышко. Вместо него на экране появился конференц-стол с сидящими вокруг знакомыми лицами.

К этому времени закат над западным гребнем Манхаттана почти завершился, только купол света быстро таял на горизонте, как опустившийся парашют. На одной из стен СИЦ оперативного центра появилась увеличенная проекция компьютерного экрана со всеми этими знакомыми лицами и телами в натуральную величину.

Фактически здесь были только члены клана Корбахов—Бламсдейлов: Норман и Марджори, три дочери Стенли, а именно Сильви Даппертат, Сесили О'Масси и эта знаменитая оперная дива Уокер Росслини с ее антрепренером-мужем, дальше — разведенная жена Нормана Понтессия и их сын, ожиревший добродушный Скотт, по два или три кузена с обеих сторон, их имена не важны, поскольку они совсем не принадлежат к списку наших действующих лиц, и — внимание! — гвоздь сезона, патриарх Дэвид Корбах, который выглядел по меньшей мере на десять лет младше своего девяностошестилетнего возраста.

Мел подкатил свой стул ближе к стене и виртуально, то есть фактически, превратился в одного из участников сборища. Он махнул Арту: «Присоединяйся!» Последний неохотно, но безоговорочно приблизился к стене и обнаружил себя рядом со своей женой, которая улыбнулась ему с обычной нежностью на грани не менее обычной капитуляции.

Потом началось собрание, во время которого все члены так называемой семьи, фак их генеалогическое древо, старались вовсю склонить Арта к предательству. Стенли — конченый человек! Он безумец, одержимый саморазрушительными идеями. Он проматывает миллиарды для своей бессмысленной благотворительной компании, которая не приносит ничего, кроме позора. Его следует раз и навсегда вычистить из руководства великой корпорации и изолировать. И изолировать! В этот момент все присутствующие взглянули на патриарха, и вонючий поц в унисон со всеми показал своим большим пальцем вниз. Все личные счета Стенли должны быть немедленно заморожены!

Арт, ты только что видел более чем убедительные свидетельства, предъявленные неопровержимым экспертом и твоим ближайшим другом Мелвином О'Масси. Наши юристы работают по этому вопросу, они уже близки к финальной резолюции. Вся американская и мировая финансовые общины на нашей стороне. Соответствующие правительственные организации и люди «на Холме» готовы поддержать наше решение. Ради твоей семьи, ради нашей корпорации, ради стабильности, не побоимся этих слов, всей нашей страны и всего цивилизованного мира вы, мистер вице-президент, должны присоединиться к нашему решению, которое, поверь, нелегко нам далось, учитывая личность того, прошлого Стенли, которого мы все нежно любим.

Наименее активным в этом хоре был, как ни странно, председатель Бламсдейл. Он прикидывался более-менее нейтральным финансистом, как будто это не он был недавно захвачен в его крепости на Арубе морскими десантниками Стенли, а потом освобожден в обмен на полковника Бернадетту де Люкс и ее бэби, взятых после кровавой битвы на южном крылышке бабочки-Гваделупы. И только после того, как риторика стала угасать, Норман предложил общему вниманию свое спокойное, можно сказать, спокойное на грани истерики, слово.

— Конечно, мы предпочли бы единодушное решение на сессии Совета, однако при сложившихся сейчас обстоятельствах мы можем обойтись и без этого. Я надеюсь, мистер Даппертат понимает, что это означает для его личной карьеры.

Первой инстинктивной реакцией Арта было желание схватить свою жену за руку и увести ее из этого сборища гадов. Он даже потянулся к ней, но тут сообразил, что она недосягаема. В глазах же Сильви он прочитал тот же вопрос, что волновал и всю аудиторию. Воздержавшись от резких движений, он неожиданно для самого себя деловито спросил:

— Когда вы ждете от меня этого решения, леди и джентльмены?

Все лица вокруг стола осветились радостью. Как чудно, что этот славный парень, этот, entre nous, символ успеха для всей АКББ, кажется, готов пожертвовать своим сомнительным товариществом ради корпорации, ради семьи, ради подрастающего поколения!

— Чем скорее, тем лучше, медок, — прошептала Сильви, и бриз ее секса, проникнув через виртуальную реальность, всколыхнул в нем столь знакомое ощущение счастья. Ведь говоря ему «медок», она не имеет в виду обычное супружеское обращение, принятое в наших краях, она имеет в виду то, что он самый сладкий из всех любовников мира.

Все их любимые «пред-игры» пришли ему на ум, пока он смотрел ей прямо в глаза, и особенно одна из последних. Она — девочка-подросток, впервые надевшая лифчик. Она очень гордится тем, что ее титечки теперь в лифчике, но вдруг она понимает, что не может его никак расстегнуть, а ей нужно переодеться для купания. В отчаянии она ищет помощи, но никого нет под рукой, кроме пожилого (около сорока) джентльмена по соседству. Человек благородной души и светских манер, он не может не прийти на помощь. Кто будет отвечать за последствия? Он старается вовсю, и его попытки так нежны, так медлительны, о, как медлительны они и как

468

нежны! Окончательное снятие лифчика приходит как апофеоз, она визжит и пукает: пук, пук, пук! Ах, мой медок, и они оба засыпают.

Он вскочил и направился к выходу. Ему казалось, что он покинул свое тело в какой-то бессмысленной попытке оторваться от этого глупого иллюзиона, и в то же время он ощущал только единственную свою оставшуюся волевую реакцию — протащить это тело как можно скорее к выходу. В лифте, в закрытом кубе воздуха он передернулся, как саламандра, и пришел в себя. Ублюдки, говноеды, сраки и блевотина, шипел он от ярости. Не собираетесь ли вы сделать из меня электронного зомби? Не собираетесь ли вы заменить мою любимую каким-то вашим фантомом, склизким, как угорь? Черт вас побери, вы шпионите в нашей спальне, но вы недооцениваете мою выдержку, мою отвагу, мою верность моей любви и моим друзьям, да и всему миру, полному чувств, запахов, мотивов, цветочной пыльцы, всему тому, чего нет в вашей ебаной виртуальной реальности!

Как обычно, «Бентли» сразу успокоил его тело и душу. Со своей молчаливой мощью он нес хозяина по Лонг-Айленд-экспресс-уэй в сторону Хэмптонов. Он был, собственно говоря, не так уж и молчалив, Теофил, если ты примешь во внимание бетховенскую «Пятую», которую автомобиль играл, чтобы поднять настроение Арта.

В темном небе один за другим появлялись снижающиеся к аэропорту Кеннеди трансатлантические воздушные суда. Они ярко светили прожекторами, мигалками и иллюминаторами, как будто их главная цель состояла в доставке света. Глядя на лайнеры и слушая бетховенские звуковые расширения и подъемы, Арт плакал. Я слабый, жалкий, слезливый мудак. Я не имею никакого отношения к этим великим воздушным путям, равно как и к шторму медной группы и к взмывающему рою струнных. Как я могу убежать от этих свиней с их виртуальной реальностью? Если бы только она была со мной, моя любимая, мой единственный якорь на этой Земле!

Ночной сторож открыл ворота его приморской усадьбы. Что за гнусная морда у парня. Всякий раз, когда он видит нас с Сильви, он ухмыляется, как будто смотрит пип-шоу. Надо уволить сукина сына! Верхушки кипарисов и можжевельников раскачивались под океанским ветром. Вы мои единственные ангелы, кипарисы и можжевельники! Окошки детей были темны. Вы, кидс, мои крылья, и в то же время вы мои кандалы. Он объехал вокруг дома и заметил Сильви, стоящую на балконе. Вылезая из машины, он услышал ее радостный голос: «Арт, я так счастлива, что ты будешь с нами, со всей семьей! Хватит, в конце концов! Дад просто поехал с тех пор, как он связался с этой кобылой! И хватит тебе играть такую двусмысленную роль в директорате! О, какое облегчение! Я просто по-новому дышу после этой исторической вэ-эр сессии!»

Он бросил пиджак на капот машины и медленно пошел к рокочущему морю. Темнота охватывала его с каждым шагом. Прибой бил в волноломы и вздымался над ними, образуя фигуры пенных львов, удивленных и яростных. Арт сел в песок, что был еще теплым после дневной жарищи. Он ни о чем не думал, кроме этих пенных львищ. «Каковы», — так выглядела его мысль в переводе на русский.

— Сэр, — прошептала Сильви, садясь рядом с ним. Босоногая, в купальном халате. — Я не знаю, что со мной происходит. Меня ждет в светском обществе муж, а я не могу развязать мой халат, не могу стащить бикини. Будьте добры, помогите мне, господин незнакомец.

2. Лавски

Эти съемочные павильоны в Северном Голливуде выглядят, как склады мороженой курятины, ну хорошо, поднимем планку — мороженой страусятины. Вы можете, конечно, сказать, что автор преувеличивает — есть такая странная привычка у некоторой части читателей вечно придираться, — он-де вздувает какие-то надуманные образы, однако вы не можете не согласиться, что эти павильоны выглядят, ну в лучшем случае, как заброшенные швейные фабрики, и только шикарные машины, запаркованные вдоль их стен, наводят на мысль, что это съемочные павильоны. Так или иначе, меньше всего эти длинные строения, сделанные из огнеупорных материалов, напомнят нам о «новом сладостном стиле», об итальянских поэтах XIII века, о городе Флоренции, где пламя слов и страстей вспыхнуло от Божественной искры. Не имеют они никакого вроде бы отношения и к «Серебряному веку» Петербурга, к этой толпе символистов и авиаторов, балерин и кавалергардов, очарованной медлительными закатами и тяжелой раскачкой северных вод. А какое отношение они имеют к поющим поэтам восставшего Нью-Йорк-сити последней трети XXV столетия с их истерическим свингом, предсказывающим гибель утопии?

Пардон, скажет какой-нибудь из наших читателей, а какое отношение к этим «складам страусятины» имеет ваш Александр Яковлевич, также известный как Саша Корбах, бывший советский бард протеста, которого вы тут иногда подаете под унизительной кличкой Лавски? Он ведь и сам все время вроде отрекается от «фабрики снов», а вы тем не менее упорно засовываете его в эти огнеупорные стены.

Давайте будем объективны. Давайте попробуем посмотреть на всю ситуацию и на нашего АЯ в ней как бы со стороны. Сколько русских киношников, эмигрантов и беглецов семидесятых, и восьмидесятых, и девяностых тянулось к Голливуду! Все они мечтали о «шедевральном кино», о воплощении всегда уникальных кинематографических идей, и все они провалились. Они жили в окрестностях очарованного княжества, брались за любой «джоб», чтобы выжить, горбатились как таксисты, массажисты, хиропрактики, официанты, развозчики пиццы, басбои в отелях, грузчики, и все они использовали любой клочок свободного времени, чтобы писать и переписывать пропозалы, аутлайны, тритменты, наконец, скрипты, и все без конца пожимали плечами: почему нет никакой реакции, никакого интереса к русским потенциям, ко всей нашей «досто-толсто-пушко-гоглочеховиане»?

Некоторые из них робко приближались к городу волшебников и даже при случае входили в него, надеясь, что интеллигентные манеры и британский акцент, приобретенный от московских частных преподавателей английского, произведут впечатление на голливудскую аристократию. Другие старались взять крепость штурмом, демонстрируя на всю катушку русскую непосредственность, граничащую с хамством. Одного такого, позвольте напомнить, мы с Алексом встречали на приеме у Джефа Краппивва. У таких английский был ломаным до неузнаваемости, а их русский вообще был полной гадостью. Такие наливали себе до краев водки, а потом, демонстрируя русское гусарство, швыряли пластиковые стаканы о стенку. Любой из них был готов отшворить любую голливудскую ветераншу, которая открыла бы им магические ворота. Увы, оба типа полностью провалились. Ни одному русскому не удалось поставить настоящий полнобюджетный голливудский худфильм. В отличие от своих чешских и польских коллег, они от рождения были лишены чего-то такого, что здесь надо было знать.

Ну и вот вам единственное исключение, Алекс Корбах, его особый случай. Кто из миллионов эмигрантов в течение колоссального исхода в Новый Свет не мечтал найти здесь богатых и щедрых родственников? Счастливчиков, однако, можно пересчитать на пальцах одного-единственного пехотного батальона, а среди этих счастливчиков самый «счастливый» — наш АЯ. Ну, просто вообразите, сударь, такую космически редкую удачу — нежданно-негаданно натолкнуться на четвероюродного брата, который не только признает, но навязывает тебе родство вместе с немыслимым количеством денег вплоть до массивных субсидий в кинопроизводство, где ты мечтаешь воплотить свои, мягко говоря странноватые, художественные замыслы. Ну не все же, право, получать Александру Яковлевичу самшитовой палкой по башке, как считаете? Ну не можем же мы отказаться от такого шанса ради какого-то психологического реализма, столь же эфемерного, как и все остальное.

В это утро наш баловень Фортуны собирался провести свою последнюю павильонную съемку. После этого останется только экспедиция в Европу для съемок на натуре: четыре недели во Флоренции и окрестностях и три недели в Санкт-Петербурге. После этого он останется с километрами пленки в монтажной. Недавно он был поражен мыслью, что нечто стоящее может получиться из этого предприятия. Ветерком успеха повеяло сквозь неуклюжесть и общую несусветность производственного периода. Или что-то художественное промелькнуло? Так или иначе, в какой-то момент он был подхвачен штормиком вдохновения. Неужели это возможно? Неужели осуществятся мои старые мечты, рефлексии моей незрелости, мастурбические импульсы моего вечного несовершеннолетия, промельки смутных откровений, иными словами, вся моя жизнь осуществится на экране?

Прежде всего мне нужна классная музыка для этой штуки. Монтаж будет во многом привязан к партитуре. Есть три имени, которые годятся: русский, итальянец и швед, Петр, Пьерро и Пер, три гения, не вознагражденные современным миром. Их телефоны — в моем лэптопе. Хитрая штука сама звонит по телефону. Начнем с русского, конечно, все-таки соотечественник. Эй, Петя, что ты там делаешь в своем трахнутом Бремене? Дрочишь свой флюгельгорн, вычищаешь похабщину из дневника для потомства? Хочешь заработать двести пятьдесят тысяч баксов? Да, лаконично ответил Петр Гениальный, и дело было сделано. Пьерро и Пер никогда не узнали, как близко они были в тот день к четверти «лимона».

АЯ сидел в классическом директорском стуле возле камеры, установленной на треноге. На голове у него была классическая твидовая восьмиклинка, так называемый «кепарь нью-йоркского таксера», а вокруг шеи обмотан классический шарф из шерсти ламы. В общем, почти классик, индиид!

Народ вокруг него находился в хаотическом движении. Прибыли представители профсоюза, чтобы договориться с администрацией о так называемых пищевых деньгах для осветителей и звукотехников. Они кричали и наступали друг на друга, как тренеры и судьи бейсбола кричат и наступают друг на друга и даже носками сапог как бы бросают пыль, но всякий раз на полдюйма не доходят до настоящего столкновения. Приехала Голди Даржан со своей свитой, включающей текущего дружка, двух телохранителей (по голливудским стандартам она вообще-то тянула только на одного), гримера, пары приживальщиков с ее родной Сарди-

472

нии и неизбежного сутяги, который намерен был в ответ на претензии администрации по поводу частых опозданий начать встречный хай по поводу постоянной недооценки его клиентки звездного статуса. Между тем сквозь открытые служебные ворота виден был на паркинге «Данте», то есть Квент Лондри, который делал вид, что разговаривает со студийными шоферами о своей «испано-сюизе» тридцать шестого года, а на самом деле просто тянул время, чтобы войти в павильон на пять минут позже своей «Беатриче», этой «чип-чип-чип-кам-ту-ми-бимбо», как он ее называл между съемками. Что касается «пожилой Беатриче», то есть Риты О'Нийл, то она, показывая свой класс, прибыла точно вовремя и сейчас сидела недалеко от режиссера, читая «Божественную комедию». Ассистенты и помощники ассистентов между тем просто бегали взад-вперед, бросая виноватые взгляды на своего «царя», сидящего неподвижно, как фигура молчаливого упрека.

Теперь мы подошли к моменту действия, а потому нам нужно в конце-то концов рассказать, хотя бы в двух словах, о сюжете фильма. Мы должны признаться, Теофил, что не делали этого прежде только потому, что не могли его еще очертить. Единственное извинение, которое мы можем предъявить взыскательному читателю, состоит в том, что и сам АЯ, несмотря на бесконечные обсуждения и утверждения вариантов сценария, до сих пор оставлял за собой некую поэтическую вольность внести изменения в свой шедевр. Теперь, однако, пора.

Когда-то в конце XIII века во Флоренции жил юноша-рыцарь из семьи белых гвельфов. Он носил нитяные обтягивающие штаны-чулки из тонкой шерсти. Его стройные ноги восхищали скромных девиц и раздражали грубых «рагацци», что любили устраивать шумные свалки в сводчатых проходах города-крепости. Из них самыми гнусными были, конечно, гибеллины. Юноша был отлично тренирован на этот случай, и его владение мечом ничуть не уступало его владению кинжалом. Он, впрочем, не любил убивать и даже на поле боя, облаченный в броню, предпочитал просто сбить всадника копьем наземь, но не добивать его. Лишь кучка людей знала его как поэта, остальные видели в нем просто юного главу некогда грозного рода Алигьери.

Однажды, в час высокого волнения, вызванного вдохновляющей службой в церкви, Данте встретил девушку, которая поразила его непостижимой красотой движений и сиянием, что исходило от ее лица и глаз. Беатриче Портинари тоже не осталась безразличной к личности Данте. С этого момента две юные души вошли в цикл мучительных и сладостных отношений. Данте, который как глава рода давно уже был женат на своей верной Джемме и имел сыновей, сделал из Беатриче культ Божественной

Красоты. День за днем он следовал за ней, пока она проходила по улицам, делала покупки у торговцев, молилась на коленях в церкви или вышивала на балконе. Он поклонялся ей как ангелу своих стихов, но ни разу не осмелился подойти и начать разговор. Что касается Беатриче, то она мечтала о нем как о любовнике и муже. Она тоже выслеживала его и пряталась в темноте, когда молодые поэты начинали обсуждать «новый. сладостный стиль» в поэзии.

Однажды ночью она увидела его пьяным, пристающим к комедиантке на рыночной площади. Она возгорелась ревностью. В этот момент на площади вспыхнула ссора между гвельфами и гибеллинами, Данте пронесся с мечом и кинжалом, его профиль исполнился вдруг демонической страсти. Она убежала, как невменяемая, и рухнула в рыданиях.

Вскоре после этого Беатриче вышла замуж за доброго состоятельного человека с солидными рекомендациями. Новобрачные уехали из Флоренции в неизвестном направлении. Данте был потрясен и сломан, узнав о том, что его ангел исчез. Он носится на коне по провинциям, пытаясь напасть на ее след. Иногда ему кажется, что он видит странное свечение над крышами маленьких городков или над рощами маслин, и тогда он скачет туда в полной уверенности, что это светится Беатриче. Его старший друг поэт Гвидо Кавальканти уверен, что у Данте любовное безумие.

Между тем синьора Беатриче прекрасно знает о попытках Данте ее найти. Она трепещет перед образом этого бурного романтического поэта с мечом в руке. Она боится, что он бросит вызов ее мужу или наложит на себя руки. Страсть ее к нему становится невыносимой.

Вдруг, словно молния, низвергается на Данте немыслимая новость о смерти Беатриче. Сознание поэта совершает орбиты в некоторой пустоте, пока он не находит новую любовную радость в этой трагедии. Беатриче была столь совершенна, что ее, безусловно, призвали на Небеса, дабы занять некое пустующее место в ангельском чине. Отныне она — его Вечная Невеста, Небесная Дева, Образ Высшей Женственности.

С возрастом он становится суровым молодым мужчиной, одним из лидеров белых гвельфов. Он бросает вызовы властям предержащим, участвует в разных заговорах, пишет стихи («Vita Nuova»), размышляет с друзьями о «Золотом веке», о религии и политике, философствует о «Земле и Воде», кутит в подвалах Флоренции, влюбляется и домогается дам (Фьяметта, донна Пьетра), но никогда не забывает вглядываться в закаты, пытаясь расшифровать их как «Свечение Беатриче».

В самом конце столетия его партия снова понесла поражение в политической борьбе города, и он был выслан в охваченную чумой провинцию. «Черная смерть» и его не обошла стороной. Отрезанный от друзей, лишенный всякой помощи, он агонизирует в заброшенной хижине на склоне холма, с которого видны башни Сан-Джиминиано. Вокруг стоит страшный лес, который впоследствии стал фоном первой песни «Комедии»: «Земную жизнь пройдя до половины, я очутился в сумрачном лесу».

Зритель между тем будет поражен резкой переменой всех декораций. Санкт-Петербург, весна четырнадцатого, пик «Серебряного века». Молодой офицер в кавалерийской шинели — черты его лица напоминают Данте — входит в огромный и почти пустой собор. Стоя в тени колонны, он шепчет не молитву, а «Стихи о Прекрасной Даме» Александра Блока. Молодая женщина в модной одежде проходит мимо и становится на колени перед иконой Богородицы. Нечего и говорить, она похожа на Беатриче. Офицер из своего укрытия наблюдает за ней с трепетом и восхищением. Хороши были тогда защитники родины.

Улицы модернизированной европейской столицы, каким был тогда Петербург. Молодая женщина резво идет по Невскому, у нее теперь задранный нос и высокомерное выражение. Юноша-офицер догоняет ее и умоляет выслушать. Он просто не может без нее жить. Она пожимает плечами. Кажется, вы уже получили от меня то, чего желали. Перестаньте быть таким назойливым, поручик.

Артистическое кабаре «Бродячая собака». Дым, шум, музыка. Группа поэтов в углу говорит о Данте. Почему снова «время Данте» пришло в Европу и Россию? Почему все окрашивается в сиреневый и лиловый? Кто-то говорит о том, что третья часть «Комедии» фактически написана только о непостижимых колебаниях света. Кто-то предполагает, что Данте действительно был т а м и вернулся, то есть был послан, чтобы попытаться рассказать об этом словами. Ну кто из нас решится совершить такое путешествие, шутит кто-то. А кто из нас решится влюбиться в Беатриче, усмехается еще один. Никто, кроме вас, Александр Александрович. Все повернулись к «королю поэзии» Блоку, о котором говорили, что он является воплощением Данте. Блок раздраженно отворачивается.

По соседству молодой офицер нервно прислушивается к разговору поэтов. Глаза его, затуманенные любовью, между тем смотрят на сцену. Там появляется его пассия. Она босонога и в греческой тунике. К восторгу аудитории она танцует танец гетеры и поет сомнительную песенку. Кто-то посылает ей букет роз. Одну из роз она бросает Блоку. Тот с усмешкой ловит розу, сует ее в бокал с шампанским и отправляет обратно. Офицер пытается сдержать слезы.

Белая ночь, пустые улицы, иллюзорные контуры города. Поэты, женщины и мужчины, медленно бредут к Неве. Среди них Блок, юноша-офицер и танцорка, которую тут шутливо зовут Путаница-Психея. Группа достигает набережной и рассаживается на мраморных ступенях, уходящих в неспокойные воды. Бесконечный закат томительно разворачивает свою драму на западных склонах балтийского свода. Захваченные шифрованными знаками небес, поэты молча медитируют. Офицер пытается дотянуться до руки своей любимой кончиками пальцев. Та сердито пересаживается ближе к Блоку.

Один за другим поэты начинают читать стихи о Вечной Женственности и об Апокалипсисе. Блок молчит и курит. Потом встает, откланивается и подзывает извозчика. Он не говорит ни слова танцорке, но она идет за ним и прыгает в пролетку. Офицер бросается следом, но безуспешно, экипажа уже и след простыл. Кто-то из доброхотов говорит ему название гостиницы, куда обычно Блок возит влюбленных в него девиц.

К концу этой бесконечной белой ночи офицер застрелился в парке перед маленькой гостиницей. Красотка вышла рано, чтобы успеть на работу: она была телефонисткой на Центральной. Увидела мертвого юношу и упала перед ним на колени, как в соборе. Блок смотрит из окна на эту сцену. Ему кажется, что это он сам агонизирует вслед за смертью впервые замеченного им человека.

Данте мечется в бреду. Он не замечает, что он не один в заброшенной лесной сторожке. Женщина в черном одеянии старается облегчить его муки. Она меняет мокрые полотенца на его лбу и пытается напоить его молоком. Но он снова уходит в страшный лес Первой песни. Он всматривается в ужасающее переплетение веток, сучьев, искривленных стволов, как будто старается постичь, что там проглядывает сквозь мрак. Оттуда в конце концов проступает еще одно видение бродячего дантовского духа.

Нью-Йорк XXV века. Город не особенно изменился со времен нашей эпохи. Те же небоскребы вокруг Центрального парка, хотя иные из них несут незнакомые и странные лозунги на фасадах. Танки и броневики медленно проходят по Пятой авеню и Пятьдесят седьмой улице. Иногда то один, то другой бесшумно поднимаются, как будто для того, чтобы заглянуть в окна высокого этажа. Сотни летунов на индивидуальных летающих аппаратиках парят над необозримой толпой, собравшейся в парке и на боковых улицах. Город находится в состоянии мятежа против остальной Америки. Он в осаде. Приближается решающая битва. Ультиматум Всеамериканской армии распространяется по небу с помощью неведомой нам технологии.

На одной из платформ Центрального парка мы видим еще одно воплощение Данте — популярного барда, вызывающего в памяти иных певцов нашего времени, включая Джона Леннона, тем более что платформа находится рядом с печально знаменитым жилым домом «Дакота».

Народ вокруг платформы яростно обсуждает условия капитуляции. Находится довольно много сторонников того, чтобы сложить оружие. Слушайте, ребята, они обещают не наказывать. В конечном счете исторически мы — часть той же самой страны. В наших языках много общих корней. Большинство, однако, опровергает пораженцев. Мы не можем доверять этим «бургерам», они устроят массовые казни, а оставшихся загонят в лагеря Небраски. Нью-Йорк должен остаться свободным! У нас есть еще шансы! Если Вашингтон присоединится, мы установим «артистократию» по всему континенту.

Наш певец, кумир этого города, обладает властью будоражить огромные толпы своим грубым хриплым голосом. Сегодняшний «гиг» лихорадочно ожидается миллионами защитников города на улицах, на крышах и на бастионах. Ждут его и в рядах Всеамериканской армии. Командование беспокоится, как бы солдаты не подпали под влияние Олти Тьюда; так зовут певца.

Командиры мятежников стараются отговорить певца от выступления на открытой арене. В городе действуют группы всеамериканского спецназа. Нельзя исключить попытки покушения. Олти Тьюд (Alti Tude) отмахивается от предупреждений. Что они будут петь там в Штатах, если меня аннигилируют?

Близко к сцене стоит группа молодежи. Они выглядят, как обычные фанатики музыки «кор», на деле же являются диверсантами. Среди них похожая на Беатриче, но стриженная наголо девушка. Она не может оторвать взгляда от Олти Тьюда, и он не может оторвать взгляда от нее. Пролетающий мимо херувим поражает их сердца любовной стрелой.

Он начинает концерт. Первым номером идет хриплый и страшный гимн восставшего Нью-Йорка. Потом он протягивает руку девушке и помогает ей вспрыгнуть на сцену. Он обнимает ее и начинает петь неизвестно откуда взявшуюся новую чудесную пенсю «Боже, она из Кентакки». На этот раз он звучит, как все теноры мира. И она, тренированная террористка, вдруг начинает вторить ему голосом сущего ангела.

Публика поражена красотой дуэта и охвачена чувством близкой беды. Боевики, имитируя хлопки над головой, поднимают свои крошечные аннигиляторы. В последний момент девушка закрывает Олти Тьюда своим телом и тает в его руках.

Данте, избавившись от этого видения, продолжает бродить в сумрачном лесу. Призраки кошмара, пантера, лев и волчица, кружат вокруг него. Он мечется в ужасе и тут замечает одинокую фигуру Вергилия, его любимого античного автора. Вергилия послала Беатриче, чтобы помочь Данте пройти через круги Ада, через чистилище и предстать перед нею в Раю.

Данте — его лицо пылает от счастья и любви — с полным доверием следует за своим вожатым. Они медленно спускаются по склону холма, пока крутая тропинка не выводит их к мрачному ущелью, которое и впрямь может быть Вратами Ада. Помедлив немного и посмотрев на Данте, который, в отличие от мертвых, все еще отбрасывает тень, Вергилий в его величественной суровости продолжает спуск. Данте следует за ним с надеждой и ожиданием. Они исчезают.

Между тем тело Данте корчится в чумных муках. Женщина, похожая на Беатриче, в черном одеянии сидит возле его кровати. Она плачет: предмет ее мечтаний умирает, гордый поэт, сотворивший из нее культ Божественной Женственности, умирает. Мы могли бы поверить, что это Беатриче, если бы мы ранее не видели ее похорон. Но кто, кроме Беатриче, может так страстно выразить любовь Данте? Когда-то, чтобы убежать от его поклонения, она вышла замуж за ординарного человека Симоне деи Барди. Увы, почтенный гражданин был маловыразителен в супружеской постели, в то время как страсть ее к Данте обострялась изо дня в день. В конце концов она поняла, что выход из этого бесконечного греха только один — смерть. Как ревностная католичка, она не могла наложить на себя руки, поэтому она решила инспирировать собственные похороны, а после исчезнуть и иссушить свою плоть в полном одиночестве, в отдаленной местности, в лесах Урбино. Ее муж как истинный друг был посвящен во все ее страдания, но вскоре после фальшивых похорон он и сам исчез без следа. Долгие годы Беатриче жила одна инкогнито на той же самой горе, где она недавно нашла в заброшенном доме агонизирующее тело Данте.

Пока мы вместе с ней вспоминаем об этих грустных делах, она вдруг замечает, что ее любимый больше не умирает, он просто спит. Кризис миновал, дыхание его выровнялось, краска вернулась к щекам, он улыбается во сне и иногда шепчет строчки стихов. Она понимает, что он может в любую минуту открыть глаза и увидеть ее. Она приходит в ужас от мысли, что он не узнает ее, поскольку ее красота за эти годы увяла. В то же время и возможность быть узнанной кажется ей совершенно немыслимой, так как это может разрушить тайну и лишить ее неразлучной «сладкой муки». За минуту до того, как он приходит в себя, она покидает хижину.

Он просыпается и оглядывается. Он не может узнать мрачное пристанище, где его едва не одолела страшная болезнь. Домишко превратился в уютное теплое жилище: в камине трещат дрова, большой пушистый ковер расстелен на полу, стол щедро накрыт вином, хлебом, сыром, овощами. Качаясь от слабости, он достигает стола, осушает залпом стакан вина и видит приготовленные явно для него чернильницу, гусиное перо и пачку добротной болонской бумаги. Забыв о еде, он начинает записывать в песнях что-то из того, что осталось в его человеческом сознании от встреч с Вергилием и Беатриче за земными пределами.

Проходит еще пятнадцать лет. Ссыльный поэт продолжает бродить по городам Северной Италии. Он живет то в Вероне, то в Пизе, то в Равенне. Подлинные любители и знатоки словесного творчества считают его крупнейшей личностью среди живущих, а может быть, и когда-либо живших. Его родная, любимая и презираемая Флоренция в конце концов дарует ему амнистию, однако он находит условия унизительными и отвергает ее. В ответ на такое высокомерие Флоренция приговаривает одного из своих бывших семи «приоров» к смерти на костре.

Однажды в Сиене Данте, высокий и прямой человек средних лет в длинном темно-лиловом плаще, заходит в лавку редкостей. Хозяин этой лавки, которого он знает как Дона Симоне, обычно предлагает ему книги, доставленные из Милана, Венеции или Лиона. В тот день он застает Дона Симоне в состоянии крайнего волнения. Он спрашивает, что случилось, и хозяин открывает ему невероятный секрет. Он не кто иной, как законный муж Беатриче, Симоне деи Барди. Сегодня утром он получил от нее известие. Она приезжает и может быть здесь в любую минуту. Нет, синьор Данте, не с Небес, а из Урбино. Он рассказывает Данте о фальшивых похоронах и о самоотречении Беатриче. Он не видел ее с тех пор и сейчас так трепещет, как будто она действительно спускается с Небес. Он предлагает Данте встретиться здесь, в лавке, с Беатриче, а он сам, пожалуй, лучше испарится.

Дон Симоне, конечно, не знал, что Беатриче собирается умолить его устроить ей встречу с поэтом. Ее здоровье быстро ухудшается. Она уверена, что это будет их последняя встреча в мире живых. Она бредет по узким улочкам в сторону торгового квартала. Сердце колотится, душа охвачена немыслимой тревогой. Она чувствует, что-то самое важное в ее жизни сейчас произойдет без всяких договоренностей.

Охваченный такой же тревогой, Данте вырывается из лавки. Он старается уйти отсюда как можно быстрее. И вдруг застывает как вкопанный на каменном мостике над каналом, что лежит внизу спокойный, словно мраморная плита. Одинокая женская фигура приближается к мосту по боковой улочке. Старые стихи из «Vita Nuova» звучат в его памяти. Он видит, как на мост поднимается юная светящаяся Беатриче.

И перед ней открывается такое же чудо: монументальная фигура некоего патриция превращается в юношу, трепещущего от ошеломляющей влюбленности и смущения. Тогда, тридцать восемь лет назад, они не осмелились протянуть друг другу руки. Теперь два пожилых человека задохнулись в их первом и последнем поцелуе.

Гигантское свечение поднимается над Сиеной. Горожане ошеломлены сиянием небес. Все флюгеры начинают вращаться, и окна распахиваются, и флаги хлопают на ветру, и странная череда похожих на корабли облачков пересекает небо.

Верный Дон Симоне прибегает запыхавшись. Он готов чем угодно помочь своей законной супруге Беатриче и ее возлюбленному, великому Данте, но их уже нет среди живых.

Таков был в общих чертах «плот» сценария, одобренный в конце концов для производства. В этом виде с ним еще можно работать, ворчливо согласились профессионалы. Все-таки лучше, Алекс, чем ваши предыдущие варианты, ну согласитесь. Дольше всех артачились любители фехтования. Один, молодой да ранний из продюсерской группы, некий Клипертон, одолевал АЯ ночными звонками. Послушайте, Алекс, в 1301 году Карл Валуа прибыл со всей своей армией под стены Флоренции и устроил в городе отличный переворот. А ваш любимый Алигьери был очень здорово запутан в этой свалке, разве нет? Послушайте, как мы можем упустить такую возможность? Представляете, как подтянет весь проект одна пятиминутная батальная сцена?! Ну, кровь, ну конечно, войны без крови не бывает, ну, Алекс, ну не валяйте дурака!

В другой раз этот Клипертон говорил, что уже три ночи не может спать, все продумывает финальную «секвенцию». Какого же черта, Клип, вы не спите, когда все уже давно продумано. Нет, Алекс, вы послушайте! В последнем эпизоде все должно перейти в страстное совокупление. Это будет торжество гуманизма, Алекс, усекли? Да-да, немолодая пара, прямо там, на мосту, в присутствии горожан! Это будет преодолением всех предрассудков, зарей Ренессанса, вы всасываете? Конец Темных Веков, сродни развалу Советского Союза, вы должны в это врубиться, Алекс! АЯ вежливо благодарил знатока и энтузиаста. Это «грозно», Клип, поистине «грозно»! Где вы брали свой курс истории, Клип? Ну, так я и думал — Гарвард!

Так или иначе, все уже подходило к концу. Он не мог поверить, что через пару месяцев, после экспедиции в Сэйнт-Пит (как американцы быстренько переименовали для себя бывший Ленинград), он расстанется с ублюдками бизнеса Квентином и Голди и останется наедине только с их отражениями на пленке.

Все шло гладко в тот день, и тон задавала, конечно, великая Рита О'Нийл. Без всякого сомнения, она отлично подготовилась к съемке, а внешность ее была, пожалуй, даже слишком свежа для пятидесятилетней Беатриче. Только однажды вдруг все едва не пошло вразнос. Голди Даржан, появившись на мосту в ореоле вечной красоты, не нашла там предмета своей страсти Квентина Лондри, который должен был к этому моменту сменить грим величия на свою натуральную юность.

— Долго мне еще ждать этого идиота? — поинтересовалась она, да так громко, что весь павильон услышал.

— Посмотрите на эту блядь! — вскричал тогда Квентин. — Она лишает меня права отлить между сменами грима! Провинциальная дура, ничего не понимает в системе нашего Лавски! Эта женщина — кретинка, братья, никто иная!

К счастью, сообразительный звукооператор, звали его Гильомом, врубил как будто по ошибке музыкальную дорожку и медным ревом приглушил заявление Лондри. Что касается первой фразы этого заявления, мы должны сказать напрямую: Голди никогда не обижалась на слово «блядь». Словом, все было уже готово для продолжения, когда в студию вошел Дик Путни.

Сначала Алекс не заметил начальства. Он только что произнес заветное слово «Экшн!», камера заработала и начала медленно по своим рельсам двигаться к мосту, когда кто-то из-за его спины мягко, но решительно взял режиссерский микрофон и скомандовал нечто противоположное: «Кат ит!» то есть «Стоп!» Повернувшись, он увидел группу высших чинов компании: Дик Путни, Риджуэй, Эд, Пит, Эд Путни-Кригер, Эдна Кригер-Накатоне. «Что «кат»?» — спросил он и прокашлялся. «Все «кат»!» — сказала Эдна в отличном японском стиле, то есть не оставляя никаких шансов на помилование в последнюю минуту. Произнося это, она протягивала ему утреннюю «Нью-Йорк таймс», то есть ту самую газету, которую он утром отфутболил с крыльца на газон, торопясь к машине.

Первая полоса демонстрировала ошеломляющие заголовки: «Конец эпохи», «Крушение трона Корбахов», АКББ в революционном вихре». Там же были фотографии, большие и меньших размеров: Стенли Корбах в период расцвета, он же в период упадка с подчеркнутыми деталями этого упадка в виде морщин и пятнистого зоба, Норман Бламсдейл, неумолимый руководитель переворота, три дочери Стенли, ополчившиеся против отца (принадлежность оных к разным матерям не удержала журналистов от упоминания шекспировской драмы), Мел О'Масси, ракетой взлетающее новое имя, Арт Даппертат, первый вице-президент, чей уход из лагеря Стенли сыграл решающую роль в перевороте столетия, ну и, конечно, Марджори Корбах, кукольное личико которой не только демонстрировало последние достижения пла-

481

стической хирургии, но и являлось маской современной финансовой Леди Макбет.

В добавление к заголовкам первой полосы весь раздел бизнеса был полон анализов, калькуляций и предсказаний того, что произойдет на рынке ценных бумаг в свете свержения Стенли с президентского кресла. Обсуждались также вопросы о безусловном крахе невиданной в истории благотворительной организации Фонд Корбахов и о судьбе личных ассетов Стенли, уже взятых под строгий контроль соответствующим федеральным ведомством.

Алекс отбросил газету, извлек свой радиотелефон и набрал номер, известный только кучке людей во всем мире.

— Шалом! — услышал он голос, который устрашил бы любого из вас, не принадлежи он вашему киноагенту.

— Привет, Енох! Это Алекс! Где вы там, ребята, сейчас находитесь в данный момент?

Енох Агасф хмыкнул:

— Кажется, это остров. Или Греция, или Карибы. Стенли только что ушел на пляж. Эрни и Джордж там его ждут, чтобы отправиться на рыбалку.

Алекс не стал спрашивать, что за Эрни и Джордж. Это могли запросто оказаться Хемингуэй и Байрон.

— Он видел сегодняшние газеты?

— Ну конечно. Он перелистал кубический ярд этих газет, потом сказал «мы проиграли» и пошел к морю, там Эрни, Джордж и Чарльз ждут его на рыбалку.

— А что это за Чарльз? — спросил Алекс.

— Шарлеман, — уточнил Вечный Жид и продолжил: — А почему бы и нет? Ребята все еще находят в этом удовольствие.

АЯ знал, что, если Агасфа не остановить, он будет без конца распространяться на свою любимую тему: бесконечная скука всего этого мира с его банальным солнечным светом и дурацким трепетом теней, как это все может надоесть, если даже и кинопредставительство уже обрыдло и ты жаждешь только одного, а чего, вы знаете, сэр. Он поблагодарил Агасфа и повесил трубку.

— Ну, давай поговорим, Алекс, — сказал Дик Путни своим коронным стальным голосом. Видно было, однако, как сильно он огорчен и взбудоражен. Все шестеро, о нет, простите, семеро сели в кресла и образовали некий круг рядом с кусками декораций, которые сейчас казались АЯ просто омерзительными. Ебаное тщеславие, говорил он себе, е-е-ебаное тщеславие, пытался он скрыть неудержимую зевоту.

— К вашим услугам, джентльмены, — проговорил он и сообразил, что обращение не совсем правильное. Тогда сделал легкий поклон в соответствующем направлении. — И ледис, конечно. Прошу прощения за множественное число, но это просто фигура речи.

Все обменялись взглядами, как это делают в присутствии неизлечимого алкоголика.

— Вы, очевидно, уже поняли, что мы должны остановить производство «Свечения», — сказал Дик. У него, кажется, слегка постукивали зубы. — Ты должен знать, что это было нелегким решением для меня, Алекс. Перестаньте зевать, сэр! Ты знаешь, что в традициях нашей компании относиться к своим режиссерам как к членам семьи. Вы знаете, как мы вас любим, как ты сильно был любим нашим почетным президентом, моим отцом Эбрахэмом Путни, не правда ли?

— А что с ним случилось? — спросил Алекс, внезапно сбросив зевоту и как бы засуетившись. — Надеюсь, он в порядке? Он жив?

— Дай мне закончить! — пролаял Дик с необъяснимой свирепостью. Потом продолжил фальшиво-деловым тоном: — Надеюсь, вы понимаете, как сильно мы все огорчены тем, что при сложившихся столь паршивых обстоятельствах нам приходится закрыть ваш восхитительный проект. И дело совсем не в финансовых прибылях или потерях. Безусловно, «Путни» может себе позволить выделить такой бюджет, который помог бы вам завершить вашу работу даже и без инвестиций Стенли. Важны, однако, принципы мировой солидарности. Посмотри вокруг, милейший, и ты увидишь беспрецедентную со времен коллапса Нью-Йоркской биржи в 1930 году лихорадку во всех деловых общинах мира.

Даже такие люди, как ты, Алекс, современные байрониты и исчадия русской литературы, должны понять, что деловое братство было возмущено безумным разбазариванием денег то в России, то в Бангладеш! Нет такой вещи в современном мире, как частные капиталы! Деньги не принадлежат никому — наоборот, мы принадлежим деньгам! Деньгам нужно работать, черт побери, и делать деньги, будь я проклят, если это не так!

Я старался убедить моего дорогого Эйба, моего отца и друга, в том, что мы должны закрыть «Свечение» из-за протеста против Стенлиного обращения с деньгами, просто для того, чтобы отмежеваться от анархиста и банкрота, однако Эйб упорно стоял на своем. «Руки прочь от Сашки!» Так он предпочитал вас называть, Алекс. — Дик Путни шмыгнул носом. — Теперь ты легче поймешь, почему я был вынужден его убить.

В этот момент Алекс заметил крошечную изумрудную башкенцию ящерицы, высунувшуюся из-за манжета Диковой рубашки. Ну, конечно, это тварь Попси, с которой мы имели честь познакомиться совсем недавно.

— Хей, Попси! — сказал он и прощебетал ей немного, как птица, или как ящерица, или кто там еще щебечет в этом мире. — Значит, ты убил Абрашку? — спросил он.

Дик кивнул со сдержанным рыданием.

— Фигурально? — спросил Алекс.

— Буквально, — всхлипнул Дик.

— В самом деле? — спросил Алекс по-светски.

Мадам Кригер-Накатоне прищурилась так, что глаза ее превратились в две горизонтальные морщины.

— Дику пришлось лишить Эйба жизни при помощи японского бамбукового пистолета семнадцатого столетия. Мы все под впечатлением его мужества и того послания, которое он адресовал этим поступком всему деловому миру. Весь наш директорат надеется, что и вы, Алекс, оцените жертву.

Все Путни, Путни-Кригеры и Риджуэй вздохнули: «О да, ведь это же драма библейских масштабов!»

В этот момент Попси проскользнул из внутренней сферы Дика во внутреннюю сферу Алекса, то есть в рукав пиджака и еще глубже, под майку. Удивительно, Алекс даже не вздрогнул. Он сидел без движения, мокрый и вялый, в то время как рептилия молниеносно носилась по его коже. Несколько раз она пересекла его грудь, ужалила малость сначала левый сосок, потом правый, повертухалась слегка в одной из его подмышек и только после этого спикировала через живот вниз, к гениталиям. Резинка трусов не оказалась для нее помехой.

Александр Яковлевич свободно падал в «бездну унижений», как это когда-то назвал поэт. Семья Путни тем временем заказала кофе. Когда их заказ прибыл, он расстегнул «молнию» на штанах и вытащил Попси за хвост. Талисман компании был оскорблен в своих лучших намерениях. Возмущенно стрекоча, он оставил свой хвост в пальцах АЯ и свалил обратно в безупречный рукав нового президента. Только после этого АЯ встал и удалился. Хвост Попси еще долго плясал на его ладони.

3. Стенли

Удивляюсь, почему дарвинская «теория эволюции» и идея Творения считаются такими непримиримыми и даже как бы взаимоотрицающими понятиями. Я бы осмелился сказать, Теофил, что эта непримиримость основана на до смешного простом недоразумении. Позволь мне на эту тему начать с тобой так называемый диалог из-за порога; некоторые считают, что я был довольно силен в этом жанре после кварты скотча. Все паузы между моими сентенциями я буду считать твоим мудрым вкладом в беседу, о Теофил. Или просто твою улыбку, Теофил, спасибо.

Мне кажется, что главное несоответствие в спорах между двумя лагерями оппонентов лежит в диспропорции временного отсчета. В Старом Завете время измеряется тысячелетиями — шесть с чем-то тысяч лет со дня Сотворения Мира по иудаистскому календарю, — в то время как теория эволюции оперирует миллионами и сотнями миллионов лет. Одна вещь при этом почему-то не принимается во внимание: библейские годы являются аллегорическими, то есть поэтическими по своей природе, в то время как эволюционистские строго относятся к физике, к отсчетам вращений Земли вокруг Солнца. Согласившись с этим, мы можем предположить, что библейские тысячи неизмеримо больше, чем физические миллионы.

Говоря «больше», я прибегаю к простейшему из упрощений. Понятие «лет», библейских и физических, было дано нам, живым, для того чтобы мы как-то приспособились к той периферии Непостижимого, в которой нам приходится существовать.

Творение, которое мы стараемся постичь (прости за скобки, Теофил, но, говоря «мы», я чаще всего имею в виду себя и своего четвероюродного брата Сашу Корбаха), произошло в «пространстве» (ну как мы тут можем обойтись без кавычек и скобок?), в пространстве, где не было ни времени, ни воздуха. Изначальный замысел был совершенно иным и совершенно непостижимым для нас, детей воздуха и времени. Этот замысел был оставлен для нас лишь в форме робкого воспоминания, которое мы обозначаем словом «рай».

Мы не можем вообразить Изначальный Замысел, но мы можем представить себе, что где-то на периферии произошло некоторое отклонение, быть может, как результат того, что мы называем «борьбой Добра и Зла». Момент Соблазна — любая аллегория здесь годится: змей, яблоко, нагота (одежда, возможно, была не нужна Адаму и Еве в субстанции иной, чем воздух) — произошел, и за ним последовали Первородный грех и Изгнание из Рая, то есть из Изначального Замысла. Произошло творение «из грязи» или «из праха», то есть из первичного замеса элементов с кислородом и углеродом.

Мы могли бы сказать, что Соблазн и Изгнание произошли в одно и то же время, если бы время существовало, но этого не было. Время и есть Изгнание, оно сотворило этот наш мир, сферу смертных. Время-Изгнание сотворило биологию — или, может быть, vice versa, а скорее всего, они сотворили друг друга, — и таким образом ДНК мы можем считать формулой изгнания из Рая. Разумеется, мир тварей не мог бы существовать, да и не мог бы быть сотворен без субстанции «воздух» и его производных, воды и земли. Воздух, вода и земля сформировали элементы всего живого, а стало быть, смертного. Сразу же пошло время. Пошел отсчет Изгнания.

Надеюсь, ты извинишь нас, Теофил, но к этим соображениям мы с Алексом пришли после бесконечных дискуссий по телефону за счет Фонда Корбахов, который, как русские говорят, приказал долго жить. Итак, есть Творение и есть периферийное отклонение от Изначального Замысла. И здесь, в ходе этого отклонения, миллионы и миллиарды лет эволюции могли пройти от первозданной амебы до человеческого существа, и это никак не может опровергнуть Всемогущего, поскольку в контексте Изначального Замысла продолжительность не означает ничего. Ни «долго», ни «коротко» там не существует, да и глагол «быть» там не в ходу; там какой-то иной глагол в ходу, нам неведомый и непостижимый. В попытке сделать это более понятным мы говорим, что и миллиард лет не может покрыть одного дюйма на пути изгнанного Адама, но даже и эта попытка звучит вздором, поскольку в Изначальном Замысле нет ни миллиарда, ни дюйма. Так что это не важно, произошел ли человек от обезьяны и как долог был этот процесс, поскольку это происходило в рамках Изгнания, а оно еще продолжается. Сейчас оно продолжается в виде человеческой истории и всего, что связано с нею, и будет продолжаться до конца истории, который, очевидно, и станет концом Изгнания.

Все эти Australopithecus Anamencis, Australopithecus Ramidus и другие «хоминады» Высшего Плиоцена и Низшего Плейстоцена, что жили пять с половиной миллионов лет назад, и даже Driopithecus, что жили двадцать пять миллионов лет назад, не могут опровергнуть и дюйма на пути Адама из Рая, а стало быть, обратно в Рай.

Эволюция видов существовала, существует и будет существовать как периферийное отклонение от Изначального Замысла и, очевидно, прекратит существовать только тогда, когда завершится Изгнание и все виды вернутся в непостижимый мир, где нет ни времени, ни воздуха, иными словами, когда биологическая жизнь завершит свой цикл.

Что касается современного человека, то мы немедленно после того, как приняли вертикальное положение, увидели звездное небо и были охвачены каким-то смутным воспоминанием об Изначальном Замысле. Это воспоминание, то есть то, что называется Духом Святым, привело нас к активности, скорее странной для чисто биологического организма, а именно к религии, чувству красоты, творческому воображению и склонности к легкой комической походке.

Шопенгауэр сказал, что чувство сострадания к товарищам по жизни — это единственное качество, которое отличает человека от других участников биологического цикла. Хорошо было бы к этому добавить еще и дар юмора, который чудесным образом живет в нас рядом с ощущением неизбежной смерти. Эти качества, что, возможно, странным образом соотносятся со странной жаждой бессмертия, иной раз, быть может, помогают человеку преодолеть шопенгауэровскую слепую «волю к жизни». Иными словами, смутные воспоминания помогают преодолеть бессмыслицу. Бог не покинул нас ввиду нашего возврата к Изначальному Замыслу. Эволюция видов — это просто временное отклонение от непостижимого Творения, не так ли, Теофил? Святой Дух не покидает нас, и для того чтобы человек не чувствовал себя жертвенным ягненком Вселенной, Господь посылает к нам своего Сына во плоти, показывая, что Он разделяет наши муки рождения, жизни и смерти. Рядом с Христом появляются и иные посланцы Святого Духа, аватары, как Магомет и Будда, чей спутник, нехищный лев, тоже, быть может, является неким промельком Изначального Замысла.

Иные поэты бывают избраны для попыток передать Непостижимое. Мы много говорили о Данте с моим четвероюродным братом. Алекс уверен, что тот побывал в непостижимых сферах. То ли под влиянием какого-нибудь состава, а скорее всего, в результате болезни он преодолел границу между Изгнанием и Изначальным Замыслом. По возвращении из этого «путешествия» он попытался в стихах передать свои ошеломляющие впечатления, но слов для этого недостаточно, какую бы силу ни придавал им его талант. Этот мучительный недостаток выразительной силы, те стены материи, в которых Данте снова был замкнут, быть может, и заставили его назвать свой опус комедией. И все-таки он проводит нас через муки корчащейся плоти в суровую очищающую сферу астрала и далее туда, где среди ослепительной флуктуации света, то есть радости, он встречает свой образ Беатриче и может прикоснуться к смыслу Изначальной Любви.

Послушай, Теофил, однажды Алекс прислал мне «Федеральным экспрессом» пингвиновское издание рассказов Достоевского. Я был тогда в Каире, а он вскоре позвонил мне из Хельсинки. Стен, сказал он, прочти рассказ «Сон смешного человека». Эту штуку обычно считают образцом «утопической сатиры», однако мне кажется, что даже великий Бахтин ошибался в этом определении. К счастью, мы были тогда с Алексом примерно на одном меридиане, так что можно было звонить, не боясь вытащить собеседника из глубокого сна. Несколько вечеров подряд мы обсуждали с ним этот странный рассказ.

Коротко, о чем там идет речь. Некий человек в Санкт-Петербурге решил покончить самоубийством. Он положил перед собой пистолет и заснул. Во сне он увидел, что самоубийство осуществилось. Он видел себя в могиле. Затем после его страстного обращения к Богу могила раскрылась, и некое темное существо повлекло его через Галактику к удаленной звезде.

Звезда эта напоминала Землю, но на ней царила аура какого-то высшего триумфа. Там жили идеальные существа, полные истинной любви ко всему окружающему. Там были мужчины и женщины, вспоминает он, они любили друг друга, но никогда он не замечал там взрывов жестокой чувственности, той, что является едва ли не единственным источником наших грехов. Это место не было осквернено грехопадением, существа эти не прошли через Первородный Грех. Многое там было за пределами его понимания и за пределами рационального научного подхода. Таким образом пред ним, очевидно, предстал Изначальный Замысел; так нам это представилось, о Теофил!

Далее там следует история, как он развратил идеальных людей своими земными пороками, но вот это как раз что-то вроде нравоучительной сатиры. Важнее другое. Когда герой проснулся, он понял, что никакими словами он не выразит того, что с ним на самом деле случилось во сне. И все-таки он чувствовал неотступный позыв хотя бы попытаться передать это словами, потому что, быть может, это был не сон, это было что-то ошеломляюще реальное.

Достоевский, как известно, был эпилептиком. Эта болезнь мучила его с детства в течение всей жизни. Были периоды, когда он изнемогал от бешеных затемнений сознания и конвульсий, и все-таки, как он признавался, иногда он предвкушал очередной приступ, потому что там часто возникал некий ускользающий момент, когда ему казалось, что он с немыслимой остротой понимает все внутри себя и вокруг и постигает причинность происходящего. После припадка, однако, он ничего не помнил — ничего не оставалось, кроме темной прорвы. Не исключено, что однажды «момент причинности» оставил более глубокий отпечаток в его душе и вот тогда он, как и Данте, попытался передать словами свое видение, ту «не-жизнь», что была неизмеримо выше биологического существования. Так или иначе, ему удалось сказать, что в течение ускользающего момента он ощутил некую непостижимую реальность, без времени и воздуха, в которой тлеет и не может не тлеть все живое. Вот к чему мы пришли с Алексом, а также мы решили, что появившиеся к концу образы разврата и самоотрицания были не чем иным, как признаками пробуждения «Смешного человека», его возврата к земному сознанию.

Просим прощения, но мы забыли сказать в начале этой главы, что Стенли Корбах проводил свой «диалог-через-порог», сидя в «Международном Доме Блинов» на углу бульвара Бонавентура и 1056-й стрит в густонаселенной долине Сан-Теофила штата Очичорния. К этому моменту он уже управился с тридцать третьей стопкой овсяных блинов, всякий раз сопровождаемых кувшинчиками кленового сиропа. Вкусно, думал он в несколько шаловливом отступлении от своих философских упражнений. Чертовки аппетитно! Только подумать, не будь я свергнут со своего президентского трона, я бы никогда не попробовал такой славной жратвы, не говоря уже об уникальной международной атмосфере этого блинного рая! Уютно. Пронизывающе уютное местечко. Уютно и тепло. Весь штат Очичорния попал под ледяной циклон, за стеклянными стенами МДБ по небу несутся длиннохвостые тощие хищницы тучи, а здесь тепло, как будто мы действительно в «Солнечной Очичорнии». Народ за стенами, впрочем, тоже не унывает. Толпами шествуют по Бонавентуре в шортах и майках, упорно полагая это место именно тем, за которое было заплачено в туристических агентствах. Все течет на курортный лад: катятся открытые машины и кондиционированные до арктического уже холода автобусы, в толпе царствует беззаботность, без какого-либо дела и направления шествуют и люди и собаки, в частности вот эта парочка, немецкий овчар и золотистый ретривер.

Стенли заметил, что эти «друзья человека» прогуливаются без друга, то есть сами по себе, будучи соединены одним поводком. Похоже было, что они сами себя таким образом прогуливают, вернее, один из них, широкогрудый мощный овчар с несколько сардонической усмешкой в углах убедительной пасти, прогуливает экзальтированного и порывистого блондина, чей хвост без конца колышется над ним, демонстрируя радость жизни и неограниченное дружелюбие. Например, если «блонд» видит на другой стороне улицы какую-нибудь интересную личность, особенно женского пола вне зависимости от ее породы и размера, и немедленно собирается рвануть к ней через улицу, «брюн» упирается всеми лапами в асфальт и таким образом подсекает романтический порыв в самой основе.

Еще некоторое время Стенли Корбах наблюдал перекресток, полный машин, людей, собак, вывесок, флагов, пальм и облаков, пока вдруг чуть не задохнулся от любви. Послушай, Теофил, я понимаю тщетность нашего мира и все-таки не могу не восхищаться его разнообразием. Мой четвероюродный Алекс время от времени, как бы желая проверить самого себя, напоминает мне шопенгауэровский удушающий концепт бесконечного повтора. Признаться, меня этим не убедишь. Я тоскую по Изначальному Замыслу и надеюсь, что когда-нибудь двери к Непостижимому откроются для всех смертных, но, увы, я, грешный, несмотря на мой возраст, все еще так увлечен этим периферийным, усеченным, жалким, развращенным и сластолюбивым миром отклонения со всей его историей и густым пузырящимся варевом, которое я сейчас наблюдаю из «Международного Дома Блинов», что не могу себя представить за его пределами.

Алекс обычно усмехается, когда я ему говорю об этом. Слушай, Стен, шутит он, похоже, ты боишься заскучать в мире Непостижимого. Конечно, это наивно, но я все-таки считаю, что Господу Создателю нужен каждый миг нашего жалкого существования, даже и сорок минут, что я тут убираю горки блинов, сначала с икрой, по-русски, потом с баклажанами, по-мексикански, etc, etc, ну и в заключение тридцать три кувшинчика с кленовым сиропом, на отечественный манер.

Он попросил счет и под столом запустил руку в свой мешок с деньгами. Этот мешок появился у него в одну прекрасную ночь, в тот период, когда все его счета были заморожены, а его самого стали засыпать всякими сабпенами, то есть повестками в суд. Тогда дворецкий Енох Агасф под покровом темноты зазвал его в парк «Галифакс фарм», к тому павильончику, под которым они когда-то прятали бутылки крепленой бузы.

— Засунь-ка туда руку поглубже, сынок, — предложил он. — Нащупал что-то мягкое? А теперь сожми пальцы и тащи! — Извлечен был довольно увесистый мешок довольно замшелой кожи. — Там несколько миллионов, сколько, точно не знаю, — сказал Вечный Жид. — Когда кончатся, скажи, еще где-нибудь поищем.

Больше всего Стенли боялся вытащить из мешка не сотенную, а тысячную или даже десятитысячную банкноту. Недавно такое случилось в драгсторе, и он очень был смущен паникой, которая воцарилась в учреждении вследствие такой простой ошибки.

К счастью, его никто теперь не узнавал в Соединенных Штатах Америки. Удивительно, насколько небрежен наш народ даже в отношении своих любимых знаменитостей. Еще недавно все пачкающие пальцы таблоиды печатали его фотографии на первой полосе под броскими заголовками: «Неожиданное крушение империи Стенли Корбаха», «Финальное исчезновение Большого Стена» и тэдэ. Стоило ему, однако, отрастить белую бороду и прикрыть ею свой знаменитый пеликаний зоб, как все его перестали узнавать в упор.

Он вышел из храма блинов, смешался с толпой и медленно двинулся по бульвару Бонавентура в северном направлении. Он не знал, чем заняться. Фактически он не знал, чем заняться, со времен краха империи, вот разве что мыслить о тайнах бытия. Вообще-то совсем неплохо думать о тайнах бытия, особенно когда ты близок к завершению седьмого десятилетия жизни и тебе нечем больше заняться.

Слабо одетый, частенько подрагивающий от холода, но все еще предпочитающий по-летнему наслаждаться «Солнечной Очичорнией», народ бросал на него любопытные взгляды, хотя никто не узнавал в нем Большого Стена. Просто он был «нечто», гигантский пророк с пушистой белой бородой и, что самое удивительное, облаченный в теплое твидовое пальто.

На углу 1059-й его взгляд привлек странный экипаж, полулимо-полуфургон лазурного цвета. Он стоял на широченном паркинге возле «Сейфвея». Две собаки сидели на его крыше, немецкий овчар и золотистый ретривер, похоже, те самые, что гуляли недавно по бульвару сами по себе. Из фургона вылез и потянулся, как со сна, любопытный малый. У него была достойная описания внешность. Он был высок, хоть и не так высок, как Стенли. Зато его борода была намного длиннее. Что касается его гривы, то она сейчас под холодным ветром трепетала над его головой, как плюмаж неведомой птицы. Он не был таким седым, как Стенли, и походил не столько на пророка, сколько на дервиша в восточном бурнусе. На груди у него висели массивный православный крест, весомая звезда Давида, а также разные языческие амулеты, включая несколько птичьих лапок. Чтобы не забыть: у него был большой и костистый нос, а его пупок, хоть и невидимый под бурнусом, размером и твердостью напоминал шахматную ладью. Ух-ух-у — под резким порывом ветра что-то похожее на крылья поднялось за его плечами.

Он заметил Стенли и сделал приглашающий жест. Стенли приблизился, они пожали друг другу руки.

— Ty tozhe ptitsa? — спросил незнакомец по-русски.

— Не думаю, — ответил Стенли, но, заметив легкое разочарование, мелькнувшее среди щедрой растительности, добавил: — Во всяком случае, еще нет.

— А я птица, — сказал человек с птичьей улыбкой.

— В смысле свободен, как птица? — спросил Стенли.

— Свободен, как птица, силен, как птица, умен, как птица, значит — птица! — Он хохотнул и представился: — Тих.

— Стен, — назвал себя бывший магнат и подмигнул двум псам, что следили за этой сценой с крыши экипажа.

— Это мои друзья, Умник и Дурак, — представил их Тих, то есть, как вы уже, конечно, догадались, Тихомир Буревятников.

Стенли извлек из бездонного кармана плоскую флягу виски.

— Хочешь хлебнуть?

Тих просмаковал напиток, как знаток.

— Люблю «Гленморанжи» больше всех других. Ты знаешь, Стен, я бывший богач.

— Я тоже, — кивнул Стенли и спросил: — Вы куда направляетесь, ребята, собаки с птицей?

— В Свиствил, — сказал Тих. — Там у нас кореша в концлагере. Хочешь с нами, Стен?

— Ну конечно!

И они отправились.

491

4. Де Люкс

Пора вспомнить моего первого и единственного законного мужа, мистера Люкса, спасибо за это имя, сукин сын; вообразите меня под девичьей фамилией Фиф. Он мне дал это миллионнодолларовое имя, грязный старик, хотя подделал документы. Мне было четырнадцать, когда он захотел на мне жениться, хотя выглядела на двадцать пять, и он подделал ксивы. И все-таки мне нравился этот вонючий хуй.

Ну, это потому что завтрак в постели и жевал свои яйца среди наших роскошных подушек, стонал, причитал, как будто хотел ими отблевать сразу после проглота. Его первая жена Бабелка заходила к нам на обратном пути из синагоги. Она была набожной, потому что ни один мужик не хотел на нее взглянуть дважды, и все-таки этот ебаный Люкс упражнялся в юморе в ее присутствии. Эй, Бабелка, это дитя не знает сексуальной техники, покажи-ка ей свой любимый трюк «желтые пальчики»! Ее собака Экстраквин нюхала «мои меха», как Люкс называл зимнее пальто, что он купил для меня на барахолке. Мы жили тогда в Бостоне, где у людей в сраках вырастают сосульки. Эти французские меха назывались «les sobakis». Только позже я поняла, что это были просто собаки, причем той же породы, что Бабелкина Экстраквин.

А все-таки малышка Фиф очень гордилась своим законным мужем, в постели она старалась его раскочегарить, чтобы он выложил все свои грязные секреты, как это бывает у стариков. Ему было сорок пять, и он казался мне Ноем. Раскочегаренный, он впадал в истерику и лез с поцелуями в мой поддон; он имитировал новый подъем своего либидо, а потом, пф-уф-ф, начинал храпеть прямо на мне, вуаля!

Вообразите, друзья, люди моего поколения, однажды я нашла длинный седой волос у него на кальсонах. А за неделю до этого к нам приехала погостить его как бы тетя, синьорина Джульетта, старая кляча. Она обожала устриц. Ну жри своих слизняков, смотри по ящику свою «Люси», своего «Джонни Керсона», но вдруг ночью просыпаюсь от какого-то повизгивания. Вуаля, мой древний муж шворит свою еще более древнюю «тетю» в собачьей позиции! Какая началась драма, уссаться можно! Я предстала перед ними как юная фурия бунтующего поколения. Ты любишь дрочить свое либидо на бабульках, Люкс, ну что ж, а я вот сейчас пойду на улицу и дам первому встречному; ну хватит о нем.

Я знаю, что мужики чувствуют, глядя на меня. Им хочется видеть меня последней блядью. Один такой богатый доктор, гинеколог, конечно, научил меня такому поцелую, длинному и горячему, прямо до самой матки. Тогда восторг моего люксозного тела и моей робкой девичьей души чуть меня не парализовал, ей-ей. И я кричала то, что он хотел услышать: да, я блядь, я большая лошажья блядища!

Признаюсь Господу во всем, хныча и умоляя: Милостивый, Голубоглазый, прости мне эти дельфиньи конвульсии!

Интересно было побывать в разных клевых местечках вроде «Сенчури-плаза» или «Уолдорф». Ебари в белых блейзерах открывают шампанское бутылку за бутылкой. Что вы так беспокоитесь, могу обслужить всех подряд; вдруг разваливается с диким шумом потолок, как будто конец пришел миру сему. Что там случилось? Да просто хуяка какая-то залетела из космоса и прошла все этажи.

Он говорит: у тебя души нет, одно серое вещество. Как раз наоборот, сказала я ему, как раз напротив. Интересно, где это он у меня серое вещество-то нашел. И кто это был, который сказал? Он был какой-то особенный. Стенли Корбах из них самый особенный, Большой Богатый Богатырь, БББ. Впрочем, они все особенные. Из них один был еще более особенный, чем Стенли. За десять лет до Стенли я сотрудничала с «Розовым Фламинго», которое обеспечивало эскортный сервис приезжающим в штат Очичорния козлам. Тот парень был худенький, чуть повыше моего Пью, такая среднего размера горилла, он ждал меня уже без штанов, но зато с огромной красной штукой, которую я должна была эскортировать в свою дыру. Ей-ей, это был какой-то толстый лом, и, когда он начинал его вгонять в меня, у него на губах была такая злобная усмешка; я все время видела ее в зеркале. Что его заставляло быть таким мерзким со мной и почему я все это брала? А что нам остается еще делать с большой дырой в самой серединке? Никогда больше не позволю себе быть их дырой, думала я. Сама их буду драть. Завладею их штуками, вот и все. У них бывает иногда так много джизмы, что кажется, будто вытягиваешь из него все его секреты. Ну-ка, вытаскивай и кончай на меня. Один разбрызгивал по всему моему телу и по простыням. А один с самым экзотическим членом из всех, что я видела, похожим на какого-то малайца с вихром волос, все заставлял глотать. Такие гады, всегда хотят доминировать. Стенли особенный; когда я ему сказала, что, кажется, от него влопалась, он был так счастлив, что танцевал со мной всю ночь, как будто я была какая-нибудь звезда из старых фильмов. Я ему сказала, что будет мальчик, а он сказал, тогда я на тебе женюсь, будешь миссис Корбах. Ну что вы от них хотите? Они не успокаиваются, пока не влупят вам так, что вы распухаете, как слон или как не знаю что.

Джизус-джек, ребенок оказался черный, огромнейший негритянский мальчишка, Клеменс, к вашим услугам! СК, конечно, был за границей, в этой грязной России, где же еще. Когда он через месяц вернулся, он первым делом трахнул меня под лестницей тридцать три раза во всех шубах по очереди, потом мы еще поругались из-за политики, ну, опять эта «Раша-Раша», потом он мне сделал подарок, сборник поэм мистера Байрона и тридцать три набора драгоценностей из Кремля, ну а потом он заорал: где мой мальчик, где Клеменс? Он поцеловал невинного негритенка и сказал не по-нашему: Que grand tu a! Ты посмотри, Берни, он кричит, это же вылитый я! Это мой первый сын! У меня было четыре дочери, Берни, — как будто я не знала всех этих сук! — и никогда еще не было сына! Да ты посмотри на него ближе, говорю я, неужели не видишь, какого он цвета? А мне все равно, какого цвета человек, говорит он. Твой негритянский ген, Берни, оказался сильным. Обчемты, я спрашиваю. Оказывается, его Фухс со своими бездельниками вычислили, что во мне 1/32 часть негритянской крови. Тут уж у меня, как в литературе говорят, все шпильки посыпались.

В прежние годы у меня было не больше шести негров, ну, скажем, восемь. Один был фабрикант обуви, он любил обувь. Я любила раздеваться догола и иметь этого негра во всем костюме и в техасских сапогах с инкрустациями. А еще один был музыкальный виртуоз. Он играл на своем кларнете, как ангел, а я играла на его втором кларнете, как демон. Я иногда даже начинала зевать из-за нервов. Ну пожалуйста, Винт, перестань играть, ведь ты же все-таки с женщиной. Не помню, это он или другой кто-то принес мне книжку одного Франсуа. Там женщина родила ребенка из уха, потому что у нее вся требуха вывалилась. Нет, это Лавски мне принес. Вау, память, скажи мне о том, что это Лавски пил из моей туфли шампанское! Память вместо этого подсовывает соски. Кто был так нежен с ними, если не Мел? Он заставлял их торчать и урчал над ними, как кот с львиной гривой.

Вот говорят «большой, большой», а мой крошка-генерал в меня как пламя какое-то вдувал сзади. Правда, снизу еще мой Матт трудился, пока этот азиатский дьявол скакал на моей заднице, ф-фу, кончаю каждые пять минут, а тут еще венгерский бродяга ждет своей очереди. Лавски, а ты где, чего же не присоединяешься к компании? Гад высокомерный!

А мистер Люкс, что дал мне мое классное имя, тем временем помре. Его последняя супруга, пожилой гомик, принес мне кассету с его умирающим голосом. Там перечислялось наследство, что он оставлял мне, которую он называл «сорванный мной цветок»: серебряный кофейный сервиз, буфет красного дерева и крошечный кобелек чихуахуа, который в первую же ночь забрался под одеяло и начал лизать мой клитор.

В конечном счете я уже в пятнадцать лет знала о мужиках то, чего большинство дам не знают и к пятидесяти. И мужики это чувствовали сразу, при пе рвом же взгляде на меня.

Когда я была маленькой девочкой, я прям умирала от бланманже с черносмородиновым вареньем. Мамка моя, миссис Фиф, довольно часто себя этим ублажала, и мне перепадало. Философски говоря, наглоталась я сластей за свою жизнь! Тут Джок-зи-Кок к моей мамке повадился. Иной раз скребется по ночам в дверь, как нищий за корочкой хлеба. Сержант Фиф с фонарем в одной руке и с кочергой в другой пошел шугануть крысу, а вытащил такого «неформала» из штата Очичорния: железные очки и цилиндр на башке, такой критик режима, а впереди его штука устроила настоящую палатку из его штанов. Я как глянула на это дело, сразу поняла, что в мире есть вещи послаще бланманже с черносмородиновым вареньем.

Боже, милостивый и любимый, надеюсь, хоть в могиле, когда протянусь, придет ко мне покой!

Через пару лет этот хиппи пришел уже в безупречном костюме не к мамке, а ко мне и давай меня пахать, ну пашет и пашет, а я так притворяюсь, как будто не меня, а какую-то другую девочку пашут, а он тем временем смотрит на меня вниз через очки и толкует о Спинозе.

Как-то раз меня посетила идея, прям такая пронизывающая. Почему бы женщинам не управлять этим миром? Могучим и щедрым бабам? В России, говорят, весь XVIII век правили женщины. Они выбирали себе гвардию, выстраивая все войско в обтягивающих штанах. Скажут, что я просто взбесившаяся нимфоманка, а я отвечу, что, если императрицу трахают двадцать раз в день, от этого выигрывает весь народ.

Верьте не верьте, всю жизнь мечтала о принце, который удовлетворил бы мои потребности. И вот он явился, Стенли Франклин Корбах, сановабич и мазерфакер. У него язык семь миль длиной, а жеребцовский пенис еще длиннее, во всяком случае, со мной, и чеки он мне выписывал соответствующих размеров. С такими чеками я приходила в модный бутик, и никто уже не хихикал у меня за спиной. Вот так у меня развились утонченные вкусы. Однажды он меня приглашает на прием в бразильянское, что ли, посольство. Хей, Стен, спрашиваю я, а что, если я вот сюда пришпилю белую розу? Ну конечно, отвечает он, кому же еще, если не тебе, носить символ чистоты? Знаешь, говорю я, мне бы хотелось, чтобы все это место, ну, жизнь; плыло бы в белых розах. Ну и пусть оно плывет себе в белых розах так, как ты хочешь, говорит он. Может быть, ты, Берни де Люкс, действительно самая большущая тут блядь на этом приеме, однако никто из приличной публики не имеет права бросить в тебя камень: я знаю их всех по финансовой деятельности. Все они боятся попасть в ад из-за нечистой совести, а твоя совесть, Берни, это белая роза, хоть она и расположена немного в стороне от твоего тела.

Однажды мы лежали с ним на краю гигантской пропасти среди рододендронов. Это было на острове Крым, в Индийском, что ли, океане. Рассветы и закаты там сменяли друг друга каждые пять минут. И фиговые деревья были все в цвету, и маленькие городишки с розовыми, голубыми и желтыми домами стояли среди жасмина и герани, и белые розы катились вниз, как бурная река. Я прижала свои титьки и венерин холм к его груди и гениталиям и прошептала: да, да, я буду, да, я есть, я твоя вторая половина, но я не хочу умирать преждевременно. И он сказал: гоу вперед, белая роза, рожай его, да, да, гоу!

5. Нора

Никогда я не была ближе к отцу, чем в январе восемьдесят седьмого, когда он, словно Одиссей, странствовал среди своего онтологического архипелага. В отличие от Одиссея, однако, он, похоже, был одновременно и моряком, и морем. Я приходила в его палату и подолгу сидела возле кровати, бездумно прислушиваясь к шепоту его фармакологического бреда.

Испепеляющая мысль время от времени приходила ко мне. Мне казалось, что в своем таинственном путешествии мой всемогущий дадди может в любую минуту перешагнуть тот порог, из-за которого не возвращаются. Это было похоже на мгновенное приближение к безвоздушному и безвременному, то, что после я испытала на орбите. Я никому ничего не говорила, даже Сашке. Я просто старалась не пропустить ни одной возможности посетить отца в урологическом отделении.

Из той комнаты открывался вид на крыши и кроны деревьев района Фоксхолл-Палисады. За ними перехватывающие дыхание вирджинские закаты меняли цвета и формы освещенных облаков. О эти вирджинские закаты, сказал бы Сашкин кумир Николай Гоголь. Какая птица не упадет замертво от восхищения перед ними?! Можно было предположить, что они простираются над неисследованным океаном, над неоткрытыми островами, но уж никак не над бесконечными кварталами американской жилой застройки с ее законопослушными обитателями, этими тетками и дядьками, как называл их ядовитый московский шут.

Католическая сестра Элизабет время от времени заглядывала в комнату и нежно мне улыбалась. Я стала прислушиваться к еле слышному шепоту и бормотанию отца, пытаясь уловить в них хоть какой-нибудь смысл. Я даже принесла крошечный диктофончик и дома много раз прокручивала запись, пока вдруг не осознала, что он путешествует далеко от своей жизни. Он говорил о человеке по имени Кор-Бейт, это означает «Холодный Дом» на иврите.

В прежние времена Стенли несколько раз без большого успеха пытался овладеть языком наших прародителей. Сейчас я была ошеломлена тем, что из его подсознания исходил настоящий беглый иврит. Я пыталась расшифровать эти записи сама, но потом поняла, что это мне не под силу, и отнесла пленку близкой подруге Клер Розентал с кафедры еврейской истории в «Пинкертоне». Так или иначе, я все-таки поняла, что человек по имени Кор-Бейт был 'своего рода скорняком в маленьком приморском городе. Он владел предприятием с дубильней, складом и лавкой кожаных изделий. Мороз по спине пробегал, когда Стенли деловито начинал перечислять шкуры и кожи различных типов, размеров и качеств и подсчитывать деньги в древних израильских номинациях, все эти ассарии, драхмы, дидрахмы, секили, статиры, динарии и таланты. Эти перечисления и подсчеты занимали самую большую часть моих записей, но иногда звучали и клочки фраз, обращенных к другим людям: то ли к членам семьи, то ли к слугам, а однажды мелькнуло что-то вроде увещевания сборщика податей.

Временами в это древнее бормотание влеплялось беглое описание какого-то пейзажа по-английски, там были и «слепящее море», и «дикие розы на крепостных стенах», и «извилистая тропа».

Однажды Нора застала отца не в горизонтальном положении, как обычно, а сидящим в постели, с кучей подушек за спиною. «Хей, дадди! — она воскликнула. — Сегодня ты, кажется, в порядке?!» Сказать по правде, она была немного разочарована тем, что экскурсии в прошлое прекратятся. Он ничего не ответил, и она поняла, что он ее не видит и не слышит ее слов. В этот момент какая-то согбенная фигурка проявилась в углу палаты, не кто иной, как дворецкий Енох Агасф. «Вы тут все время были?» — спросила она его.

Он кивнул и указал своим длинным пальцем: садись и молчи!

Ненадолго появилась сестра Элизабет. Она поднесла чайник с длинным носиком к сухим губам Стенли. Он вежливо отверг напиток и поднял ладонь, как бы скромно запрашивая внимания. Монашка, перекрестившись на распятие, покинула помещение.

Стенли был еще с Кор-Бейтом, но теперь он перешел от подсчета шкур к важному историческому событию, а именно к разрушению Первого Храма. На этот раз он видел улицы Иерусалима и своего скорняка в толпе пленных, гонимых в рабство вавилонскими бичами. Оглушающие хлопки этих огромных кнутов. Вдруг я услышала «клик-клик», это папа включил дистанционное управление телевизором. В глазах его замелькали майамские «Дельфины» и вашингтонские «Редскины». «Не изменив линию защиты, им нечего рассчитывать на успех. Менни Браун и Бенни Филдс должны быть категорически заменены», — сказал он авторитетным тоном. Мой неисправимый папочка!

В последующие дни я просто вывихнула себе мозги, думая о своих записях. Что это было: просто бред, вызванный интоксикацией? Тогда откуда там взялся древний иврит? Я позвонила Лайонелу Фухсу в его генеалогическую группу и спросила, были ли в роду Корбахов еще какие-нибудь скорняки, кроме общеизвестного Гедали из Варшавы, моего прапрапрадеда? Что там говорят ваши компьютеры, Лайонел? Некоторое время он молчал, только как бы стонал, как будто какая-то мука тянула его за душу. У меня есть скорняк, наконец проговорил он, но он так далеко, Нора, что я просто не могу об этом говорить и не скажу вам, Нора, ни слова об этом человеке. Да почему же, Бога ради, вскричала я. Потому что я все-таки марксист, а следовательно, материалист в десятом поколении!

Как-то раз позвонила Клер Розентал. Оказалось, что она в упор занялась моими текстами и жаждет продолжить «исследование». Она принадлежала к тому типу университетских женщин, что делят все человеческие дела на две категории: проект и исследование. Я думаю, что даже любовное свидание они классифицируют как проект, а траханье для них это уже исследование. Я предложила, чтобы мы встретились у меня для небольшого исследования. Великолепный проект, воскликнула она. Она явно была возбуждена приглашением от «этой нашей Норы Мансур».

Ну, что ж, старуха, сказала она, разложив кассеты и транскрипты. Прежде всего мы должны отделить чепуху от реальной штуки. Все или почти все, что было сказано тут по-английски, является чепухой, отражением популярных книг, вроде «Троп еврейской истории» Руфи Сэмюэл. Не могу исключить, что все эти сцены с горящим Первым Храмом, царем Навуходоносором, пытками Зидкии и толпами евреев, гонимых в вавилонское рабство, как раз из этой книги сюда и явились. Все это, очевидно, возникло уже на обратном пути из той бездны, в которую погрузился твой отец.

Реальные штуки, если мы можем назвать такие штуки реальными, возникали на иврите. Вряд ли мистер Корбах мог почерпнуть из книг какие-то смутные коммерческие расчеты своего предка. Этот феномен находится за пределами науки, и мы никак не можем его объяснить. Одно только ясно: скорняк Кор-Бейт жил намного позже крушения Первого Храма, ну, скажем, на пятьсот лет, если судить по номинации денег, там упомянутых. Как археолог ты это знаешь лучше меня. По всей вероятности, мы можем считать это эпохой Иудейской войны.

Мне кажется, я не ошибусь, если скажу, Нора, что ты как профессионал думаешь сейчас больше об археологической гипотезе, чем о своей родословной. Шлиман построил свой план раскопок по поэтическим строчкам, а ты можешь бросить вызов здравому смыслу и попытаться создать диспозицию места двухтысячелетней давности на основе наркозной галлюцинации. В этих бормотаниях рассыпано много деталей, которые могут помочь. Там упоминается глубокий подвал и ступени наверх. Иерусалим должен быть исключен, потому что где-то совсем рядом присутствует море. Не побоюсь сказать, что это был какой-то склад, расположенный в городе-крепости на берегу моря. Стены и башня, а дальше берег с дикими розами и яркожелтым кустарником. Потом он делится с кем-то, а может быть, и с самим собой, каким-то странным, я бы сказала поэтическим, наблюдением. Он видит стайку маленьких птиц. Они летят так синхронно, как будто являются одним цельным существом. Стайка поворачивает внезапно туда и сюда, все вдруг, словно она связана таинственными законами совершенства. Это похоже на выражение какого-то высшего птичьего счастья. Как они счастливы, шепчет твой отец, каждая из них и все вместе как одно. Конечно, можно было бы подумать, что он видел такую стайку и в своей жизни, если бы он не шептал этого на древнем иврите, которого не знает.

Нора улыбалась, вспоминая места раскопок вдоль берегов Израиля, в Акко, Кесарии и Ашкелоне. Там была масса диких роз и кустарников с густым желтым цветением на обрывах к морю. Мягко говоря, информации, добытой из подсознательных глубин урологического больного, было недостаточно для начала научного цикла, который по правилам должен состоять из трех элементов: формирование гипотезы, соединение аргументации и уточнение. Смысл науки состоит в спирально восходящем накоплении знаний. Здесь мы попадаем в сумерки мистицизма. Боже, что нас ждет за пределами воздушного мира, думала она. За пределами научных циклов?

Тем временем по завершении полевых работ на хазарских курганах в Сальских степях и целого ряда конференций в Афинах, Париже, Москве и Чикаго она направилась к тем самым берегам Израиля, чтобы присоединиться к знаменитой экспедиции Фолкеруге, что разбросала свои лагери между Тель-Авивом и Ашкелоном.

Экспедиция эта была организована двадцать семь лет назад. Ее до сих пор называли именем Фолкеруге, хотя Ганс Фолкеруге скончался десять лет назад в восьмидесятишестилетнем возрасте. Он называл себя самым счастливым гробокопателем в мире —

еще бы, шестьдесят шесть лет археологической практики, не слишком прерванной и войнами. Даже легендарный генерал Моше Даян работал археологом sous les drapeaux вдохновенного эльзасца, но тому приходилось чаще прерываться.

В этот раз Нора решила провести весь осенний семестр в Тель-Авиве, чтобы потом уже вернуться в «Пинкертон» к своей преподавательской работе. Университетское руководство недавно дало ей понять, что академическая общественность основательно разочарована ее бесконечными «творческими отпусками». Университет, конечно, очень рад иметь в своем составе такого блестящего ученого с большим именем, «космического археолога», автора научно-популярного бестселлера «Гигиена древних», выдающегося представителя высокообразованного и передового отряда американских женщин, да к тому же и члена «корбаховского клана», о котором бесконечно пишут в газетах, однако общественность хотела бы почаще видеть ее на кампусе как участника образовательного процесса и внутриуниверситетского развития. Тогда она клятвенно пообещала вернуться уже к весне, и надолго. Осенние месяцы были ей нужны для того, чтобы завершить цикл полевых работ и отбор найденных материалов для каталогов, которые будут включены в ее фундаментальный труд по караванным путям Полумесяца Плодородия. Трудно было найти лучшее место для этой цели, чем экспедиция Фолкеруге, под эгидой которой раскопки велись одновременно в разных местах на разных уровнях от 2000 лет до Р.Х. и завершались эпохой крестоносцев.

В соответствии с современными методами «предсказания прошлого» группы ученых из разных стран выискивали в своих траншеях не только артефакты вроде наконечников стрел, бус, керамики, артизанских резцов, игральных кубиков, чучел, фетишей, жерновов, дубленых шкур, выделанных раковин, талисманов из бирюзы, декоративных статуэток, амфор, доспехов, оружия, окаменевших флаконов с духами и ароматными маслами, зубочисток, бронзовых кувшинов для простых умываний и ритуальных омовений, но также так называемые экофакты вроде зерен, цветочной пыльцы, косточек от съеденного мяса, початков кукурузы, кедровых орехов, перьев, испражнений, рогов, насекомых, кварцевых кристаллов, змеиных шкур, тростника, семян, жил, улиток, всякого рода костей — иными словами, всего, что могло быть пропущено через радиоуглеродную технику определения возраста для воссоздания палеонтологических картин, то есть для подтверждения или опровержения научных гипотез.

Наш творческий читатель, конечно, понимает, что все это было сказано для того, чтобы еще раз подчеркнуть — по мере того, как мы приближаемся к завершению наших хроник, — что Нора Корбах-Мансур никоим образом не была какой-то искательницей приключений со склонностью к поверхностным бруха-ха «пленэрам»; она всегда была и остается глубоким археологом, трудоголиком и зачинателем интересных проектов. Под эгидой экспедиции Фолкеруге она сколотила свою собственную команду преданных ей мужчин и женщин, а руководство ЭФ всегда относилось к ней с почтением, тем более что она приносила с собой щедрые гранты.

Довольно, сказала она себе после столкновения с Алексом в каком-то жутком московском капище. Я выглядела там еще более несуразно с тем молодым хуйком, «белокурой бестией», чем Сашка со своей бэби баскетбольного роста. Глупо, старомодно и истерично. У каждого возраста должна быть своя партитура. В сорок шесть ты должна быть прежде всего деловой женщиной, и потом ты должна помнить о материнских обязанностях.

Отступив от своих «полевых» привычек, она на этот раз сняла в Тель-Авиве трехкомнатную квартиру в двух кварталах от Эспланады. В сопровождении своей ирландской няни прибыл четырехлетний Филипп Джаз Корбах. Первым делом он поинтересовался, есть ли тут поблизости «оздоровительные учреждения», имея в виду, очевидно, площадку для игр. Нора повела его на запад и, когда через два квартала перед ними открылись Эспланада, большой песчаный пляж и довольно необозримый простор Средиземного моря, спросила: «Этого типа оздоровительные учреждения тебя удовлетворяют, Джаз?» — «Квайт», — ответило дитя в ирландской манере.

Однажды Нора отправилась за рулем на юг, к Ашкелону. На Земле Обетованной стояло нежное утро. Ничто, кроме метеосводок, не предвещало приближения злого ветра хамсин. В своем открытом «фольксвагене» она наслаждалась каждой частичкой этой израильской увертюры: бризом, что трепал ее гривку, улыбающимися лицами многонациональной еврейской толпы, легким раскачиванием пальм, гулом джамбо-джетов, завершающих свои трансокеанские рейсы. Хотела бы я всегда так ехать вдоль большой воды, которой не нужно археологических раскопок для осознания своей связи с тысячелетней историей: миллионы лет она тут качается и пенится. Спасибо тебе, море, за то, что вечно ты омываешь мое либидо и бьешь в скалы у подножья Яффы, где Андромеда была прикована и отдана на ежедневное изнасилование морскому чудовищу. Если это была не я, то кто еще? Если не я, то кто еще ждал Персея, копьем своим пронзившего чудовище и мечом своим разрубившего мои цепи?

Израиль при всем его удивительном разнообразии страна небольшая: меньше часа езды, и ты уже въезжаешь в заповедный парк Ашкелона. Трепещут под ветром эвкалипты, пальмы и кедры, запахи бензина и дизельного топлива растаяли без следа, твое собственное табачное дыхание не считается. Она проехала мимо разрушенных стен Ричарда Корлеона, мимо восстановленного античного амфитеатра с афишами недавнего рок-концерта, мимо разрозненных колонн греческой агоры и скульптур римских бань. Все это стало теперь туристическими объектами, но она помнила неслыханное возбуждение, охватившее ее и ее друзей, когда в одной из раскопок очистилась почти нетронутая временем скульптура Ники.

С той поры археологи экспедиции Фолкеруге продвинулись ближе к морю, где, согласно последним гипотезам, еще в период царя Давида лежал еврейский город-порт, конечная точка большого караванного маршрута. Именно там она оставила свою группу два месяца назад. Под руководством ее заместителя Дэйва Рекса ребята должны были прорыть шахту глубиной сорок футов и, если ничего там не будет найдено, двинуться еще ближе к морю и снова рыть.

Она не нашла своих там, где предполагала. На ее пути попадались какие-то обнесенные заборами шахты и траншеи и грубо сколоченные крыши над наиболее ценными объектами, но почему-то не видно было ни единой живой души: никто в этот час не работал в раскопках, никто и не спал в тени. Не менее получаса она петляла по сухим немощеным дорогам, один вид которых всегда приводил ее в волнение, ибо они не очень-то изменились за последние три тысячи лет. С вершины одного из холмов она увидела палатки и решила подойти к ним пешком. Море на мгновение ослепило ее, когда она вышла из своего VW. Порыв сухого ветра вздул ее волосы по направлению к морю. Здесь, в шестидесяти километрах к югу от Тель-Авива, уже чувствовалось дыхание пустыни. Она пошла по тропинке, что карабкалась к подножию руин крепости крестоносцев.

Возле стены тропинка стала то уходить вниз, то подниматься на заросшие дюны. В одном месте она увидела облепившие какую-то грубую кладку дикие розы и густой кустарник с ярко-желтым цветением. Здесь ее пронзило то, что называется в современном обиходе по-французски, чувство déjà vu. Тысячи подобных мест раскиданы по ханаанскому приморью, но именно здесь она остановилась как вкопанная. Она видела неподалеку квадратный вход в какую-то археологическую шахту, очевидно заброшенную одной из прошлых экспедиций из-за недостатка данных, подтверждающих чью-то гипотезу. Но она не думала об этом, она даже не вспомнила магнитофонные записи, сделанные ею у постели отца, над которыми они ломали голову с Клер Розентал. Она просто вдруг в ошеломлении почувствовала, что этот момент остановился. И в этом остановившемся моменте появилась стая птиц, молча пролетела над ней и сделала резкий поворот, все вдруг — сотня скворцов. Они вернулись, все как один, и снова повернули над ней, чтобы улететь, и снова вернулись, и снова улетели, и снова вернулись, и так продолжалось до тех пор, пока сам момент не улетел прочь, пока Нора не поняла, что она все еще жива, что она сидит на камне, что глаза ее сощурены под солнцем, что она на поверхности Земли, над культурными «стратами», что покрывают Кор-Бейт, дом ее древних предков.

6. Омар Мансур

Приближаясь к концу большой работы, фактически завершая предпоследнюю часть, новеллист неизбежно уподобляется наседке, старающейся собрать весь свой выводок, включая и «гадких утят». В сказках предполагается, что «гадкие утята» вырастают в неотразимых лебедей, в романах, увы, иной раз происходит как раз наоборот. Иные персонажи, задуманные как яркие литературные виды, могут съеживаться до полной незначительности, ковыляющей на кривых лапках. К счастью, ничего подобного не угрожает бывшему мужу Норы, который встречает завершающую фазу наших хроник в прекрасной форме сорока-с-чем-то-летнего и уверенного в себе главного редактора влиятельного либерального журнала в столице одной из прозападных арабских стран.

Омар Мансур — впрочем, все служащие его журнала, равно как и вся политическая и культурная элита столицы называли его теперь Анваром Шаабани — появляется в этой, посвященной лично ему, главке, сидя в своем просторном кабинете, расположенном на большой высоте в одном из небоскребов центра, и имея перед собой восхитительный вид на исторические постройки, включая стройные минареты, купола древних мечетей и огромный уродливый монумент правящему президенту. Его светлосерый костюм, сшитый его личным кутюрье с улицы Виктора Гюго (Париж, 16-й аррондисман), превосходно учитывает малейшие нюансы атлетической фигуры. То же самое можно сказать о его носках и туфлях: они точно соответствуют его щиколоткам и всем двенадцати пальцам его классных ног.

Как бы много я ни работал, никогда не смогу позволить себе такую сбрую, думает Анри-Клод Метц, журналист из ведущей французской газеты, который сейчас сидит со своим диктофоном перед нашим несколько затененным, несмотря на столь очевидный блеск, персонажем. Полированный кофейный столик между ними похож на окаменелость какой-то мифической саранчи. Журналист прибыл сюда со специальным заданием. Этот журнал, «Аль-Пассавар», и его редактор были предметами многочисленных толков в центрах мировой прессы. В отличие от большинства других — проще сказать всех остальных — средств массовой информации этой страны, находящихся под полным контролем жесткого, хоть и прозападного, правительства, «Аль-Пассавар» демонстрировал основательную независимость, более либеральный подход к западной культуре и даже некоторый нюанс по самому щекотливому предмету, то есть по Израилю. Эту своеобразную позицию связывали с личностью главного редактора, его в Париже считали «комильфо».

Анри-Клод Метц был асом политического интервью. Он знал настоящее имя Анвара Шаабани. Он знал и его экс-супругу. Лет десять—двенадцать назад он якшался с элитной богемой Левого Берега и теперь был абсолютно уверен, что на многих сборищах тех времен стоял неподалеку от этого красивого араба, говорившего по-французски без акцента. Он даже помнил, как некоторые люди обменивались многозначительными взглядами и знающими улыбками за его спиной. Было ясно, что и Шаабани его помнит.

— Простите, Метц, — сказал он, опуская «месье» в манере тех дней. — Ваше лицо напоминает мне одну личность, которую я знал довольно близко несколько лет назад.

Анри-Клод улыбнулся:

— Держу пари, что это был Алекс Корбах. — Он слегка потер свою превосходно лысую макушку.

Они пристально посмотрели друг другу в глаза и одновременно улыбнулись, молчаливо согласившись не развивать дальше эту тему.

В этот момент два молодых жирных помощника вошли в кабинет со свежими гранками в руках. Шаабани извинился перед Метцем. У нас тут срочная работа, пятеро парней работают над этим текстом в соседнем кабинете. Он быстро сделал несколько поправок и обменялся парой-другой гортанных арабских фраз со своими подручными.

— Могу я спросить, отчего такая спешка? — поинтересовался Метц.

— Конечно-конечно, — ответил главный редактор. — Мы готовим отпор «Джерузалем пост», которая бестактно атаковала нашего президента за его высказывания по ядерным вопросам.

— А какого рода поправки вы внесли, месье Шаабани? — спросил француз.

Редактор тут же сделал ксерокс с гранок и перекинул Метцу. Потом он отпустил своих подручных. Метц смотрел на арабскую вязь. Он был не силен в арабском, но все-таки увидел, что слово «свиньи» зачеркнуто.

Омар взирал на гостя с вежливой готовностью объяснить все что угодно. Эти бляди, думал он, они никогда не относились ко мне всерьез. Никогда серьезно не принимали меня в свою тусовку. Бляди, они всегда обменивались взглядами за нашими с Норой спинами, как те бляди, придворные Николая Первого в Санкт-Петербурге, обменивались взглядами за спиной Пушкина и его жены. Посмотрите-ка на нее, они молча говорили, эти либералы и марксисты, — она спит с арабом. Женщина из нашей среды живет с этим хорошеньким богатым арабским засранцем. Как будто я был одним из тех обожравшихся саудовских шейхов! Бляди, склизкие еврейские писаки!

— Я хочу, чтобы мои люди научились новому языку, — сказал он. — Они постоянно применяют слишком сильные выражения по поводу израильтян. Братья, говорю я им, бросьте вы эту лихорадку! Вы только придаете им незаслуженное величие. Израиль, в конце концов, всего лишь одна из маленьких стран Ближнего Востока. Он не стоит того, чтобы противопоставлять его ведущим силам арабской цивилизации. Научитесь говорить о них снисходительно.

— Снисходительно? — проверил Метц.

— Вот именно. Снисходительность — первый шаг к лучшему взаимопониманию. Например. — Двумя пальцами он поднял гранки и встряхнул, как будто хотел слить с них какую-то жидкость. — Вы читаете по-арабски, Метц?

— Не в такой степени, чтобы судить о чем-то без перевода, — сказал журналист.

— Вы в этом уверены? — Омар (Анвар) разразился исключительно дружелюбным хохотом.

. — Перестаньте, Шаабани, вы же меня знаете, — сказал журналист сухо. И добавил: — И я вас знаю, шер месье.

Анвар (Омар) прекратил смеяться:

— О'кей, давайте играть по правилам. Я просто хочу дать вам хороший материал для вашей статьи. Вы видите, мои ребята подготовили черновик для открытого письма редактору еврейской газеты в связи с его ядовитыми атаками на нашего президента. Вот они пишут: «У этой газеты те же качества, что и у свиноподобных израильских лидеров с их вонючей, как фаршированная рыба, наглостью». Слушайте, ребята, говорю я им, вы можете отрицать англо-американскую культуру, но вот что вы у нее должны взять — это принцип недосказанности. Одно слово, сказанное по делу, может принести больше пользы, чем все ваши бешеные залпы. Поэтому мы вычеркиваем «свиней» и «фаршированную рыбу». Оголенное слово «наглость» лучше сработает. Дальше они пишут: «Редактором «Поста» является тупой, наглый, агрессивный и грязный сионист». Перестаньте, ребята, говорю я, неужели вы не слышали, что избыток прилагательных может убить фразу?

Всю эту дидактику Омар произносил так, будто именно француз был ответственен за текст этой важной статьи. Что-то гипнотизирующее было в его голосе и в щедрой демонстрации несколько томных жестов, даже в его длинной левой ноге, которая использовала правое колено как точку опоры в своем убедительном покачивании. Анри-Клод злился на самого себя. Что это я все киваю этому говоруну? Конечно, журналистские кивки должны как бы подбадривать говорящего, как бы приглашать его расслабить тормоза, допустить как можно больше оговорок, но в данном случае что-то непонятно, кто кого тут подкарауливает.

Редактор продолжал:

— Черновой текст гласит: «с грязными сионистами случится то же самое, что случилось с кровожадными крестоносцами, они убегут с нашей земли. Они вернутся в свои вонючие гетто, в Варшаву, Будапешт и Одессу» и тэдэ. Я удаляю раздражающие эпитеты и превращаю этот манифест непримиримости в обычную фразеологию либеральной газеты.

— Либеральной? — проверил Метц.

— Ну конечно, — подтвердил Шаабани (Мансур). — Вот вам еще один пример. Молодой воспаленный ум называет нашего оппонента еврейской сракой, после моей правки это становится сионистской задницей. Улавливаете разницу?

— Нет, не улавливаю, — пожал плечами Метц.

Несколько секунд они молча взирали друг на друга. Интересно, думал Омар, спал ли этот жид с Норой, как все те жиды, которых я тогда знал на Левом Берегу Сены? Ты прекрасно знаешь, что нет, думал в ответ Анри-Клод. Ты прекрасно знаешь, что я просто обожал ее, как и все, кого ты называешь в уме жидами. Она спала лишь с меньшинством из нас, Шаабани, и давай, сильвупле, руки прочь от женщины нашей мечты!

— Давайте-ка, Метц, я вам зачитаю весь текст нашей редакционной реплики на ваш диктофончик. Уверен, что вы это правильно поймете с присущей вам тонкостью.

Он начал переводить с листа на английский, из чего Метц заключил, что «реплика» предназначена для международного распространения.

— «Эта сионистская задница предупреждает нашего президента против повторения ошибок Абдель Насера в 1967 году. Сионистскому эффенди кажется, что арабы потерпели поражение в 1967 году. Однако это было не поражение, дорогой злополучный редактор, а множественный заговор, в котором участвовал и сам американский президент Джонсон. Заговор нанес нам поражение, а не израильская армия, и доказательством этого является 1973 год, когда арабские армии с меньшим личным составом и с худшей экипировкой нанесли поражение Израилю. Так что я говорю израильскому журналисту: немного смирения, вот что вам нужно вместо беспочвенного хвастовства, и помните, что, если Америка покинет вас хотя бы на один день, поплывете вы вместе с сотнями тысяч таких же, как вы, беженцев через Средиземное море назад, в ссылку.

А Америка, к вашему сведению, в один прекрасный день развалится на куски подобно другим империям в ходе истории. Мы только хотим, чтобы это случилось при нашей жизни. А пока что мы бы вам предложили говорить вежливо о нашей стране и о нашем Президенте, поскольку вы не кто иной, как просто вашингтонский агент на арабской территории, а ваша армия — не что иное, как передовой отряд американской армии.

Прошу прощения, мой сионист, если я произнесу в вашу честь «Мал'ун Абук», но ваш премьер-министр — это не что иное, как представитель Белого дома в Тель-Авиве. Что касается нашего Президента, то он является великим вождем великой арабской цивилизации, и вы недостойны даже упоминать его имя!»

Он кончил читать и посмотрел на своего собеседника пристально и серьезно, словно действительно хотел узнать его мнение о прочитанном. Анри-Клода слегка подташнивало. Он промямлил:

— «Мал'ун Абук», кажется, означает «будь проклят твой отец», верно?

— Это просто фигура речи, — сказал Омар. — Традиционная присказка, что-то вроде опровержения. Надеюсь, вы понимаете подтекст нашего послания израильским коллегам. Они должны быть менее высокомерными в отношении великой арабской цивилизации. Большая часть всей проблемы, между прочим, состоит в высокомерии. Так или иначе, но со времен прародителя Абрахама они приходили и уходили, а мы оставались на нашей земле. В принципе мы были здесь даже до Абрахама, а Измаил был принят нами, потому что его мать была из нашего рода.

Метц пожал плечами и предложил переменить тему:

— Могу я вас спросить, Мансур, ой, простите, Шаабани, как вы относитесь к «фатве»?

Редактор ответил не сразу, сначала он предложил французу пива из своего холодильника.

— Я знаю, Метц, что этот сукин сын Рушди стал лакмусовой бумажкой для проверки на либерализм. Но вы же видите, вы же знаете, что я не такой уж рьяный мусульманин. Мне отвратны его богохульные писания, но я вообще-то предпочел бы оставить все это дело Богу на день Страшного Суда. В этом смысле любопытно отметить его столкновение с говночисткой во время путешествия по Австралии. По мне, так «фатва» уже свершилась.

Он расхохотался, он явно был доволен такой внезапно найденной метафорой, и Анри-Клод легким смешком признал его

507

находчивость. Он готов был признать что угодно, лишь бы только поскорее выбраться из этого журнала. Поставив еще несколько довольно вялых вопросов, он начал откланиваться. Шаабани удивился. Как же так, Метц, ведь я собирался вам сегодня показать пару приятных местечек западного стиля в этой суровой столице. Спасибо, Шаабани, но я не очень-то хорошо себя чувствую: последствия «флю», и потом я вечером улетаю. Flying back to flu, Metz? Bravo, Sha'abani, it's almost a pun! Дайте мне слово, Шаабани, позвонить, когда следующий раз будете в Париже. Да я там во вторник буду, Метц. Дакор, Шаабани, мы по ужинаем в симпатичном месте, согласны? Договорились, Метц, спасибо. Это очень приятный еврейский ресторанчик, Шаабани. Еврейский, Метц? Ну да, еврейский, Шаабани. Нет проблем, пептобисмол всегда со мной.

Не успел журналист уйти, как в кабинете появились два молодых толстяка с окончательным текстом. Они осторожно указали шефу на фразу, которую они посчитали возможным добавить. Омар не верил своим глазам: это было как раз то, что и у него самого было на уме. «И я клянусь именем Всемогущего, что, если я вас встречу, господин сионистский редактор, я туго скатаю Вашу газету и засуну ее в Вашу корму, и ничто тогда уже Вам не поможет!» Он хохотал в свое удовольствие, а потом взял перо и добавил: «Надеюсь, что Вы еще не потеряли чувства юмора, дорогой сэр».

Несколько часов спустя факс прибыл из Парижа в пустой темный кабинет либерального редактора. Месье Метц слал ему свои извинения: во вторник его не будет в городе.

XI. «*Цитата — это цикада*»
Мандельштам — это монгольфье
Цикада — это цикута
А Сократ, стало быть, крем-суфле

Пути рифмовки неисповедимы.
Как по кочкам, тащишься по слогам
И воздвигаешь Колонну Вандома
У входа в мишурный балаган.

В форточку видишь ночную площадь,
Блики и промельки клоунских морд.
Там голубая, в яблоках, лошадь
Медленно ввозит твой «Амаркорд».

Выпьешь винишка, Апокалипсис
Высчитать выйдешь на старый балкон.
Вместо ответа ворохи листьев
В шорохе грянут с небесных Балкан.

Часть XII

1. Серебро Очичорнии

Ну, вот и докатились до штата Очичорния, что вклинился своими обширными угодьями в карту Америки, потеснив Калифорнию, Орегон и Неваду. Начинается разгул авторского произвола, скажет утомленный читатель, и ошибется. Тут у нас полифония вовсю гуляет, персонажи дуют всяк в свою дуду, какие уж тут авторские произволы. Даже сам штат Очичорния появился у нас совсем случайно — в связи с прокручиванием старой пластинки Луиса Армстронга в джук-боксе «Международного Дома Блинов»: старый «Сачмо» упорно рифмовал «Очи чорные» с Калифорнией. Мы и опомниться не успели, а новая земля уже претендует на полноправное участие в союзе штатов, уже, видите ли, гордится своими просторами и столицей Лас-Пегасом; в общем, нравится — не нравится, стала литературной реальностью в данный закатный час под потрясающими небесами пустыни с контурами деревьев-джошуа и пробегающими силуэтами страусов.

Что за странное существо этот страус, не сравнишь его ни с орлом, ни с лошадью, да и откуда он тут взялся в таком количестве? Впрочем, об этом позднее. Пока что скажем лишь, что мощные, хоть и бессмысленные, марш-аллюры этих существ придавали закатной пустыне какой-то древний вид, хоть и видны были на горизонте стеклянные верхи города Лас-Пегас.

А вот и еще одна странность, диковинный экипаж, что сворачивает с обычной американской столбовой дороги на узкую проселочную, ведущую к призрачному Свиствилу, городу заброшенных серебряных рудников. Некогда бурлил этот Свиствил, но потом заглох, поскольку серебро иссякло. Сотню лет пролежал в забвении, а потом опять забурлил туристами и снова заглох, поскольку иссяк туристический интерес к такого рода курьезам. Массовая утонченность ныне распространилась среди публики, ей теперь Вермеера или Вивальди подавай, бородатые полубандиты с пистолетами приелись. Странный экипаж, однако, упорно катил к пустому городку. Был он сварен из двух мало похожих друг на друга автомобилей. Передняя часть представляла собой лимузин «кадиллак», а задняя — кузовок «форда-эксплорера» с террасой вместо крыши. Странная колымага, ей-ей, остается только гадать, по заказу так сделали или по ошибке.

Теперь об экипаже данного экипажа. За рулем сидел Тихомир Буревятников. Без ритуального головного убора и с отцепленными крыльями он выглядел в этот час как обыкновенный американский гражданин, лишь немного уклоняющийся от уголовной ответственности. Рядом с ним на широком сиденье рядком располагались два его друга, Умник и Дурак. У одного уши были, как всегда, на макушке, у другого висели лопухами. Как он хорош, этот Буревятников, думал Дурак. Только ему отдам пальму первенства среди людей и птиц! Жаль, что не всегда благоразумен наш красавец, думал Умник. Вчерашний взрыв ворот страусовой фермы мог стоить нам с Дураком наших хвостов, а сам Тих мог лишиться всего, что закопал в разных местах.

В задней части экипажа, то есть на террасе, еще два пассажира играли в шахматы. Здесь было довольно уютно. Среди слегка подгнившего буревятниковского скарба светился большой телевизор. Своими мелькающими красками он как бы отражал закат, если тут не было обратного эффекта. Время от времени по экрану, словно Тамерланы, проносились бритоголовые баскетболисты NBA.

Шахматисты были не похожи друг на друга, хоть и состояли в родстве. Один был сверхчеловеческого размера, другой — в самый раз. Один нес на голове преогромнейшую растительность библейского пророка, другой по части макушки был полностью гол, но не на тамерлановский манер, а скорее на вольтеровский. Ну что там словоблудничать: это были Стенли и Алекс Корбахи.

— Ну, сдавайся, кузен, — сказал Стенли.

— Не могу, — ответил Алекс. — Хотел бы, да не могу. У нас, у русских, разваливается страна, но остается психология победителей. Вот тебе история из эмигрантской жизни. Приехал один дантист, не из тех, что, как я, по Данте, а нормальный, по зубам. Ему захотелось получить Нобелевскую премию по стоматологии. Позвольте, ему говорят, такой пока что нет в природе. А он, знаешь, из тех евреев, о которых родственники всю жизнь говорят: «Наш Моня — гениал!» Не может парень примириться с отсутствием приза, лезет по зубам все выше и выше, добрался до королей.

— Не удивлюсь, если получил, — сказал Стенли.

— Нет, не получил, но каков русско-еврейский характер!

Когда они прибыли в Свиствил, закат уже почти погас. По ночам здесь, несмотря на отсутствие в горе серебра, в небе разливается странноватое серебристое свечение. Над чепухой городка царит черная дыра шахты, в которую когда-то возили туристов. Поставив экипаж возле заколоченной почты, наши герои пошли по улице в поисках дома, где можно было бы заночевать. Ни души не было вокруг, даже кошки давно разбежались. На заброшенной бензоколонке «Ситгоу» единственным слегка живым предметом казался таксофон. По непонятной ему самому причине Алекс замедлил шаги перед этим аппаратом. Сколько лет уже в эту щель не падало ни одной монеты, подумал он. Смешно будет, если он сейчас зазвонит. Он зазвонил. Порывы пустынного ветра поднимали вокруг самумчики мусора. Алекс снял трубку.

— Простите, пожалуйста, — произнес женский голос. — Это звонок из Израиля. Мне почему-то пришел в голову этот номер с кодом района, о котором я, признаться, ничего раньше не слышала. Скажите, нет ли там поблизости человека по имени Алекс Корбах?

— Нора, — прошептал он. — Значит, это о тебе пела тут несколько часов подряд пустыня. Ты все та же? Все так же под ветром летят твои еврейские волосы, все так же подрагивают твои шведские губы?

— Дело не в этом, Саша, — сказала она. — Дело в том, что я нашла в раскопке нашего общего пращура. Он был запечатан в естественном саркофаге из окаменевшего меда. Тебе и Стенли необходимо его увидеть, пока на него не наложил лапу государственный музей.

— Завтра мы вылетаем, — пообещал он. — Мне так хочется увидеть тебя и нашего сына!

Она, звонившая из таксофона на тель-авивской набережной, в смятении чувств повесила трубку. Он в смятении чувств быстро пошел по призрачной улице мимо пустого банка, в котором чучела ковбоев-бандитов имитировали для туристов еще недавно столь любимый миллионами акт «холд-апа».

Стенли с Умником и Дураком сидели вместе на плоской поверхности скалы. На краю между тем Тих расправлял крылья и топорщил плюмаж.

— Я император птиц! — восклицал он. — Князь Алконост, хан Гамаюн, непокоренный Буревятник! — Под скалой топталась его аудитория, десятка три африканских страусов. Еще столько же неслось на сходку с разных сторон по твердой поверхности солончакового озера.

512

Теперь пришло время рассказать, откуда взялись могученогие нелетающие птицы на территории штата Очичорния, фауна которого никогда подобных существ не видала. Иной нерадивый читатель отмахнется: все это-де вымыслы автора, изрядно уже обалдевшего к концу своей истории о двух кузенах. И снова ошибется такой читатель: страусиные загадка и отгадка кроются, как всегда, в том, в чем кроются все загадки и отгадки нашего общества, — в деньгах. В конце прошлого десятилетия нашлись предприниматели, что решили превратить африканского обитателя зоопарков в солидную часть американского домашнего скота. По последнему слову техники оборудованы были фермы с инкубаторами, и начался большой бизнес.

— Эти сволочи перерабатывают гордую птицу до последнего кубика внутренностей и квадратика поверхностей, — горячился Тих Буревятников над полугаллоном «Смирновской». — Перья, кости, роговидные части — все идет в дело! Даже кишки на что-то натягиваются. Все жидкости страуса сгущаются в таблетки. Как для чего? Афродизиаки для ебли! А самое главное, конечно, мясо на гамбургеры. Нечто среднее, говорят, между курятиной и телятиной. Таким образом, мальчики, даю честное комсомольское слово, вся птица до нуля технологически перерабатывается на доллары. Да ведь это же Освенцим, братва! Это же ГУЛАГ нашей демократии!

Еще в самом начале своей трансформации в птицу Тих зарегистрировал у клерка графства Бердлэнд штата Очичорния общество под название «Свободные Птицы Запада» (Free Birds of the Occident). Учитывая особенности английского языка, первое слово могло считаться и глаголом и прилагательным, то есть могло нести и гордую заявку на существование, и горячий призыв к освобождению пернатых. Вторым членом СПЗ стал Стенли Франклин Корбах, о котором теперь всегда можно было сказать фразу из классического кино: «Он знал лучшие времена». Третьим членом вскорости оказался наш любезнейший Александр Яковлевич, решивший после крушения всех своих начинаний, что лучшего Фортуна ему не могла подкинуть.

Вы, конечно, еще не птицы, братва, сказал им как-то Тих. Ну хоть на этом спасибо, сказал Саша, забрасывая на крышу фургона свой некогда элегантный чемодан. Любопытно отметить, что после провала начинаний все его великолепные вещи очень быстро деградировали до уровня обычного бродяжьего скарба. Спешу все-таки вас обнадежить, сказал Тих. У вас у обоих, судя по всему, есть шансы присоединиться к нашему сословию. Настанет день, когда я вам подарю по комплекту крыльев, посвящу в птицы и мы улетим. К берегам Изначального Замысла? — поинтересовался Стенли. Как ты догадался, Стен, изумился Тих.

Вот именно туда, к тем блаженным берегам. Но прежде мы должны освободить наших братьев и сестер из концлагерей штата Очичорния.

Как и все борцы за свободу, они не знали лучшего средства, чем взрывчатка. В течение семи серебристых ночей семь взрывов проделали семь дыр в ограждениях семи страусовых ферм. Страусы, увидев неогражденные пространства пустыни Кулихунари, устремились на волю. В ход пошла метафизика свободы, господа. Уже несколько поколений этих созданий были до последнего кубика переработаны штатом Очичорния, нынешнее поколение выказывало все признаки домашнего скота, то есть бессмысленно топталось на огороженных плацах, совокуплялось, выгружало из внутренностей созревшие яйца, охотно двигалось к загонам на бойню, и вдруг вся традиция рухнула в одночасье; население лагерей ринулось в открывшиеся дыры, и привычки рабства были мигом забыты. Страусы понеслись, мощно работая далеко еще не атрофированными конечностями, бессмысленные, как всегда, но вдохновленные пространством.

Тих Буревятников каждую ночь собирал освобожденный народ на свои выступления. Многих бегунов привлекали его трубные призывы, клекоты и пересвисты. Иной раз собиралось не менее сотни существ. Он называл их представителями с мест. Так и сейчас он обратился к страусам с речью: «Птицы, вольные дети эфира! — Он как-то упустил, что такое обращение не очень-то уместно по отношению к нелетающим пернатым. — Никогда больше не позволим жадным гуманоидам перерабывать нас на утилитарные субстанции! Да здравствует воздушный океан!» С этими словами он расправил крылья и сиганул в этот самый океан.

— Ты его давно знаешь? — спросил Стенли.

— Дюжину лет, не меньше, — ответил Александр. — Он, правда, утверждает, что еще раньше курировал наш театр по линии ЦК ВЛКСМ, но этого я не помню.

— А он неплохо планирует, — заметил Стенли. — Не удивлюсь, если в конце концов научится и взлетать.

— Есть новости, — сказал АЯ и поведал кузену о звонке Норы.

— Цикл, кажется, замыкается, — такова была реакция короля в изгнании.

— Во всяком случае, если считать этот роман лирическим циклом, — согласился АЯ.

Разговаривая, они следили за Тихом, который, сложив теперь крылья, ходил среди страусов и в чем-то их убеждал со страстью комсомольского вожака. Птицы толпились вокруг него, качали головами, взвихривали перья. В их позах, казалось, сквозило еле сдерживаемое негодование.

— Я сказал ей, что мы завтра прилетим. — АЯ почесал ту часть своего затылка, откуда вследствие бродячего образа жизни стал уже свисать полуседой хвост. — Однако как мы зарезервируем международный рейс без того, чтобы попасть в газеты?

— Друг мой Панург, Пантагрюэль и в изгнании остается Пантагрюэлем. — Стенли вытащил из мешка свой портативный телефон, которым не пользовался уже, почитай, три месяца. Он потыкал в него узловатым, как корень женьшеня, пальцем, и вдруг на скале послышался отчетливый голос Эрни Роттердама, командира воздушного корабля «Галакси-Корбах»:

— Стенли, неужели это ты? Роджер!

— Эрни-Перни! — радостно заржал гигант. — Где ты сейчас находишься?

— Над Саудовской Аравией, сто пятьдесят миль к северу от Риада, — ответил командир. — Выполняю рейс по заказу общества «Черные дети Моисея». Я тебе нужен? Роджер.

— Ты нам с Сашей нужен. Ну, конечно, он рядом. Сашка, скажи пару слов Эрни!

— Фак-твою-в-расфаковку, Хиеразм Роттердамский! — крикнул сбоку Саша и получил в ответ хорошую дозу дружеской материщины.

— Мы в пустыне Кулихунари, — сказал Стенли. — На окраине бывшего города Свиствил. Ты можешь здесь сесть на дно соляного озера. Нам нужно в Израиль.

— Вас понял, — четко ответил Роттердам. — Сейчас я проверю на компьютере, когда смогу прибыть. Держи трубку, босс!

Пока где-то там, над Саудовской Аравией, капитан «Галакси-Корбах» делал выкладки на своем компьютере, под скалой вымершего города Свиствил стали происходить неожиданные события. Страусы заталкивали Императора Птиц в свою кучу. Его Величество, похоже, получал клювами по башке и лапами под задницу. Чтобы спастись, ему ничего не оставалось, как расправить крылья и взмыть над представителями с мест, что он и сделал. Страусы тут же бросились врассыпную в ночь Очичорнии. Приземлившись на краю скалы, Тих обласкал своих собак и приблизился к Корбахам.

— Ну их на хуй, — сказал он попросту. — Недостоин называться птицами этот мясокомбинат. Хотят обратно на фермы. О нас, говорят, там заботились. Да ведь вас же там перерабатывали без остатка, говорю я им. Каждый биообъект будет когда-нибудь переработан без остатка, отвечают. Философы хуевы.

В это время заговорил радиотелефон: «Стенли и Алекс, я приземлюсь у вас через двадцать часов восемнадцать минут. Друг из Лас-Пегаса доставит цистерну с горючим. Экипаж надеется на обед, но не в очень экзотическом стиле. Яичница из страусиного яйца сойдет. Подготовьтесь к отлету».

Три пары потрясенных глаз смотрели теперь на кузенов.

— Стен, Сашка, неужели вы нас бросите, гады нехорошие?! — проревел только что развенчанный император. Умник, подняв морду, трагически взвыл. Дурак залился истерическим дискантом.

— Нам, ребята, нужно в Израиль, — смущенно пробормотали кузены. — Там археологи откопали нашего предка.

— Да там, наверное, и моих предков под землей полно, — горячо возразил Тихомир.

— Да ведь ты же не еврей, Тих!

— Позвольте, позвольте, — запротестовал Тих в хорошей манере московской толкучки. — Если я не еврей, то кто тогда еврей? Буревятниковы сто лет уже евреи, только скрывали.

Нужно ли говорить о том, чем закончился этот разговор? Тихомир, разумеется, получил место в «Галакси». В свою очередь, не оставаясь в долгу, он деловым комсомольским тоном пообещал обеспечить всей компании бесплатный ночлег в Яффе. Там у него, оказывается, друг Аполлоша Столповоротников работает сторожем в армянском монастыре.

Пока что переночевали бывшие птицелюбы в заброшенном мотеле «Серебряная пуля». АЯ как натура сравнительно утонченная был единственным, кто не храпел. Чтобы сразу тут снизить образ нашего фаворита, добавим: не храпел, потому что не спал. Четверо других особей заливались кто во что горазд. Стенли к тому же путешествовал во времени и пространстве, выкрикивая грубые ивр†тские пререкания и не очень-то изящные римские команды. Что касается Тихомира, он, естественно, то ударялся в орлиный клекот, то впадал в сущую хлебниковщину, подражая пеночкам и трясогузкам.

Ну что ж, если то, что прошло перед нами и с нашим участием, это роман, значит, он приближается к концу: так думал Александр Яковлевич. Если, конечно, существует такая вещь, как конец романа. В театре я опускаю занавес или зажигаю свет: вот вам конец, уважаемые зрители, извольте расходиться по домам. В романе никто не расходится по домам, все сочиняют эпилоги.

Кем же становится персонаж, который в течение всех этих страниц упорно сопротивляется намерениям автора, оборачиваясь неожиданно для него то безнадежным неудачником, то нагловатым фаворитом Фортуны, то циником, то идеалистом, то Мельмотом, то кашалотом? Реален ли я, Александр Корбах, четырнадцать лет из жизни которого прошли перед тобой, о Теофил? Сочувствуешь ли ты мне или считаешь холодным фантомом? Можешь ли ты поверить моему горю, когда на пятьдесят шестом году жизни, выжатый этим романом, я оказываюсь в одиночестве посреди рухнувших идей, на пустыре души, по краям которого скользят тени тех, кто был мне дорог и кого я так бесславно порастерял в перипетиях непредсказуемого жанра?

Все потеряно, включая и родину, не найден и новый дом. Был ли у меня мой народ, кроме той одной сотой процента, которую так точно высчитали большевики? Три августовские ночи стремительно улетели в глубину кадра, и бесовщина теперь старательно забрасывает кадр говном. Получайте назад вашу циничную сволочь. Высший цинизм демонстрирует не братва в «мерседесах», а народные массы. После всего, что было раскрыто из истории коммунизма, они голосуют за коммунизм!

Я лежу на голом матрасе в «Серебряной пуле» посреди несуществующего штата, на моей не-родине, среди людей и животных, не принадлежащих ни к какому народу, кроме толпы персонажей. Эта страна не предлагает чужакам отечества, но она всетаки предлагает им The Homeland. Страна твоего дома, вашего, нашего, моего, твоего, их дома. Но вместо того чтобы стать законопослушным квартиросъемщиком, слугой ли на паркинге, профессором ли театральной школы, я упорно остаюсь персонажем романа с его анархичным сюжетом. На счастливую любовь, стало быть, не рассчитывай, в романе она завершается пороком, не так ли? Успех в этой ебаной полифонии дурманит, как наркотик, прежде чем развалиться на куски. Одна лишь душевная выгода остается, но немалая: тема стольких лет жизни, Дант и его любовь, не осуществилась; уцелела!

И вот то, что осталось от моего «нового сладостного стиля»: мотель с прорехами в крыше, Скорпио в темном небе и скорпионы на полу, обнюхивающие наших псов, и там, за морями, на нашей прародине, извлеченная из камней мумия Кор-Бейта, то ли фикция, то ли символ, то ли реальность воссоединения. «Господь Бог! Не смотри на упрямство народа этого, и на преступления его, и на грехи его!» (Дварим 9—10 экев.)

Утром, когда они вышли на волю, «Галакси-Корбах» уже ждал на идеальном естественном тармаке высохшего озера Охос. В дверях самолета сидел, свесив босые ноги, какой-то арапчонок.

— Наш новый стюард Менгистаб Невроз, — представил его капитан корабля. — Ветеран освободительной борьбы эритрейского народа.

В салоне все было по-прежнему, если не считать прожогов на обивке диванов, запаха прокисшего молока да кое-где рассыпанных твердых кругленьких какашек. «Черным сынам Моисея» при эвакуации на историческую (если не онтологическую) родину нередко удавалось протащить внутрь самолета любимых коз.

Через пару часов, заправив танки ворованным бензином, они взлетели в бескрайнее небо штата Очичорния, чтобы оттуда, преодолев беллетристический барьер, войти в воздушное пространство Соединенных Штатов. При наборе высоты на мгновение мелькнули под ними ворота одной из освобожденных страусовых ферм. Видна была очередь возвращающихся восвояси гигантских кур. Ну что ж, пожали плечами птицелюбы, мы хотели как лучше, а получилось как всегда. И сели играть в карты.

2. Марш теперь в Израиль

, и вот мы в Израиле. С неменьшей скоростью, наверное, летал и пророк Магомет, который так жаждал мира, но всех перессорил. Смеем ли мы, однако, хоть в чем-то упрекать пророков? Сами во всем виноваты, биологические мутанты. Так думал Стенли Корбах, неся свою собственную, почти пророческую, хоть и насыщенную алкоголем, голову над толпой тель-авивского приморского Променада.

Вся компания, пятеро мужчин (Стенли, Алекс, Тихомир, Эрни Роттердам и его бессменный штурман Пол Массальский), один мальчик-ветеран Менгистаб Невроз и две собаки, Умник и Дурак, медлительно и блаженно шествовали от отеля «Дан» в сторону Яффы, чей холмистый профиль с собором Святого Петра на вершине был еще несколько размыт утренней дымкой, хотя крест на колокольне уже зажегся под солнечным лучом еще до того, как мы завершили фразу. Умник, как обычно, вел Дурака на поводке и был особенно осторожен в новом месте. Дурак же необузданно восхищался гремучей доблестью Средиземного океана (не оговорка), отчего прошел добрых две трети пути на задних лапах.

Если бы эта страна была побольше хоть бы раз в десять, я бы бродяжил здесь весь остаток дней, думал АЯ. Увы, страна слишком мала для бродяжничества, а границы враждебны. С этим умозаключением Саши Корбаха, быть может, не согласилась бы компания бродяг, вольно расположившаяся под пучком потрескивающих на ветру пальм посреди хорошо подстриженного газона в десяти метрах от скалистого обрыва к темно-зеленой и гривастой поверхности моря. Кто-то из них чистил зубы, укромно поливая зубную щетку экономной струйкой воды из мягкой бутылки. Иной стоял в позе восточной медитации, хоть и почесывал ненароком вывернутую в сторону подушечного перышка утренней луны ступню. Основная группа завтракала из пакетов с буквами иврита, который так подходит для рекламы молочно-сырных продуктов. Проходя мимо, наши путники уловили отрывок разговора завтракающих россиян.

«...Никто не играл на контрабасе так сильно, как Лаврик Брянский. Он чувствовал этот звук. Я работал с ним в команде Лукьянова, а потом у Козлова в «Складе оружия». Лавр был врожденный басист, но слишком бухал».

Все три названных имени были знакомы Александру. Он притормозил и вгляделся в бородатые лица типичных джазистов. «Слиха, адони?» — спросил один и откусил от большого багета. АЯ в широкополой шляпе был неузнаваем.

Свернув с набережной и пройдя по грязноватой улице с темными кавернами винных лавок, группа Стенли вышла на другую набережную; это была уже Яффа, древняя Иоппа, что была на пару тысчонок лет старше самого Иерусалима. Здесь стояло множество еврейских и арабских стариков рыболовов. Один из них дернул длинную удочку и застыл с изумленным и, пожалуй, даже оскорбленным выражением лица. На крючке вместо рыбы болтался какой-то черный отросток, который выглядел бы как преувеличенный трепанг, если бы не был похож на размочаленную галошу. Нет, я не этого от вас ожидал, господин Океан, казалось, говорило лицо старика. Позвольте, позвольте, я совсем не того от вас ждал!

Стенли Корбах был в приподнятом настроении: «Послушайте, братцы, ведь, может быть, именно вон к той скале под нами была прикована Андромеда, и уж наверняка именно из этих круговертий воды выплывал каждое утро морской монстр, чтобы садистски насладиться красавицей. И вот именно сюда, перекрыв пространство и время, явился спаситель Персей!»

Один из рыболовов при этих словах слегка повернулся и одобрительно подмигнул всей компании. АЯ был готов поклясться, что это не кто иной, как Енох Агасф.

В кружении вод вокруг заброшенного маяка Старой Яффы чувствовался какой-то иной, не нашинский, отсчет времени, если там вообще шел какой-то отсчет.

«Стен, ты мне напомнил картину Пьеро ди Косима, живописца пятнадцатого века, — сказал АЯ. — Однажды я долго смотрел на нее в галерее Уфицци. «Освобождение Андромеды», так она и называлась. Морзверь на ней был так уродлив, что даже вызывал сочувствие. Несусветные бивни и спирально закрученный хвост. Из его присосков, кстати, в разные стороны били струи, как из своего рода брандвахты. Измученное, но все еще прекрасное тело Андромеды классно выделялось на фоне скал Иоппы, похоже, тех самых, что мы лицезреем в данный момент. Маленькая фигурка Персея стояла у морзверя на загривке, меч в резком гусарском замахе; один из немногих мировых примеров торжествующей справедливости.

Самое удивительное состояло в том, что берега на картине были усыпаны публикой. В детстве мне всегда казалось, что роковой треугольник был разрублен без свидетелей, просто среди бунтующей стихии. По версии ди Косима, однако, там было полно народу в красивых одеждах, и на лицах у них был написан скорее экстаз, чем сострадание».

Рыбаки на набережной давно уже прислушивались к этой беседе. Дед Агасф покашлял, желая привлечь к себе внимание. «Ваш художник прав, молодой человек! Эти дела монстра с Андромедой давно уже привлекали внимание местных жителей. Вопли девушки во время сеансов насилия, равно как и оглушительное хрюканье монстра, поражали воображение. Я тут сам был в то утро, когда из туч выпрыгнул Персей. Восхитительное зрелище — карающий герой человеческого размера!» — с этими словами дед Агасф расшаркался и удалился, неся ведерко, из которого торчали три рыбьих хвоста. «Он что, нас не узнал?» — удивился Александр. Стенли пожал плечами: «Может быть, просто сделал вид, что не узнал. История завершается, он ищет для себя какое-нибудь другое поприще. А может быть, это и не наш: на ханаанских берегах полно Вечных Жидов».

На подходе к порту и за воротами по левую руку высились стены и громоздились террасы Старой Яффы. Бетон здесь непринужденно перемешался с базальтом. Узенькие лестницы в стенах с веющими над головами символами средиземноморских цивилизаций — сохнущими подштанниками вели на вершину холма, в туристическую зону, и в Абраша-парк. На разных уровнях висели разноликие балконы; то страждущие иноки были видны на них, то ловцы кайфа в гавайских шортах.

С одной из яффских террас, а вернее, с плоской крыши армянского монастыря, прилепившегося к обрыву среди бетонных и базальтовых сводов, взирал на подходящих сторож религиозного заведения Аполлон Столповоротникер. Внешность: бритая голова с буденновскими усами под крупным носом, мелкие глаза, полный набор плечевой мускулатуры, выпирающей из безрукавной майки, полное отсутствие брюшной, если не считать таковой свисающего, как кот в мешке, пуза. В советском искусстве Аполлон принадлежал к поколению сторожей, что пряталось от соцреализма в дворницких, бойлерных и подсобках разного рода. В израильском искусстве он остался в рядах того же поколения, хоть и сменил окончание «ов» на окончание «ер», только теперь он уже обитал не в низах, а на верхотуре, где башка его постоянно шелушилась от средиземноморского солнца. Гостям он был всегда рад и нередко выкатывал на свой бастион оцинкованный бочонок пива «Маккаби»; на этот раз выкатил два.

Тихомир Буревятников с удовольствием оглядывался. Он гордился тем, что у него и в этой отдаленной земле оказался такой красивый друг, которому он давно, еще со времен разгона комсомольскими дружинами подпольных московских выставок, прочил великое будущее. Вдруг внимание его привлекла странная фигура на соседней крыше.

— А это что такое, Аполлоха?

— Изваяние, — сказал Столповоротников и пояснил: — Изваяние орла.

Изваяние было наляпано из остатков цемента строительными рабочими, сооружавшими пристройку к монастырю. Орел стоял в вертикальной позиции, раскинув то ли крылья, то ли рукава обширного лапсердака. Ноги его были как бы в брюках, но из-под штанин все-таки торчали подобия когтей. Горбоносый лик выражал оскорбленное изумление, подобное тому, что появилось у давешнего старика, выудившего из моря совсем не то, что ожидалось.

Тихомир ахнул. Антиорнитологический зарок его развеялся. Орлы все-таки живы и дело их живет, подумал он. Как бы невзначай он развел руки и вскинул голову, отвергая подсунутую вместо ожидаемой рыбы галошу.

Между тем Стенли Корбах, расположившись в непосредственной близости к бочонку «Маккаби», размышлял вслух о природе мифологии: «Все наши Андромеды, Персеи и чудовища были, есть и будут, пока стоит мир и отражает страх, надежду на блаженство и юмористический жест. Человек из божественного смысла творил карнавал богов и героев по своему подобию. Аристотель, господа бродяги, был не так прост, хоть он и не отрекался от язычества. Он знал, что Бог непостижим, и понимал, что Олимпийский сонм — это посильные человеческие воплощения непостижимости.

Иудаизм героически отказался от многобожества, но и он не мог держаться чистой Непостижимости, ибо она невыносима человеку. Пророки-посредники — Авраам, Иаков, Моисей, пророк Иона в чреве китовом — это человеческие образы Божества.

Именно на стыке постижимого и непостижимого возникает христианство. Монотеизм для иных умов предстает пустотой. Бренная биология кажется ловушкой. Человек видит себя во вселенском одиночестве агнцем для какого-то, с его точки зрения бессмысленного, заклания. Именно тогда Бог посылает нам своего Сына, то есть самого себя во плоти. Лик Богочеловека максимально приближен к нашим возможностям постижения. Плоть его говорит о том, что Бог разделяет нашу участь, наши страдания. Мы не одиноки, мы просто на обратном пути из Изгнания к Истинному Творению. Вслед за Христом возникает сонм очеловеченных святых образов: апостолы, Богородица, Магдалина, Георгий Победоносец и другие мученики. Поэты присоединяют к ним свои идеалы, как Данте это сделал со своей Беатриче.

Иными словами, все это всегда с нами, бродяги, повсюду, и даже в этом бочонке. Сквозь воздух и сквозь пиво в нас вливается Святой Дух, и, если начнете дурачиться, не забывайте об этом и тогда не докатитесь до свинства».

Вскоре на террасе появились русские бродячие музыканты. Засвистели на флейте, забренчали на гитаре, ладонями застучали на бедуинских барабанах. Армянские монахи отрывались от святых книг, высовывались из окон и улыбались. Настоятель улетел в Эчмиадзин, объяснил Аполлон, значит, можно немного побузить. Но без баб, добавил он. Увы, без баб.

— Послушай, Аполлон, где тут работает археологическая экспедиция? — спросил Саша Корбах.

— Здесь их много, — ответил Столповоротников. — Вся свободная земля поделена между солдатами и археологами.

— Дело в том, что тут найден древний предок всего нашего рода, — вздохнул Саша Корбах. ·

— Это здесь бывает, — кивнул художник. Он стал выносить и расставлять на крыше свои холсты на подрамниках, а также куски приваренных друг к дружке труб, то есть скульптуры. Похоже, что тут не только птица Тихомир сумасшедший, думал он. Может быть, купят что-нибудь из работ. И кстати, не ошибся: после этого сборища на крыше он стал состоятельным человеком.

Как же мне найти Нору, думал Саша Корбах. Она назначила встречу в Израиле, но ведь Израиль ой как велик. Придется отбросить логику и позвонить наугад по законам этого романешти, то есть так же, как это сделала и она, задребезжав в Свиствиле. Ну что ж, попробуем, пока все еще не пьяны.

Он сбежал по лестнице, на которой когда-то один иудейский копейщик мог сдерживать двух римских «тяжеловооруженных», потому что третьему было уже не просунуться. Трущобные улицы старого порта были полны гуляющих. Народ рассиживал за столиками на фоне качающихся мачт. Прямо с суденышек торговали отменным марлином, кальмаром, осьминогом, галошеобразной каракатицей. В огромных обшарпанных ангарах, где когда-то Бог весть что лежало у турок и англичан, теперь торжествовало искусство: маслом и акрилом бесконечные вариации на сюжет Андромеды, а также просто скалы и просто волны, прочее айвазовскианство, россыпи ювелирного дребодана, включая крошечные звезды Давида, крестики и полумесяцы, сошедшиеся мирно в туристском бизнесе. Меж этих пакгаузов на растопырках стояли в нелепых для плавсредств позициях ржавые катера и кораблики. Меж ними пылал на солнце всей мощью своего металла израильский таксофон. АЯ потыкал в него шесть раз своим грешным указательным, даже не вникая в комбинацию цифр.

— Сашка! — воскликнула Нора. — Ну вот и ты наконец! А мы уже выезжаем!

— Куда вы можете выезжать? — спросил АЯ с еврейской интонацией. — Откуда ты знаешь, где мы?

— Все уже знают, — ответствовала она с юношеской оживленностью. — Вчера здешняя газета «Неттехнам» сообщила: крупнейший в истории банкрот Стенли Корбах, чудом спасшийся от преследования агентов Нормана Бламсдейла, прибывает в Израиль. Вместе со своим окружением, среди которого находится известный режиссер Алекс Корбах, провалившийся со своим грандиозным кинопроектом в Голливуде, он остановится на крыше армянского монастыря в порту Старой Яффы, где сторожем Аполлон Столповоротникер, восходящая звезда нового израильского визуального искусства. Итак, я выезжаю, и не одна!

— С кем же? — спросил он на этот раз в водевильном стиле.

— Догадайся! — крикнула она со странной игривостью.

— С Омаром Мансуром, — предположил он.

— Идиот! — сказала она и повесила трубку. Перезвонить он уже не мог: во-первых, не помнил номера, а во-вторых, понимал, что нелепо перезванивать в последней части.

Он сел на солнцепеке и привалился к стене армянского монастыря. Ящерка порскнула из-под его задницы и села напротив, уставившись рубиновыми крошками; вылитый Попси Путни! Он протянул ей руку. Хочешь жить у меня под рубашкой? Хочешь стать талисманом неудачника? Пока она раздумывала, подъехала Нора на белом, как бы мраморном, джипе. Рядом с ней сидел маленький мальчик, вылитый Александр Яковлевич: такой же свободно растягивающийся шутовской рот, несколько оттопыренные ушки, большие глазищи, смеющиеся тем же огоньком, каким они когда-то смеялись и у Александра Яковлевича.

— Джаз, помнишь, ты у меня недавно спрашивал, кто твой папа? — спросила Нора и ладонью показала на сидящего у стены монастыря немолодого мужчину в сандалиях на босу ногу. Мальчик спрыгнул с машины и подбежал к отцу.

— Ты, кажется, тоже не любишь стричь ногти на ногах, дадди?! — торжествующе вскричал он.

Саша Корбах прослезился. Отчего ты плачешь, дадди? А фиг его знает отчего, сынок. Месье, ваш сын не приучен к подобным выражениям. Он плакал все пуще, изливался и подмышками, и плечами, и межлопаточными пространствами. Да ты весь мокрый, папочка, хохотал сын, посаженный на загривок. Как будто купался! Они поднимались по узкой, вырубленной в скальной стене лестнице на крышу монастыря. Впереди бодро прыгала милая, затянутая в белые ливайсы, то есть тоже почти мраморная. Я весь мокрый от счастья, мой Джаз. Ты довольно тяжеленький, а я все еще слаб после жизненных неудач и огорчений. Неудач, папа? И огорчений, сынок. Сашка, не хнычь, у тебя впереди еще встреча с пращуром, ты должен быть бодр!

Они вышли на крышу. Там высился старый гигант, облачившийся по случаю праздника в голубой туарегский бурнус. Он что-то вещал густо собравшейся вокруг шпане, обводя руками средиземноморский окоем и тель-авивское лукоморье. Глаза не изменяют мне?! Так вскричал с восторгом малыш Филипп Джаз Корбах. Это, кажется, мой дедушка?! Джаз, мой мальчик, наследник рухнувшей империи! Дед в складках бурнуса, слегка спотыкаясь под русские синкопы, устремился к внуку. Мать и отец малыша отошли к краю крыши. Над головами толпы к ним подплывал свежий бочонок пива.

— Когда мы того увидим? — спросил АЯ.

— Завтра, — ответила она. — Состоится государственная церемония. Нас, конечно, всех ждут.

Над Яффой с соловьиноразбойничьим свистом пролетел сверхсекретный бронированный вертолет израильских ВВС. Демонстрируя что-то свое, сокровенное, он свечкой взмыл в поднебесье, откуда сразу спикировал к морю. Едва не зачерпнув воды винтом, он снова взмыл, чтобы снова упасть, и так развлекался до конца супружеского диалога. Акция устрашения: «Хамаз» был в городе.

— Мне немного страшно, — призналась она.

— Отчего? — спросил он.

— Не знаю, но так или иначе все подходит к концу. Почти все страницы уже перевернуты.

Он раздосадовался:

— В конце концов, лишь чернила иссякнут, но не жизнь. И потом, знаешь ли, это ведь моя история. Она закончится, но вы все пойдете дальше, вот и все.

— А ты?! — вскричала она и повисла у него на груди.

— А может быть, и я, — сказал он. — Это от меня и от тебя зависит, а не от романных прихотей.

— Ну наконец-то мы, кажется, подходим к настоящей любви, — вздохнула она.

— Расскажи мне о Кор-Бейте, — попросил он.

Она поведала ему о своем магнитофончике с записью отцовского послеоперационного бреда и о «сдвиге времени», который она испытала при виде стайки скворцов в Ашкелоне. Сразу после этого ее группа начала раскопки, которые своим темпом скорее напоминали спасательную операцию. В том месте уже копали, и не раз, и никогда ничего не находили. Знающие люди ее отговаривали, но она стояла на своем. Они применили самую передовую технику — геофизическую дифракционную томографию, — и неожиданно с потрясающим успехом. Под землю с помощью специальных устройств запускаются звуковые волны. «Геофоны» фиксируют вибрацию поверхности по мере прохождения этих волн. Компьютер завершает дело, создавая карту пустот в трех измерениях. Так мы обнаружили нечто невероятное на глубине, до которой прежние экспедиции не доходили. Мы открыли всю эту скалу и нашли там остатки стен, полы на двух уровнях, каменный и деревянный, склад выделанных кож и множество артефактов, в частности скорняжные инструменты, сундучки с римскими, иудейскими и сирийскими монетами, целые амфоры с мукой, оливковым маслом и вином, куски мебели и домашней утвари, римское оружие, меноры, украшения, остатки колодца и хорошо устроенного водопровода. Там было также несколько скелетов, мужских и женских, в позах, говорящих, что этих людей, возможно, застала внезапная гибель. Скелеты животных, а именно лошади, собаки и двух кошек, как бы подтверждали эту гипотезу. Главная сенсация, однако, ждала впереди. В одном месте, где, по идее, должно было быть очередное расширение объема, звуковые волны упирались в подобие монолита. Мы прошли к этому месту и обнаружили грубую каменную кладку. В конце концов мы нашли своего рода естественный саркофаг, который, очевидно, образовался в результате мощного земного толчка с подвижкой скальных пород. В течение веков туда не поступали ни воздух, ни вода, вот почему так идеально сохранилось найденное там тело человека, погибшего почти две тысячи лет назад. Вдобавок к каменной защите он был покрыт толстым слоем окаменевшего меда, очевидно пролившегося на него из расколотой огромной амфоры. Иными словами, он был похож на миллионолетнюю окаменелость, сохранившуюся внутри янтаря. По всей вероятности, его завалило уже мертвым, поскольку меж ребер у него был уходящий в сердце наконечник большого римского копья, типичного оружия легионера. Мы нашли в этом поместье также пергаментные свитки с торговыми записями на иврите и по-гречески, из которых нам и стало доподлинно известно, что сохранившееся тело принадлежало богатому торговцу Зееву Кор-Бейту, примерно сорока лет, родом из Иерусалима, который за два года до катастрофы открыл прибрежную торговлю своим товаром прямо за западной стеной Ашкелонской крепости, возле городских ворот. Лавка его, очевидно, стала одной из первых добыч высадившихся с моря римлян.

Здесь, в Израиле, археологи сейчас стараются как можно дольше держать свои открытия в секрете. Фанатики недавно окружили одно из открытых захоронений Хасмонеев. Они считают археологию святотатством. Раскопки нарушают покой мертвых, что вызовет массу затруднений, когда придет Машиах. Слава Богу, государство пока так не считает.

Нам пришлось сразу обратиться за помощью в израильскую академию наук, хотя мы еще и не сообщили в печати о своем открытии. Естественно, мы сами не могли обеспечить презервацию тела Кор-Бейта. Космический объект — помнишь, мы с тобой говорили, что человек после смерти становится космическим объектом? — стал немедленно разлагаться под воздействием воздуха. Ну, в общем, Лилиенманн помчался в столицу, поднял там секретную тревогу среди высокопоставленных особ. Вопрос решался на закрытом заседании комиссии кнессета. Сенаторов, естественно, волновал вопрос, не филистимлянин ли наш «джондоу» или еще какой-нибудь инородец, однако после того как мы предъявили фотографии пергаментов и прочего, удостоверяющего иудейское происхождение, они пришли в неописуемый восторг: прибрежная полоса неоспоримо — за нами! В два дня все было сделано, и теперь наш предок лежит за стеклом, в вакууме, вроде Ленина. Он наверняка станет одним из главных экспонатов Музея Израиля, а наши ашкелонские раскопки превратятся в место паломничества, ну а твоя жена будет считаться вторым Шлиманом в современной археологии.

— Жена?! — воскликнул он. — Ты себя назвала моей женой?!

Она смутилась. Взгляд исподлобья, который когда-то сводил его с ума. Теперь, среди небольших морщин и легкой отвислости щек, он вызвал в нем глубочайшую, почти археологическую нежность.

— Ну, это я просто так сказала, — проговорила она.

— Нет, это не просто так! — горячо возразил он. — Если ты всерьез так сказала, тогда на этом можно и закруглять всю историю. Ведь это же конечный результат всего моего театра! Это просто означает, что «новый сладостный стиль» все-таки торжествует!

— Позволь, позволь, — с лукавостью, которая была бы более уместной где-нибудь в середине книги, чем на ее последних страницах, сказала она. — Нам еще рано закругляться. Нелепо завершать повесть этими вашими русско-еврейскими восклицательными знаками.

— Мы сейчас на еврейской земле! — воскликнул он. — Ваш mid-atlantic English порядком мне надоел с его сдержанностью. Оставляю за собой право раскручивать кегли восклицательных знаков на земле предков!

— Как я люблю тебя, Сашка! Неужели я так уже стара, что тебе не хочется стащить с меня джинсы?

3. Предфинальные омовения

Тут вдруг обнаружилось, что они находятся вовсе не на крыше среди разгулявшейся компании, а в маленьком трехстенном кафе, у столика в углу, над кружками с мятным израильским чаем. Вместо четвертой стены в этом помещении не было ничего, кафе было открыто в сторону прибрежной дороги с ее густым траффиком, за которой тянулась широкая эспланада, выложенная ненавязчиво-еврейской мозаикой, а по эспланаде равномерно шествовала в две разные стороны, то есть как бы и не шествовала, а просто колебалась, толпа легко одетых евреев. Тыл этой неплохой картины возникал во взаимодействии пляжа, где песчинок, должно быть, было не меньше, чем человеческих судеб с допотопных времен, с остатками упомянутого потопа, то есть с темно-голубой массой Средиземного моря.

Каждый мало-мальски изучавший географию читатель знает, что морские рубежи Израиля довольно прямолинейны, поэтому ему нетрудно будет представить вражескую эскадру, растянувшуюся перед нами по горизонту в закатный час и готовую открыть огонь по густонаселенным берегам. Столь же легко он вообразит себе эту эскадру в виде вереницы костров после упреждающего удара наших ракетчиков и авиации. Но лучше не надо. Лучше займемся нашей парочкой в маленьком кафе над кружками с мятным чаем.

В этом темном углу мне нетрудно увидеть тебя юной блядью, как когда-то это случилось на бульваре Распай, но знаешь ли, мне кажется, что теперь наша любовь поднялась выше сексуальной возни. Нора усмехнулась: теперь ты, кажется, меня, прелюбодейку, решил возвести в ангельский чин? Ему показалось, что она смеется над провалом «Свечения». Он боялся каким-нибудь неловким словом разрушить их новую, невысказанную еще нежность. Я просто хотел сказать, что мы еще не узнали настоящей любви. Она с досадой отвернулась к морю и вдруг бурно расхохоталась, привскочила со стула и захлопала в ладоши: посмотри, кто там идет по набережной! Сашка, мы присутствуем при потрясающей литературной встрече!

Следующая мизансцена действительно стоила аплодисментов. Со степенной грацией непревзойденной львицы среди изумленных израильтян шествовала не кто иная, как Бернадетта де Люкс. Платье в цветах и фазанах тянулось за ней многометровым шлейфом. Длиннейшие, до лобка, разрезы при каждом шаге обнажали ноги, каждая из которых сама по себе напоминала великолепную деву. Предельно обнаженный плечевой пояс напоминал о шедевре спортивного киноэпоса небезызвестной Ленни Рифеншталь. Грива ее, как в лучшие годы, реяла под устойчивым бризом, подобно хвосту Буцефала, коня Александра Великого, который как раз вдоль этого побережья и в том же южном направлении пролетал 2350 лет назад.

Рядом с Бернадеттой, постоянно приподнимая лоснящийся черный цилиндр в знак приветствия еврейскому народу, шел представитель американского профсоюза шоферов-дальнобойщиков Матт Шурофф. Да, собственно говоря, вся старая компания с пляжа Венис была тут в сборе: и Бруно Касторциус, министр теневого кабинета посткоммунистической, но все-таки еще немного коммунистической Венгрии, который успокаивал публику многосмысленными жестами, поклевывая все-таки по старой привычке какую-то еду из благотворительного пакета, и Мелвин О'Масси, только что завершивший консолидацию нескольких корпораций и получивший за это гонорар в полтора миллиарда долларов, этот озарялся юным счастьем, поглядывая сбоку на королеву своих компьютерных сновидений, и Пью Нгуэн, недавно возглавивший госбезопасность нового буржуазного Вьетнама, и даже старый Генри, пианист из «Первого Дна», с неизменной сигарой среди мостов своего рта, слегка напоминавшего его пианино, — все они двигались легко, как во сне, и с легкими улыбочками как бы вглядывались в толпу, словно спрашивая: а где же наш Лавски?

Лавски, как мы знаем, наблюдал их со стороны, а вот точно навстречу Бернадетте с ее свитой, то есть с юга на север, двигалась другая процессия наших персонажей во главе с гигантским стариком в голубом бурнусе, чей рост еще более возрос за счет сидящего на плечах внука, который одновременно являлся и его пятероюродным племянником.

Кто-нибудь из ехидных читателей, безусловно, тут же не преминет подловить автора: опять вы, милейший, тащите свои процессии и одновременно теряете героев? Разве не вправе мы ожидать в окружении Бернадетты еще одного маленького мальчика? Или все ваши ссылки на его появление носили сугубо безответственный, чтобы не сказать служебный, характер?

Нет-нет, друг ехидный, не поймаете. Вы, нетерпеливый, даже не дождались, когда протащится через страницу целиком весь шлейф Бернадетты. А ведь несет-то шлейф как раз ее любимый отпрыск, чудесный Клеменс, смуглая копия своего отца Стенли. А ведь в кружевах этого шлейфа, подобно форели в водоворотах Ниагары, мелькает и вами, милостивый государь, возможно, не всегда вспоминаемый самец чихуахуа по имени Кукки.

Но вот эти две делегации сошлись и смешались. Поиздержавшись словами, мы даже не можем как следует описать это слияние. Заметим только, что весь народ на эспланаде был радостно изумлен: и сабра, и олим, и галут, и трепетные фалаши, и русские атеистические циники, и дати, и хабады, и патрульные, и агенты в штатском, а обвязанные динамитом «хамазники» забыли, для чего сюда приехали, и попадались, как кур в ощип, то есть перехватывались по дороге в рай.

Между тем солнце, почти как всегда, собиралось нарисовать перед всем протяженным в длину городом идеальную картину морского заката. Закаты морского Израиля, ей-ей, тут нам есть, чем похвалиться! Не встречая никаких промежуточных станций, вроде каких-нибудь скалистых островков, солнце Торы и Танаха садилось прямо в море. В утонченных переливах бутылочного стекла, в протянувшихся над горизонтом полосах лиловости, в пушечных дымках рассыпанных по медному фону облачков закат предлагал каждому желающему вычислить близость Апокалипсиса.

— Послушай, Наталка, — обратился АЯ к хозяйке кафе. — У тебя тут есть какая-нибудь отдельная комната?

Бывшая ведущая актриса театра «Шуты» Наталка Моталкина выкинула из отдельной комнаты залежавшегося законного, бывшего генерала по надзору за театрами тов. Клеофонта Степановича Ситного. Этот последний, несмотря на солидный сундучок кагэбэшной валюты, не пользовался на набережной никаким авторитетом. Только все эти ебаные роли, которые все еще толкутся в моей башке, мешают мне выбросить на хуй этот мешок с говном, говаривала Наталка на интеллигентском жаргоне шестидесятых-семидесятых. «Вставай, жопа, и сваливай к своему Завхозову! — крикнула она сейчас. — Койка нужна гению поебаться с американочкой!» Товарищ Ситный напялил китайскую шляпу из рисовой соломки, раритет золотых большевистских пятидесятых, и отправился по соседству в небоскреб «Опера-хаус», где на двадцать восьмом этаже в пятимиллионном пентхаусе нынче обитал бывший коллега из отдела особых поручений, генерал-майор Завхозов, ныне президент крупнейшего российского концерна «Виадук».

Ситный знал о Завхозове много, но не все. В частности, не понимал, почему выдающийся финансист нашего времени месяц за месяцем сидит в еврейском небоскребе и даже не скучает погулять. Мы знаем о «финансисте» не все, но больше. Нам, например, известно, что однажды утром в своем московском офисе президент Завхозов решил проверить список тех, кто «на контракте»: кто действительно выбыл — земля им пухом, а кто нахально осмелился уцелеть. Случаются иногда истинные курьезы, чтобы не сказать куршлюзы: человечек, давно уже перечеркнутый, вдруг вечером появляется на телевизоре в живой программе и, как живой с живыми говоря, разглагольствует о проблемах национальной стабилизации. Такой непорядок прежде всего снижает авторитет «контракта», дает всяким гадам надежду уйти от ответственности; за этим надо следить.

И вот в то утро, применив известную в Москве только кучке персон систему кодов, он вывел «контракт» на экран компьютера и нашел там свое имя. Страх был таким ошеломляющим, что он даже не попытался что-либо узнать. Просто схватил свой «дипломат» и помчался в Шереметьево. Ближайший рейс был в Бен Гурион. Значит — туда! Под защиту Шин-бета!

Проход этого персонажа под воротниками металлодетектора вызвал пронзительный визг сыскного механизма. Весь в поту, он все-таки нашел силы изобразить симпатичную рассеянность. Ну какой я балда, все ключи с собой забрал: и от дачи, и от гаража, от шкафчика в теннисном клубе. Бросил металлосвязку в сторону, а потом забрал с небрежностью. Никому и в голову не пришло, что среди дряни там — три ключика от швейцарских сейфов. В общем, утек! И вот теперь сидит на верхотуре.

Ситного, как всегда, встретил китайский слуга, проверил магнитом и пропустил в квартиру. Друг вышел к нему с балкона. Здравствуй, ваше превосходительство! Что делал? Да как всегда, на волны смотрел. Это счастье, что только волны вижу с балкона, никого из этой — хотелось сказать «жидовни», но поправился — из этого стада. Ты вовремя пришел, вот что значит чекистский нюх! Гостью жду, классную бабу из наших интернационалок. Сейчас будем выпивать, закусывать.

Появилась смуглая красавица в платье из тончайшей замши. Движения ее были полны женственности, а взгляд — мужественности. Ситный немного засмущался в своем зажеванном пиджачке, в котором, собственно говоря, и валялся день-деньской, шелестя газетой «Совершенно секретно», однако дама сказала ему по-свойски:

— Да я вас знаю, Ситный, вы же из Пятого, да?

С ней вместе вошел мужчина восточно-аристократического вида, который при знакомстве буркнул что-то любезное, но непонятное.

Дама начала любезничать с Завхозовым, а джентльмен, как бы показывая, что у него с ней нет личных отношений, прошел к краю балкона и замер там, руки на груди, как демоническое изваяние. По всей вероятности, это был богатый араб, израильтян таких Ситный что-то не видел. Океан между тем продолжал разыгрывать свой предзакатный цветовой концерт: волны катили хамелеонами.

— Ну что ж, товарищ Саламанка, прошу к столу! — Завхозов потирал руки. В таком отличном настроении Ситный его не помнил.

— Этот дом над волной навевает печали, будто сон золотой у судьбы на причале, — продекламировала дама, полуприкрыв глаза, предоставляя хозяину подвести себя к столу, накрытому в отдаленном углу балкона.

— У судьбы на причале, — со сластью повторил Завхозов. — Ей-ей, не слабо!

Подошел демонический красавец, одну за другой выпил две рюмки водки, закусил ложкой икры. Вдруг заговорил на каком-то вполне понятном языке:

— Вот ты сидишь тут у себя, Завхозов, а там внизу творится вакханалия! Эта набережная, я ненавижу ее больше, чем что-либо другое в так называемом государстве Израиль! Они тут вообразили себя чуть ли не в Ницце! Начинают пить, не дожидаясь конца Субботы! Так уютно устроились на чужой земле! Вся эта их приверженность своему древнему культу — сплошная ложь. Давно уже продались золотому тельцу. Юноши жертвуют жизнью, разносят в клочки их автобусы, а они продолжают ловить кайф. Слепые сластолюбцы! Глухие обжоры!

— Ну-ну, зачем пороть горячку, Тамир, — стал увещевать гостя хозяин, не забывая попутно увещевать дланью и чуткое колено товарища Саламанки. — Почему не предоставить все дело истории? Политические движения приходят и уходят, а история живет. Ты согласна, Лялька?

— Нет уж, прости, Завхозов, я понимаю гнев Тамира. — Донельзя серьезное лицо гостьи в этот момент, казалось, не имело никакого отношения к сладкой коленке. — То, что вы там, в Энском, наполовину развалились, еще не означает конца народно-освободительного движения. Там, — курком своего пальца она показала вниз, — в этот момент две группы безобразных персонажей сливаются друг с другом. Вот вам хваленая карнавализация искусства, раблезианский рынок, все эти балаганы и шаривари во главе с общеизвестным чокнутым американским Гаргантюа. И в то же самое время, товарищ генерал, другое корбаховское ничтожество, ну, этот бывший худрук «Шутов», как его, не важно, занимается кровосмешением с развратной американкой. Тебе это известно, Тамир?

— Больше чем кому-нибудь еще во всей этой истории, — мрачно сказал гость. В темно-мраморной позе теперь он представлял собою фигуру неумолимости.

531

Саламанка расхохоталась:

— Подлая Америка, она все всасывает в себя! Где ваш «новый сладостный стиль»? Где ваша Беатриче? Все всосано. Теперь они валяются на пробздетом диване и замирают от счастья, две старые куклы!

— При чем тут диван? Почему это он пробздет? — неожиданно обиделся Ситный.

— Спокойно, спокойно, товарищи по оружию!

Завхозов продолжал увещевать колено революционной фурии, а другой рукой разливал по бокалам коллекционное шампанское, какого в Израиле, этой стране-уравниловке, днем с огнем не найдешь. Впервые за все месяцы после побега из Москвы напряжение его отпустило. Хорошо все-таки расслабиться среди верных друзей. Недаром все-таки заучивали с детства: «Он к товарищу милел людскою лаской». Ведь даже вот и этот, подлетающий сейчас к балкону человек-птица Буревятников, тоже ведь из нашей комсы, засранец эдакий, хоть и продался в свое время империализму, а все-таки наш.

— Ты куда это, Тих, собрался? — спросил он, изящно давая понять, чтобы на приглашение не рассчитывал.

Буревятников остановился в воздухе, мягко пошевеливая огромными крыльями, сияя всей ряшкой от немыслимого счастья вдруг осенивших его летательных способностей.

— Возвращаюсь к своим! — гаркнул он.

— Значит, в страну березового ситца? — с теплой грустью припомнил бывший убийца.

Буревятников гортанно хохотнул:

— К пернатому миру Северной Америки, генерал! — Плюмаж его пылал под средиземноморским закатом. Завхозов пожалел, что никто из его гостей, кажется, не видит этого удивительного феномена. — Передай-ка мне, друг, кварту спиртного и прощай со всеми своими грязными потрохами! — воскликнул Тих.

— А долетишь? — По-сталински прищурился генерал.

— Долечу, если не собьют! — С квартой спиртного в зубах он стал набирать высоту и удаляться от «Опера-хаус» и от набережной Тель-Авива, с каждым взмахом крыльев все больше уподобляясь океанскому альбатросу.

Добавим тут нечто, выходящее за пределы книги. Он долетел, хотя по нему из разных стран было выпущено 7300 ракет «земля—воздух», долетел, проведя в полете 5118 дней и 10 236 ночей, долетел, съев по дороге 44 897 рыб и украв с проходящих судов 7019 кварт спиртного, долетел, чтобы раствориться в закатных далях над океаном.

«И снег, и ветер, и звезд ночной полет, меня мое сердце в тревожную даль зовет», — мысленно спел ему вслед Завхозов песню своего поколения и только после этого вернулся к гостям. И продолжил:

— Нельзя все-таки забывать, что мы и сами оттуда. Как говорится, из-под той же обложки. Теперь каждый знает, что положительному герою не обойтись без отрицательного, а мы все-таки идеологи. Придет день Х, восторжествует истина в последней инстанции, но некоторых достижений приватизации у нас уже никто не отберет.

— Ты все о своем, Завхозов, — с досадой отмежевалась от соглашателя команданте Саламанка, — а ведь речь идет о таком сложном явлении, как полифония. Есть сброд внизу, но есть и целеустремленный герой. Войдя в эту историю, каждый из нас имеет право на проявление индивидуальности. Я понимаю историческое негодование Тамира и оставляю за ним право на любую революционную акцию. Так и я сама в любую минуту могу совершить то, о чем никто не мог и подумать на предыдущей странице. Вот так! — С этими словами кисть ее руки, словно морская звезда, влепилась в мохнатую лапу Завхозова и потащила ее от коленки вверх по бедру. Пора приступать, решила она, переходить с ним в спальню. Полифония полифонией, но с контрактом не шутят. Вопрос только в одном: ликвиднуть его до или после?

— Ну, всего хорошего, — стал немедленно откланиваться генерал Ситный. Карманы его пиджака были набиты отменными лангустами, а как человек, не чуждый драматургии, он уже понял, к чему тут все катится.

Саша и Нора лежали на «пробздетом» диване, замирая от нежности. В маленьком окошке под потолком ничего не было видно, кроме гадости: карниз цементной стены, безобразный ящик древнего кондиционера, прилипшая к нему обертка мороженого. Они, впрочем, и этого не видели. В те минуты, когда туда не заглядывал ангельский лик, мнилась им только серебристая пустота.

Почти неслышно, прямо в ухо, он читал ей снова и снова из Гвиницелли про Амура с его удивительной вестью, ласкал мочку и дужки этого уха языком и губами. С набережной доносились взрывы, но не бомб, а восторга. Почему ты не закрасишь свою седую прядь? Если хочешь, я закрашу, но говорят, что она мне идет. Что мне эта прядь, я, знаешь ли, по-прежнему чувствую себя молодой женщиной. А я чувствую себя глубоким стариком. Я этого не заметила. Ангел отлетел, и сквозь серебристую пустоту проник сильный запах псевдосибирских пельменей, большой котел которых Наталка Моталкина заваривала каждый вечер для актерской братии. Разве ты не почувствовала, что на тебе лежит старик? Видишь, у меня весь «огромный-человечий» покрыт гречневыми пятнышками? Я говорю про лоб, а не про что-нибудь другое. А у меня глаза были закрыты, когда ты лежал на мне. Ты был слаще сегодня своего «нового сладостного стиля», мой медок. Сбоку густой волной стал проходить запах псевдоборща, но между двумя съестными протоками вдруг, словно веретено, проник и прощекотал их ноздри аромат полутропических роз. Теперь уже почти темно, я не вижу никаких гречневых пятен на твоем лбу. Каким ты был мэрилендским фавном, таким и остался. Запах роз был задавлен прошедшим с грохотом по улице Айаркон грузовиком. Дух отработанной солярки пожрал и пельмени с борщом. Когда лежишь в таких цементных халупах, кажется, что и природы вокруг не осталось. В ста метрах от нас природа буйствует: скопище волн, водорослей, живых и дохлых рыб, чудовищ и морских богов. Ты знаешь, как однажды это море спасло народ Израиля? Это про пророка Иону? Нет, это история почти из наших времен. Гай Калигула, безумный мудак, приказал своему командующему в Сирии и Иудее внести его скульптуры в Храм. А для наших предков это было равносильно концу света. Они сбежались огромными массами и умоляли главкома Петрония отказаться от этой затеи. Кагены и первосвященники порвали одежды и посыпали головы пеплом. Петроний выступил со ступеней Храма и сказал, что император приказал побить весь народ, если будут противиться обожествлению его персоны. Народ закричал, что все готовы принять смерть за чистоту Храма. Потрясенный Петроний послал сообщение в Рим и отступил от Иерусалима в Антиохию. Взбешенный Калигула отправил Петронию приказ уничтожить весь народ Израиля. Череда штормов, однако, задержала прибытие этого приказа на три месяца. За это время в Риме убили Калигулу. Сообщение об этом не очень печальном событии было доставлено по спокойному морю за двадцать семь дней. Оно значительно опередило тот людоедский циркуляр. Так распорядился Посейдон, милый мой! Так мы были все спасены, и адони Кор-Бейт смог обзавестись семьей и родить детей. Ну, что ты молчишь?

— М-м-м, — промычал АЯ. — Я подсчитываю бюджет фильма.

— Пойдем-ка лучше помолимся Посейдону!

Солнце уже висело большим красным кем-чем — перебери хоть тысячу сравнений, ничего нового не скажешь, — ну, словом, супрематизмом Чашника висело над горизонтом, однако ничего зловещего ни в картине, ни в настроении созерцателей не наблюдалось. Дул свежий северо-западный ветер, шел ровный накат. В дополнение к нему между волнорезами и берегом приплясывали мелкие волнишки, и даже в этих переплясах чувствовалась некоторая синхронность, некий легкий ритм, в общем-то мало свойственный свирепой истории этой ривьеры.

Настроение на набережной было великолепным. Там и сям играли русские и марокканские оркестры. Один человек, захватив квадратик тротуара, мастерски водил марионеток, умудряясь разыгрывать в одиночку целые сцены между Коломбиной, Арлекином, Пульчинеллой и Доктором Даппертутто. Ему щедро бросали шекели. Заметив подошедших в обнимку пожилых любовников, он улыбнулся прежней ослепительной улыбкой, как будто говоря: «Надеюсь, узнали? Надеюсь, не забыли? Надеюсь, любите по-прежнему? Надеюсь, предательство зачеркнуто? Надеюсь, кирнем сегодня вечером?»

Масса народа почему-то бродила по мелководью — кто по щиколотку, кто по пояс. Многие сидели на волнорезах. Взоры были обращены к открытому морю, со стороны которого, раздув под попутным ветром огромный спинакер со звездой Давида, приближалась одинокая яхта.

Саша и Нора любопытствовали: что тут такое происходит? Похоже на то, что зреет какая-то сенсация. Сбросив туфли, они и сами стали входить в воду, и по мере удаления от набережной на фоне склоняющегося солнца их все еще стройные тела начинали напоминать их собственную юность. Вот так же, взявшись за руки, могли бы шлепать по мелководью, по розовым бликам, словно на рекламе тонкорезинного изделия «Троянцы», двадцатипятилетний Саша и пятнадцатилетняя Нора.

Прямо впереди в воде стоял и смотрел на них рослый человек в белом одеянии. Ветер трепал его длинные белые волосы. Что тут происходит, сэр, спросил его АЯ. Как, вы не знаете, удивился старик. Назревает удивительный мировой рекорд. На этой яхте приближается к нашему берегу супружеская пара морских путешественников, Ленор Яблонски и Энтони Эрроусмит. Ну вы, наверное, слышали, они тоже из наших. Уже много лет супруги бороздят океаны и рожают множество детей. Газеты пишут, что они произвели уже 800 детей над морскими пучинами. Подошедшие зрители охотно делились подробностями. Ленор старше Энтони на 48 лет, но выглядит на 28 лет моложе. Во время их первого путешествия, лет 45 назад, она родила подряд три тройни, и, что интересно, с интервалами только в три месяца. С тех пор и пошло: дети, дети, дети, не менее тысячи мальчиков и не менее тысячи девочек. Они оставляли их на воспитание в разных странах, чтобы не прерывать свой вечный вояж, и лучшие люди множества континентов брали на себя это благостное бремя. Среди воспитателей этих детей можно насчитать не менее 115 премьер-министров, 318 действующих и бывших президентов, 516 лауреатов, 604 герцога, 707 чемпионов мира, 800 виртуозов,

905 епископов, 1008 кино- и рок-звезд. Все дети великолепно выросли, кроме тех, что еще растут, получили первоклассное образование, отменный физический и интеллектуальный тренаж. Среди них уже можно насчитать не менее 300 высококвалифицированных врачей, 600 адвокатов, 750 сценаристов, 880 композиторов и музыкантов-исполнителей, полторы тысячи этих отпрысков работает на телевидении. По крайней мере одна треть этих детей, суммарно, женилась или вышла замуж в зависимости от пола. У морской четы уже появились первые внуки общим числом 4875 персон. Увеличение идет не в геометрической, а скорее в гомерической прогрессии. Возникает, однако, не только эпос, рождается новая раса, более свободная от последствий первородного греха, чем предыдущие.

Впечатленные этой информацией Саша и Нора отправились дальше к волнорезам, на которых скопилась основная масса встречающих. Старик пошел рядом с ними.

— Неужели вы меня не узнаете, брат мой и сестра моя? Ведь я же ваш бывший раввин Дершковиц. Уж двадцать лет прошло, как я оставил мэрилендский «Фонтан Сиона» и вступил в секту «Новых Ессеев Галилеи», но вы все-таки должны меня помнить.

— Двадцать лет?! — удивился АЯ.

— На этой стадии никто не нуждается в уточнениях, — тут же вмешалась Нора. — Конечно, мы вас узнаем, ребе!

Дершковиц с блаженной улыбкой стал забирать чуть в сторону. Он двигался к одной из скал ближнего волнореза, на которой словно дважды увеличенное изваяние императора Веспасиана восседал успевший побриться и постричься, а также и сменить бурнус на оранжевые шорты низвергнутый лидер всего романа Стенли Франклин Корбах. Подойдя, Дершковиц вынул из складок одежды две литровых бутылки пива. Одну он протянул Стенли, за другую взялся сам. Первая бутылка пива за сорок пять лет, пояснил он своему другу. Кто спорит, улыбнулся тот.

Под скалой, на которой теперь сидели два старика, в маленьком заторчике плавали два крошечных еврейчика, белокурый Филипп Джаз Корбах и черненький Клеменс Дедалус Корбах. Саша и Нора взяли детей и пошли с ними к пенному проходу между двумя волнорезами, в который уже входила яхта «Дельмарва». Уже видны были бронзовые фигуры экипажа. Длиннейшая, перекинутая через плечо и привязанная к поясу борода действительно делала Энтони несколько старше Ленор. У последней борода так и не отросла, ланиты ее сверкали, как апельсины из долины Кармел. Он убирал и сворачивал паруса, она стояла за рулем. На носу корабля между тем приплясывали три девочки — одна из знаменитых троек; быть может, самая первая.

Зажглись лампы телевидения, весь пляж огласился восторженными приветствиями. Неуязвимые вертолеты израильских

ВВС сбросили огромное число шаров и шутих. Солнце уже наполовину погрузилось в темно-сверкающее море.

— Нам всем надо стать нацией моря, — проговорил Стенли. — Филистимляне теснят нас с гор, но мы стоим на море и уж отсюда никуда не уйдем!

— Скажи мне, Стенли, ты ангел или черт? — спросил Дершковиц.

Гигант зачерпнул пригоршню воды и поболтал ее в ладонях, образовавших подобие финикийского челна. Вода ушла, а вместо нее остался блестящий, как звездочка, кристаллик соли.

— Открой пасть, Дерш! — сказал он другу и в открывшуюся пасть бросил этот кристаллик. — Теперь ты понял, кто я такой?

— Я умираю от жажды, — прокашлялся «ново-ессей», — а потому и напьюсь сегодня впервые за полстолетия!

— Сегодня мне все звезды кажутся кристалликами соли, — сказал Стенли. — О Пантагрюэль, ты, кажется, и впрямь был нашего рода!

Часа через два после водной феерии весь клан сошелся на веранде ресторана «Хадиаг», что в старом порту среди полуразвалившихся складов и полурассохшихся на берегу траулеров являет собой оазис света и комфорта. Над ними свисали там грозди винограда и больших воздушных шаров. Официанты сбились с ног, поднося противни с потрескивающими в оливковом масле рыбами Святого Петра, что поступали на кухню прямо с лодок, покачивающихся у собственного, ресторана, маленького причала. Свежим пивом и недорогими сортами средиземноморских вин щедро были уставлены все столы. Отдельно стояло хорошо знакомое по античной литературе крепленое вино из Фалерно. Глыбы сыров, преимущественно груеров и рокфоров, соседствовали с твердокаменной колбасой из Тосканы. Никто не озабочивался тут законами кошрута, хоть все питали к этому древнему делу исключительное уважение. Все как бы не замечали свежих устриц, но поедали их в избытке.

Волны бухали в темноте совсем рядом с длинным столом, за которым расселись все наши основные персонажи. Брызги морской воды иногда падали на стол, тут же раскатываясь по нему кристалликами соли. Пирующие со смехом бросали их в рот и, умирая от жажды, хватались за бутылки.

Вдруг официанты принесли 32-литровую бутылку коллекционного «Клико». На этикетке фломастером было начертано: «От нашего стола — вашему столу!» Подбородками, носами, кистями рук, указательными пальцами и общими поворотами гибких тел официанты указывали источник редкого дара. За пределами веранды, в глубине объемистой пещеры «Хадиага» с его бесконечными, развешанными по белым стенам фотографиями знаменитостей, сидела, как еще одна, увеличенная до натуральных размеров фотография, компания победителей: Норман Бламсдейл, Марджори Бламсдейл-Корбах, три предательницы-сестры, разная мелочь-сволочь и, наконец, стотрехлетний патриарх Дэйв с новой подругой, юной бирманкой Йин-Йин. Все они смотрели на наш стол со странными, не вполне нахальными улыбками.

— Уж не бомба ли? — произнес Стенли. Бутылка грузно вращалась на подсобном столике, словно крепостная мортира. — А, все равно! Открывайте!

Мощная эякуляция бутылки взмыла и упала на, ну на кого же прежде всего может упасть эякуляция бутылки — ну конечно, на нашу полумифическую Бернадетту, что сидела с Орденом Звезды меж грудей в окружении своего антуража, расширившегося в ту ночь за счет кукольника Даппертата и других персонажей-перебежчиков. С общим хохотом данная емкость, как говорили когда-то советские люди, была опустошена. Компания Бламсдейла аплодировала с почти подхалимской лояльностью.

— Вы думаете, это от доброты сердец, от чистой воли к примирению? — вопросил Стенли. — Просто сукин сын Норм узнал, что я вскоре получу поддержку израильских вооруженных сил, и тогда ему конец. Такая же история произошла в начале пятидесятых с корейским красным царем Ким Ир Сеном. Он загнал наших на последний клочок земли и уже торжествовал победу, когда у него в тылу с линкоров высадился десант. Туповатый «комми» не сообразил, что география его полуострова просто приглашает к десанту. Вот так же и Норман просрал. Ни в коем случае он не должен был пропускать меня в Израиль, а теперь мне уже ничто не помешает получить обратно все мои деньги и раздать их тем, кому они больше нужны.

— Отца, кажется, совсем развезло, — шепнула Нора на ухо Саше.

Ее шепот взбудоражил каждый волосок у него на груди и под мышками. Кажется, никогда ее так не любил, подумал он. Либидо увядает, расцветает любовь. Мэтр Алигьери, разве это возможно за пределами Рая?

— Ах, Сашка, — шептала она, — я так счастлива, что это происходит с нами на земле прародины!

Ну что еще, что вам предложить, наши верные читатели и ты, о Теофил, для завершения этого вечера, для завершения романа? Где тут у нас то пресловутое чеховское ружье, которое, вися на стене, непременно должно выстрелить? Да неужели уж этот столь

538

непреложный сюжетный уж пролезет в любую щель? Может быть, уж обойдемся того же автора каким-нибудь осколком бутылки, что, лежа лунной ночью в луже, завершает пейзаж? Что тут у нас, на веранде «Хадиага», может сыграть эту роль: мортира ли опустошенной «Клико», неизменная ли какая-нибудь кабацкая гитаренция?

Вот она и появляется, семиструнная, в руках ослепительной евро-цыганки, вот она уже и звенит в такт побрякивающим браслетам и монистам, вот она уже и рокочет, подчеркивая многозначительное цыганкино пенье:

Пора ненастья пройдет, пройдет!
Былое счастье к нам вновь придет!
Нас годы не согнули,
И замок наш не смыт!
Не испугают пули
И динамит!
Пора ненастья пройдет, пройдет!
Былое счастье придет, придет!

Тут кто-то нервный и тонкий, в темных очках, с подклеенной бородой и болтающимися на висках фальшивыми косичками, как бы не глядя на цыганку, но в то же время не выпуская ее из-под наблюдения, а может быть, даже и из-под прицела, проходит к бару в отдаленном углу, садится левой ягодицей на табуретку, а правой ногой твердо упирается в пол. Заказывает водки с перцем. Мысленно адресуется к браслетам и монистам: «Скотина, ты все-таки решила завершить нашу историю в своем гнусном стиле, взрывом и распадом всего состава на одни лишь искореженные письменные знаки? Гадина, ты считаешь меня соучастником, но я все-таки человек идеи, а не террора! Гадина, гадина, Медуза Горгона, я не дам тебе на разрыв мою юность с Левого Берега Сены!» Так с лицемерной искренностью думает Омар Мансур и все потягивает сквозь зубы свой отвратительный напиток.

В этот момент, то есть в тот момент, когда мысль нервного человека сквозь водку с перцем процеживается до конца и когда пение цыганки тонет в ее же собственном визге и в звоне всего, что на ней звенит, Стенли Франклин Корбах, Александр Яковлевич Корбах и Нора Катерина Корбах-Мансур одновременно поднимают взоры, видят над собой гроздья винограда, гирлянды шаров, энное количество пичуг и звезд и понимают, что несмотря на всю божественность момента сейчас прогремит взрыв. И происходит взрыв.

Саше Корбаху показалось, что его подбросило сразу на огромную высоту. Оставшись там, он видел, как опадают вниз его бедные останки и чувствовал немыслимую жалость к тем, кто уцелел. Это продолжалось в паузе без времени и без воздуха, но в следующий, обычный момент он снова оказался за тем же столом среди той же хохочущей компании. Оказалось, что лопнул просто один из воздушных шаров, а его ошеломляющую галлюцинацию можно просто отнести за счет вегетативного невроза. Взрывная концовка не состоялась, и в этом проявилось определенное торжество нашей литературной традиции.

4. Встреча

На следующее утро клан Корбахов и сопровождающие лица, все в обычных приличных костюмах, погрузились в зафрахтованный автобус — платил, разумеется, разорившийся богач наличными все из того же денежного мешка — и отправились в Иерусалим на свидание со своим предполагаемым предком.

Главная трасса Израиля была полна машин. Они неслись с такой же скоростью, с какой машины несутся в Америке или в России, как будто не боялись с разлета оказаться в Гавланитиде, Башане или в Десятиградии Батанея. Чем выше поднималась многорядная дорога, тем больше округа с ее светло-серыми и светло-розовыми каменными лбами среди свежей зелени сосновых и кедровых рощ и с маленькими городками, висящими в отдалении на крутых склонах, напоминала о долгой истории этой земли.

Как всегда в Израиле, АЯ начинал чувствовать какой-то торжественный и в то же время мягко умиротворяющий подъем духа. Возбуждение вчерашнего дня в космополитическом Тель-Авиве сразу улеглось, словно не несколько часов прошло, а год. Башка просветляется, думал он с удивлением. Выветриваются все эти России и Америки. Сейчас меня может посетить хорошая здоровая мысль.

Она посетила его тут же, когда за поворотом дороги открылась долина с висящими на разных высотах городками. Жить здесь остаток дней. Здесь затеряться. Забыть про балаган. Забыть про бордель. Писать стихи. Никому их не читать, только Норе, когда будет приезжать из своих гробокопательных экспедиций. К сожалению, она не все понимает в этом трахнутом ВМПС, данном мне с рождения. Значит, и ей не читать.

— Знаешь, я очень волнуюсь, — сказала Нора.

Он вздрогнул. Думая о ней, он забыл, что она рядом.

— Что так?

Она усмехнулась:

— Ну как же? Я все-таки считаю его как бы своим детищем.

— Кого, Бога ради? — удивился он.

— Ты, кажется, забыл, куда мы едем? — возмутилась она.

— Отчего же? В Иерусалим.

— А зачем в Иерусалим? Просто так, на экскурсию? Или с какой-нибудь целью? — Она просто клокотала, едва удерживалась, чтобы не дать ему крепчайшего подзатыльника.

— Ах да, мы едем смотреть твоего жмурика, этого сваренного в меду господина Холоднодомского! Ой, больно! Ну, что ты так сильно бьешь, Нора? Я понимаю значение события не хуже тебя. Переворот в археологии, во всем гробокопательном бизнесе. Нет, больше не буду. Я просто задумался о том, как мы будем жить с тобой вдвоем вот на том склоне. Будем там сидеть и смотреть телевизор, ты свое CNN, а я «Останкино».

— Ну хватит. — Она сердито отвернулась.

Кроме АЯ, все в автобусе, казалось, осознавали серьезность момента. Главу клана после его вчерашних выходок нельзя было узнать. В неизвестно откуда взявшемся песочного цвета костюме из тонкой фланели, в затянутом галстуке с булавкой, он строго молчал. Рядом с ним сидел столь же таинственно появившийся, сколь и костюм, вечный дворецкий Енох Агасф. В очках и твидовом пиджаке он был похож на пинкертоновского профессора из Центра по урегулированию конфликтных ситуаций.

В середине автобуса расположились бывшие главные советники Лейбниц и Сквэйр, а также представитель генеалогической группы Лайонел Фухс. Они тихо переговаривались и делали пометки в своих лэптопах. Скромно и серьезно присутствовала никем из читателей вчера не замеченная супружеская пара, Бен Достойный Утки и Роуз Достойная Утки. Хочется тут под занавес ввернуть пару слов о том, как сложилась судьба симпатичной пары. Еще во время их совместной плодотворной деятельности на ниве филантропии Бен и Роуз увлеклись той разновидностью современного спорта, что близка к искусству и философии, а именно к тому, что в Америке по понятной причине называется телостроительством, а в России по непонятной причине культуризмом. В московском восстановительном центре для иностранцев имени графа Лефорта не было никого, кто превзошел бы их по развитию мускулатуры и по синхронности движений. После развала Фонда Корбахов им удалось вернуться в Соединенные Штаты, где они почти немедленно стали чемпионами профессиональной лиги. За неимением лишнего пространства скажем лишь, что им доставляло большое удовлетворение считать себя образцовой американской, смешанной в расовом и половом отношениях парой.

С удивительной серьезностью держала себя в автобусе группа Бернадетты де Люкс, в которой после вчерашней феерии теперь верховодил популярный на Ближнем Востоке бродячий кукольник Арт Даппертат. Он, в частности, взял на себя работу с детьми, коих тут набралось в результате всяких перестановок душ не менее дюжины. Открыв рты, дети смотрели, как то в одном месте автобуса, то в другом появлялись и исчезали многочисленные персонажи комедии дель арте.

Словом, они двигались к Иерусалиму и через полтора часа въехали с запада в городские пределы. Западный Иерусалим начинается довольно обширным плоскогорьем, на котором высится, словно Александрийский маяк, многоэтажная гостиница «Холидей Инн». К востоку от этого сооружения располагаются шедевры современно-древней архитектуры, кнессет и Музей Израиля. К последнему как раз и направлялась наша экспедиция. Именно там в специально созданном стеклянном склепе покоилась уникальная мумия кожевника.

Они почти уже достигли последнего поворота к музею, когда глава клана внезапно приказал изменить направление.

— Сначала в Старый город, — сказал он, и никто не возразил.

Оставив автобус на стоянке недалеко от крепостных стен, они пересекли Долину Кедрона, то есть тот самый Иосафат, куда снизойдет Мессия и где начнется воскресение из мертвых. Затем вместе с толпой паломников и туристов они вступили через ворота туда, где царствовали Давид и Соломон, где Навуходоносор рушил Храм и вырезал из спин ременные хлысты, где Маккавеи оборонялись от антиохских полков, где Ирод строил свои римские колоннады, где кнутами подгоняли Христа, несущего свой крест на Лысую гору, где умер Он и где воскрес, где жгли Второй Храм легионеры Тита и где приземлил своего золотого, как серп Луны, коня Магомет, прискакавший ночью из Мекки на встречу с ранними пророками.

По методу оксюморона, войдя в Старый город, они расселись в арабском кафе и заказали мороженого. Мимо, направляясь к Башне Давида на патриотическую экскурсию, шел взвод солдат, на плечах висели большие американские полуавтоматы стволами вниз. Сержант покрикивал подопечным «Смело! Смело!», что вовсе не означало призыва к воинским доблестям, а просто «держись левее».

Освежившись мороженым, наши прошли дальше через армянский квартал и с поворота увидели огромное пространство между холмом Старого города и горой Элеон, у подножия которой лежала святейшая христианская плантация, Гефсиманский Сад. Всякий раз, когда АЯ оказывался здесь, ему казалось, что от всего пространства вверх поднимается гигантский световой столб. Так случилось и сейчас. Он хотел об этом сказать Норе, но не решился. Любимая шла, прикусив губы, бледность разлилась по ее лицу, плечи подрагивали, как под порывами ветра. Почему она так уж сильно волнуется? Неужели такое честолюбие?

Улицы Еврейского квартала были застроены современными домами из местного розоватого камня. Архитектура обволакивала руины и сама как бы становилась частью древности. Огромная площадь перед Стеной со всех сторон патрулировалась солдатами спецназа: дивизия «Гелави», лиловые береты. Большие парни в комбинезонах, обвешанные оружием и радиотелефонами, стояли под арками и обменивались хохмами на иврите и по-русски. Они разинули рты, когда мимо прошла в своем парижском мини-комплекте Бернадетта Скромнейшая. Замечено было также, что и несколько щуплых хасидов дрогнули при виде нашей строгой ультрафемины. Мудрый закон, однако, разделял молящихся у стены по половому признаку, и искушение отдалялось.

Эта стена поражает размерами, гигантскими тесаными камнями, крепко подогнанными друг к другу. Перед тобой лишь малая часть, оставшаяся от Храма, вообрази теперь весь Храм! Стенли возложил свои длани на камень, и вся наша команда повторила его жест.

— В этот момент, ребята, все, что в вас было еврейского, возвращается к вам! — торжественно возгласил раввин Дершковиц.

За нашими ребятами подходили евреи разных мастей: узбеки, грузины, дагестанцы, марокканцы, американцы, поляки, ну и прочие, не всех же перечислять. Читатель знает, что и десять потерянных колен когда-нибудь придут сюда.

Возле Музея Израиля стояла демонстрация в черных лапсердаках. Их плакаты гласили: «Руки прочь от наших предков!», «Требуем захоронения кожевника Кор-Бейта!», «Археологи, вон из Израиля!» Охрана, потеснив протестантов, образовала проход для вновь прибывших. Их, оказывается, ждали: церемония открытия нового экспоната вот-вот должна была начаться.

Они шли по шлифованным мраморным полам среди строжайшей оптимальной температуры. В зале с подсвеченными углами и треугольником синего неба в потолке стояла небольшая, сотни в две, группа почетных гостей, среди них президент, министры, раввины, несколько глав государств. Все обернулись на возвышающегося Стенли Корбаха. Общество было явно заинтриговано появлением великого филантропа, одной из самых скандальных личностей текущего момента, да к тому же потомка исторического экспоната. Телевизионная бригада и фотографы из строго лимитированного сектора вели деликатные съемки. Директор музея уже говорил речь. Ивритские шаканья и хаканья сопровождались придыханиями британского синхрона.

Нору провели поближе к микрофонам. Она должна была сделать сообщение об исторической находке. На АЯ никто не обращал внимания. Поднимаясь на цыпочки, он пытался разглядеть экспонат, но ничего не видел. Все же было ясно, что в середине толпы существует некоторое свободное пространство. Только пробравшись к краю этого пространства, он понял, в чем тут дело. Толпа стояла плотно вокруг большого стеклянного квадрата, вделанного в пол. Под ним в ярко освещенном белом кубе было распростерто темно-коричневое мумифицированное мужское тело. Обломок копья торчал у него из-под левого подвздошья. Порванная одежда, очевидно легкая летняя туника, облепляла его грудь и складками собиралась на чреслах. Она была того же цвета, что и тело, — темно-коричневая, словно загустевший гречишный мед. Собственно говоря, весь экспонат как раз и был покрыт слоем окаменевшего меда из огромной расколовшейся при землетрясении амфоры — той субстанцией, что окончательно отделила Зеева Кор-Бейта от воздушной среды.

Странное, никогда ранее не испытанное чувство охватило АЯ. То ли это был ужас, то ли восторг, во всяком случае, что-то совершенно нестерпимое. Обливаясь потом и трясясь, как от хлада могильного или от вулканного жара, он стоял над распростертым телом. Хотел бежать, но был не в силах пошевелиться. Остаться здесь тоже было невмочь. Бросить еще один взгляд вниз на Зеева Кор-Бейта было совершенно невозможно. Синий треугольник наверху казался пропастью. Лица вокруг представляли сплошную неузнаваемость.

— Боже, Боже мой! Как же я раньше не догадалась?! — донесся до него голос Норы. — Сашка, это ты?! Сашка, ты здесь?!

Одна лишь склонность к неуместным мыслям и здесь его не оставила. Как часто трудно отличить восклицательный знак от вопросительного в устах женщины, подумал он и немножко ободрился. Он чувствовал, что публика начинает поворачиваться к нему. Ничего уже больше не оставалось, как склониться над стеклом.

Там внизу лежал он сам. Это было его собственное легкое и мускулистое тело, и даже ноготь большого пальца правой ступни был копией его собственного ногтя, когда-то названного археологическим. Самое же главное состояло в том, что у Зеева Кор-Бейта было лицо Александра Корбаха. Только лишь над левым углом нижней челюсти отслоился кусочек щеки и была видна кость, все остальные черты в точности повторяли лицо АЯ: и форма лысого лба, и оттопыренные уши, и растянутый обезьяний рот, и веки, стиснутые, словно смехом, двухтысячелетней контрактурой над глазными яблоками. Отплывая и приближаясь, маячила перед ним ошеломляющая маска шутовского хохота, точь-в-точь как та, что появлялась у него самого в моменты театрального восторга. Он и сам теперь отплывал и приближался, отплывал и приближался. И тут он сомкнулся с чем-то, пока еще непонятным. Значит, это я, значит, это я сам, значит, это я сам тут и был, значит, это я сам тут и был в образе этого певца Саши Корбаха, думал он вместе со всем этим. И отплывал, и приближался, и отплывал.

XII. Максимы

Ничто — это нечто,
Благость и нечисть.
Нечто — это что-то,
Грубая штопка.
Что-то — это ничто почти,
Телефон на закрытой почте.
Почти — это все,
Летучкой влетаешь в сон.
Все — это нечто,
Весь мир греческий.
Нечто — это ничто,
Только стая пичуг.

1994—1996

Вашингтон — Париж — Женева — Тель-Авив — Москва — Самара — Лахти — Висбю — Стокгольм — Париж — Вашингтон — Гринелл — Вашингтон — Флоренция — Москва — Вашингтон — Ашвилл — Вашингтон — Москва — Самара — «Иван Кулибин» — Москва — Париж — Берлез-Альп — Ницца — Париж — Фейрфакс

Комментарии

С. 8. *Гош* (от *англ.* gosh) — восклицание удивления: ого! вот это да!

С. 14. *Гвидо Гвиницелли, Гвидо Кавальканти* (оба ок. 1230–1280) — поэты из окружения Данте, родоначальники «нового сладостного стиля» — канцон и сонетов, воспевающих любовь и возвеличивающих человека.

С. 19. *...офф-Бродвея...* (от *англ.* off — удаленный от, за пределами Бродвея).

O, Alexander Korbach! It's a great name in the States! — О, Александр Корбах! В Штатах это знаменитое имя! (*англ.*)

...каботенов (от *фр.* cabotin) — бродячий актер, комедиант.

С. 24. *Чино да Пистойя* — поэт из окружения Данте.

С. 25. *...гвельфов и гибеллинов...* — политические группировки в Италии XII–XV вв. Гвельфы поддерживали интересы Папы Римского, а гибеллины, сторонники императора, — интересы феодалов.

С. 27. *Monsieur Korbach, que voulez vous dire au public de France?* Господин Корбах, что вы хотите сказать французской общественности? (*фр.*)

С. 29. *...дефектнул...* (от *англ.* to defect — нарушил долг, дезертировал).

С. 31. *...пейджинг* (от *англ.-амер.* to page — вызов, громкое объявление).

Humidity — влажность, *humanity* — человечество, человечность, гуманность (*англ.*).

С. 32. *...поллюции...* (от *англ.* pollution — осквернение, загрязнение окружающей среды, выброс).

С. 36. *She must be Swedish.* — Должно быть, шведка (*англ.*).

Where are you from? — Откуда вы? (*англ.*)

...пи-эм, p.m. (от *лат.* post meridiem) — пополудни.

С. 37. *I can't believe it, Sasha Korbach himself!* — Не могу поверить, Саша Корбах собственной персоной! (*англ.*)

Шатапчик... (от *англ.* shut up) — замолчи, заткнись.

...в Большом Яблоке — в Нью-Йорке. Яблоко — символ Нью-Йорка.

С. 38. *...JFK...* — Джон Фицджеральд Кеннеди, имя которого носит международный нью-йоркский аэропорт.

People — «Люди» — название светской хроники (*англ.*).

С. 39. *...по бордуоку...* (от *англ.* board-walk — дощатый настил для прогулок по пляжу).

С. 39. ...*лофт*... (от *англ.* loft) — чердак, верхний этаж.

С. 41. ...*корасон* (от *исп.* corason) — любовь.

...*Вуд ю плиз спик слоули?* — Не могли бы вы говорить помедленнее? (*англ.*)

С. 42. ...*блукалор-уокерами* (от *англ.* blue collar worker — синие воротнички, люди физического труда, работяги).

С. 45. ...«*Чиваса*»... — популярный сорт виски.

С. 46. *I always have a sex with my cloth on, and outside my bed's sheet!* — Я всегда занимаюсь любовью одетая и не на своей постели (дословно: не на своей простыне) (*англ.*). Герой путает английские слова sheet (простыня) и shit (дерьмо).

This man is just looking. — Этот мужик просто глазеет (*англ.*).

С. 47. ...*дринк*... (от *англ.* to drink) — выпивка, питье, напиток.

Est-que vous voir cela au-dessous?.. Mais oui! Qu'est que c'est, madame? Just «Korbach», sir! Un grand magasine! — Мадам, что это там, наверху? Да «Корбах» же, сэр, известный универмаг (*фр.*).

...*турмойл*... (от *англ.* turmoil) — суматоха, шум, беспорядок.

С. 51. ...*гэйз*... (мн. ч. от *англ.* gay — гомосексуалист).

...*гайз* (мн. ч. от *англ.* guy — малый, парень).

...*Куестчин*... (от *англ.* question) — вопрос.

С. 52. *Уот? Хау?* (от *англ.* what и how) — Как? Каким образом?

С. 53. *Уай?* (от *англ.* why?) — Почему?

Ай донт... (от *англ.* I don't) — Я не...

С. 54. *Сэнкью, Арт, ю гуд бой, м-м-м... ай флай Калифорния, нью лайф, селф-реализейшен...* — Спасибо, Арт, ты хороший малый, я лечу Калифорния, новая жизнь, самовыражение... (*англ.*)

С. 56. ...«*амур*», «*жаме*», «*трезор*» (от *фр.* amour, jamais, trésor) — любовь, никогда, сокровище.

...*суита* (от *англ.* suite — апартаменты).

С. 59. *Est-que vous avez «Le Grey Poupon», monsieur? Mais oui... Mon Dieu!* — Это у вас «Le Grey Poupon»? Ну да... Боже мой! (*фр.*)

С. 67. ...*на Песах для седера*... — на еврейскую Пасху для пасхальной трапезы.

С. 68. ...*маринс* (от *англ.* marines) — морская пехота.

:..*ассетов*... *лайэбилитис* (от *англ.* asset — ценный вклад, имущество; liability — ответственность, обязательство).

С. 71. ...*эпл* (от *англ.* apple) — яблоко.

С. 72. ...*доп* (от *англ.* dope) — дурман, наркотик.

С. 74. Начальные строки «Божественной комедии» в переводе М.Лозинского.

С. 80. ...«*Ле Джоз*» (от *англ.* jaws) — челюсти.

С. 81. *Френч кисс* (от *англ.* french kiss) — французский поцелуй.

...*баму* (от *англ.* bum — лодырь, бездельник, бродяга).

...*анхэппи*... (от *англ.* unhappy) — несчастный.

С. 81. *Инджой ёр брекфаст* (от *англ.* enjoy your breakfast) — кушайте на здоровье (*букв.* наслаждайтесь своим завтраком).

С. 82. ...*гет ап* (от *англ.* get up) — вставай, подымайся.

С. 84. ...*«Фёрст Баттом»* (от *англ.* «First Bottom») — «Первое Дно».

...*чиканос, карибиенс, эйшиетикс, кокэйжнс...* — от *англ.* chicanos — мексиканцы, caribiens — выходцы из стран Центральной Америки, asiatic — азиаты, caucasians (*ирон.*) — белые.

...*кэнепи...* (от *англ.* canopy) — тент, навес.

С. 86. ...*аттенданты...* (от *англ.* attendant — слуга, служитель).

Джизус, тей ар фром Нью-Хемпшир. — Боже, они из Нью-Гемпшира (*англ.*).

С. 87. ...*Ит из э лонг уэй, индиид.* — *В самом деле, долгая дорога (*англ.*).

С. 89. ...*фимэйл* (от *англ.* female) — женщина, женская особь.

С. 91. *Растворилась... в «тонком воздухе»* (от *англ. идиом.* to vanish into thin air) — бесследно исчезнуть (*букв.* скрыться в тонком воздухе).

С. 94. ...*оф корс* (от *англ.* of course) — конечно.

...*боль в заднице* (от *англ. идиом.* pain in ass) — неприятность, забота, головная боль (в перен. смысле).

С. 96. ...*таун-хауса* (от *англ.* town-house — городская квартира).

С. 98. ...*камон, гёрлз!* (от *англ.* come on, girls) — пошли, девчонки!

...*«сан-н-фан»* (от *англ.* sun and fun) — «солнце и веселье».

С. 99. ...*вэн* (от *англ.* van) — фургон, микроавтобус.

С. 100. *Не нагоняла б ты тучку, бэби,*
Я был бы дома весь день,
Но ты такая сучка, бэби:
Ты гонишь меня из света в тень
(Пер. автора)

С. 101. ...*кьюти* (*от англ.* cuty — умненький, миленький... *дикиприки* — уменьш.-ласк. от *англ. жарг.* dick, prick — член).

...*вэджи-мэджи* — от *лат.* vagina — влагалище и *англ.* majesty — величество.

...*бартендеру* (от *англ.* bartender — бармен, буфетчик).

Риалли (от *англ.* really) — действительно, в самом деле.

...*двойные-на-камушках* — двойные порции выпивки (водка, виски) со льдом (от *англ.* on the rocks — *букв.*: на камнях).

С. 102. ...*черри орчад* (от *англ.* cherry orchard) — вишневый сад.

...*черри пай* (от *англ.* cherry pie) — вишневый пирог.

С. 103. *«Once is not enough»* — «Одного раза мало» — комиссионный магазин почти новой одежды (*англ*).

С. 104. ...*уан-найт-стенд* (от *англ.* one night stand) — случайная связь, встреча на одну ночь.

...*«трехбедренную»* (от *англ.* bedroom — спальня) — квартиру с тремя спальнями.

...*диппинг* (от *англ.* to dip — нырять, погружать, окунать).

С. 105. ...*хип (от англ.* heap) — куча, груда.

Из ит тру?.. (от англ. Is it true) — Это правда?..

...«*фиксануть брекфаст*» (от *англ.* fix breakfast — приготовить завтрак).

С. 109. ...*менора* — храмовый светильник, семисвечник.

С. 110. ...«*вос-хоб-их-дох-гедафт*» — о чем я думаю (*идиш*).

С. 111. *Вы меня за ногу тянете, Стенли!* — от *англ. идиом.* to pull (some-body's) leg — обманывать, морочить голову, *букв.*: тянуть за (чью-то) ногу.

С. 114. ...«*Данкис Тейл*» (от *англ.* donkey's tail) — ослиный хвост.

Манкис Тейл (от *англ.* monkey's tail) — обезьяний хвост.

С. 115. *I know! Tell them, I know!* — Знаю! Скажи им, я знаю! (*англ.*)

С. 122. ...*подростки-гомосексуалисты и подростки-«прямые»* (от *англ.* straight — прямой, правильный) — *зд.:* гетеросексуальные.

С. 124. *Hard day's night* — Ночь этого тяжелого дня (*англ.*).

С. 131. *You couldn't put it down, could you?* — Ты не можешь на это не подписаться, не так ли?(*англ.*)

С. 133. ...«*старшие граждане*»... (дословно от *англ.* senior citizens — ветераны, пенсионеры).

С. 133–134. *Иверни выверни,*
Умный игрень!
Кучери тучери,
Мучери ночери,
Точери тучери, вечери очери.
Четками чуткими
Пали зари.
Иверни выверни,
Умный игрень!
Это на око
Ночная гроза,
Это наука
Легла на глаза!
В дол свободы
Без погонь!
Ходы, ходы!
Добрый конь.

(В. Хлебников. «Зангези»; пер. на англ. П.Шмидта)

Косицыны ивы,
Насморк влюбленности.
Сестрицы красивы,
До ослепленности!
Глазу отрада — хоть стой, хоть падай!

(Англ. и русск. тексты автора)

С. 135. ...*will-be-atnik...* — игра слов: will be (*англ.*) — будет; beatnik — русское «битник». Битник будущего.

С. 138. *Кам ту ми, май пришес уан, май вишес уан!* (от англ. Come to me, my precious one, my vicious one!) — Иди ко мне, моя драгоценная, моя порочная (*англ.*).

С. 138. ...*как ты сегодня дуинг?* (от *англ.* How are you doing today? — Как дела?)

С. 139. ...*шутинг* (от *англ.* shooting) — расстрел.

...*джет...* (от *англ.* jet) — реактивный самолет.

...*без двойного шота* (от *англ.* shot — выстрел, *перен.* удар, выпивка, доза, глоток спиртного).

Килл э камми фор ёр мамми! (от *англ.* Kill a commy for your mammy!) — Убей коммуняшу за свою мамашу!

...*гук* (от *англ.* gook) — презрительное прозвище азиатов, в частности, вьетнамцев.

С. 140. ...*тэб...* (*англ. слэнг* tab) — счет.

С. 142. ...*берберриевскую подкладку* — «Берберри» — дорогая английская фирма верхней одежды.

С. 143. *Олл аборд!* (от *англ.* All aboard! — Все по вагонам! *букв.*: на борт — предупреждение об отправлении поезда.)

С. 144. ...*инн...* (от *англ.* inn) — гостиница, постоялый двор.

С. 147. ...*уупс...* (от *англ.* oops) — ой, ой нет.

С. 148. ...*валетом...* (от *англ.* valet — камердинер, слуга).

С. 150. *Найс ту миит ю!* (от *англ.* Nice to meet you!) — Приятно с вами встретиться!

Вэа ар ю фром? (от *англ.* Where are you from?) — Откуда будете?

Уот ду ю ду? (от *англ.* What do you do?) — Чем занимаетесь?

...*транскрипт...* (от *англ.* transcript) — расшифровка.

...*фиддлстикс...* (от *англ.* fiddlesticks) — вздор, чепуха.

С. 152. ...*по коллатералям* — по боковым ветвям, отросткам.

С. 153. ...*таксидо...* (от *англ.* tuxedo) — смокинг.

С. 155. ...*олд чап* (от *англ.* old chap) — старина.

С. 157. Пи-Эйч-Ди (от *англ.* PhD) — доктор философии.

С. 158. ...*скэт* (от *англ.* scat) — импровизация.

С. 162. ...*бэд ньюз, ...гуд ньюз* (от *англ.* bad news, good news) — плохие новости, хорошие новости.

С. 165. ...*мессидж...* (от *англ.* message) — сообщение.

С. 166. ...*сайр* (от *англ.* sire) — предок, производитель.

С. 170. ...«Chez Seals» (от *фр.* chez — у и *англ.* seals — тюлени) — «У Тюленей».

С. 175. ...*Ди-Си...* (от *англ.* District Columbia) — округ Колумбия, в котором расположен Вашингтон.

С. 176. ...*в тренчкотах* (от *англ.* trenchcoat — шинель).

...*Vita Nuova* — роман Данте «Новая Жизнь» в прозе и стихах.

С. 179. *Май Гуднесс!* (от *англ.* My Goodness!) — Боже мой! Господи!

С. 181. *One enchanted evening you may see a stranger across the crowded room.* — В один волшебный вечер ты увидишь незнакомца в битком набитой комнате (*англ.*).

С. 182. *Офелия.* Действительно, коротковато, милорд.
Гамлет. Как женская любовь.

(В.Шекспир. «Гамлет». Пер. Б.Пастернака)

С. 183. *...дифферент* (от *англ.* different) — другой, непохожий.

С. 186. *...nouveau riches...* — нувориши, скоробогачи (*фр.*).

...«пот» (от *англ. слэнг* pot) — марихуана.

С. 192. *...ай эм эфрейд...* (от *англ.* I am afraid) — я боюсь, что...

...мэй ай аск? (от *англ.* may I ask?) — могу ли спросить?

С. 194. *...кэш...* (от *англ.* cash) — наличные.

С. 197. *...Хорнхуф...* (от *англ.* horn — рог и hoof — копыто) — Рого-копытский.

...тим спирит (от *англ.* team spirit) — командный дух.

...бадди (от *англ.* buddy) — дружище, приятель.

С. 202. *...синглз...* (мн. ч. от *англ.* single — одинокий, холостяк).

С. 205. *I'm just trying to passify your iron-clad battery-ram, Hermes!* — Просто пытаюсь усмирить твой бронированный таран, Гермес (*англ.*). Игра слов: pussy (*жарг.*) — влагалище, pasify — умиротворять, укрощать.

С. 208. *...après* — после (*фр.*).

...олд гёрл (от *англ.* old girl) — старушка.

С. 210. *...les amis comme cochons* — друзья-свиньи (*фр.*).

С. 211. *...s'il vous plaît* — пожалуйста (*фр.*).

С. 213. *...сникерсы...* (от *англ.* sneackers) — спортивные туфли, кроссовки.

...сладкое-сердечко (от *англ.* sweetheart; sweet — сладкий, heart — сердце) — любимый.

С. 216. *You're cock yourself.* — От хера слышу (*англ.*).

С. 217. *Ю ар как ёрселф!* — от *англ.* You are (*как* — здесь русское) yourself! — Ты не изменился!

Соу уот? (от *англ.* So what?) — Так что?

Бег ёр пардон (от *англ.* Beg your pardon) — прошу прощения.

С. 237. *...«повернул к ней холодное плечо»...* от *англ. идиом.:* to give (to show) somebody the cold shoulder — оказать кому-то холодный прием.

С. 238. *...ном-де-гер...* (от *фр.* nome de guerre) — *зд.:* партийная кличка.

...L'Action Direct — террористическая организация во Франции 70-х гг.

С. 239. *...ессеи* — в Иудее I века до н.э. приверженцы общественно-религиозного течения, предшествующего христианству.

С. 247. *...бизнес рисёрч...* (от *англ.* business research) — изучение деловых возможностей.

С. 248. *Mais oui.* — Ну да (*фр.*); *voilà* — вот (*фр.*).

С. 250. *Мэни хэппи ритёрнс!* (от *англ.* Many happy returns!) — традиционная поздравительная фраза по поводу дня рождения.

С. 257. *...гаджетс...* (от *англ.* gadgets) — приспособления, технические новинки.

...ден (от *англ.* den) — каморка, логово.

С. 258. *...пип...* (от *англ.* peep) — подглядывать, глазок.

С. 261. *...stormy weather...* — штормовая погода (*англ.*).

...together — вместе, одновременно (*англ.*).

С. 264. *...хомисайд...* (от *англ.* homicide) — убийство.

С. 267. *Don't be silly* — не бедь глупцом (*англ.*)

С. 270. *...пропозал* (от *англ.* proposal) — предложение.

С. 273. *You won, starik!* — Ты победил, старик! (*англ.*)

С. 276. *...in one piece* — целиком (*англ.*).

С. 277. *...тейп* (от *англ.* tape) — магнитофонная запись.

...экипа — (от *фр.* equipe) — *зд.:* съемочная группа.

С. 278 — Послушай, Корбах, ты счастлив в Америке?
— Не в данный момент, Чапский.
— Почему?
— Как я могу быть счастлив, когда моя подружка в космическом пространстве?
— В каком еще пространстве?
— В околоземном пространстве. Она так далеко, моя любимая, она крутится на орбите, она в невесомости, она больше не моя любимая, невесомая бэби...
— Великолепно, Сашка! Прекрасная идея! Он накачивается в баре, а она невесомая на орбите! Ты генератор идей, гребаный советский Сашка Корбах! Мы сделаем тебя богатым и знаменитым под знаменем «Чапски продакшн»!

С. 279. *Paris d'Haussmann* — *зд.:* имеется в виду архитектура элитарного парижского района «Бульвар Османна»(*фр.*).

С. 287. *...treatment* — договор (*англ.*).

Come to me, my melancholy baby, cuddle up and don't be blue. — Приди ко мне, мой грустный бэби, прижмись ко мне и не грусти (*англ.*).

С. 291. *The Bertran Russel Human Rights Memorial...* — Мемориал прав человека имени Бертрана Рассела (*англ.*).

С. 292. *...спуками...* (от *англ.* spook — привидение).

С. 294. *Ю-лук-грейт-ю-ту-лук-грейт!* You look great. You too look great! Ты прекрасно выглядишь. Ты тоже прекрасно выглядишь! (*англ.*)

...сколлопами (от *англ.* scallop — морской гребешок).

С. 295. *We shall overcome!* — Мы победим! (*англ.*)

С. 301. *Music has no messages, Sir!* — У музыки нет посланий, сэр! (*англ.*)

С. 309. *...incomplete* — незавершенный, незаконченный (*англ.*).

С. 313. *Hallo, old chap, this is your old Chapsky!* — Привет, старик, это твой старый Чапский. (*англ.*)

С. 315. *Mon chat actual* — *зд.:* мой котеночек (*фр.*).

...c'est vraiment? Ce n'est pas vraiment... — ...это правда? Это неправда (*фр.*).

С. 317. ...*мидтермс* (от *англ.* midterms) — семестровая работа.

Get up, Lavsky! Collect your limbs and all drops of your consciousness! It's time to do the real things! — Подымаем якоря, Лавски! Соберись и прочисти мозги. Пора заняться настоящим делом! (*англ.*)

С. 321. ...*эт ёр сервис* (от *англ.* at your service) — к вашим услугам.

Ду ю хэв эн интерпритер эт хэнд? (от *англ.* Do you have an interpreter at hand?) — У тебя под рукой есть переводчик?

С. 325. «*вне горячей воды...*» (от *англ. идиом.* hot water) — в беде, *букв.*: в горячей воде.

...*you sinful jerk* — грешный сопляк, ничтожество (*англ.*).

С. 326. ...*что он сплошное ухо* (от *англ. идиом.* to be all ears) — превратиться в слух, внимательно слушать.

...*профузно* (от *англ.* profusely) — щедро, обильно.

С. 327. *Кул ит* (от *англ.* cool it) — охолонись.

С. 331. *Коман...* (от *англ.* come on) — *зд.*: ладно тебе.

С. 332. ...*ю ар лайк э тиар ин май ай...* (от *англ.* you are like a tear in my eye) — ты словно слезинка в моем глазу.

С. 337. *How are you getting on, old chaps?* — Как дела, старички? (*англ.*)

С. 340. ...*Машиахом* — Мессией (*др.-евр.*).

Freedom! Dignity! — Свобода! Достоинство! (*англ.*)

С. 341. *Die-hard with vengence...* — месть твердолобого (*англ.*).

С. 342. ...*everybody who's somebody* — все, кто что-то собой представляет (*англ.*).

С. 346. ...*wild* — буйный (*англ.*).

С. 352. ...*Лайонелл...* (от *англ.* lion — лев).

...*испанских маранов...* — в средние века в Испании и Португалии евреи, официально принявшие христианство.

С. 354. ...*entertainment...* развлечение, индустрия развлечений (*англ.*).

...*La Belle Ruche* — «Прекрасный улей» (*фр.*).

С. 355. ...*хот-мил* (от *англ.* hot meal) — горячая еда.

С. 358. ...*au Bout de la Nuit* — на краю ночи (*фр.*).

С. 359. ...*кибордом...* (от *англ.* keyboard — клавиатура, приборная доска).

С. 362. ...*vous comprenez?* — ...вы понимаете? (*фр.*)

С. 363. ...*faux pas...* — ложные шаги, ошибки (*фр.*).

С. 365. ...*бимбос* (от *мн. ч. англ. слэнг* bimbo — распущенная, легкомысленная женщина).

С. 366. ...*спросить в рецепции...* (от *англ.* reception — регистратура).

Экскузо муа, ву зет вери лонли ай си ту ту найт? — Извините, вы так одиноки, не увидимся ли вечером (ломаная смесь французского и английского)?

С. 368. ...*брассери* (от *фр.* brasserie) — *зд.*: кафе.

...*слип-дресс* (от *англ.* slip-dress) — платье-комбинация.

С. 371. ...*преппи-аристократ* (от *англ.* preppy, preparatory — приготовительная школа, приготовишка).

553

С. 374. *...скрипт...* (от *англ.* script) — сценарий, рукопись.

С. 375. *Allez-у!* — вперед! давайте! (*фр.*)

С. 380. *...свешшетку...* (от *англ.* sweatshirt — фуфайка).

С. 383. *...хау ар ю дуайинг тудей?..* (от *англ.* How are you dieing to-day?) — Как вам помирается?
Айм дайинг файн? (от *англ.* I'm dieing fine?) — Отлично помираю.

С. 386. *...анкорменов...* (от *англ.* anchorman — телеведущий, комментатор).

С. 387. *How d'you like our Lavsky?! Isn't it sensational?! ...That's exactly what I have expected as far as Alex is concerned.* — Как тебе нравится наш Лавски?! Не сенсация ли это?! ...Что касается Алекса, именно это я и ожидал (*англ.*). ·

С. 388. **Три точки зрения**

Жил один мужичок в дальних штатах,
Он достоин скромнейшей цитаты.
Дуя пиво, сказал он:
Понимаю начало,
Не пойму завершенья расплаты.

Раз пират, отсидевший свой срок,
Молвил мрачно, почти между строк:
Понимаю конец заключенья,
Не пойму осуждения мгновенье, —
Когда прячут тебя под замок.

Крокодил на реке размышлял,
Загрузив свой просторный подвал:
Ни начал нет, ни завершенья,
Есть одно лишь пищеваренье,
Лишь блаженство, желез мадригал.

(Англ. и русск. тексты автора)

С. 391. *For my deer frend Stenlu* — Моему оленю другу Стенли (*англ.*). — Автор посвящения делает грамматические ошибки: deer — олень, dear — дорогой; friend — друг; имя Стенли пишется Stanley.

С. 400. *Please, keep me posted.* — Пожалуйста, продолжайте меня информировать (*англ.*).

С. 403. *Арморед ол овер, газ, спиннинг буллитс...* — Armored all over — сверху донизу бронированный (*англ.*); spinning bullet — пуля со смещенным центром тяжести (*англ.*).
So we should make ourselves scarce! Let's go upstairs, to Rose!.. Tell them I'm fine, will you? — В общем, пора уносить ноги! Давай поднимемся к Роуз!.. Скажи им, что я в полном порядке (*англ.*).

С. 403. — Значит, ты остаешься?
— Да.
— Со своим народом?
— Точно.
— Береги себя, Алекс.
— Увидимся, Лес.
— Надеюсь.

С. 422. ...*снэпшот*... (от *англ.* snapshot) — моментальный снимок.

С. 429. ...*as snug as a bug in the rug*... — уютно, как клопу в ковре (*англ.*).

С. 432. ...*френчфрайз*... (от *англ.* frenchfries) — жареная картошка.

С. 439. ...*Votre santé, monsieur!* — За ваше здоровье, месье! (*фр.*)

С. 440. ...*ma chérie* — моя дорогая (*фр.*).

Merde — дерьмо (*фр.*).

С. 452. *Alex, we were weary where were you for so long?* — Алекс, мы уже терпение потеряли, где вы пропадали так долго? (*англ.*)

С. 461. *That O'Massey is awesome!* — Этот О'Масси — просто ужас! (*англ.*)

С. 466. ...*юниты*... (от *англ.* unit) — единицы.

С. 468. ...*entre nous* — между нами (*фр.*).

С. 471. ...*басбой* (от *англ.* busboy*)* — уборщик грязной посуды.

...аутлайны (от *англ.* outline — план, набросок).

С. 477. ...*«бургерам»*... (от *амер. разг.* burg — город).

...*«гиг»* (от *англ. слэнг* gig) — представление, выступление.

...*altitude* — высота, возвышенность (*англ.*).

С. 480. ...*плот*... (от *англ.* plot) — набросок, фабула.

...секвенцию (от *англ.* sequence — эпизод).

С. 481. *Экшн!* (от *англ.* action) — действие, поступок; *зд.*: начали! поехали!

С. 490. ...*в драгсторе* (от *англ.* drugstore — в аптеке).

С. 494. *Que grand tu as!* — Как ты велик! (*ст.-фр.*)

С. 495. ...*сановабич*... (от *англ.* son of a bitch) — сукин сын.

С. 498. *«Редскины»* (от *англ.* Red skin) — «Краснокожие».

С. 500. ...*sous les drapeaux*... — под знаменами (*фр.*).

С. 501. *Квайт* (от *англ.* quite) — вполне.

С. 502. ...*déjà vu* — уже виденное (*фр.*).

С. 508. ...*флю* (от *англ.* flu) — грипп; ...*Flying back to flu, Metz? Bravo, Sha'abani, it's almost a pun!* — Летите назад к гриппу, Метц? Браво, Шаабани, это почти что каламбур! (*англ.*)

Дакор — (от *фр.* d'accord) — хорошо, согласен.

С. 510. ...*в джук-боксе*... (от *англ.* juke-box — музыкальный автомат).

С. 512. ...*«холд-апа»* (от *англ.* hold up — грабеж, «гоп-стоп»).

С. 526. ...*«джондоу»*... (от *англ.* John Doe) — нариц. имя для мужчин; Jane Doe — для женщин.

С. 527. mid-atlantic English — среднеатлантический английский (*англ.*).

СОДЕРЖАНИЕ

Василий Аксенов

Новый сладостный стиль

Редактор Наталья Гуве
Художник Александр Анно
Корректоры Татьяна Калинина, Наталья Пущина
Издательский редактор Александр Перевозов

Издательство «Изограф»
Москва, Мароновский пер., 26. Тел./факс 238-25-54
ЛР № 062750 от 18 июля 1998 г.

Подписано в печать 25.05.98 г.
Формат 60x88/16. Гарнитура Таймс ЕТ.
Печать офсетная. Усл.-печ. л. 35.
Тираж 25000 (2-й завод 14 000 экз.)
Заказ № 1456

Отпечатано с готовых диапозитивов
в типографии ОАО «Внешторгиздат»
127576, Москва, ул. Илимская, 7

ISBN 5-87113-022-4

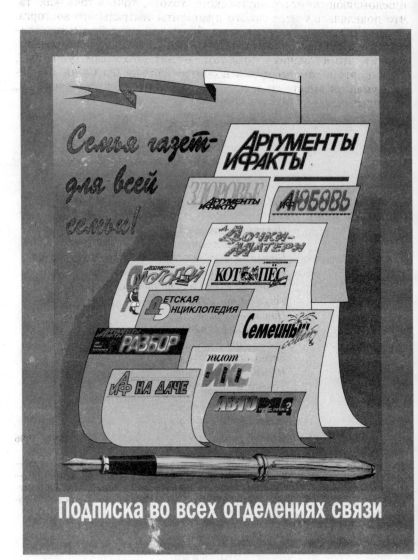

Семья газет-
для всей
семьи!

АРГУМЕНТЫ И ФАКТЫ

ЗДОРОВЬЕ

АРГУМЕНТЫ И ФАКТЫ

и ЛЮБОВЬ

ДОЧКИ-МАТЕРИ

КОТ и ПЕС

МОЛОДОЙ

ДЕТСКАЯ ЭНЦИКЛОПЕДИЯ

РАЗБОР

СЕМЕЙНЫЙ совет

пилот ИКС

ИФ НА ДАЧЕ

АВТОРяд что где, почём?

Подписка во всех отделениях связи

DOLCE
STIL
NUOVO